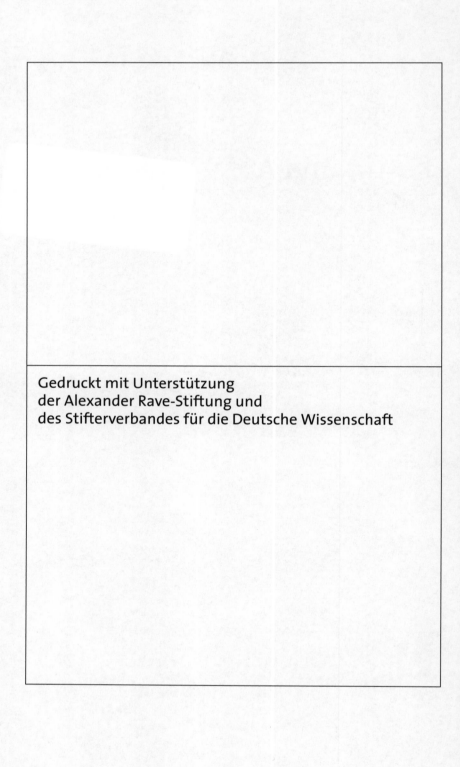

Gedruckt mit Unterstützung
der Alexander Rave-Stiftung und
des Stifterverbandes für die Deutsche Wissenschaft

Dr. Kurt-Jürgen Maaß (Hrsg.)

Kultur und Außenpolitik

Handbuch für Studium und Praxis

mit einem Geleitwort des Bundespräsidenten

Nomos

Eventuelle Korrekturen und weitere Ergänzungen/Informationen zum Handbuch
unter http://www.ifa.de/handbuch

Die Deutsche Bibliothek – CIP-Einheitsaufnahme

Die Deutsche Bibliothek verzeichnet diese Publikation in
der Deutschen Nationalbibliografie; detaillierte bibliografische
Daten sind im Internet über http://dnb.ddb.de abrufbar.

ISBN 3-8329-1404-8

1. Auflage 2005

Inhaltsverzeichnis

Geleitwort

von Bundespräsident Horst Köhler

Mit diesem Band legen die Autoren eine systematische Gesamtdarstellung der Auswärtigen Kulturpolitik Deutschlands vor. Sie schließen damit eine wichtige Lücke in der Forschung zur deutschen Außenpolitik und rücken ein Politikfeld in den Blick, das unserer Demokratie wertvolle Dienste leistet.

Der Titel des Handbuchs lautet »Kultur und Außenpolitik«. Thomas Mann, dessen 50. Todestag wir in diesem Jahr feiern, hat 1939 einen Aufsatz veröffentlicht, der eine ganz ähnliche Überschrift trägt – »Kultur und Politik«. Darin setzt sich der Schriftsteller leidenschaftlich für einen Begriff von Kultur ein, der sich für die Sache der Freiheit, der Demokratie und der Menschenrechte stark macht. Er schreibt, »dass die Kultur in schwerste Gefahr gerät, wenn es ihr am politischen Instinkt und Willen mangelt«. Dieses Plädoyer hat sechzig Jahre nach dem Untergang der nationalsozialistischen Diktatur und fünfzehn Jahre nach dem Kollaps des SED-Regimes nichts von seiner Gültigkeit verloren. Im Gegenteil verständigen wir uns in Deutschland heute leicht darauf, dass ein kreatives, vielfältiges und kritisches Kulturleben für unsere Demokratie unverzichtbar ist.

Die Kultur, über die Thomas Mann in seinem Essay schreibt, leistet uns aber nicht nur in Deutschland wichtige Dienste. Ob es sich um Dichterlesungen, Kunstausstellungen oder wissenschaftliche Tagungen im Ausland handelt – all das, was wir als Kultur begreifen, ist immer auch eine unverzichtbare Ergänzung der klassischen Diplomatie.

Schließlich leistet gerade der internationale Kulturaustausch Überzeugungsarbeit für die Werte, die es uns erst möglich machen, in der globalisierten Welt friedlich zusammenzuleben: Respekt vor dem menschlichen Leben, friedliche Austragung von Konflikten und Toleranz gegenüber dem Anderen und Fremden.

Es ist ein Verdienst dieses Handbuchs, dass es anschaulich macht, wie vielfältig, kreativ und fruchtbar das Engagement für die Auswärtige Kulturpolitik in Deutschland heute ist. Deshalb hoffe ich, dass der Band sich zu einem Standardwerk entwickelt und vor allem junge Leserinnen und Leser für die Idee des internationalen Kulturaustauschs gewinnt.

Zusammenfassung

von Kurt-Jürgen Maaß

Zum ersten Mal in der hundertjährigen Geschichte der deutschen Auswärtigen Kulturpolitik wird mit diesem Buch eine Gesamtdarstellung dieses hochkomplexen Themas vorgelegt. Sie soll die Hochschulen ermuntern, sich stärker als bisher in der Lehre wie in der
Forschung mit der »Dritten Säule« der deutschen Außenpolitik zu befassen, und Studentinnen und Studenten anregen, die vielfachen Chancen späterer Arbeitsmöglichkeiten für
sich selbst zu sehen. Den Politikern und Praktikern der Außenkulturpolitik im Inland wie
in den 1.500 deutschen Vertretungen im Ausland soll das Buch als Referenzquelle und
Nachschlagewerk dienen.

1. Das Kapitel über die **Ziele und Instrumente** fasst die Entwicklung der Konzeptionen und Entscheidungen von Bundestag und Bundesregierung zusammen, vor allem
   aus den siebziger Jahren (Enquete-Kommission und darauf fußende Regierungsbe-
   schlüsse), die in Fachkreisen geführte Diskussion der neunziger Jahre und die Regie-
   rungsbeschlüsse von 2000 (*Konzeption 2000*) und 2004 (*Aktionsplan Zivile Krisenprävention, Konfliktlösung und Friedenskonsolidierung*). Es gibt einen Überblick
   über die Instrumente: Strukturen im Ausland, Personenmobilität, Informationsvermittlung, materielle Hilfen und Sprachvermittlung.
2. Das **Theorie-Kapitel** setzt sich mit drei politikwissenschaftlichen Theorien der
   Außenpolitik – dem Neorealismus, dem utilitaristischen Liberalismus und dem Konstruktivismus – auseinander und wendet diese Theorien jeweils auf die Auswärtige
   Kulturpolitik an. Dabei ergibt sich, dass es Beispiele für Machtpolitik, Gewinnpolitik wie auch Interessenpolitik gibt. Eine klare Zuordnung zu einer Theorie ist beim
   derzeitigen Forschungsstand nicht möglich.
3. Das Kapitel über die **Geschichte der Auswärtigen Kulturpolitik** setzt bei den Wurzeln europäischer Außenkulturpolitik im 19. Jahrhundert (vor allem in der französischen und in der britischen Außenpolitik) und der sich aus der Beobachtung europäischer Beispiele ergebenden Diskussion im deutschen Kaiserreich Anfang des 20.
   Jahrhunderts an und analysiert die Anfänge einer eigenen deutschen Politik nach
   Gründung der Kulturabteilung des Auswärtigen Amts im Jahr 1920. Der Aufbauphase während der Weimarer Republik folgte der intensive propagandistische Miss-
   brauch der Kulturarbeit durch die Nazis. Der Neuanfang nach 1949 sah neben einer
   Multilateralisierung der Außenkulturbeziehungen eine Diversifizierung der Mittlerorganisationen im Westteil Deutschlands, den Aufbau eigener und neuer Strukturen
   Auswärtiger Kulturpolitik im Osten und insgesamt eine graduelle inhaltliche Veränderung hin zu einer Einbeziehung der Kulturarbeit in den Kalten Krieg. Gleichzeitig
   wurde der Kulturbegriff erweitert. Das Prinzip der Gegenseitigkeit in den Kulturbeziehungen wurde ein Thema. Nach dem Fall des Eisernen Vorhangs 1989/90 hat sich

die Auswärtige Kulturpolitik nochmals stark verändert, vor allem – und erst recht nach dem 11. September 2001 – in Richtung Konfliktprävention.

4. Die **Sprachförderung** war immer ein wesentlicher Teil der Auswärtigen Kulturpolitik, sowohl in Bezug auf die Verbreitung als Fremdsprache und über die deutschen Schulen im Ausland als auch durch die Förderung deutschstämmiger Minderheiten im Ausland, die Nutzung von Deutsch als internationaler Wissenschaftssprache oder Mediensprache und schließlich durch die Bemühungen, Deutsch als Sprache der Diplomatie in internationalen Organisationen durchzusetzen.

5. Die **kulturelle Programmarbeit** ist ein Kernbereich der Auswärtigen Kulturpolitik. Sie ist überwiegend reaktiv entstanden, hat sich sukzessiv und additiv zum heutigen Gesamtbild gefügt und stützt sich auf eine Vielfalt von Institutionen. Im Mittelpunkt steht Kulturaustausch. Das Auswärtige Amt sieht als Kriterien die Qualität, die Relevanz für das Partnerland und die Nachhaltigkeit an. Zur Programmarbeit gehören bildende Kunst, Archäologie, Musik, Literatur (einschließlich Übersetzungen und Buchmessen, Wortveranstaltungen, Lesereisen und Gästeprogramme), Film, Theater und Tanz sowie Architektur.

6. **Hochschule und Wissenschaft** sind von jeher zentrale Bestandteile der Auswärtigen Kulturpolitik. Durch die Förderung von Bildungs- und Wissenschaftseliten wird ein internationales Netz von Partnern aufgebaut, die sich durch eine differenzierte Kenntnis Deutschlands bzw. anderer Länder auszeichnen und auf einer Basis gegenseitigen Vertrauens später »Botschafter« ihrer früheren Gastländer sein können. Die gleichzeitig angestrebte Entwicklung eines leistungsstarken, international attraktiven und innovativen deutschen Hochschul- und Wissenschaftssystems soll die Ausbildung qualitativ hochwertigen wissenschaftlichen Nachwuchses und eine Kooperation auf internationalem Niveau ermöglichen. Weltweit wird für den Studien- und Forschungsstandort Deutschland geworben. Austauschprogramme werden zunehmend in die Krisenprävention und in den (Wieder-)Aufbau zerstörter oder unterentwickelter Wissenschaftssysteme einbezogen. Ein Trend zur Europäisierung von Mobilität und Kooperation ist erkennbar.

7. Die sehr zahlreichen **deutschen Schulen im Ausland** im 19. Jahrhundert waren die Keimzelle einer Außenkulturpolitik. Heute gibt es deutschsprachige Schulen für Kinder von vorübergehend im Ausland lebenden deutschen Staatsangehörigen, zweisprachige Begegnungsschulen in unterschiedlichen Formen, Schulen mit verstärktem Deutschunterricht, landessprachige Schulen mit Deutschunterricht, europäische Schulen mit Arbeitssprache Deutsch, deutschsprachige Abteilungen an staatlichen Schulen und Lehrerbildungsinstitute zur Ausbildung von Deutschlehrern. Die Bundesregierung leistet Finanzierungsbeiträge, unter anderem durch die Entsendung von 1.000 Lehrern. Eine umfangreiche Förderstruktur unterstützt das System. Die bereits als gut eingeschätzte Wettbewerbsfähigkeit wird weiter erhöht.

8. **Informationen über Deutschland** sind vor allem im Internet reichlich vorhanden, für ausländische Nutzer aber nicht einfach zu erschließen. Die Leistungen einzelner Portale und Websites werden dargestellt und gewichtet. Vieles dupliziert sich, eine bessere Koordination ist wünschenswert.

9. Das Nachdenken über die **Prävention von Krisen und Konflikten** ist seit einigen Jahren ins Zentrum der internationalen Politik gerückt. Allerdings steht Friedenskonsolidierung nach Beendigung eines Konfliktes im Vordergrund. Eine echte Prävention, die den Ausbruch von Gewalt verhindert hätte, ist bis heute nicht gelungen. Die Zahl der Akteure in der Krisenprävention hat sich in den vergangenen Jahren stark erweitert, zu multilateralen Ansätzen sind nationale Konzepte sowie Programme unter Einschluss von NGOs hinzugekommen. Vorherrschender Konflikttypus ist der innerstaatliche Konflikt. Der Auswärtigen Kulturpolitik kommt eine wachsende Bedeutung zu, vor allem durch Dialog, Förderung demokratischer Entwicklungsprozesse sowie Verwirklichung der Menschenrechte.

10. Die **Medien** haben eine beherrschende Stellung im täglichen Leben und finden auch in der Auswärtigen Kulturpolitik breite Verwendung. Das *Buch* bleibt als Medium der Literatur unverzichtbar, auch wenn viele im Rahmen der Auswärtigen Kulturpolitik finanzierte Bibliotheken und Lesesäle aufgegeben werden mussten. Als Lehrbuch hat es aber auf jeden Fall bleibende Bedeutung, auch als Träger von Literatur oder Wissenschaft. Ob (gedruckte) *Zeitschriften* langfristig ihr Gewicht behalten werden, wird eher bezweifelt. Das *Radio* behält seinen Rang als Informationsmedium, aber auch als Instrument der Krisenprävention. Das *Fernsehen* hat erst in den vergangenen zehn Jahren eine zunehmende Relevanz in der Auswärtigen Kulturpolitik erlangt. Das *Internet* wird bereits jetzt immer stärker eingesetzt. Inhaltliche Probleme werden beim Einsatz von *Filmen* gesehen, ebenso bei der Präsentation von Kunstwerken über Medien. Die Frage, ob Mittlerorganisationen das für das Ausland bestimmte Material selbst produzieren oder Fertiges übernehmen sollen, wird differenziert beantwortet.

11. Der **Deutsche Bundestag** hat auf dem Gebiet der Auswärtigen Kulturpolitik nur verhältnismäßig begrenzte direkte, dafür aber zahlreiche indirekte Kompetenzen wie beispielsweise das Budgetrecht, Kontrollmöglichkeiten, Zitierrecht, Interpellationsrecht sowie das Mittel einer Plenardebatte. Der für die Auswärtige Kulturpolitik zuständige Bundestagsausschuss nutzt sein seit 1969 bestehendes Selbstbefassungsrecht als wichtiges Instrument parlamentarischer Kontrolle. Die Wissenschaftlichen Dienste des Deutschen Bundestags verbreitern die Analysekapazitäten des Parlaments. Der Bundestag lässt sich vom Außenminister berichten, lädt Vertreter von Institutionen ein und führt öffentliche Anhörungen von Sachverständigen durch. Das Parlament lässt sich einen jährlichen Bericht des Auswärtigen Amts vorlegen. Fachausschüsse, Abgeordnetengruppen oder Delegationen in parlamentarischen Versammlungen internationaler Organisationen informieren sich auf Reisen vor Ort über Programme und Projekte.

12. Das **Auswärtige Amt** ist stärkster Akteur in der Auswärtigen Kulturpolitik des Bundes. Es erhebt den Führungsanspruch, die politischen Leitlinien der Auswärtigen Kulturpolitik der Bundesregierung zu formulieren und zu koordinieren. Es sieht sich aber nicht als Monopolist, sondern kooperiert mit Ländern und Gemeinden, finanziert Mittlerorganisationen und sucht in neuerer Zeit systematisch auch privat-öffentliche Zusammenarbeit. Die kulturpolitische Arbeit des Amts soll einen Beitrag zur

Gestaltung einer friedlichen Weltordnung leisten, den europäischen Integrationsprozess stärken und den internationalen Austausch in Wissenschaft und Hochschule fördern. Über gesicherte rechtliche Rahmenbedingungen für die Arbeit im In- und Ausland, die Zuteilung von Haushaltsmitteln, die Setzung von regionalen Schwerpunkten und zahlreiche Planungsgespräche nimmt das Amt Einfluss auf die weitere Entwicklung. Auch über Zielvereinbarungen mit Mittlerorganisationen erweitert das Amt seine Steuerungsmechanismen. Den Kulturreferenten im Ausland kommt eine wachsend wichtige Rolle zu.

13. Neben dem Auswärtigen Amt betätigen sich **weitere Bundesministerien** als Akteure von Programmen und Projekten Auswärtiger Kulturpolitik und internationalen Kulturaustauschs (wobei die Vervielfachung transnationaler Beziehungen in der Bundesregierung in zahlreichen wissenschaftlichen Untersuchungen kritisch hinterfragt wird):

   – Das für *Bildung und Forschung* zuständige Bundesministerium finanziert internationale Kooperation in Wissenschaft und Forschung, in Bildungsfragen und im Studenten- und Wissenschaftleraustausch, das internationale Marketing für den Studien- und Forschungsstandort Deutschland sowie eine Reihe von akademischen Einrichtungen im In- und Ausland. Allerdings steht im Mittelpunkt aller Aktivitäten die Wettbewerbsfähigkeit Deutschlands und die Fähigkeit zur Innovation durch Weltoffenheit und Internationalität.

   – Der beim Bundeskanzleramt angesiedelte *Staatsminister und Beauftragte der Bundesregierung für Angelegenheiten der Kultur und der Medien* (BKM) finanziert unter anderem die Deutsche Welle und die Kulturstiftung des Bundes und vertritt kulturpolitische Interessen der Bundesrepublik Deutschland in internationalen und supranationalen Organisationen. Der Aktivitätsbereich ist auf Ausweitung angelegt.

   – Das für *Jugendfragen* zuständige Bundesministerium fördert Programme der Begegnung und Zusammenarbeit von Jugendlichen und Fachkräften der Jugendhilfe.

   – Das *Bundesministerium der Justiz* fördert über eine Stiftung die Beratung von Partnerstaaten bei der Reform ihrer Rechtssysteme und ihres Justizwesens.

   – Das *Bundesministerium für Wirtschaftliche Zusammenarbeit und Entwicklung* (BMZ) qualifiziert akademische Fach- und Führungskräfte in entwicklungsrelevanten Sektoren und unterstützt die Anbindung bestimmter Länder an globale Wissensnetze. Es fördert ferner den Studenten- und Wissenschaftleraustausch und andere Formen der Forschungskooperation mit Entwicklungsländern. Die genaue Abgrenzung zu Aktivitäten und Maßnahmen des Auswärtigen Amts ist allerdings nicht eindeutig.

   – Das *Bundesministerium des Innern* unterstützt deutsche Minderheiten im Ausland.

14. Die **Länder** der Bundesrepublik Deutschland engagieren sich kulturpolitisch durch zahlreiche direkt finanzierte Projekte und Initiativen zunehmend im Ausland. Indirekt leisten sie erhebliche Beiträge für die Umsetzung von Programmen der Auswärtigen Kulturpolitik im Inland dadurch, dass Schüler, Lehrer, Studierende, Wissen-

schaftler und Künstler von den Kultur- und Bildungseinrichtungen der Länder aufgenommen und betreut werden und länderfinanzierte Theater, Museen und Konzertsäle bereitstehen. Vertraglich geregelt ist die Einbindung der Länder in Kulturabkommen. Gesetzlich ist die Mitwirkung der Länder in Angelegenheiten der Europäischen
Union über den Bundesrat festgelegt.

15. Der Beitrag der **Gemeinden** zum internationalen Kulturaustausch hat sich erheblich
erweitert; der Bundestag spricht von einer »zunehmenden Kommunalisierung der
Auswärtigen Kulturpolitik«. Die Zahl der deutschen Städtepartnerschaften hat sich
in 20 Jahren verdoppelt. Kommunen bemühen sich einerseits, sich zu internationalisieren und Migranten besser zu integrieren, andererseits international aktiv zu werden über Partnerschaften, Auslandsbüros, Ländervereine, NGOs, Stiftungen oder
Marketingaktivitäten.

16. Das Auswärtige Amt arbeitet in der Verwirklichung seiner Auswärtigen Kulturpolitik überwiegend mit **Mittlerorganisationen**. Sie haben weit gehende Freiheit der
Programmgestaltung. Sie sind in der Regel privatrechtliche Vereine oder Stiftungen,
in deren Gremien der Staat vertreten ist, aber nicht die Mehrheit der Stimmen hat. Die
Vorteile des Mittlerorganisationen-Modells werden in Flexibilität, Pluralismus, Unabhängigkeit, Wissensvorsprung, Professionalität, Glaubwürdigkeit und Innovati-
onsfähigkeit gesehen. Nachteile liegen bei Zielsetzung und Steuerung durch das Auswärtige Amt, bei mehr Aufwand in der Koordination und weniger Übersichtlichkeit
bei »Kunden« im Ausland. Auch Besitzstandswahrung und Konkurrenzdenken werden den Mittlern vorgeworfen.

17. Die Zahl der **Nichtregierungsorganisationen** hat sich in den letzten zwei Jahrzehnten vervielfacht. Sie verstehen sich als Akteure der internationalen Zivilgesellschaft
und Sprachrohre der globalen Öffentlichkeit und haben enorme Möglichkeiten zur
politischen Einflussnahme erhalten. Sie tragen zur Demokratisierung der Weltpolitik
bei und bringen auch von der offiziellen Politik verdrängte Themen in die Öffentlichkeit. Kritisch beobachtet werden eine gewisse Dominanz der Organisationen aus Industrieländern, Mängel in der Professionalisierung und demokratischen Kontrolle
sowie ihre Einschaltung zur »Privatisierung« von Entwicklungshilfe. Die Vorzüge
überwiegen jedoch. Auch in Deutschland hat sich die Zahl der Nichtregierungsorganisationen erheblich vergrößert. Die deutsche Außenpolitik sieht sie als willkomme-
nes strategisches Element, auch in der Auswärtigen Kulturpolitik. Sie arbeiten preis-
wert und unbürokratisch, gehen »auf eigene Gefahr« in Konfliktregionen, werben
weitere private und nationale oder internationale Mittel ein und engagieren sich vielfältig in »*Grassroot*-Projekten«, häufig mit Partnerorganisationen vor Ort. Sie leisten
damit indirekt auch »Entstehungshilfe« für Selbstorganisationen der Zivilgesellschaft.

18. Unter den deutschen Nichtregierungsorganisationen kommt den **politischen Stiftungen** eine besondere Bedeutung zu. Sie sind weltweit einmalig in ihrer Art. Alle Stiftungen unterhalten Auslandsbüros. Sie treten als international agierende NGOs auf,
werden aber vom Staat finanziert und sind durch ihre Parteinähe in der amtlichen Politik vom Parlament bis zur Regierung verankert. Für ihre außen- und entwicklungs-

politischen Tätigkeiten erhalten sie zweckgebundene Mittel vor allem des Bundesministeriums für Wirtschaftliche Zusammenarbeit und Entwicklung und des Auswärtigen Amts. Ihre kulturpolitischen Programme im Ausland haben zum Teil Überschneidungen mit der Auswärtigen Kulturpolitik. Wichtigste Aufgaben sind die Entwicklung der transatlantischen und europäischen Zusammenarbeit und die Unterstützung der europäischen Einigungsprozesse, die Heranführung der Reformstaaten von Mittel- und Osteuropa an die europäischen und transatlantischen Strukturen, Demokratieförderung in den Transformationsstaaten, entwicklungspolitische Arbeit als Hilfe zur Selbsthilfe, überregionale Aufgaben und Pflege der bilateralen Beziehungen. Zielgruppen sind Entscheidungsträger auf allen Ebenen.

19. Die Beziehungen zwischen **Stiftungen** und Auswärtiger Kulturpolitik waren historisch zunächst von Misstrauen und gegenseitiger Ablehnung geprägt, wenngleich im akademischen Austausch schon im 19. Jahrhundert Stiftungsinitiativen erfolgreich waren. Wo aber Außenkulturpolitik zunächst und vor allem auch Machtpolitik war, blieb kein Raum für eine Stiftungsinitiative. Heute sind gemeinnützige private Stiftungen aus den internationalen Beziehungen nicht mehr wegzudenken. Ihr strategischer Vorteil: Dauer, Nachhaltigkeit und Unabhängigkeit in Verbindung mit unternehmerischer Orientierung, die ausschließlich auf gemeinnützige Ziele bezogen ist. Entsprechend lässt sich heute ein beachtliches Spektrum an Projekten und Programmen nennen. Der Beitrag führt 16 Beispiele auf, mit einem Schwerpunkt auf den Initiativen der Robert Bosch Stiftung. Nicht selten wirkt stifterisches Handeln in den auswärtigen Kulturbeziehungen auch im Sinne eines Korrektivs. Stiftungen sind von ihrem Auftrag her darauf verwiesen, Fehlentwicklungen und Defizite zu erkennen und praxisorientierte Lösungen ins Spiel zu bringen. Stifterisches Handeln ist komplementär, ergänzend und unterstützend.

20. Die **UNESCO** als Sonderorganisation der Vereinten Nationen ist die einzige internationale Organisation, die für das gesamte Spektrum der Auswärtigen Kulturpolitik Zuständigkeiten hat. Sie erbringt Orientierungs- und Steuerungsleistungen und sieht ihre vorrangigen Themen aktuell in Kulturerhalt und kultureller Vielfalt, Bioethik, Bildungsqualität, Zugang zur Informationsgesellschaft, Bewältigung der weltweiten Wasserkrise und Vermittlung des Nachhaltigkeitsprinzips. Den von ihr 1982 formulierten »erweiterten Kulturbegriff« sieht sie als Grundlage aller Konzeptionen der deutschen Auswärtigen Kulturpolitik bis heute. Für die Auswärtige Kulturpolitik sind zahlreiche weitere multilaterale Organisationen von Bedeutung, vor allem Institutionen des Systems der *Vereinten Nationen*, doch ist die Koordination mit ihnen, zwischen ihnen sowie zwischen bilateraler und multilateraler Auswärtiger Kulturpolitik schwach ausgeprägt. Die deutsche Mitwirkung in der UNESCO fördert das Deutschlandbild, unterstützt Vertrauensbildung in Sicherheits- und Friedenspolitik, finanziert den Aufbau globaler Lerngemeinschaften und leistet multilaterale Politikberatung. Die Präsenz der UNESCO in der Bundesrepublik Deutschland sicherzustellen und an der Ausführung des Programms der UNESCO verantwortlich mitzuarbeiten sowie die rechtlichen Interessen der UNESCO in Deutschland wahrzunehmen ist Aufgabe der Deutschen UNESCO-Kommission.

21. Der **Europarat** sieht sich als »Gewissen Europas«, Politikberater und Initiator vielerlei Schlüsselkonzepte und innovativer Programme sowie im Verbund mit seinen spezifischen Rechtsinstrumenten mit gesamteuropäischer Wirksamkeit als einzigartiger Partner im internationalen Kulturaustausch. Zu seinen Aufgaben gehört die Förderung des Bewusstseins um die gemeinsame europäische kulturelle Identität in ihrer ganzen Vielfalt. Neben der *Europäischen Kulturkonvention* entstanden 18 weitere rechtsverbindliche Abkommen im Kultur-, Bildungs-, Jugend- und Sportbereich, ergänzt durch eine Vielzahl von Regierungsempfehlungen zu diesen Themen wie auch durch politische Deklarationen beispielsweise zur kulturellen Diversität, zum interkulturellen Dialog und zur Konfliktverhütung. Zahlreiche Programme setzten die vereinbarten Ziele auch operativ um, einschließlich praktischer Kulturpolitikevaluierungen und elektronischer kulturpolitischer Informationssysteme. In der Unterstützung kultureller Vielfalt in allen ihren Facetten bei gleichzeitiger Vertiefung gemeinsamer staatsbürgerlicher Werte und Verfolgung einer inklusiven Gesellschaftspolitik sieht der Europarat die herausragende Herausforderung für die europäische Kulturpolitik. Mit Netzwerken und hunderten von registrierten internationalen Nichtregierungsorganisationen bindet der Europarat die Zivilgesellschaft in seine Arbeit ein. Damit leistet er einen genuinen Beitrag zur europäischen Integration mittels Kulturzusammenarbeit.

22. Kultur- und Außenkulturpolitik waren für die Arbeit der Europäischen Wirtschaftsgemeinschaft zunächst nicht vorgesehen, entwickelten sich erst in den siebziger Jahren und wurden schließlich in den Verträgen von Maastricht (1992) und Amsterdam (1997) rechtlich etabliert. Bisher erfolgreichstes Programm in der Geschichte der **Europäischen Union** ist *ERASMUS*, das seit 1987 die Mobilität von Studenten und Dozenten im Hochschulbereich fördert (bis 2003 mehr als eine Million Studenten). Zahlreiche weitere Bildungsprogramme kamen hinzu. Ein vom Finanzaufwand eher bescheidenes Programm *Kultur 2000* entwickelt erst jetzt echten Kulturaustausch. Sollte die EU-Verfassung wie geplant in Kraft treten, wird im Rahmen der gemeinsamen Außenpolitik auch die Auswärtige Kulturpolitik immens an Bedeutung zunehmen, vor allem unter den Stichwörtern »Aufbau von Bildungsstrukturen«, »Krisenprävention und Konfliktabbau«, »Dialog mit der islamisch geprägten Welt«, »Stärkung von Zivilgesellschaften« sowie »Förderung von Demokratie und Menschenrechten«.

23. Die **Außenkulturpolitik der USA** unterscheidet sich deutlich von Modellen westeuropäischer Länder: Sie ist weit weniger politisch eigenständig, sondern eher eine Sammlung vertrauensbildender und dialogfördernder Maßnahmen weniger öffentlicher und vieler privater Akteure auf amerikanischer Seite. Große private Stiftungen wirken im Ausland mit erheblichen Mitteln und völlig unabhängig von staatlichen Vorgaben oder Kontrollen durch selbstfinanzierte kultur- und bildungspolitische Projekte und Programme. Eine eigene *cultural diplomacy* gab es erst nach 1945, vor allem zur Unterstützung des Demokratisierungsprozesses in Deutschland. Dazu gehörte auch das Fulbright-Programm. Wichtiger weiterer Pfeiler war die internationale Presse- und Öffentlichkeitsarbeit (*public diplomacy*). Vor allem das Ende des Kalten

Kriegs führte zu weitreichenden Veränderungen und Haushaltskürzungen. Heute stehen dem Außenministerium noch 350 Millionen US-Dollar für *educational und cultural exchange* zur Verfügung, wovon der Löwenanteil an die Fulbright-Kommission und das Institute of International Education geht. Dabei ist dem Außenministerium aber auch bewusst, dass sich amerikanische Kulturpolitik in vielen Ländern außerhalb jeder staatlichen Förderung in Freundschaftsvereinen, privaten Clubs und Zirkeln, privaten Projekten, Besuchsprogrammen und Kooperationen manifestiert, ganz zu schweigen vom Kulturtransfer durch die globalen Medien. Dennoch gibt es eine intensive Diskussion über die »richtige« Strategie in der US-*public diplomacy* der Zukunft.

24. **Großbritannien, Frankreich, Spanien, Italien und Portugal** als beispielhafte Mitgliedstaaten der Europäischen Union in Westeuropa betreiben Auswärtige Kulturpolitik immer noch weit gehend autonom. In einer Kategorisierung zeigt sich, dass in romanischen Staaten das Außenministerium der zentrale Akteur ist, an dem sich die Kulturinstitute zu orientieren haben. Das britisch-germanische Gegenmodell gibt Kulturinstituten zumindest formell eine Selbständigkeit. *Frankreich* pflegt ein ausgeprägtes etatistisches Modell. Frankreichs Außenkulturpolitik fördert die Sprache, die Informationsverbreitung und Kulturvermittlung, aber neuerdings auch die Implementation französischer Entwicklungshilfsprogramme (seit der Fusion des Entwicklungshilfeministeriums mit dem Außenministerium 1999), die Unterstützung der Forschung und Hochschulausbildung, die Förderung französischer Ideen und die Ausweitung der weltweiten audiovisuellen Präsenz. *Großbritannien* setzt seine Auswärtige Kulturpolitik überwiegend über den British Council um. Seine Aufgabe ist dahin gehend definiert, das Ansehen Großbritanniens weltweit zu verbessern, Partnerschaften in anderen Ländern einzugehen und den Dialog mit wichtigen ausländischen Persönlichkeiten und Multiplikatoren aufzubauen. Im Unterschied zu anderen nationalen europäischen Kulturinstituten führt der British Council auch Projekte zu *governance* durch und setzt sich für Menschenrechte ein. Die staatlichen Kulturinstitute *Italiens* arbeiten mit den üblichen Aufgabengebieten Kultur, Kunst, Wissenschaft und Sprache, haben darüber hinaus aber auch den Auftrag, die im Gastland ansässigen Bürger italienischer Herkunft bei der Integration im Gastland und der Aufrechterhaltung des Kontakts zum Heimatland Italien zu unterstützen. In *Portugal* hat das Außenministerium erst 1992 das Instituto Camões gegründet als Mittler für die portugiesische Sprache und Kultur im Ausland und Förderer von Austauschaktivitäten und Forschungsvorhaben sowie zahlreichen kulturellen Veranstaltungen. *Spanien* gründete 1991 das Instituto Cervantes als Dach inzwischen zahlreicher Auslandsinstitute. Bei den spanischen Instituten stehen – neben den klassischen Aufgaben der Kulturvermittlung im Ausland – von vornherein Dialog und Partnerschaften vor Ort im Vordergrund.

25. Aus Mittel- und Osteuropa wird exemplarisch die Außenkulturpolitik von **Polen, Ungarn und Russland** analysiert. Auch in diesen Ländern entwickelt sich ein Bewusstsein dafür, dass kulturelle Zusammenarbeit politische und wirtschaftliche Kooperationen entscheidend untermauern und stärken kann. Allerdings ist das For-

schungsdefizit für diese Staaten groß. Eine wissenschaftliche Durchdringung der Auswärtigen Kulturpolitik hat noch nicht stattgefunden. *Polen* hat sich erst Ende der neunziger Jahre entschlossen, eine Außenkulturpolitik aufzubauen. Eine Expertengruppe legte im Jahr 2000 ein erstes Konzeptionspapier vor, in dem die Vermittlung eines objektiven und vorurteilsfreien Polenbildes im Ausland als Hauptaufgabe identifiziert wurde. Gleichzeitig wurde das Adam-Mickiewicz-Institut in Warschau als Mittler und Dach der polnischen Kulturinstitute im Ausland gegründet. Auch *Ungarn* unterhält zahlreiche Kulturinstitute im Ausland und plant weitere. Sie sehen ihre Aufgaben in der Kulturvermittlung, im akademischen Austausch, in der Kulturdiplomatie und in der Arbeit am Ungarnbild im Ausland. Sie sollen ferner den im Ausland lebenden Ungarn den Kontakt zur Heimat erleichtern und sie bei der Eingliederung im Gastland unterstützen. *Russland* hat für seine Außenkulturpolitik noch keine formulierte Strategie. Allerdings bemüht es sich um eine kulturelle Unterstützung der russischen Minderheiten in den GUS-Staaten, in denen rund 25 Millionen Russen leben (allein 16 Millionen in der Ukraine und in Kasachstan).

26. **Japan** spricht offiziell nicht von Auswärtiger Kulturpolitik, sondern von »internationalem Kulturaustausch«. Das Wort Kultur bedeutet dabei dem Sinne nach »Regieren mit Tugend«, also ohne Zwang oder militärische Stärke. Im japanischen Wort »international« steckt nicht nur die Bedeutung, japanische Kultur in andere Länder zu bringen, sondern auch, die Struktur der japanischen Gesellschaft selbst zu reformieren (das heißt zu internationalisieren). Das Wort »Austausch« weist auf Friedfertigkeit und Wohlwollen hin. Kulturaustausch wurde erst Ende der siebziger Jahre zum strategischen Brennpunkt japanischer Außenpolitik. In den Folgejahren wurden zahlreiche Kulturaustauschprogramme ins Leben gerufen. Es wurden vier Ziele formuliert: Förderung des Friedens, Japans Beitrag zur Weltkultur, Umgang mit dem wachsenden Interesse an Japan im Ausland und Internationalisierung der japanischen Gesellschaft. Inzwischen beteiligten sich neun Ministerien mit Programmen am internationalen Kulturaustausch. In jüngster Zeit wird eine Grundsatzdiskussion über die künftige japanische Außenkulturpolitik geführt.

27. Das Kapitel über **Literatur und Internet** gibt Orientierungen zur Literaturrecherche in Bibliothek und Dokumentationsstelle des Instituts für Auslandsbeziehungen sowie in weiteren Bibliotheken und auch im Internet. Es werden Bibliographien, Zeitschriften, einführende Literatur und verfügbare Internetquellen vorgestellt.

Einleitung

»Alles ist Außenpolitik« behauptet die Zeitschrift *Internationale Politik* in ihrer ersten Ausgabe des Jahres 2005. Der Titel hat Symbolwert für den Stand der Diskussion um die Rolle der Kultur in der Außenpolitik. Noch nie ist der Begriff so weit verstanden und ausgelegt worden wie heute, noch nie hat die Kultur so viele Teile der Außenpolitik berührt, befruchtet, beeinflusst. Noch nie aber haben sich auch so viele Akteure an der Außenkulturpolitik und an den kulturellen Außenbeziehungen Deutschlands beteiligt: Bundesministerien, Landesregierungen, Kommunen, Mittlerorganisationen, Stiftungen, Nichtregierungsorganisationen, Unternehmen, Einzelpersonen.

Zum erstenmal in der hundertjährigen Geschichte der deutschen Auswärtigen Kulturpolitik wird deshalb mit diesem Buch der Versuch unternommen, eine Gesamtdarstellung dieses hochkomplexen Themas vorzulegen. Sie soll einerseits die Hochschulen ermuntern, sich stärker als bisher in der Lehre wie in der Forschung mit der »Dritten Säule« der deutschen Außenpolitik zu befassen, und Studentinnen und Studenten anregen, die vielfachen Chancen späterer Arbeitsmöglichkeiten für sich selbst zu sehen. Andererseits soll das Buch den Politikern und Praktikern der Außenkulturpolitik im Inland wie in den 1.500 deutschen Vertretungen im Ausland als Referenzquelle und Nachschlagewerk dienen.

Kultur ist ein Fundament der Außenpolitik. Sie wird als Instrument genutzt, um außenpolitische Ziele zu erreichen. Bis 1989 wurde mit ihr im Ausland das bessere Deutschland vorgestellt und vermittelt. Nach 1990 und bis ins laufende Jahrzehnt hinein wurde die Hilfe bei der Transformation und beim Demokratie-Aufbau in den mitteleuropäischen ehemaligen Mitgliedstaaten der Sowjetunion zu einer Priorität. Seither ist die Bedeutung der Auswärtigen Kulturpolitik auch international immens gewachsen. Von ihr werden Beiträge zur Integration der neuen EU-Mitgliedsländer erwartet, neue Ansätze im Dialog mit der islamisch geprägten Welt, eine Unterstützung wirtschaftlicher Interessen der Bundesrepublik Deutschland, ein Beitrag zur Krisenprävention in der Außenpolitik und schließlich – in Deutschland selbst – eine Unterstützung der Integration von Migranten. Trotz dieses Bedeutungszuwachses fehlt eine ernstzunehmende akademische Diskussion und wissenschaftliche Untermauerung. Nur etwa 20 deutsche Hochschulen behandeln das Thema in der Lehre. Die Zahl der Wissenschaftler, die sich in Forschungsarbeiten mit Fragen Auswärtiger Kulturpolitik beschäftigt, ist klein. Man konstatiert eine Praxis ohne Theorie. Auch der internationale Vergleich und Erfahrungsaustausch war bis vor kurzem inexistent, ein europäisches Netzwerk in der Forschung wie auch in der Praxis nur rudimentär entwickelt. Dabei bleiben viele Chancen für Synergien ungenutzt.

In dieser Gesamtdarstellung wird vom erweiterten Kulturbegriff ausgegangen. Zu ihm gehören auch die Stichworte Entwicklung und Kultur, Krisenprävention und Konfliktbewältigung, Systemtransfer und Systemaufbau, der globale Ausbildungsmarkt und der

Kampf um kluge Köpfe, die Internationalisierung und Qualifizierung des deutschen Ausbildungssystems und die Auswirkungen der Globalisierung.

Das Buch ist ein Gemeinschaftswerk. Es gibt den derzeitigen Stand der Diskussion (die aber in zunehmender Dynamik ist) wieder, nutzt alle zur Zeit verfügbaren Quellen und führt internationale Vergleiche in die deutsche Debatte ein. Es sieht sich in enger Nachbarschaft zum Internet und beschreibt deshalb beispielsweise die Tätigkeit der Mittlerorganisationen nur ganz knapp, weil alle Organisationen umfangreiche und jederzeit aktuelle Informationen über ihre Tätigkeit im Internet anbieten.

Mein Dank gilt zunächst Prof. Manfred Erhardt und dem Stifterverband für die Deutsche Wissenschaft, die die Idee für dieses Handbuch spontan gutgeheißen und finanziell unterstützt haben. Die Alexander Rave-Stiftung, Stuttgart, hat durch einen Beitrag den Preis des Buches dankenswerterweise deutlich senken können. Ich danke sodann den Autorinnen und Autoren aus Wissenschaft und Praxis, die sich auf dieses Gemeinschaftswerk eingelassen haben. Dank sagen möchte ich auch dem ifa-Kompetenzzentrum Auswärtige Kulturpolitik, allen voran Claudia Judt und Kornelia Serwotka, die Mitglieder der Task Force »Handbuch« gewesen sind. Geleitet wurde die Task Force von Udo Rossbach, ohne dessen Wissen, Langzeitgedächtnis und unermüdliche Dynamik das Buch in der Schlussphase nicht so zügig zu Stande gekommen wäre. Sebastian Körber hat einen kritischen Blick auf den Gesamttext geworfen und dabei gute Ideen gehabt. Ein Dank gebührt schließlich noch meinen Mitarbeiterinnen Karin Lyncker und Kerstin Maihöfer für Unterstützung und Geduld.

Kurt-Jürgen Maaß

Überblick: Ziele und Instrumente der Auswärtigen Kulturpolitik

von Kurt-Jürgen Maaß

Was ist Auswärtige Kulturpolitik? Sie ist nicht weniger als ein Instrument der Außenpolitik, von Willy Brandt seinerzeit als »Dritte Säule« der Außenpolitik, von Hildegard Hamm-Brücher als »Dritte Dimension« bezeichnet. Es geht nicht einfach um die Förderung der Kultur im Ausland, sondern darum, wie Kulturarbeit die Ziele der Außenpolitik unterstützt. Diese Ziele haben sich im Lauf der Zeit immer wieder verändert. In der Weimarer Republik, besonders während der Amtszeit von Außenminister Gustav Stresemann, ging es vor allem um die Wiederaufnahme Deutschlands in die internationale Völkergemeinschaft, die Gewinnung von neuen Freunden und Partnern, um Unterstützung für deutsche Sichtweisen und Positionen, um das Wiedererlangen von Ansehen, Vertrauen und Sympathie. Natürlich sollte mit der Ausstrahlung deutscher Kultur und Geistestradition auch die Legitimation Deutschlands als Kulturstaat unterstützt werden, ebenso wie ein positives Deutschlandbild.

Kurt Düwell sah eine schwierige Grenze zwischen Kulturpolitik und Kulturpropaganda in der Weimarer Zeit. Er unterschied fünf Typen von Auswärtiger Kulturpolitik (siehe hierzu den Beitrag von Düwell in diesem Buch, S.62ff.):

1. die kulturelle Ausstrahlung
2. die kulturelle Selbstinterpretation
3. die kulturelle Expansion
4. die Kulturpropaganda
5. den Kulturimperialismus

Der letzte Punkt führte direkt zur Nazizeit. Die Nationalsozialisten missbrauchten die Kultur in ihrer Außenpolitik für Zwecke der Propaganda und des Imperialismus, vor allem auch zur Unterstützung der deutschen Expansion und der angestrebten machtpolitischen Weltgeltung. In den von Deutschland besetzten Gebieten wollte man die »Überlegenheit« der deutschen Kultur und Sprache vermitteln.

Der Wiederaufbau einer Außenkulturpolitik nach dem Zweiten Weltkrieg verfolgte zunächst ganz ähnliche Ziele wie Stresemann in der Weimarer Zeit, in der Formulierung des Berichts der Enquete-Kommission zur Auswärtigen Kulturpolitik: »die Wiedereingliederung des deutschen Volkes in die internationale Gemeinschaft« (Enquete-Kommission 1975: Ziffer 30). Nach dem Jahrhundertverbrechen an den europäischen Juden war der Neuanfang aber ungleich schwieriger. So rückte die Vermittlung eines realistischen, offenen und zukunftsgerichteten Bildes von der neuen deutschen Demokratie und ihrem Umgang mit der eigenen schwierigen Vergangenheit für mehrere Jahrzehnte in den Mittelpunkt der auswärtigen Kulturarbeit. In den siebziger Jahren kam der Gegenseitigkeitsgedanke hinzu: der Kulturaustausch als Zweibahnstraße; nicht zuletzt aus der Erkenntnis heraus, dass die eigene Glaubwürdigkeit beim Verbreiten von Kultur aus Deutschland im Ausland nur dann gegeben ist, wenn Deutschland selbst Interesse an der Kultur anderer

Nationen hat, ja auch Respekt für andere Kulturen, und in der Lage ist, offen und sensibel damit umzugehen.

Ein weiteres Ziel der Auswärtigen Kulturpolitik, in den neunziger Jahren schon erfolgreich in so genannten Transformationsländern vor allem in Mittel- und Osteuropa umgesetzt, ist in jüngster Zeit akzentuiert worden. Danach sollen durch die Außenkulturpolitik die europäische Wertegemeinschaft, die Vermittlung von Werten, Normen und Prinzipien sowie die Unterstützung von Entwicklungsprozessen einzelner Länder in Richtung auf Demokratie und soziale Marktwirtschaft gefördert werden, darüber hinaus auch die Fähigkeit zum Umgang mit und zur Lösung von Konflikten durch die Förderung von rechtsstaatlichen Strukturen, partizipatorischen Entscheidungsprozessen in Politik und Gesellschaft, Institutionenbildung und Ähnliches.

Es gibt auch eine Verbindung zur Außenwirtschaftspolitik – pointiert insbesondere unter Minister Klaus Kinkel –, indem Auswärtige Kulturpolitik dazu beiträgt, die Akzeptanz für deutsche Produkte, Investitionen und Dienstleistungen zu erhöhen, und indem die kulturelle, ordnungspolitische, demokratisch-wertorientierte Ausstrahlung Deutschlands im günstigsten Fall auch die Wettbewerbsfähigkeit verbessert. Gerade im akademischen Austausch hat ein Umdenken stattgefunden. Deutschland möchte seine wirtschaftliche Position durch eine vermehrte Ausschöpfung des weltweiten Begabungspotenzials sichern, gleichzeitig den eigenen Führungsnachwuchs durch Auslandsaufenthalte weltoffen qualifizieren und ihm interkulturelle Kompetenz – eine der Schlüsselqualifikationen des 21. Jahrhunderts – vermitteln.

Konzeptionen der Bundesregierung

Welche Konzeptionen hat nun die Bundesregierung für die Auswärtige Kulturpolitik entwickelt? Der erste systematische Ansatz erfolgte ein Jahr nach Einsetzung der Enquete-Kommission des Deutschen Bundestags zur Auswärtigen Kulturpolitik durch Ralf Dahrendorf als Parlamentarischem Staatssekretär im Auswärtigen Amt im Jahr 1970. Er formulierte *Leitsätze für die Auswärtige Kulturpolitik* (Auswärtiges Amt 1970b) und postulierte darin zum ersten Mal Überlegungen und Forderungen, mit denen die Bundesregierung Zielsetzungen und Instrumentarium der Auswärtigen Kulturpolitik den künftigen Erfordernissen anpassen wollte. Dazu gehörten die Anerkennung der Auswärtigen Kulturpolitik als einem tragenden Pfeiler der Außenpolitik, die Definition eines »erweiterten Kulturbegriffs«, der die ganze Bandbreite der geistigen Werte des deutschen Volkes umfassen sollte, das Handlungsprinzip des echten Kulturaustauschs anstelle einer bloßen Selbstdarstellung und – angesichts der damals zwei deutschen Staaten – das Prinzip der Einheit der deutschen Nation, Sprache und Kultur. 1975 legte die Enquete-Kommission ihren Bericht vor; er war über viele Jahre so etwas wie die »Bibel« der Auswärtigen Kulturpolitik und hat viele weitere Entwicklungen beeinflusst. Der Bericht liest sich auch heute noch frisch und anregend. Er enthält 500 Feststellungen und 130 Empfehlungen. Der Enquete-Bericht sieht als eines der Ziele die »Legitimation der Bundesrepublik als Kulturstaat in einer sich wandelnden Welt« (Enquete-Kommission 1975: Ziffer 20).

Auf ihn reagierte die Bundesregierung im September 1977 mit einer ausführlichen Stellungnahme (Bundesregierung 1977), in der sie fünf Grundsätze der Auswärtigen Kulturpolitik definierte:

1. Sie steht gleichrangig neben Diplomatie und Außenwirtschaftspolitik.
2. Sie geht »trotz der staatlichen Trennung der Deutschen« von einer gemeinsamen deutschen Kultur aus.
3. Sie muss sich an den Zielen der Außenpolitik orientieren, soll aber nicht »Magd« des Politischen oder gar der Außenpolitik werden.
4. Sie kann nicht mehr auf einseitigen »Kulturexport« beschränkt bleiben, sondern muss sich den kulturellen Wechselbeziehungen und der partnerschaftlichen Zusammenarbeit öffnen.
5. Sie vermittelt ein ausgewogenes, wirklichkeitsnahes und selbstkritisches Deutschlandbild.

Die Bundesregierung sah ihre Aufgabe in der Auswärtigen Kulturpolitik in dreifacher Hinsicht, nämlich in der Definition der Ziele, Schwerpunkte und Prioritäten, in der Organisation und Koordination der Durchführung und in der Finanzierung, wobei sie bewusst das praktizierte föderative und pluralistische Prinzip bekräftigte. Auf der Grundlage dieser Stellungnahme entstanden dann unter anderem ein *Rahmenplan für die Auswärtige Kulturpolitik im Schulwesen* (Auswärtiges Amt 1978) und *Zehn Thesen zur kulturellen Begegnung und Zusammenarbeit mit Ländern der Dritten Welt* (Auswärtiges Amt 1982). In diesen von der damaligen Staatsministerin im Auswärtigen Amt, Hildegard Hamm-Brücher, formulierten Thesen wurde unter anderem Hilfe zur kulturellen Selbsthilfe der Entwicklungsländer gefordert, ferner ein Abschied von der Absicht, westliche Kulturmodelle ins Ausland zu übertragen, sowie die Forderung nach mehr Partnerschaft und Austausch und vor allem nach mehr gleichberechtigter Gegenseitigkeit. In eine größere Öffentlichkeit getragen wurde dieser neue Ansatz der Auswärtigen Kulturpolitik durch ein viertägiges Symposium unter dem Titel *Internationale Kulturbeziehungen – Brücke über Grenzen* Ende Mai 1980 in Bonn mit mehr als 400 Teilnehmern aus 54 Ländern, das den Denkansatz der »Zweibahnstraße« wie auch die immer stärker formulierte Erkenntnis, dass Auswärtige Kulturpolitik im Inland beginnt, unter verschiedenen Ansätzen behandelte und – auch durch die Anwesenheit des damaligen Bundeskanzlers Helmut Schmidt – in eine größere Öffentlichkeit trug (Vereinigung für Internationale Zusammenarbeit 1980). Die Umsetzung dieser neuen Vorstellungen führte zu einer erheblichen Steigerung an Bundesmitteln für die Auswärtige Kulturpolitik.

Danach brachten erst die politischen Veränderungen nach 1989 eine teilweise neue Regierungskonzeption in die Auswärtige Kulturpolitik, indem mit einem umfangreichen Sonderprogramm die deutsche Sprache in Mittel- und Osteuropa gefördert wurde. Dieses Sonderprogramm wurde allerdings auf Kosten traditioneller Maßnahmen finanziert und löste damit bei den Mittlerorganisationen sehr viel Unwillen aus.

Die intensive öffentliche Diskussion in der zweiten Hälfte der neunziger Jahre über Inhalte und Zukunft der Auswärtigen Kulturpolitik (zu nennen sind hier das Stichwort »Frühwarnsystem« von Hans Magnus Enzensberger (Enzensberger 1995) und die Forderung von Wolf Lepenies (Lepenies 1995), Deutschland müsse »von einer Belehrungs- zu einer Lerngesellschaft« werden) führte nach dem Regierungswechsel von 1998 zur Entwicklung eines neuen Grundsatzpapiers des Auswärtigen Amts. Der Bundesaußenminister stellte es im Juli 2000 auf einer Tagung im Auswärtigen Amt vor (Fischer 1999; Auswärtiges Amt 2000a).

Mit dieser *Konzeption 2000* liegt nach der Stellungnahme der Bundesregierung von 1977 zum ersten Mal wieder ein geschlossenes Konzept der Bundesregierung zur Auswärtigen Kulturpolitik vor. In ihr unterstreicht das Auswärtige Amt sein Verständnis, dass die politischen Leitlinien der Auswärtigen Kulturpolitik von ihm formuliert und koordiniert werden. Schwerpunkte sind die Zusammenarbeit in Bildung und Wissenschaft, der internationale Kulturdialog, der Kunst-, Kultur- und Personenaustausch, die Nutzung und Entwicklung der Medien in der internationalen Zusammenarbeit, die Erhaltung und Stärkung der deutschen Sprache als Schlüssel zur deutschen Kultur sowie das Auslandsschulwesen.

Die Auswärtige Kulturpolitik soll nach der *Konzeption 2000* mit anderen Politikbereichen eng zusammenarbeiten, insbesondere mit der Entwicklungs- und Außenwirtschaftspolitik sowie der internationalen Kooperation in Wissenschaft, Forschung, Technologie, Erziehung, in der Berufsbildung, im Jugendaustausch und im Sport, in enger Abstimmung der beteiligten Bundesressorts, Länder und Nichtregierungsorganisationen.

Neu in der Konzeption ist die Forderung nach einem allmählichen Abbau eigener Strukturen Auswärtiger Kulturpolitik in westlichen Industrieländern und die Ersetzung staatlich geförderter Strukturen im Ausland (Kulturinstitute, Schulen) durch »Organisationsformen in gemeinsamer Trägerschaft mit örtlichen privaten und öffentlichen Partnern«. Langfristig wird das Ziel angestrebt, mit EU-Partnern in Drittländern »die Vielfalt der europäischen Kulturen in europäischen Kulturinstitutionen darzustellen«.

Sämtliche Programme sollen auf Qualität, Relevanz und Nachhaltigkeit überprüft werden, Qualität soll Vorrang vor Quantität haben, die Arbeit soll sich noch stärker auf multiplikatorische Wirkung konzentrieren und damit auf aktuelle und künftige Führungsgruppen, Multiplikatoren und Meinungsbildner in Politik, Wirtschaft, Wissenschaft, Kultur und Medien. Die modernen Kommunikations- und Medientechnologien, vor allem das Internet, sollen einen völlig neuen Stellenwert erhalten.

Die *Konzeption 2000* verknüpft erstmalig die Auswärtige Kulturpolitik mit außenpolitischen Zielen wie Friedenssicherung, Konfliktverhütung, Verwirklichung der Menschenrechte, Demokratieförderung, Aufbau von Zivilgesellschaft und hebt allgemein die Orientierung an Werten besonders heraus.

Zur Neukonzeption der Auswärtigen Kulturpolitik zählte das Auswärtige Amt auch die Fusion von Goethe-Institut und Inter Nationes.

Ergänzt wurde die *Konzeption 2000* durch *Leitlinien zur politischen Öffentlichkeitsarbeit im Ausland 2000* des Presse- und Informationsamts der Bundesregierung (Bundesregierung 2000). Darin wird als »Grundauftrag« formuliert, dass das Ansehen der Bundesrepublik Deutschland im Ausland gestärkt und ein umfassendes und wirklichkeitsnahes Deutschlandbild vermittelt sowie die deutsche Politik im Ausland verständlich gemacht werden soll. Bei der Gestaltung des Deutschlandbilds soll eng mit der Auswärtigen Kulturpolitik zusammengearbeitet werden.

Auch der Aktionsplan der Bundesregierung *Zivile Krisenprävention, Konfliktlösung und Friedenskonsolidierung* vom 12. Mai 2004 (Bundesregierung 2004a) hat die Ziele der Auswärtigen Kulturpolitik in einem Teilbereich präzisiert. Im Aktionsplan heißt es auf Seite 48: »Krisenprävention hat eine kulturelle Dimension. Interkulturelles Verständnis und die Achtung anderer Kulturen – innerstaatlich wie zwischenstaatlich – sind entscheidende Voraussetzungen für die Krisenprävention. Dazu gehören Dialog und Austausch, aber auch eine kultursensitive Weitervermittlung der Werte und Instrumente der Krisenprävention sowie die Unterstützung von Bildungssystemen, die den gewaltfreien Umgang mit Konflikten fördern und unterschiedliche Perspektiven insbesondere auf zeitgeschichtliche Unterrichtsinhalte zulassen.« Der Aktionsplan sieht die besonderen Möglichkeiten der Auswärtigen Kulturpolitik, über offizielle Positionen hinaus »gezielt zum Austausch über Werte beizutragen und damit auch die Zivilgesellschaft zu stärken. Die inhaltliche Eigenständigkeit der Kulturmittler und ihre Regierungsferne verleihen den stärker politisch-gesellschaftlich ausgerichteten Aktivitäten erhöhte Glaubwürdigkeit. Die Einrichtung des Islamdialogs ... zielt auf einen europäisch-islamischen Wertedialog, der Transformationen zur Demokratie bestärken soll« (Bundesregierung 2004a: 48f.).

Deutschland steht mit der Nutzung der Kultur als Instrument der Außenpolitik international nicht allein; auch andere Länder sehen die Kulturarbeit als integralen Bestandteil ihrer Außenpolitik. Dass es hierbei zu unterschiedlichen Nuancen kommt, ist normal. Bemerkenswert ist die britische Formulierung:

»It is no longer sustainable to argue that another man´s dictatorship is a matter of purely internal concern. In an era where domestic and foreign policy are invariably intertwined, we inevitably place a premium on promoting core values such as democracy, human rights, freedom of expression, and access to reasonable standards of health and education« (Baker 2003).[1]

Kultur, so sagte der tschechische Diplomat Zdenek Lycka auf der genannten Europakonferenz, ist ein integrierender Faktor, der die Härte internationaler Auseinandersetzungen und Konflikte mildern kann. Frankreich sieht in der Außenpolitik nicht nur die klassische diplomatische Dimension, sondern auch eine »wirtschaftliche, kulturelle und intellektuelle«, zwischen denen eine Synthese hergestellt werden soll. Der französische Parlamentsabgeordnete Yves Dauge sah in seinem Bericht an das französische Parlament im Jahr 2001 in der Außenkulturpolitik eine Verteidigung »des Ranges von Frankreich in der Welt« (Dauge 2001). Sie soll auch die Konzeptionen der Demokratie und Gesellschaft in Frankreich vermitteln und die Vitalität des französischen Denkens demonstrieren.

Instrumente

Die deutsche Auswärtige Kulturpolitik arbeitet mit einer Vielfalt von Instrumenten, die über Jahrzehnte hinweg entwickelt und verfeinert worden sind. Wichtig ist hierfür zunächst der rechtliche Rahmen. Er wird zur Verfügung gestellt über Abkommen der Regie-

---

1 Robin Baker auf der Europakonferenz von AA, ifa und Universität Konstanz im Oktober 2003 in Berlin.

rungen zu Kulturaustausch, Jugendaustausch, wissenschaftlich-technischer Zusammenarbeit oder zur Errichtung von Kulturzentren, ferner über regelmäßig tagende Gemischte Kommissionen, die Lizenzierung für Bücher, die gegenseitige Anerkennung von Zeugnissen, Leistungen und Abschlüssen, Filmabkommen und nicht zuletzt über tausende von Schulpartnerschaften, Hochschulpartnerschaften und Kommunalpartnerschaften.

Die Instrumente gliedern sich in
– feste Vertretungen und Strukturen im jeweiligen Partnerland,
– die Mobilität und Begegnung von Personen,
– das Angebot von Informationen,
– materielle Hilfen und
– die Sprachvermittlung.

Die Aufzählung der möglichen Instrumente ist nicht abschließend. Einzelprojekte wie gemeinsame Gedenkstätten oder die Restaurierung historischer Gebäude bzw. Hilfen beim Wiederaufbau von zerstörten Denkmälern der Baukunst passen nicht recht in das allgemeine Schema.

1. Vertretungen mit *eigenen Strukturen im Ausland* gehören von jeher zu den wichtigsten Instrumenten nationaler Auswärtiger Kulturpolitik. 20 der 25 EU-Staaten unterhalten ein System von Instituten im Ausland, von einem Institut (Schweden in Paris) bis zu 272 Instituten (British Council). Darüber hinaus gibt es zahlreiche Träger von Kulturprojekten und Programmen, so für Frankreich vor allem die laizistische gemeinnützige Alliance Française mit über 1.100 Einrichtungen im Ausland zusätzlich zu den französischen Kulturinstituten.

Deutschland hat ein sehr diversifiziertes Netz im Ausland, von den Goethe-Instituten und ihren Zweigstellen, Lesesälen und Informationspunkten über die DAAD-Büros und die Auslandsbüros der politischen Stiftungen bis hin zu Auslandsvertretungen der Entwicklungspolitik (GTZ, DED, KFW), die in ihrer Arbeit zunehmend viele Elemente von Kulturarbeit aufweisen. Die deutschen diplomatischen Vertretungen haben in der Regel Referenten, die sich ausschließlich oder zusätzlich zu anderen Aufgaben mit Fragen des Kulturaustauschs beschäftigt. Das Deutschlandnetz im Internetauftritt des Instituts für Auslandsbeziehungen (www.ifa.de/deutschlandnetz) umfasst insgesamt 1500 Adressen. Zu dieser Zahl gehören auch deutsche wissenschaftliche Institute im Ausland (vor allem historische und archäologische Institute), gemeinsame Museen und Buchinformationszentren.

Deutschland ist Gastland von 54 ausländischen Kulturinstituten an insgesamt 25 Orten in der Bundesrepublik.

2. Der wichtigste und quantitativ größte Teil der Instrumente Auswärtiger Kulturpolitik gehört zum Stichwort *Mobilität und Begegnung*. Zu ihm zählen Dialogveranstaltungen, Kulturveranstaltungen und Personenaustausch. Die Vielfalt der Dialogveranstaltungen zu erfassen ist praktisch nicht möglich. Hierzu gehören Konferenzen, Workshops, Kolloquien, Seminare, Symposien, Dialogforen, Diskussionsveranstaltungen, Kollegs und Sonderformen wie das Kulturschiff im deutsch-russischen Austausch und der Literaturexpress Europa. In einem weiteren Sinne zählen hierzu auch gemeinsame Studiengänge oder die gegenseitige Anerkennung von Studienstufen und Hochschulabschlüssen.

Kulturveranstaltungen erreichen die größte Zahl von Menschen, beispielsweise Kulturtage oder Kulturwochen eines Landes in Deutschland oder deutsche Kulturwochen bis hin zu einem ganzen Kulturjahr Deutschlands im Ausland, Festivals, Festspiele, Buchmessen und Aktionswochen. Einzelne oder mehrere Veranstaltungen können Theateraufführungen, Konzerte, Lesungen, Filmvorführungen, Tanz, Opern- und Ballettaufführungen, Vorträge, Folkloreaufführungen oder Performances umfassen. Kunstausstellungen vermitteln Malerei, Skulptur, Grafik, Design, Architektur, Fotokunst, Videokunst und Installationen. Kulturveranstaltungen können einerseits von den Kulturvertretungen im Ausland initiiert und organisiert werden, andererseits aber auch auf vielfältigen anderen Wegen und in direkten Netzwerken der nationalen Kulturinstitutionen und Kulturschaffenden zu Stande kommen. Mit Veranstaltungen in bildender Kunst zieht zum Beispiel das Goethe-Institut über die Hälfte seiner jährlichen Besucher im Ausland an.

Ein Instrument eigener Art ist eine Ehrung, sei es in Form eines besonderen Stipendiums, eines Preises, einer Medaille, einer Prämie oder einer Ehrenpromotion oder Ehrenprofessur.

Die Mobilität und die Begegnung von Personen ist auch über Kulturveranstaltungen im engeren Sinne hinaus ein wichtiges und intensives Instrument Auswärtiger Kulturpolitik. Dies beginnt mit Informationsreisen für Mittler und Multiplikatoren wie Journalisten, Parlamentarier, Gewerkschaftler, Kulturfachleute, Funktionäre, Beamte der Wissenschafts- bzw. Kulturverwaltung, Lehrer, Studenten, Wissenschaftler und Fachberater und setzt sich fort über Künstleraufenthalte und Recherchereisen, Kurz- oder Langzeitaufenthalte, Praktika oder Forschungsaufenthalte von Studenten, Wissenschaftlern, Fremdsprachlern, Kulturassistenten, Medienassistenten, Lektoren, Dozenten, Schülern und Jugendlichen, Musikpädagogen, Musikwissenschaftlern, Regisseuren, Dramaturgen, Theaterwissenschaftlern, Theaterpädagogen, Kuratoren, Restauratoren, Museumstechnikern oder Kulturmanagern. Finanziert wird dies über Vollkostenübernahmen, Reise- oder Wohnbeihilfen oder sonstige Kostenbeihilfen, bei Lehr- und Forschungstätigkeiten nicht selten auch über ganz normale Gehälter. Bisweilen werden Wohnungen für Auslandsaufenthalte gestellt (z.B. *Artist-in-Residence*-Programm). Stipendien sind ein wichtiges Instrument zur Förderung der Mobilität. Viele bezahlen ihre Mobilität allerdings selbst. So wird geschätzt, dass von mehr als 200.000 ausländischen Studenten in Deutschland im Jahr 2002 und den 50.000 deutschen Studenten im Ausland maximal 10 Prozent mit Stipendien aus deutschen Quellen unterstützt wurden. Die fast 20.000 Wissenschaftler aus über 150 Staaten, die im Jahr 2002 in Deutschland zu Gast waren, sowie die 5.500 deutschen Wissenschaftler im Ausland (2002) waren sämtlich gefördert (vgl. www.wissenschaft-weltoffen.de). Die Zahlen umfassen Kurzaufenthalte, beispielsweise im Rahmen von Konferenzen oder gemeinsamen Forschungsprojekten, bis hin zu Aufenthalten von mehreren Jahren.

3. Der dritte große Komplex Auswärtiger Kulturpolitik ist die direkte oder indirekte *Information* über das eigene Land und seine Leistungen und Angebote wie teilweise auch über andere Länder. Hier reichen die Einzelinstrumente von Vorträgen über Bro-

schüren, Bücher, Zeitschriften, Zeitungen, Filme, Videos, DVDs, CD-ROMs und Internetportale bis hin zu Radiosendungen und Fernsehsendern. Die Information wird direkt oder indirekt ergänzt durch Literatur in der eigenen oder in einer übersetzten Sprache, vor allem auch in Form von Lehrwerken für Bildung und Ausbildung im Schul- und Hochschulbereich. Das Informationsangebot wird ergänzt durch vielfältige Beratungen, beispielsweise im Verlagswesen, in der Curriculumentwicklung oder in der Schulbuchrevision. Häufig wird auch bei Reformen auf den verschiedensten Feldern intensiv beraten.

4. Neben der Beratung gibt es das Instrument *materieller Hilfen*, beispielsweise in der Informationstechnologie, im Aufbau von Datenbanken, im Aufbau von Archiven und Bibliotheken, in der Ausstattung für Schulen und Kindergärten, im Schenken von PCs, Kopierern und wissenschaftlichen Geräten, in der Finanzierung von Druckkosten und Büchern, der Förderung von Übersetzungen und der Finanzierung von Untertiteln oder der Synchronisation von Filmen.

5. Eine besondere Rolle spielt von jeher die Förderung der *Sprachvermittlung*, sei es durch ein eigenes Angebot an Sprachunterricht oder die Vermittlung von deutschen Lehrern und Hochschullehrern über die Fortbildung von Sprachlehrern im Gastland selbst und die Förderung des Faches Germanistik an Hochschulen des Gastlandes bis hin zu Angeboten wie Fernstudium, Internetkurse und Fernsehkurse. Auch die Unterstützung deutschsprachiger Studiengänge im Ausland ist ein wichtiges Instrument. Schließlich gehören zur Sprachvermittlung auch Sprachtests, unter anderem in Vorbereitung auf Studienaufenthalte in Deutschland.

Eine wissenschaftliche Untersuchung zu Instrumenten Auswärtiger Kulturpolitik gibt es bislang nicht, nur indirekt über Evaluationen zu Teilbereichen der Auswärtigen Kulturpolitik. So haben wissenschaftliche Arbeiten über die Stipendien- und Preisprogramme der Alexander von Humboldt-Stiftung (Universitäten Konstanz und Heidelberg) die hohe und langfristige Wirksamkeit dieser Instrumente empirisch belegen können.

1. Macht, Profit und Interessen – Auswärtige Kulturpolitik und Außenpolitiktheorien

von Volker Rittberger und Verena Andrei

Die Auswärtige Kulturpolitik steht zweifellos nicht im Zentrum der politikwissenschaftlichen Forschung und Lehre über Außenpolitik und internationale Beziehungen.[1] Wenige Politikwissenschaftler beschäftigen sich überhaupt mit dem Gegenstand, und noch weniger versuchen, mit Hilfe politikwissenschaftlicher Theorien die Auswärtige Kulturpolitik als Teilbereich der Außenpolitik im Allgemeinen und Deutschlands im Besonderen zu erklären. Im Fall der empirisch-analytischen Außenpolitikforschung trifft die Charakterisierung als »Stiefkind der Forschung« noch immer zu.[2] Zahlreichen Veröffentlichungen aus den Bereichen Soziolinguistik, Philosophie und Germanistik zur Auswärtigen Kulturpolitik Deutschlands stehen nur wenige politikwissenschaftliche Arbeiten gegenüber (Lippert 1996, Znined-Brand 1999, Schulte 2000, Peise 2003). In den engeren Bereich theoriegeleiteter empirisch-analytischer Forschung fallen lediglich die beiden Arbeiten von Andrei (2000) und Schneider/Schiller (2000). Seit einiger Zeit sind auch Autoren anderer Fachrichtungen bemüht, dieses Defizit auszugleichen. Zu erwähnen ist hier besonders Ulrich Ammon (2003/2004), der mit liberalistischen Annahmen und mittels eines spieltheoretischen Ansatzes Präferenzen der europäischen Staaten in der Frage der Arbeitssprachen in der Europäischen Union zu erklären unternimmt.

Ziel dieses Beitrags ist es darzulegen, dass und wie sich die Politikwissenschaft und insbesondere die Lehre von den internationalen Beziehungen mit der Auswärtigen Kulturpolitik oder Auswärtigen Kultur- und Bildungspolitik – diesen Terminus verwendet neuerdings das Auswärtige Amt (2001) – beschäftigen kann. Dazu werden im Folgenden drei theoretische Ansätze vorgestellt, die sich als Ausgangspunkte für eine vertiefte, empirisch gesättigte Analyse auch und gerade in vergleichender Perspektive – im Querschnittvergleich verschiedener Staaten oder im Längsschnittvergleich eines oder mehrerer Staaten über einen längeren Zeitraum – anbieten: der Neorealismus, der utilitaristische Liberalismus und der Konstruktivismus.[3] Der Beitrag gliedert sich dementsprechend in drei Hauptteile, welche in einem ersten Abschnitt den jeweiligen theoretischen Ansatz kurz umreißen, um anschließend die Anwendung der Theorie auf die Auswärtige Kultur-

---

1 Vgl. dazu Witte (2001) und die Übersicht bei Maaß (2003c).

2 So das Thema einer Konferenz des Instituts für Auslandsbeziehungen (Stuttgart) zur Auswärtigen Kulturpolitik im Jahr 2001. Theorieferne und fehlende begriffliche Klarheit in der Forschung über Auswärtige Kulturpolitik beklagt auch Gerd Ulrich Bauer (2001).

3 Diese in der politikwissenschaftlichen Forschung verbreiteten Außenpolitiktheorien wurden im Rahmen eines von der Deutschen Forschungsgemeinschaft geförderten Projekts zur *Deutschen Außenpolitik nach der Vereinigung – Kontinuität oder Wandel* erarbeitet (vgl. dazu Rittberger 2001b). Mit Hilfe von zwei dieser Außenpolitiktheorien wurde bereits im Rahmen der Magisterarbeit von Verena Andrei die *auswärtige Sprachförderungspolitik* der Bundesrepublik Deutschland gegenüber den Staaten Mittel- und Osteuropas (2000) mit aufschlussreichen Befunden untersucht.

politik anhand ausgewählter Beispiele, insbesondere der auswärtigen Sprachpolitik Deutschlands zu illustrieren.

Neorealismus

Der Neorealismus[4] betrachtet souveräne Staaten als Hauptakteure der internationalen Politik. Staaten handeln gemäß dieser theoretischen Sichtweise als rationale, eigennützige Akteure. Ihr Handeln ist von Anreizen und Zwängen bestimmt, das sich aus der Ordnung des internationalen Systems ergibt. Der Neorealismus geht von einer anarchischen Grundstruktur und variablen Machtstruktur des internationalen Systems aus und leitet daraus sowohl ein Sicherheitsdilemma als auch einen Zwang zur Selbsthilfe für souveräne Staaten ab. Deren Außenpolitik bedingen demnach zwei grundlegende Interessen: das Interesse an Sicherheit und daraus folgend das Interesse an möglichst großer Macht (vgl. Baumann u.a. 1999; 2001).

Neorealisten verstehen unter Sicherheit »the ability of states and societies to maintain their independent identity and their functional integrity« (Buzan 1991: 18f.) oder, in der älteren Formulierung von Richard Löwenthal, territoriale Integrität und »Freiheit der Eigenentwicklung« (Löwenthal 1971: 11-13). Sicherheit wird von Neorealisten häufig mit Unabhängigkeit oder Autonomie gleichgesetzt, das heißt, nicht nur die formale, sondern auch die faktische Unabhängigkeit von anderen Akteuren. Allerdings müssen *Sicherheit* und *Autonomie* streng voneinander abgegrenzt werden, da noch andere Güter existieren, die mit dem Gut *Autonomie* konkurrieren können und dennoch der Wahrung oder Stärkung der eigenen Sicherheit dienen. *Einfluss,* das heißt, die Kontrolle über die einen Staat umgebende internationale Umwelt, ist ein solches Gut. Um sowohl ihren Einfluss auf die sie umgebende Umwelt als auch die Autonomie ihr gegenüber zu wahren oder zu stärken, streben Staaten nach möglichst viel Macht, verstanden als *control over resources* (Baumann u.a. 2001: 40), zumeist gemessen anhand von Indikatoren wie militärischer und wirtschaftlicher Stärke.[5]

Staaten müssen nach dieser Theorie also Machtpolitik, das heißt, Autonomie und Einfluss maximierende, kurz: Sicherheit maximierende Politik betreiben.[6] Inwiefern sie aber

---

4   Diese Theorie begründete Kenneth Waltz mit seinem Schule bildenden Buch *Theory of International Politics* (1979). Weitere Vertreter dieser vor allem im angloamerikanischen Bereich immer noch bedeutsamen Theorie sind unter anderem John Mearsheimer, Stephen Krasner, Joseph Grieco und Colin Elman.

5   Ob neben militärischen und wirtschaftlichen Machtressourcen auch kulturelle Machtressourcen, Prestige und Bildungsstand etc. für die Machtposition eines Staates ausschlaggebend sind, ist strittig. Neorealisten beachten im Gegensatz zu klassischen Realisten wie Hans J. Morgenthau oder John H. Herz allein die wirtschaftlichen und militärischen Machtressourcen (Baumann u.a. 1999: 256).

6   In diesem Punkt gibt es innerhalb der Denkschule unterschiedliche Positionen. Manche Vertreter gehen davon aus, dass Staaten aufgrund der anarchischen Struktur des internationalen Systems immer nach mehr Macht streben, andere, dass sie ihre Machtposition lediglich zu wahren bestrebt sind (offensive versus defensive Positionalisten). Um eindeutige neorealistische Hypothesen für das auswärtige Verhalten eines Staates ableiten zu können, ist es sinnvoll, von der ersten Position auszugehen, derzufolge Staaten stets ein Interesse an möglichst viel Macht haben (Baumann u.a. 1999: 253; 2001: 41f.).

in der Lage sind, ihre Interessen gegenüber anderen Staaten durchzusetzen und ihre Autonomie und ihren Einfluss zu sichern, ist im Neorealismus durch ihre relative Machtposition im internationalen System determiniert. Die relative Machtposition ist mithin die erklärende Variable für die Art und die Stärke der Machtpolitik (Abwehr- oder Einflusspolitik), die ein Staat betreiben kann. Sie bestimmt sich durch seinen Anteil an der Gesamtheit der Machtressourcen, die ihm und anderen Referenzstaaten im internationalen System zur Verfügung stehen, und durch die Polarität (Uni-, Bi-, Multipolarität) des internationalen Systems (Baumann u.a. 1999: 273-275; 2001: 28). Ein mächtigerer Staat, also ein Staat, der über weit mehr Machtressourcen verfügt als andere, wie etwa die Vereinigten Staaten von Amerika, kann daher auch eher seine Interessen durchsetzen als ein Staat, der weder über die militärischen noch über die wirtschaftlichen Machtmittel verfügt, um seinen Forderungen Nachdruck zu verleihen. Im Fall Deutschlands gehen Neorealisten davon aus, dass sich nach der Vereinigung von 1990 die deutsche Machtposition im internationalen System deutlich verbessert habe, da es nun souverän sei und über ein Mehr an Bevölkerung, Territorium und wirtschaftlichen Ressourcen verfüge. Dementsprechend haben gerade Neorealisten die Ansicht vertreten, dass die Bundesrepublik Deutschland verstärkt Machtpolitik in allen Bereichen ihrer auswärtigen Beziehungen betreiben werde.[7]

Da die Praxis der deutschen Außenpolitik von 1990 bis heute nur wenig dafür hergibt, eine verstärkte Machtpolitik über vereinzelte Ansätze dazu hinaus zu konstatieren (Rittberger 2003; Rittberger/Wagner 2001), kann dem neorealistisch nur dadurch Rechnung getragen werden, dass die Verbesserung der Machtposition Deutschlands – entgegen den Mutmaßungen von Autoren wie Mearsheimer und Waltz – allenfalls als moderat eingestuft wird, was von Territorium und Bevölkerungszahl abgesehen auch den realen Gegebenheiten und Entwicklungstendenzen der relativen Machtposition Deutschlands eher entspricht (Baumann u.a. 1999: 266-272; 2001: 59-63). Es ist daher außerordentlich wichtig, nicht die in der Publizistik ohne sorgfältige Prüfung behauptete Machtposition zu Grunde zu legen, sondern die tatsächliche relative Machtposition eines Staates zu ermitteln, um zu aussagekräftigen und – aus der Sicht des Neorealismus – auch theoretisch fundierten Erklärungen des außenpolitischen Verhaltens zu gelangen.

Die Rolle der Auswärtigen Kulturpolitik aus Sicht des Neorealismus

Wie ist nun der Neorealismus auf die Auswärtige Kulturpolitik anzuwenden? Zunächst beschäftigt sich der Neorealismus mit den so genannten *high politics*, also vor allem Sicherheits- und Verteidigungspolitik, da diese als letztlich entscheidend für die Gewährleistung des Überlebens eines Staates in der anarchischen Staatenwelt gelten. Mit den so genannten *low-politics*-Bereichen haben sich Neorealisten aus eben diesem Grund weni-

---

7 John Mearsheimer (1990) und Kenneth Waltz (1993) erwarteten für Deutschland nach der Vereinigung eine stärkere Machtpolitik, welche je nach Szenario bei Mearsheimer auch eine Atombewaffnung beinhalten würde.

ger befasst. Daher finden sich auch nur wenige Aussagen darüber, wie hier die sicherheitsrelevante Kosten-Nutzen-Rechnung aussieht. Nach der Logik der neorealistischen Theorie wird ein Staat vor allem in den sicherheitsrelevanten Bereichen danach streben, seine Autonomie zu sichern und zu befördern (Baumann u.a. 1999: 267; Andrei 2000: 38-40). Umgekehrt gilt dann auch, dass Autonomie in Feldern, die sicherheitspolitisch nicht so bedeutsam sind, wie beispielsweise die Auswärtige Kulturpolitik, keine hohe Priorität eingeräumt werden muss.[8] Verallgemeinern lässt sich dies aber schwerlich, da Auswärtige Kulturpolitik je nach Staat, seiner relativen Machtposition und dem jeweiligen konkreten Problembereich eine unterschiedliche Nähe zu den Sachbereichen *Sicherheit, Herrschaft* und *Wohlfahrt* haben kann. Sicher gibt es Problembereiche der Auswärtigen Kulturpolitik, in denen sich aus neorealistischer Sicht die Frage eines Autonomiegewinns oder -verlusts nicht stellt, da Art und Intensität ihrer Bearbeitung für die nationale Sicherheit mehr oder weniger folgenlos bleiben. Dies muss aber im Einzelfall geprüft werden. Denn nach neorealistischer Auffassung werden Staaten immer dann, wenn ihre Sicherheit tangiert ist, Machtpolitik betreiben, auch wenn es sich um Problembereiche jenseits von Sicherheits- und Verteidigungspolitik im engeren Sinne handelt. Je größer ihre Macht ist, desto wirkungsvoller können sie auch andere Interessen als ihre unmittelbaren Sicherheitsinteressen verfolgen (Baumann u.a. 1999: 252; 2001: 39).[9] Auswärtige Kulturpolitik kann also neorealistisch betrachtet als Machtpolitik betrieben werden, wenngleich mit ihr in den meisten Fällen eher Einfluss als Autonomie maximiert wird.

Folgt man der begrifflichen Ausdifferenzierung von Machtpolitik in Abwehr- und Einflusspolitik, so stellt sich die Frage, wie Staaten mittels ihrer Auswärtigen Kulturpolitik Autonomie und Einfluss sichern oder ausweiten können. Eine Prognose darüber, welche Art von Machtpolitik ein Staat wählen wird, hängt von den theoriefundierten Annahmen darüber ab, wie ein Staat entscheidet, wenn das Streben nach beiden Gütern in Widerstreit gerät, wenn also Einflussgewinne nur mit Autonomieverlusten erzielt werden können. Für einen theorieadäquaten Umgang mit dieser Konstellation haben sich zwei Varianten der neorealistischen Theorie herausgebildet. Die erste Variante unterstellt, dass Staaten immer von *worst-case*-Szenarien ihrer Sicherheitsbedrohung ausgehen und daher immer danach streben, ihre Autonomie zu maximieren. Die zweite Variante, der modifizierte Neorealismus, geht hingegen davon aus, dass Staaten sich von Wahrscheinlichkeitskalkülen über ihre Sicherheitsbedrohung leiten lassen, mithin bei geringer Sicherheitsbedrohung auch Autonomieverluste in Kauf nehmen, um substanzielle Einflussgewinne zu erzielen.[10]

8   Ernst-Otto Czempiel unterscheidet drei Sachbereiche der Außenpolitik: Sicherheit, Herrschaft und Wohlfahrt. Er rechnet Auswärtige Kulturpolitik, verstanden als die »verschiedenen Formen der Auslandspropaganda über die Medien«, zum Sachbereich Herrschaft (Czempiel 1996: 18).

9   Barthold C. Witte zählt zu diesen weiteren nationalen Interessen etwa auch die Förderung der deutschen Sprache, die Auslandsschulen und die »Pflege eines realistischen und zugleich positiven Deutschlandbildes mit kulturellen Mitteln« (Witte 2001: 7).

10 Vertreter des modifizierten Neorealismus haben unterschiedliche Ansichten darüber, wie die sich wandelnde Sicherheitsbedrohung eines Staates bestimmt wird. Überwiegend wird die Auffassung vertreten, dass dafür Faktoren wie Technologie (Kommunikations- und Transporttechnologie zur Überwindung einer Gefahr), Geographie (die Nähe von feindlichen Großmächten) und Ökonomie Berücksichtigung finden müssen, um die jeweilige Sicherheitsbedrohung eines Staates zu erfassen (Baumann u.a. 1999: 266-272; 2001: 54-58).

34

Im Fall Deutschlands kann davon ausgegangen werden, dass seine relative Machtposition durch die Vereinigung und das Ende der Bipolarität nach 1990 eine mäßige Steigerung erfahren hat und nach dem Ende des Ost-West-Konflikts einer geringeren und zudem abnehmenden Sicherheitsbedrohung durch seine Nachbarn und die nuklearen Supermächte ausgesetzt ist. So liegt es nahe, eine höchstens mäßig gesteigerte Machtpolitik auch im Bereich der Auswärtigen Kulturpolitik zu erwarten. Für die auswärtige Sprachpolitik im Besonderen konnte aufgrund der relativ eindeutig verbesserten Machtposition Deutschlands gegenüber den Staaten Mittel- und Osteuropas durch den Zusammenbruch des Ostblocks ein Einfluss steigerndes und Autonomie schonendes Verhalten prognostiziert werden (Andrei 2000: 38-41).[11] Für die Auswärtige Kulturpolitik insgesamt ist es daher notwendig, einzelne Politiken zu differenzieren und nach Adressat und Zielregion zu unterscheiden.

Insgesamt wird die Auswärtige Kulturpolitik bei einer mäßigen Verbesserung der Machtposition eher auf Einflusssteigerung denn auf Autonomiewahrung oder -stärkung gerichtet sein, da Deutschland sich auch in seiner Auswärtigen Kulturpolitik in viele internationale Organisationen eingebunden hat, die Sicherheit Deutschlands durch andere Staaten nicht bedroht ist und Auswärtige Kulturpolitik in den bilateralen Beziehungen ihren Schwerpunkt in einer stark auf Austausch basierenden Praxis hat.[12] Es wäre machtpolitisch auch nicht rational, eine starke Abwehrpolitik zu betreiben, da Deutschland dadurch wenig an Autonomie gewinnen und viel an Einfluss verlieren würde.[13] Für gewöhnlich wird kein Staat, wenn er über die notwendigen Machtressourcen verfügt, auf den Einfluss durch kulturelle und nationale Selbstdarstellung im Ausland verzichten wollen. Mächtige Staaten werden aber umgekehrt Einflüsse auf ihre Kultur und ihr Bildungssystem zu beschränken suchen. Bei sehr mächtigen Staaten wie den USA ist daher auch in der Auswärtigen Kulturpolitik eine Politik der Autonomiemaximierung möglich. So kann beispielsweise die Medienpolitik der USA in der Zeit der UNESCO-Krise der siebziger

11 Für die deutsche Machtposition gegenüber den Staaten Mittel- und Osteuropas vgl. Andrei (2000: 28-38).

12 Durch die Auslandsmedien kann beispielsweise Auswärtige Kulturpolitik als eine Einfluss maximierende und Autonomie schonende Politik betrieben werden, besonders wenn der Entsendestaat die Konditionen diktiert. Auch Austauschpolitiken können Einfluss steigernd und Autonomie schonend eingesetzt werden. Der Künstleraustausch oder der Personenaustausch darf dann allerdings keine negativen Verpflichtungen mit sich bringen. Einfluss steigernd ist der Kulturaustausch besonders dann, wenn er stark asymmetrisch verläuft, das heißt, mehr ausführt als einführt.

13 Für Deutschland ist es aus historischen Gründen noch immer problematisch, Auswärtige Kulturpolitik als Abwehrpolitik zu konzipieren, obwohl dies sicher möglich wäre. Als Abwehrpolitik könnte etwa das Ansinnen eines schwächeren Staates abgelehnt werden, seine Sprache verbindlich in die Lehrpläne deutscher Schulen aufzunehmen. Da in den meisten Fällen Kulturaustausch aber nicht als Bedrohung der Sicherheit *qua* Autonomieverlust wahrgenommen wird, kann die modifizierte Variante des Neorealismus, welche die Gewichtung von Einfluss- und Autonomiepolitik von der Sicherheitsbedrohung abhängig macht, wahrscheinlich mehr Geltung beanspruchen. Da sich nach Auffassung vieler Autoren die Sicherheitsbedrohung durch den Wegfall der Ost-West-Konfrontation und den Zusammenbruch des Ostblocks für Deutschland weitgehend verringert hat, würde diese Variante für die deutsche Auswärtige Kulturpolitik eine gesteigerte Einflusspolitik auch bei Autonomieverlusten prognostizieren. Im oben genannten Beispiel würde dies bedeuten, dass Deutschland, um die deutsche Sprache in anderen Staaten und internationalen Organisationen verbreiten zu können, auch anderen Ländern einräumen würde, ihre Sprache und Kultur in Deutschland zu verbreiten.

und achtziger Jahre, die im Austritt aus dieser Sonderorganisation der Vereinten Nationen 1984 gipfelte, als Abwehrpolitik hoher Intensität angeführt werden.[14] Die USA verteidigten die Autonomie ihrer privatwirtschaftlich-liberalen Medienordnung gegenüber einer neuen internationalen Informationsordnung, die eine Mehrheit der UNESCO-Mitgliedstaaten etablieren wollte. Nach neorealistischer Lesart ist ein solcher Schritt ein Instrument der Machtpolitik im Sinne der Autonomiemaximierung gegenüber internationalen Organisationen (Baumann u.a. 2001: 53). Als ein weiterer bekannter Fall von außenkulturpolitischer Abwehrpolitik kann auf die französische Sprachpolitik (unter anderem das *Loi Toubon* von 1994) mit ihren Sprachenschutzmaßnahmen und Quotenregelungen zur Abwehr angloamerikanischer Spracheinflüsse in französischen Medien verwiesen werden (Haas 1991; Trabant 2001).

Nach modifiziert neorealistischer Auffassung zielt Auswärtige Kulturpolitik in der Form der Einflusspolitik darauf ab, andere Staaten dazu zu bringen, die eigenen Werte und Interessen in ihrem innen- wie außenpolitischen Handeln zu berücksichtigen. Vor dem Hintergrund der umschriebenen relativen Machtposition und seiner geringen Sicherheitsbedrohung wird Deutschland in jedem Fall seine Auswärtige Kulturpolitik zur Stärkung seines Einflusses auf die internationale Umwelt einsetzen. Für die deutsche Auswärtige Kulturpolitik kann daher erwartet werden, dass sie versuchen wird, mittels einer Stärkung von Mittlerorganisationen wie dem Goethe-Institut und dem Deutschen Akademischen Austauschdienst oder der Auslandsschulen ihren Einfluss auf die Kultur- und Bildungsinstitutionen im jeweiligen Empfängerland auszuweiten.

So kann mit auswärtiger Sprachpolitik über die Entsendung von Deutschlehrern, Fachberatern und anderen Kulturmittlern eine Mitsprache bei der Fremdsprachenpolitik der Empfängerländer oder auch ein direkter Einfluss auf deren Bildungssysteme erreicht werden. Anhand von Indikatoren für die auswärtige Sprachpolitik konnte eine solche Einflussnahme seitens der Bundesrepublik gegenüber den (wesentlich schwächeren) Ländern Mittel- und Osteuropas vor allem über die Entsendung von Lehrern und Fachberatern für die Zeit von 1990 bis 1995 nachvollzogen werden (Andrei 2000: 81-95).

Eine weitere Form der Einflussnahme ist die Durchsetzung nationalstaatlicher Interessen bei Kollektiventscheidungen in internationalen Organisationen mit Hilfe der Auswärtigen Kulturpolitik. Ein Staat kann etwa mit der Durchsetzung seiner Nationalsprache als Amts- oder Arbeitssprache seine Interessen besser kommunizieren und so leichter Einfluss auf die Politik anderer Staaten ausüben (Stark 2002a: 25-27, 203). Hierauf zielt auch die deutsche Sprachpolitik, wenn sie wie in der Europäischen Union und gegenüber dem Europarat darum bemüht ist, Deutsch als Arbeits- bzw. Amtssprache dem Englischen und Französischen gleichzustellen. Auch die erweiterungsfreundliche Position Deutschlands gegenüber den EU-Beitrittsländern Mittel- und Osteuropas erklärt sich nicht nur aus der Bedeutung dieser Staaten als potenzielle Wirtschaftspartner, sondern auch als potenzielle Verbündete Deutschlands bei Kollektiventscheidungen in den Organen von EU und Europarat. Deutsche Auswärtige Kulturpolitik, zumal in Gestalt der Sprachpolitik gegen-

---

14 Zu den Hintergründen und Konfliktgegenständen der US-amerikanischen Politik vgl. Kittel (1995).

über den Staaten Mittel- und Osteuropas nach dem Ende des Ost-West-Konflikts dient daher aus neorealistischer Sicht dazu, den Einfluss Deutschlands in der Region zu mehren und diese Staaten als künftige Kooperationspartner in den europäischen Institutionen zu gewinnen.

Utilitaristischer Liberalismus

Eine weitere, mit dem Neorealismus konkurrierende Außenpolitiktheorie bietet der utilitaristische Liberalismus an (Freund/Rittberger 2001). Dieser Analyseansatz geht davon aus, dass die Außenpolitik eines Staates nicht durch die Zwänge des internationalen Systems, sondern von den jeweils durchsetzungsfähigsten gesellschaftlichen Interessen in einem Land bestimmt wird. Anders als der Neorealismus setzen liberale Erklärungen der Außenpolitik bei den innergesellschaftlichen Verhältnissen (Strukturen und Prozesse) oder *domestic factors* an.

Den utilitaristischen Liberalismus unterscheidet von anderen liberalen Analyseansätzen, dass er als akteurszentrierte Theorie vom einzelnen Individuum ausgehend allen Akteuren gleiche Eigenschaften oder Verhaltensdispositionen zuschreibt. Bei diesem Ansatz sind das die Annahmen des *zweckrationalen Verhaltens* und der *Eigennutzenmaximierung*. Gemäß dem Konzept des *homo oeconomicus* sind alle Akteure daran orientiert, ihren individuellen – materiellen oder immateriellen – Nutzen zu maximieren (Freund/Rittberger 2001: 69). Rationalität bedeutet, dass die Akteure auf der Grundlage der ihnen zur Verfügung stehenden Informationen sich für die Handlungsoptionen zur Erreichung ihrer Ziele entscheiden, die mit den geringsten Kosten und Mühen und den höchsten Gewinnen verbunden sind. Damit wird in dieser Theorie von einer *substanziellen* Rationalität[15] ausgegangen. In Verbindung mit der Operationalisierung von Nutzen als *power and plenty* (Freund/Rittberger 2001: 70f.) eignet sich dieser Ansatz dazu, Akteuren a priori Interessen zuzuordnen und aus diesen ihre außenpolitischen Präferenzen herzuleiten, die ihrerseits das außenpolitische Verhalten in einer Situation vorhersagbar machen.

Wie werden nun die durchsetzungsfähigsten gesellschaftlichen Interessen bestimmt? Dies geschieht mit dem Instrument der Politik(feld)netzwerkanalyse.[16] Mit dieser kann ermittelt werden, welcher Akteur sich mit seiner Präferenz im Hinblick auf eine politische Entscheidung durchsetzen wird. Dafür muss zuerst geklärt werden, welche Akteure in einem Politikfeld oder in Bezug auf eine bestimmte Politik mobilisiert sind und welche In-

---

15 Im Gegensatz zur *bounded rationality* ermöglicht die Annahme einer substanziellen Rationalität, die davon ausgeht, dass ein Akteur über alle verfügbaren Verhaltensoptionen informiert ist, besser die Herleitung der außenpolitischen Präferenzen für den jeweiligen Akteur, wenn seine Nutzenfunktion bekannt ist (Freund/Rittberger 2001: 69f.).

16 Die Politiknetzwerkanalyse ist ein Instrument, mit dem sich soziale Netzwerke, verstanden als »relatively stable patterns of interaction«, zwischen organisierten korporativen Akteuren analysieren lassen. Politiknetzwerke werden definiert als ein »set of relationships among organized private and PAS actors [Akteure des politisch-administrativen Systems] which result from their interaction in the form of ›communication, coordination and cooperation‹« (Freund/Rittberger 2001: 73-75).

teressen und Präferenzen sie haben. Hierzu muss vor allem die situative und strukturelle Mobilisierung der Netzwerkakteure im Hinblick auf die zu untersuchende Politik bzw. das Politikfeld bestimmt werden.

Netzwerkteilnehmer sind alle organisierten korporativen Akteure, welche Koordinations-, Kooperations- und Kommunikationsleistungen (Staeck 1997: 57) für eine Politik oder ein Politikfeld erbringen. Schematisch können verschiedene Typen von Akteuren unterschieden werden: Akteure des politisch-administrativen Systems (politische, administrative und politisch-administrative Akteure) sowie private Akteure, welche einen Einfluss auf den Politikentstehungs- oder -entwicklungsprozess haben (Unternehmen, wirtschaftliche Interessengruppen, soziale und politische Bürgergruppen). Aufgrund unterschiedlicher Interaktionszusammenhänge unterscheiden sich Politikfeldakteure jedoch nicht nur im Ländervergleich, sondern oftmals auch innerhalb eines Politkfeldes, so dass für einzelne Politiken oder Politikfelder eigene Netzwerkanalysen angefertigt werden müssen.

Sind die beteiligten Akteure bestimmt, müssen ihre Präferenzen hergeleitet werden. Zunächst haben alle Akteure ein Interesse daran, ihr eigenes (soziales) Überleben zu gewährleisten. Dieses Grundinteresse ist je nach Akteur und seiner Position im Netzwerk aber von der Maximierung von finanziellen Gewinnen oder Kompetenzen abhängig.[17] Für die Akteure des politisch-administrativen Systems ist das Grundinteresse die Erhaltung oder Stärkung ihrer Kompetenzausstattung, wobei sie auch nach finanziellen Mitteln streben; für die privaten Akteure zählt hauptsächlich die Erzielung materieller Gewinne. Aus diesen Grundinteressen werden den einzelnen Akteuren spezifische Interessen zugeordnet, aus denen sich ihre Außenpolitikpräferenzen ableiten lassen.

Für die *politischen Akteure* ist eine Sicherung oder Ausdehnung ihrer Kompetenzausstattung von ihrer Wiederwahl abhängig, welche wiederum vor allem die Erfüllung der Erwartungen ihrer Wählerschaft[18] notwendig macht. In Bezug auf die Politik in internationalen Organisationen muss ferner die Erhaltung ihrer Entscheidungskompetenzen als vordringliches Interesse gelten. Für die politischen Akteure ergeben sich also zunächst aus dem Interesse an Wiederwahl drei außenpolitische Hauptpräferenzen: die allgemeine Wirtschaftslage zu verbessern, die Stammwählerinteressen zu vertreten und den Zusammenhalt der Regierung aufrechtzuerhalten (Freund/Rittberger 2001: 86-87). Aus dem Interesse am Kompetenzerhalt gegenüber internationalen Organisationen ergibt sich die Außenpolitikpräferenz, Transfers von Kompetenzen an solche Organisationen zu vermeiden.

Eine besonders große Akteursgruppe sind die *administrativen Akteure*, zu denen die Ministerien und auch die so genannten *Quangos (quasi non-governmental organizations)*

---

17 Die Grundinteressen sind aufgrund der Definition von Nutzen als materielle und immaterielle Gewinne für alle Akteure das Interesse an Kompetenzerweiterung und/oder das Interesse an der Verbesserung ihrer finanziellen Mittelausstattung.

18 Dies wird über die *economic-voting*-Hypothese vor allem als Stabilisierung oder Verbesserung der gesamtwirtschaftlichen Lage eines Landes gesehen, da diese auf alle Wähler einen unmittelbaren Einfluss hat, und jeder Wähler als Nutzenmaximierer die Partei wählen wird, die ihm die größten Gewinne verschafft (Freund/Rittberger 2001: 81-88).

gezählt werden. Im Fall der Auswärtigen Kulturpolitik fallen darunter die so genannten Mittlerorganisationen. Da die administrativen Akteure von den ihnen zugewiesenen Kompetenzen durch die politischen Akteure abhängen, sind sie zuerst um eine Vergrößerung oder zumindest einen Erhalt ihrer Kompetenzen bemüht. Als allgemeine Außenpolitikpräferenz streben daher diese Akteure danach, neue Aufgaben und Verantwortlichkeiten zu übernehmen. Dass ihnen, wie auch politischen Akteuren, dazu finanzielle Mittel von Nutzen sind, hat zur Folge, dass alle Akteure des politisch-administrativen Systems ein Interesse an der Steigerung solcher Mittel haben und mithin die Außenpolitikpräferenz, ihr Budget zu steigern. Auch die administrativen Akteure haben ebenso wie die politischen Akteure die Präferenz, einen Kompetenztransfer zugunsten internationaler Organisationen zu vermeiden.

Gleiches gilt auch für die dritte Akteursgruppe des politisch-administrativen Systems, die *politisch-administrativen* Akteure, z.B. die Bundesminister in Deutschland. Sie vereinen in sich die Interessen und Präferenzen sowohl eines politischen als auch eines administrativen Akteurs, da sie einerseits von der Wiederwahl ihrer Partei, andererseits aber auch von der Zuteilung von Kompetenzen durch den Regierungschef (Bundeskanzler) abhängig sind (Freund/Rittberger 2001: 85). Kommt es zu einander widersprechenden Präferenzen aus diesen beiden Funktionen, werden die politisch-administrativen Akteure letztendlich ihre administrativen Interessen verfolgen, also ihre Kompetenzen wahren und ausbauen.

Für die *privaten* Akteure ergeben sich ihre außenpolitischen Präferenzen aus den Optionen zur Maximierung materieller, insbesondere finanzieller Gewinne. Da *Unternehmen* von ihren Profiten abhängen, werden sie auch die Präferenz für eine Außenpolitik haben, welche ihnen die besten Gewinnchancen und internationale Konkurrenzfähigkeit ermöglicht. Bei *wirtschaftlichen Interessengruppen*, welche von den Mitgliedsbeiträgen der Mitglieder abhängen, ist dasjenige Außenpolitikverhalten ihrer Unterstützung gewiss, welches ihrem Organisationszweck am dienlichsten ist, nämlich die Gewinnchancen ihrer Mitglieder zu verbessern und ihr eigenes Organisationsmandat zu erweitern. *Soziale und politische Bürgergruppen* bzw. *political advocacy groups*, welche ihre finanzielle Existenz durch Mitgliedsbeiträge, Spenden oder öffentliche Zuschüsse sichern müssen, haben die Präferenz für eine Außenpolitik, die ihren meist immateriellen Organisationszweck zu fördern verspricht. Daneben werden auch sie wie die wirtschaftlichen Interessengruppen danach streben, ihr Organisationsmandat zu erweitern.

Sind nach diesem Muster für ein Politikfeld oder eine außenpolitische Entscheidung die außenpolitischen Präferenzen der beteiligten Akteure bestimmt, hängt die Ausrichtung der Außenpolitik – und damit auch der Auswärtigen Kulturpolitik – nach Maßgabe dieser Theorie davon ab, welche Akteure des politisch-administrativen Systems oder welche privaten Akteure sich mit ihren Außenpolitikpräferenzen durchsetzen. Diese *Durchsetzungsfähigkeit* ist zum einen in entscheidendem Maße dem *Grad* ihrer jeweiligen *situativen und strukturellen Mobilisierung* in Bezug auf das außenpolitische Problemfeld geschuldet und zum anderen dem *Grad der politischen Ressourcen(un)abhängigkeit* der Akteure des politisch-administrativen Systems von den privaten Akteuren (Freund/Rittberger 2001: 90-95).

Der Grad der *strukturellen Mobilisierung* hängt bei den *privaten Akteuren* von vier Faktoren ab. Er steigt erstens mit ihrem Repräsentationsgrad (»the more individuals and legal entities affected by respective policy he represents«), zweitens mit ihrem Konzentrationsgrad (»the less the actor has to compete with other organized private actors for the same members«), drittens mit dem Hierarchisierungsgrad (»the better he is in a position to make binding decisions for its members«) und viertens mit der Kapazität, technische und politische Informationen zu generieren (Freund/Rittberger 2001: 92). Der Grad der *situativen Mobilisierung* der *privaten Akteure* steigt, je stärker das Grundinteresse eines Akteurs von einer Entscheidung betroffen ist. Diese Bestimmung der *situativen Mobilisierung* gilt ebenso für die *Akteure des politisch-administrativen Systems*, deren *strukturelle Mobilisierung* jeweils von dem Grad ihrer Entscheidungskompetenz für eine Politik abhängt. So haben Akteure mit Mitspracherecht nur eine niedrige Mobilisierung, wohingegen die Akteure mit Vetomacht über eine hohe strukturelle Mobilisierung verfügen. Der oder die durchsetzungsfähigste(n) Akteur(e) werden zuerst in beiden Subsystemen anhand des Grades der situativen Mobilisierung und dann anhand der strukturellen Mobilisierung ermittelt und zuletzt über die Ressourcen(un)abhängigkeit der Akteure des politisch-administrativen Systems von den privaten Akteuren bestimmt. Je größer diese Abhängigkeit ist, desto weniger konzentriert sich die Durchsetzungsfähigkeit bei Akteuren des politisch-administrativen Systems und desto »korporatistischer« oder privat-dominierter ist die Netzwerkstruktur. Je nachdem, wie viele Akteure durchsetzungsfähig sind, können konzentrierte und dezentralisierte Netzwerktypen unterschieden werden. Da für jedes Politikfeld andere Akteure relevant sein können, müssen die durchsetzungsfähigsten Akteure auch für jedes Politikfeld, teilweise sogar für einzelne Politiken bestimmt werden. Insgesamt kann mit diesem Ansatz prognostiziert und überprüft werden, ob das außenpolitische Verhalten eines Staates Gewinnpolitik im weiteren Sinn ist und ob es tatsächlich von den eigennützigen Interessen der außenpolitisch durchsetzungsfähigsten Akteure bestimmt wird oder nicht.

Auswärtige Kulturpolitik aus der Sicht des utilitaristischen Liberalismus

Eine Untersuchung Auswärtiger Kulturpolitik aus utilitaristisch-liberaler Perspektive ist sehr forschungsaufwändig. In der Auswärtigen Kulturpolitik sind je nach Politiksektor unterschiedliche Akteure beteiligt, etwa in der Medienpolitik, der Wissenschaftspolitik oder bei den Kulturprogrammen. Wichtige politische Akteure sind hier neben dem Bundeskanzler und dem Deutschen Bundestag die Länderregierungen und der Bundesrat. Hinzu kommen der Finanzminister und der Außenminister als politisch-administrative Akteure und das Auswärtige Amt. Der Außenminister und sein Ministerium sind in der Auswärtigen Kulturpolitik federführend (Institut für Auslandsbeziehungen 1994: 20).[19]

---

19 Im Ministerrat der Europäischen Union für Kultur vertritt seit 1998 die/der Beauftragte für Kultur und Medien die Bundesregierung.

Als weiteres wichtiges administratives Organ muss aber auch die Kultusministerkonferenz der Länder betrachtet werden, da innerstaatlich die Kompetenz für Kultur und Bildung Ländersache ist (Hesse/Ellwein 1997: 89-107). Weitere, in Teilbereiche der Auswärtigen Kulturpolitik involvierte Ministerien sind das Bundesministerium des Innern, welches vor allem für Fragen der deutschen Minderheiten in Drittstaaten mit zuständig ist, das Bundesministerium für Bildung und Forschung, für den Jugendaustausch auch das Bundesministerium für Familie, Senioren, Frauen und Jugend, das Bundesministerium für Wirtschaftliche Zusammenarbeit und Entwicklung, insgesamt also die Ministerien, die für die Bereiche Bildung, Wissenschaft, Forschung, Jugend etc. tätig sind (Institut für Auslandsbeziehungen 1994; Eberlei/Weller 2001; Maaß 2001). Seit 1998 gibt es erstmals im Rang eines Staatsministers im Bundeskanzleramt den/die Beauftragte(n) der Bundesregierung für Kultur und Medien, welche(r) die Verantwortung für die Kultur- und Medienpolitik des Bundes trägt.[20] Als weitere administrative Akteure müssen das Bundesverwaltungsamt mit der ihm eingegliederten Zentralstelle für das Auslandsschulwesen sowie die Mittlerorganisationen genannt werden, welche mit der Durchführung der Auswärtigen Kulturpolitik beauftragt sind: Dies sind, um nur die wichtigsten zu nennen, das Goethe-Institut, der Deutsche Akademische Austauschdienst, die Deutsche Welle, die Alexander von Humboldt-Stiftung und das Institut für Auslandsbeziehungen. Je nach Politiksektor kommen noch verschiedene private Akteure wie Medienkonzerne, Wissenschaftsinstitute, politische Stiftungen und Verbände hinzu. Am Beispiel der Sprachförderungspolitik Deutschlands gegenüber den Staaten Mittel- und Osteuropas soll eine Netzwerkanalyse skizziert werden (Andrei 2000: 41-81), wobei hier nochmals zwei Netzwerke zu unterscheiden sind – die Politik zur Lehrerentsendung und zum Auf- und Ausbau von Kulturinstituten.[21] Weitere Beispiele sollen die Möglichkeiten der Anwendung der Theorie in der Auswärtigen Kulturpolitik illustrativ ergänzen.

Im Fall der auswärtigen Sprachpolitik gegenüber den Staaten Mittel- und Osteuropas nach 1990 werden die politischen Akteure aufgrund der hier relativ geringen gesamtwirtschaftlichen Bedeutung, von der ihre Wiederwahl nach der *economic-voting*-Hypothese vornehmlich abhängt, eine Präferenz haben, sich nicht für kostenintensive Programme zu engagieren. Das Interesse am Vermeiden von Mehrausgaben angesichts der durch die Einheit und die Wirtschaftslage bedingten Haushaltsengpässe wirkt sich ebenfalls nachteilig auf die verstärkte Sprachförderpolitik aus. Aus der Sicht der administrativen Akteure, der mit der Sprachförderung hauptsächlich befassten Ministerien, insbesondere des Auswärtigen Amtes, des Bundesministeriums des Innern, der Zentralstelle für das Aus-

---

20 Vgl. zum Aufgabenfeld dieses neuen Bundesakteurs auch Presse- und Informationsamt der Bundesregierung (2002).

21 Die Netzwerkakteure sind für den Fall der Lehrerentsendung in die Staaten Mittel- und Osteuropas im Untersuchungszeitraum 1985-1995: Bundeskanzler, Bundestag, Außenminister und Auswärtiges Amt, Finanzminister, Bundesministerium des Innern, Zentralstelle für das Auslandsschulwesen im Bundesverwaltungsamt, Bundesrat, Kultusministerkonferenz, Goethe-Institut, Deutscher Akademischer Austauschdienst und Verein für das Deutschtum im Ausland. Hinzu kommen folgende private Akteure: Schulbuchverlage, Deutscher Industrie- und Handelstag, Gewerkschaft Erziehung und Wissenschaft, Fachverband Deutsch als Fremdsprache, Verein für Deutsche Lehrer im Ausland (Andrei 2000: 54).

landsschulwesen im Bundesverwaltungsamt, der Kultusministerkonferenz, sowie der Mittlerorganisationen Goethe-Institut, Deutscher Akademischer Austauschdienst und Institut für Auslandsbeziehungen stellt der Ausbau der Sprachförderung in einer neuen Region allerdings einen Kompetenzgewinn und einen Zugewinn bei ihrer Mittelausstattung dar. Ausgehend von der Eigennutzenorientierung dieser Akteure ist daher zu erwarten, dass sie eine Verstärkung der Sprachförderungspolitik befürworten werden. Der Außenminister wird ebenfalls eine starke Präferenz für einen Ausbau der Sprachförderung haben, weil dadurch seine außenkulturpolitischen Kompetenzen unterstrichen werden. Demgegenüber wird der Finanzminister eher einer Ausweitung der Sprachförderungspolitik nach Mittel- und Osteuropa abgeneigt sein, da diese auf längere Zeit mit erheblichen zusätzlichen Ausgaben verbunden ist. Eine Reihe von privaten Akteuren wird eine Präferenz für eine Ausweitung der Sprachförderungspolitik aufweisen. Unternehmen wie Schulbuchverlage sind daran interessiert, eine möglichst hohe Zahl ihrer Produkte abzusetzen. Folglich werden sie auch eine Politik unterstützen, die ihnen neue Märkte erschließt. Wirtschaftliche Interessengruppen haben ein Interesse an der Maximierung der Beitragszahlungen ihrer Mitglieder. Sie werden sich für eine Ausweitung der Sprachförderung aussprechen, da sie sich von dieser eine erhöhte Nachfrage nach Lehrkräften und Kulturpersonal versprechen. Mithin ist zu erwarten, dass sich die Gewerkschaft Erziehung und Wissenschaft als der durchsetzungsfähigste private Akteur in beiden Politiknetzwerken herausstellt. Bei den Akteuren des politisch-administrativen Systems hängt die Bestimmung des durchsetzungsfähigsten Akteurs davon ab, ob es sich um eine Politik handelt, an der die Länderakteure beteiligt sind wie bei der Lehrerentsendung, oder ob, wie beim Auf- und Ausbau von Kulturinstituten, allein die Bundesakteure entscheidungsbefugt sind. Im Netzwerk zur Lehrerentsendung können die Kultusministerkonferenz und der Außenminister/das Auswärtige Amt als durchsetzungsfähigste Akteure bestimmt werden. Der Bundesfinanzminister ist hier nicht so stark mobilisiert, da nach 1990 ein großer Teil der Kosten für die Lehrer von den Ländern getragen wird. Für den Ausbau von Kulturinstituten fallen die Kosten jedoch allein beim Bund an, weshalb der Finanzminister dann stärker gegen eine solche kostenintensive Politik mobilisiert ist. Letztendlich besteht hier eine Pattsituation zwischen dem Bundesfinanzminister, der aufgrund der hohen Kosten der Vereinigung und akuten Sparzwänge der öffentlichen Haushalte Anfang der neunziger Jahre ein Interesse an der Begrenzung der Ausgaben hat, und dem Außenminister, der eine Kompetenzstärkung anstrebt. Der Bundeskanzler muss dann seiner Präferenz, den Zusammenhalt der Regierung herzustellen, folgen und einen Kompromiss aus den Präferenzen der durchsetzungsfähigen Akteure durchsetzen, womit in diesem Fall ebenfalls ein mäßiger Ausbau der Kulturinstitute prognostiziert werden kann.

Empirisch konnte über einen Zeitraum von 1990 bis 1995 eine Verstärkung der deutschen Sprachförderungspolitik gegenüber Mittel- und Osteuropa festgestellt werden. Die Hypothesen einer verstärkten Lehrerentsendung und eines Ausbaus der Kulturinstitute konnten bestätigt werden (Andrei 2000: 79-102).[22] Auch die grundlegenden Präferenzen

---

22 Zur Entwicklung der Sprachpolitik nach 1990 vgl. auch Schneider (2000: 117-122) und Witte (2003a: 119f.).

des Finanzministers für Haushaltsdisziplin und Vermeidung neuer Ausgaben und des Außenministers sowie der übrigen administrativen Akteure lassen sich in beiden Fällen in der Praxis nachweisen. Die Gewerkschaft Erziehung und Wissenschaft setzte sich entsprechend ihrer hergeleiteten Präferenz für die Besserstellung der durch sie vertretenen Berufsgruppen ein, spielte aber entsprechend der hierarchischen Netzwerkstruktur keine maßgebliche Rolle bei diesen außenkulturpolitischen Entscheidungen.[23] Warum sich allerdings der damalige Bundeskanzler Helmut Kohl persönlich nachhaltig für einen Ausbau der Sprachförderung in Mittel- und Osteuropa und die Verabschiedung des »Sonderprogramms zur Förderung der deutschen Sprache« eingesetzt hat,[24] und auch der Bundestag dieses Programm für einen Ausbau der Sprachförderung in dieser Region verabschiedete, kann mit den aus dem utilitaristischen Liberalismus theoretisch hergeleiteten Interessen nicht erklärt werden.

Die angelegten Interessenkonstellationen, welche sich aus der Struktur der staatlich dominierten auswärtigen Kulturbeziehungen, aber zugleich auch aus der föderalen Organisation der binnenstaatlichen Zuständigkeiten für Kultur und Bildung ergeben, zeigen sich auch in anderen Fällen der Auswärtigen Kulturpolitik. Die Kompetenzverteilung zwischen Bund und Ländern ist ein solches Merkmal. Sie kann im Kulturbereich auch zu entgegengesetzten außenpolitischen Interessen der Bund-Länder-Akteure führen. Als ein Beispiel für unterschiedliche Präferenzen kann die Verabschiedung des Kulturtitels im Maastrichter Vertrag genannt werden. Nach der Theorie des utilitaristischen Liberalismus müssten die Akteure des politisch-administrativen Systems hier grundsätzlich einen Kompetenztransfer ihrer Aufgaben an die Europäische Union ablehnen. Da in der Bundesrepublik Deutschland aber vor allem die Länder in den Bereichen zuständig sind, die einer Vergemeinschaftung unterliegen (z.B. Kultur, Bildung, Hochschulen), kann vor allem für sie diese Präferenz hergeleitet werden. Die Bundesakteure hingegen sind in dem Fall kaum von Kompetenzverlusten bedroht. Es ist daher nicht verwunderlich, dass sich die Bundesländer massiv gegen eine Aufnahme der Kultur in den Vertrag wandten, wohingegen die Bundesministerien sich einer Aufnahme des Bereichs der Kultur nicht widersetzten (Vetter 1995: 10f.). Dies erklärt sich nach dieser Theorie dadurch, dass die Bundesministerien auch nicht über eine maßgebliche Abgabe eigener Kompetenzen verhandelten.[25]

---

23 Wie in diesem Fall weisen auch andere Bereiche der Auswärtigen Kultur- und Bildungspolitik ein hierarchisches Politiknetzwerk auf, in dem die Akteure des politisch-administrativen Systems von den privaten Akteuren relativ unabhängig sind. Dies mag in der noch immer stark vom Staat bestimmten Struktur der Auswärtigen Kulturpolitik begründet sein, welche freilich mit ihrem Kranz von Mittlerorganisationen wiederum eine hohe Dezentralität aufweist.

24 Der Bundeskanzler gilt als einer der großen Befürworter dieses Programms, was nicht mit dem Interesse an einer kohärenten Regierungsposition allein begründet werden kann (Interview mit Vertretern des Auswärtigen Amts vom 29.7.2003).

25 Die abschließende Regelung in Artikel 151 EGV stellt letztendlich einen Kompromiss dar. Sie sichert den Mitgliedstaaten weiterhin die Primärzuständigkeit für die Kultur zu, während die Gemeinschaft lediglich »unterstützend und ergänzend« tätig werden darf. (Khan 2001: 78)

Auch ein Konflikt zwischen dem Interesse des Finanzministers an Ausgabenbeschränkung und dem des Außenministers, seine außenkulturpolitischen Kompetenzen zu erweitern, ist in einer Zeit der knappen öffentlichen Kassen vorprogrammiert. Ob der Bundesfinanzminister von seiner Vetomacht Gebrauch machen und sich durchsetzen wird, muss von Fall zu Fall entsprechend der jeweiligen wirtschaftlichen und haushaltspolitischen Lage entschieden werden. Einheitliche Präferenzen wird es nur dann geben, wenn für ein außenkulturpolitisches Vorhaben keine großen Ausgaben aus dem Bundeshaushalt notwendig sind. Dies könnte im Fall der Politik zur Durchsetzung des Deutschen als Arbeitssprache in der Europäischen Union der Fall sein, da dies zuerst mit politischen und erst nachgeordnet mit finanziellen Mitteln bewirkt werden kann.

Ob es in der Auswärtigen Kulturpolitik auch korporatistische Netzwerke gibt, müssen weitere Analysen zeigen. Ein Beispiel, bei dem die Interessen der privaten Akteure deutlich zur Geltung kommen, ist die Politik zur Beibehaltung der Buchpreisbindung gegenüber der Europäischen Union.[26] In diesem Netzwerk waren die privaten Akteure, der Buchhandel und seine Interessenvertretung, der Börsenverein, stark mobilisiert. Aufgrund der gesamtwirtschaftlichen Bedeutung des Buch- und Verlagswesens und dem Interesse an Wiederwahl hatten auch der Bundeskanzler sowie der Bundesbeauftragte für Kultur und Medien durch sein Interesse an Kompetenzerhaltung eine starke Präferenz, diese deutsche Besonderheit aufrechterhalten zu können. Schließlich konnte der damalige Bundesbeauftragte Michael Naumann die Interessen des Buchhandels gegenüber der Europäischen Kommission (besonders gegenüber dem Wettbewerbskommissar Mario Monti) durchsetzen (vgl. Beeftink 1998; Naumann 1999; Ritte 1999). In diesem Fall kann zumindest ein gewisser Grad von Abhängigkeit des Bundeskanzlers von den privaten Akteuren aufgrund der wirtschaftlichen Bedeutung des Buch- und Verlagswesens angenommen werden (vgl. Freund/Rittberger 2001: 92-94).

Dass auch private Interessen in diesem Politikfeld eine Rolle spielen, zeigt nicht allein der Fall der Buchpreisbindung. Die große Bedeutung der Auswärtigen Kulturpolitik für die Gewinninteressen der privaten Akteure spiegelt sich auch in Barthold C. Wittes Äußerung: »Wer deutsch spricht, kauft auch eher deutsch« (Witte 1987). So lässt sich die Unterstützung deutscher Wirtschaftsverbände für die Politik zur Durchsetzung der deutschen Sprache als Arbeitssprache in der Europäischen Union erklären, aber auch deren Interesse an einer Auswärtigen Kulturpolitik in China und anderen wirtschaftsrelevanten Regionen. In diesem Sinn eignet sich der utilitaristische Liberalismus gerade auch zur Erklärung der Auswärtigen Kulturpolitik in solchen Bereichen, die wie Sprach- und Medien-, aber auch Sportpolitik, mit hohen Gewinnen für die privaten Akteure verbunden sind.

---

26 Um die Buchpreisbindung hatte es einen jahrelangen Streit mit der Europäischen Kommission gegeben. Auslöser war der Beitritt Österreichs zur Europäischen Union. Aus Sicht der Brüsseler Wettbewerbshüter verstieß die bis dato im freiwilligen so genannten Sammelrevers geregelte grenzüberschreitende Preisbindung zwischen Österreich und Deutschland gegen europäisches Kartellrecht. Der Börsenverein des Deutschen Buchhandels hielt stets dagegen, dass Bücher nicht nur Wirtschafts-, sondern auch Kulturgüter seien und daher gesondert behandelt werden müssten.

Die konstruktivistische Außenpolitiktheorie ist ein Antipode zu den beiden zuvor einge-führten rationalistischen Analyseansätzen.[27] Nach dieser Theorie wird das außenpoliti-sche Verhalten eines Staates nicht als Macht- oder Gewinnpolitik, sondern als normge-rechtes Verhalten bestimmt. Soziale Normen, definiert als »intersubjektiv geteilte, werte-gestützte Erwartungen angemessenen Verhaltens« (Boekle u.a. 2001: 71), stehen im Zentrum der Erklärung. Dieser Analyseansatz führt zwei parallel, weitgehend unverbun-den verlaufende Forschungstraditionen zu einer konstruktivistischen Außenpolitiktheorie zusammen (ebd.: 71-74), die des *transnationalen* Konstruktivismus, welcher auf der in-ternationalen Ebene ansetzt und die Wirkung *internationaler Normen* auf Staaten unter-sucht, und eine *sozietal-konstruktivistische* Variante, welche in den *innergesellschaftli-chen Normen* die Erklärung für außenpolitisches Verhalten sucht.[28]

Der Konstruktivismus geht nicht vom rationalistischen Akteurskonzept des *homo oe-conomicus* aus, sondern stellt ihm ein alternatives Akteurskonzept entgegen: den *homo sociologicus* oder *role player* (Hasenclever u.a. 1997: 155; Schaber/Ulbert 1994). Der so konzipierte Akteur entscheidet sich zwischen verschiedenen Handlungsalternativen nicht aufgrund exogen gegebener Interessen und darauf gestützter Kosten-Nutzen-Kalkulatio-nen, sondern »norm- und regelgeleitet auf dem Hintergrund subjektiver Faktoren, histo-risch-kultureller Erfahrungen und institutioneller Einbindungen« (Schaber/Ulbert 1994: 142). Nach dieser Theorie handelt ein Akteur gemäß seiner sozialen Rolle auf der Basis einer »Logik der Angemessenheit« (Boekle u.a. 2001: 74), »maintaining consistency bet-ween behavior and a conception of self in a social role« (March/Olsen 1989: 160f.). Die sozialen Normen geben soziale Rollenerwartungen und damit Verhaltensanweisungen vor, indem sie Ziele und Mittel als »legitim ausweisen« (Boekle u.a. 2001: 75).

Außenpolitische Entscheidungsträger eignen sich soziale Normen durch ihre *Soziali-sation*[29] in angebbare soziale Systeme an. Das sind hier die *nationale* und die *internatio-nale Gesellschaft* (Boekle u.a. 2001: 77-80). In der internationalen Gesellschaft sind es die internationalen, von den Staaten geteilten Normen, in der nationalen Gesellschaft die von den Bürgern des jeweiligen Staates geteilten Normen.[30] In der transnationalen Sozia-

---

27 Als Außenpolitiktheorie ist der Konstruktivismus insofern der Antipode zu rationalistischen Ansätzen, als er die Interessen der Akteure bzw. ihre Eigenschaften nicht als exogen gegeben annimmt, sondern von ihrer so-zialen Konstruktion ausgeht. Im Bereich der internationalen Politik hinterfragen Konstruktivisten so grundle-gende Konzepte wie die Invarianz der Wirkungen der internationalen Anarchie (Wendt 1992; 1999) oder die In-stitution der staatlichen Souveränität (Reus-Smit 1997). Diese seien keine den Staaten nur vorgegebene fixe Größen, sondern auch durch sie konstruiert und damit veränderbar.

28 Wichtige Arbeiten für den transnationalen Konstruktivismus sind unter anderem Finnemore (1993; 1996) für den sozietalen Konstruktivismus unter anderem Berger (1996; 1998).

29 Sozialisation, verstanden als ein Prozess, ist der *kausale Mechanismus*, der vermittelt, dass und wie die außen-politischen Entscheidungsträger dazu kommen, an ihre Position geknüpfte Verhaltenserwartungen zu interna-lisieren.

30 Als ihr Mitglied kann der Staat oder das Individuum die Struktur des sozialen Systems bzw. ihre Normen aber auch verändern. Der Prozess ist also ein wechselseitiger, reflexiver. Im Rahmen einer Außenpolitiktheorie liegt der Fokus aber auf der Funktion von Normen als unabhängige Variable, an welchen sich das Verhalten eines Staates orientiert und nicht umgekehrt.

lisation haben internationale Organisationen eine wichtige Funktion als »teacher of norms« (Finnemore 1993), aber auch *transnationale Advocacy-Koalitionen* entwickeln Normen und helfen bei deren Verbreitung und Einwurzelung (Keck/Sikkink 1998; Risse u.a. 2002). Neben der internationalen Gesellschaft als Ganzer müssen auch die Normen von regionalen und funktionalen Subsystemen, die Identitäten und Präferenzen ihrer Mitglieder formen, bei der Analyse berücksichtigt werden. Konstruktivisten gehen davon aus, dass sich Akteure normgerecht verhalten, um ihre Anerkennung als legitime Mitglieder der Gesellschaft nicht zu verlieren.

Außer Normen gibt es noch eine große Anzahl weiterer ideeller Variablen wie »Kultur«, »Weltbilder«, »Prinzipien« oder »Werte« (Goldstein/Keohane 1993). Die kausale Wirkung dieser Faktoren auf außenpolitisches Verhalten ist aber nur schwer fassbar, geschweige denn messbar und oft nicht unmittelbar nachzuvollziehen. Von ihnen unterscheiden sich »Normen« durch drei Merkmale: ihre Intersubjektivität, ihre unmittelbare Verhaltensorientierung und ihre kontrafaktische Geltung (Boekle u.a. 2001: 75). Aus diesen Unterscheidungsmerkmalen lassen sich auch Kriterien für die Anwendung von sozialen Normen zur Erklärung von außenpolitischem Verhalten ableiten. Neben den genannten Definitionsmerkmalen müssen soziale Normen vor allem einen hinreichenden Grad von *Kommunalität* und *Spezifizität* aufweisen. Kommunalität heißt, dass die Norm von der Mehrheit innerhalb eines sozialen Systems geteilt werden muss; Spezifizität bedeutet, dass sie eine hinreichend genaue Unterscheidung von angemessenem und unangemessenem Verhalten ermöglichen muss, um als Handlungsanleitung für ein normgerechtes Verhalten wirken zu können (Boekle u.a. 2001: 76f.).

Für die Anwendung der konstruktivistischen Außenpolitiktheorie müssen also zuerst transnationale und sozietale Normen erhoben und auf ihre Kommunalität und Spezifizität überprüft werden, um Prognosen für das außenpolitische Verhalten eines Staates in einem Politikfeld oder in Bezug auf eine Politik herleiten zu können. Zunächst gilt es festzustellen, ob für eine bestimmte Politik solche Normen existieren, die angebbare Politikprogramme oder -projekte der Außenpolitik als angemessenes Verhalten identifizieren.[31] Zur Erhebung des Wertes der unabhängigen Variable *soziale Normen* stehen eine Reihe von Indikatoren zur Verfügung. Als Indikatoren für internationale Normen globaler oder regionaler Reichweite gelten: völkerrechtliche Verträge und das Völkergewohnheitsrecht, Rechtsakte internationaler und regionaler Organisationen sowie Schlussdokumente internationaler Konferenzen. Als Indikatoren für die sozietalen Normen kann auf die Verfassungs- und Rechtsordnung, auf Partei- und Wahlprogramme, parlamentarische Grundsatzdebatten sowie Umfragedaten zurückgegriffen werden (Boekle u.a. 2001: 87-94).

Für die Ableitung einer eindeutigen außenpolitischen Verhaltensanforderung dürfen die Normen auf der internationalen und der gesellschaftlichen Ebene keine sich widersprechenden Verhaltenserwartungen beinhalten. Wenn sich die Normen der internationalen Umwelt und der nationalen Gesellschaft entsprechen, kann von einer sehr starken Verhaltensanforderung ausgegangen werden. Existiert eine Norm nur auf einer Ebene, kann

---

31 Dazu müssen internationale Normen als Verhaltensanforderung an Deutschland umformuliert werden.

eine, wenn auch schwächer fundierte, Prognose abgeleitet werden, da die Verhaltenserwartung als nicht so stark eingestuft wird.

Normgerechte Auswärtige Kulturpolitik

Um internationale Normen zur Auswärtigen Kulturpolitik zu ermitteln, muss man zunächst eine große Anzahl wichtiger internationaler und regionaler Organisationen und Verträge beachten, deren Mitglied oder Vertragspartner Deutschland ist. In den Satzungen internationaler Organisationen, welche unter die Kategorie der völkerrechtlichen Verträge fallen, ebenso wie in völkerrechtlich bindenden internationalen Abkommen wurden nach 1945 zunächst Individual- und Kollektivrechte sowie allgemeine Prinzipien zum Kulturaustausch vereinbart (z.b. der »Internationale Pakt über wirtschaftliche, soziale und kulturelle Rechte«[32] vom 19.12.1966). Grundlegende Prinzipien wie das kulturelle Selbstbestimmungsrecht der Völker (UNESCO-Satzung Art. 1,3; Hüfner/Reuther 1996: 261) bilden auf internationaler Ebene den Rechtsrahmen für die auswärtigen Kulturbeziehungen. Die in diesen Verträgen enthaltenen Normen werden zwar von einer großen Anzahl von Staaten geteilt, sie sind aber relativ unspezifisch und eignen sich kaum für die Ableitung außenpolitischer Hypothesen.

Spezifischere Normen finden sich in den Erklärungen und Beschlüssen der Generalkonferenzen der in diesem Sachbereich tätigen internationalen und regionalen Organisationen, einem weiteren Indikator für internationale Normen. Die international bedeutendste Organisation für die Politikfelder Kultur, Wissenschaft und Erziehung ist die Sonderorganisation der Vereinten Nationen, UNESCO.[33] Im Arbeitsbereich Kultur bemüht sich diese Organisation weltweit um die Erhaltung und Förderung der kulturellen Vielfalt, die Verbesserung der Zusammenarbeit und Förderung des Kulturaustauschs (Hüfner/Reuther 1996: 20). In ihren Erklärungen und Empfehlungen, die auch zu internationalen Übereinkommen geführt haben, sind die wichtigsten Prinzipien und Normen für die internationale Zusammenarbeit in den Bereichen Kultur und Bildung niedergelegt. Aus ihnen lassen sich Handlungsanweisungen für die Mitgliedstaaten entnehmen, etwa die Norm zur Anerkennung des Wertes aller Kulturen, die einem kulturellen Diskriminierungsverbot entspricht, oder die Norm, dass kulturelle Zusammenarbeit zum gegenseitigen Nutzen aller teilnehmenden Staaten im Geiste der Reziprozität betrieben werden solle (»Erklärung über die Grundsätze einer internationalen Zusammenarbeit« 1966, Artikel I,1 und VIII; UNESCO 1966).[34] Weitere wichtige Beschlüsse der UNESCO für die Entwicklung inter-

---

32 Mit dem »Internationalen Pakt über wirtschaftliche, soziale und kulturelle Rechte«, auch »Sozialpakt« genannt, wurde 1966 – parallel zur Verabschiedung des »Internationalen Pakts über bürgerliche und politische Rechte« – ein universelles Menschenrechtsinstrument geschaffen; ihm gehören heute 145 Vertragspartner an.

33 Bereits in ihrer Satzung aus dem Jahr 1946 wird als Zweck der United Nations Educational, Scientific and Cultural Organization (UNESCO) das Ziel der weiten Verbreitung der Kultur, die Erziehung der Menschen zur Gerechtigkeit, zur Freiheit und zum Frieden sowie die Förderung der Zusammenarbeit und des freien Austauschs genannt (Präambel und Artikel 1, Hüfner/Reuther 1996: 260-270).

34 Die Deklaration wurde einstimmig angenommen und verfügt daher über einen hohen Grad an Kommunalität (UNESCO 2003a).

nationaler Normen im Bereich der Kulturbeziehungen sind die UNESCO-Erklärungen von Helsinki (1972), Nairobi (1976) und die »Mexico Declaration on Cultural Politics« der zweiten Weltkulturkonferenz »Mondiacult« aus dem Jahr 1982 (Schwencke 2001), welche Vorgaben für den angemessenen Umgang der Beteiligten untereinander beim Dialog der Kulturen und beim Kulturaustausch beinhalten. Das Abschlussdokument der zuletzt genannten Konferenz mahnt den Schutz der kulturellen Vielfalt und der kulturellen Identität an und enthält eine Reihe zentraler Normen zur internationalen Zusammenarbeit, etwa dass »weniger bekannte Kulturen, insbesondere diejenigen bestimmter Entwicklungsländer« besondere Förderung und Verbreitung erfahren sollen (Schwencke 2001: 46). Auswärtige Kulturpolitik soll demnach dem Ziel dienen, den Frieden zu stärken und die Menschenrechte zu fördern und in der Form des Kulturaustauschs und des gleichberechtigten Dialogs stattfinden. Alle Kulturen sollen verbreitet, keine dürfe eingeschränkt werden. Die hier formulierten Normen sind teilweise zwar relativ allgemein, sie geben aber dennoch eine Richtschnur für das außenkulturpolitische Verhalten von Staaten vor und sagen auch, wie Kulturaustausch nicht aussehen soll: interventionistisch, dominierend und Kulturen verdrängend[35] (UNESCO 1966 und 1982). Der Aktionsplan »The Power of Culture« der Zwischenstaatlichen Konferenz über Kulturpolitik für Entwicklung der UNESCO (1998) enthält eine Reihe neuer politischer Handlungsvorgaben: Die Staaten fordern unter anderem, »Kulturpolitik zu einem der Schlüsselelemente einer Entwicklungsstrategie zu gestalten« und »die kulturelle und sprachliche Vielfalt in der und für die Informationsgesellschaft zu fördern« (UNESCO 1998: Zielvorgaben 1 und 4).[36]

Diese internationalen Normen weisen größtenteils eine ausreichende Spezifizität und eine hohe Kommunalität auf. Schlussdokumente und Erklärungen werden meist einstimmig beschlossen. Für die Verabschiedung von Empfehlungen der Generalkonferenz sieht die UNESCO-Verfassung sogar eine Zustimmung von mindestens der Hälfte und bei Konventionen oder internationalen Übereinkommen sogar von zwei Dritteln der Mitgliedstaaten vor (Hüfner/Reuther 1996: 275).[37] Völkerrechtlich bindend sind Empfehlungen und Erklärungen der UNESCO-Generalkonferenz, wie auch die Entschließungen und Erklärungen der Generalversammlung der Vereinten Nationen, zwar nicht, wenn sie aber von einer Zweidrittelmehrheit der Mitglieder getragen werden, ist ihre Stärke im Sinne der Theorie ausreichend hoch, um eine soziale Verpflichtung für staatliches Verhalten anzunehmen (Boekle u.a. 2001: 89). Daher ist zu erwarten, dass Deutschland als Mit-

---

35 »International cultural co-operation must be based on respect of cultural identity, recognition of the dignity and value of all cultures, national independence and sovereignty, and non-intervention. Consequently, in co-operative relations between nations all forms of subordination or the replacement of one culture by another should be avoided. It is also essential to rebalance cultural interchange and co-operation in order that the less-known cultures, particularly those of certain developing countries, may be more broadly disseminated in all countries« (UNESCO 1982: Artikel 26).

36 An der Konferenz nahmen unter anderem Vertreter von 149 Regierungen teil. Der Aktionsplan wurde auf der Konferenz im Konsens angenommen.

37 Die Anzahl der UNESCO-Mitgliedstaaten betrug noch vor kurzem 160 (Schwencke 2001: 137), heute sind 190 Mitgliedstaaten bei der UNESCO verzeichnet (UNESCO 2003b). Über den aktuellen Stand der Unterzeichnerstaaten für die Mehrzahl der Übereinkommen informiert die UNESCO auch im Internet.

glied der UNESCO in *good standing* diesen Normen in seiner Auswärtigen Kulturpolitik Beachtung schenken wird. Seit den siebziger Jahren setzte nach Witte (2003a: 118) »eine weitgehende Umorientierung von einseitiger Repräsentation auf den Dialog mit den Partnern im Ausland und gemeinsamen Vorhaben« ein. Heute zeigt sich das normgerechte Verhalten in Programmen wie dem »Europäisch-Islamischen Dialog« (Auswärtiges Amt 2002: 78). Aber auch in den bilateralen Verträgen und Kulturabkommen mit den ehemaligen Ostblockstaaten war und ist der gleichberechtigte Austausch bereits seit den siebziger Jahren eine grundlegende Norm.[38]

Spezifische, direkt an die Staaten gerichtete Normen existieren besonders in Einzelbereichen und für einzelne Politiken. Für den Kulturgüterschutz gibt es starke Normen zum Schutz des kulturellen und natürlichen Erbes der Menschheit: Die Welterbekonvention von 1972, die von bisher 145 Staaten ratifiziert wurde, verfügt über Instrumente zu ihrer Implementation wie eine Welterbeliste, ein Welterbekomitee und einen eigenen Fonds (Schwencke 2001: 140-141). Normen zum Fremdsprachenlernen und zum Lehreraustausch finden sich mit einem hohen Grad von Kommunalität und Spezifizität in der »Empfehlung über die Erziehung zur internationalen Verständigung, Zusammenarbeit und zum Weltfrieden sowie die Erziehung zur Achtung der Menschenrechte und Grundfreiheiten von 1974« (UNESCO 2003c)[39]. Seit den neunziger Jahren gibt es auf internationaler Ebene darüber hinaus Normen zum Schutz von Minderheitenkulturen, insbesondere auch zum Schutz von Sprachminderheiten (»Erklärung über die Rechte von Personen, die nationalen oder ethnischen, religiösen und sprachlichen Minderheiten angehören«, VN-Generalversammlung Res. 47/135 vom 18. Dezember 1992).[40] Zahlreiche weitere Konventionen für die Bereiche Medien, Wissenschaft und Bildung mit unterschiedlich hohen Mitgliederzahlen existieren etwa zum Urheberrecht, zum freien Informationsaustausch oder zur Alphabetisierung. International kann Deutschland als ein Vorreiter bei der Einforderung der Menschenrechte, der kulturellen Rechte und des Minderheitenschutzes gelten. Verweise auf diese Normen und ihre Umsetzung finden sich

---

38 Vgl. Auswärtiges Amt 1989. Richtungweisend waren hier die Verträge und Abkommen mit der UdSSR, der Moskauer Vertrag von 1970, das Kulturabkommen von 1973, da sie die Vorlagen für die Folgeverträge mit anderen Ostblockstaaten bildeten. Artikel 5 fordert unter anderem die Verbesserung des gegenseitigen Austauschs von Kultur und Menschen und auch die »gegenseitige Verbreitung der Kenntnis der deutschen Sprache und Literatur und der russischen Sprache und Literatur«. Wenngleich dies nicht immer sofort zu realisieren war, zeigen die Verträge bereits die Existenz der Norm. Die Umsetzung der Norm, Kulturpolitik zum Schlüsselelement einer Entwicklungsstrategie zu machen, wird beispielsweise derzeit anhand der deutschen Entwicklungsstrategie gegenüber Afghanistan deutlich, wo der Aufbau des Landes zugleich mit großen Anstrengungen beim Aufbau der bildungs- und kulturpolitischen Infrastruktur (Deutsche Schule Kabul, Goethe-Institut etc.) verbunden ist.

39 Die Empfehlung wurde einstimmig beschlossen und verfügt daher über einen hohen Grad an Kommunalität.

40 Staaten sollen laut diesem Artikel Möglichkeiten schaffen, dass die Minderheiten ihre Kultur und Sprache (Art. 4,2) entwickeln sowie ihre Muttersprache und Traditionen im Bildungswesen pflegen können (Art. 4,3 und 4,4). Art. 6 enthält erstmals eine Norm für die zwischenstaatliche Zusammenarbeit in Minderheitenfragen, welche sich aber auf den Austausch von Informationen und den Erfahrungsaustausch beschränkt (Bundeszentrale für Politische Bildung 1999: 131-137). Die Erklärung wurde ohne Abstimmung, d.h. also einstimmig, angenommen (Vereinte Nationen 2003).

praktisch in jeder offiziellen Erklärung zur Auswärtigen Kulturpolitik (Auswärtiges Amt 2001: 204ff.; Auswärtiges Amt 2000a: 1-2). Weniger bekannt ist, dass sich die Bundesrepublik für den Erhalt des Kulturwelterbes in und außerhalb Deutschlands einsetzt und Deutschland mittlerweile 27 Welterbestätten zählt (UNESCO 2003d).

Für die deutsche Auswärtige Kulturpolitik sind besonders regionale Normen bedeutsam, die oft einen hohen Grad an Spezifizität und Kommunalität aufweisen. Sie ergeben sich für Deutschland im Rahmen der regionalen Zusammenarbeit in der Europäischen Union, dem Europarat[41] und der KSZE/OSZE. Allein im Bereich Minderheitenschutz und Minderheitenrechte hat sich im Laufe der neunziger Jahre eine große Vielzahl neuer, konkreter regionaler Normen herausgebildet. Für die auswärtige Sprachpolitik gegenüber den Staaten Mittel- und Osteuropas finden sich Normen vor allem in den KSZE/OSZE-Dokumenten. Beginnend mit der KSZE-Schlussakte von Helsinki 1975 einigten sich die 35 Teilnehmerstaaten, zu denen auch die Bundesrepublik Deutschland gehörte, auf eine Vielzahl von Normen zum Kulturaustausch. Hierzu zählen die Verstärkung des Austauschs »von Sprachlehrern und Sprachstudenten« sowie die Unterstützung des Studiums »fremder Sprachen und Zivilisationen als wichtiges Mittel zur Erweiterung der Kommunikation zwischen den Völkern« (Bundeszentrale für Politische Bildung 1999: 430). Auf den Folgekonferenzen wurden diese sozialen Normen im Rahmen der KSZE und später OSZE weiter entfaltet und verstärkt. Dass Deutschland diesen Normen entspricht, zeigt nicht nur ihre Umsetzung in den bilateralen Kulturabkommen, sondern auch das heute unerwartete Ausmaß des Kulturaustauschs mit dieser Region. Darüber hinaus setzte sich Deutschland schon in den neunziger Jahren dafür ein, die EU-Beitrittskandidaten an den Austausch- und Förderprogrammen der Europäischen Union teilnehmen zu lassen (Bundesregierung 1996: 70).

Seit der Verabschiedung der »Europäischen Charta der Regional- und Minderheitensprachen« (1992) und des »Rahmenübereinkommens zum Schutz nationaler Minderheiten« (1995), welche vom Europarat initiiert wurden, gibt es in Europa auch starke Normen für den Schutz von regionalen und Minderheitensprachen. Die Charta ist ein völkerrechtlicher Vertrag, der spezifische und mit hoher Kommunalität ausgestattete Normen zum Schutz der Regional- und Minderheitensprachen einschließlich Instrumente des *Monitoring* enthält (Bundeszentrale für Politische Bildung 1999: 530-540, 541-562). 1999 ist diese Charta für Deutschland in Kraft getreten, was zur Folge hat, dass die im Anhang der Charta benannten Sprachminderheiten auf deutschem Boden ihren Schutz genießen. Für die deutsche auswärtige Sprachpolitik bedeuten die Normen der Charta außerdem, dass sich die Bundesrepublik nach Artikel 12 und 14 verpflichtet, Sprachminderheiten (in Deutschland) grenzüberschreitend zu unterstützen und grenzüberschreitenden Austausch zu ermöglichen (ebd.: 555). Dass die Bundesrepublik diesen Bestimmungen gerecht wird, zeigt nicht nur die Unterstützung der deutschen Minderheiten vor allem in den Län-

---

41 Der Europarat hat seit seiner Gründung 1949 als die europäische Organisation für Kulturpolitik gewirkt und eine Vielzahl von einschlägigen Normen hervorgebracht und ihnen zur Anerkennung verholfen (Holtz 2000).

dern des ehemaligen Ostblocks, sondern auch der Schutz, den etwa die dänische, friesische oder auch die sorbische Sprachminderheit in Deutschland erfährt.[42]

Nachdem einige internationale und regionale Normen für die Auswärtige Kulturpolitik ermittelt wurden, sollen im Folgenden sozietale Normen für die Auswärtige Kulturpolitik Deutschlands erhoben werden. Das Grundgesetz als Normindikator gibt der Bundesrepublik zwar die Rolle eines pluralistischen, demokratischen Kultur- und Rechtsstaates vor (Häberle 1982), Normen zur Auswärtigen Kulturpolitik finden sich hier jedoch nicht. In den Wahl- und Grundsatzprogrammen der Parteien als weiterem Normenindikator gibt es indes relativ allgemeine Normen zum Kulturaustausch, dem Schutz der kulturellen Vielfalt und zur Förderung der deutschen Sprache.[43] Von der CDU wird in ihrem Wiesbadener Programm von 1988 das Postulat aufgestellt, dass »die Kenntnis der deutschen Sprache in der Welt« im Rahmen der Auswärtigen Kulturpolitik gefördert werden müsse (Hintze 1995: 482).[44] In den Parteiprogrammen der FDP der achtziger und neunziger Jahre finden sich zwar ebenfalls solche spezifischen Normen zur Auswärtigen Kulturpolitik (Friedrich-Naumann-Stiftung 1990; Freie Demokratische Partei 1994: 29), um aber als Verhaltensanforderungen an die deutsche Auswärtige Kulturpolitik gelten zu können, müssen die sozietalen Normen mindestens bei beiden großen Parteien übereinstimmen. Werden als weiterer Normindikator auch die Plenardebatten im Deutschen Bundestag herangezogen, kann von einem breiten, sogar fast alle Parteien einschließenden Konsens in der Auswärtigen Kulturpolitik gesprochen werden. Redner fast aller Parteien äußern in Bundestagsdebatten, dass Deutschland Kulturaustausch betreiben, Goethe-Institute in Mittel- und Osteuropa eröffnen und die deutsche Sprache verbreiten solle.[45]

Insgesamt können für den Bereich der Auswärtigen Kulturpolitik zahlreiche einschlägige Normen identifiziert werden, die sowohl international als auch sozietal mit hinlänglicher Kommunalität und Spezifität ein normgerechtes Verhalten einfordern. Wie besonders anhand der Sprachförderungspolitik, aber auch anhand der Umsetzung des Schutzes der Minderheitensprachen und der Normen zum Kulturaustausch skizziert wurde, kann das Verhalten der Bundesrepublik in diesen Fällen auch als normgerecht beschrieben werden.

---

42 Vgl. beispielsweise die »Bonn-Kopenhagener Erklärung« von 1955 zum Schutz der dänischen Minderheit in Deutschland, die Erklärung der Bundesrepublik zur Umsetzung der Verpflichtungen der europäischen Regional- und Minderheitensprachen hinsichtlich Teil II der Charta vom 26.1.1998 (Bundeszentrale für Politische Bildung 1999: 561f.) oder die heutigen Möglichkeiten, an zahlreichen (Grund-)Schulen Minderheitensprachen zu erlernen.

43 Kulturaustausch zu betreiben ist eine Norm, die sich kontinuierlich ab den achtziger Jahren in den Grundsatzprogrammen der großen Parteien und der FDP findet. Die Grünen sprechen hingegen erst seit 1998 von kultureller Vielfalt und seit 2002 vom kulturellen Dialog.

44 Vgl. dort auch die Programme von 1991, 1994, 1995, die ebenfalls solche Normen enthalten.

45 Vgl. unter anderem die Verhandlungen zum Bericht der Bundesregierung über die deutsche Sprache in der Welt von 1985 (Deutscher Bundestag 1986), das Plenarprotokoll der 156. und der 177. Sitzung 1989 (Deutscher Bundestag 1989a, b) oder, nach 1990, die 110. Sitzung 1996 (Deutscher Bundestag 1996).

Fazit

In diesem Beitrag ging es darum darzulegen, dass und wie Außenpolitiktheorien für eine theoriegeleitete Analyse Auswärtiger Kulturpolitik nutzbar gemacht werden können. Mit Hilfe der drei vorgestellten Außenpolitiktheorien des Neorealismus, des utilitaristischen Liberalismus und des Konstruktivismus kann Auswärtige Kulturpolitik als Machtpolitik, als Gewinnpolitik bzw. als interessengeleitete Politik durchsetzungsfähiger gesellschaftlicher Akteure oder als normgerechte Politik beschrieben werden.

So lässt sich die verstärkte Verbreitung der deutschen Sprache in den Staaten Mittel- und Osteuropas seit 1990 mit Hilfe der neorealistischen Außenpolitiktheorie relativ schlüssig als Einflusspolitik erklären. Machtpolitik kann wie hier durch eine asymmetrische Einflussnahme auf die Kultur- und Bildungssysteme der Adressatenstaaten ausgeübt werden, sie zeigt sich aber auch in der Beeinflussung von Politikergebnissen in internationalen Organisationen zu eigenen Gunsten oder in der Abwehr eines Einflusses anderer Staaten auf die eigene Kultur. Weiterhin kann Auswärtige Kulturpolitik in Gestalt der Sprachförderungspolitik auch mit den Interessen der durchsetzungsfähigsten gesellschaftlichen Akteure erklärt werden. In anderen Fällen verfügt die utilitaristisch-liberalistische Theorie über ein hohes Maß an Plausibilität insbesondere für die Bestimmung der Präferenzen der jeweiligen Akteure. Die konstruktivistische Theorie zeigt hingegen, dass Staaten Adressaten einer Vielzahl von außenkulturpolitisch einschlägigen sozialen Normen sind, die etwa bei der Sprachförderung, beim Minderheitenschutz im In- und Ausland oder auch beim Kulturaustausch wirksam werden. Inwiefern einzelne Kulturpolitiken eher von der einen oder der anderen Theorie befriedigend erklärt werden, ermangelt aber noch einer systematischen Untersuchung. Diesen Forschungsansatz für die Analyse weiterer Bereiche der Auswärtigen Kulturpolitik oder auch ländervergleichend fortzuführen, ist und bleibt ein Forschungsdesiderat, für dessen Bearbeitung dieser Beitrag ein theoretisches Rüstzeug bieten möchte.

2. Zwischen Propaganda und Friedenspolitik – Geschichte der Auswärtigen Kulturpolitik im 20. Jahrhundert

von Kurt Düwell

Seit dem Erscheinen des Aufsatzes von Samuel P. Huntington *The Clash of Civilizations?* 1993 in der Zeitschrift *Foreign Affairs* und Huntingtons umfangreicherer Buchpublikation gleichen Titels, diesmal ohne Fragezeichen (Huntington 1996: 12, 531), ist auch die Diskussion über Auswärtige Kulturpolitik neu in Bewegung geraten. Huntingtons These, dass nach dem Ende des Kalten Kriegs die Konflikte der Zukunft nicht mehr (nur) ideologischer, politischer oder ökonomischer Art seien, sondern dass in der kommenden globalen Politik Konflikte zwischen Gruppen aus unterschiedlichen Zivilisationen *die* zentrale und gefährlichste Dimension darstellen werden, steht auch nach dem Irak-Krieg von 2003 immer noch im Mittelpunkt einer internationalen Diskussion über das Konzept von Zivilisationen und über das Verhältnis von Macht und Kultur. Das Fazit Huntingtons lautete 1996: »Konflikte von Zivilisationen sind die größte Gefahr für den Weltfrieden, und eine auf Zivilisationen basierende internationale Ordnung ist der sicherste Schutz vor einem Weltkrieg.«[1] (Huntington 1996: 12, 531) Diese These von der Kriegsprävention durch Kulturarbeit ist allerdings nicht ganz neu. Schon mitten in der Zeit des Kalten Kriegs hatte sich während der ersten Phase der Konferenz über Sicherheit und Zusammenarbeit in Europa (KSZE) in deren Europäischem Kulturforum in Budapest Mitte der sechziger Jahre bereits die Erkenntnis durchgesetzt, dass internationale Kulturpolitik Friedenspolitik sei (Pabsch 1986). In der zweiten Phase der KSZE ab 1973 hatte sich daraus schon ein Diskurs entwickelt, der zunächst von Diplomaten und Politikern (Steltzer 1971), mehr und mehr aber auch von der Wissenschaft und von der Publizistik mitgetragen wurde (Ruf 1973; Witte 1975). Die von der KSZE auf ihren Treffen in Helsinki 1975 erreichte Einigung über den so genannten Korb III bedeutete nicht nur die Anerkennung und Aufwertung kulturpolitischer Diplomatie und Kooperation zwischen Ost und West, sondern hat auch den weiteren Gang der Annäherung und Überwindung des Kalten Kriegs nachhaltig beeinflusst (Genscher 1986; Meyer-Landrut 1986; Schwab-Felisch 1986). Insofern schloss hier indirekt auch Huntington 1993 noch in einer Art Umkehrschluss an: Ohne Verständnis zwischen den Kulturen und ohne kulturpolitische Annäherung könne ein Krieg der Kulturen drohen. Kulturelle Zusammenarbeit konnte dagegen mit Recht als Mittel der Konfliktprävention und als Krisen verhinderndes »Frühwarnsystem« verstanden werden.

Gewiss steht heute die Auswärtige Kulturpolitik mehr denn je vor der Notwendigkeit, friedliche Konfliktprävention zu leisten (Maaß 2002a; Mit Kultur gegen Krisen 2001). Dieses Ziel hat sie sich aber in früheren Zeiten nicht immer zu eigen gemacht. Als der Begriff Auswärtige Kulturpolitik schon vor dem Ersten Weltkrieg vereinzelt benutzt wurde

---

1 vgl. die Rezension über Huntingtons Buch von Ludger Kühnhardt (1996)

(Düwell 1976: 14ff.), war er von wenigen Ausnahmen abgesehen noch sehr stark vom nationalistischen Missionsbewusstsein und Expansionswillen der europäischen Völker bis hin zum Chauvinismus bestimmt. Das nationalistische Sendungsbewusstsein zielte im Allgemeinen auf kulturelle Propaganda, auf kulturelle Ausbreitung, oft als Vorstufe zur politischen Expansion, sei es in Übersee oder als direkte territoriale Erweiterung im Anschluss an das eigene Landesgebiet.

Auch die religiöse Mission in Übersee wurde von den europäischen Mächten zumTeil in den Dienst der nationalen Propaganda und Expansion gestellt (Gründer 1985: 149 ff.; Bade 1975: 414 ff.). Und es lässt sich kaum bestreiten, dass der Propagandabegriff noch bis zum Ersten Weltkrieg von einem religiösen Kerngehalt mitbeeinflusst blieb, von dem er zum Teil ursprünglich abstammte. Das hat auch die säkulare Verwendung dieses Wortes als Ausdruck eines national-kulturellen Sendungsbewusstseins mitbestimmt.

Auswärtige Kulturpolitik – die Sache und der Begriff in historisch vergleichender Sicht

Das nationale Selbstverständnis der europäischen Völker im 19. Jahrhundert entwickelte von Anfang an einen Impuls zur patriotischen Mission, wie er zuerst in der Französischen Revolution deutlicher hervorgetreten ist. Dieses nationale Sendungsbewusstsein beanspruchte auch eine kulturelle Missionsaufgabe zu besitzen. Selbst die Kunstraubzüge Napoleons I. dienten diesem Ziel. Von hier aus entwickelte sich in der zweiten Hälfte des 19. Jahrhunderts in Frankreich die Vorstellung eines *pontificat de la civilisation neuve*, ähnlich wie die des von England ausgehenden Gedankens eines *Greater Britain*, wie ihn Charles W. Dilke 1868 in seinem gleichnamigen Werk beschrieb, dem auch Rudyard Kipling und andere folgten. Ihr Ziel war die nationale Expansion. Im Zeitalter des aufkommenden Darwinismus vermengten sich damit auch biologistische Vorstellungen, die zum Teil mit dem Propagandagedanken verbunden wurden.

Der Propagandagedanke hatte zum Teil antike Wurzeln und lag 1542 auch der Bezeichnung des Heiligen Offiziums in Rom als *congregatio de propaganda fide* (Glaubenskongregation) zu Grunde. Dieser Begriff eines »zu verbreitenden Glaubens« (Gerundivform) leitete sich von dem ursprünglich agrarischen Wortfeld *propagare* ab (= fortpflanzen, und zwar durch Setzlinge, z.B. der Weinrebe) und steckt noch in dem von dort abgeleiteten deutschen Lehnwort »(auf)pfropfen«. Im ursprünglichen Begriff dieses *propagare*, ebenso wie des deutschen Lehnwortes, war also von Anfang an auch die Bedeutung »ein Edelreis zum Verwachsen auf einen Wildling pflanzen« enthalten (wie z.B. Kluges *Etymologisches Wörterbuch der deutschen Sprache* erläutert). Der ursprüngliche agrarbezogene und gärtnerische Hauptsinn des Wortes ist aber seit dem 16. Jahrhundert im Spätlateinischen und dann in den romanischen Sprachen in den Hintergrund getreten und durch den generelleren Sinn »fortpflanzen«, »ausdehnen«, »erweitern«, »verbreiten«, auch »werben«, verdrängt worden.

Man kann in dieser sprachlichen Entwicklung den Ausdruck des Bewusstseins einer gewissen Superiorität des Eigenen gegenüber dem Fremden sehen. Später, im Zeitalter des Imperialismus und des gesteigerten expansiven Nationalismus am Ende des 19. Jahrhunderts, galt diese Selbstwahrnehmung nicht nur gegenüber den indigenen geistigen Kräften in den überseeischen Kolonien und Territorien, sondern auch gegenüber den miteinander konkurrierenden europäischen Mächten. Denn Ziel war, die eigene Zivilisationsidee durch Expansion der eigenen Sprache und Kultur im Ausland zu verbreiten.

Die Entwicklung eines kulturpolitischen Instrumentariums in der Außenpolitik

Den Weg kultureller Propaganda hat Frankreich in den Jahren 1883/84 als erste europäische Nation in organisierter Form eingeschlagen. Und die übrigen Mächte Europas sind bald in unterschiedlichem Tempo gefolgt. Sie mussten darin folgen, wenn sie im imperialistischen Zeitalter nicht wichtige geistige und künstlerische Tätigkeitsbereiche im internationalen Wettbewerb der Mächte vernachlässigen und anderen Nationalstaaten den Vortritt lassen wollten. Im Falle Frankreichs bedeutete solche kulturelle Propaganda, wie die Gründung der Alliance Française von 1884 zeigte, zugleich auch den Versuch, die 1871 verlorene französische Machtstellung durch neue Mittel des Einflusses zu kompensieren. Dieser Weg zeitigte eine nachhaltige Wirkung.

So hieß es noch 1983 in einer offiziösen Selbstdarstellung dieser französischen Kulturinstitution:»L'œuvre de l'Alliance se présente comme une œuvre *patriotique*, au double sens que le mot comporte alors historiquement. Il s'agit d'abord de rendre à la France son *image de marque internationale*, cruellement obérée par la défaite de Sedan en septembre 1870 et par le traité de Francfort du 10 mai 1871, qui a appauvri le pays et amputé le territoire national des deux provinces martyres: l'Alsace et la Lorraine. Il faut ensuite, et par compensation, étendre l'influence française dans les territoires d'outre-mer et plus spécialement dans le bassin méditerranéen: l'Algérie, fraîchement conquise, la Tunisie, soumise au Protectorat par le traité du Bardo en 1881 et le Levant, où la prépondérance de la France s'exerce d'une façon traditionnelle. Ainsi sera réparé un désastre et relancée l'impulsion française.« (Bruézière 1983: 11f.)

Die Frage, wie die verlorene nationale »Triebkraft« wiedergewonnen werden könne, bewegte fast fünfzig Jahre später auch die deutsche Reichsleitung, als General Groener nach der deutschen Niederlage im Mai 1919 im Großen Hauptquartier feststellte:»Zur Außenpolitik gehören Macht, Heer, Flotte und Geld; das alles haben wir nicht mehr« (Düwell 1976: 32). Konnte also Auswärtige Kulturpolitik ein Ersatz, eine Kompensation für die geschwundenen Mittel der traditionellen Außenpolitik sein? Und welche Mittel standen der Auswärtigen Kulturpolitik zu Gebote?

Im Falle Frankreichs ging es zunächst um die Sprachpolitik. Die Alliance Française nannte sich Association Nationale pour la Propagation de la Langue Française. Und ähnliche Ziele verfolgte seit 1881 der Allgemeine Deutsche Schulverein zur Erhaltung des Deutschtums im Ausland (später VDA). Doch war dieser zunächst auf begrenztere Aufgaben bezogen. Die *propagation* der Alliance Française dagegen war weiter gefasst und sah in der Spracharbeit durchaus auch Reklame (s.o. *image de marque*) für französische Erzeugnisse:»Tout client de la langue française devient un client des produits français« (Bruézière 1983: 30).

55

Doch allgemein muss gesagt werden, dass mit diesen Gründungen in der Außenpolitik auch subtilere Mittel Berücksichtigung finden sollten, neben der Sprachwerbung z.B. auch die angewandte Psychologie. Besonders die Reichskanzler von Bismarck und von Bethmann Hollweg haben diesen Faktor durchaus in seiner Bedeutung erkannt. Schon 1879 hatte Bismarck im Hinblick auf Elsass-Lothringen, das nach dem deutsch-französischen Krieg von Deutschland annektiert worden war, dafür plädiert, die Bevölkerung dieses »Reichslandes« am Bundesrat zu beteiligen, was dann aber erst viel später (1911) geschah. Zur psychologischen Bedeutung dieser Frage sagte Bismarck im Reichstag am 27. März 1879: »Es ist im ganzen Lande als eine question de dignité empfunden, also als eines der Imponderabilien in der Politik, die oft viel mächtiger wirken als die Fragen des materiellen und direkten Interesses« (Ingrim 1950: 222). War das hier zunächst mehr ein psychologischer Faktor der Innenpolitik, so hat Reichskanzler Bethmann Hollweg, konkret auf die Auswärtige Kulturpolitik bezogen, dann im Juni 1913 in einem Antwortbrief an den Historiker Karl Lamprecht, dessen Ideen bestätigend, vor dem »naiven Glauben an die Gewalt« und vor der Unterschätzung der »feineren Mittel« gewarnt und gemahnt, »dass, was die Gewalt erwirbt, die Gewalt allein niemals erhalten kann« (Düwell 1976: 19f.). Dennoch war das alles noch immer recht propagandistisch gedacht. Kurt Riezler, der Berater Bethmann Hollwegs, der 1914 unter dem Pseudonym J. J. Ruedorffer sein Buch über »Weltpolitik« veröffentlichte und darin einen »Imperialismus der Idee« vertrat, sprach auch von einem Nationalismus der »leisen und stillen Allüren«, der erst noch gelernt werden müsse (Ruedorffer 1914: 84f.; Riezler 1972: 48f.). Aber selbst diese Formulierung war im Grunde immer noch ein Ausdruck der Propaganda und nicht der Empathie mit einer anderen Kultur oder Nation.

Eine differenziertere Betrachtung hatte dagegen 1912 Karl Lamprecht in seinem Plädoyer für Auswärtige Kulturpolitik versucht. »Das Problem der Auswärtigen Kulturpolitik«, so schrieb Lamprecht, »trägt alsbald in die weitesten Gebiete der menschheitlichen Entwicklung nicht bloß der Gegenwart, sondern auch der Vergangenheit. Denn da die Völker, um deren Beeinflussung es sich handelt, fast durchweg eine mehr oder minder lange Dauer ihrer Entwicklung hinter sich haben, so ist an eine verständnisvolle Einwirkung auf sie ohne historisches Einfühlen gar nicht zu denken. So wird denn die theoretische äußere Kulturpolitik ohne weiteres zur universalen Kulturgeschichte: Und erst ein klares Verständnis der einen lässt die völlig erfolgreiche Durchbildung der andern erhoffen.« (Lamprecht 1913: 5) Lamprecht hat mit diesen Ausführungen den Begriff der Auswärtigen Kulturpolitik durchgesetzt. Er hat dabei den Kulturnationen einen für sie jeweils in einer Epoche charakteristischen sozialpsychologischen Gesamthabitus (*Diapason*) zugeschrieben, den es zu erkennen gelte und auf den einzuwirken möglich sei (Chickering 1993: 81f.).

Mit der historischen Vertiefung des Problems hatte Lamprecht immerhin schon seit 1907 in seinen Beiträgen zur Kultur- und Universalgeschichte begonnen. Ausgehend von Wilhelm Wundts Völkerpsychologie bzw. Kulturanthropologie entwickelte Lamprecht eine Theorie von historisch bedingten Kulturkreisen, die als Grundvorstellung unter anderem über Oswald Spengler, Arnold Toynbee, Richard Thurnwald und die *cross cultural studies* der sechziger und siebziger Jahre bis hin zu Samuel P. Huntingtons etwas greller Kulturknall-Theorie weiter gewirkt hat.

Das Wichtige an diesen Theorien – von Huntington vielleicht zu wenig berücksichtigt – ist für die Auswärtige Kulturpolitik, dass diese Kulturkreise keine in sich geschlossenen Monaden, sondern oft wechselseitig aufeinander einwirkende und untereinander im Austausch stehende Individuen sind. Dass es sich also bei diesen Rezeptionen und Wechselwirkungen meist nicht um symmetrische, gewissermaßen nicht im Verhältnis eins zu eins auftretende Interdependenzen, sondern um höchst modifizierte Einwirkungen handelt, hat schon 1917 Oswald Spengler im Kapitel über *Die Beziehungen zwischen den Kulturen* seines großen morphologischen Werks am Beispiel des Fernen Ostens auf eine einprägsame Formel gebracht:

»Nicht ›der Buddhismus‹ ist von Indien nach China gewandert, sondern die Chinesen nahmen aus dem Vorstellungsschatz der indischen Buddhisten einen Teil einer besonderen Gefühlsrichtung an. Dies führte zu einer neuen Art des religiösen Ausdrucks, die ausschließlich für chinesische Buddhisten etwas bedeutete. Es kommt nie auf den ursprünglichen Sinn der Form an, sondern auf die Form selbst, in welcher das tätige Empfinden und Verstehen des Betrachters die Möglichkeit zu eigener Schöpfung entdeckt. Bedeutungen sind unübertragbar« (Spengler 1980: 620).

Dennoch gibt es innerhalb dieser Grenzen wohl immer auch Bewegungen, die hinüber oder herüber wirken, weshalb schon Lamprecht sich ganz besonders der historischen Phänomene von Rezeptionen und Renaissancen annehmen wollte, wozu es aber dann infolge seines frühen Todes 1915 nicht mehr gekommen ist.

Für die Auswärtige Kulturpolitik ist es wichtig, dass Rezeptionen immer auch Adaptationen durch den oder die Rezipienten darstellen. Diese Autonomie der Kultur muss jede Kulturpolitik in Rechnung stellen, wenn sie Erfolg haben will.

Entwicklung und Wahrnehmung der Auswärtigen Kulturpolitik als neuem Feld politischer Beziehungen

Zur Ausbildung einer instrumentell entwickelten Auswärtigen Kulturpolitik als Teildisziplin der Außenpolitik kam es, historisch betrachtet, meist erst nach Bildung einer gewissen »kritischen Masse« an kulturellen oder kulturpolitischen Außenaktivitäten und/oder -institutionen. In Frankreich hatten sich die kulturellen und wissenschaftlichen Außenkontakte zum östlichen Mittelmeerraum schon seit der Ägyptenexpedition Napoleons I. von 1798 und dann nochmals später durch die Forschungsreisen Jean-François Champollions im Auftrag König Karls X. zur Erforschung der Hieroglyphen entwickelt. Die Gründung der Ecole Française d'Athène 1846, die zu einem Mittelpunkt der archäologischen Forschungen in Griechenland wurde und der noch im 19. Jahrhundert ein Deutsches Archäologisches Institut in Athen (1875) als Ableger des schon 1829 in Rom gegründeten Preußischen Archäologischen Instituts sowie später die Gründung der American School of Classical Studies at Athens (1882) und die ähnlich orientierte British School at Athens (1883) folgten, zeigte, dass Frankreich eine ganze Reihe von kulturellen Initiativen ergriffen und Institutionen geschaffen hatte, die dann schon bald aufgrund ihres Umfangs eine staatliche Förderung und Aufsicht erforderlich machten. Dazu gehörten in Frankreich selbst auch die nach 1871 verstärkten kulturellen Verbindungen und Beziehungen in den südlichen und östlichen Mittelmeerraum (vor allem Algerien, Tunesien und die Levante), seit den 1880er Jahren auch die französischen Schulen in West- und Ostafrika und vor allem in Ägypten. Seit den 1890er Jahren kam es dann zu einem ausgedehnten Netzwerk französischer Schulen auch in Japan und China, in Australien, Indochina und Tahiti, in Kanada, den USA und in Mittel- und Südamerika.

Es war daher nur folgerichtig, wenn man in Paris 1909/10 dazu überging, mit der Errichtung eines Service des Œuvres Français à l'Etranger eine erste koordinierende und kontrollierende Stelle zu schaffen. Sie blieb zunächst dem Außen- und dem Unterrichtsministerium gegenüber relativ unabhängig, geriet aber dann durch den Ersten Weltkrieg, wie die kulturellen Agenturen anderer Staaten auch, immer mehr in propagandistisches Fahrwasser. Dies zeigte die während des Kriegs erfolgte Gründung des Commissariat Général de l'Information et de Propagande. Und auch im Unterrichtsministerium zeigte in dieser Zeit die Bezeichnung der Abteilung des Service d'Expansion Universitaire et Scientifique, dass es nicht bei einer bloßen Expansion im Sinne von Verbreitung akademischer Einrichtungen blieb, sondern auch hier eine expansive kulturelle Propaganda in den Dienst des nationalen Kampfs gestellt wurde. Es war dies nur die allgemeine propagandistische Signatur der Kriegszeit, die Frankreich als erster Staat ausgebildet hatte.

Auf deutscher Seite war es, zeitlich etwas versetzt, nicht sehr viel anders. Das neu gegründete Kaiserreich von 1871 hat aber erst relativ spät die Bedeutung der Auswärtigen Kulturpolitik erkannt und eine gewisse Koordination durch neu gegründete Reichsstellen geschaffen. Auch hier ergab sich die Notwendigkeit staatlicher Hilfe aus dem großen finanziellen Bedarf, den Einrichtungen wie die 1815 von Preußen begonnenen *Inscriptiones Graecae* oder das zuerst von Preußen getragene Deutsche Archäologische Institut in Rom (1829) oder die archäologischen Grabungen in Griechenland und später an der Seidenstraße (Turfan) beanspruchten. Der bloße rechtliche Schutz deutscher kultureller und wissenschaftlicher Unternehmungen im Ausland war letztlich auch nur durch den Staat zu gewährleisten. Nach der Reichsgründung konnte hier das Reich selbst tätig werden. So lässt sich der 1874 zwischen dem Deutschen Reich und Griechenland geschlossene Vertrag, der den deutschen Archäologen unter bestimmten Bedingungen die Grabungen in Olympia erlaubte, als das erste deutsche Kulturabkommen des 19. Jahrhunderts bezeichnen. Fast gleichzeitig damit wurde das Deutsche Archäologische Institut in Rom aus dem preußischen in den Reichshaushalt übernommen. Das Reich trat schließlich 1896 auch in die Förderung der schon 1864 von Preußen begonnenen »Mitteleuropäischen Gradmessung« ein, die 1886 als »Europäische Gradmessung« und schließlich als »Internationale Erdmessung« zu einem globalen Großunternehmen wurde (Abelein 1968: 14f.). Dem Reich wuchs so über die Außenpolitik eine kulturpolitische Kompetenz über die Auslandsinstitute zu:

1887 das Orientalische Seminar in Berlin mit seinen Außenbeziehungen,
1894 der Afrikafonds für Forschungszwecke,
1902 das Kunsthistorische Institut in Florenz (Villa Romana),

1906 das Schulreferat im Auswärtigen Amt mit einem schon seit 1878 bestehenden Reichsfonds für das zumTeil Jahrhunderte alte und seit der Reichsgründung von 1871 schnell weiter wachsende deutsche Auslandsschulwesen,
1907 das Deutsche Institut für Ägyptische Altertumskunde in Kairo.

Seit der Einrichtung des Schulreferats im Auswärtigen Amt 1906 kam es auf Seiten des Reichs auch zur Gründung so genannter deutscher *Propagandaschulen* im Ausland (besonders in China und im Nahen Osten), die den Zweck hatten, ausländische Schüler aufzunehmen, und deren deutsche Lehrer oft zuvor am Orientalischen Seminar in Berlin auf ihre Aufgabe sprachlich vorbereitet worden waren. Auch deutsche Hochschulprofessoren wurden vor dem Ersten Weltkrieg in beträchtlicher Zahl nach China, in die Türkei, nach Persien und in die Vereinigten Staaten von Amerika entsandt. Der deutsch-amerikanische Professorenaustausch (1905-1915) war dann ein weiteres frühes Beispiel für die ersten deutschen Kulturabkommen (vom Brocke 1981).[2]

Ansätze und Rückschläge bei der Schaffung einer autonomen Auswärtigen Kulturpolitik

Es kam in Deutschland trotz der vielfältigen kulturellen und wissenschaftlichen Auslandsaktivitäten im Kaiserreich aber noch nicht wie in Frankreich zur Gründung einer entsprechenden zentralen staatlichen Koordinierungsstelle. Dies war erst nach dem Ersten Weltkrieg der Fall, als von deutscher Seite zunächst vielfach die Einschätzung bestand, dass das Reich in Sachen Propaganda, wie auch der Große Krieg gezeigt habe, einen erheblichen Rückstand aufholen und eine kulturpolitische Grundsatzkompetenz in der Weimarer Verfassung erhalten müsse. Dennoch war man in der 1920 neu geschaffenen Kulturabteilung (VI) des Auswärtigen Amts erstmals skeptisch, was »Kulturpropaganda« betraf (Düwell 1981: 54f.). Dieses Wort trat nun mehr und mehr in den Hintergrund und wich allmählich einem stärkeren Bemühen, sich zwar im Ausland kulturell nützlich zu machen, zu informieren und damit auch zu werben, aber dies nach der Propagandaphase nun eher im Sinne einer »Neuen Sachlichkeit«. Der Staatssekretär im Preußischen Kultusministerium und nachmalige Minister, der Orientalist und Islamforscher Carl Heinrich Becker, brachte die neue Auffassung in einer Denkschrift von 1919 auf die Formel: »Von dem Wahn, dass mit Selbstlob und Pressepropaganda Kulturpolitik gemacht werden könne, sind wir befreit. Auch können die üblichen kulturpolitischen Mittel der imperialistischen Völker aus inneren und äußeren Gründen nicht mehr zum Requisit der deutschen Auslandspolitik gehören. Was wir brauchen, ist Verinnerlichung.« (Düwell 1976: 80f., Anm. 17)
    Diese erste scharfe Abgrenzung gegenüber der Vorkriegszeit führte zu einer stärkeren Freisetzung der kulturellen Kräfte in der Außenpolitik, auch zu einer stärkeren Autonomie gegenüber den politischen und außenwirtschaftlichen Interessen. Becker, seit 1925

---

2 Der Beitrag erschien auch 1981 in den von den gleichen Editoren herausgegebenen ersten beiden Heften der Zeitschrift für Kulturaustausch.

preußischer Kultusminister, wollte nicht länger zulassen, dass die Kulturpolitik nur ein »graziöser Schnörkel auf dem kaufmännischen Wechsel« sei. Sie sollte ihr Potenzial möglichst frei aus sich selbst heraus entfalten können. Ähnlich vertrat in der Kölnischen Volkszeitung am 25. Februar 1928 Anna Selig, die stellvertretende Leiterin der Dresdener Akademischen Auslandsstelle, die Auffassung, dass der Zeitpunkt für einen »positiven Ausbau der Auslandskulturpolitik« gekommen sei. Nach dem Ende des internationalen Wissenschaftsboykotts gegen Deutschland um 1923, nach dem deutschen Eintritt in den Völkerbund und dem dort erreichten Minderheitenschutz für das Deutschtum im Ausland und nach der Überwindung der Akademikernot in der Zeit der Inflation sei es nun nötig, die neuen Ideen in der Auswärtigen Kulturpolitik umzusetzen. Sie meinte: »Das Erste, was man wohl über Sinn und Wesen einer künftigen Auslandskulturpolitik zu sagen hätte, wäre sicher, dass sie grundverschieden von der Vergangenheit zu sein hätte, nämlich – keine Kulturpropaganda.« (Selig 1928) Sie plädierte für eine Eigengesetzlichkeit der Kulturpolitik gegenüber sachfremden Einflüssen und schrieb: »Jede internationale Kulturpolitik wird scheitern, wenn sie sich nicht auf die Gesetze ihrer Autonomie besinnt« (Selig 1928).

Unter den ernst zu nehmenden Fachleuten dieser Materie war die Abkehr vom alten Propagandakonzept, das immer noch einen fast kriegerischen und aktionistischen Beigeschmack hatte, jetzt eine in ihrer Notwendigkeit erkannte Sache. Für den Vortragenden Legationsrat Johannes Sievers in der Kulturabteilung des Auswärtigen Amts, dem Propaganda ein Gräuel war, war es noch im Frühjahr 1933 unfasslich, dass der neue Minister Joseph Goebbels am Gebäude in der Wilhelmstraße, wo bisher Teile der Kulturabteilung des Auswärtigen Amts untergebracht waren, ein Schild mit der Aufschrift »Reichsminister für Volksaufklärung und Propaganda« anbringen ließ. Man registrierte es, wie Sievers schreibt, mit maßlosem Erstaunen, denn gerade in seinem Kunstreferat, aber auch in anderen Referaten der Kulturabteilung war jeder Anschein von Propaganda nach 1919 vermieden worden, ja sie war streng verpönt (Sievers 1966: 359)[3].

Das war eine für die Kulturpolitik der Weimarer Republik noch bis 1929/30 charakteristische neue Grundhaltung. Diese Neuorientierung, wie sie besonders in der Kulturabteilung des Auswärtigen Amts nach 1920 allmählich entwickelt worden war, kam auch in der Arbeit des 1925 durch den Zusammenschluss vorausgegangener studentischer und hochschuleigener Auslandsvermittlungsstellen gegründeten Deutschen Akademischen Austauschdienstes zum Ausdruck (Laitenberger 2000: 22f.; 1976: 16ff.). Es entwickelte sich dabei eine funktionale Arbeitsteilung, bei der die ebenfalls 1925 neu gegründete Alexander von Humboldt-Stiftung die Stipendienfonds für Ausländer verwaltete und die Deutsche Akademische Auslandsstelle anfangs die Betreuung der in Deutschland zu Gast weilenden Ausländer übernahm. Die finanziellen Mittel blieben allerdings auch in den »guten Jahren« der Weimarer Republik zwischen 1924 und 1928 noch relativ begrenzt. Das galt auch für die Arbeitsmöglichkeiten des schon im Januar 1917 gegründeten Deutschen Ausland-Museums Stuttgart, Museum und Institut zur Kunde des Auslandsdeutschtums und zur Förderung Deutscher Interessen im Ausland, das wenige Jahre spä-

3 vgl. zu Sievers jetzt auch Schober 2004: 33ff.

ter den Namen Deutsches Ausland-Institut (DAI) annahm und unter seinem tüchtigen Generalsekretär Fritz Wertheimer seine Gründungsdevise »Ein Werk des Friedens inmitten des Kriegs« nach 1918 fortsetzte (Ritter 1976). Ferner galt es für die Notgemeinschaft der Deutschen Wissenschaft (gegründet Herbst 1920), für den Stifterverband für die Deutsche Wissenschaft (gegründet Dezember 1920), für die Deutsche Akademie in München (gegründet 1925), die auch die Pflege nichtamtlicher Kulturbeziehungen zum Ausland förderte (Thierfelder 1956; Jacobsen 1979: 24ff.), und für das von dieser Akademie 1932 mitgegründete Goethe-Institut zur Pflege der Deutschen Sprache und Kultur im Ausland. Vor den gleichen materiellen Problemen stand nach 1918 auch der Verein für das Deutschtum im Ausland (VDA), der freilich seine durch die neuen Grenzziehungen in Europa noch vergrößerten Probleme des Minderheitenschutzes nur sehr schwer lösen konnte (Weidenfeller 1976; Jacobsen 1970)[4]. Um so mehr mussten sich alle diese Organisationen angesichts der knappen Mittel und unter einem enormen Sachzwang stehend bemühen, möglichst sachdienliche Arbeit ohne aufwändige und unzweckmäßige Propagandaeffekte zu leisten. Im künstlerischen und kunstgewerblichen Bereich hat dabei auch der Deutsche Werkbund, der schon 1907 gegründet worden war und im Jahre 1913 an der internationalen Armory Show über die moderne europäische und amerikanische Kunst in New York (dann auch in Chicago und in Boston gezeigt) beteiligt war, in der Zeit der Weimarer Republik eine wachsende Bedeutung für den internationalen Kunst- und Kulturaustausch gewonnen. Die deutsche Kunstgewerbeausstellung 1930 in Paris, die ein großer Erfolg des modernen deutschen Industriedesigns war, aber auch zuvor schon die internationalen Kunstgewerbeausstellungen in Monza und die Biennalen in Venedig haben durch ihre sachlichen deutschen Präsentationen die neuen deutschen Kunst- und Kunstgewerbekonzepte nach 1918 meist überzeugend vertreten können (Schober 2004: 69ff., 147 ff.; Becker/Lagler 1995: 13-34)[5]. Das Schlüsselwort dieser Reformphase war »Neue Sachlichkeit«, ein Begriff, den Gustav F. Hartlaub, der Direktor der Mannheimer Kunsthalle, 1925 anlässlich einer Ausstellung geprägt hatte und der nachträglich auch zur Bezeichnung der neuen Strömungen seit etwa 1922 benutzt wurde. In seinem auf Ernüchterung, Desillusionierung, auf funktionale Betonung der Gegenständlichkeit und Zweckmäßigkeit der Gegenstände gerichteten neuen Impuls war dieser Schlüsselbegriff gegen jedes Pathos und jede Propagandaattitüde gerichtet.

Aber das änderte sich bald, nachdem 1933 die Hitlerregierung in Deutschland an die Macht kam. Es kam zu einem Rückfall in propagandistisches Denken, ja es stand damit bald schlimmer als je in der vergangenen Kaiserzeit. Zwar hat der Nationalsozialismus die zuletzt in der Weimarer Republik sehr knappen finanziellen Mittel der Kulturabteilung des Auswärtigen Amts nach 1933 in beachtlichem Maße erhöht, aber seine rassistische Kampfideologie machte ab 1935/36 auch vor dieser Abteilung des Außenministeriums nicht mehr Halt und hat mit ihren kulturimperialistischen und propagandistischen Methoden den Sympathien für Deutschland in der Welt geschadet.

---

4 Die Entwicklung des VDA während der Weimarer Republik ist von der Forschung noch nicht genauer aufgearbeitet. Die beiden genannten Untersuchungen behandeln nur das Kaiserreich und später die NS-Zeit.
5 Zu den akademischen deutsch-französischen Kulturbeziehungen dieser Jahre vgl. Richard 1987.

Überblickt man an dieser Stelle in einem ersten Zwischenergebnis die verschiedenen Erscheinungsformen und Möglichkeiten der Auswärtigen Kulturpolitik, wie sie sich in ihrer historischen Genese darstellen, so lassen sich bis 1945, aber teilweise auch schon darüber hinaus in einem ersten Ausblick auf die Entwicklung nach dem Zweiten Weltkrieg, einige vorläufige realtypische Grundmuster bilden, die im Folgenden kurz skizziert seien.

Historische Typologie und zielorientierte Methoden Auswärtiger Kulturpolitik

Eine historisch-morphologische Betrachtung der Auswärtigen Kulturpolitik lässt sich an deren Interessen- und Zielorientierungen entwickeln und würde sich wohl in folgende fünf Grundtypen bzw. zugehörige Arbeitsmethoden der Auslandskulturarbeit gliedern lassen (Düwell 1976: 35f.)[6]:

A) Kulturelle Ausstrahlung (*Diffusion*): Eine durch die Anerkennung der Kultur einer Nation bei anderen Nationen sich im Laufe der Geschichte einstellende Vorbildwirkung dieser Kultur, z.B. die zeitweise Ausstrahlung und Ausbreitung des englischen *Gentleman*-Ideals auf die Völkergemeinschaft des *British Empire* bzw. später des *Commonwealth*. Diese Ausstrahlung kann sich ohne besonderes Zutun eines Staates oder seiner Regierung ergeben. Auch eine Gegenseitigkeit (*Reziprozität*) der Kulturbeziehung beider Seiten ist dabei nicht ausgeschlossen, bleibt aber der freien Entwicklung überlassen. Um einen nahe liegenden naturwissenschaftlichen Begriff zu verwenden, vollzieht sich hier ein Austausch gleichsam mit osmotischer Permeabilität (*Diosmose*) ungesteuert in beide Richtungen oder in nur einer Richtung, je nachdem, welche Seite der gebende Teil ist.

Kulturelle Konflikte ergeben sich auf dieser Basis freien und ungesteuerten Austauschs meist nicht, so dass auswärtige Kulturbeziehungen hier dazu dienen können, Konflikte auf anderen Politikfeldern (z.B. Handelspolitik, Machtinteressen) zu entschärfen.

B) Kulturelle Selbstinterpretation (*Radiation*): Eine zielbewusste, um Sympathien werbende und sachliche Vorstellung kultureller Güter einer Nation mit der gleichzeitigen Bereitschaft, auch die Wünsche der anderen Nation nach Selbstvorstellung ihrer Kultur im anderen Land voll zu berücksichtigen und mit ihr kulturell und auf der Basis von Gegenseitigkeit (*Reziprozität*) zusammenzuarbeiten. Es handelt sich also um eine Art intendierte Permeabilität, im idealen Fall von symmetrischem Zuschnitt.

Auch diese Form der Auswärtigen Kulturpolitik kann dazu beitragen, Konflikte im Bereich von Handels- oder Machtinteressen zu entschärfen. Die historische Konkretion dieser Form ließe sich z.B. schon früh in der britischen Kulturpolitik gegenüber den als gleichrangig angesehenen Kulturstaaten oder den *Dominions* erkennen. Sie wurde nach 1934 vom British Council weiterentwickelt.

---

6 Dieses Schema ergibt sich vor allem aus einer Betrachtung der bilateralen Verhältnisse auswärtiger Kulturbeziehungen. Für die multilateralen Kulturbeziehungen im Rahmen des Völkerbundes und seiner Kommissionen bzw. später auch der UNESCO vgl. das Kapitel »Zwischen Kaltem Krieg und Entspannungspolitik«, S. 66ff.

C) Kulturelle Expansion: Eine mehr oder weniger bewusst von der Überlegenheit der eigenen Kultur ausgehende und auf ihre Ausbreitung bedachte, planmäßig werbende Vorstellung kultureller Güter, verbunden mit einer gewissen, aber eingeschränkten, Bereitschaft, die Wünsche der anderen Nationen oder anderer Ethnien nach Vorstellung der eigenen Kulturgüter zu berücksichtigen und ihnen in diesem begrenzten Rahmen kulturelle Zusammenarbeit und kulturelle Einflussmöglichkeiten zu bieten. Es handelt sich meist um eine historische Phase früher Landnahme oder Übersee-Expansion, in der das nationale Sendungsbewusstsein der eigenen Kulturmission noch latent oder schwach ausgebildet ist und die Asymmetrie dieser Beziehungen noch kaum problematisiert wird. Dies ist meist eine nur kurze Phase, die entweder in die offenere Beziehung kultureller Selbstinterpretation zurückführt oder durch die verstärkte nationale Dynamik in die Form der Kulturpropaganda überleitet. Ein solches Grundmuster stellt durch seine meist stärkere Verbindung mit Handels- und/oder Machtinteressen nur ein begrenztes Potenzial zur Konfliktverhütung dar und kann sogar ganz in den Dienst dieser Interessen gezogen werden.

D) Kulturpropaganda: Eine zum Zweck nationaler Machtexpansion betriebene, planmäßig werbende Vorstellung kultureller Güter mit einer durch diesen Hauptzweck sehr eingeschränkten Bereitschaft, die Wünsche anderer Nationen oder Ethnien in gleichem Maße zu berücksichtigen oder ihnen kulturelle Zusammenarbeit oder kulturellen Einfluss zu gewähren. Die Auswärtige Kulturpolitik hatte in den gegenseitigen Beziehungen der Großmächte, vor allem zwischen dem Deutschen Reich und den anderen konkurrierenden Mächten und erst recht gegenüber den Ethnien in den Überseeterritorien (Kolonien), während der letzten Jahre vor dem Ersten Weltkrieg überwiegend diesen Charakter angenommen. Sie war um 1900 geradezu zu einer Signatur der imperialistischen Mächte und ihrer Außenbeziehungen geworden. Kulturpolitik verlor in dieser Phase, in der sie eng mit nationalen Handels- und Machtinteressen verbunden war, fast völlig ihre Autonomie und ihr Potenzial zur Konfliktverhütung und wurde im Ersten Weltkrieg geradezu zu einem Teil der nationalistischen Kriegspropaganda. Der Nationalsozialismus, für den der Erste Weltkrieg auch nach 1918 nicht zu Ende gegangen war, hat diese massive Form der Kulturpolitik dann, soweit es überhaupt noch möglich war, weiter zu einem Kulturimperialismus gesteigert.

E) Kulturimperialismus: Eine zum Zweck der nationalen und/oder rassistischen Machtexpansion und machtpolitischen Weltgeltung geführte, planmäßig werbende, aber auch geistig militant und aggressiv betriebene Vorstellung kultureller Güter der eigenen Nation ohne eine grundsätzliche oder allenfalls nur opportunistische Bereitschaft, die Wünsche anderer Nationen oder Ethnien zu berücksichtigen oder ihnen kulturelle Zusammenarbeit oder kulturellen Einfluss zu gewähren. Es handelt sich dabei um eine absichtsvoll asymmetrische und quasi ausbeuterische kulturelle Beziehung ohne Gegenseitigkeit (*Semi-Permeabilität*). Kulturimperialismus kann dabei zwar aus strategischen Gründen unter Umständen vorübergehend auch im Gewand »leiserer« Methoden und »stiller Allüren« auftreten, geriert sich aber meist laut und aktionistisch. In der Zeit der weltanschaulichen Auseinandersetzung zwischen Nationalsozialismus und Bolschewismus nahm die nationalsozialistische Auswärtige Kulturpolitik zum Teil auch die agitatorischen Methoden des kommunistischen Kulturimperialismus (*Agitprop*) an, etwa in der spiegelbildlichen Form des Gegensatzes von Komintern und nationalsozialistischer Anti-Komintern. Als präventive Konflikt verhütende und friedenserhaltende Methode erwies sich der Kulturimperialismus als ungeeignet.

Kulturpropaganda und Kulturimperialismus des Nationalsozialismus: von der Einbahnstraße in die Sackgasse

Der Faschismus als »Kulturrevolution« stellte, wie Joachim Fest gesagt hat, die Verneinung der liberalen und humanitären Zivilisationsidee dar. Und Hitlers rassistische und bellizistische Weltanschauung, die in der Kulturpolitik zum Kampf gegen die klassische Moderne und zur Ausschaltung jüdischer, expressionistischer, progressiver, experimenteller – kurz: »entarteter« Künstler und Schriftsteller führte, war mit einer suggestiven Ästhetik und mehr noch mit einer lauten Propaganda, dem Stakkato der Massenaufmärsche und der Massenorganisationen, verbunden. Da diese Inszenierungen und Programme auf Massenwirkung zielten, wurden nach 1933 auch die finanziellen Mittel für diese Zwecke allmählich erhöht. Das galt nach einigen Jahren auch für die Agenturen der nationalsozialistischen Außenpolitik und für die der Auswärtigen Kulturpolitik. Die Mitarbeiter der alten Kulturabteilung des Auswärtigen Amts in der Zeit der Weimarer Republik hätten von der Höhe der Mittel, die nach 1934 zur Verfügung gestellt wurden, nur träumen können. Aber diese Experten wurden bald wie Hans Freytag, der Leiter der Kulturabteilung, und Johannes Sievers, der Leiter des Kunstreferats, versetzt oder mussten ausscheiden. Dennoch blieb das Auswärtige Amt unter Außenminister Konstantin von Neurath noch bis 1934 unter dem besonderen Schutz des Reichspräsidenten Paul von Hindenburg zunächst von der massiven nationalsozialistischen Propagandamaschine abgeschirmt. Erst als im Januar 1937 der Nationalsozialist Ernst Wilhelm Bohle, der Leiter der Auslandsorganisation der NSDAP, zum Staatssekretär im Auswärtigen Amt ernannt und von Ribbentrop im Februar 1938 Reichsaußenminister wurde, bemächtigte sich der nationalsozialistische Propagandaapparat auch mehr und mehr dieses Amtes.

Dass sich in diesen ersten Jahren die Kulturabteilung des Auswärtigen Amts unter ihrem neuen Leiter Friedrich Stieve überhaupt der lauten Maschinerie von Goebbels Reichspropagandaministerium noch einigermaßen entziehen konnte, lag an der scharfen Konkurrenz, der sich das Amt nach außen zu erwehren hatte, wobei die »Gegner« auch untereinander mit ihren außenpolitischen Ambitionen in scharfer Rivalität standen und sich zum Teil gegenseitig neutralisierten. Denn diese mit dem Amt und miteinander konkurrierenden Parteiagenturen für auswärtige Beziehungen (z.B. die Auslandsorganisation der Partei, das Außenpolitische Amt der NSDAP unter Alfred Rosenberg, bis 1938 auch Joachim von Ribbentrops Dienststelle Ribbentrop, die Volksdeutsche Mittelstelle der SS), aber zum Teil auch der Volksdeutsche Rat, der Verein für das Deutschtum im Ausland und andere, waren im Allgemeinen Organe einer recht massiven Auslandspropaganda, die im Auswärtigen Amt selbst zunächst kaum Nachfolge fand (Jacobsen 1968: 16ff.). Es war vielmehr das Propagandaministerium, das in Verbindung mit der ebenfalls von Goebbels kontrollierten Reichskulturkammer nach 1936, von seiner rigiden inneren Kulturpolitik ausgehend, langsam größeren Einfluss auch auf die Arbeit der Kulturabteilung im Auswärtigen Amt gewann (Barbian 1995: 646ff.; Barbian 1992).

Bis zu der wesentlich von Goebbels forcierten Ideologisierung der Außenpolitik, die 1936 durch den von Ribbentrop und ihm betriebenen und propagierten Anti-Kominternpakt entstand, hatte das Auswärtige Amt in der Auswärtigen Kulturpolitik immerhin noch eine relativ sachbezogene Arbeit leisten können. Denn das alles lag ja noch vor den Olympischen Winterspielen in Garmisch und vor dem Befehl Hitlers zum deutschen Einmarsch ins Rheinland, der am 7. März geschah. In dieser frühen Phase war der Einfluss von Goebbels im Wesentlichen auf innere Kulturpropaganda begrenzt geblieben. Das Auswärtige Amt selbst hat in dieser Phase noch eine relativ sachliche und unpropagandistische Pflege der Kulturbeziehungen zum Ausland betreiben können. Aber das Amt stieß hierbei zum Teil auf die Gegnerschaft anderer Agenturen, besonders von Seiten der Partei. Ein Beispiel dafür waren bis 1936 die deutschen Auslandsinstitute, neben der schon 1927 gegründeten DAAD-Zweigstelle in London vor allem die Zweigstelle des DAAD in Paris (gegründet 1930). Sie stand seit 1934 unter der Leitung von Karl Epting, der seit 1940 dann auch das neue Deutsche Institut in Paris leitete (Michels 1993: 56 ff.; Laitenberger 2000: 45). Dieses neue Institut war eines von insgesamt 15, die während des Krieges im Ausland gegründet wurden. Paris und Rom waren dabei besonders wichtig. Wie Eckard Michels deutlich gemacht hat, standen Epting und seine Pariser DAAD-Stelle bzw. das Pariser Institut schließlich doch eher für eine propagandistische Arbeitsweise, während die Kulturabteilung des Auswärtigen Amts unter Friedrich Stieve und dann unter Fritz von Twardowski stärker das von Thankmar von Münchhausen geleitete Goethe-Haus in Paris und sein Begegnungskonzept unterstützte (Michels 1993: 26ff.; Scholten 2000). Dieses Goethe-Haus wurde aber erst am 19. November 1937 eröffnet, nachdem sich anlässlich der Weltausstellung in Paris eine ziemlich scharfe kulturpolitische Konfrontation um die dortige Deutsche Freiheitsbibliothek und das Pariser Tageblatt zwischen den deutschen Exilgruppen in Paris einerseits und den nationalsozialistischen Einrichtungen und Emissären andererseits ergeben hatte[7]. Aber mit dem Wechsel im deutschen Außenministerium zu Anfang des Jahres 1938 gewannen zum Teil auch im Auswärtigen Amt und in den Auslandsinstituten die Propagandisten eine stärkere Stellung. Das hatte sich schon anlässlich des Besuchs von Mussolini in Berlin 1937 gezeigt. Erst recht wurde es aber bei Hitlers Gegenbesuch in Rom 1938 deutlich, als die Reichskanzlei in Berlin – und das geschah schwerlich ohne Wissen Hitlers – an der Bibliotheca Hertziana in Rom personelle und inhaltliche Neuerungen verfügte, die an der Kulturabteilung des Auswärtigen Amts vorbei getroffen wurden (Düwell 1993: 242, 251f.). Der neu ernannte stellvertretende Direktor der Hertziana, ein Nazi, der auf einen Besuch Hitlers in dieser Kunstbibliothek hoffte, hatte die Gedenkbüste der jüdischen Stifterin Henriette Hertz entfernen lassen, und Ähnliches war auch mit der bronzenen Ehrentafel für den jüdischen Stifter der Villa Massimo, Eduard Arnhold, geschehen. Gleichzeitig war auch dort ein Nazi, ein Konfident

---

7 Zu der ein Jahr nach den nationalsozialistischen Bücherverbrennungen von 1933 am 10. Mai 1934 in Paris gegründeten großen Deutschen Freiheitsbibliothek vgl. Kantorowicz 1978: 283 ff.; Badia/Roussel 1983.

des neuen Staatssekretärs Ernst Wilhelm Bohle, mit der Leitung betraut und der bewährte Direktor Herbert Gericke entlassen worden.

Es gab aber zu diesem Zeitpunkt noch andere Vertreter des Auswärtigen Amts, die den Mut hatten, gegen solche Ehrabschneidungen und ideologisch-propagandistischen Krassheiten zu protestieren: Sowohl der aus Rom scheidende Botschafter Ulrich von Hassell als auch sein Nachfolger Hans-Georg von Mackensen drängten bei Außenminister von Ribbentrop und auch beim nationalsozialistischen Reichskultusminister Bernhard Rust auf eine Wiederherstellung der Gedenkorte für die Stifter Henriette Hertz und Eduard Arnhold – leider vergeblich, weil zu diesem Zeitpunkt bereits die rassistische Indoktrinierung der Reichsleitung und des faschistischen Italien so weit fortgeschritten war, dass auch Mussolini die deutschen Rassegesetze für Italien übernahm.

Im Deutschen Institut in Paris, das nach der Besetzung Frankreichs 1940 eingerichtet wurde, war es vor allem der Nationalsozialist Karl-Heinz Bremer, der seine Sicht eines *Nationalsozialismus und Chauvinismus in Frankreich*, wie sein 1940 in Berlin erschienenes Buch hieß, für ein nicht weniger aggressives und propagandistisches Gegenbild nutzbar zu machen suchte. Aber auch Epting selbst bewegte sich bereits auf einer ähnlich bedenklichen Linie, wenn er die künftige Rolle Frankreichs in Europa lediglich noch als die einer »vergrößerten Schweiz« sehen und in der Zukunft Frankreich durch ein (umgekehrtes) *rayonnement intellectuel* Deutschlands beherrscht und psychologisch beeinflusst sehen wollte (Michels 1993: 255ff., 261f.). Auch hier wirkte sich das besonders seit 1941 gesteigerte propagandistische *enragement* des Goebbels-Ministeriums aus, das, wie Eckard Michels zeigt, besonders massiv auf der Deutschen Akademie bzw. auf dem von Franz Thierfelder geleiteten Goethe-Institut lastete[8]. Dieser Einfluss steigerte sich nochmals in der Schlussphase des Kriegs, als selbst in der Wehrmacht die ideologische Indoktrination durch fanatische NS-Führungsoffiziere begann. Der Zusammenbruch der nationalsozialistischen Herrschaft bedeutete daher schließlich auch das Ende einer Kulturpolitik, die vorher schon geistig in der Sackgasse geendet hatte.

Zwischen Kaltem Krieg und Entspannungspolitik (1945-1970) – Neuansätze nach dem Zweiten Weltkrieg

In der Zwischenkriegszeit war in fast allen europäischen Staaten und in den USA die Auswärtige Kulturpolitik schon zu einem Element der Außenpolitik geworden. Auch neue Einrichtungen wie der Kulturattaché oder -referent oder auch das neue Vertragsinstrument Kulturabkommen (Hoefig/Skupnik 1966; Schirmer 1970) waren nach 1919 durchaus schon bekannt, wenn auch vorerst nur in Ansätzen realisiert. Im Falle Deutschlands waren sie dann allerdings nach 1933 mehr und mehr in den Dienst massiver Auslandspropaganda gestellt und während des Zweiten Weltkriegs überdehnt bzw. in vielen Fällen ge-

---

8   Zum (alten) Goethe-Institut wird im Frühjahr 2005 eine grundlegende Arbeit von Eckard Michels in der Schriftenreihe des Instituts für Zeitgeschichte erscheinen, in der diese Vorgänge differenziert aufgearbeitet sind. Ich danke Herrn Kollegen Michels für die Einsichtnahme in das Manuskript.

radezu pervertiert worden. In den ersten Jahrzehnten nach dem Ende des Zweiten Weltkriegs, als die Kolonialreiche und die von den europäischen Mächten geschaffenen imperialistischen Herrschaftsstrukturen in Afrika, Süd- und Südostasien langsam zerfielen, blieb dort jedoch für längere Zeit noch ein europäischer bzw. nordamerikanischer kultureller Restbestand erhalten. Dazu gehörte vor allem die Kenntnis der von den ehemaligen Kolonialherren gesprochenen Sprachen, die oft als Medium und Vehikel kulturellen Einflusses (zumindest als Verwaltungssprachen) fortbestanden. Die deutsche Sprache konnte jedoch kaum noch dazu gerechnet werden, während vor allem Englisch, aber auch Französisch, Spanisch und Portugiesisch weltweite Bedeutung behielten. Es kam zu neuen kulturellen Umgangsformen, die zum Teil abgeleitet waren aus den Lehren, die der gescheiterte Imperialismus hinterlassen hatte. Die in die Unabhängigkeit strebenden Überseeterritorien und Kolonien der europäischen Mächte suchten nun im Zuge ihrer politischen Emanzipation zum Teil mit Erfolg ihre indigenen Kulturtraditionen wieder zu stärken. Anderseits waren sie aber auch an einer Modernisierung ihrer Länder interessiert – eine Spannung, die ihre Kräfte bis zum Äußersten beanspruchte. Die westlichen Industriestaaten mussten diese Bestrebungen und die neue Lage, die durch den Eintritt vieler selbständig gewordener Staaten in die 1945 gegründeten Vereinten Nationen und deren Sonderorganisationen entstand, mehr und mehr berücksichtigen.

Im Rahmen der Vereinten Nationen ergab sich nach dem unabwendbaren Ende des alten Völkerbunds eine neue Möglichkeit multilateraler Zusammenarbeit. Die UNESCO als Nachfolgerin des früheren Völkerbund-Instituts für Internationale Geistige Zusammenarbeit in Paris nahm ihren Sitz ebenfalls wieder in der französischen Hauptstadt, war aber nicht nur organisatorisch offener und breiter angelegt als das alte Völkerbund-Institut. Die junge Bundesrepublik Deutschland hat bald nach ihrer Konstituierung im Mai 1949 den Zugang zur UNESCO gesucht, um auf diese Weise einen ersten Schritt zur Rückkehr Deutschlands in die geistige Gemeinschaft der Völker zu verwirklichen. Die Möglichkeit hierzu war aufgrund der Charta der Vereinten Nationen gegeben, weil ein Beitritt in die Sonderorganisationen der UNO auch ohne Vollmitgliedschaft und Sitz in der UNO-Vollversammlung möglich war. So wie die Bundesrepublik Deutschland schon früh den mit der UNO verbundenen Sonderorganisationen Weltbank (Internationale Bank für Wiederaufbau und Entwicklung) und Internationaler Währungsfonds beitrat und als zunächst noch finanziell schwaches Land die Beitragstranchen hierfür aus dem Sondervermögen des Marshallplans (ERP) begleichen konnte, so war auch ihre Mitgliedschaft in der UNESCO seit 1951 von besonderer Bedeutung, weil der Zugang der Bundesrepublik zu diesem internationalen und multilateralen geistigen Netzwerk der Weltorganisation den Weg zu gleichberechtigter Stellung Westdeutschlands eröffnete. Einem System kommunizierender Röhren vergleichbar war die Bundesrepublik so erstmals wieder eingebunden in die gemeinsamen zwischenstaatlichen kulturpolitischen Anstrengungen wie z.B. zur Alphabetisierung der Entwicklungsländer oder in die Bemühungen zur Erforschung der ariden Zonen der Erde oder in den internationalen Austausch von Informationen und kulturellen Schriften, dem dann auf deutscher Seite unter anderem durch die Gründung der Agentur Inter Nationes 1952 zugearbeitet werden konnte. Aufgrund dieser intensiven Zusammenarbeit hat die Bundesrepublik neben Paris (International Institute for Educational

Planning) und Genf (Internationales Erziehungsbüro) auch ein UNESCO-Institut für Pädagogik in Hamburg als weiteres wichtiges Zentrum schaffen können (Coombs 1964).

Parallel zu dieser multilateralen Kulturarbeit verliefen mit dem Aufbau des neuen Auswärtigen Amts in Bonn auch die Vorbereitungen zur Schaffung bilateraler Kulturbeziehungen zum Ausland. Das setzte einen größeren apparativen Aufwand voraus. Schon in den Empfehlungen des Organisationsausschusses der Ministerpräsidentenkonferenz der westdeutschen Länder über den Aufbau der künftigen Bundesorgane vom 30. Juli 1949 (Haas 1969: 99f.) war vorgeschlagen worden, dass ein künftiges Bundesamt für Auswärtige Angelegenheiten unter anderem innerhalb der Politischen Abteilung (Abteilung II) eine Unterabteilung C (Länderabteilung) für multilaterale internationale Zusammenarbeit und die internationalen Organisationen sechs Referate (fünf Ländergruppenreferate) haben solle, während eine Unterabteilung D (Kulturabteilung) speziell die internationalen kulturellen Organisationen und die bilateralen Kulturbeziehungen zum Ausland auf den Gebieten Wissenschaft, Kunst und Film (drei Referate) bearbeiten sollte.

Diese Überlegungen kamen allerdings zu früh, weil zunächst die auswärtigen Beziehungen direkt beim Bundeskanzleramt (Dienststelle für Auswärtige Angelegenheiten) ressortierten. Hier waren dann seit dem 1. Oktober 1950 in der Abteilung II (Verbindungsstelle zur Alliierten Hohen Kommission) unter Ministerialdirektor Herbert Blankenhorn und dem Referatsleiter (Referat X) Rudolf Salat drei weitere Referenten für die deutschen Kulturbeziehungen zum Ausland zuständig: für Sprache und Buch im Ausland, für Auslandsberufungen deutscher Lehrer, Forscher usw., Studienreisen, Studenten- und Professorenaustausch, Kulturabkommen, deutsche Institute im Ausland, Restitutionen von Kunstwerken, Kunstausstellungen, Auslandsseelsorge sowie für deutsch-ausländische Gesellschaften, für UNESCO und für Sportbeziehungen zum Ausland (Haas 1969: 154).

Als dann 1951 im Rahmen der Kleinen Revision des Besatzungsstatuts das Auswärtige Amt gegründet wurde, standen in der Auswärtigen Kulturpolitik zunächst nur die Hauptstädte der drei westlichen Besatzungsmächte im Mittelpunkt, weil nur dort die ersten Generalkonsulate hatten eröffnet werden dürfen. Von den drei dortigen Vertretern der Bundesrepublik, die 1953 in den Rang eines Botschafters erhoben wurden (Heinz Krekeler in Washington, Hans Schlange-Schöningen in London und Wilhelm Hausenstein in Paris), war Hausenstein in der französischen Hauptstadt als *homme de lettres* das hervorragende Beispiel eines Kulturdiplomaten. Hausenstein konnte an die frühere erfolgreiche Arbeit von Leopold von Hoesch und Joachim Kühn anknüpfen. Aber solche Erfolge waren oft nur punktuell, weil das Ansehen Deutschlands durch die nationalsozialistische Herrschaft und ihre Verbrechen stark gelitten hatte und die Isolierung der Bundesrepublik erst noch zu überwinden war.

Konrad Adenauers Politik der Westintegration, die durch den Eintritt der Bundesrepublik in die OEEC, den Europarat und die Europäische Gemeinschaft für Kohle und Stahl begonnen hatte, fand eine kulturpolitische Entsprechung in den ersten bilateralen Kulturabkommen und in der Aufnahme Westdeutschlands in das Fulbright-Stipendienprogramm (Fulbright 1967). Die Aufnahme der Bundesrepublik in dieses Austauschprogramm war zugleich ein wichtiger Bestandteil des ersten Kulturabkommens, das die westdeutsche Regierung durch einen Notenwechsel am 9. April 1953 mit den Vereinigten

Staaten von Amerika abschloss. Weitere Kulturabkommen wurden dann in dichter Folge vereinbart (Ischreyt 1964: 287 f.): mit Frankreich (23. Oktober 1954), Spanien (10. Dezember 1954), Italien (8. Februar 1956), Griechenland (17. Mai 1956), Norwegen (19. Mai 1956), Belgien (24. September 1956), Chile (20. November 1956), Japan (14. Februar 1957), Türkei (8. Mai 1957) und Großbritannien (18. April 1958). Es war kein Zufall, dass die Abkommen mit den Vereinigten Staaten und Frankreich am Anfang dieser Folge standen, denn in beiden Fällen war ein jahrelanges kulturpolitisches Engagement der USA und Frankreichs in beiden Besatzungszonen vorausgegangen (Kellermann 1978; Hein-Kremer 1996; Defrance 1994; Zauner 1994). Frankreich hatte gar in seiner Zone an den Universitätsneugründungen in Mainz (1946) und in Saarbrücken (1948) einen beträchtlichen Anteil gehabt. Aber auch das Londoner Interesse an der kulturellen und demokratischen Entwicklung der Britischen Zone war in den Jahren vor Gründung der Bundesrepublik sehr lebhaft, wie z.B. die Aktivitäten der Kulturzentren Die Brücke (später Filialen des British Council) und die dortigen Bücher-, Film-, Musik- und Theaterpräsentationen zeigen (Clemens 1997: 204 ff.). Darüber hinaus wurde beim Ausbau des British Council als dem Träger der britischen Auswärtigen Kulturpolitik die Entwicklung Westdeutschlands und seiner kulturellen Mittlerorganisationen aufmerksam beobachtet, ohne dass jedoch die beiden britischen Brennpunkte, nämlich die relativ jungen Zentralagenturen British Broadcasting Corporation (BBC) und British Council, wesentlich verändert oder auch nur beeinflusst wurden (Mitchell 1992: 119f.; Donaldson 1984), während die Bundesrepublik Deutschland aufgrund ihres föderativen Systems eine dezentralere Struktur entwickelte. Immerhin ist aber Hilmar Hoffmann, der spätere Präsident des Goethe-Instituts, aus dem britischen Information Centre in Oberhausen hervorgegangen, bevor er dort Volkshochschuldirektor wurde und dann seinen künstlerisch und kulturpolitisch überaus erfolgreichen Weg weitergegangen ist.

Das Charakteristikum in den Formen der deutschen Auswärtigen Kulturpolitik waren die seit den fünfziger Jahren entwickelten, zum Teil auch erst wieder neu begründeten so genannten Mittlerorganisationen. Es handelt sich hierbei um Kulturagenturen in verschiedenen Rechtsformen (vor allem verschiedene Arten eingetragener Vereine und Stiftungen), die zum größten Teil aus öffentlichen Mitteln finanziert werden, aber innerhalb der außenpolitischen Konzeption der Bundesregierung und unter teilweiser Berücksichtigung der Länder des Bundes einen autonomen Gestaltungsraum besitzen. Als in den Jahren 1949/50 die Notgemeinschaft der Deutschen Wissenschaft (ab 1952 Deutsche Forschungsgemeinschaft, DFG), der Deutsche Akademische Austauschdienst (DAAD), das Institut für Auslandsbeziehungen (ifa) in Stuttgart, 1952 dann auch das Goethe-Institut (GI) und 1953 die Alexander von Humboldt-Stiftung (AvH) wieder gegründet wurden, knüpften sie an die Arbeit älterer Vorläuferinstitutionen aus der Zeit vor 1933 an. Diese neuen Agenturen trugen zum Teil die gleichen Namen (GI, AvH, DAAD). Das Deutsche Ausland-Institut in Stuttgart trat 1949 zunächst wieder unter dem alten Namen an, wurde aber dann in Institut für Auslandsbeziehungen umbenannt. Neugründungen stellten in dieser Phase die 1949 geschaffene Carl Duisberg Gesellschaft (CDG) und der gemeinnützige Verein Inter Nationes (1952) dar. Sie alle, wie auch andere später gegründete Mittlerorganisationen und Einrichtungen der Auswärtigen Kulturpolitik (z.B. die 1959 gegründete Deutsche Stiftung für Entwicklungsländer, ab 1973 Deutsche Stiftung für Internationale Entwicklung (DSE), oder das Haus der Kulturen der Welt in Berlin (HKW), gegründet 1989), bewegten sich in ihrer selbstverantworteten Arbeit innerhalb der von der Bundesregierung in ihrer außenpolitischen Kompetenz gesetzten Konzeption. Besonders der DAAD bewegte sich gleich bei seiner Wiedergründung 1950 auf einer vor allem von der Dienststelle für Auswärtige Angelegenheiten im Bundeskanzleramt – ein Auswärtiges Amt gab es noch nicht – empfohlenen Linie des Austauschs, die durch zwei Besonderheiten geprägt war: zum einen durch die Wiederaufnahme des schon in der Weimarer Republik begonnenen Praktikantenaustauschs für Ingenieurstudenten (zuerst mit den Vereinigten Staaten von Amerika), zum anderen durch eine frühe Pflege des akademischen Austauschs mit unabhängig gewordenen jungen Staaten in Afrika, Süd- und Südostasien, für die es damals den Begriff Schwellen- oder Entwicklungsländer noch nicht gab (zuerst Ägypten, Indien und Indonesien). Der Praktikantenaustausch konnte sich sehr schnell entwickeln, weil der DAAD schon 1951 in die International Association for the Exchange of Students for Technical Experience (IAESTE) in London aufgenommen wurde und so die Möglichkeiten dieser internationalen Organisation bald nutzen konnte (Düwell 2000: 110f.). Noch in den fünfziger Jahren stieg daher der Praktikantenaustausch von anfangs 300 ausländischen Teilnehmern auf 842 im Jahr 1960, davon 425 aus Europa, 313 aus Asien und 104 aus Afrika. Mit der zunehmenden Bedeutung der Entwicklungspolitik nahm der Anteil der Praktikanten und Studenten aus Entwicklungsländern schnell zu. Dies entsprach nicht nur dem Wunsch des wieder gegründeten Auswärtigen Amts, sondern auch dem Konzept des Bundesministeriums für Wirtschaft, des 1961 gegründeten Bundesministeriums für Wirtschaftliche Zusammenarbeit (BMZ) und anderer Ressorts der Bundesregierung.

Die Bemühungen der DDR um eine eigenständige Auswärtige Kulturpolitik

Dieses übergeordnete Konzept war nach dem Ende der nationalsozialistischen Kriegspolitik und des durch sie herbeigeführten katastrophalen Zusammenbruchs Deutschlands auf Völkerverständigung, Friedenssicherung und »Humanisierung des Politischen« (Auswärtiges Amt 1972: 93f.) gerichtet. Das Ziel der Mittlerorganisationen war es, wie es beispielhaft in der Zweckbestimmung der 1952 gegründeten Agentur Inter Nationes hieß, »Ausländern ein umfassendes Bild vom politischen, gesellschaftlichen und kulturellen Leben in der Bundesrepublik als Voraussetzung gegenseitigen Verstehens zu vermitteln.« (Richartz 1976: 765; Arnold 1974; Baudisch 1976) Eine solche Zielsetzung schuf insbesondere in den fünfziger und sechziger Jahren, also in der Hochphase des Kalten Kriegs, ein Feld der verschärften geistigen Auseinandersetzung zwischen Ost und West (Birrenbach 1967). Aufgrund der so genannten Hallstein-Doktrin unterhielt die Bundesrepublik bis 1967 keine diplomatischen Beziehungen mit Staaten, die die Deutsche Demokratische Republik (DDR) völkerrechtlich anerkannt hatten, oder sie brach solche Beziehungen ab, wenn ein auswärtiger Staat die DDR anerkannte. Einen Sonderfall stellte dabei die Sowjetunion dar. Zwar hatte die Bundesrepublik am 30. Mai 1959 ein Kulturabkommen mit der Sowjetunion abgeschlossen, aber das blieb lange Zeit eine Ausnahme in den Ostbeziehungen, die mit der entscheidenden Rolle der Sowjetunion im Ostblock zu tun hatte und zu den Folgewirkungen des Staatsbesuchs Adenauers von 1955 gehörte, als es vor allem darum gegangen war, die restlichen deutschen Kriegsgefangenen aus der Sowjetunion heimzuholen. Strittig blieb zwischen Moskau und Bonn dabei die Stellung Westberlins, auf das die sowjetische Regierung das Abkommen nicht anwenden wollte. Auch spätere Verhandlungsversuche Bonns blieben in dieser Frage noch lange erfolglos.

Diese Schwierigkeiten hingen auch damit zusammen, dass Moskau die Bemühungen der DDR um eine eigene auswärtige Kultur- und Entwicklungspolitik unterstützte und damit die Lenin'sche »Weltrevolution« beschleunigen wollte. Auf der Achse einer Gesellschaft für Deutsch-Sowjetische Freundschaft, die im Juli 1949 gegründet wurde und durch die *Agitprop*-Methoden der Stalin-Zeit gekennzeichnet war, hatte die DDR 1952/53 zunächst nur Kulturabkommen mit Polen und der Tschechoslowakei geschlossen. Durch die 1952 gegründete Gesellschaft für Kulturelle Verbindungen mit dem Ausland und durch das 1954 geschaffene Ministerium für Kultur begannen aber auch die Kontakte zu Ländern außerhalb des Ostblocks, vor allem ein erster Austausch mit Frankreich und Finnland, dann auch mit anderen Staaten des Westens (Belgien, Niederlande, Schweiz, Österreich, Italien, Großbritannien, Dänemark, Norwegen und Schweden). Das Ziel der DDR-Regierung, auf diesem Wege eine völkerrechtliche Anerkennung auch im Westen zu erreichen, ließ sich so aber nicht realisieren, da die westdeutsche Bundesregierung noch bis 1967 an der Hallstein-Doktrin festhielt.

Der »andere deutsche Staat« hat daher seit Mitte der fünfziger Jahre das Hauptaugenmerk zunächst auf die Beziehungen zu den sich nun formierenden blockfreien Ländern und zu den Entwicklungsländern gelegt. Mit Algerien, Ägypten, Chile, Ghana, Guinea, Indien, Indonesien, Irak, Mali und Sudan kam es in dieser Phase schon zu ersten Kulturabkommen, die in Berlin-Ost als Vorstufe zu einer diplomatischen Anerkennung der DDR gedacht waren. Diesem Ziel dienten unter anderem auch die Gründung einer Deutsch-Arabischen Gesellschaft (1958) und im Jahre 1961 die Gründung einer Deutsch-Afrikanischen Gesellschaft, einer Freundschaftsgesellschaft Indien-DDR, einer Deutsch-Südostasiatischen Gesellschaft und einer Deutsch-Lateinamerikanischen Gesellschaft. Die DDR warb im Ausland mit einer »sozialistischen deutschen Nationalkultur« und hatte schon 1971 Kulturabkommen oder andere kulturelle Vereinbarungen mit insgesamt 68 Staaten geschlossen. Besonders gegenüber der so genannten Dritten Welt standen diese Abmachungen unter dem propagandistischen Vorzeichen eines gegen die Bundesrepublik Deutschland, gegen den Westen und seinen angeblichen »Kulturimperialismus« gerichteten Kampfes. Dem diente auch die 1963 für afrikanische Journalisten eingerichtete Schule der Solidarität in Leipzig. Nicht zuletzt war es aber auch die Sprachpolitik der DDR, die 1956 mit der Gründung des Johann-Gottfried-Herder-Instituts an der Leipziger Karl-Marx-Universität die Grundlage für eine im Ausland, besonders in den Entwicklungsländern, wirksame Vermittlung der deutschen Sprache legte, die nicht nur mit dem Studium der Schriften von Marx und Engels in der Originalsprache warb, sondern auch die Aus- und Weiterbildung von ausländischen Deutschlehrern und Germanisten sowie die Entsendung von Lektoren und Lehrern aus der DDR zum Ziel hatte (Praxenthaler

2002). Daneben suchte diese Sprachvermittlungsarbeit der DDR auch geschickt mit dem Angebot häufig nachgefragter fachsprachlicher Vermittlung zu werben, die mit der von Westdeutschland aus betriebenen Verbreitung fachterminologischer und technologischer Sprachinformation konkurrierte. Diese Rivalität setzte sich auch auf anderen Ebenen fort: Die DDR hat in den achtziger Jahren auch die von einzelnen Entwicklungsländern erhobene Forderung nach einer neuen »Weltinformationsordnung« massiv unterstützt.

Gegenüber dem Deutschlandbild der DDR, das vom »Wachsen und Werden des ersten sozialistischen deutschen Staates« ausging und bis Ende der sechziger Jahre von den stark propagandistisch eingesetzten Begriffen »Antifaschismus, Antikapitalismus, Antimilitarismus« begleitet wurde, war das Deutschlandbild, das in der Auswärtigen Kulturpolitik der Bundesrepublik verbreitet wurde, darauf bezogen, »ein anderes Deutschland«, das freiheitlich-demokratisch war, vorzustellen. Bezeichnend hierfür war die Regierungserklärung Bundeskanzler Ludwig Erhards vom 10. November 1965, in der es unter anderem hieß: »Unsere Auswärtige Kulturpolitik fördert das Verständnis für Deutschland, indem sie von den geistigen Leistungen unserer Zivilisation, der Größe ihrer Tradition, der Lebendigkeit ihrer Gegenwart Kunde gibt ... Wir wollen das Bild Deutschlands, das als Handels- und Industrienation der Welt geläufig ist, durch jene Züge ergänzen, die zum Bild Deutschlands gehören: die Züge des Geistes und der menschlichen Gesinnung« (Auswärtiges Amt 1972: 94; Hoffmann/Maaß 1994).

Was sich in diesem Bild (*Imago*), sozusagen als Selbstbild, bereits andeutete, war das Konzept der offenen Begegnung, wie es sich im Laufe der sechziger Jahre zuerst im Konzept der deutschen Auslandsschulen (»Begegnungsschulen«) entwickelt hatte. Hinzu trat Ende der sechziger Jahre mit Beginn der Regierung Brandt/Scheel die Einführung des erweiterten Kulturbegriffs, der, wie es Bundeskanzler Willy Brandt in seiner Regierungserklärung vom 28. Oktober 1969 formulierte, darauf zielte, »anderen Völkern neben den unvergänglichen Leistungen der Vergangenheit ein Bild dessen zu vermitteln, was in dieser Zeit des Übergangs auch in Deutschland an geistiger Auseinandersetzung und fruchtbarer Unruhe tägliche Wirklichkeit ist« (Mallinckrodt 1980).

Ein Feld, auf dem in diesen Jahren der Wettbewerb und die Spannungen des Ost-West-Gegensatzes sich auch in der kulturpolitischen Konkurrenz des deutsch-deutschen Verhältnisses immer stärker bemerkbar machten (Lindemann 1974), waren die Beziehungen zu den Entwicklungsländern. Die DDR hatte sich hier zunächst zurückgehalten, aber bis 1970 schon Kultur- und Wissenschaftsabkommen mit Algerien, Ägypten, Chile, Ghana, Guinea, Indien, Indonesien, Irak, Mali und Sudan abgeschlossen (Peisert/Kuppe 1983: 374)[9]. Als mit Beginn der sozial-liberalen Koalitionsregierung in Bonn 1969 immer deutlicher wurde, dass die Hallstein-Doktrin im Zuge der internationalen Entspannungspolitik obsolet geworden war und es nur im Interesse der Entwicklungsländer liegen konnte, von beiden deutschen Staaten Hilfen zu erhalten, führte dies zu einer Versachlichung der Diskussion und zu Bonner Überlegungen, wie das Verhältnis von Kultur- und Entwicklungspolitik neu zu definieren sei. Denn die praktische Arbeit des Bundesministeriums für Wirtschaftliche Zusammenarbeit und Entwicklung (BMZ), der DSE, der CDG und

---

9 Die Gegenposition der DDR wird deutlich in Heckel (1968).

vieler anderer Organisationen der Entwicklungshilfe hatte gezeigt, dass nur eine kulturelle Einbettung der Entwicklungspolitik nachhaltige Wirkungen in der Entwicklungszusammenarbeit zeitigen konnte.

Die Annäherung der beiden deutschen Staaten seit den siebziger Jahren, das Ende des Ostblocks und die deutsche Einigung von 1990 haben dazu geführt, dass die bis weit nach Ostasien wirksame Sprachverbreitungsarbeit der DDR und ihres Johann-Gottfried-Herder-Instituts, die zehntausende Menschen dem Deutschen nahe gebracht hatte, in einer neuen Form vom gesamtdeutschen Goethe-Institut aufgenommen und fortgeführt werden konnte. Parallel dazu verliefen die geistigen und technischen Förderungsmaßnahmen des Instituts für Auslandsbeziehungen zum Aufbau einer neuen Medienlandschaft in den Staaten des früheren Ostblocks. Damit klärte sich auch das Konzept einer deutschen Außenkulturpolitik, die ohne die Verengungen einer Ideologie interessenorientiert und den Menschenrechten verpflichtet, ein zwischen kultureller Ausstrahlung und sachlicher Selbstinterpretation angelegtes Konzept der Begegnung, der Gegenseitigkeit und Offenheit entwickeln konnte und damit ein Modell kultureller Außenbeziehungen schuf, auf dessen Grundlage auch in Zukunft die Möglichkeit neuer Wege und ihrer Erprobung gegeben scheint.

Durchsetzung und Ausdifferenzierung des erweiterten Kulturbegriffs in der Auswärtigen Kulturpolitik

Die ersten beiden Jahrzehnte der Auswärtigen Kulturpolitik der Bundesrepublik hatten dazu geführt, dass, wie es Dieter Sattler (Leiter der Kulturabteilung des Auswärtigen Amts von 1959 bis 1966) formuliert hatte, diese besondere Form der Außenpolitik neben der klassischen Diplomatie und der Wirtschaftspolitik als »Dritte Bühne« Anerkennung gefunden hatte (Sattler 1963; Stoll 2005). Unter Sattlers Nachfolger Hans-Georg Steltzer und dem Soziologen Ralf Dahrendorf wurde diese Position weiter begründet und vertieft. Das Neue an der Situation von 1969/70 war, dass fast gleichzeitig wichtige außen- und deutschlandpolitische Veränderungen mit konzeptionellen Neuorientierungen der Auswärtigen Kulturpolitik der Bundesregierung zusammentrafen. Die neue Ostpolitik der Regierung Brandt/Scheel hatte sich, vorbereitet durch die Außenpolitik des Außenministers Brandt, mit dem Moskauer Vertrag vom 12. August 1970 auf das Ziel der Entspannung und Friedenssicherung durch Gewaltverzicht und Unverletzlichkeit der europäischen Grenzen (einschließlich der Oder-Neiße-Linie) festgelegt. Die Verbindungen Westberlins mit der Bundesrepublik waren dabei stillschweigend ausgeklammert worden, was aber nach Jahren harter politischer Auseinandersetzung mit Moskau schon ein Fortschritt war. Und im *Brief zur deutschen Einheit*, den Außenminister Walter Scheel übergeben hatte, war die Deutsche Frage mit der Formulierung offen gehalten worden, »dass dieser Vertrag nicht im Widerspruch zu dem politischen Ziel der Bundesrepublik Deutschland steht, auf einen Zustand des Friedens in Europa hinzuwirken, in dem das deutsche Volk in freier Selbstbestimmung seine Einheit wiedererlangt« (Auswärtiges Amt 1972: 763). Nicht zuletzt hatte der Vertrag in seiner Präambel auch das Ziel »der Verbesserung der wissenschaftlichen, technischen und kulturellen Verbindungen« genannt, das auch bei einem Treffen Brandts mit dem Generalsekretär des Zentralkomitees der KPdSU Leonid Breschnew im September 1971 nochmals hervorgehoben wurde (Auswärtiges Amt 1972: 830f.).

Was hier noch gleichsam in klassischer Tradition als Nebeneinander von wissenschaftlicher, technischer und – dagegen abgehoben – kultureller Zusammenarbeit genannt wurde, war allerdings in der Kulturabteilung des Auswärtigen Amts Ende des Jahres 1970 schon einer konzeptuellen Revision unterworfen und zusammengedacht worden. Die Leitsätze des Auswärtigen Amts für die Auswärtige Kulturpolitik vom Dezember 1970 gingen nämlich von einem erweiterten Kulturbegriff aus, unter den nun stärker auch zivilisatorisch-technische und gesellschaftliche Aspekte subsumiert wurden. Schon in einer Aufzeichnung vom 15. Oktober 1969 hatte Barthold C. Witte, der spätere Leiter der Kulturabteilung, diesen erweiterten Kulturbegriff vorgeschlagen, »der neben der Kultur im engeren Sinne auch Bildung und Wissenschaft sowie vor allem auch die Massenmedien und die internationale Zusammenarbeit gesellschaftlicher Gruppen umfassen, ja sogar die beim Entwicklungsministerium angesiedelte Bildungshilfe für Entwicklungsländer einschließen sollte« (Witte 2003b: 247). Dieser Gedanke ging in die von Ralf Dahrendorf, dem neuen Parlamentarischen Staatssekretär des Auswärtigen Amts, und Hans-Georg Steltzer, dem damaligen Leiter der Kulturabteilung, vorgelegten Leitsätze für Auswärtige Kulturpolitik ein:

»Kultur ist heute nicht mehr ein Privileg elitärer Gruppen, sondern ein Angebot an alle. Sie ist ein Teil des dynamischen Prozesses der Veränderungen in unserer Gesellschaft, der den Weg zu internationaler Zusammenarbeit aller gesellschaftlichen Gruppen vorzeichnet. Das bedeutet eine beträchtliche Ausdehnung und weitere Differenzierung unserer Kulturarbeit im Ausland. – Die Pflege kultureller Beziehungen im Sinne der bisherigen Konzeption bleibt auch in Zukunft ein wesentliches Element unserer Auswärtigen Kulturpolitik. Bisher hat die Auswärtige Kulturpolitik sich vornehmlich auf die Förderung der Beziehungen zum Ausland im akademischen und künstlerischen Bereich, auf die Verbreitung der deutschen Sprache und die Unterstützung von deutschen Schulen im Ausland erstreckt. Diese Aufgaben bleiben wichtig; Mittel und Formen müssen jedoch einer veränderten Welt angepasst werden« (Auswärtiges Amt 1972: 782).

Ausgehend von den übergeordneten Zielen einer internationalen Verständigung und Friedenssicherung waren diese Leitsätze auf Austausch und Zusammenarbeit, auf »Offenheit für das Andere« gerichtet. Aus dieser offenen Grundhaltung heraus wurde sogar gegenüber der DDR, die in Paris inzwischen ein ansehnliches Kulturinstitut mit roten Fensterrahmen vorbereitete und den Wettbewerb mit der Bundesrepublik auch in der Entwicklungspolitik aufgenommen hatte, mehr Gelassenheit gezeigt: »Wir wollen unseren Landsleuten die Vorteile des internationalen Handels- und Kulturaustauschs nicht schmälern« (Auswärtiges Amt 1972: 783).

Die Leitsätze enthielten eine Reihe von Überlegungen, die auch weitere Neuerungen einbezogen: gemeinsame kulturelle Veranstaltungen mit anderen europäischen Partnern in Drittländern, kulturelle Zusammenarbeit gesellschaftlicher Gruppen (Gewerkschaften, Kirchen, Frauen- und Jugendorganisationen) innerhalb der europäischen Staatengemeinschaft, stärkere regionale Schwerpunktbildungen, z.B. Intensivierung der Beziehungen zu den »Ländern der sich entwickelnden Welt« und »Erneuerung des Austauschs mit den Staaten des europäischen Ostens« (Auswärtiges Amt 1972: 784). Diesen Ausdifferenzierungen des erweiterten Kulturbegriffs lag eine klare Erkenntnis des spezifischen Zeitfaktors langfristiger kultureller Verläufe zu Grunde, da auf diesem Feld keine schnell reifenden, sondern nur längerfristig zu erntende Früchte erwartet werden konnten. Dazu bedurfte es aber auch, wie es in den Leitsätzen hieß, langfristiger Strategien bzw. mittel- und langfristiger Finanzplanung, die es bis dahin kaum gab. Als weitere Folgerungen ergaben sich die Notwendigkeit von Bedarfs- und Zielgruppenanalysen und von Evaluationen der Austauschprogramme sowie der Betreuung und insbesondere der Nachbetreuung beim Personenaustausch (Auswärtiges Amt 1972)[10]. Aber auch die in der Entwicklungspolitik notwendige Abstimmung zwischen AA und BMZ über Fragen der Bildungshilfe bzw. zwischen AA und dem Bundesministerium für Bildung und Wissenschaft über die internationalen Wissenschaftsbeziehungen sollte intensiviert werden[11].

 Die Enquete-Kommission Auswärtige Kulturpolitik

Einige dieser Vorschläge entsprangen wohl der für die sechziger und siebziger Jahre charakteristischen Planungseuphorie, von der auch die Auswärtige Kulturpolitik nicht verschont blieb. Aber mit den Leitsätzen war ein öffentlicher Diskurs eröffnet, der sehr bald in weitere Zusammenhänge trug und im Deutschen Bundestag zur Einsetzung einer Enquete-Kommission für Auswärtige Kulturpolitik führte.

Die Kommission, die auf Anregung des Abgeordneten Berthold Martin, des kulturpolitischen Sprechers der CDU/CSU-Fraktion, zu Stande kam und unter ihrem Vorsitzenden Max Schulze-Vorberg (CSU) in den folgenden Jahren an einem umfassenden Bericht arbeitete, legte 1975 das Ergebnis ihrer Beratungen vor. Darin kam sie zum Teil zu einem von den Leitsätzen Dahrendorfs und seiner Mitarbeiter erheblich abweichenden Resultat. Das galt vor allem für die von der Kommission höher bewertete Bedeutung der deutschen Sprache, die als »wesentliches Element der kulturellen Außenpolitik« gesehen wurde und überall dort gefördert werden sollte, »wo Bedarf und Aufnahmebereitschaft« bestanden. Außerdem sollte der Unterricht in Deutsch als Fremdsprache, einem damals neu eingerichteten Fach, stärker wissenschaftlich und didaktisch vorbereitet werden – eine Forderung, die bald darauf an der neuen Universität Bayreuth durch eine entsprechende Institutsgründung umgesetzt wurde. Ein weiteres Petitum der Kommission lautete: »Zusammen mit anderen interessierten Staaten muss der berechtigte Anspruch auf Berücksichtigung der deutschen Sprache in internationalen Organisationen und Konferenzen vertreten werden.« (Enquete-Kommission 1975: 24; Witte 1981)

10 »... müssen wir dafür sorgen, dass die Ausländer bei uns berufsbezogen betreut werden und die Verbindung mit ihnen auch nach ihrer Rückkehr in die Heimat aufrechterhalten bleibt.« Eine der ersten Evaluationsstudien war damals die Arbeit von Hannelore Gerstein (1974).
11 Vorschläge hierzu enthielt schon eine Skizze von Hans Leussink (1963: 50ff.).

Die Enquete-Kommission empfahl, den formell noch bestehenden Kulturpolitischen Beirat des Auswärtigen Amts nicht mehr einzuberufen und stattdessen einen beratenden Ausschuss zu bilden, in den Persönlichkeiten aus den Mittlerorganisationen, aus Kultur und Politik und aus den Ländern des Bundes berufen werden sollten. Die Verwaltungsaufgaben der Referate der Kulturabteilung sollten ganz auf die Mittlerorganisationen selbst übertragen werden, damit die Kulturabteilung sich ausschließlich auf die konzeptionelle Planung und Aufsicht konzentrieren konnte (Vorschlag Nr. 180). Dabei sollte in der Kulturabteilung die Aufmerksamkeit künftig – dies war eine gewisse Einschränkung des Rotationsprinzips – stärker auf personelle Kontinuität gerichtet werden (Nr. 181). Die Länder wurden zur Verbesserung ihrer Mitwirkung an der Auswärtigen Kulturpolitik unter anderem dazu eingeladen, einen gemeinsamen ständigen Ausschuss zu bilden, der die Anerkennungen ausländischer Bildungsnachweise erteilen und damit die schwierigen Fragen von Nostrifikationen und Äquivalenzen lösen würde.

Einen großen Raum nahmen bei den Stellungnahmen der Kommission die Vorschläge zu der immer wichtiger werdenden Rolle der Medien ein. In einer, so hieß es, »die breite Öffentlichkeit ansprechenden kulturellen Außenpolitik« (Nr. 303) sollten bei Rundfunksendungen und Fernsehtranskriptionen besonders die Bedürfnisse der Entwicklungsländer und ihre Devisenschwierigkeiten, aber auch die einiger Länder in Ost- und Südosteuropa, berücksichtigt werden. Von den gesellschaftspolitischen Empfehlungen der Leitsätze von 1970 freilich fand sich hier nur noch der kurze Vorschlag, dass zur Verbesserung des Filmangebots in den deutschen Kulturinstituten im Ausland eine stärkere Berücksichtigung gesellschaftspolitischer Themen geeignet scheine. Und bei den Printmedien empfahl die Enquete-Kommission die Herausgabe einer für das Ausland bestimmten Kulturzeitschrift. Letzteres hat sich dann allerdings als ein kostenträchtiges und immer wieder verschobenes Projekt erwiesen.

Im Gegensatz zu den Leitsätzen hielt die Kommission wie in der Sprachpolitik, so auch bei den deutschen Schulen im Ausland, die in den Leitsätzen von 1970 nur sehr knapp erwähnt worden waren, an der »wichtigen Rolle« fest, »die sie in der kulturellen Außenpolitik der Bundesrepublik spielten« (Enquete-Kommission 1975: 63). Hierfür wurden vor allem zwei Gründe genannt. Der eine war, dass die Schulen neben der Vermittlung deutscher Sprachkenntnisse auch helfen konnten, ein wirklichkeitsnahes Deutschlandbild zu verbreiten. Der andere Grund war die gewachsene Bedeutung, die die deutschen Auslandsschulen inzwischen in den Entwicklungsländern gewonnen hatten. Es hieß: »Besonders in Entwicklungsländern sollen die Schulen auch berufsbezogene Bildungsinhalte vermitteln und eng mit örtlichen Berufsbildungseinrichtungen, vor allem den Projekten der deutschen Bildungshilfe, zusammenarbeiten« (Enquete-Kommission 1975: 63). Von den sich damals entwickelnden Grundtypen deutscher Auslandsschulen, den so genannten Botschafts- oder Expertenschulen für deutsche Staatsangehörige einerseits und den so genannten Begegnungsschulen andererseits, die auch für ausländische Schüler offen standen, galt das vor allem für die Begegnungsschulen.

Das gewachsene Gewicht der Vermittlung eines realitätsnahen Deutschlandbildes und eine stärkere Rolle der Entwicklungsländer wurden von der Kommission auch für den akademischen Austausch in Hochschulen und Wissenschaft als Ziel formuliert. Der erstgenannte Aspekt fand sich in der Empfehlung »Förderung qualifizierter germanistischer Lehrstühle an ausländischen Hochschulen unter Berücksichtigung der gewachsenen Bedeutung der Deutschlandkunde.« Unter dem anderen Gesichtspunkt, den Beziehungen zu den Entwicklungsländern, wurden Maßnahmen gefordert, »die sicherstellen, dass Studierende aus Entwicklungsländern ihre in Deutschland erworbenen Kenntnisse für den Aufbau ihres Landes einsetzen« (Enquete-Kommission 1975: 69). Diesem Ziel sollte auch die verstärkte Vergabe so genannter *Sur-Place*-Stipendien für ausländische Bewerber dienen, die von der Enquete-Kommission statt eines kostspieligeren Studiums in Deutschland empfohlen wurden (Enquete-Kommission 1975: 69). Auch die Leistungen der Kirchen in der Kulturarbeit und in der Entwicklungshilfe wurden von der Enquete-Kommission ausdrücklich anerkannt und sollten auch künftig gefördert werden (Enquete-Kommission 1975: 77).

So wie bei der Schul-, Hochschul- und Wissenschaftspolitik gegenüber dem Ausland die Bedeutung der Sprachkenntnisse und eines »wirklichkeitsnahen Deutschlandbildes« und verstärkte Zusammenarbeit mit den Entwicklungsländern von der Kommission für vordringlich gehalten wurden, so galt ihr dies ebenfalls für die Zusammenarbeit mit ausländischen Arbeitnehmern und Praktikanten im Inland. Hier sollten unter anderem Veranstaltungsprogramme mit Begegnungscharakter die Kontakte zur deutschen Bevölkerung verstärken. Nicht zuletzt war es auch von Bedeutung, dass die Enquete-Kommission vorschlug, im Rahmen des Auswärtigen Ausschusses des Bundestags einen Unterausschuss für Kulturelle Außenpolitik zu schaffen. Ihm sollten wegen des ressortübergreifenden Themenbereichs auch Mitglieder der Bundestagsausschüsse für Forschung und Technologie, für Bildung und Wissenschaft und für Wirtschaftliche Zusammenarbeit angehören.

Insgesamt wurden im Bericht der Enquete-Kommission von 1975 die sachlichen Konsequenzen des erweiterten Kulturbegriffs deutlich erkennbar. Es darf aber auch nicht übersehen werden, dass neben dieser parlamentarischen Diskussion auch ein öffentlicher Diskurs in den Medien begonnen hatte, in dem neben Max Schulze-Vorberg, dem Vorsitzenden der Kommission selbst, der ein erfahrener Publizist war, auch andere hervorragende Journalisten wie z.B. Rüdiger Altmann und Hans Schwab-Felisch mit begleitenden Berichterstattungen und Analysen in den Printmedien das Interesse eines breiteren Publikums zu wecken vermochten. Auch der Bundestag stimmte 1976 dem Bericht der Enquete-Kommission einstimmig zu und forderte die Bundesregierung zu einer Stellungnahme auf.

Inzwischen war durch die Ergebnisse der KSZE-Schlusskonferenz von Helsinki 1975 der Stellenwert der Auswärtigen Kulturpolitik gestiegen (Treinen 1977). Und die Gründung der Gesellschaft für Technische Zusammenarbeit (GTZ) im gleichen Jahr hatte auch das Gewicht der Entwicklungspolitik verstärkt und außerdem die Frage einer Verbindung mit der Auswärtigen Kulturpolitik aufgeworfen.

Als das Bundeskabinett seine Stellungnahme zum Bericht der Enquete-Kommission dann am 21. September 1977 abgab, enthielt sie eine weitgehende Zustimmung zur Arbeit der Kommission. Einschränkungen machte die Bundesregierung allerdings beim Vorschlag einer Zusammenlegung der meisten Zuständigkeiten allein beim Auswärtigen

Amt und auch bei der vorgeschlagenen Einrichtung von Regional- und Fachausschüssen (Witte 1981: 314ff.). Ebenso wurde die Einrichtung eines Koordinierungssekretariats für die Mittlerorganisationen beim Goethe-Institut von der Bundesregierung nicht für zweckmäßig erachtet. Und hinsichtlich des Vorschlags der *Sur-Place*-Stipendien merkte die Bundesregierung kritisch an, dass dies eigentlich mit dem kulturpolitischen Grundgedanken, dass nämlich der wesentliche Zweck der Stipendien die Begegnung von Ausländern mit Deutschland sei, nur unter Vorbehalt vereinbart werden könne.

Die konkrete Stellungnahme der Bundesregierung von 1977 zum Bericht der Enquete-Kommission mündete in die Verkündung von fünf Grundsätzen der Auswärtigen Kulturpolitik: (1) Sie stehe gleichrangig neben Außen- und Außenwirtschaftspolitik, (2) sie gehe ungeachtet der Trennung der Deutschen von einer gemeinsamen deutschen Kultur aus, (3) sie müsse sich an den Zielen der Außenpolitik orientieren, solle aber nicht Magd der Politik werden, (4) sie könne nicht mehr auf einseitigen Kulturexport beschränkt bleiben, sondern müsse sich den kulturellen Wechselbeziehungen und der partnerschaftlichen Zusammenarbeit öffnen und (5) solle sie ein ausgewogenes, wirklichkeitsnahes Deutschlandbild vermitteln. Angelehnt an und gleichzeitig frei von der Außenpolitik – das war freilich eine prekäre Autonomie. Aber hier konnte auch eine fruchtbare Spannung entstehen. Auch die »Abkehr von der Einbahnstraße« und ein kultureller Gegenverkehr konnten lebendige Spannung bewirken. Nur das Deutschlandbild wurde mehr oder weniger von Deutschland selbst gezeichnet, unterlag aber der Prüfung durch ausländische Betrachter und wohl auch einer Ergänzung durch sie.

Nach dieser Stellungnahme des Bundeskabinetts wurde die Arbeit des neuen Unterausschusses des Bundestags für Kulturelle Außenpolitik am 30. März 1979 mit einer Schlussaussprache vorerst beendet und vorgesehen, dass der Bundestag selbst im Sommer 1979 über die Stellungnahme der Bundesregierung eine Debatte führen sollte. Aber diese Debatte musste unter anderem wegen der revolutionären Ereignisse im Iran und wegen der Terroristenprozesse in der Bundesrepublik vertagt werden. Wenn sie auch später nicht mehr nachgeholt wurde, so hing das auch damit zusammen, dass über die Auswärtige Kulturpolitik inzwischen ein Grundkonsens erarbeitet worden war, der in den *Zehn Thesen* des Auswärtigen Amts von 1982 seinen Ausdruck gefunden hat (Witte 2003b: 299 f.).

Überlegungen zum Zusammenhang zwischen Kultur und Entwicklung

Vorausgegangen war in Bonn im Mai 1980 die große Konferenz Brücke über Grenzen, die unter dem Vorsitz von Staatsministerin Hildegard Hamm-Brücher mit Zustimmung des Bundeskanzlers Helmut Schmidt und unter der Schirmherrschaft des Außenministers Hans-Dietrich Genscher stattgefunden hatte (Danckwortt 1980). Als Träger dieses Symposiums fungierte die Vereinigung für Internationale Zusammenarbeit (VIZ), ein Zusammenschluss der größten Mittlerorganisationen. Hier war bereits das Konzept der partnerschaftlichen Begegnung und der Gegenseitigkeit des Kulturaustauschs entwickelt worden, das 1982 den *Zehn Thesen* über Begegnung und Zusammenarbeit mit Ländern der so genannten Dritten Welt zu Grunde gelegt wurde. Dieses auf Dialog mit den Entwicklungsländern gerichtete Konzept bestimmte auch nach dem Bonner Regierungswechsel von 1982 die Bemühungen der neuen Bundesregierung unter Kanzler Helmut Kohl. Es war den ärmeren Entwicklungsländern jedoch nach den beiden Ölkrisen von 1973 und 1979 kaum noch möglich, die Kosten eines echten Dialogs selbst zu tragen, so dass die Asymmetrien des kulturellen Austauschs mit ihnen immer größer geworden waren. Die *Zehn Thesen* von 1982 zielten daher vor allem auf die Lösung zweier Probleme: Wie konnten finanzielle Hilfen aus Deutschland bereitgestellt werden, und wie ließ sich die Organisation von Entwicklungsprojekten so ändern, dass die finanziellen Mittel auch einer kulturellen Projektbegleitung zugute kamen?

Eine solche kulturelle Einbettung der Entwicklungspolitik wurde in den achtziger Jahren immer intensiver diskutiert. Damit allein waren zwar die bestehenden Asymmetrien gegenüber den Ländern Afrikas, Lateinamerikas und Asiens sicher nicht zu beheben, aber ohne solche Schritte schien es noch weniger möglich. Denn schon bei Schwellenländern, mit denen die Bundesrepublik erfolgreich wirtschaftliche Zusammenarbeit praktizierte wie z.B. dem Iran, blieb die kulturelle Kontaktnahme oft so defizitär, dass z.B. der dortige revolutionäre Umbruch von 1979 mangels genauerer Kenntnisse über die kulturellen und religiösen Neuorientierungen der persischen Gesellschaft für den Westen allgemein ziemlich überraschend kam. Das galt selbst für die Bundesrepublik, die 1979 gerade im Begriff gestanden hatte, eine technische Universität in der Nähe von Teheran zu eröffnen, für die ein Teil des Lehrpersonals in Deutschland sozusagen schon auf gepackten Koffern gesessen hatte. Zu einer kulturellen Annäherung ist es daher in diesem Fall nicht gekommen, und noch stärker blieb das Defizit der kulturellen Zusammenarbeit bei den ärmeren Ländern. Es kam also darauf an, Kultur und Entwicklung in eine engere Beziehung zu setzen. Die *Zehn Thesen* von 1982 boten nun gute Ansätze, indem es von dort aus gelang, im Bundesetat zwei Haushaltspositionen zu schaffen, mit denen es möglich wurde, dass sich auch die ärmeren Länder in der Bundesrepublik kulturell präsentieren konnten. Die eine dieser beiden Positionen war die Kostenstelle Devisenschwache Länder, die andere der Etatposten Kulturhilfe für Entwicklungsländer, der unter anderem dazu bestimmt wurde, einige historische Orte der alten Kulturen zu sichern. Auf diese Weise konnten z.B. in dem devisenschwachen Peru ein bedeutendes neu entdecktes Fürstengrab aus vorkolumbianischer Zeit in Sipan, die buddhistischen Tempelanlagen in Bangkok, gefährdete mittelalterliche Häuser in Kairo und Zeugnisse antiker Bronzekunst im Jemen bewahrt werden. Auch die Rettung der brandenburgischen Stützpunktbefestigungen des 17. Jahrhunderts in Groß-Friedrichsburg (Goldküste) und ein Forschungsprogramm zur Verzeichnung der alten Musiktraditionen Madagaskars waren mit diesen Hilfsfonds möglich (Witte 2003b: 300). Es kam dadurch auch zu einigen mittelfristigen Finanzierungsmöglichkeiten, die dazu beitrugen, das starre Haushaltsgerüst der Jahresetats aufzulockern und den für die Kulturpolitik spezifischen längerfristigen Zielsetzungen eher gerecht zu werden.

Allerdings haben die achtziger Jahre in den Kultur- und in den Entwicklungsetats nicht mehr die großen Zuwächse der vorangegangenen Jahre erreicht. Das war zum Teil eine Folge der neuen Ostpolitik, die ja auch von der Regierung Kohl getragen wurde und schon vor der deutschen Einigung von 1989/90 und vor der Auflösung des Sowjetimperiums in der Phase von *Glasnost* (Offenheit) und *Perestroika* (Umbau) seit 1986 zu ersten Akzentsetzungen für neue Initiativen der Bundesregierung gegenüber Osteuropa geführt hatte. Michail Gorbatschows Rede über das »gemeinsame europäische Haus«, die er am 6. Juli 1989 vor der Parlamentarischen Versammlung des Europarats in Straßburg hielt, wurde von der Regierung Kohl durch neue Initiativen der Entspannung und der wirtschaftlichen und kulturellen Zusammenarbeit erwidert.

Gewiss kostete diese neue Osteuropa-Orientierung beträchtliche finanzielle Mittel, aber dennoch ist es nicht ganz berechtigt, als Folge davon für die Kultur- und Entwicklungspolitik im Nord-Süd-Dialog der achtziger Jahre von einem »verlorenen Jahrzehnt« zu reden, wie dies oft geschieht. Dagegen sprechen zwei wichtige Neuerungen, die gerade in den achtziger Jahren wesentlich zur Ausdifferenzierung und praktischen Ausfächerung des erweiterten Kulturbegriffs gehörten und bis in die Gegenwart nachwirken: zum einen die in dieser Phase von der Deutschen Stiftung für Internationale Entwicklung (DSE) und der Carl-Duisberg-Gesellschaft (CDG) gemeinsam eingerichtete Arbeitsgruppe Kultur und Entwicklung, zum anderen das 1989 gegründete Haus der Kulturen der Welt in Berlin, das eine späte Auswirkung der *Zehn Thesen* von 1982 darstellte und ein weithin beachtetes Forum für die kulturelle Präsentation der Entwicklungsländer in Deutschland wurde. Die Ausweitung der Kulturarbeit auf künstlerischen und akademisch-wissenschaftlichen Austausch mit den Entwicklungsländern eröffnete neue Dialogbereiche. Was in den fünfziger Jahren Hilmar Hoffmann in Oberhausen mit den Westdeutschen Kurzfilmtagen für den frühen Austausch mit dem Osten in Gang gebracht hatte, wurde seit den achtziger Jahren an verschiedenen Orten auch für den kulturellen Nord-Süd-Dialog grundlegend geleistet (Baller 1985; Bayer 1989; Bundesministerium für Wirtschaftliche Zusammenarbeit 1987; DAAD 1989).

Der innovative Ansatz der Arbeitsgruppe Kultur und Entwicklung bestand vor allem in einer differenzierteren Klärung der Interaktionsmöglichkeiten zwischen kultureller, gesellschaftlicher und entwicklungspolitischer Arbeit. Die Gründung der Gesellschaft für Technische Zusammenarbeit (GTZ) hatte in den zurückliegenden Jahren gezeigt, dass die technische Zusammenarbeit einer komplementären kulturellen Begleitung und menschlichen Begegnung bedurfte, wenn infrastrukturelle, industrielle und gewerbliche Großprojekte eine nachhaltige Wirkung haben sollten. Diese kulturelle Einbettung der Entwicklungspolitik war ein analytischer und praktischer Erkenntnisgewinn, der sich gerade aus dieser Arbeitsgruppe von DSE und CDG ergeben hatte und von ihnen überzeugend begründet worden war. Zwar wurde diese engere gemeinsame Arbeit der beiden Mittlerorganisationen nach Ausformulierung der konzeptionellen Ziele Ende der achtziger Jahre wieder beendet und die Arbeitsgruppe als solche aufgehoben, aber die innere Logik der beiden einander zuarbeitenden Agenturen führte schließlich doch zu einer Fusion von Bildungs- und Entwicklungskonzept: Beide Mittlerorganisationen schlossen sich im Oktober 2002 zu einer Großagentur mit dem Namen InWEnt (Internationale Weiterbildung und Entwicklung gGmbH) in Bonn zusammen. Diese neue Mittlerorganisation will die Förderung des technischen Fortschritts und die finanzielle Besserung devisenschwacher Länder durch die Weiterbildung von Fach- und Führungskräften der Partnerinstitutionen und -länder bewirken. Indem InWEnt praxisbezogene Weiterbildung und interkulturelles

Training für Menschen in Staat, Wirtschaft und Zivilgesellschaft anbietet und damit eine »Dritte Bühne« betritt und eine kulturelle Einbettung der technischen Zusammenarbeit leistet, soll in Übersee nachhaltige Entwicklung möglich gemacht werden[12].

Das Berliner Haus der Kulturen der Welt erwies sich nach der deutschen Einigung als ein fast idealer Standort für die werbende Kulturarbeit der Entwicklungsländer, die hier bis heute in bunter Folge ihre Bühne in Deutschland gestalten können. Sein erster Leiter Günter Coenen hat hier schon in den ersten Jahren die Grundlage für eine erfolgreiche Geschichte dieses Hauses gelegt. Zu den inzwischen verfügbar gemachten Mitteln gehört unter anderem auch das virtuelle Haus der Kulturen der Welt (www.hkw.de). Aber auch die Wissenschaftsbeziehungen zu den Entwicklungsländern sind nach der deutschen Einigung nochmals intensiviert worden (Weiss 1998).

Demgegenüber stehen die neuen kulturpolitischen Aktivitäten der nun vereinigten deutschen Mittlerorganisationen für Osteuropa. Das Goethe-Institut, jetzt erweitert durch das ehemalige Johann-Gottfried-Herder-Institut in Leipzig und dann auch noch Aufnahmeorganisation für Inter Nationes, hat inzwischen neue Institute in Osteuropa eröffnet, wo die Nachfrage nach Deutschunterricht anfangs besonders groß war. DAAD und AvH haben ihre Stipendien- und Austauschprogramme trotz finanzieller Engpässe noch einmal für Osteuropa erweitern können und das Stuttgarter ifa hat wichtige Hilfen zum Aufbau einer Medienstruktur in den osteuropäischen Ländern beigetragen. Dies alles sind nur Beispiele für die neuere Entwicklung der deutschen Auswärtigen Kulturpolitik, die in ihren Einzelheiten in diesem Handbuch dargestellt wird.

Zusammenfassende Schlussbetrachtung

Nach dem Ende des Kalten Kriegs haben sich, ähnlich wie nach den beiden Weltkriegen, viele neue Formen der Auswärtigen Kulturpolitik entwickelt, die in stärkerem Maße als zuvor Züge offener und auf Gegenseitigkeit und Symmetrie hin orientierter Beziehungen bewirkt haben. Dies hat sich zum Teil auch aus dem Wandel der Medienwelt ergeben, aber auch aus dem neuen Dialog mit den Entwicklungsländern. Ein ausführlicher internationaler Vergleich würde dabei zum Teil die Gemeinsamkeiten und Unterschiede, Gegenseitigkeiten und Interaktionsmerkmale einiger Akteure erkennen lassen, bedürfte aber hier noch eines breiteren Untersuchungsansatzes (Znined-Brand 1999). Die Vielfalt dieser Formen scheint sogar ein Ergebnis der neuen Offenheit und Gegenseitigkeit der weltweiten Kulturkontakte nach dem Zweiten Weltkrieg und nach der Schlussakte der Konferenz über Sicherheit und Zusammenarbeit in Helsinki von 1975 zu sein. Der freie Fluss von Informationen und kulturellem Austausch bedarf aber der Hilfen an Entwicklungsländer. Ein so zu erreichender Zustand ist jedoch nie ganz ungefährdet. Störungen können von fundamentalistischen, gegen den freien Austausch gerichteten, aggressiven und forciert propagandistischen Kräften jederzeit ausgehen. Gegen solche Strömungen, die auftreten

---

12 Vgl. InWEnt (2003: 4). Die englische Übersetzung von InWEnt lautet *Capacity Building International.*

können, bedarf es eines Frühwarnsystems, das die friedlichen Beziehungen unter den Staaten und zwischen den Gesellschaften bewahren und festigen kann.

Die Präventivfunktion der Auswärtigen Kulturpolitik bezweckt daher nicht nur die Abwesenheit von Krieg und Gewalt (»Solange verhandelt wird, wird nicht geschossen«), was schon recht viel wäre, sondern sie muss auch stets prospektiv auf mittel- und langfristige Friedenssicherung gerichtet sein. Dialog und Begegnung bilden dafür wesentliche Möglichkeiten und Voraussetzungen. Insofern stellen auch die in den achtziger Jahren in der Bundesrepublik Deutschland erstmals geschaffenen haushaltsrechtlichen Neuerungen, die einer für die Auswärtige Kulturpolitik charakteristischen längerfristigen Wirkungsweise eher gerecht werden, eine gute Voraussetzung für die Entwicklung angemessener neuer Formen und Konzeptionen dar. Der *Clash of Civilizations*, wie er sich aus einer austauschlosen Isolierung von Kulturen ergeben kann, wäre wohl nur mit solchen längerfristigen, auf Gegenseitigkeit der Beziehungen und Wirkungsweisen beruhenden Konzeptionen zu vermeiden. Hier bleibt freilich noch viel zu tun. War schon die Gründung des Stuttgarter Ausland-Instituts 1917 als »ein Werk des Friedens inmitten des Kriegs« gemeint, so ist zwar, verglichen damit, die Aufgabe antizipatorischer Konfliktverhütung in Zeiten relativ friedlicher Verhältnisse etwas leichter, aber sie bleibt doch schwierig genug. Nach Kriegen wäre schon allein eine Bewertung der Auswärtigen Kulturpolitik als ein Mittel der Kompensation für verlorene Macht eine heikle und bedenkliche Auffassung, weil sie leicht in eine aggressive und militante Politik zurückführen kann. Die oben versuchte Typologie der Formen einer Auswärtigen Kulturpolitik zeigt deutlich solche Gefahren an den Rändern der Grundtypen.

Die nach dem Zweiten Weltkrieg unter Mühen erreichten Fortschritte verdanken sich aber nicht nur den Lehren aus beiden großen Weltkonflikten, sondern auch der intensivierten Arbeit einer neuen Friedens- und Konfliktforschung. Sie hat aus der Erkenntnis, dass Krieg historisch betrachtet nie aus Zufall entsteht, ein analytisches Instrumentarium entwickelt, bei dem die Kulturpolitik als Mittel antizipatorisch wirkender Gefahrenreduktion nützliche Dienste leisten kann. Kultureller Austausch und kulturelle Begegnung zwischen Völkern und Gesellschaften wäre so als Arkanum eines Präventivfriedens, um ein solches Wort einmal zu gebrauchen, ein sinnvolles navigatorisches Mittel. Der seit Ende der sechziger Jahre in die deutsche Auswärtige Kulturpolitik eingeführte erweiterte Kulturbegriff hat die Entwicklung dieses Instruments ermöglicht und eine Annäherung von Kultur und Entwicklung vorbereitet. Dass ein solcher Weg aber Analyse- und Handlungsmöglichkeiten erfordert, die nicht zu strikt durch das Ende einer Legislaturperiode eingeengt sein dürfen, sondern auch etatrechtlich mittel- und längerfristige Handlungsperspektiven eröffnen müssen, war eine Erkenntnis, die sich seit den siebziger Jahren angebahnt und entwickelt hat und die auch heute noch die Überlegungen bestimmt.

Erst im Jahr 2000 meldete sich das Bundeskabinett nach 23 Jahren selbst wieder zu Wort: Die *Konzeption 2000* der Bundesregierung hielt an der neu gewonnenen engeren Verbindung von Kulturpolitik und Entwicklungspolitik fest. Auch wurde der inzwischen durch die weitergegangene europäische Integration gewonnene Aspekt verstärkt. Nach der seit dem Maastricht-Vertrag von 1992, zum Teil auch schon mit der Einheitlichen Europäischen Akte von 1986 klarer gewordenen Komponente einer Kulturpolitik der EU seien nun, so lautete die Stellungnahme des Bundeskabinetts, »die Vielfalt der europä-ischen Kulturen in europäischen Kulturinstutionen darzustellen«. Diese Regierungskonzeption verknüpfte nach mehr als zwei Jahrzehnten, so hat es Kurt-Jürgen Maaß in geraffter Zusammenfassung formuliert, »erstmals die Auswärtige Kulturpolitik mit außenpolitischen Zielen wie Friedenssicherung, Konfliktverhütung, Verwirklichung der Menschenrechte, Demokratieförderung« und hob »allgemein die Orientierung an Werten« (Maaß 2002a) besonders heraus. Eine solche Fortschreibung der Regierungsziele in der Auswärtigen Kulturpolitik kam freilich erst nach einer relativ langen Pause und war zu diesem Zeitpunkt eigentlich schon nicht mehr neu.

Die Folge der *Konzeption 2000* war nach den New Yorker Terroranschlägen vom 11. September 2001 das vom Auswärtigen Amt im Dezember 2001 beschlossene Sonderprogramm zur Verstärkung des Dialogs mit der islamischen Welt (5 Millionen Euro pro Jahr). Daneben hatten inzwischen aber auch die kulturpolitischen Aktivitäten des Bundesministeriums für Bildung und Forschung, des Bundesministeriums für Wirtschaftliche Zusammenarbeit und Entwicklung und auch die Tätigkeiten privater Stiftungen (*Public Private Partnership*) in der Außenpolitik Deutschlands zugenommen. Dem gegenüber ist mit InWEnt und seiner Verzahnung von Bildungs- und Entwicklungsarbeit seit Oktober 2002 die Frage entstanden, ob nicht am Ende eine Auswärtige Kulturpolitik aus einem Guss besser erreicht werden könnte, wenn auch die entwicklungspolitischen Kompetenzen eines Tages wieder allein beim Auswärtigen Amt ressortierten. Hier wird man aber wohl lieber erst einmal die Erfahrungen abwarten, die Frankreich seit dem Jahr 2000 mit einer solchen Fusion gemacht hat, um dann zu prüfen, ob die Bundesrepublik Deutschland in der Phase von *Global Governance* in den nächsten Jahren ebenfalls einen solchen Schritt tun sollte.

3 Inhalte und Programme

3.1 Umkämpftes Privileg – Die deutsche Sprache

von Ulrich Ammon

»Die Zukunft Deutschlands wird im Wesentlichen davon abhängen, wieviel Menschen dermaleinst deutsch sprechen werden.« Wenn auch der Verbreitung der deutschen Sprache selten eine so schicksalhafte Bedeutung zugeschrieben wurde wie in diesen Worten des Historikers Heinrich von Treitschke (Reinbothe 1992: 103f.), so ist ihre Förderung doch seit der Wilhelminischen Zeit fester Bestandteil der Auswärtigen Kulturpolitik Deutschlands. Ansätze zur Förderung der deutschen Sprache reichen sogar viel weiter zurück. Franz Stark (2000) hat sie bis hin zum Mittelalter aufgespürt. Eine besonders spektakuläre sprachverbreitende Maßnahme schon vor der Entstehung der deutschsprachigen Nationalstaaten war die Verordnung Kaiser Josephs II. im Jahr 1784, durch die er Deutsch zur alleinigen Amtssprache aller habsburgischen Besitzungen machte. Allerdings erhob sich in den nicht deutschsprachigen Landesteilen nachhaltiger Widerstand gegen diese Verordnung, so dass der Monarch sie 1790, auf dem Sterbebett, wieder zurückzog (Stark 2000: 26f.). Diese Verordnung war eine innenpolitische, auf das eigene Staatsgebiet beschränkte Maßnahme, wie sie kurze Zeit später radikaler im revolutionären Frankreich durchgeführt wurde.

Äußere Sprachenpolitik ging vom deutschen Sprachgebiet erst nach der Herausbildung deutschsprachiger Nationalstaaten, als Teil der Außenpolitik vor allem des Wilhelminischen Reichs aus. Eine ihrer Komponenten war die erfolgreiche Bemühung Otto von Bismarcks um eine stärkere Stellung der deutschen Sprache in der internationalen Diplomatie (vgl. dazu Ammon 1991: 287f., 529). Auch die Einrichtung des *Reichsschulfonds* im Jahr 1878 gehört hierher. Die Förderung der deutschen Auslandsschulen, die im Verlauf der Zeit globale Ausmaße annahm (vgl. die *Geheime Denkschrift des Auswärtigen Amtes über das deutsche Auslandsschulwesen* vom April 1914, abgedruckt in Düwell 1976), geschah nicht zuletzt zum Zweck der Verbreitung der deutschen Sprache in der Welt.

In der Weimarer Republik wurden die staatlichen Anstrengungen zur Verbreitung der deutschen Sprache noch verstärkt, jedenfalls im Verhältnis zu den vorhandenen Ressourcen. Einerseits wurde so Weltpolitik auf sprachlich-kultureller Ebene fortgesetzt, andererseits sollte damit die »deutsche Sprach- und Kulturnation« über die Grenzen hinweg zusammengehalten werden. In diese Zeit fällt auch die Gründung oder Festigung staatlich geförderter, aber – aus politischer Zweckmäßigkeit – privatrechtlich verfasster Institutionen, die noch heute bestehen: Institut für Auslandsbeziehungen (1917 gegründet als

Deutsches Ausland-Institut), Alexander von Humboldt-Stiftung (1925), Deutscher Akademischer Austauschdienst (1925) und Goethe-Institut (1932). Nur das Goethe-Institut freilich dient direkt und durch den Namenszusatz verbürgt (»zur Pflege der deutschen Sprache im Ausland«) der externen Sprachförderung; jedoch zählte diese indirekt immer auch zu den Aufgaben der anderen Mittlerorganisationen.

Im Nationalsozialismus verloren all diese Institutionen ihre durch die privatrechtliche Verfasstheit gewährleistete partielle Autonomie und wurden politisch gleichgeschaltet. »Sprachwerbung« im Ausland wurde nun zur Sprachpropaganda, entgegen dem Rat Franz Thierfelders, des damals bedeutendsten Theoretikers auswärtiger Sprachpolitik, der bis 1937 Präsident der Deutschen Akademie und nach dem Krieg Generalsekretär des Instituts für Auslandsbeziehungen war (vgl. zu seinen sprachenpolitischen Überlegungen z.B. Thierfelder 1938). Im Zweiten Weltkrieg verfolgte die NS-Sprachenpolitik dann eine gespaltene Zielsetzung, nämlich einerseits die deutsche Sprache den (nach NS-Maßstäben) »rassisch wertvollen« unterworfenen Bevölkerungen aufzupressen (vor allem in den Niederlanden, Luxemburg und den westslawischen Ländern), und sie andererseits den »rassisch minderwertigen« Bevölkerungen (vor allem Juden und Ostslawen) vorzuenthalten. Für Letztere waren nur die für den Befehlsempfang notwendigen Grundkenntnisse vorgesehen (Scholten 2000).

Unter der Last der politischen und moralischen Hypothek des Nationalsozialismus wurde nach dem Krieg erneut eine Politik zur Förderung der deutschen Sprache im Ausland aufgebaut, vor allem in der Bundesrepublik Deutschland, aber auch in der DDR (Praxenthaler 2002). Österreich und – nach den Möglichkeiten ihrer Mehrsprachigkeit – die Schweiz förderten ebenfalls die deutsche Sprache im Ausland (vgl. zum Überblick Ammon 1991; Ammon 1989; zu Österreich Muhr 1997; zur Schweiz Ahokas 2003). Die neueste Entwicklung, seit der Vereinigung Deutschlands, wird im Folgenden dargestellt.

Die deutschsprachigen Länder stehen mit ihrer Politik der auswärtigen Förderung ihrer eigenen Sprache keineswegs alleine da. Vielmehr betreiben alle Länder, die es sich leisten können, eine solche Politik (Ammon/Kleineidam 1992; Ammon 1994). Besonders aufwändig ist die Sprachenpolitik Frankreichs, die nach dessen Kriegsniederlage von 1871 systematisch entwickelt wurde und die Deutschland vor allem in der Zeit der Weimarer Republik als Vorbild diente. So wurde auch die Alliance Française schon 1883, also lange vor dem Goethe-Institut, gegründet (vgl. zur neueren französischen Politik Christ 2000). Ebenso betreiben die angelsächsischen Länder seit langem eine Politik zur Verbreitung des Englischen, auch heute noch, wo man meinen könnte, sie hätten es nicht mehr nötig (Phillipson 2000). Aber auch Italien, Spanien, Japan und viele andere, auch kleinere Länder geben viel Geld aus, um ihre Sprache in der Welt zu verbreiten (Ammon 1991: 562-566). Warum treiben die Länder diesen Aufwand? Was sind die vordergründigen Motive, was die tieferliegenden Gründe dafür?

Zur Darstellung der allgemeinen Gründe für auswärtige Sprachförderung sind einige terminologische Klarstellungen angebracht. Eine davon ist die Unterscheidung zwischen *Sprachpolitik (im engeren Sinn)* und *Sprachenpolitik*. Erstere richtet sich auf eine einzige Sprache, letztere dagegen auf mehrere Sprachen und deren Verhältnis zueinander (Glück 1979, Definition S. 37; Haarmann 1988). Für den beides umfassenden Oberbegriff eignet sich der Terminus *Sprachpolitik im weiteren Sinn*. Durch dieses Hyperonym, das beide Arten von Politik umfasst, sind auch eingespielte Termini wie *auswärtige Sprachpolitik* (die eigentlich Sprachenpolitik ist) mit dieser terminologischen Differenzierung kompatibel. Statt *Sprachpolitik* könnte man deutlicher auch *Sprachkorpus-Politik* und für *Sprachenpolitik* auch *Sprachstatus-Politik* sagen, in Anlehnung an eine in der Sprachplanung gängige Unterscheidung (Korpus-/Statusplanung). Ein Beispiel für erstere ist die Rechtschreibreform, ein Beispiel für letztere der Versuch der Bundesregierung, die Stellung von Deutsch als Arbeitssprache in den EU-Institutionen zu festigen. Dieses letztere Beispiel zeigt, dass sich Sprachstatus-Politik immer auf das Verhältnis zwischen verschiedenen Sprachen bezieht und damit den Terminus *Sprachenpolitik* rechtfertigt. Erläuterungsbedürftig ist auch der Unterschied zwischen *Sprachförderungs-* und *Sprachverbreitungspolitik* (kurz auch *Sprachförderung* bzw. *Sprachverbreitung*). Letztere richtet sich auf die Ausdehnung einer Sprache auf neue Sprecher oder neue Domänen; erstere ist dagegen nicht unbedingt expansiv, sondern zielt ab auf den Erhalt des Bestandes an Sprechern oder Domänen. Allerdings dient der Ausdruck *Sprachförderungspolitik* nicht selten zur Verschleierung von tatsächlicher Sprachverbreitungspolitik. Wenn man sich des möglichen euphemistischen Charakters bewusst bleibt, eignet sich der Terminus *Sprachförderung* auch für den Oberbegriff von *Sprachförderungspolitik im engeren Sinn* und *Sprachverbreitungspolitik*. Sprach- und Sprachenpolitik sind immer beabsichtigt. In diesem Sinne gibt es auch absichtsvolle *laissez-faire-Politik*, die Robert Phillipson (2003) den EU-Institutionen vorwirft. Gegenüber diesen notwendigen Klarstellungen erscheint die Unterscheidung zwischen *innerer (interner)*, auf das eigene Staatsgebiet beschränkter, und *äußerer (externer/ auswärtiger)* Sprachenpolitik (meist *Sprachpolitik* genannt), trivial. Man kann auch von *sprachlicher Innenpolitik* bzw. *sprachlicher Außenpolitik* sprechen.

Die Analyse der Gründe für auswärtige Sprachförderungspolitik (Ammon 2000b; 2003/2004) ist erschwert durch den Hang zur Beschönigung, der so weit gehen kann, dass die Akteure selbst an ihre überwiegend altruistische Motivation glauben. Diese Neigung wird verstärkt durch die sonstige Kritik an der Politik gerade derjenigen Länder, die sich Sprachförderung leisten können. Inwieweit Sprachförderungspolitik tatsächlich »konstruktivistisch«, d.h. an übergeordneten Werten ausgerichtet, oder nur »utilitaristisch«, d.h. von Eigeninteressen geleitet ist (vgl. zu dieser Unterscheidung Rittberger 2001a, auch im vorliegenden Band), ist oft schwer zu durchschauen. Während Sprachverbreitungspolitik im Wilhelminischen Kaiserreich noch offen mit der Formel: »Der Handel folgt der Sprache« begründet wurde (Reinbothe 1992: 99), verweist man heute lieber auf Vorteile für die Empfänger. So verkündete der damalige Leiter der Kulturabteilung des Auswärtigen Amtes, Barthold C. Witte (1994: 2): »Wer Deutsch spricht, erleichtert sich die Handelsbeziehungen zum drittgrößten Industrieland der Erde« – als betreibe Deutschland Sprachförderung hauptsächlich im Interesse anderer Länder. Vor allem in der Rechtfertigung der Ausgaben für Sprachförderung gegenüber anderen Ressorts treten allerdings auch die Eigeninteressen zu Tage, nicht zuletzt die wirtschaftlichen (z.B. in Witte 1987). Die Hoffnung auf ihre Befriedigung stützt sich auf die Annahme, dass Deutschkenntnisse im Ausland die externen Wirtschaftskontakte Deutschlands erleichtern. Allgemeiner, und über wirtschaftliche Interessen hinausgehend: die Hoffnung, dass Ausländer mit

Deutschkenntnissen eher Kontakte zu Deutschland suchen als ohne Deutschkenntnisse.

Ideelle Eigeninteressen werden offener ausgesprochen als materielle, wobei sich beide keineswegs ausschließen: »Wer Deutsch kann und spricht, der wird auch zur Vermittlung eines umfassenden und wirklichkeitsgetreuen Deutschlandbildes beitragen« (Witte 1994: 2). Schon in den fremdsprachlichen Lehrmaterialien wird meist ein positives Bild des Mutterlandes vermittelt, im Falle Deutschlands auch indirekt durch Selbstkritik an der unheilvollen eigenen Geschichte. Unverfänglich ist überdies das Ziel, nichtwirtschaftliche Kontakte durch Deutschkenntnisse zu erleichtern: politische, sportliche, wissenschaftliche, religiöse, kulturelle und private. Umgekehrt fördert Deutschland Kontakte aller Art mit dem Ziel der Verbreitung und Festigung von Deutschkenntnissen (z.B. den Studierenden- und Wissenschaftleraustausch durch den DAAD). All diese Kontakte tragen im Falle Deutschlands, dessen Bild in der Welt nach wie vor durch seine Geschichte verdunkelt ist, zur Imageaufhellung bei, die auch den Wirtschaftsbeziehungen förderlich sein kann. All diese eigenen Vorteile von Sprachförderung erscheinen plausibel. Sie wurden jedoch bislang kaum ernsthaft empirisch überprüft, vielleicht weil viele Einzelerfahrungen sie stützen. Indes kann sich das Bild von einem Land durch Kontakt auch verschlechtern, z.B. im Falle tiefgreifender kultureller und ideologischer Differenzen oder bei erlebter Ausländerfeindlichkeit (Harnisch 1999: 18, verweist auf das Beispiel chinesischer Studierender in den USA). Jedoch wird diese Möglichkeit bei Sprachförderung kaum in Betracht gezogen und ist wohl auch die Ausnahme.

Die Verbreitung einer Sprache als Fremdsprache beinhaltet darüber hinaus weitere Vorteile. Die Kommunikation mit Ausländern in der Muttersprache ist leichter als in einer Fremdsprache, und Muttersprachler sind Fremdsprachlern kommunikativ überlegen, mündlich wie schriftlich. Zusätzlich wächst den Muttersprachlern allein aus dem Umstand Prestige zu, dass ihre Sprache und nicht die der Kontaktpartner zur Kommunikation dient. Das Bild zweier Politiker, von denen einer in der Muttersprache und der andere in einer Fremdsprache kommuniziert, vermittelt einen Eindruck dieser Diskrepanz.

Erfolgreiche Sprachverbreitung erleichtert die Propagierung eigener Ideen und Werte. Die Verbreitungschancen werden dadurch asymmetrisch, da Fremdsprachler Texte eher nur rezipieren als produzieren. So diffundiert die Kultur der Muttersprachgemeinschaft mehr in die Fremdsprachgemeinschaften als umgekehrt. Das ist eine der Ursachen, neben anderen, warum die Welt in kultureller Hinsicht angelsächsisch globalisiert wird. Auch aus dieser kulturellen Asymmetrie bezieht die Muttersprachgemeinschaft zusätzliches Prestige.

Ein gewichtiger Grund für Sprachförderung ist heute auch die Gewinnung von »Humankapital«. Philippe van Parijs (2000) weist auf den Vorteil der englischsprachigen Länder im Wettbewerb um hoch qualifizierte Arbeitskräfte hin, die bevorzugt in solche Länder wandern, deren Sprache sie schon beherrschen. Auch Deutschland ist leichter zugänglich für Wissenschaftler und Techniker, die schon Deutsch können. Sie werden hierzulande dringend gebraucht.

Eine allgemeinere Erklärung, warum Sprachgemeinschaften in der Regel bestrebt sind, die eigene Sprache zu verbreiten, folgt aus Überlegungen Abram de Swaans (2001: 27-40). Er befasst sich mit der Frage, was den Wert einer Sprache ausmacht. Dabei zeigt er, dass Sprachen nicht nur kollektive (öffentliche) Güter sind (wie z.B. die Luft zum Atmen), deren Aneignung (im Fall von Sprachen: ihr Erlernen) gewöhnlich niemand verwehrt ist, sondern dass es sich dabei sogar um »hyperkollektive Güter« handelt. Sie zeichnen sich dadurch aus, dass ihre Besitzer ein natürliches Interesse an ihrer weiteren »Kollektivierung«, sprich Verbreitung, haben oder – bei rationaler Sicht der Dinge – haben müssten. Der Gebrauchswert einer Sprache steigt nämlich mit der Zahl ihrer Sprecher (Besitzer). Damit vergrößert sich ihr »Kommunikationspotenzial«. Darüber hinaus wächst mit der Verbreitung einer Sprache als Fremdsprache ihr Potenzial, als Lingua franca zu dienen. Dass Individuen, aber auch Regierungen, Sprachen entsprechend bewerten, zeigt sich bei den Fremdsprachen: »Große« Sprachen werden eher gelernt und in die Schulcurricula aufgenommen als »kleine«. Ist die Verbreitung einer Sprache einmal gelungen, so entsteht eine Selbstverstärkung in Richtung weiterer Verbreitung. Die dieser Sprache Kundigen genießen den Vorteil zahlreicher Kommunikationspartner, und die Muttersprachler zusätzlich die oben skizzierte kommunikative Überlegenheit und effektivere Verbreitung eigener Werte.

Schließlich bringt der Erfolg bei der Verbreitung einer Sprache direkte ökonomische Vorteile mit sich. Die Sprecher einer weit verbreiteten Sprache können am Fremdsprachenlernen sparen und stattdessen in andere Güter investieren. Der Markt für sprachgebundene Güter: Medienprodukte wie Bücher, Fernsehsendungen usw., vergrößert sich. Er wird von den Muttersprachlern beherrscht, die ihre Erzeugnisse an die Fremdsprachler absetzen können. Entsprechendes gilt für die Sprachlehrindustrie, die z.B. für Großbritannien der zweitgrößte Wirtschaftsfaktor nach dem Nordseeöl ist. Auch die deutsche Sprachgemeinschaft verdient am Unterricht der eigenen Sprache, muss diesen allerdings zugleich subventionieren, sprich fördern, um den Rückgang des Deutschlernens aufzuhalten. Die Subventionierung ist – utilitaristisch gesehen – zumindest solange rational, als die dafür eingesetzten Mittel die Einnahmen durch den Sprachunterricht nicht übersteiggen. Aber auch zusätzliche Mittel »lohnen sich« – aufgrund der weiteren Vorteile erfolgreicher Sprachverbreitung, ohne dass sich der Grenzwert der Rentabilität beim heutigen Forschungsstand abschätzen lässt. Vermutlich ist heutzutage nur eine einzige Sprachgemeinschaft in der beneidenswerten Lage, dass ihre Gesamteinnahmen aus dem Sprachunterricht ihre Gesamtausgaben für die Sprachförderung übertreffen: die englische. Jedoch gibt es nach den obigen Ausführungen für die Länder anderer Sprachen dennoch gute Gründe, Mittel für die auswärtige Förderung ihrer Sprache bereitzustellen.

Schwerpunkte der auswärtigen Sprachpolitik der Bundesrepublik Deutschland

Die Bundesrepublik Deutschland hat im Verlauf ihrer Geschichte eine globale auswärtige Sprachpolitik entwickelt, die im Grunde auf alle Staaten der Erde und alle Domänen internationaler Kommunikation abzielt. Trotz dieser umfassenden Perspektive gab und gibt es, wirtschaftlich und politisch bedingt, institutionelle und regionale Schwerpunkte, früher allein schon durch den Ost-West-Gegensatz und die Unzugänglichkeit der kommunistischen Staaten. Einen Überblick über die Politik vor der Wiedervereinigung liefern die beiden Berichte der Bundesregierung 1967 (Bundesregierung 1967) und 1985 (Bundesregierung 1985) sowie die Aussprache zu letzterem 1986 (Deutscher Bundestag 1986) (vgl. zu einem Gesamtüberblick bis 1985: Ammon 1989). Die Globalität und Vielschichtigkeit der heutigen Politik trat erneut zutage bei der Großen Anfrage zur »Verbreitung, Förderung und Vermittlung der deutschen Sprache« der CDU/CSU vom 03. 04. 2001 und der Antwort der Bundesregierung in der Bundestagsdebatte am 13. 09. 2001 (Bundesregierung 2001). In die auswärtige Sprachpolitik Deutschlands sind eine fast unüberschaubare Zahl von Institutionen und Organisationen einbezogen. Die Vielzahl wurde schon früh, und neuerdings zunehmend, als koordinationserschwerend und ineffizient kritisiert. Ob jedoch eine Straffung und hierarchischere Struktur der Förderung der deutschen Sprache insgesamt dienlicher wäre, bleibt ungewiss (Maaß 2003b).

Die wohl wichtigsten Handlungsfelder der auswärtigen Sprachpolitik Deutschlands sind folgende:

(1.) Der Unterricht von Deutsch als Fremdsprache

(2.) Die deutschen Schulen im Ausland

(3.) Die deutschstämmigen Minderheiten

(4.) Deutsch als internationale Wissenschaftssprache

(5.) Deutsch als internationale Mediensprache

(6.) Deutsch als Sprache der Diplomatie, vor allem in den EU-Organen.

Stand und Probleme in diesen sechs Handlungsfeldern und zuständige Institutionen werden nachfolgend kurz angesprochen. Dabei werden die Bemühungen um die Funktion von Deutsch in den EU-Organen am ausführlichsten behandelt, weil ihr Erfolg für die zukünftige internationale Stellung der deutschen Sprache besonders wichtig erscheint.

(1) Der Unterricht von Deutsch als Fremdsprache wird vor allem durch das Goethe-Institut gefördert und betrieben (Zentralstelle in München. Informationen unter www. goethe.de). In den letzten Jahren fand eine Verlagerung von Instituten aus westlichen in östliche Länder einschließlich Chinas statt, die zuvor unzugänglich waren. Dabei wurde zugleich die Gesamtzahl der Institute verringert. Im Jahr 2003 gab es insgesamt 126 Auslands- und 15 Inlandsinstitute. Außer durch eigenen Sprachunterricht fördern die Auslandsinstitute den Unterricht von Deutsch als Fremdsprache durch die »pädagogische Verbindungsarbeit«. Dabei beraten deutsche Experten des Fachs Deutsch als Fremdsprache Sprachplaner und -lehrer vor Ort und helfen bei der Erstellung und Beschaffung von Lehrmaterialien. Die Globalität des Unterrichts von Deutsch als Fremdsprache ist veranschaulicht in der Broschüre *Deutsch als Fremdsprache 2000* (StADaF 2003), die vom Goethe-Institut hergestellt wurde und auch dessen weltweiten Wirkungskreis zeigt.

(2) Die deutschen Schulen im Ausland werden organisatorisch betreut von der Zentralstelle für das Auslandsschulwesen (Sitz in Köln. Informationen unter www.auslandsschulwesen.de). Sie vermittelt auch die von Deutschland entsandten und finanzierten »Auslandsdienst-« und »Programmlehrkräfte«, welche die Ortslehrkräfte unterstützen. Im Jahr 2003 wurden 117 Schulen sowie 370 schulische Einrichtungen und deutsche Abteilungen an staatlichen Schulen im Ausland gefördert. Viele dieser Schulen haben Deutsch als Unterrichtssprache, zumindest aber als erste Fremdsprache. Ebenso unter-

richten viele nach deutschen Richtlinien und gewähren deutsche Abschlüsse, nicht selten die Berechtigung zum Studium an einer deutschen Hochschule.

(3) Die deutschstämmigen Minderheiten werden in ihren Bemühungen um Erhalt oder Wiederbelebung der deutschen Sprache vor allem durch Zuwendungen des Auswärtigen Amtes, aber auch einzelner Bundesländer und diverser Institutionen (einschließlich des Instituts für Auslandsbeziehungen) gefördert. Die Bundesregierung unterstützt politisch ihre Anerkennung als sprachliche oder ethnische Minderheit im jeweiligen Land und ermutigt sie jetzt – im Gegensatz zur früheren Politik –, in ihren angestammten Wohngebieten zu bleiben, statt nach Deutschland zurückzuwandern. Das Auswärtige Amt fördert allein in den Staaten Mittel- und Osteuropas (MOE/GUS) 22 deutschstämmige und zumindest teilweise auch deutschsprachige Minderheiten. Weltweit lassen sich deutschstämmige und -sprachige Minderheiten in bis zu 46 Staaten identifizieren, wobei die Zahl je nach Definitionskriterium schwankt. Nur bei einer bestimmten Struktur (Gruppenzusammenhalt, eigene Institutionen) spricht man von einer »Minderheit«, im Gegensatz zum in fast allen Ländern der Welt anzutreffenden »Streudeutschtum«. Die Förderung seitens Deutschlands ist vielfältig, aber nicht immer regelmäßig, sondern eher an Anlässe (z.B. Einwanderungsjubiläen) gebunden. Den immer noch umfassendsten, wenngleich lückenhaften und inzwischen etwas veralteten Überblick über deutschsprachige Minderheiten bieten Born/Dickgießer (1989).

(4) Zu Deutsch als internationaler Wissenschaftssprache finden sich schon im Bericht *Die Situation der deutschen Sprache in der Welt* (Bundesregierung 1967) Hinweise auf empfindliche Rückgänge. Sie werden noch weit deutlicher in der Aussprache zum *Bericht der Bundesregierung über die deutsche Sprache in der Welt* (Bundesregierung 1985), vor allem in den Ausführungen des als Experte geladenen Harald Weinrich. Inzwischen dürfte allen, die mit der Förderung der deutschen Sprache befasst sind, bekannt sein, dass Deutsch als internationale Wissenschaftssprache heute nur noch eine marginale Rolle spielt und Englisch fast eine Monopolstellung erlangt hat, vor allem in den Natur- und Sozialwissenschaften einschließlich der modernen Technologie. Diese Lageeinschätzung zeigt sich in der Antwort der Bundesregierung auf Frage 33 der Großen Anfrage im Jahr 2001 (Bundesregierung 2001), die Bezug nimmt auf eine öffentliche Äußerung des damaligen Staatsministers Julian Nida-Rümelin, Deutsch sei als Wissenschaftssprache »tot«. Von einer Förderung von Deutsch als internationaler Wissenschaftssprache ist keine Rede mehr, sondern nur noch vom Erhalt von »Deutsch als Wissenschaftssprache in Deutschland.« Während in früheren Berichten das Studium von Ausländern in Deutschland als wichtige Möglichkeit der Verbreitung von Deutsch als Wissenschaftssprache gesehen wurde, fördert die Bundesregierung seit 1997, hauptsächlich über den DAAD, den Aufbau englischsprachiger Studiengänge an deutschen Hochschulen (vgl. dazu und zur Stellung von Deutsch als internationaler Wissenschaftssprache Ammon 1998). Sie sollen Ausländern ohne Deutschkenntnisse den Zugang zu den deutschen Hochschulen erleichtern (Informationen unter www.daad.de). Freilich könnten sogar diese Studiengänge bis zu einem gewissen Grad zur internationalen Verbreitung der deutschen Sprache beitragen, wenn der Erwerb von Deutschkenntnissen geprüfter obligatorischer Studienbestandteil wäre. Jedoch wird diese Notwendigkeit auf politischer Ebene nicht deutlich ausge-

sprochen. Sollte man jedoch zukünftig in Deutschland ganz ohne Deutschkenntnisse studieren können, so grübe man den Abteilungen für Deutsch als Fremdsprache im Ausland das Wasser ab. Die Entwicklung der englischsprachigen Studiengänge in dieser Hinsicht ist noch offen und verdient sorgfältige Beobachtung. Sie ist jedoch bislang kein vorrangiges Thema deutscher Sprachförderungspolitik.

(5) Die wichtigste Förderungsmöglichkeit von Deutsch über Medien bietet die von der Bundesregierung finanziell gestützte Deutsche Welle (DW), die weltweit über Hörfunk, aber auch Fernsehen (in Kooperation mit ARD und ZDF) auf Deutsch und in anderen Sprachen sendet. DW-Fernsehen sendet für nicht deutschsprachige Zielgruppen außer auf Deutsch abwechselnd auf Englisch und in Europa und Amerika zusätzlich Spanisch, was Deutschlernende und Germanisten im Ausland oft als Beeinträchtigung empfinden. Die Deutsche Welle versucht jedoch nicht nur, über Informations- und Unterhaltungssendungen ein realistisches Deutschlandbild zu vermitteln, sondern bietet auch regelmäßig – in Zusammenarbeit mit dem Goethe-Institut – Deutschkurse an (Näheres unter Fragen 38 – 42 der Großen Anfrage im Jahr 2001; Bundesregierung 2001). Außerdem finanziert die Bundesregierung, zusammen mit der französischen Regierung, den ungefähr zu gleichen Teilen deutsch- und französischsprachigen europäischen Fernsehsender ARTE.

(6) Deutsch als Sprache der Diplomatie, speziell auch auf EU-Ebene, soll hier detaillierter betrachtet werden. Dieses Handlungsfeld könnte einerseits für die Zukunft von Deutsch als internationaler Sprache besonders wichtig sein. Andererseits zeigen sich hier deutlicher als in anderen Handlungsfeldern Versäumnisse deutscher Politik. Die sozialliberalen Regierungen (1969-1982) haben eine vergleichsweise zurückhaltende Sprachförderungspolitik betrieben, die Franz Stark (2002b) kritisiert hat. Möglicherweise war es eine Folge dieser Politik, dass Deutsch nicht Amtssprache der Vereinten Nationen wurde – was bis heute seine Stellung in der internationalen Politik, auch in der EU, beeinträchtigt. Nach diversen Indizien erwarteten die Vereinten Nationen einen entsprechenden Antrag von deutscher Seite, als die Bundesrepublik Deutschland und die DDR im Jahr 1973 in die Organisation aufgenommen wurden (Tabory 1980: 43), zumal das Arabische diesen Status im gleichen Jahr erlangte. Die deutsche Seite stellte jedoch keinen Antrag, was selbst dann ein Versäumnis bleibt, wenn die Erfolgsaussichten gering waren.

Noch folgenschwerer war die sprachenpolitische Zurückhaltung bezüglich der EU-Organe (Stark 2002b: 52-56). Beim EU-Beitritt Großbritanniens und Irlands im Jahr 1973 traf der französische Präsident Georges Pompidou eine Absprache mit dem britischen Premierminister Edward Heath, dass alle zukünftigen britischen EU-Mitarbeiter des Französischen mächtig sein sollten, um seine Stellung als EU-Arbeitssprache neben Englisch zu sichern. Die deutsche Regierung hat nicht nur nichts Entsprechendes zur Festigung von Deutsch als EU-Arbeitssprache unternommen, sondern der Leiter des Sprachendienstes des Auswärtigen Amtes, Hermann Kusterer (1980), plädierte sogar offen für die Beschränkung der Arbeitssprachen auf Englisch und Französisch.

Die christlich-liberale Regierung (ab 01.10.1982) wollte, wie Helmut Kohl schon in seiner Regierungserklärung vom 04.03.1983 verkündete, verlorenes Sprachterrain zurückgewinnen. Ihre wiederholten Vorstöße bei der EU bewirkten schließlich, dass Deutsch 1993 zur Arbeitssprache der EU-Kommission erklärt wurde, neben Englisch und

Französisch (*Deutsche Sprache in der EG* 1993). Allerdings hat die statutarische Absicherung für die Kommission nie zum gleichrangigen Gebrauch mit Englisch und Französisch geführt (Schloßmacher 1996; Herbillon 2003: 39f. und passim), und für andere Organe wurde nicht einmal die Absicherung in den Statuten erreicht.

Vielleicht hat die deutsche Regierung die Stärkung von Deutsch als EU-Arbeitssprache (bis 1995 »EG«) nach der Wiedervereinigung weniger energisch betrieben als zuvor. Einerseits, um Sorgen der Partnerländer vor einer Dominanz Deutschlands zu beschwichtigen, andererseits in der Erwartung, die deutsche Sprache erreiche nun ohnehin das für eine Arbeitssprache notwendige Gewicht, die auch Beobachter von außen äußerten (z.B. Davidheiser 1993). Diese Erwartung hat sich jedoch nicht erfüllt. Eher hat umgekehrt die Schwäche von Deutsch in den EU-Organen seine sonstige Stellung, vor allem in Osteuropa, beeinträchtigt. Außerdem haben die EU-Organe die Verwendung von Deutsch durch mittelosteuropäische Delegationen behindert (Stark 2002b: 56f.) Dadurch verpuffte die verstärkte Förderung der deutschen Sprache in Osteuropa seit der Wende (Schneider 2000). Die Schwäche von Deutsch auf EU-Ebene beeinträchtigt auch die Attraktivität von Deutsch als Fremdsprache, nicht nur in Mittel- und Osteuropa.

Wie wenig es der deutschen Regierung gelungen ist, die Stellung von Deutsch in den EU-Organen zu sichern, hat schlaglichtartig der Sprachenstreit mit Finnland im Herbst 1999 erhellt (ausführlich in Kelletat 2001). Bei Übernahme der EU-Präsidentschaft beschränkte Finnland die Dolmetschdienste für informelle Sitzungen des Ministerrats auf Englisch, Französisch und Finnisch (die Sprache des präsidierenden Landes) und verweigerte sie für Deutsch. Deutschland verwies auf das bis dahin übliche Dolmetschen von Deutsch, wogegen Finnland auf Kosteneinsparung pochte – ausgerechnet gegenüber dem größten Nettozahler des EU-Haushalts. Erst als Deutschland und Österreich mehreren Sitzungen fernblieben, stellte Finnland schließlich Dolmetschdienste für Deutsch bereit. Sie blieben bestehen in der folgenden Präsidentschaft Schwedens, jedoch wurde nun das Dolmetschen von Deutsch in den Expertensitzungen unterhalb der Ministerebene verweigert. Deutschland erklärte sich einverstanden, sofern die Dolmetschdienste dann auf eine einzige Sprache beschränkt würden, was die Mehrheit der Mitgliedsländer unterstützte. Die verbleibende Sprache war Englisch.

Nach dieser Erfahrung fanden Frankreich und Deutschland erstmals zu einem förmlichen Sprachenbündnis zusammen: die »Gemeinsame deutsch-französische Sprachenweisung« (Juni 2000). Sie regelt, dass bei »informellen Treffen« im Falle von »Schwierigkeiten, was das Dolmetschen angeht (...) der Leiter der (franzoesischen) (deutschen) Delegation gemeinsam mit seinem (deutschen) (franzoesischen) Amtskollegen bei der Praesidentschaft vorsprechen, um eine zufriedenstellende Loesung zu finden.« (zit. nach Mitteilung an die Ständige Konferenz der Kultusminister der Länder 25.07.2000) Es folgte ein gemeinsames Protestschreiben beider Außenminister (02.07.2002) gegen Versuche, in der Kommission Texte zur Beratung in nur einer Sprache (meist Englisch) vorzulegen.

Mit der Zeit wurde die Stellung von Deutsch in den EU-Organen ein immer wichtigeres Anliegen der Sprachenpolitik Deutschlands. So fordert die *Konzeption 2000* des Auswärtigen Amts: »Nachhaltige Vertretung unserer sprachpolitischen Interessen in den europäischen Institutionen.« (Auswärtiges Amt 2000a) Ebenso beziehen sich darauf die

Große Anfrage von CDU/CSU vom 03. 04. 2001 (Fragen 55, 58, 60; Deutscher Bundestag 2001a) und eine Kleine Anfrage speziell zum Thema »Deutsch als Arbeitssprache der Europäischen Union« vom 17. 12. 2002. In ihrer Antwort (Bundesregierung 2003b) erwähnt die Bundesregierung das von ihr entwickelte »Marktmodell für ein reformiertes Sprachenregime in den Ratsgremien«, wonach »jeder Mitgliedstaat auf eigene Kosten Dolmetschung verlangen kann« – bei Wahrung des bisherigen Arbeitssprachenregimes (z.B. für die Kommission Deutsch, Englisch, Französisch) (vgl. auch Herbillon 2003: 36f.).

Vielleicht ließen sich die Widerstände gegen dieses Modell überwinden, wenn es nach Fairness-Gesichtspunkten modifiziert würde. Dann hätten hauptsächlich die Länder, deren staatliche Amtssprachen als EU-Arbeitssprachen dienen (Arbeitssprachländer) und die daraus große Vorteile ziehen, für die Sprachendienste aufzukommen, die anderen Staaten aber nur für sprachendienstliche Extrawünsche.

Darüber hinaus hat Theo van Els den verschiedentlich vorgebrachten Vorschlag erneuert, dass die Muttersprachler einer Arbeitssprache in der Regel nicht die eigene Sprache sondern eine Fremdsprache sprechen sollten. Der Verzicht auf den Sprachvorteil sei eine Frage des ganz »gewöhnlichen Anstandes« (common decency). Van Els lässt auch den Einwand, darunter leide die Qualität der Kommunikation, nicht gelten. Vielmehr sei nachweislich das Gegenteil der Fall: Erst in der Fremdsprache lernten die bisher durch Muttersprachgebrauch verwöhnten Gesprächsteilnehmer sich so auszudrücken, dass andere Fremdsprachler sie verstehen. Gegen das Gebot »Alle verwenden eine Fremdsprache!« spreche nichts als die mangelnde Bereitschaft, auf Sprachprivilegien zu verzichten (van Els 2001: 340f., 350f.).

Die entscheidende Frage bleibt jedoch, wie die Umsetzung eines beschlossenen Arbeitssprachenregimes zu gewährleisten ist. Alle Statuten und vollmundigen Bekundungen haben zum Beispiel die Kommission nicht dazu bewegen können, die Voraussetzungen für das Funktionieren des Dreisprachenregimes (Englisch, Französisch, Deutsch) zu schaffen. Seit je werden Stellen fast nur mit den erforderlichen Sprachkenntnissen Englisch und Französisch ausgeschrieben, weshalb Deutsch gar nicht annähernd gleichrangig verwendet werden kann. Eine Änderung erfordert den kontrollierten Proporz der Arbeitssprachkenntnisse bei den EU-Beamten: über die Einstellung neuen Personals mit entsprechenden Sprachkenntnissen sowie Sprachschulung des vorhandenen Personals.

Dennoch wird Gleichrangigkeit der Arbeitssprachen kaum zu erreichen sein. Zweckmäßig erscheint vielmehr ein »abgestuftes Arbeitssprachenregime«, wie es Andreas Ross (2003) vorgeschlagen hat. Darin hätte Englisch die nun einmal kaum revidierbare Vorrangstellung, die ihm alle EU-Mitgliedstaaten schon im schulischen Fremdsprachunterricht eingeräumt haben. Jedoch wären der regelmäßige Gebrauch auch der anderen Arbeitssprachen und die nicht muttersprachliche Kommunikation der englischsprachigen Beamten zu sichern. Allerdings wird es keiner Sprachgemeinschaft im Alleingang gelingen, ihre Sprache als EU-Arbeitssprache neben Englisch zu erhalten. Die Ansätze zu einem Sprachenbündnis zwischen Frankreich und Deutschland weisen in die einzig aussichtsreiche Richtung.

3.2 Viel Praxis, wenig Theorie – Kulturelle Programmarbeit: Kunst, Musik, Literatur, Film, Architektur

von Gerd Ulrich Bauer

Die Überschrift »Kulturelle Programmarbeit« deutet in missverständlicher Weise an, im Kontext deutscher Auswärtiger Kulturpolitik gebe es bereits ein unter dieser Bezeichnung etabliertes systematisches Politikfeld. Regierungsamtliche Dokumente wie auch die Fachliteratur vermitteln jedoch ein anderes Bild. Der Bereich, der im Folgenden dargestellt werden soll, wurde bislang in der politischen Praxis zunächst auf indirektem Wege bestimmt, d. h. über eine Abgrenzung von anderen Feldern Auswärtiger Kulturpolitik, allen voran der Sprachpolitik (Sprachverbreitungspolitik), der Informationspolitik und der Wissenschaftspolitik. Weiterhin scheint sich das Schlagwort »Kulturelle Programmarbeit« als Bezeichnung für ein zu konturierendes, eigenständiges Politikfeld erst in jüngerer Zeit zu etablieren, denn eine Suche nach dem Begriff in programmatischen Dokumenten zur Auswärtigen Kulturpolitik vor der Jahrtausendwende ist wenig ergiebig, wohingegen der Terminus als ein eigener Gliederungspunkt in der aktuellen *Konzeption 2000*, dem Grundsatzdokument zur Auswärtigen Kulturpolitik der von SPD/Die Grünen gebildeten Bundesregierung, geführt wird.

Die Benennung anderer Felder bzw. Programme der Auswärtigen Kulturpolitik (vor allem des Sprachprogramms) findet sich in den einschlägigen Dokumenten hingegen bereits viel früher. So haben 1977 die Verfasser der Stellungnahme zum 1975 vorgelegten Abschlussbericht der Enquete-Kommission Auswärtige Kulturpolitik in einem weiteren Verständnis des Begriffs Programmarbeit mehrere Programme der Auswärtigen Kulturpolitik (Enquete-Kommission 1975, Abschnitt 117) bestimmt. Hierunter werden einige prioritäre Programme subsumiert, nämlich (ebd.):
- die Verbesserung des Bildes von Deutschland in der Welt,
- die als Entspannungsmaßnahme konzipierte kulturelle Zusammenarbeit mit der (damaligen) Sowjetunion und den Staaten Osteuropas,
- der kulturelle Austausch mit Ländern der sogenannten Dritten Welt (Schlagwort: Nord-Süd-Dialog), der europäisch-arabische Dialog
- und schließlich die schulische Versorgung von Auslandsdeutschen.

Als Programme werden in diesem Kontext somit einerseits *spezifische Ziele* (vor allem Imageförderung, Sicherheit und Zusammenarbeit) und andererseits *operative Schwerpunkte* der Auswärtigen Kulturpolitik bezeichnet (hier regionale Fokussierungen und konkrete Zielgruppen). Ein vergleichbar mehrschichtiges Verständnis des Begriffs wiederholt sich in der *Konzeption 2000*. Hier steht erstmals das Lemma »Kulturelle Programmarbeit« gleichrangig neben der »Auswärtigen Medienpolitik«, der »Förderung der deutschen Sprache« und dem Bereich »Wissenschaft und Hochschulen«, ohne dass sich jedoch damit eine analoge und eigenständige strukturelle Organisation eines Programmbereichs in der Auswärtigen Kulturpolitik spiegeln würde.

Insgesamt lässt sich in der Literatur und in den Diskursen zur Auswärtigen Kulturpolitik eine vielschichtige Verwendung des Begriffs Programm belegen. Es kann davon ausgegangen werden, dass diese Bezeichnung – und ebenso verwandte Komposita wie Kulturprogramm oder Sprachprogramm – primär aus einer *Praxis* auswärtiger Kulturarbeit entstanden sind und nicht auf einer reflektierenden *Theoriebildung* im Kontext der politischen Konzeptualisierung deutscher Auswärtiger Kulturpolitik beruhen.

In Bezug auf das hier beschriebene Politik- und Handlungsfeld der Kulturellen Programmarbeit ist in den bekannten regierungsamtlichen Dokumenten zur Auswärtigen Kulturpolitik – wie auch in den vielfältigen Fachpublikationen, welche die Entwicklung deutscher Auswärtiger Kulturpolitik seit Mitte der sechziger Jahre begleiten und gleichermaßen zur Theoriebildung und zur Schärfung der Terminologie beigetragen haben – ein besonderes Phänomen festzustellen. Das Politikfeld, das hier und im Folgenden als Kulturelle Programmarbeit bezeichnet wird, findet sich in vielzähligen Texten zunächst als Teilbereich der Allgemeinen Kulturbeziehungen wieder, und es wird oft durch mehr oder weniger vage Begriffspaare gekennzeichnet: Kunst und Kultur, Kunst und Publizistik (*Jahrbuch der auswärtigen Beziehungen* 1964: 199–203), Kunst, Musik, Film (*Jahrbuch der auswärtigen Beziehungen* 1/1965: 291-294), Kunst und Musik[1] usw.; gelegentlich wird mit Blick auf unseren Gegenstand auch von »Kultur im engeren Sinne« gesprochen (Vogel 1990: 231-233). Es sind dies jedoch allenfalls Annäherungen an ein weites, umfassendes Verständnis eines Politikfeldes, welches sich im Wesentlichen dadurch kennzeichnet, dass in der Verfolgung außenpolitischer Ziele »kulturelle« Mittel eingesetzt werden (gemeint sind künstlerisch-ästhetische Mittel) oder dass konkrete Maßnahmen darauf abzielen, die Entfaltung des künstlerischen Lebens im interkulturellen Kontext bzw. den internationalen Kulturaustausch zu fördern.

Doch was kennzeichnet nun diesen Programmbereich? Mit Blick auf die Entwicklung der deutschen Auswärtigen Kulturpolitik seit ihren Anfängen im ausgehenden 19. Jahrhundert sowie auf die Herausbildung von Institutionen und Zuständigkeitsbereichen kann Folgendes festgestellt werden:

(1) Die wichtigsten politischen Programme sind *reaktiv* entstanden.[2] Das heißt, sie stellen die unvermeidliche Reaktion der staatlichen Organe (vor allem Auswärtiges Amt und dessen Kulturabteilung) auf Entwicklungen und Zwänge dar, die sich aus kulturpoli-

---

1   Vgl. die thematische Gliederung im *Literaturdienst Auswärtige Kulturpolitik und internationale Kulturbeziehungen* des *ifa* für die Zeiträume von 1992 bis 1994. In der ersten Übersicht von Januar 1991 bis Juni 1992 finden sich die betreffenden Literaturhinweise unter der Rubrik »Sonstige Themen«. Die späteren Ausgaben des *Literaturdienstes* wurden aufgrund der Menge des ausgewerteten Materials nicht mehr in einem, sondern nunmehr in jeweils vier Teilbänden zusammengestellt. Zugleich fanden thematische Konzentrationen statt, denen der genannte Bereich »Kunst und Musik« zum Opfer gefallen ist; einschlägige Beiträge finden sich seither verstreut unter Rubriken wie »Internationale Medienpolitik« oder »Bilaterale Kulturbeziehungen«.

2   Vgl. etwa die (für die 1978 veröffentlichte Fassung ergänzte) Einleitung zu dem von Hansgert Peisert u. a. erstellten und 1971 vorgelegten Gutachten *Die auswärtige Kulturpolitik der Bundesrepublik Deutschland*. Peisert (1978: 23f.) stellt hier fest, dass die 1969 eingeleitete Reform in der Programmatik deutscher Auswärtiger Kulturpolitik einer längst eingesetzten Praxis der Mittlerorganisationen und deren Mitarbeiter in ihren außenkulturellen Aktivitäten folgte: »Dies war jedoch ein individualistisches Tasten und Experimentieren, ohne Auftrag und ohne Niederschlag in offiziellen Zielkonzeptionen als wegweisendem Orientierungsmaßstab.«

tischen Aktivitäten im In- und Ausland ergeben und deren Initiatoren und Akteure Einzelpersonen, Interessengruppen und nichtstaatliche Institutionen des In- und Auslands sind.

(2) Zu ihrem sich heute darstellenden Gesamtbild haben sich die Programme sukzessiv und additiv gefügt.[3]

(3) Die jeweiligen Programme lassen sich im Groben verschiedenen Institutionen und – auf der Ebene der staatlichen Organe – verschiedenen politischen Zuständigkeitsbereichen zuordnen; im Detail stellt sich das Handlungsfeld allerdings als engmaschiges Netz von Organisationen, Instrumenten, Einzelmaßnahmen und Interessen dar, und es sind vielfältige Überschneidungen mit Blick auf Ressorts (etwa die sogenannte Kulturhilfe im Rahmen der Entwicklungszusammenarbeit), Kompetenzen und Zuständigkeiten zu verzeichnen (z. B. die Verantwortlichkeit des Innenressorts für kulturelle Belange deutscher Minderheiten im Ausland).

In Abweichung vom Begriff Programm verweist das Kompositum Programm*arbeit* auf die praktischen Aspekte der Umsetzung und Durchführung von kulturpolitischen Maßnahmen im In- und Ausland. In der Arbeit der Mittlerorganisationen werden diese Maßnahmen im Wesentlichen den etablierten künstlerisch-ästhetischen Medien (bzw. Sparten) zugeordnet: Bildende Kunst, Literatur, Musik, Film, Theater und Tanz. Hinzu tritt neben den benachbarten Bereichen Archäologie und Kunstgeschichte vor allem die Architektur. Besonders im letzteren Zusammenhang lässt sich eine Reihe verwandter Aspekte einschließen, etwa die Denkmalpflege, (Ge-)Denkstätten von internationalem Rang sowie das Kulturerbe (bzw. UNESCO-Weltkulturerbe). Diese Bereiche werden im Folgenden auch in eigenen Abschnitten behandelt.

Anmerkungen zum Begriff Kultur

Ungeachtet der in den siebziger Jahren eingeleiteten Erweiterung des Kulturbegriffs scheint sich im hier dargestellten Programmbereich zumindest vordergründig ein tradiertes Verständnis von Kultur im Sinne von Hochkultur bewahrt zu haben. Die Konturierung des Programmbereichs anhand der »Künste« legt eine solche Annahme nahe. Bei genauerer Untersuchung des Programmangebots der Mittlerorganisationen hat sich jedoch gezeigt, dass die Wirkungen des erweiterten Kulturbegriffs tiefgründiger sind. So haben Fraunberger und Sommer (1993) am Beispiel des Goethe-Instituts dargelegt, wie es auf der Ebene der Veranstaltungsformen zu einer Verlagerung von rein rezeptiven hin zu interaktiven Veranstaltungen gekommen ist, dass aber bereits vor 1970 eine Ausweitung der Programmarbeit auf Themen festzustellen war, die diesem neuen Kulturkonzept zuzuordnen sind.

Das bedingungslose Festhalten an einem elitären Kulturverständnis sowie an kulturhistorisch begründeten Konventionen, etwa auf dem Gebiet der Bildenden Künste, hat nicht nur eine Folge für Inhalte und Konzepte der Auswärtigen Kulturpolitik. Vielmehr

---

3 Eine solche Erweiterung eines etablierten Repertoires an kulturpolitischen Instrumenten zeigt sich etwa bei der Integration der jeweils »neuen« Medien und beim Einsatz jeweils moderner Technologie, sowie beispielsweise Anfang der siebziger Jahre im Kontext des erweiterten Kulturbegriffs auch in der Öffnung für neue Themen.

führt dieser Elitismus unvermeidlicherweise dazu, dass kulturelle Entwicklungen vor allem in Ländern der so genannten Dritten Welt als nicht gleichwertig, sondern eher als Abklatsch westlicher Kunst betrachtet werden (Heine 1992: 311-315). Es ist evident, dass sich eine derartige Geringschätzung schädigend auf zwischenstaatliche Beziehungen bzw. auf die Wahrnehmung eines Partnerlandes aus deutscher Perspektive auswirken kann. Mit dem gleichen Argument ließen sich Vorbehalte gegen die Vorstellung so genannter Kulturhilfe anbringen, wenngleich unter diesem Sammelbegriff eine Reihe wichtiger und der kulturellen Selbstversicherung der entwicklungspolitischen Partner dienlicher Maßnahmen zusammengefasst wird, etwa die Erforschung und Bewahrung kultureller Traditionen, der Aufbau eines Museumswesens und die Förderung künstlerischer Kreativität im Partnerland (Müller 1981; Splett 1966).

Gegenwärtige politische Bedeutung und Praxis

Die kulturelle Programmarbeit bildet seit den Anfängen deutscher Auswärtiger Kulturpolitik einen Kernbereich dieses Politikfeldes. Dabei wurden im Laufe der Jahre Konturen, Inhalte und Aufgaben einer auswärtigen Kulturarbeit herausgearbeitet; einige Tätigkeitsfelder wurden aufgegeben, neue sind hinzugekommen. So stellte etwa die Versorgung der Auslandsdeutschen mit (Heimat-)Kalendern in den Anfängen kulturpolitisch geförderter Auslandsarbeit eine wichtige Maßnahme dar, jedoch hat dieser Bereich heute seine Bedeutung verloren.

Als Mittel der kulturellen Programmarbeit wird heute vorrangig die Förderung des Kulturaustauschs angeführt (primär verstanden als eine Form internationaler Mobilität des Kulturellen, vor allem von Bildender Kunst, Literatur, Film, Theater und Musik); dieser Austausch vollzieht sich über die Konzeption und den Vertrieb von Ausstellungen, die Unterstützung von Gastspielen sowie die Förderung von Festivals, Kongressen und Seminaren. Instrumente kultureller Programmarbeit sind neben dem Aufbau und der Bereitstellung von Strukturen (z. B. deutsche Kulturinstitute im Ausland und in neuerer Zeit Internetportale) in den Organisationen vorrangig die finanzielle, organisatorische und ideelle Förderung von »Events« auf den genannten Gebieten. Die betreffenden Maßnahmen sind mit einer ganzen Reihe von Erwartungen verknüpft. So soll im Ausland nach der paradigmatischen Abkehr vom einseitigen Kulturexport ein aktuelles Bild der Breite und Vielfalt künstlerischen Lebens und Schaffens in Deutschland vermittelt werden; die Bundesrepublik Deutschland soll – mit Blick sowohl auf den Imageverlust des Landes im Dritten Reich wie auch auf die Bemühungen um eine europäische Integration – »als kreativer Kulturstaat in Europa« präsentiert werden (Auswärtiges Amt 2000a). Daneben hat sich seit den siebziger Jahren mit der Einführung des Prinzips der Gegenseitigkeit außenkulturpolitischer Maßnahmen der Dialog mit Vertretern ausländischer Kulturen (vgl. Dialog der Kulturen, interkultureller Dialog, Dialog mit dem Islam) als gleichberechtigte Aufgabe kultureller Programmarbeit etabliert.

Der Schlüsselbegriff Information charakterisiert gleichermaßen die Funktion der im Rahmen Auswärtiger Kulturpolitik eingesetzten Medien wie auch die Bedeutung des

Kulturellen als Teilbereich deutscher Außenpolitik. Abgesehen von der kulturellen Selbstdarstellung kommt den Medien eine wichtige Rolle als zwischenstaatliche Mittler kultureller Informationen zu.[4] Kulturelle Informationen umfassen offen oder verborgen die einer Gesellschaft zugrunde liegenden Werte, Normen und Leitideen (z. B. Demokratie, Freiheit, Gleichberechtigung, Toleranz etc.). (Auswärtiges Amt 2000a)

Im Kontext globaler politischer Veränderungen und angesichts eines staatlich verordneten Sparzwangs ist eine Fokussierung der Aktivitäten notwendig geworden. Die aktuelle *Konzeption 2000* hat folgende Kriterien für die umzusetzenden Projekte festgelegt:

(a) deren *künstlerische Qualität*,

(b) die Aufnahmebereitschaft im Partnerland (Kriterium der *Relevanz*) und

(c) die Wirkung der jeweiligen Maßnahme (Kriterium der *Nachhaltigkeit*).

Wenn diese Selbstbeschränkung für den Bereich der kulturellen Programmarbeit kein Lippenbekenntnis bleiben soll, setzt sie geeignete Verfahren der Auswahl (bzw. Politikberatung), der Evaluierung und der Effizienzkontrolle voraus. Es ist evident, dass in die Auswahlprozesse neben den Verantwortlichen für die jeweiligen Programme (Auswärtiges Amt, Mittlerorganisationen und andere kulturpolitische Träger) und den beratenden Expertengremien (Fachbeiräte des Auswärtigen Amts sowie der Mittlerorganisationen) auch die Adressaten (regierungsamtliche und institutionelle Partner sowie Publikum im Zielland) mit einbezogen werden müssen. Somit sind einerseits Kulturdialog und Auseinandersetzung mit deutscher Kunst und Kultur im Ausland, als auch andererseits die Beschäftigung mit ausländischer Kunst und Kultur in Deutschland in ein stark ausdifferenziertes Netz von Institutionen eingebettet.

Zu den wichtigsten Partnern zählen die Kulturinstitute anderer Staaten. Sie stellen ein Pendant zu den deutschen Kulturinstituten im In- und Ausland dar. Bedingt durch die Sparzwänge, die auch vor dem Kulturbereich nicht Halt machen, wurde der Grundsatz der Subsidiarität für außenkulturpolitische Maßnahmen eingeführt. Die Unterstützung künstlerischer Projekte greift nur dann, wenn eine Realisierung durch die Förderung aus anderen Quellen – z.B. durch Förderprogramme der Bundesländer, der Kommunen und der EU, durch eine kommerzielle Vermarktung oder über Sponsoren – nicht möglich ist. Zudem wird auf dem Gebiet der Förderung von Kulturprogrammen dem Prinzip der *Public Private Partnership* (PPP) verstärkte Bedeutung beigemessen.

---

4 Im Kapitel »Medien« des Berichts der Enquete-Kommission Auswärtige Kulturpolitik (1975, 48-55) bzw. unter dem Abschnitt »Kulturelle Medien« in der Stellungnahme der Bundesregierung zum Kommissionsbericht (Auswärtiges Amt 1977: 18ff., Nr. III.4) werden unter dem Oberbegriff »Medien« sowohl die traditionellen Medien (Konzert, Ausstellung, Buch) wie auch die modernen Massenmedien (Film, Hörfunk, Fernsehen) subsumiert. Letzteren wird dabei aufgrund ihrer »starken Breiten- und Tiefenwirkung« und damit der Bedeutung für eine »grenzüberschreitende kulturelle Information« besonderes Gewicht beigemessen (Auswärtiges Amt 1977: 18, Nr. 43).

Die einzelnen Programmbereiche

Kunst

Der zusammenfassende Begriff Kunst soll im Folgenden in den zentralen Bereich der Bildenden Kunst, sowie in die eng verwandten Gebiete Kulturgüter (bzw. Kulturerbe) und Archäologie untergliedert werden. Mit Blick auf die Förderung des Ausstellungswesens als etabliertem Mittel auswärtiger Kulturarbeit ist festzustellen, dass in Abstimmung mit dem für die Auswärtige Kulturpolitik eingeführten erweiterten Kulturbegriff von staatlicher Seite neben klassischen Ausstellungen arrivierter Kunst vielfältige Projekte zu Installationskunst, Videokunst, Fotografie, Architektur und Design, mitunter auch Projekte zur Populärkultur gefördert werden.[5]

Bildende Kunst

Im Kontext der programmatischen Schriften zur Auswärtigen Kulturpolitik bezeichnet Kunst zunächst das im allgemeinen Sprachgebrauch übliche weite Verständnis der »schönen Künste« mit einer Untergliederung in die Bereiche Literatur, Musik, Bildende Kunst und Darstellende Kunst. In diesem Abschnitt hingegen wird mit Blick auf die organisatorischen Zuständigkeiten wie auch die terminologische Verwendung in den Rahmendokumenten zur Auswärtigen Kulturpolitik von einem *engen* Verständnis von Kunst als Bildender Kunst ausgegangen. Im Weiteren erfolgt eine systematische Unterteilung des Kunstaustauschs in die beiden Arbeitsfelder

    (a) deutsche Kunst (Künstler) im Ausland sowie

    (b) ausländische Kunst (Künstler) in Deutschland.

Mit Blick auf die Länder Westeuropas und Nordamerikas stellen Ausstellungen deutscher (historischer und zeitgenössischer) Kunst ohne Zweifel einen zentralen Bereich des bi- und multilateralen Kulturaustauschs dar. Das weltweite Interesse an Zeugnissen und Entwicklungen künstlerischen Schaffens aus Deutschland (einschließlich der deutschsprachigen Nachbarländer) bildet eine unverzichtbare Basis für die europäischen und transatlantischen partnerschaftlichen Beziehungen. Die schiere Anzahl von Einzelausstellungen, die Höhe der aufgewendeten finanziellen Mittel sowie das Ausmaß ihrer gesellschaftlichen Wirkung machen Ausstellungen deutscher Kunst und Künstler zu einem wesentlichen Standbein deutscher kultureller Präsenz im Ausland. Diese kulturpolitische Relevanz steht jedoch in Kontrast zum tatsächlichen Engagement der bekannten außenkulturpolitischen Akteure, gemessen etwa an der finanziellen Förderung von Ausstellungsprojekten etablierter Künstler in den wichtigen Partnerländern. Der Grund für diese scheinbare Diskrepanz liegt in der Erwartung, dass sich solche Projekte (nachfragebedingt) auch ohne erhebliche Förderung seitens der Mittlerorganisationen über die institutionellen Strukturen in den Zielregionen und -ländern sowie zunehmend über Sponsoren

---

5 Für eine ebenso resümierend-übergreifende wie auch exemplarische Darstellung aktueller Bedingungen des Kulturdialogs im Bereich der Bildenden Kunst vgl. das Themenheft »Kunst zieht an: Die Rolle der Kunst in den internationalen Kulturbeziehungen« der *Zeitschrift für Kulturaustausch* (Jg. 53, H. 1/2004).

aus Wirtschaft und Drittem Sektor realisieren lassen. Kulturpolitisch und institutionell gestützt werden hingegen solche Maßnahmen, welche aufgrund des Fehlens geeigneter Strukturen, einer finanziellen Absicherung oder etwa der erforderlichen technischen Rahmenbedingungen (z. B. konservatorische Einwände gegen Transport und Ausstellung von Gemälden und Grafik in tropischen Regionen) nicht realisiert werden können.

Im Rahmen der unter den Mittlerorganisationen getroffenen Aufgabenteilung konzipiert und organisiert das Institut für Auslandsbeziehungen Wanderausstellungen. Die ins Ausland vermittelten ifa-Ausstellungen umfassen neben Bildender Kunst auch die Bereiche Architektur, Design und Fotografie. Ausstellungspartner vor Ort sind häufig Bildungsstätten und Institutionen des Gastlandes, aber auch deutsche Kulturinstitute. Weitere Schwerpunkte des Kunstaustauschs bilden Workshops deutscher Gegenwartskünstler (vor allem an Akademien und Kunsthochschulen des Ziellands) sowie Symposien. Beispielhaft sei hier das Engagement genannt, das Goethe-Institut und andere kulturpolitische Akteure für die Förderung von künstlerischem Schaffen, Kunstwissenschaft und Kunstkritik in Nigeria geleistet haben – vor allem für die Metropole Lagos, die Kunstzentren an Hochschulen (neben Lagos unter anderem Ile-Ife und Nsukka) sowie die nicht-akademische Kunst (unter anderem die so genannte *Oshogbo-Schule*).6

Die für das Ausland konzipierte Präsentation deutscher Künstler bzw. Künstlergruppen ist seit jeher mit der Absicht verbunden, ein wirklichkeitsgetreues Bild des gegenwärtigen künstlerischen Schaffens zu vermitteln. Dabei setzt die kulturpolitische Förderung nicht notwendigerweise eine Identifikation mit Botschaft und Inhalt der Kunstwerke voraus: denn gerade Kunst unterschiedlicher, auch kritischer Ausprägung vermag in ihrer Auseinandersetzung mit der Gegenwart ein Bild der vielfältigen kulturellen Szene in der Bundesrepublik ins Ausland zu übermitteln.7 Auch für den Kunstaustausch als Ganzes gilt als Prinzip, dass er nicht als einseitige Selbstdarstellung der Gegenwartskunst aus der Bundesrepublik angelegt sein darf, sondern dass er vielmehr einem gegenseitigen kulturellen Austausch und der wechselseitigen Information dient. Mit Ausstellungen im Gastland soll ein Forum der Dokumentation und Diskussion geschaffen werden, und ein solches Ziel macht die Konzeption eines geeigneten Bei- oder Rahmenprogramms erforderlich, das beispielsweise aus Filmvorführungen, Vorträgen oder Diskussionsrunden bestehen kann.

Eine besondere Herausforderung für den Teil des Kunstaustauschs, der im Inland stattfindet, stellt von jeher die Präsentation solcher Werke und Künstler dar, die nicht aus Ländern (West-)Europas und Nordamerikas stammen. Die programmatischen Texte zur deutschen Auswärtigen Kulturpolitik haben diesem Umstand bereits in der zweiten Hälfte der

---

6 Die Tragweite des Engagements lässt sich beispielsweise dadurch belegen, dass viele nigerianische Künstlerinnen und Künstler über Einzel- oder Gruppenausstellungen im Goethe-Institut der ehemaligen Landeshauptstadt Lagos einen Einstieg in die globale Kunstwelt gefunden haben (Albertsen-Márton 1993; Kelly 1993).

7 Dass diesem Bild gelegentlich – etwa aus der Politik – eine »Schieflage« attestiert wurde und wird, resultiert verständlicherweise aus dem Unterfangen, staatlichen Einfluss auf Inhalte und Formen auswärtiger Kulturarbeit zu kontrollieren. Zu kritischen Stimmen vgl. etwa das Grundsatzreferat des damaligen bayerischen Ministerpräsidenten und CSU-Vorsitzenden Franz-Josef Strauss (1986).

siebziger Jahre Rechnung getragen, indem sie eine »Documenta der Dritten Welt« forderten (vgl. Romain 1980; 69; Auswärtiges Amt 1982; 9f.) sowie einen Ort für die (Selbst-) Darstellung fremder Kultur(en) in Deutschland. Das Missverhältnis in der Wahrnehmung künstlerischer Ausdrucksformen aus Ländern der so genannten Dritten Welt in Deutschland spiegelt sich darin, dass Ausstellungsprojekte der Gegenwartskünste aus so genannten Entwicklungsländern jahrzehntelang darum ringen mussten, nicht in ethnologischen bzw. Völkerkundemuseen, sondern in Institutionen der Kunstwelt präsentiert zu werden. Dass es mittlerweile zu einer Wende in der inländischen Rezeption kommt, ist neben den beharrlichen Bemühungen einiger weniger Förderer außereuropäischer Kunst wohl auch dem mit Ende der Apartheid in Südafrika gestiegenen öffentlichen Interesse am afrikanischen Kontinent zu verdanken.[8]

Einen wesentlichen Beitrag für den internationalen Kunstaustausch wie auch für die Präsenz internationaler zeitgenössischer Kunst im Inland leistet der Deutsche Akademische Austauschdienst mit seinem seit 1962 bestehenden *Berliner Künstlerprogramm*. Das international angesehene Stipendienprogramm stattet Künstlerinnen und Künstler in den Sparten Bildende Kunst, Literatur, Musik und Film mit jährlich rund zwanzig meist einjährigen Stipendien aus. Das *Berliner Künstlerprogramm* fördert die Pluralität künstlerischer, literarischer und ästhetischer Positionen und versteht sich – ganz im Sinne der Leitideen deutscher Auswärtiger Kulturpolitik – als ein Forum des Grenzen überschreitenden künstlerischen Dialogs. Als *ultima ratio* eines solcherart konzipierten Dialogs soll über den »Blick« von außen, die Fremdperspektive auf die innerdeutsche Gesellschaft, eine gesellschaftliche Selbstreflexion initiiert werden.

Zu den wichtigsten Institutionen im Inland zählt das 1989 gegründete Haus der Kulturen der Welt (HKW) in Berlin. Das HKW versteht sich als repräsentatives Forum der Kulturen Afrikas, Asiens, Lateinamerikas und Ozeaniens und hat es sich zur Aufgabe gemacht, durch die Präsentation außereuropäischer (bildender) Kunst und deren Einbettung in ein vielfältiges Begleitprogramm (Veranstaltungen zu Literatur, Theater, Tanz, Film etc.) einen offenen und kritischen Dialog zwischen den Kulturen zu fördern. Dabei ist das HKW ein reiner Veranstaltungsort und unterhält keine eigene Sammlung oder Bibliothek. In seinem Engagement für die Präsentation nichtdeutscher Künstler in Deutschland unterhält das Institut für Auslandsbeziehungen eigene Ausstellungsräume – die »ifa-Galerien« – in Stuttgart sowie (mit einem Schwerpunkt auf der Kunst Mittel- und Osteuropas) in Berlin. Eine dritte Galerie in der ehemaligen Bundeshauptstadt Bonn ist im Jahr 2004 nach jahrzehntelanger erfolgreicher Arbeit dem Sparzwang zum Opfer gefallen.

---

8 Zur Förderung der Beziehungen zu dem neuen, demokratischen Südafrika wurden etwa aus Mitteln des Auswärtigen Amts südafrikanische Kulturgüter angekauft und in einem Festakt anlässlich des ersten südafrikanischen *National Heritage Day* am 24. September 1995 durch den Deutschen Generalkonsul an die South African National Gallery in Kapstadt überreicht. Die fünfzehn wertvollen ethnographischen Objekte aus dem 19. und frühen 20. Jahrhundert sollten den Grundstock für eine *African Art Heritage Collection* bilden. Im Folgejahr fand eine erste Ausstellung zeitgenössischer Kunst aus Südafrika unter dem programmatischen Titel *Colours* im Haus der Kulturen der Welt, Berlin, statt.

Im Süden der Bundesrepublik, am Standort der Zentrale des Goethe-Instituts in München, vermittelt das Goethe-Forum ausgewählte Programme der Auslandskulturinstitute nach Deutschland und versteht sich als Drehscheibe von Auswärtiger und kommunaler Kulturpolitik. In der Begegnung mit den Traditionen anderer Länder soll dem deutschen Publikum ein besseres Verständnis für die geistigen Grundlagen anderer Gesellschaften vermittelt werden.

Keine Mittlerorganisationen im herkömmlichen Sinn, nehmen sich in zunehmendem Maße die Museen für Völkerkunde (in neuerer Lesart »Museen der (Welt-)Kulturen«) der Vermittlung außereuropäischer Kunst an. So hat beispielsweise das Frankfurter Museum der Weltkulturen (ehemals Museum für Völkerkunde) in Fortführung früherer Ausstellungsprojekte zur außereuropäischen Kunst die Galerie 37 an das Museumsgebäude angegliedert. Dazu bietet das Interkulturelle Atelier (IKAT) umfangreiche pädagogische Programme zu laufenden Ausstellungen. Einmalig ist das 1981 gegründete Iwalewa-Haus der Universität Bayreuth, das sich neben seiner Ausstellungtätigkeit und dem Aufbau einer Lehrsammlung zu moderner und traditioneller Kunst auch als interdisziplinäre Forschungsstätte versteht. Im Verbund mit dem Institut für Afrikastudien der Universität und den afrikabezogenen Lehrstühlen hat sich das Iwalewa-Haus als eine weltweit anerkannte Stätte interkultureller Begegnung, des Austauschs und der Forschung etabliert.

Bei allen optimistischen Bilanzen muss allerdings festgestellt werden, dass bislang in den genannten Einrichtungen die Programmarbeit überwiegend in deutscher Hand liegt. Von den wenigen ausländischen Kulturinstituten abgesehen, existiert in der Bundesrepublik bislang kein »neutraler« Ort für die Selbstdarstellung nichtdeutscher Länder, Regionen und Kulturen. Allenfalls die Kasseler Documenta hat sich mit den Kuratoren Jan van Hoet (Documenta 9, 1992), Catherine David (Documenta X, 1997) und Okwui Enwezor (Documenta 11, 2002) zu einer internationalen Plattform entwickelt, deren Ausgestaltung sich aus einer deutschen Hegemonie gelöst hat.

Kulturgut, »Beutekunst« und (Welt-)Kulturerbe

Unter Kulturgut werden solche Artefakte aus Gegenwart und Vergangenheit verstanden, die innerhalb einer Gesellschaft (bzw. Nation) Ansehen genießen und einen potenziellen Beitrag zur kulturellen bzw. nationalen Identifikation leisten. Auf dem Gebiet des Schutzes und der Erhaltung von Kulturgut kann eine Reihe von gesamtgesellschaftlich relevanten Aufgaben ausgemacht werden, die in den Zuständigkeitsbereich des Bundes und (in gewissem Umfang) der Länder fallen. Dazu gehören der Schutz von national wertvollem Kulturgut gegen Abwanderung in das Ausland (bzw. die übergeordnete Aufgabe der Regelung des internationalen Handels mit Antiquitäten und anderen relevanten Artefakten), die Beteiligung des Staates am Erwerb national wertvollen Kulturguts aus dem In- und Ausland, Maßnahmen zum Erhalt und zur Sicherung deutschen Kulturguts in Ostmittel-, Ost- und Südosteuropa, der Austausch und die Rückführung beweglichen Kulturguts sowie die Mitwirkung bei internationalen Vereinbarungen und rechtlichen Regelungen auf dem Gebiet des Schutzes von Kulturgut.

Seit dem Ende des Kalten Krieges ist die Kulturgüterrückführung zu einem wichtigen Thema in den bilateralen Beziehungen vorrangig zwischen Deutschland und den Nachfolgestaaten der ehemaligen Sowjetunion geworden. Mit Blick auf das Völkerrecht, auf geltende Verträge sowie auf nationale und internationale Gesetze muss hier zwischen zwei Gruppen von Objekten unterschieden werden, nämlich zwischen (a) *NS-verfolgungsbedingt verbrachten Kulturgütern* sowie (b) *kriegsbedingt verlagerten Kulturgütern*. Daneben existiert eine Schnittmenge beider Kategorien, zu der beispielsweise Gemälde, Grafik und wertvolle Bücher aus jüdischem Besitz zu rechnen sind, die in der Zeit von 1933 bis 1945 zunächst durch Zwang in den Besitz von Kunstinstitutionen des Deutschen Reichs geraten sind und die in Folge der Kriegsgeschehen von den alliierten Siegern aus Deutschland verbracht wurden. Als »Beutekunst« in das Bewusstsein der Öffentlichkeit gerückt, wird dieses Schlagwort – in einer eingeengten Bedeutung – meist auf die in den Staaten der GUS befindlichen deutschen Kulturgüter bezogen, die am Ende des Zweiten Weltkriegs von Angehörigen der Roten Armee auf das Gebiet der damaligen Sowjetunion gebracht wurden. Wie nicht zuletzt das Aufsehen erregende St. Petersburger Bernsteinzimmer zeigt, existiert jedoch gleichermaßen das komplementäre Phänomen identifizierter und verschollener Kulturgüter aus den ehemaligen Ländern Ost-, Ostmittel- und Südosteuropas.

Die Frage der Rückführung *kriegsbedingt verlagerter Kulturgüter* hat in der Anfangsphase der Ost-West-Beziehungen nach der politischen Wende von 1989/90 zu erheblichen Missstimmungen und Spannungen geführt; so setzt sich beispielsweise die russische Staatsduma in der zweiten Hälfte der neunziger Jahre gegen die rückgabewillige Regierung letztinstanzlich durch und erklärt per Gesetz die verlagerten deutschen Kulturgüter zu russischem Besitz. In bilateralen Verhandlungen vor allem mit Russland, Polen und der Ukraine hat die deutsche Regierung die Rückführung von Kulturgütern beharrlich zum Thema und zugleich zu einem Problem der bilateralen Beziehungen gemacht. Seither konnte in einer Politik der kleinen Schritte eine Vielzahl erfolgter Rückgaben verzeichnet werden, die über ihren juristischen Rahmen hinaus symbolträchtige und versöhnliche Gesten im zwischenstaatlichen und interkulturellen Miteinander darstellen (Ritter 1996).

Neben der zwischenstaatlichen, politischen Belastung, die beständig mit offenen Fragen der Kulturgüterrückführung einhergeht, stellt dieser Bereich als Aspekt des internationalen Kulturgutschutzes eine Verpflichtung für Bundesregierung und deutsche Gesellschaft gleichermaßen dar. Denn nur wenn dem Kulturgüterschutz in den internationalen kulturpolitischen Bemühungen eine große Bedeutung beigemessen wird, kann die deutsche Auswärtige Kulturpolitik einen wichtigen Beitrag zur Versöhnung und zur Stärkung der kulturellen Identität in den Transformationsländern leisten.

Als weiterer außenkulturpolitischer Tätigkeitsbereich im vorliegenden Bereich gilt die Auffindung und Rückgabe *NS-verfolgungsbedingt entzogener Kulturgüter*, insbesondere aus jüdischem Besitz. Viele Artefakte, die dieser Objektgruppe zuzurechnen sind, haben ihren Weg in öffentliche Sammlungen auf dem Gebiet des ehemaligen Deutschen Reichs gefunden. Die Auffindung solcher Güter, die Sammlung von Informationen, die Ausarbeitung von Orientierungshilfen für die Provenienzuntersuchung und weitere Dienstleistungen auf dem genannten Gebiet obliegen der Koordinierungsstelle für Kulturgutverluste, einer von Bund und Ländern finanzierten Einrichtung beim Kultusministerium des Landes Sachsen-Anhalt. Rechtliche Grundlage für die Regelung von Rückgaben bilden vor allem die Erklärung der Washingtoner Konferenz von 1998 zu Vermögen aus der Zeit des Holocaust,[9] die »Erklärung der Bundesregierung, der Länder und der kommunalen Spitzenverbände zur Auffindung und zur Rückgabe NS-verfolgungsbedingt entzogenen Kulturgutes, insbesondere aus jüdischem Besitz« vom Dezember 1999[10] sowie entsprechende bilaterale Abkommen. Als wichtiges Instrument zur Identifizierung verfolgungsbedingt entzogener Kulturgüter hat die Koordinierungsstelle für Kulturgutverluste eine Online-Datenbank eingerichtet, die *Lost Art Internet Database*.

In konkreten Rückgabeverfahren unterstützen die zuständigen Stellen des Bundes, das Auswärtige Amt mit den Auslandsvertretungen und der/die Beauftragte der Bundesregierung für Angelegenheiten der Kultur und der Medien (BKM) ehemalige Eigentümer bzw. deren Nachfahren; dabei ist es jedoch zunächst Sache der rechtmäßigen Eigentümer, ihre Ansprüche geltend zu machen.

Als eigenständiges kulturpolitisches Aktionsfeld hat sich das Weltkulturerbe etabliert. Auf Grundlage des 1972 von der UNESCO verabschiedeten *Internationalen Übereinkommens zum Schutz des Kultur- und Naturerbes der Welt* ist seither eine Vielzahl von Einzeldenkmälern, Gebäudeensembles und Kulturlandschaften in Deutschland mit dem begehrten Status des »UNESCO-Weltkulturerbes« ausgezeichnet worden. In der Gemeinschaftsaufgabe des Weltkulturerbes kooperieren die Kulturabteilung des Auswärtigen Amts, die Deutsche UNESCO-Kommission (DUK) sowie verschiedene Organisationen der Länder, Kommunen bis hin zu privatrechtlichen Marketinggesellschaften einzelner Welterbestätten und privaten Eigentümern. In das 1992 initiierte UNESCO-Programm *Gedächtnis der Menschheit* (*Memory of the World*) sind seither ebenfalls Kulturgüter von nationaler Bedeutung aufgenommen worden, unter anderem das Phonogrammarchiv der Stiftung Preußischer Kulturbesitz (Berlin), Gutenbergs Erfindung des Buchdrucks um 1450 sowie der literarische Nachlass Goethes.

Archäologie

Ziele staatlicher Auswärtiger Kulturpolitik auf dem Gebiet der Archäologie sind vorrangig die Forschungsförderung im In- und Ausland, die Pflege internationaler Wissenschaftsbeziehungen sowie die Förderung des akademischen Nachwuchses. Zentraler Träger ist hier das Deutsche Archäologische Institut (DAI), dessen Aufgabenbereich vorrangig die Forschung auf dem Gebiet der Archäologie und seiner Nachbarwissenschaften umfasst (vor allem Ausgrabungen, Expeditionen, Sammeltätigkeit und andere Projekte im In- und Ausland); hinzu kommen neben dem internationalen fachwissenschaftlichen Austausch die Publikationstätigkeit, der Unterhalt von Fachbibliotheken und Bildarchiven sowie die Durchführung von Fachkongressen und Kolloquien. Nicht zuletzt aufgrund einer bis ins 19. Jahrhundert reichenden Tradition der Erforschung des klassischen Altertums unterhält das DAI neben der Berliner Zentrale und mehreren Kommissionen und Abteilungen im Inland auch Niederlassungen in Rom (Italien), Athen (Griechenland), Is-

---

9 Vgl. http://www.lostart.de/stelle/grundsaetzewashington.php
10 Vgl. http://www.lostart.de/stelle/erklaerung.php

tanbul (Türkei), Kairo (Ägypten) und Madrid (Spanien) sowie Außenstellen in Sanaa (Jemen) und Damaskus (Syrien).

Kulturpolitische Aufgaben des Erhalts und Schutzes von Kulturgut wie auch von archäologischen Stätten gehen mit dem zunehmenden außenpolitischen Engagement Deutschlands im Rahmen internationaler Konflikte einher, wie sich in jüngster Zeit in Afghanistan (seit 2001) gezeigt und im Irakkrieg (2003) wiederholt hat. Die Zerstörung und Plünderung archäologisch bedeutsamer Fundorte und Museen ist, wenn auch keine neue Begleiterscheinung bewaffneter Konflikte, durch die mediale Berichterstattung in das öffentliche Bewusstsein gerückt.

Musik

Neben der Bildenden Kunst ist der Kulturaustausch auf dem Gebiet der Musik das zweite Standbein deutscher kultureller Programmarbeit. Gerade in der schwierigen Phase des politischen Neuanfangs nach 1945/1949, im Werben beider deutschen Staaten um Anerkennung, bildete das Ansehen deutscher und deutschsprachiger Komponisten eine Brücke für die gegenseitige Annäherung an die Siegermächte wie auch an die Gesellschaften der ehemals besetzten Länder (Wissig 1964: 53ff; Kraus 1966). So wurde etwa im Jahre 1950 in der Wagnerstadt Bayreuth das Internationale Jugend-Festspieltreffen (heute: Festival junger Künstler) ins Leben gerufen, das sich den »Idealen der Kultur und Menschlichkeit« (*Jahrbuch der Auswärtigen Kulturbeziehungen* 3/1966: 275) und damit dem Gedanken der Völkerverständigung verpflichtet hat. Diesem Ziel hat sich ebenfalls Jeunesses Musicales Deutschland (JMD), die nationale Sektion des Dachverbandes Jeunesses Musicales International, mit der Förderung internationaler Begegnung junger Menschen durch die Musik verschrieben.

Als Dachorganisation für kulturpolitische Interessenverbände auf dem Gebiet der Musik wirkt seit 1953 der Deutsche Musikrat (DMR), die nationale Sektion des von der UNESCO 1949 gegründeten Internationalen Musikrats (ICM). Eine verbindliche und nachhaltige Form der internationalen Kulturarbeit auf dem Gebiet der Musik bilden die im Deutschen Sängerbund zusammengeschlossenen Chöre im In- und Ausland. Die Aktivitäten umfassen die materielle Unterstützung der Auslandschöre, vor allem mit Notenmaterial und Tonträgern, sowie die pädagogische Bertreuungsarbeit.

Wirkungsvolle Maßnahmen auf Seiten des Auswärtigen Amts und der Mittlerorganisationen sind einerseits die Kontaktarbeit und wechselseitige Information über aktuelle Entwicklungen im Musikleben der deutschsprachigen Länder im Ausland sowie der vielfältigen Musikformen dieser Welt im Inland und andererseits die Durchführung und Unterstützung von Gastspielen (deutsche Gastspiele im Ausland sowie Gastspiele ausländischer Ensembles in Deutschland). Gemeint sind Tourneen von Ensembles aus dem Laien- und Profibereich und in der Gesamtbreite der Musiksparten: Chöre, Kammerensembles, Jugendensembles, Opern, Orchester, Jazzorchester, zeitgenössische populäre Musikgruppen sowie in jüngster Zeit auch so genannte »Events« (z. B. der Export der so genannten *Love Parade*). Auf diesen Gebieten organisiert das Goethe-Institut über seine Länderinstitute von jeher Tourneen klassischer und zeitgenössischer deutscher Musik. Daneben stellen besagte Kulturinstitute je nach lokaler Ausstattung in Mediotheken Musikalien bereit, die von interessierten Personen oder Institutionen des Gastlandes genutzt werden können.

Die vielfältigen Formen auswärtiger Kulturarbeit im Bereich der Musik umfassen neben den genannten Mitteln auch Instrumenten- und Musikalienspenden, die Arbeit mit Multiplikatoren (vor allem Musikpädagogen), die Erforschung und Verbreitung von Erkenntnissen zur Musikgeschichte, die Förderung junger deutscher Komponisten und Musiker zu Auslandsaufenthalten (z. B. durch die Deutsche Akademie Rom Villa Massimo), Gästeprogramme für ausländische Musiker und Komponisten im Inland sowie die Organisation und Förderung internationaler Musikfestivals. Zu Letzteren zählen beispielsweise die Berliner Festspiele mit ihrem reichhaltigen und abwechslungsreichen Programm an Tanz, Musik und Theater.

Literatur

Trotz der Konkurrenz durch die elektronischen Medien und ungeachtet der aktuellen Krise des Buchmarktes stellt das Buch ein wichtiges Medium des kulturellen Austauschs und der Information dar. Die kulturpolitisch geförderte Buch- bzw. Literaturarbeit umfasst eine kaum zu erfassende Breite. Dazu zählen vorrangig die Veröffentlichung von Büchern und Kulturzeitschriften, die Versorgung deutscher Bibliotheken und Lesesäle im Ausland mit zeitgenössischer und klassischer Literatur in deutscher Sprache, die Beteiligung an Buchmessen, die Gewährung von Übersetzungshilfe, Einladungen an ausländische Verleger, Lese- und Informationsreisen von deutschen und ausländischen Schriftstellern sowie die bibliothekarische Verbindungsarbeit. Außenkulturpolitische Bedeutung erfährt das Medium Literatur vor allem dadurch, dass es wie kein anderes künstlerisch-ästhetisches Medium nicht nur in der Lage ist, ein Bild von der kulturellen Vielfalt in Deutschland zu vermitteln, vor allem unter Berücksichtigung des literarischen Nachwuchses neben den etablierten und auch international beachteten Schriftstellern deutscher Sprache. Darüber hinaus ist Literatur in der Lage, zeitgenössische gesellschaftspolitische Zustände zu reflektieren, etwa im »Wenderoman«, der sich mit dem Ende der DDR und der Vereinigung beider deutscher Staaten (bzw. Gesellschaften) auseinandersetzt, oder im erzählerischen und lyrischen Schaffen von Migranten. Zudem spricht Literatur in ihrer sprachreflektierenden Kapazität gleichermaßen Deutschlerner und Deutschlehrer im Ausland an und erreicht damit die als primäre Zielgruppe deutscher Auswärtiger Kulturpolitik bestimmten Multiplikatoren.

Eine beständige und nachhaltige Arbeit leisten die Bibliotheken und Lesesäle deutschsprachiger Literatur und landeskundlicher Informationsmaterialien im Ausland. Oftmals in deutsche Kulturinstitute integriert, stellen sie eine bewährte Ressource dar, die nicht nur von der auslandsdeutschen Gemeinde des Gastlandes sondern von allen an Deutschland und Deutschem interessierten Zielgruppen genutzt wird. Besonders seit dem Beginn gesellschaftlicher Transformationen in Ost-Mittel-Europa und in der GUS wurden auf Grundlage bilateraler Verträge Lesesäle eingerichtet, die oftmals auf einer Kooperation von Goethe-Institut mit bilateralen Freundschafts- und Kulturgesellschaften basieren. Zur Steigerung ihrer Attraktivität und Effizienz können deutsche Lesesäle an kommunale Bibliotheken und/oder lokale Sprachlernzentren angegliedert werden.

Übersetzungen von Literatur

Die kulturpolitisch gestützte Veröffentlichungstätigkeit umfasst Übersetzungen von Literatur aus dem Deutschen wie auch fremdsprachlicher Literatur ins Deutsche. So fördert das Programm des Goethe-Instituts »Übersetzungen deutscher Bücher in eine Fremdsprache« die Verbreitung deutscher Literatur, vorrangig in Form wissenschaftlicher Texte, ausgewählter Sachbücher sowie anspruchsvoller Belletristik und qualitätvoller Kinder- und Jugendliteratur. Nach Feststellung ihrer Eignung werden Publikationsprojekte durch die Gewährung von Zuschüssen für Übersetzungskosten gefördert. Die Auswahlprioritäten ergeben sich aus den bekannten übergeordneten Leitthemen und Zielen auswärtiger Bildungs- und Kulturpolitik. Diese sind namentlich die Förderung von Demokratie, Menschenrechten, Rechtsstaatlichkeit und Zivilgesellschaft, des Verständnisses für die jüngere deutsche Geschichte, einer Auseinandersetzung mit aktuellen Fragestellungen von globaler und regionaler Dimension sowie der Beitrag zum Europäischen Einigungsprozess mit seinen gesellschaftlichen, kulturellen und kulturpolitischen Implikationen. Darüber hinaus werden Übersetzungen klassischer deutscher Literatur ebenso gefördert wie herausragende Werke deutscher Gegenwartsliteratur.

Ein weiteres wichtiges Instrument der Übersetzungsförderung sind Übersetzerpreise verschiedener kulturpolitischer Organisationen mit jeweils verschiedenen Schwerpunkten. So fördert etwa der vom Auswärtigen Amt gestiftete *Lessing-Übersetzer-Preis* deutsch-japanische Projekte. Ein komplementärer Preis wird von der Japan Foundation vergeben, und das Goethe-Institut Tokyo verleiht als Übersetzerpreis die *Max-Dauthendey-Feder*. Der Bereich der Übersetzung zeitgenössischer Literaturen Mittel- und Osteuropas, vor allem Belletristik, erfährt Förderung durch das Literarische Colloquium Berlin, unterstützt durch das Auswärtige Amt und die Senatsverwaltung für Wissenschaft, Forschung und Kultur des Landes Berlin.

Einen festen Standort in der Verlags- und Buchlandschaft im deutschsprachigen Raum hat die 1980 gegründete Gesellschaft zur Förderung der Literatur aus Afrika, Asien und Lateinamerika e.V., etwa mit ihren Programmen *Afrikanissimo* (für Erwachsene) bzw. *Guck mal über den Tellerrand* (für Kinder). Der Verein hat sich zur Aufgabe gemacht, Werke der klassischen Moderne sowie herausragende Autoren der jüngeren Generation aus den genannten Regionen zu fördern, um zugleich angesichts dominierender negativer Schlagzeilen über die Länder des Südens einen Perspektivwechsel in der Öffentlichkeit zu bewirken. Als wichtigstes Arbeitsmittel erscheinen Bücherlisten mit Werken von Autoren aus Afrika, Asien und Lateinamerika, die in Übersetzung bei Verlagen im deutschsprachigen Raum erhältlich sind.

Buchmessen, Buch- und Literaturausstellungen

Deutschsprachige Literatur wird auf Buchmessen im Ausland in der Regel von den zuständigen Verlagen präsentiert. Daneben organisiert die Internationale Abteilung der Frankfurter Buchmesse weltweit Gemeinschaftsstände auf internationalen Buchmessen. Zusätzlich werden repräsentative Ausstellungen mit deutschen Büchern im Ausland organisiert, unter anderem Themenkollektionen zu gesellschaftlichen, politischen, wirtschaftsbezogenen und ökologischen Themen, die einen kulturvermittelnden Charakter haben bzw. durch ihre universelle Relevanz Interesse im Ausland wecken. Damit verfolgt die Frankfurter Buchmesse nicht nur wirtschaftliche Interessen der betreffenden Verlage, indem diese auf bestehende Strukturen und ein etabliertes Netzwerk von internationalen Kontakten zurückgreifen können, sondern die Präsentationstätigkeit dient auch der Verbreitung von Wissen über das deutsche Verlagswesen sowie über Tendenzen deutschsprachiger Publizistik.

Eine andere Form der Werbung für deutschsprachige Literatur und Publizistik besteht in der Konzeption, Bereitstellung und Organisation von thematischen Wanderausstellungen. In der Landschaft von Mittlerorganisationen deutscher Auswärtiger Kulturpolitik liegt hier die Zuständigkeit beim Goethe-Institut. In der Schnittstelle zwischen bildender Kunst auf der einen und Literatur auf der anderen Seite finden sich auch beim ifa Ausstellungen zu Künstlerbüchern sowie Buchobjekte in einem umfangreichen Verleihprogramm. Mit Blick auf die innerdeutsche Verortung von Maßnahmen des Kulturdialogs stellt die bereits erwähnte Gesellschaft zur Förderung der Literatur aus Afrika, Asien und Lateinamerika eine Reihe von Wanderausstellungen bereit mit Bezug zur Literatur aus Ländern des afrikanischen Kontinents. Unter dem Motto »Dialog durch Literatur« soll die Beschäftigung mit dem kulturell Fremden angeregt und gefördert werden, um damit einen Beitrag zum Auflösen von Vorurteilen oder Stereotypen zu leisten und um Misstrauen gegenüber dem Unbekannten abzubauen.

Wortveranstaltungen und Lesereisen

Kulturpolitisch geförderte Wortveranstaltungen und Lesereisen deutschsprachiger Autoren im Ausland werden vom Goethe-Institut organisiert und oftmals in Kooperation mit Verlagen und mit Partnern in den Zielländern durchgeführt. Auch wenn diese Form der Kulturvermittlung naturgemäß auf zeitgenössische Autoren begrenzt ist und es in der Vergangenheit wiederholt zu politischen Auseinandersetzungen gekommen ist, die sich etwa um die Frage einer Repräsentativität der geförderten Schriftsteller, Genres und Themen entsponnen hat (Goethe-Institut 2001), so gestatten Lesungen dem Zuhörer einen unmittelbaren Zugang zur Literatur und zu ihrer Sprache.

In Form einer medialen Vermittlung finden Wortprogramme zur zeitgenössischen und klassischen Literatur deutscher Sprache Verbreitung über deutschsprachige Rundfunksendungen und über einschlägige Mediotheken, vor allem in Auslandskulturinstituten, Bibliotheken und Lesesälen.

Gästeprogramme

In ihrer gesellschafts- und kulturpolitischen Reichweite bislang noch nicht ausreichend gewürdigt sind die vielzähligen, oftmals auf private Unterstützung, auf Spenden der Privatwirtschaft, durch Buchverlage, auf kommunale Initiativen und auf das Wirken von Institutionen des Dritten Sektors gründenden Fördermaßnahmen, von denen ausländische Schriftsteller profitieren. Autorenlesungen gehören zu den festen Programmteilen sowohl des Hauses der Kulturen der Welt (HKW) in Berlin als auch des Münchner Goethe-Forums und vieler kommunaler Literaturhäuser. Diese Lesungen sind in der Regel in umfangreichere Programme mit thematischem und/oder regionalem Schwerpunkt (Kontinent- oder Länderschwerpunkt) eingebettet.

In Zusammenarbeit mit dem P.E.N.-Zentrum Deutschland – dem deutschen Zweig des 1921 gegründeten internationalen Schriftstellerverbandes P.E.N. –, der Kulturstiftung der Länder, der Bundesbeauftragen für Kultur und Medien (BKM) und kommunalen Trägern unterstützt die Bundesregierung mit dem Fond *Writers in Exile* Schriftsteller, die in Deutschland in politischem Exil leben. Die Unterstützung umfasst die Bereitstellung von Wohnraum, ein maximal fünfjähriges Stipendium sowie die Betreuung durch P.E.N.

Film

Die Filmförderung ist einer der Schwerpunkte in der Medien- und Kulturpolitik des Bundes. Im Bewusstsein, dass deutschsprachige Produktionen einen prozentual geringen Marktanteil im Inland und im europäischen Ausland haben, werden von verschiedenen Institutionen und Organisationen Maßnahmen zur Stärkung des deutschen Films umgesetzt. Instrumente zu einer finanziellen und strukturellen Förderung von Filmprojekten liegen unter anderem in den Händen der Filmförderungsanstalt (FFA), des Kuratoriums junger deutscher Film, der Bundesländer, der großen Kirchen sowie privatrechtlich organisierter Interessenverbände. Die Beauftragte der Bundesregierung für Kultur und Medien (BKM) fördert Produktionen mit direkten finanziellen Hilfen, durch Filmpreise sowie durch die Mitwirkung an der Ausgestaltung der rechtlichen Rahmenbedingungen zur Unterstützung heimischer Produktionen, nicht zuletzt gegen Konkurrenz aus dem Ausland. Hier verbinden sich innen- mit außenkulturpolitischen Anliegen. Zu den Mitteln und Instrumenten des Bundes gehören darüber hinaus auch bilaterale Filmabkommen mit dem Ziel, über Koproduktionen die Gleichbehandlung einheimischer Produktionen im jeweiligen Partnerland sowie die Absicherung filmwirtschaftlicher Rahmenbedingungen zu erreichen.

Die Präsentation aktueller deutscher Filme und von Filmen im Status nationalen Kulturguts (vor allem Filmpioniere, Klassiker des Stummfilms und filmkünstlerische Avantgarde) konzentriert sich neben der Teilnahme an Filmfestivals vor allem auf deutsche Filmwochen, die im Rahmen der »Programmarbeit Kultur« des Goethe-Instituts von den Auslandskulturinstituten ausgerichtet werden. Das Angebot des Goethe-Instituts umfasst in einem weiteren Sinn die Beratung interessierter Veranstalter im Ausland, die Klärung von Aufführungsrechten und logistischen Fragen sowie den Verleih von Bildträgern von Spiel- und Dokumentarfilmen für nichtkommerzielle Vorführungen, vor allem im Rahmen von Landeskunde- und Sprachunterricht, sowie kulturelle Veranstaltungen. Eine Kooperation mit der Export-Union des Deutschen Films (ExU) bei Projekten in potenziellen Absatzländern (Festivals, Filmreihen, Messen und sonstigen Veranstaltungen) steigert neben der Werbung für den deutschsprachigen Film auch dessen ökonomische Vermarktung.

Theater und Tanz

Der Tanz zählt zu den universellen Phänomenen menschlicher Kultur. Im Tanz wie in anderen künstlerischen Formen drücken Gesellschaften ihre eigene Identität aus, stiften Gemeinschaft und grenzen sich somit von anderen Gruppen ab. Somit gewähren Tanz und andere künstlerische Ausdrucksformen einen Zugang zum Kennenlernen und Verstehen anderer Kulturen. Wie beim internationalen Austausch auf dem Gebiet der Musik (Auslandstourneen von Chören, Orchestern und anderen) stellen die Programme im Bereich des Tanzes für viele moderne Staaten ein Mittel Auswärtiger Kulturpolitik dar. Es ist dokumentiert worden, dass Ballett, Folkloretanz und Eiskunstlauf auf der Höhe des Kalten Krieges zu einer kulturellen Annäherung zwischen Ost und West geführt haben (Barghoorn 1960; Prevots 1998). Heute zählt Deutschland international zu den führenden Ländern im Bereich des Tanzes, und insbesondere das deutsche Tanztheater genießt mit Namen wie Pina Bausch oder Sasha Waltz großes internationales Ansehen. Die staatlich geförderten Maßnahmen des Kulturaustauschs konzentrieren sich jedoch nicht auf die international renommierten Ensembles, sondern umfassen eine Bandbreite bis hin zum anspruchsvollen Amateur- und Nachwuchsbereich.

Ein kulturpolitisches Engagement ist somit für die folgenden Bereiche zu verzeichnen:
– Gastspiele und Einzelprojekte deutscher Ensembles und Künstler im Ausland,
– Workshops deutscher Ensembles und Künstler (z.B. Meisterklassen, Choreographie) im Ausland,
– Gastspiele ausländischer Ensembles und Künstler in Deutschland sowie Stipendienangebote für ausländische Künstler im Theater- und Tanzbereich.

Gastspiele und Workshops deutscher Ensembles und Künstler im Ausland

Im Rahmen seines Kulturprogramms widmet sich das Goethe-Institut der Aufgabe, die deutsche Theater- und Tanzszene in herausragenden Produktionen in den Partnerländern darzustellen. Daneben werden Informationen und Kontakte zwischen deutschen und ausländischen Künstlern vermittelt sowie deutschlandbezogene Theater- und Tanzprojekte im Ausland unterstützt. Mit den verschiedenen Sparten der Darstellenden Kunst (Schauspiel, Tanz, Performance, Kinder- und Jugendtheater, Puppen- und Figurentheater, neue deutsche Dramatik) berät der Bereich Tanz/Theater die Kulturinstitute bei Projekten mit in Deutschland beheimateten Künstlern und Ensembles.

Auf dieser Grundlage organisiert das Goethe-Institut Gastspielreisen für Theater- und Tanztheater-Gruppen sowohl aus dem professionellen als auch aus dem Amateur- bzw. Nachwuchsbereich; Gastaufenthalte von Regisseuren und Choreografen werden vermittelt; und schließlich erfahren örtliche Projekte im Ausland Unterstützung in Form von Anregungen und Zuschüssen. In Übereinstimmung mit dem dialogischen Grundsatz deutscher Auswärtiger Kulturpolitik sollen die geförderten Maßnahmen durch spartenübergreifende Rahmenveranstaltungen verstärkt werden, wie Podiumsdiskussionen, Workshops, Ausstellungen und Filmreihen. Zusätzlich finden Information über die aktuellen künstlerischen Entwicklungen und Tendenzen in der deutschsprachigen Theater- und Tanzszene Verbreitung.

Auch im Amateurbereich unterstützt das Goethe-Institut Auslandsgastspiele, Tourneen und Austauschprojekte. Neben reinen Laienensembles zählen hierzu Projekte von Ausbildungsstätten und professionellen Nachwuchskünstlern. Für die Förderung entscheidend ist neben einer für den nicht-professionellen Bereich überdurchschnittlichen künstlerischen Qualität auch die kulturpolitische Relevanz der geförderten Projekte.

In seiner Arbeit unterstützt und beraten wird der Theater- und Tanzbereich des Goethe-Instituts durch einen Fachbeirat aus Experten, die in den unterschiedlichen Bereichen der deutschen Theater- und Tanzszene tätig sind.

Weiterbildung und Stipendienangebote für ausländische Künstler im Theater- und Tanzbereich

Der Deutsche Akademische Austauschdienst (DAAD) bietet besonders qualifizierten deutschen Studierenden Stipendien zur künstlerischen Weiterbildung im Bereich Tanz im Ausland. Die Stipendiaten schreiben sich für die Dauer der Förderung (in der Regel ein Studienjahr) an einer anerkannten Hochschule oder vergleichbaren Ausbildungsstätte des Partnerlandes ein. In der Gegenrichtung vermittelt das Zentrum Bundesrepublik Deutschland des Internationalen Theaterinstituts (ITI) in Zusammenarbeit mit dem Goethe-Institut jungen Tänzern, Regisseuren, Bühnenbildnern und Choreographen aus Afrika, Asien, Lateinamerika und Osteuropa Hospitanzen an deutschen Bühnen; als Multiplikatoren sollen die Hospitanten das erworbene Wissen und die erlangten Fertigkeiten nach ihrer Rückkehr ins Heimatland weitergeben.

Gastspiele ausländischer Ensembles und Künstler in Deutschland

Für die Vermittlung von professionellen Theater- und Tanzgruppen aus Transformations- und Entwicklungsländern (Mittel-, Süd- und Osteuropa, Asien, Afrika, Lateinamerika) nach Deutschland ist ebenfalls das Goethe-Institut zuständig. Die Auswahl orientiert sich an der künstlerischen Qualität und Bedeutung, die das Ensemble vor Ort hat, und auch an der zu erwartenden Ausstrahlung in Deutschland. Die Unterstützung konzentriert sich neben logistischer Hilfestellung auf die Bezuschussung von Gastspielen.

Künstlerische Darbietungen aus dem Ausland bilden heute einen festen Bestandteil des kulturellen Lebens in Deutschland, und es hat sich eine vielseitige Szene von Festivals und Einzelveranstaltungen vorrangig auf den Gebieten der Musik und der Darstellenden Kunst herausgebildet. Die Träger dieser Veranstaltungen sind ebenso vielfältig wie die dargestellten Künste. Auch wenn sie sich mit ihren Projekten oft im ideellen Gesamtrahmen der deutschen Auswärtigen Kulturpolitik bewegen, wird lediglich ein Teil des Veranstaltungsangebots direkt mit staatlichen Mitteln gefördert oder von einschlägigen Mittlerorganisationen getragen. Dazu gehört das Goethe-Forum, welches in München die Programmarbeit der Kulturinstitute im Ausland exemplarisch darstellt und den programmatischen Dialog mit anderen Kulturen fördern soll. Letzteres Ziel verfolgt auch das Haus der Kulturen der Welt (HKW) in Berlin, das sich als Plattform für kulturelle Darbietungen aus den verschiedenen Erdteilen versteht. Veranstaltungen aus den Bereichen Tanz und Theater gehören zum festen Programm des HKW und haben ihren Platz nicht nur im kulturellen Rahmenprogramm von Länderfestivals. Seit 2002 organisiert das HKW mit dem Festival IN TRANSIT das wichtigste »Event« auf dem Gebiet der darstellenden Künste aus den Ländern Asiens, Afrikas sowie der beiden Amerika. IN TRANSIT verbindet Neuaufführungen und andere Darbietungen, einen Raum für das Experimentieren sowie ein Podium für theoretische Diskurse, in denen sich Kunst mit Politik, Philosophie und spirituellen Fragen vereinigt.

Architektur
Die Architektur stellt einen bislang in der Literatur wenig beachteten Fokus außenkulturpolitischen Interesses dar. Dabei zählen die deutsche Architekturgeschichte und historische Baudenkmäler der deutschsprachigen Länder zu den großen Magneten des internationalen Tourismus. Nicht zuletzt die Aufnahme einer großen Zahl von Einzelbauwerken und Ensembles in die Liste des UNESCO-Weltkulturerbes zeugt von deren architektonischer und kulturgeschichtlicher Bedeutung. Ebenfalls als Reaktion auf ein entsprechendes internationales Interesse für deutsche Architektur hat das Institut für Auslandsbeziehungen (ifa) im Rahmen seiner Ausstellungsarbeit eine Reihe thematischer Projekte zur Architektur realisiert, beispielsweise das Schaffen des Architekten Erich Mendelsohn (1887–1953) oder die Entwicklung von Architektur in beiden deutschen Staaten von 1949 bis über die Vereinigung hinaus.

Von großer Bedeutung für das Bild Deutschlands im Ausland sind die Gedenkstätten, in denen deutsche Geschichte mit der Geschichte der Nachbarländer Deutschlands verknüpft ist. In ihrer großen Mehrheit zeugen sie von Gewalt, Völkermord, Vertreibung und individuellem Leid, und der Umgang mit diesen schmerzhaften zeitgeschichtlichen Orten, Räumen und Architekturen ist ein Gradmesser auch für die gegenwärtigen bilateralen Beziehungen der betroffenen Staaten und Gesellschaften. Von deutscher Seite aus haben sich mehrere Organisationen dem ideellen wie auch materiellen Bestand von Denkstätten und anderen kulturhistorisch bedeutsamen Objekten verschrieben, etwa Aktion Sühnezeichen, der Volksbund Deutsche Kriegsgräberfürsorge und das 2001 gegründete Internationale Gedenkstättenkomitee (IC Memo), eine Unterorganisation von ICOM. Als Einzelorganisation mit bilateraler Ausrichtung unterstützt die Stiftung für deutsch-polnische Zusammenarbeit die Restaurierung und Erhaltung von Kulturdenkmälern sowie die Einrichtung, den Ausbau und die Erhaltung von Gedenkstätten auf polnischem Staatsgebiet mit Bezug zur gemeinsamen, vor allem aber der jüngeren Geschichte.

Deutschland zählt gegenwärtig zu den größten Geberländern für inter- und supranationale Organisationen, die sich dem Erhalt, der Dokumentation, der Erforschung sowie der Aus- und Fortbildung auf den Gebieten des architektonischen Erbes verschrieben haben. Wichtige Partner des Auswärtigen Amts sind der Internationale Denkmalrat (ICOMOS – International Council of Monuments and Sites) mit seinem Deutschen Nationalkomitee sowie das International Centre for the Study of the Preservation and Restoration of Cultural Property (ICCROM) in Rom.

Mehrere kulturpolitische Gesellschaften bzw. Institutionen mit Sitz im Ausland sind in Forschung und Ausbildung auf dem Gebiet der Architektur tätig. Die 1913 gegründete Bibliotheca Hertziana in Rom ist Sitz des Max-Planck-Instituts für Kunstgeschichte. Als Zentrum für die Erforschung der italienischen Kunst (neben Architektur auch Bildhauerei und Malerei) von der Nachantike bis zum Spätbarock veranstaltet das Institut einschlägige Seminare und Workshops, Symposien und Kongresse sowie Studienkurse für Nachwuchswissenschaftler. Eine Fachbibliothek und Fotothek, mehrere Publikationsreihen sowie verschiedene Stipendienprogramme werden angeboten. Ebenfalls in Rom und aus Mitteln des Auswärtigen Amts gefördert vergibt die Deutsche Akademie Villa Massimo Stipendien an junge deutsche Architekten für Studienaufenthalte.

Anstelle eines Fazits

Die bilanzierende Darstellung von Instrumenten, Programmen, Zielen und Inhalten deutscher Auswärtiger Kulturpolitik auf dem Gebiet der Kulturellen Programmarbeit vermittelt in diesem Abschnitt lediglich einen Überblick des möglicherweise vielseitigsten Bereichs deutscher auswärtiger Kulturarbeit und -politik. In der Forschungsliteratur steht eine systematische Analyse eines eigenständigen *Politikfeldes* Kulturelle Programmarbeit hingegen noch aus. Zwar liegen wissenschaftliche Arbeiten für das genannte Gebiet vor, jedoch fokussieren diese generell engere Bereiche, etwa eine bestimmte Sparte, eine ausgewählte Institution oder Region. So liegt beispielsweise allein für den Bereich des Ausstellungswesens und insbesondere von Kunstausstellungen im Rahmen deutscher Auswärtiger Kulturpolitik eine beachtliche Bandbreite an Einzeltexten vor (Beiträge in Pollig/Halft 1973; Bleker/Grote 1981) sowie einige monographische Untersuchungen (Bauer 1997; Schieder 2003; Schober 2004). Die genannten Arbeiten sind jedoch ebenso vielfältig in ihrer institutionell-fachlichen Zuordnung wie in dem jeweils verfolgten Erkenntnisinteresse.

Möglicherweise ist es ein Charakteristikum dieses vielfältigen Politik- und Praxisfeldes, dass eine umfassende Forschung – ebenso wie eine entsprechende Theoriebildung – schon allein aus disziplinärer Sicht schwerlich möglich erscheint. Folglich tritt die Forschung zu Kultureller Programmarbeit schon rein quantitativ hinter beispielsweise derjenigen zur Sprach- und Sprachverbreitungspolitik zurück, die sowohl ins Blickfeld mehrerer germanistischer Teildisziplinen rückt, als auch aus geschichts- und politikwissenschaftlicher Perspektive beleuchtet wird. Überdies sind bislang Studien rar, die deutsche Auswärtige Kulturpolitik aus einer kulturellen Außensicht fokussieren (Markovits/Reich/Höfig 1997) und sie überdies in eine ländervergleichende Untersuchung einbeziehen (Lending 2000). Somit muss nach wie vor eine Forschung als Desideratum formuliert werden, die sich aus interdisziplinärer Sicht auf die Wirkung deutscher Kulturprogramme in Gastländern bzw. -regionen (und umgekehrt) konzentriert und die unter Einbeziehung von Wissenschaftlern dieser Gastländer in einem *dialogischen* Modus konzipiert ist, welcher zugleich das dialogische Paradigma deutscher Auswärtiger Kulturpolitik reflektiert. Nur aus einer solchen Perspektive lässt sich ein Verständnis der Wirkungsmöglichkeiten des mit großen Erwartungen behafteten Kultur*dialogs* bzw. Kultur*austauschs* erreichen.

3.3 Verstand und Verständigung – Hochschule und Wissenschaft

von Georg Schütte

Bildung und Wissenschaft sind ein fester Bestandteil der Auswärtigen Kulturpolitik eines demokratisch verfassten Deutschlands. Schon in der Weimarer Republik gründeten sich die für diese Aufgabe zentralen Förder- bzw. Mittlerorganisationen, der Deutsche Akademische Austauschdienst (DAAD) und die Alexander von Humboldt-Stiftung (beide 1925). Auch die großen deutschen Wissenschaftsförderorganisationen, die Kaiser-Wilhelm-Gesellschaft, heute Max-Planck-Gesellschaft (MPG), und die Notgemeinschaft der deutschen Wissenschaft, die heutige Deutsche Forschungsgemeinschaft (DFG), konstituierten sich in jenen Jahren und schufen eine Forschungsinfrastruktur in Deutschland, die auch in der Welt zunehmend Anerkennung fand. In der Phase internationaler politischer Isolation nach dem Friedensvertrag von Versailles war es daher nur folgerichtig, mit Hilfe der grenzüberschreitenden wissenschaftlichen Zusammenarbeit, der Förderung des Auslandsstudiums sowie der Unterstützung ausländischer Studierender in Deutschland wieder Anschluss an die internationale Gemeinschaft zu gewinnen.

Eine ähnliche Interessenlage bestand auch nach dem Zweiten Weltkrieg: Nach Zerstörung und Völkermord sollte Deutschland wieder in die Gemeinschaft der zivilisierten Nationen eingegliedert werden. Der grenzüberschreitende Austausch von Studierenden und Wissenschaftlern bot Gelegenheit, ausländischen Gästen das demokratische Deutschland zu präsentieren und durch den Studien- und Forschungsaufenthalt in Deutschland Anschluss an internationale Ausbildungs- und Forschungsstandards zu gewinnen. Darüber hinaus verfolgten insbesondere die USA und die Sowjetunion als Besatzungsmächte das Ziel, deutsche Schüler und Lehrer, Studierende und Wissenschaftler durch Gastaufenthalte mit den jeweiligen politischen Systemen vertraut zu machen. So sollte eine junge Elite ausgebildet werden, die die beiden großen Besatzungs- und Schutzmächte aus eigener Anschauung kannte und sich an der Lehre und Umsetzung entsprechender politischer Ideen in Deutschland beteiligte.

Während des Kalten Krieges stand die internationale Bildungspolitik und der internationale Studierenden- und Wissenschaftleraustausch ganz im Zeichen der Kulturkonkurrenz zwischen den politischen Blöcken. Erst nach dem Fall des Eisernen Vorhangs konnte sich eine gesamtdeutsche auswärtige Bildungs- und Wissenschaftspolitik herausbilden. Sie verfolgt im weitesten Sinne das historisch tradierte Ziel, durch die Förderung von Bildungs- und Wissenschaftseliten ein internationales Netz von Partnern aufzubauen, die sich durch eine differenzierte Kenntnis Deutschlands bzw. anderer Länder auszeichnen (Jansen 2004: 218-227).

Zu Beginn des 21. Jahrhunderts vollzieht sich diese Arbeit im Kontext allgemeinerer außenpolitischer Zielsetzungen. Hierzu gehören die Förderung von Frieden und Verständigung zwischen den Völkern, insbesondere durch die Anerkennung der universellen Menschenrechte und den Respekt vor dem internationalen Recht, aber auch durch Krisenprävention und den respektvollen wie verantwortungsbewussten Umgang mit den natürlichen Ressourcen der Erde sowie durch die Förderung des Kulturdialogs. Deutschland definiert sich zunehmend als Teil eines zusammenwachsenden Europas, so dass die Herausbildung einer gesamteuropäischen Identität ein weiteres Ziel auch der deutschen Auswärtigen Kulturpolitik ist.

In diesem historischen und aktuellen Kontext ist die Auswärtige Kulturpolitik auf den Feldern Hochschule und Wissenschaft durch drei grundlegende Prinzipien gekennzeichnet:

1) *eine langfristige, konstruktiv-präventive Orientierung:* Durch die Förderung ausländischer Eliten in Deutschland soll letztlich Vertrauen in die Zuverlässigkeit eines demokratischen, modernen Deutschlands geschaffen werden, das sich insbesondere auch als Mitgliedstaat eines sich vereinigenden Europas definiert. Nur auf dieser vertrauensvollen Basis kann es gelingen, diese Eliten auch nach der Rückkehr in ihre jeweiligen Heimatländer als »Botschafter« für Deutschland im weitesten Sinne zu gewinnen. Vertrauen entsteht jedoch nur im Verlaufe der Zeit. Systemvertrauen bedarf der erlebten Erfahrung im persönlichen Bereich und der kontinuierlichen Bestätigung dieses personal erworbenen Vertrauens (Luhmann 1973). Im gleichen Sinne müssen deutsche Studierende und Wissenschaftler im Ausland ebenfalls über einen längeren Zeitraum ihre Gastländer »erleben«, müssen sie die kulturellen Standards und Gewohnheiten kennen-, verstehen und einzuordnen lernen, um später in unterschiedlichsten Tätigkeitsfeldern und Lebenssituationen die zwischenstaatlichen Verbindungen mitgestalten zu können. Diese Arbeit ist konstruktiv, weil sie Vertrauenskapital aufbaut, das in einer unbekannten Zukunft aktualisiert werden kann. Ein solcher Fall trat beispielsweise ein, als nach dem Fall des Eisernen Vorhangs polnische Wissenschaftler, die zuvor in den siebziger und achtziger Jahren des vergangenen Jahrhunderts von der Alexander von Humboldt-Stiftung in Deutschland gefördert worden waren, wichtige Positionen in den neuen, demokratisch gewählten Regierungen ihres Landes einnahmen und einen wesentlichen Beitrag zur Reform des politischen Systems und des Rechtssystems ihres Landes leisteten. Zum Zeitpunkt der Förderung war diese historische Wendung der politischen Verhältnisse in Europa nicht vorherzusagen. Die Arbeit ist präventiv, weil sie durch den Aufbau von Vertrauen möglichen Konfliktlagen vorzubeugen hilft.

2) *die Staatsferne:* Aufgrund der historischen Erfahrung der Staatengemeinschaft mit einem Deutschland, von dem im 20. Jahrhundert zwei Weltkriege ausgingen, konnte und kann Auswärtige Kulturpolitik im Bereich Bildung und Wissenschaft nur durch nichtstaatlich konstituierte Akteure gestaltet werden, um international akzeptiert zu werden.

3) *die Wissenschaftsfreiheit sowie die Eigensteuerung des Bildungs-, Hochschul- und Wissenschaftssystems:* Im gleichen historischen Kontext steht die Erfahrung der Instrumentalisierung der Wissenschaft für die politischen Ziele der nationalsozialistischen Diktatur. Die Freiheit von Wissenschaft und Forschung wurde deshalb grundgesetzlich verankert, Wissenschaftsförderung entwickelte sich selbstverwaltet, nach wissenschaftseigenen Kriterien. Diese Freiheitsrechte von Forschung und Lehre werden auch in der außenpolitischen Arbeit respektiert, mehr noch, sie gelten als genuine Errungenschaft mit Beispielcharakter für andere Länder. Als etwa im Frühjahr 2004 die auch von deutscher Seite mitfinanzierte European Humanist University in der weißrussischen Hauptstadt

Minsk von der dortigen Regierung durch verschiedene Auflagen drangsaliert und damit faktisch geschlossen wurde, setzte sich die deutsche Regierung gemeinsam mit anderen europäischen Partnern für den Erhalt akademischer Freiheit ein und versuchte durch verschiedene Maßnahmen die Möglichkeiten freier wissenschaftlicher Arbeit zu erhalten. Die internationale Akzeptanz des Grundwertes der Wissenschaftsfreiheit liegt somit im außenpolitischen Interesse Deutschlands.

Das Generalziel, ein vertrauensvolles und vertrauensbildendes Netz von Partnerschaften aufzubauen, steht in einer zunehmend international interdependenten Welt jedoch in einem neuen Verhältnis der Konkurrenz, aber auch der wechselseitigen Ergänzung zu weiteren politischen Zielen: So ist Deutschland als rohstoffarmes Land insbesondere auf Innovationen in der Grundlagenforschung wie auch der ergebnisorientierten bzw. angewandten Forschung angewiesen, um seine wirtschaftliche Leistungsfähigkeit zu erhalten. Die Entwicklung eines leistungsstarken, international attraktiven und innovativen Hochschul- und Wissenschaftssystems ist eine Grundvoraussetzung, um eigenen wissenschaftlichen Nachwuchs auszubilden und international auf hohem Niveau zu kooperieren. Denn wissenschaftlicher Fortschritt kann in den meisten Fällen nicht mehr ausschließlich national errungen werden. Die Komplexität wissenschaftlicher Fragestellungen sowie der Material- und Geräteeinsatz verlangen zunehmend nach internationaler Kooperation.

Gemeinsam mit anderen Industrieländern ist Deutschland in der Entwicklungszusammenarbeit gefordert, den weniger entwickelten Ländern eine Verbesserung der Lebensverhältnisse zu ermöglichen und präventiv Krisensituationen, wie sie beispielsweise durch den Zerfall staatlicher Strukturen in Afrika entstehen, vorzubeugen. Außenkultur- und bildungspolitische Zielsetzungen konkurrieren deshalb unmittelbar mit wissenschafts- und entwicklungspolitischen Zielen, mittelbar aber auch mit wirtschaftspolitischen Interessenlagen.

Daten und Fakten zur internationalen akademischen Mobilität

Welche quantitative Dimension hat die internationale akademische Mobilität als Medium und Faktor der Auswärtigen Kulturpolitik? Oder anders gefragt: Wieviele Akademiker, also Studierende, Forschende und Lehrende, kommen jährlich nach Deutschland, wieviele zieht es aus Deutschland in die Welt? Warum kommen und gehen sie? Verschiedene Mobilitätsstudien geben erste Antworten. Sie nennen als Motivationsbündel für die Studierendenmobilität die sogenannten *footsteps dynamics*: Studierende folgen den Spuren ihrer akademischen Lehrer; dort, wo sie waren, gibt es Kontakte und geeignete Aufnahmebedingungen, kurz: gibt es Sicherheit. Allgemeiner beeinflussen die Sprache des Gastlandes, die relative Ähnlichkeit des Hochschulsystems, spezifischer die relative Ähnlichkeit der Studiengänge, die kulturelle Nähe und die Höhe der Studien- und Lebenshaltungskosten die akademische Mobilität. Diese letztgenannten Faktoren gelten nur eingeschränkt für die akademische Mobilität von Wissenschaftlerinnen und Wissenschaftlern. Hier schlagen vielmehr die *agglomeration dynamics* durch: Internationale wissenschaftliche Stars ziehen weitere wissenschaftliche Spitzenkräfte an. Renommierte

Forschergruppen entfalten somit eine Eigendynamik. Es ist für die Reputation einzelner Forscher hilfreich, in einer solchen Gruppe mitgearbeitet zu haben. Für die Gruppe ist es wichtig, hochselektiv sehr gute Wissenschaftler zu gewinnen, um das hohe Niveau der Forschungsarbeit und weitere internationale Auszeichnungen (Publikationen in führenden Zeitschriften, Forschungspreise) zu erhalten.

Studierendenmobilität

Seit dem Jahr 2000 erhebt das Hochschul-Informations-System (HIS) im Auftrag des DAAD Daten und Fakten zur Internationalität von Studium und Forschung in Deutschland. HIS greift dazu auf nationale und internationale Erhebungen zu in- und ausländischen Studierenden in Deutschland bzw. weiteren Ländern zurück.[1]

Nach Angaben der OECD waren im Jahr 2001 etwa 1,65 Millionen Studierende an Hochschulen außerhalb ihres Heimatlandes eingeschrieben. Rund 20 Prozent der weltweit mobilen Studierenden kamen aus asiatischen Ländern. Die größte Gruppe stellte China, gefolgt von Südkorea, Indien und Japan. Nach absoluten Zahlen war Deutschland hinter Griechenland das europäische Land mit der zweitgrößten Zahl von Studierenden, die im Ausland eingeschrieben waren (vgl. Tab. 1). In Relation zur jeweiligen Gesamtzahl der Studierenden oder zur Bevölkerungszahl ergeben sich jedoch andere Rangfolgen, die insbesondere die Bedeutung kleinerer Länder stärker akzentuiert.

Rund 12 Prozent der international mobilen Studierenden hatten sich für eine deutsche Universität entschieden. Damit war Deutschland im Jahr 2001 mit 199.132 internationalen Studierenden hinter den USA (475.169) und Großbritannien (225.722) das drittattraktivste Zielland für internationale Studierende, gefolgt von Frankreich (147.402) und Australien (120.987). Diese Fünfergruppe zog rund 71 Prozent aller international mobilen Studierenden auf sich.

Die aktuelleren Daten zur deutschen Situation legen zum Teil andere Erhebungsstandards bzw. Datenangaben als die OECD-Studie zugrunde und schließen daher in absoluten Zahlen nicht an die OECD-Angaben an. Die Größenverhältnisse der Angaben zu ein-

1 Das HIS nutzt für die Angaben zu ausländischen Studierenden in Deutschland die Studentenstatistik der amtlichen Hochschulstatistik und die im Dreijahresrhythmus durchgeführten Sozialerhebungen des Deutschen Studentenwerks (DSW). Die Studierendenstatistik ist eine Vollerhebung. Alle deutschen Hochschulen sind gesetzlich verpflichtet, die für diese Erhebung notwendigen Daten beizusteuern. Bei der Sozialerhebung des DSW handelt es sich um eine Stichprobenbefragung deutscher und ausländischer Studierender. Insgesamt bezeichnen HIS und DAAD die Datenlage zum Themenbereich ausländische Studierende in Deutschland als sehr gut. Schwieriger ist der internationale Vergleich studentischer Mobilitätsströme: Während die UNESCO Ende des vergangenen Jahrzehnts ihre Erhebungen offenkundig eingestellt hat, veröffentlicht die OECD in Zusammenarbeit mit der UNESCO und EUROSTAT, der Statistikagentur der Europäischen Kommission, weiterhin Daten über ausländische Studierende im Inland und inländische Studierende im Ausland. Für den internationalen Vergleich legt die OECD die *International Standard Classification of Education* (ISCED) zugrunde. Da dieser Standard sich teilweise von den Standards nationaler Erhebungen unterscheidet, aber auch aufgrund unterschiedlicher Datengrundlagen in zahlreichen Ländern weichen die in Deutschland und anderen Ländern national zusammengestellten Daten häufig von den Daten der OECD-Statistik ab – vgl. zu dieser Problematik auch Schütte (2002)

118

Tabelle 1: Studierende im Ausland 2000/2001[2]

Herkunftsländer	Studierende im Ausland
1. China	131.138
2. Südkorea	70.925
3. Indien	62.018
4. Japan	55.499
5. Griechenland	55.076
6. Deutschland	54.664
7. Frankreich	47.722
8. Türkei	44.254
9. Marokko	43.671
10. Italien	41.518

zelnen Herkunfts- und Gastländern stimmen jedoch weitgehend mit den international vergleichenden OECD-Angaben überein. So hielten sich im Wintersemester 2002/2003 rund 227.000 ausländische Studierende in Deutschland auf. Im Vergleich zum vorhergehenden Wintersemester war die Zahl um 10 Prozent auf 11,7 Prozent aller Studierenden in Deutschland gestiegen.

Dabei unterscheiden die gängigen Statistiken zwischen sogenannten »Bildungsinländern« und »Bildungsausländern«: Als Bildungsinländer bezeichnet man Studierende mit nichtdeutscher Nationalität, die bereits seit längerer Zeit in Deutschland leben. Dies sind in der Regel Kinder aus Zuwandererfamilien, die zumindest einen Teil ihrer Sekundarschulbildung in Deutschland absolviert und in Deutschland die Zulassung zum Studium erworben haben. Im Unterschied dazu kommen Bildungsausländer erst und mit dem ausdrücklichen Ziel des Studiums nach Deutschland.

Außenkulturpolitisch sind insbesondere die Bildungsausländer interessant.[3]

Der Anteil dieser Gruppe hatte sich von 1997 bis 2003 von 5,5 auf 8,4 Prozent aller deutschen Studierenden vergrößert. Mit 53 Prozent kamen mehr als die Hälfte aller Bildungsausländer aus dem europäischen Ausland. 29,1 Prozent stammten aus Asien, 11,8 Prozent aus Afrika, 5,6 Prozent vom amerikanischen Kontinent; einige wenige Studierende kamen aus Australien und Ozeanien nach Deutschland (DAAD 2004: 16).

Die meisten internationalen Studierenden in Deutschland stammten im Wintersemester 2002/2003 aus China, gefolgt von Polen und Bulgarien (vgl. Tab. 2).

Insbesondere aus den Transformationsstaaten Mittel- und Osteuropas kamen seit Anfang des Jahrzehnts vermehrt Studierende nach Deutschland. Die Steigerungsraten der Studierenden aus Bulgarien, der Ukraine, Rumänien und Georgien waren ebenso über-

---

2   zitiert nach DAAD (2004: 62-63)
3   Die Bezeichnung »ausländische« bzw. »internationale Studierende« bezieht sich deshalb im Folgenden ausschließlich auf Bildungsausländer.

Tabelle 2: Internationale Studierende in Deutschland 2003: Wichtigste Herkunftsstaaten (DAAD 2004: 17)

Herkunftsstaaten	Anzahl	Prozent
China	19.374	11,9
Polen	10.284	6,3
Bulgarien	9.499	5,8
Russische Föderation	8.113	5,0
Marokko	6.159	3,8
Türkei	5.728	3,5
Frankreich	5.495	3,4
Ukraine	4.975	3,0
Kamerun	4.709	2,9
Österreich	4.231	2,6
Spanien	4.179	2,6
Korea, Dem. Republik	3.899	2,4
Italien	3.827	2,3
Griechenland	3.292	2,0
Rumänien	3.024	1,9
Indien	2.920	1,8
Iran, Islamische Republik	2.810	1,7
Vereinigte Staaten	2.796	1,7
Ungarn	2.667	1,6
Georgien	2.490	1,5
Insgesamt (20 Staaten)	**163.213**	**100,0**

durchschnittlich wie die der Studierenden aus Indien und China. Diese Steigerungsraten korrespondierten mit überdurchschnittlichen Steigerungsraten der Studienanfänger aus diesen Ländern. Stagnierend oder rückläufig waren hingegen die Zahlen der Studienanfänger und Studierenden aus mehreren westeuropäischen Ländern (DAAD 2004: 16).

Von den oben genannten fünf attraktivsten Zielländern für internationale Studierende hatte Deutschland Anfang des Jahrzehnts die mobilste Gruppe einheimischer Studierender: Nach OECD-Angaben betrug im Jahr 2000 der Anteil der im Ausland studierenden Deutschen an allen in Deutschland eingeschriebenen Studierenden 2,6 Prozent (Frankreich: 2,3 Prozent; Großbritannien: 1,2 Prozent; Australien: 0,6 Prozent; USA: 0,2 Prozent) (DAAD 2004: 63).

Im Jahr 2001 hatten 51.189 deutsche Studierende Hochschulen im Ausland besucht, dreimal mehr als 20 Jahre zuvor. Mit jeweils einem Fünftel der Studierenden waren Großbritannien und die USA die beliebtesten Zielländer, gefolgt von den unmittelbaren Nachbarstaaten Deutschlands im Westen und Süden (vgl. Tab. 3).

Tabelle 3: Zielländer deutscher Studierender im Ausland 2001/2002[4]

Zielländer	Anzahl	Prozent
Großbritannien	9.770	19,1
Vereinigte Staaten	9.613	18,8
Schweiz	5.444	10,6
Frankreich	5.412	10,6
Österreich	4.979	9,7
Niederlande	4.194	8,2
Spanien	4.100	8,0
Schweden	2.030	4,0
Kanada	770	1,5
Italien	760	1,5
Australien	569	1,1
Dänemark	520	1,0
Ungarn	518	1,0
Norwegen	439	0,9
Belgien	375	0,7
Portugal	300	0,6
Japan	255	0,5
Irland	240	0,5
Neuseeland	240	0,5
Finnland	195	0,4
Vatikanstadt	194	0,4
Rumänien	139	0,3
Polen	133	0,3
Insgesamt	**51.189**	**100,0**

Wissenschaftlermobilität

Während für internationale Studierende somit relativ verlässliche Daten vorliegen, sind die Angaben zur internationalen Mobilität von Wissenschaftlern deutlich ungenauer. So erfasst das HIS lediglich die Zahl der Wissenschaftler, deren Deutschland- bzw. Auslandsaufenthalte von unterschiedlichen deutschen Förderorganisationen (Mittlerorganisationen, Wissenschaftsorganisationen, Stiftungen usw.) finanziert wurden. Auf diese Weise wurden für das Jahr 2002 19.693 Wissenschaftler gezählt, die aus dem Ausland

---

4 Zitiert nach DAAD (2004: 58-59); die Angaben dieser Tabelle basieren auf der Länderumfrage des Statistischen Bundesamts und unterscheiden sich deshalb von den Angaben in Tabelle 1, die auf OECD-Daten beruhen und sich auf das vorangegangene Jahr beziehen.

nach Deutschland gekommen waren, davon 9.909 graduierte Studierende bzw. Doktoranden. Es ist jedoch davon auszugehen, dass sich weit mehr kurz-, mittel- und langfristig an deutschen Hochschulen und außeruniversitären Forschungseinrichtungen aufhielten, ohne systematisch erfasst worden zu sein (DAAD 2004: 68).[5] Während der DAAD die meisten ausländischen Graduierten bzw. Doktoranden und Post-Doktoranden in Deutschland förderte, waren die größte deutsche Forschungsförderorganisation, die DFG, die beiden forschungstragenden Dachorganisationen Helmholtz-Gemeinschaft (HGF) und MPG sowie die Alexander von Humboldt-Stiftung als wissenschaftlerfördernde Mittlerorganisationen die maßgeblichen Akteure für die Förderung von arrivierten Forschern.

Die Mehrzahl der über 19.000 internationalen Forscher in Deutschland stammte aus europäischen Ländern, vorwiegend aus Osteuropa, fast drei Zehntel aus asiatischen Regionen, insbesondere Ostasien und Südasien. Rund 15 Prozent kamen vom amerikanischen Kontinent nach Deutschland, ungefähr sechs Prozent aus Afrika. An der Spitze der Herkunftsländer stand die Russische Föderation, gefolgt von China, den USA, Indien, Polen, Indonesien und Japan (vgl. Tab. 4).

Insbesondere für Naturwissenschaftler ist ein Deutschlandaufenthalt attraktiv. Mehr als die Hälfte der geförderten Wissenschaftlerinnen und Wissenschaftler forschte in naturwissenschaftlich-mathematischen Fachgebieten. Die Sprach- und Kulturwissenschaftler sowie die Rechts-, Wirtschafts- und Sozialwissenschaftler stellen ein knappes weiteres Viertel, Ingenieure ein knappes Zehntel.

Internationalität ist auch für deutsche Wissenschaftlerinnen und Wissenschaftler ein fester Bestandteil ihrer Karriere. Für das Jahr 2002 wurden rund 5.500 Deutsche erfasst (davon rund die Hälfte Graduierte und Postgraduierte), die sich mit Unterstützung deutscher Mittler- und Forschungsorganisationen zu Forschungsarbeiten im Ausland aufhielten. Doch auch diese Zahl gibt nur einen ersten Anhaltspunkt für die internationalen Aktivitäten deutscher Wissenschaftler, weiß man doch, dass allein an US-amerikanischen Hochschulen im gleichen Jahr knapp 5.000 deutsche Forschende und Lehrende aktiv waren. Auch in diesem Fall geben die vorliegenden Daten Hinweise auf die Attraktivität einzelner Zielländer und -regionen sowie auf fachliche Schwerpunkte der Auslandsaufenthalte: Die Hälfte der deutschen Nachwuchswissenschaftler sowie Hochschullehrenden und Forscher zog es in europäische, vorwiegend westeuropäische Länder. Ein weiteres Drittel arbeitete auf dem nordamerikanischen Kontinent, ein Achtel in Asien (hier vornehmlich Ostasien). Das attraktivste Zielland waren die USA (vgl. Tab. 5). Insbesondere Naturwissenschaftler und Mathematiker zog es ins Ausland: Internationalität ist in dieser Fächergruppe ein fester Bestandteil der Karriere – je fortgeschrittener der Berufsweg umso stärker.

In den Geistes- und Gesellschaftswissenschaften nimmt die Förderung von Auslandsaufenthalten im Karriereverlauf hingegen ab; in der frühen Phase der wissenschaftlichen Karriere werden jedoch fast gleich viele Wissenschaftler gefördert wie in den Naturwissenschaften und der Medizin (DAAD 2004: 78-87).

---

5 So waren 2002 allein in Projekten, die von der Deutschen Forschungsgemeinschaft gefördert worden waren, rund 15 Prozent aller Personalstellen mit ausländischen Wissenschaftlern besetzt, was ungefähr 2.700 Personenjahren entsprach.

Tabelle 4: Ausländische Wissenschaftler insgesamt in Deutschland 2002: die 20 quantitativ wichtigsten Herkunftsländer[6]

Herkunftsländer	Anzahl
Russische Föderation	2.364
China	1.515
Vereinigte Staaten	1.067
Indien	1.002
Polen	607
Indonesien	444
Japan	409
Rumänien	396
Ukraine	396
Italien	395
Brasilien	370
Frankreich	326
Spanien	300
Türkei	298
Großbritannien	295
Ungarn	279
Bulgarien	272
Mexiko	243
Ägypten	242
Kanada	197
übrige Länder	5.656
Zuordnung nicht mögl./keine Angaben	2.541
Insgesamt	**19.693**

Attraktivität und Nachhaltigkeit durch Instrumentenvielfalt

Im Laufe der Jahre haben die deutschen Mittlerorganisationen ein Instrumentarium zur Förderung von Studierenden und Wissenschaftlern entwickelt, das den gestiegenen Anforderungen an internationale Aufenthalte gerecht wird. Dieses Instrumentarium hat sich – getrieben durch die Nachfrage der Bewerber und der Geförderten, aber auch in der internationalen Konkurrenz einzelner Staaten bzw. Staatengruppen um die besten wissenschaftlichen Talente – in den vergangenen Jahrzehnten zunehmend ausdifferenziert.

6 Zitiert nach DAAD (2004: 71)

Tabelle 5: Deutsche Wissenschafter im Ausland 2001: die quantitativ wichtigsten Zielländer[7]

Zielländer	
Vereinigte Staaten	1.259
Großbritannien	624
Frankreich	339
Russische Föderation	328
Italien	212
Japan	188
China	146
Schweiz	142
Australien	141
Polen	118
Kanada	117
Spanien	111
Niederlande	88
Ukraine	76
Brasilien	71
Ungarn	61
Tschechische Republik	58
Schweden	57
Bulgarien	49
Österreich	48
Übrige Länder	1.054
Zuordnung nicht mögl./keine Angaben	182
Insgesamt	**5.469**

Personenbezogene Stipendien

Kerninstrument der Förderung sind personenbezogene Stipendien. Alle Mittler- und Forschungsorganisationen haben Verfahren entwickelt und verfeinert, um sehr gut qualifizierte Akademiker zu identifizieren, die wissenschaftliche hochgesteckte Erwartungen zu erfüllen versprechen. Der akademische Qualitätsanspruch gilt als Garant dafür, dass dieser Personenkreis auch im außerwissenschaftlichen Umfeld Botschafter- oder Multiplikatorenqualitäten entwickeln wird. In den frühen Phasen der Ausbildung und je nach spezifischem Auftrag oder Selbstverständnis der Organisationen haben diese letztgenannten Qualitäten einen mehr oder weniger starken Stellenwert. So wählt die deutsch-amerika-

7 Zitiert nach DAAD (2004: 81)

nische Fulbright-Kommission für den Studenten- und Dozentenaustausch zwischen Deutschland und den Vereinigten Staaten von Amerika (kurz: Fulbright-Kommission) insbesondere solche deutschen Fulbright-Studierenden für einen USA-Aufenthalt aus, die neben ihrem Studium durch extracurriculares, gesellschaftliches Engagement erkennen lassen, dass sie sich für internationale zwischengesellschaftliche Verständigung interessieren und potenziell auch engagieren. Je weiter aber die akademische Karriere fortgeschritten ist, umso stärker steht die wissenschaftliche Qualifikation im Zentrum der Auswahl. So orientiert sich die Alexander von Humboldt-Stiftung bei der Auswahl internationaler Postdoktoranden und arrivierter Wissenschaftler, die zu einem Forschungsaufenthalt nach Deutschland kommen wollen, vornehmlich am Kriterium wissenschaftlicher Exzellenz. Über die Zeit hat sich dieses Verfahren außenkulturpolitisch als nicht minder erfolgreich erwiesen: So nahmen in den neunziger Jahren des vergangenen Jahrhunderts nach dem Fall des »Eisernen Vorhangs« in Europa Wissenschaftlerinnen und Wissenschaftler in zahlreichen Staaten Mittel- und Osteuropas herausgehobene Positionen in Politik, Gerichtsbarkeit und Verwaltung der postsozialistischen Staaten ein, die zuvor als Humboldt-Stipendiaten in Deutschland geforscht hatten.

Je nach Zielgruppe und Herkunftsland gestaltet sich die Personenförderung in unterschiedlicher Form aus: Internationale Studierende aus westlichen Industrieländern, insbesondere aus den USA, fragen in jüngster Zeit zunehmend Kurzzeitaufenthalte nach. Der DAAD hat deshalb in Kooperation mit den deutschen Hochschulen sein Förderprogramm zeitlich hochgradig flexibilisiert: Es reicht von sogenannten *Summer Schools*, d.h. mehrwöchigen Kompaktseminaren an deutschen Universitäten, bis hin zu mehrmonatigen oder Jahresaufenthalten. Doktoranden gehen in der Regel entweder für spezifische Forschungsaufgaben innerhalb ihres Promotionsprojekts oder für die gesamte Promotionsphase in ein anderes Land. Um den internationalen wissenschaftlichen Nachwuchs in dieser für den weiteren wissenschaftlichen Berufsweg bedeutenden Phase auch für Deutschland zu gewinnen, hat die DFG die Doktorandenförderung in ihren sogenannten Graduiertenkollegs frühzeitig international geöffnet und zunehmend auch internationale Graduiertenkollegs aufgebaut. Die MPG verfolgt mit ihren Max Planck International Research Schools, Verbundprojekten der Doktorandenausbildung an Universitäten und Max-Planck-Instituten, das gleiche Ziel. Gemeinsam arbeiten die deutschen Forschungsförderer und Mittlerorganisationen daran, die Doktorandenausbildung in Deutschland zu strukturieren und international attraktiver zu gestalten.

Postdoktoranden und Nachwuchswissenschaftler auf dem Weg zur vollen bzw. festen Professur gehen mit unterschiedlichen Zielen ins Ausland: Einige suchen die Kooperation mit Fachkollegen für sehr spezifische Forschungsprojekte, die Teil einer größeren Forschungsarbeit in ihrem Heimatland sind. Oftmals können sie wegen der schwierigen Konkurrenzsituation um feste Professuren in ihren Heimatländern jedoch nicht für eine längere Zeit ins Ausland gehen, so etwa zahlreiche junge Wissenschaftler in den USA im sogenannten *tenure track race*, dem Rennen um unbefristete Anstellungen an ihren Hochschulen nach der Promotion. Insbesondere in den Naturwissenschaften gehören hingegen mindestens zweijährige *Postdoktoranden-Aufenthalte* im Ausland zum festen Bestandteil des wissenschaftlichen Berufswegs.

Forschungspreise für renommierte Wissenschaftlerinnen und Wissenschaftler

International renommierte Wissenschaftler sind jedoch kaum noch mit Stipendien für die Forschungsarbeit in Deutschland zu gewinnen. Die Alexander von Humboldt-Stiftung hat deshalb schon zu Beginn der siebziger Jahre eine international zunehmend und inzwischen weltweit anerkannte Auszeichnung für diese Personengruppe, den sogenannten Alexander von Humboldt-Forschungspreis, initiiert.

Personenbezogene Forschungsprojekt-Förderung

Neben der personenbezogenen Förderung ist die Projektförderung eine zweite, in der Auswärtigen Kulturpolitik jedoch weniger bedeutsame Förderungsform: Auswahlkriterium der Förderung durch deutsche Mittlerorganisationen ist hier neben der akademischen Qualität der Einzelperson der wissenschaftliche Wert eines Forschungsprojekts (der jedoch ebenfalls nicht losgelöst von der Qualifikation der beteiligten Akteure ist). Vielfach sind diese Projektförderungen, etwa die personenbezogenen Partnerschaftsprogramme des DAAD oder das TransCoop-Programm der Alexander von Humboldt-Stiftung für geistes- und sozialwissenschaftliche Kooperationsprojekte deutscher und nordamerikanischer Wissenschaftlerinnen und Wissenschaftler, komplementär zu den personenbezogenen Förderprogrammen: Durch die zeitlich flexible Projektförderung werden weitere Personenkreise in die internationale akademische Kooperation involviert, die später selber als Stipendiaten gefördert werden oder als Gastgeber internationale Stipendiaten aufnehmen können. Darüber hinaus bietet die Projektförderung die Chance, Kooperationsprojekte, die sich aus der personenbezogenen Förderung eines Auslandsaufenthaltes ergeben, fortzusetzen.

Verbreitung und Pflege der deutschen Sprache im Ausland

Ein kulturpolitisch bedeutender Nebeneffekt des Auslandsaufenthalts ist der *Spracherwerb*. Alle akademischen bzw. wissenschaftlichen Mittlerorganisationen bieten als Teil der Individualförderung in Deutschland Kurse zum Erwerb der deutschen Sprache an. Dies geschieht entweder an den deutschen Hochschulen oder aber in Kooperation mit den dafür zuständigen und ausgewiesenen Anbietern, insbesondere dem Goethe-Institut. Auch wenn die wissenschaftliche *lingua franca* insbesondere in den Naturwissenschaften und auch in den entsprechenden Forschergruppen in Deutschland derzeit Englisch ist, sind deutsche Sprachkenntnisse dennoch entscheidend für eine rückblickend positive Bewertung des Deutschlandaufenthalts (Holl 1994; 2004).

Die Pflege und Verbreitung der deutschen Sprache steht darüber hinaus im Zentrum zahlreicher weiterer Aktivitäten: So entsendet der DAAD Lektoren an zahlreiche Universitäten im Ausland, die dort Deutsch als Fremdsprache sowie landeskundliche Seminare unterrichten. Mit dem Jakob und Wilhelm Grimm-Preis zeichnet der DAAD jährlich einen bedeutenden Germanisten bzw. eine bedeutende Germanistin aus einem anderen Land aus. Die Alexander von Humboldt-Stiftung finanziert unter anderem die Teilnahme von Auslandsgermanistinnen und -germanisten an den Tagungen der Internationalen Vereinigung für Germanistik (IVG). Sowohl im Studierenden- als auch im Wissenschaftlersegment zählen Germanisten zur »natürlichen« Bewerbergruppe. Sie haben ein genuines Interesse, nach Deutschland zu kommen, und werden regelmäßig gefördert.

Darüber hinaus bieten die akademischen und wissenschaftlichen Mittlerorganisationen eine Reihe von Betreuungsleistungen, die neben der rein akademischen Beschäftigung Einblicke in andere Bereiche des Lebens in Deutschland bzw. des Gastlandes ermöglichen sollen. Für Studierende übernehmen die deutschen Hochschulen teilweise diese Aufgaben. Stipendiatentreffen und Seminarangebote während des Aufenthalts sowie Exkursionen und Besuchsprogramme dienen ebenfalls diesem Ziel.

Nachkontaktarbeit, Vernetzung und Alumni-Beziehungen

Zunehmend haben in den vergangenen Jahrzehnten die Alumni-Beziehungen an Bedeutung gewonnen. Wegweisend hat auf diesem Gebiet die Alexander von Humboldt-Stiftung diese im genuinen außenkulturpolitischen Interesse liegende Aufgabe wahrgenommen und ein breites Spektrum von Anreizen und Fördermöglichkeiten entwickelt. Alle Aktivitäten haben zum Ziel, durch längerfristige Kontakte nachhaltige persönliche Bindungen und in der Folge auch auf institutioneller Ebene dauerhafte zwischenstaatliche Beziehungen zu entwickeln. Weit verbreitete Instrumente der Alumni-Beziehungen sind Alumni-Magazine (online oder als Printprodukt), die in regelmäßigen Abständen über die Arbeit der Mittlerorganisationen, Neuigkeiten aus dem Alumni-Verbund oder politische, wirtschaftliche und kulturelle Entwicklungen in Deutschland berichten. Mit erneuten Deutschlandaufenthalten, Ehemaligentreffen sowie Fachseminaren in Deutschland und im Ausland sollen Beziehungen erhalten und neue Kontakte ermöglicht werden.

Die Gründung von Alumni-Vereinigungen in zahlreichen Ländern ist Ausdruck des Interesses ehemaliger Stipendiaten, die Beziehungen untereinander und zu Deutschland zu pflegen. Sie unterstützen die deutschen Mittlerorganisationen bei der Organisation von Veranstaltungen in ihren jeweiligen Heimatländern. Im Gegenzug bieten deutsche Mittlerorganisationen Anreizsysteme zur Stärkung der Eigeninitiative und Selbstorganisation der ehemaligen Stipendiaten im Ausland: So vergibt die Alexander von Humboldt-Stiftung im Wettbewerb Fördermittel für sogenannte Humboldt-Kollegs, d.h. Workshops und Seminare von Alumni in ihren Heimatländern, zu denen auch deutsche Fachwissenschaftler sowie ehemalige Stipendiaten aus den Nachbarländern der Organisatoren eingeladen werden können.

Ein weiteres Instrument der Alumni-Förderung sind Rückkehrstipendien und Sachspenden: Insbesondere in Regionen mit weniger gut ausgestatteten wissenschaftlichen Instituten ermöglichen deutsche Mittlerorganisationen durch Spenden wissenschaftlicher Literatur sowie wissenschaftlicher Geräte, dass eine um ein Vielfaches größere Zahl von Studierenden und Wissenschaftlern an den Heimatinstituten der persönlich Geförderten vom Deutschlandaufenthalt profitiert, deutsche Geräte und Gedanken kennenlernt und gegebenenfalls selber ein Interesse an einem Deutschlandaufenthalt entwickelt. Über die Weitergabe an die ehemals persönlich Geförderten wird sichergestellt, dass die Spenden ihrem gedachten Zweck entsprechend eingesetzt werden. Rückkehrstipendien sollen die Reintegration der Geförderten in ihr Heimatinstitut erleichtern und einen Anreiz zur Rückkehr geben. Dieses Instrument hat sich insbesondere bei osteuropäischen Wissenschaftlern bewährt, um einer dauerhaften Abwanderung wissenschaftlicher Intelligenz aus diesen Ländern vorzubeugen.

Mit der Förderung deutscher Studierender und Wissenschaftler, die zu (häufig kurzzeitigen) Aufenthalten in diese Region gehen, wird in diesem Jahrzehnt zudem versucht, eine Zweibahnstraße des Austauschs aufzubauen, die zum beiderseitigen wissenschaftlichen und kulturellen Lernen beiträgt. Dieses Ziel verfolgt insbesondere auch die reziproke Förderung von Gastaufenthalten an den Heimatinstituten ehemaliger Gastwissenschaftlerinnen und -wissenschaftler. Die Alexander von Humboldt-Stiftung hat diese Förderung seit 1978 zu einem Bestandteil ihres Förderportfolios gemacht. Inzwischen sind die Teilnehmer dieses Programms ein fester Teil eines Netzes internationaler Kooperationen, das sich aus sich heraus fortsetzt. Hier bestätigt sich das oben angeführte Grundprinzip internationaler Mobilität von Wissenschaftlern: Sie beruht – neben den kulturgebundenen Zwangsläufigkeiten geisteswissenschaftlicher Arbeit in einzelnen Ländern – maßgeblich auf Kontakten zwischen führenden Vertretern der jeweiligen akademischen Disziplinen.

Information und Marketing

Verstärkt setzen die deutschen Mittlerorganisationen ihr Know-how seit diesem Jahrzehnt auch in der Werbung für den Studien- und Forschungsstandort Deutschland ein. Seit Jahrzehnten unterhält der DAAD ein Netz von Außenvertretungen, das er zu diesem Zweck um sogenannte Information Center (IC)-Lektorenstellen erweitert hat. Bund und Ländern richteten – koordiniert über die Bund-Länder-Kommission für Bildungsplanung (BLK) – zu Beginn dieses Jahrzehnts beim DAAD das Sekretariat für die Konzertierte Aktion Marketing für den Studien- und Forschungsstandort Deutschland ein. Komplementär hatten sich die deutschen Hochschulen zum Konsortium GATE-Germany mit ähnlicher Zielrichtung zusammengeschlossen. Gemeinsam ist diesen Bemühungen das Interesse, die Zahl der internationalen Studierenden in Deutschland zu erhöhen sowie Maßnahmen der Qualitätssicherung und Qualitätsverbesserung bei der Auswahl, Zulassung und Betreuung dieser Studierenden zu implementieren.

Ergänzt werden diese Programme durch Multiplikatorenseminare und -gastreisen, zu denen Bildungs- und Hochschulexperten anderer Länder nach Deutschland eingeladen werden. Vertreter deutscher Hochschulen, Forschungsinstitute, von Ministerien und aus der Politik erhalten bei Auslandsveranstaltungen, Seminaren und Reisen, die von den deutschen Mittlerorganisationen durchgeführt werden, Gelegenheit, andere Hochschul- und Forschungssysteme kennenzulernen.

Durch die Vergabe von Forschungspreisen, die mit der Finanzierung einer ganzen Forschergruppe (mit Doktoranden und Postdoktoranden sowie gegebenenfalls Hilfskräften und Technikern) verbunden sind, setzen die Mittler- bzw. Wissenschaftsorganisationen ein Signal für Strukturveränderungen an deutschen Hochschulen: Die Preise sollen jungen Wissenschaftlern eine frühe Eigenständigkeit in der Forschung ermöglichen; fortgeschrittenen Wissenschaftlern sollen sie ermöglichen, die Forschung und im Nebeneffekt unter Umständen auch die Lehre an ihren Gasthochschulen international konkurrenz- bzw. anschlussfähig machen. Diese Art der Eliteförderung hat also einen dezidiert strukturbildenden und in diesem Sinne wissenschaftspolitischen Auftrag.

Auch in administrativer und teilweise innenpolitisch relevanter Hinsicht arbeiten die Mittlerorganisationen an strukturellen Veränderungen: So lobte der DAAD in diesem Jahrzehnt jährlich einen Preis für die vorbildliche Betreuung internationaler Studierender aus. Gemeinsam mit der DFG fördert er die Entwicklung von modellhaften Promotionsstudiengängen in Deutschland. Serviceeinrichtungen wie etwa die Vorprüfstelle für chinesische Hochschulzugangsdokumente in Beijing oder das Konsortium *uni-assist* deutscher Hochschulen unter Federführung des DAAD zur Zulassung internationaler Studienbewerber an deutschen Hochschulen sollen helfen, das Interesse an Studienaufenthalten in Deutschland zu kanalisieren, Qualitätsstandards zu definieren und durchzusetzen sowie für eine angemessene Betreuung der so ausgewählten Bewerber zu sorgen. Ein innenpolitisch bedeutsames Signal setzte die Alexander von Humboldt-Stiftung gemeinsam mit dem Stifterverband für die Deutsche Wissenschaft in den Jahren 2003-2005: Beide Organisationen zeichneten jährlich Ausländerbehörden deutscher Kommunen aus, die in beispielhafter Weise internationale Studierende und Wissenschaftler beraten hatten und ihnen bei der Erlangung der notwendigen Aufenthaltsdokumente behilflich waren. Mit diesem *best practice*-Wettbewerb wurden Anreize für die Professionalisierung eines in den Kommunen sozial und rechtlich schwierigen Arbeitsbereichs gegeben.

Krisenreaktion und Krisenprävention

Aufbauhilfe leisten die Mittlerorganisationen mit regional ausgerichteten Sonderprogrammen. Vielfach entstanden diese Sonderprogramme in Reaktion auf geopolitische Krisen und häufig auf Anregung des Auswärtigen Amts bzw. in Abstimmung mit dem Auswärtigen Amt. So trugen die Humboldt-Stiftung und der DAAD seit den späten neunziger Jahren im Rahmen des »Stabilitätspakts Südosteuropa« zum Wiederaufbau des Wissenschafts- und Hochschulsystems auf dem Balkan und zur grenzüberschreitenden wissenschaftlichen Zusammenarbeit zwischen den Staaten der Region bei. In der Regel bringen die Mittlerorganisationen für diese Programme ihre bewährten Förderinstrumente zum Einsatz und passen sie, soweit notwendig, den regionalen Gegebenheiten an. So entwickelte die Humboldt-Stiftung etwa das Konzept von Alumni-Workshops in der Region, zu der Wissenschaftler aus den verschiedenen Nachfolgestaaten Jugoslawiens zusammenkamen. Die Verständigung über wissenschaftliche Themen und die wissenschaftliche Kooperation, so die Idee, sollte vertrauensbildend wirken und den breiter angelegten zivilgesellschaftlichen Dialog zwischen den Staaten initiieren bzw. fördern helfen.

Während die Fokussierung von Förderinstrumenten auf den Balkan Teil einer breiter angelegten außenpolitischen Initiative war, hatten die Maßnahmen zur Förderung des »europäisch-islamischen Kulturdialogs« einen genuin außenkulturpolitischen Auftrag. Dieser institutionalisierte Dialog war Reaktion und Prävention zugleich: Die Anschläge auf das New Yorker World Trade Center am 11. September 2001 gaben den Anlass für das Sonderprogramm des Auswärtigen Amts. Es entstand im Kontext zahlreicher nationaler Initiativen zur kritischen Auseinandersetzung mit dem Islam und muslimisch geprägten Ländern in westlichen Industrieländern. Krisenprävention aus nationaler Perspektive stand somit im größeren Kontext internationaler Krisenreaktion.

Nur folgerichtig wäre es, angesichts dieser Internationalisierung von Bedrohungslagen auch die Instrumente der Krisenprävention zu internationalisieren bzw. international abzustimmen. Zugleich macht der »europäisch-islamische Kulturdialog« auch die Grenzen der Bildungs- und Wissenschaftsförderung als Teil der Auswärtigen Kulturpolitik deutlich: Wissenschaftliche Kooperation und Wissenschaftleraustausch können nur dort ansetzen, wo es funktionierende Wissenschaftssysteme gibt. Ähnliches gilt für den Studierendenaustausch. Gleichwohl kann die Förderung von Studierenden bereits in der Aufbauphase von Hochschulstrukturen beginnen und bildet damit die Vorstufe und Grundlage für eine weiterführende wissenschaftliche Zusammenarbeit. Das grundsätzliche Dilemma der zeitlichen Perspektivendiskrepanz bleibt jedoch auch für derartige Programme in der Regel ungelöst: Wenn sie vertrauensbildend wirken sollen, müssen sie längerfristig angelegt sein. Das politische und mediale Interesse an diesen Maßnahmen und die damit einhergehenden Finanzierungsmöglichkeiten sind jedoch befristet. Deshalb können sie nur als Initialprogramme interpretiert werden und fungieren, die – politisch motiviert und legitimiert – die Interessen und Möglichkeiten der Mittlerorganisationen fokussieren. Auf Dauer müssen die Sonderaufgaben Teil des grundfinanzierten Aufgabenportfolios der Organisationen werden.

Europäisierung

Im Unterschied zu den bisher dargestellten, ausschließlich national oder in Teilen durch bilaterale Abkommen kofinanzierten Förderinstrumenten bzw. Förderprogrammen führt die europäische Integration zu einer Transnationalisierung von Förderinstrumenten. Inzwischen haben sich die EU-Programme zur Förderung der innereuropäischen Mobilität von Studierenden und Wissenschaftlern fest etabliert. Administriert werden diese Programme zum Teil zentral in Brüssel, zum Teil dezentral über Agenturen in den Mitgliedstaaten der Union. So hat der DAAD die Aufgaben der nationalen Agentur für das ERASMUS-Programm zur Förderung der Studierendenmobilität übernommen, die Alexander von Humboldt-Stiftung Beratungsaufgaben für die Wissenschaftlermobilität allgemein und die Wissenschaftlermobilitätsprogramme. Die Förderinstrumente werden auf europäischer Ebene gestaltet. Deutsche Interessen fließen im politischen Verhandlungsprozess ein. Operativ arbeiten die deutschen Mittlerorganisationen jedoch vornehmlich im engen Rahmen der programmpolitischen Vorgaben, die sie auf administrativer Ebene den nationalen Gegebenheiten anpassen.

Effekt und Erfolg der Studierenden- und Wissenschaftlerförderung

Auf verschiedene Weise und kontinuierlich prüfen der DAAD und die Alexander von Humboldt-Stiftung den Erfolg ihrer Förderung. Beide Organisationen haben in den vergangenen Jahren begonnen, die Programmevaluation zu institutionalisieren. International zeichnen sich Standards für derartige Evaluationsverfahren ab. Die Gründung eines Instituts für Forschungsinformation und Qualitätssicherung (IFQ) der DFG trägt dazu bei, dass künftig die deutschen Daten im internationalen Vergleich bewertet werden können.

Beispielhaft sei auf eine Evaluierung des Feodor Lynen-Forschungsstipendienprogramms der Humboldt-Stiftung für deutsche Wissenschaftler, denen das Stipendium einen Postdoktoranden-Aufenthalt im Ausland ermöglicht, und auf die wissenschaftliche Analyse des Humboldt-Forschungspreisprogramms für international renommierte ausländische Wissenschaftlerinnen und Wissenschaftler verwiesen (Arbeitsgruppe Hochschulforschung 1999; Alexander von Humboldt-Stiftung 1999; Jöns 2003). In dieser Evaluation wurden einige der Standardindikatoren für die Programmbewertung überprüft. Hierzu gehören der Karriereverlauf der ehemals Geförderten, der sich unter anderem über die Zeitdauer bis zum Erreichen der jeweils nächsten beruflichen Stellung (hier: eine feste Professur) messen und bewerten lässt. Preise und Ehrungen geben weitere Hinweise auf einen erfolgreichen Karriereverlauf. Wissenschaftlicher Erfolg lässt sich darüber hinaus durch die Zahl und die Qualität wissenschaftlicher Publikationen bewerten. Sind Forschungsergebnisse etwa in nationalen oder internationalen Journalen erschienen, die nur selektiv und im *peer-review*-Verfahren Beiträge publizieren? Wie hat sich die Publikationstätigkeit vor, während und nach der Förderung entwickelt?

Ein weiterer Indikator ist der Auf- und Ausbau sowie die Pflege weiterer akademischer und sonstiger beruflicher Kontakte, der in gemeinsamen Veröffentlichungen oder neuen wissenschaftlichen Kooperationsprojekten, Fördermaßnahmen oder Hochschulkooperationen zum Ausdruck kommen kann.

So zeigt die Analyse des Mobilitätsverhaltens amerikanischer Spitzenwissenschaftler, die als Humboldt-Forschungspreisträger nach Deutschland gekommen sind, dass biografische Bezüge und kulturelle Affinität neben rein wissenschaftlichen Motivationen eine wichtige und komplementäre Rolle für die Auswahl des Gastlandes spielen. Ein wesentlicher Effekt der Deutschlandaufenthalte dieser Personengruppe ist eine zirkuläre Mobilität: Aufgrund der Vertrautheit mit den Gegebenheiten des Gastlandes laden die Preisträger deutsche Studierende, Doktoranden, Postdoktoranden und Professoren an ihre Heimatinstitute ein und setzen die begonnene Kooperation längerfristig fort. Die Art der Kooperation und das Mobilitätsverhalten in den verschiedenen akademischen Disziplinen unterscheiden sich deutlich: So erfordern Forschungsaufenthalte von Geisteswissenschaftlern im Ausland etwa deutlich mehr Voraussetzungen und Anknüpfungspunkte als in anderen Arbeitsgebieten (z.B. Fremdsprachenkenntnisse, ortsgebundene Primärquellen). *Face-to-face*-Kontakte und physische Präsenz, so das Ergebnis der Studie, sind unerlässliche Voraussetzungen für eine effektive wissenschaftliche Kooperation. »Die vielfältigen Interaktionen während der Preisträgeraufenthalte leisteten einen wichtigen Beitrag zum internationalen Transfer von Kontakten, Kooperationspartnern, Prestige, Forschungsgeldern, Forschungsmaterialien, Konzepten und Wissen, zur Generierung neuer wissenschaftlicher Erkenntnisse und Infrastrukturen, zur Verbreitung, Stabilisierung und Objektivierung eigener Erkenntnisse, zur Ausbildung des akademischen Nachwuchses sowie zur internationalen Mobilität von Diplomanden, Doktoranden und vor allem Post-Docs.« (Jöns 2003: 464).

Wie in diesem Programm für *senior scientists* zeigt auch die Evaluationsstudie des Postdoktoranden-Programms, dass die beruflichen Chancen und der berufliche Erfolg der Geförderten durch Auslandsstipendien bzw. den Forschungspreis deutlich gesteigert werden. So habilitierten sich ehemalige Stipendiaten, die ein Stipendium der Humboldt-Stiftung für einen Auslandsaufenthalt erhalten hatten, früher als andere Nachwuchswissenschaftler. Überdurchschnittlich viele arbeiteten wenige Jahre nach der Förderung auf gut dotierten festen Stellen. Jeder vierte Stipendiat hatte entweder eine Professur oder eine als vergleichbar eingestufte Position in der Industrie, fast ein Drittel war nach dem Stipendium mit weiteren wissenschaftlichen Auszeichnungen geehrt worden (Alexander von Humboldt-Stiftung 1999: 221).

Neben der individuellen und kollektiven Erfolgsmessung ermöglichen derartige Evaluationen immer auch eine kritische Reflexion des hiesigen Hochschul- und Wissenschaftssystems. Daraus können Anregungen für entsprechende hochschul- und wissenschaftspolitische Initiativen entstehen.

Ausblick: die aktuellen Herausforderungen

Vor welchen Herausforderungen stehen der Studierenden- und Wissenschafteraustausch als Teil der Auswärtigen Kulturpolitik? Zu Anfang dieses Jahrhunderts zeichnen sich folgende Entwicklungen ab:

Kulturelle Konflikte als weltweites Sicherheitsrisiko: Die Mittlerorganisationen der Auswärtigen Kulturpolitik werden zunehmend vor die Herausforderung gestellt, kurz- und mittelfristig auf Krisensituationen zu reagieren und zum Wiederaufbau von durch Krieg, Terror und Gewaltherrschaft zerstörten wissenschaftlichen Institutionen und ganzen Wissenschaftssystemen beizutragen. Kurzfristige Krisenprävention und Wiederaufbaumissionen werden aber auch weiterhin in einem Spannungsverhältnis zur langfristig angelegten Vertrauensbildung durch wissenschaftliche Zusammenarbeit stehen.

Weltweiter Wettbewerb um wissenschaftliche Talente: Der weltweite Wettbewerb um exzellente Wissenschaftler hat sich verschärft (Wissensgesellschaft 2004, 29ff.). In zahlreichen Industrieländern besteht ein eklatanter Mangel an naturwissenschaftlich-technisch gut ausgebildetem Nachwuchs. In dieser Mangelsituation sind die USA noch immer das stärkste und daher für Forscher aus aller Welt attraktivste Land, zumal die amerikanischen Universitäten mit klug angelegten und großzügig dotierten Stipendienprogrammen um den besten Nachwuchs aus allen Ländern der Welt werben.

Technologischer Wandel: Die zunehmend komplexer werdenden wissenschaftlichen Methoden, die zum Teil Beschreibung oder verständliche Formulierung nicht mehr zulassen, sondern *hands on experience* erfordern, und der höhere und kostenintensive apparative Aufwand vor allem in den Lebens- und Naturwissenschaften hat zunehmend längere Einarbeitungszeiten von Postdoktoranden und eine jeweils längere Projektdauer zur Folge. Darauf müssen sich die Förderorganisationen einstellen.

Rückzug des Staates: Die Finanzkrise des Staates führt zu einer Reduzierung staatlicher Zuwendungen, welche die gesamte auswärtige Kultur-, Bildungs- und Forschungspolitik einschließen. Zuwendungsempfänger müssen zunehmend einen effizienten Mitteleinsatz nachweisen. Auch müssen (angesichts der geschilderten politischen Instabilitäten) alternative Finanzierungsformen für die wachsenden Aufgaben gefunden werden.

Europäisierung: Die Europäische Union investiert zunehmend Geld in die Förderung von Forschung und Entwicklung mit dem Ziel, einen einheitlichen und wettbewerbsfähigen europäischen Forschungsraum zu schaffen. Dabei werden künftig auch Teile der Grundlagenforschung in die europäische Förderpolitik einbezogen, die Begriffe von Subsidiarität und Attribution werden modifiziert oder neu definiert werden. Die erfolgreichen Mobilitätsprogramme werden gestärkt. Zwar sind die aufgewendeten Beträge im Verhältnis zur nationalen Forschungsförderung noch gering, doch ist der Trend zur Europäisierung der Forschungsförderung nicht zu übersehen.

Entwicklungspartnerschaft: Die eigenständige Entwicklung von wissenschaftlichtechnischem Wissen ist vor allem für die Schwellen- und die Entwicklungsländer eine Lebens- und Überlebensfrage. Darüber hinaus liegt es im Interesse der deutschen Wissenschaft, in diesen Ländern qualifizierte Partner für eine Kooperation mit Fachkollegen in Deutschland auszubilden, um eine tragfähige Basis für Partnerschaften von morgen aufzubauen. Die Unterschiede in der Weiterentwicklung der Hochschul- und Wissenschaftssysteme werden sich zwischen einzelnen Entwicklungsländern vermutlich noch vergrößern. Insbesondere die Entwicklung in Asien ist derzeit durch eine große Dynamik gekennzeichnet.

Sprachenvielfalt: Englisch ist ohne Zweifel die *lingua franca* in den Natur- und Lebenswissenschaften. Es ist auch die Arbeitssprache in deutschen Labors und Instituten. Die Rolle der deutschen Sprache als eines Kultur- und Wissenschaftsinstruments bedarf daher der sorgsamen Pflege, Vermittlung und Beobachtung.

Nicht alle dieser Entwicklungslinien sind eng und eindeutig der Auswärtigen Kulturpolitik zuzuordnen. Vielmehr sind auch wissenschafts- und entwicklungspolitische Tendenzen relevant. Die Arbeit der Mittler- und Wissenschaftsorganisationen wird sich im Kontext dieser politischen und sozialen Herausforderungen sowohl proaktiv als auch in Reaktion auf staatliche Anforderungen und Bedürfnisse der unmittelbar involvierten Ziel- und mittelbar betroffenen Interessengruppen entwickeln. Die Organisationen werden aufgrund ihrer historischen Erfahrung und professionellen Expertise Förderinstrumente weiterentwickeln und neue Förderprogramminitiativen realisieren. Zugleich werden sie als kompetente Dienstleister neue Aufgaben für staatliche Stellen und zivilgesellschaftliche Akteure übernehmen.

3.4 Erfahrung und Erfolg – Auslandsschulen

von Gerhard Gauf

Das deutsche Auslandsschulwesen ist Teil der Auswärtigen Kulturpolitik und ist gekennzeichnet durch die im Wesentlichen privatrechtliche Organisation, denn die Träger der deutschen Schulen im Ausland sind überwiegend Schulvereine, Stiftungen oder Orden. Die deutschen Auslandsschulen führen in der Regel vom Kindergarten bis zum Abitur oder dem entsprechenden einheimischen Schulabschluss, sie unterscheiden sich dadurch wesentlich vom gegliederten deutschen Schulsystem.

Mit den politischen Veränderungen in Mittel- und Osteuropa und dem Entstehen neuer Staaten in der ehemaligen Sowjetunion hat die schulische Arbeit im Ausland auch staatliche Schulen dieser Länder erfasst, ohne dass, von wenigen Ausnahmen abgesehen, Schulen in privater Trägerschaft gegründet wurden, die heute als Teil der Auswärtigen Kulturpolitik gelten.[1]

Der Name »deutsche Schule« ist kein geschützter Name, so dass hieraus zunächst weder auf eine besondere Bindung zu Deutschland noch auf in Deutschland anerkannte Bildungsabschlüsse geschlossen werden kann. Auch heute noch entstehen aus Elterninitiativen Privatschulen im Ausland, die wie zur Zeit der Auswanderung im 18. und 19. Jahrhundert für die eigenen Kinder eine gute Schule aufbauen wollen, in der Deutsch als Unterrichtssprache eine besondere Rolle spielt und ein Wechsel in das innerdeutsche Schulsystem möglich ist.[2] Auch ohne staatliche Förderung sind sie Teil des deutschen Auslandsschulwesens.

Die von Deutschland geförderten und anerkannten Auslandsschulen sichern nicht nur eine hohe Unterrichtsqualität, sondern sind zugleich den Zielen der Auswärtigen Kulturpolitik verpflichtet. Sie ermöglichen die Begegnung zwischen Gesellschaften und Kulturen und sind deshalb besonders geeignet, Schülerinnen und Schüler aus sehr verschiedenen Kulturkreisen auf eine gemeinsame Zukunft vorzubereiten.[3]

Rückblick

In manchen Texten (Auswärtiges Amt 2003) wird als (ausschließliche) Grundlage des deutschen Auslandsschulwesens der von der Bundesregierung 1978 verabschiedete Rahmenplan (Bundesregierung 1978) genannt, doch ohne die Bedeutung dieses Rahmenplanes zu schmälern, liegen die Wurzeln des Auslandsschulwesens viel weiter zurück.

---

1 so z.B. Deutsche Schule Budapest 1990; Ungarndeutsches Bildungszentrum, Baja 1998
2 z.B. Deutsche Internationale Schule Mallorca seit 1998, 90 Kinder bis Klasse 9
3 Präambel der Leistungs- und Fördervereinbarung zwischen der Zentralstelle für das Auslandsschulwesen und Auslandsschulen

Die wohl ältesten Auslandsschulen wurden von evangelischen Gemeinden gegründet[4], so erteilte 1612 Gustav II. Adolf von Schweden der deutschen St. Gertrud Gemeinde in Stockholm das Recht, eine deutsche Schule zu gründen. Die eigentliche Entwicklung war jedoch mit der Auswanderung verbunden. Im 18. und 19. Jahrhundert gründeten deutsche Auswanderer zumeist wegen des völlig unzureichenden Bildungswesens in den neuen Siedlungsgebieten eine Vielzahl von Schulen. Ende des 19. Jahrhunderts gab es auf der ganzen Welt rund 5.000 Schulen mit etwa 360.000 Schülern (Werner 1981).

Bereits 1878 wurde der Reichsschulfonds geschaffen, aus dem wegen der sehr begrenzten Mittel (75.000 Reichsmark) allerdings nur wenige Schulen unterstützt werden konnten. Damit waren die Auslandsschulen ein Teil der Außenpolitik.

Mit Beginn des Ersten Weltkriegs wurden viele deutsche Auslandsschulen geschlossen, der Zweite Weltkrieg allerdings führte zu einem fast völligen Zusammenbruch des Auslandsschulwesens. Die meisten Schulen wurden geschlossen, ihr Vermögen beschlagnahmt oder enteignet. Nur wenige Schulen christlicher Kirchen oder Orden blieben bestehen, in Europa haben nur zwei Schulen den Krieg überstanden (Simon 1956: 17). Der Anfang nach 1945 war schwer, die Schulvereine im Ausland mussten sich wieder neu finden, das Vermögen war oftmals enteignet und die noch junge Bundesrepublik verfügte kaum über Mittel zur Unterstützung.

Trotzdem stiegen die Ausgaben für die Schulen stetig an, die Zuständigkeit lag bei der seit 1952 wieder bestehenden Kulturabteilung im Auswärtigen Amt. 1955 waren wieder rund 300 Lehrer im Ausland tätig. Die zunehmende Bedeutung der Auslandsschularbeit lässt sich auch daran ablesen, dass 1970 ca. 42 Prozent der Ausgaben für die kulturellen Beziehungen zum Ausland für die deutschen Schulen im Ausland verausgabt wurden (Bundesregierung 1984: 3). Heute beträgt der Anteil des Schulfonds an den Ausgaben des Kulturhaushaltes nur noch rund 30 Prozent.[5]

Mit dem Rahmenplan für die Auswärtige Kulturpolitik im Schulwesen (Bundesregierung 1978) wurden Werte und Zielsetzungen neu definiert, im Mittelpunkt standen nun die Begegnung mit der Gesellschaft des Sitzlandes, der kulturelle Austausch und nicht zuletzt wegen der zunehmenden wirtschaftlichen Verflechtung der Bundesrepublik auch die schulische Versorgung deutscher Kinder im Ausland.

Die politischen Umwälzungen Anfang der neunziger Jahre eröffneten neue Horizonte, das von der Zentralstelle für das Auslandsschulwesen[6] pädagogisch und organisatorisch betreute Lehrerentsendeprogramm zur Förderung des Deutschunterrichts im nationalen Bildungssystem der MOE/GUS-Staaten erreicht heute rund 180.000 Schüler an 370 Schulen. Das deutsche Auslandsschulwesen kennt keinen Stillstand, es ist eingebunden in die internationale Schulentwicklung und durch eine hohe Unterrichtsqualität und ein professionelles Management ist es wettbewerbsfähig.

---

4 älteste Schule: Sankt Petri Schule, Kopenhagen 1575
5 Bundeshaushalt 2004, Kapitel 0504, Titelgruppe 02
6 Bundesverwaltungsamt Köln – Zentralstelle für das Auslandsschulwesen – www.auslandsschulwesen.de

Deutsche Schulen im Ausland
Struktur und Zielsetzung

Allen Schulen gemeinsam ist, dass sie die deutsche Sprache in besonderem Maße fördern und pflegen. Die Begegnung von Schülern sehr unterschiedlicher Herkunft und Kultur und die Öffnung zum Partnerland gehören heute zu den von allen Schulen anerkannten Zielen. Dies gilt für alle bereits im Rahmenplan (Bundesregierung 1978: 9) definierten Schultypen, auch wenn der Begriff Begegnungsschule nur für eine bestimmte Schulstruktur verwandt wird. Im Wesentlichen werden aufgrund ihrer unterschiedlichen Struktur und der damit zusammenhängenden Förderung durch den Bund folgende Schultypen unterschieden:

Deutschsprachige Schulen (früher: Expertenschulen)

Diese Schulen sichern die schulische Versorgung der Kinder vorübergehend im Ausland lebender deutscher Staatsangehöriger (Auswärtiges Amt 1996: 10ff). Damit sind sie für die deutsche Wirtschaft eine wichtige Voraussetzung, Experten ins Ausland zu entsenden, aber auch unerlässlich für die Mitarbeiter des Auswärtigen Amts, die aufgrund des Gesetzes über den Auswärtigen Dienst[7] einen besonderen Anspruch im Hinblick auf die Schulmöglichkeiten ihrer Kinder haben.

Entsprechend ihrem Auftrag wird in diesen Schulen nach deutschen Lehrplänen unterrichtet. Sie führen die Schüler zu einem anerkannten deutschen Schulabschluss, ein einheimischer Schulabschluss wird nicht erreicht. Die meisten der zur Zeit vom Bund geförderten 42 deutschsprachigen Schulen führen bis zur Hochschulreifeprüfung.

Trotz dieser Zielsetzung sind auch diese Schulen »Begegnungsschulen«, Kultur und Sprache des Partnerlandes nehmen einen wichtigen Platz im schulischen Leben ein. An vielen Standorten ist ein Rückgang der Anzahl deutscher Schüler aus sehr unterschiedlichen Gründen zu beobachten. Die Öffnung der Schulen auch für Schüler nicht deutscher Muttersprache ist die Folge. Während Schüler aus Österreich und der Schweiz schon immer auch deutsche Schulen besuchten (neben den 117 deutschen Auslandsschulen gibt es 15 Schweizer und 4 österreichische geförderte Auslandsschulen), waren Schüler anderer Nationalitäten nur selten vertreten. Dies hat sich in den letzten Jahren sehr verändert. Zwar können diese Schulen in den meisten Fällen aufgrund der landesrechtlichen Bestimmungen keine einheimischen Schüler aufnehmen (andere Lehrpläne, unterschiedliche Schulziele, keine gegenseitige Anerkennung), aber aus anderen Nationen, die selbst über keine Auslandsschulen verfügen, ist eine Aufnahme möglich. So wird bereits im Kindergarten Deutsch unterrichtet, damit die Kinder möglichst früh in die deutschsprachigen Klassen integriert werden können. Diese Tendenz und die veränderte Struktur zeigt sich auch in der Namensgebung, so bezeichnen sich immer mehr Schulen als »Deutsch-Internationale Schule« bzw. »Deutsche Internationale Schule«.

---

7 Gesetz über den Auswärtigen Dienst , BGBII 1990, 1842, § 21
   http://www.auswaertiges-amt.de/www/de/infoservice/download/pdf/dokumente/6-1ah.pdf

Auch wenn dieser Begriff zunächst irreführend ist, da alle Schulen im Rahmen ihrer Zielsetzung dem Begegnungsgedanken verpflichtet sind, wird dieser Begriff in der Auswärtigen Kulturpolitik für bestimmte Schultypen verwandt. (Auswärtiges Amt 1996: 10ff; Bundesregierung 1978: 9) Unterschieden wird zwischen:
– zweisprachigen Schulen mit integriertem Unterrichtsprogramm
– zweisprachigen Schulen mit gegliedertem Unterrichtsprogramm.

Schulen mit einem *integrierten* Unterrichtsprogramm führen einheimische Schüler und muttersprachlich deutsche Schüler aufgrund eines besonderen Lehrplans, der sowohl deutsche als auch landesspezifische Elemente enthält, zu einem bikulturellen Abschluss. Dieser Abschluss ermöglicht den Zugang zu den Hochschulen des Sitzlandes und den deutschen Hochschulen. Die Anerkennung dieses Abschlusses in beiden Ländern ist ohne politisches Einvernehmen nicht möglich. Die Schüler nicht deutscher Muttersprache werden durch gezielte Maßnahmen auf die schrittweise Integration vorbereitet, um so am Unterricht in deutscher Sprache teilnehmen zu können. Andererseits müssen auch die deutschen Schüler landessprachigem Unterricht folgen können. Rund 30 deutsche Auslandsschulen (überwiegend in Lateinamerika und Europa) gehören heute zu diesem Schultyp.

Die Schulen mit einem *gegliederten* Unterrichtsprogramm führen alle Schüler zu einem einheimischen Abschluss mit Hochschulzugangsberechtigung. Allerdings werden in einem Zweig der Schule deutsche und einheimische Schüler integriert und überwiegend auf Deutsch unterrichtet, um so neben dem einheimischen Schulabschluss auch die deutsche Reifeprüfung ablegen zu können (zumeist aufbauend). In einem zweiten Zweig werden die einheimischen Schüler überwiegend in der Landessprache unterrichtet und erhalten verstärkt Deutschunterricht (Deutsch als Fremdsprache) mit dem Ziel, in der Klasse 11 oder 12 das »Deutsche Sprachdiplom der Kultusministerkonferenz«[8] zu erwerben. Die Durchlässigkeit zwischen den Zweigen ist gewährleistet. Dieser Schultyp gibt somit auch Schülern eine hervorragende Perspektive, die nicht von Beginn an für einen integrierten Abschluss geeignet erscheinen.

In einigen Schulen (Spanien, Südamerika) wurde Ende der siebziger Jahre – oft gegen den Widerstand der Schulträger – ein »Seiteneinstieg« oder eine »neue Sekundarstufe« eingeführt. Ziel war es, besonders qualifizierte Schüler anderer Schulen (überwiegend staatlicher Schulen) nach einer Vorbereitung in die Klasse 5 aufzunehmen und sie schrittweise zu integrieren. Verbunden war dieses Modell ursprünglich mit der Vorgabe der fördernden Stellen in Deutschland, in der Grundschule nur noch Kinder mit deutscher Muttersprache aufzunehmen, was zu heftigem Widerstand der betroffenen Eltern und Schulträger führte und sogar den Deutschen Bundestag beschäftigte (Deutscher Bundestag 1978). Hintergrund war, dass damit vielen (auch Kindern mit deutscher Staatsangehörigkeit) der Besuch einer deutschen Schule verwehrt wurde, da insbesondere bei Kindern aus

---

8 abgekürzt DSD II; gilt als Nachweis der Deutschkenntnisse für ein Studium in Deutschland

binationalen Ehen die Deutschkenntnisse für eine Aufnahme nicht ausreichend waren. Pädagogisch wurde dieses Modell unter anderem damit begründet, dass der Unterricht in der Grundschule ausschließlich in der Muttersprache erfolgen soll.

Zwar gibt es, wenn auch aus unterschiedlichen Gründen abnehmend, heute noch an einigen Schulen den Seiteneinstieg, aber die Aufnahme auch nicht muttersprachlich deutscher Kinder bereits in den Kindergarten ist kein Thema mehr. So hat sich ja auch in Deutschland die pädagogische Bewertung zum frühen Erwerb einer Fremdsprache grundlegend geändert.

Schulen mit verstärktem Deutschunterricht

Dies sind Schulen, die zu einem einheimischen Sekundarabschluss führen, die aber in ihrem Unterrichtsprogramm der deutschen Sprache sowohl im Deutschunterricht als auch im Fachunterricht eine herausgehobene Stellung einräumen (Bundesregierung 1978: 6). Dieser Schultyp findet sich insbesondere in Lateinamerika, zurzeit werden 26 Schulen mit verstärktem Deutschunterricht gefördert. Ziel ist der Erwerb des Deutschen Sprachdiploms II der Kultusministerkonferenz (KMK).[9]

Auch wenn diese Schulen nicht zu einem anerkannten deutschen Schulabschluss führen, haben sie eine besondere kulturpolitische Bedeutung, da überwiegend fremdsprachige Schüler nicht nur Deutsch lernen, sondern auch mit einem modernen Deutschlandbild vertraut werden. In dem regelmäßig von den Schulen durchgeführten Schüleraustausch werden die Schüler an Deutschland herangeführt und somit auch zu wichtigen Multiplikatoren. Wegen der hohen Qualität der Schulbildung bekleiden diese Schüler später oftmals führende Stellungen in Politik und Wirtschaft der Partnerländer.

Landessprachige Schulen mit Deutschunterricht

Dies sind Schulen, in denen ebenfalls die deutsche Sprache gepflegt wird, teilweise handelt es sich dabei um von deutschen Einwanderern gegründete Schulen mit einer langen Tradition (Lateinamerika) oder um andere Privatschulen, die Deutsch als Fremdsprache anbieten (Bundesregierung 1978: 6; Auswärtiges Amt 1996: 14).

In den MOE-Staaten werden im Rahmen eines Lehrerentsendeprogramms, das von der Zentralstelle für das Auslandsschulwesen pädagogisch und organisatorisch betreut wird, auch Schulen der deutschen Minderheit personell gefördert. In der Regel wird auch an diesen Schulen das Deutsche Sprachdiplom II[10] angeboten.

---

9 vgl. Fußnote 8
10 vgl. Fußnote 8

Europäische Schulen

Aufgrund eines Abkommens aus dem Jahr 1957[11] haben die Mitgliedstaaten der EU diese Schulen gegründet. Zunächst waren sie nur für Kinder der Bediensteten der EU (so genannte Berechtigte) gedacht, doch zwischenzeitlich besuchen auch andere Kinder diese Schulen (Bundesregierung 1978: 5; Auswärtiges Amt 1996: 15). Die Schulen gliedern sich in Sprachabteilungen, in denen neben der Muttersprache bereits in der Primaria eine der drei Arbeitssprachen (Deutsch, Englisch, Französisch) gelehrt wird. Eine weitere europäische Sprache kommt später hinzu.

Das »europäische Abitur« wird nach zwölf Schuljahren abgenommen.

Der »Oberste Rat«, in den alle Mitgliedstaaten einen Vertreter entsenden, ist für die Schulstruktur und -entwicklung verantwortlich. Die Lehrer werden von den EU-Staaten entsandt. Zur Zeit gibt es zwölf europäische Schulen (Brüssel 3, Luxemburg, Mol, Bergen, Culham, Varese, München, Karlsruhe, Frankfurt und Alicante). Da im Obersten Rat das Prinzip der Einstimmigkeit besteht, sind Veränderungen oft nur langsam und schwierig umzusetzen.

Lehrerbildungsinstitute

Durch die personelle und finanzielle Unterstützung einiger Lehrerbildungsinstitute (Argentinien, Brasilien, Paraguay, Chile) soll die Ausbildung von Deutschlehrern besonders gefördert werden (Auswärtiges Amt 1996: 16). Während es bis 1998/99 noch eine deutlich höhere Zahl von den Schulen gegründeter Aus- und Fortbildungsinstitute in Mittel- und Südamerika gab, wurden die meisten zwischenzeitlich aufgelöst und durch ein weltweit von den Schulen und vom Bund getragenes Netz der regionalen Fortbildung ersetzt.

Deutschsprachige Abteilungen an staatlichen Schulen (Spezialgymnasien)

In Mittel- und Osteuropa entstanden neben der Förderung des Deutschunterrichts an einigen Schulen bilinguale Zweige mit dem Ziel, die Schüler sowohl zum Sekundarabschluss des Landes als auch zur deutschen Hochschulreifeprüfung zu führen. Diese gemeinsam mit den Behörden des Sitzlandes aufgebauten Zweige werden personell vom Bund durch die Vermittlung von Lehrern unterstützt. Zur Zeit gibt es zehn dieser besonders geförderten bilingualen Zweige (Bulgarien, Estland, Rumänien, Slowakei, Tschechische Republik, Polen und Ungarn).

---

11 Satzung der europäischen Schulen vom 12.4.1957; Protokoll über die Gründung europäischer Schulen vom 13.4.1972 sowie Haushaltsplan des Bundes Kap. 0504 Tit. 687 23

Die deutschen Auslandsschulen sind Privatschulen. Schulträger sind überwiegend Schulvereine, Stiftungen und auch Orden. Die Rechtsgrundlage für den Bestand der Schulen sind dementsprechend die Satzungen, Stiftungsurkunden usw. Die Bundesrepublik unterhält selbst keine Schulen (ausgenommen die Schulen der Bundeswehr). Sie unterstützt personell und finanziell nach unterschiedlichen Kriterien Schulen im Ausland.[12] Hieraus folgt, dass zunächst die Schulträger für die Finanzen und Infrastruktur ihrer Schulen verantwortlich sind. Zu etwa 80 Prozent finanzieren sich die Schulen durch die Erhebung von Schulgeld, zu etwa 5-10 Prozent durch Spenden und Sponsoring und 10-15 Prozent durch finanzielle Zuwendungen des Bundes. Die Zuwendungen des Bundes, die in den letzten Jahren stark rückläufig waren, unterliegen dem deutschen Haushaltsrecht und damit auch dem Prinzip der Jährlichkeit. Das bedeutet, die Höhe ist jeweils von dem im Bundeshaushalt veranschlagten Betrag abhängig mit der Folge, dass es für die Schulen nur bedingt eine Planungssicherheit gibt. Im Bundeshaushalt 2004 sind als finanzielle Zuwendung rund 28 Millionen Euro veranschlagt, dies ist vordergründig ein sehr hoher Betrag, tatsächlich ist es bei rund 70.000 Schülern lediglich eine Förderung von etwa 400 Euro je Schüler (allerdings ohne die personelle Förderung durch die Vermittlung von Lehrern).

Die von den Schulen erhobenen Schulgelder sind sehr unterschiedlich. Sie sind abhängig von Standort und Struktur der Schule. Kleine, deutschsprachige Schulen (z.B. in Asien oder im arabischen Raum) haben deutlich höhere Schulgelder als die großen Begegnungsschulen in Lateinamerika oder Spanien. Zu berücksichtigen ist dabei allerdings der Umstand, dass die vielen entsandten Experten und Diplomaten die Kosten des Schulbesuches ihrer Kinder ganz oder zu einem großen Teil erstattet bekommen. Denn nur durch sehr hohe Schulgelder sind Schulen mit zum Teil weniger als 100 Schülern wirtschaftlich zu führen.

Etwa 80 Prozent der Schulträger sind auch Eigentümer der Schulliegenschaft und sind für alle Erhaltungs- und Sanierungsmaßnahmen voll verantwortlich. Der Bund beteiligt sich an diesen Kosten nicht. In den restlichen 20 Prozent der Fälle ist der Bund Eigentümer der Liegenschaft. Er stellt diese zwar kostenlos den Schulträgern zur Verfügung, verbunden aber mit der Auflage, alle Bauunterhaltungsmaßnahmen, Umbauten und sonstigen Kosten zu übernehmen.

Neben der eher geringen finanziellen Zuwendung leistet Deutschland durch die Vermittlung von Lehrkräften einen wichtigen Beitrag zum Auslandsschulwesen. An den 117 personell geförderten deutschen Auslandsschulen sind gegenwärtig rund 1.000 Lehrer tätig, die von den Bundesländern beurlaubt wurden und von der Zentralstelle für das Auslandsschulwesen vermittelt und bezahlt werden. Für diese Lehrkräfte wendet der Bund ca. 95 Millionen Euro jährlich auf. Die Anzahl der vermittelten Lehrkräfte je Schule ist jedoch sehr unterschiedlich und richtet sich im Wesentlichen nach dem Schulabschluss. Die Kultusministerkonferenz – aufgrund der Kulturhoheit der Länder zuständig für die Ab-

---

12 Haushaltsplan des Bundes Kap.0504 Titelgruppe 02 (Schulfonds)

nahme von deutschen Schulabschlüssen im Ausland – hat so genannte Richtzahlen festgelegt. So soll eine einzügige Schule, die zur deutschen Hochschulreifeprüfung führt, zehn vermittelte Lehrkräfte haben. Bei einer Mehrzügigkeit oder bei anderen Abschlüssen (z.B. Deutsches Sprachdiplom) verringert sich die Zahl. Daraus folgt, dass kleine Schulen eine deutlich höhere Personalversorgung (bezogen auf die vermittelten Lehrkräfte) je Schüler haben als große Schulen und somit die Förderung des Bundes unter Einbeziehung der personellen Förderung je Schüler bei den kleineren deutschsprachigen Schulen erheblich höher ist als z.B. bei einer Begegnungsschule, die ebenfalls zur deutschen Hochschulreife führt. Unter Einbeziehung der personellen Förderung beträgt die Förderung je Schüler einer deutschen Auslandsschule etwa 1.800 Euro (zum Vergleich: Kosten je Schüler in Deutschland rund 5.000 Euro jährlich) (Kultusministerkonferenz 2002). Trotz der Richtzahlen der KMK ist die Anzahl der vermittelten Lehrkräfte aus Haushaltsgründen gesunken und wird auch in den nächsten Jahren wohl noch weiter absinken.

Institutionen im Auslandsschulwesen

Nach Art. 32 Abs. 1 Grundgesetz ist die Pflege der Beziehungen zu auswärtigen Staaten Sache des Bundes und somit auch das Auslandsschulwesen als Bestandteil der Auswärtigen Kulturpolitik. Die Zuständigkeit liegt damit beim Auswärtigen Amt.

Das Auswärtige Amt ist zuständig für alle Grundsatzfragen und politischen Fragen, es steuert und koordiniert die Förderung der Auslandsschulen. Es übt über das Bundesverwaltungsamt – Zentralstelle für das Auslandsschulwesen – die Fachaufsicht aus.

Die Zentralstelle für das Auslandsschulwesen (ZfA) ist eine Abteilung (VI) des Bundesverwaltungsamts[13]. Sie ist zuständig für die pädagogische, personelle, finanzielle, rechtliche und organisatorische Betreuung der schulischen Arbeit im Ausland. Bewerbungen für den Auslandsschuldienst sind an diese Behörde zu richten.

Die Kultusministerkonferenz (Sekretariat der KMK[14]) nimmt durch bestellte Prüfungsbeauftragte alle deutschen Prüfungen an Auslandsschulen ab, entscheidet über die Gleichwertigkeit von Abschlüssen und ist für die Beratung und Kontrolle aller Fragen zuständig, die für die deutschen Prüfungen relevant sind. Diese doppelte Zuständigkeit im Auslandsschulwesen beruht auf der Kulturhoheit der Länder.

Aufgrund dieser besonderen Situation im Schulwesen haben Bund und Länder 1992 durch eine Verwaltungsvereinbarung den Bund-Länder-Ausschuss für schulische Arbeit im Ausland (BLASchA)[15] gegründet (Vorgänger war ein Länderausschuss). Dieser gemeinsame Ausschuss, in dem das AA und die ZfA für die Bundesseite und je Bundesland ein Vertreter Mitglied sind, sichert die gegenseitige Information.

In der Vereinbarung sind die jeweiligen Bundes- und Landeskompetenzen festgelegt sowie die Sachverhalte, die einer gemeinsamen Abstimmung bedürfen (z.B. Förderung

---

13 http://www.bundesverwaltungsamt.de und http://www.auslandsschulwesen.de
14 http://www.kmk.org
15 Verwaltungsvereinbarung vom 8.10.92/16.1.92 zwischen dem AA und der KMK

der deutschen Sprache, Förderung der beruflichen Bildung, Grundsätze der Lehrervermittlung).

Der BLASchA kann nur einstimmige Empfehlungen/Beschlüsse fassen, Mehrheitsentscheidungen sind nicht zulässig, selbst wenn ein Land von einer Regelung nicht betroffen ist. Dieses Prinzip fördert nicht gerade schnelle und zukunftsweisende Beschlüsse. Bereits 1978 wurde im Bundestag eine »raschere Willensbildung« (Bundesregierung 1978) angemahnt.

Neben diesen öffentlichen Institutionen gibt es einige private Zusammenschlüsse, die im Auslandsschulwesen aktiv sind. Die Gewerkschaft Erziehung und Wissenschaft (GEW) sowie der Verband deutscher Lehrer im Ausland (VDLiA)[16] bemühen sich insbesondere um die persönliche und finanzielle Situation der Lehrer, greifen aber auch Fragen zur Schulstruktur und der Entwicklung des Auslandsschulwesens auf. Seit Mai 2003 haben sich nunmehr auch die Schulträger (Schulvereine, Stiftungen usw.) zu einem Verband zusammengeschlossen, und zwar dem Weltverband Deutscher Auslandsschulen e.V. (WDA).[17] Der WDA vertritt unter anderem die Interessen der deutschen Schulen im Ausland gegenüber den deutschen Stellen, unterstützt und berät die Schulen, fördert die Völkerverständigung sowie die Pflege der deutschen Sprache, außerdem will er durch Initiativen und Konzepte die Entwicklung der Schulen vorwärts bringen und die hohe Qualität sichern.

Perspektiven der deutschen schulischen Arbeit im Ausland

Die Welt verändert sich, folglich auch die schulische Arbeit, und dies nicht nur im Ausland. Die politischen Umwälzungen Anfang der neunziger Jahre haben neue Chancen eröffnet, die Erweiterung der EU lässt Europa zusammenwachsen, die Internationalisierung und Globalisierung verlangt auch im Schulwesen neue Antworten und nicht zuletzt die Erkenntnis aus PISA hat der Qualitätsentwicklung und -sicherung einen neuen Stellenwert gegeben.

Jeder einzelne Anlass ist bereits ausreichend, um über veränderte Konzepte nachzudenken, aber oftmals sind es dann doch die fehlenden Haushaltsmittel, die wirklich etwas bewegen.

In der vom Auswärtigen Amt entwickelten *Konzeption 2000* zur Auswärtigen Kulturpolitik (Auswärtiges Amt 2000a) werden für die deutschen Schulen die Leitlinien des 1978 vorgestellten Rahmenplanes (Bundesregierung 1978) als weiterhin gültig bezeichnet. Auch die regelmäßig vom AA vorgelegten Berichte der Bundesregierung zur Auswärtigen Kulturpolitik[18] bezeichnen das Auslandsschulwesen als zentrales Instrument der Auswärtigen Kulturpolitik. Die im Bundestag vertretenen Fraktionen sind sich im Wesentlichen einig, wenn es sich um die Bewertung der schulischen Arbeit im Ausland handelt.[19]

16 www.gew.de, herzogg@gew.de; www.vdlia.de, gries@vdlia.de
17 www.auslandsschulen.org, wda@auslandsschulen.org; Geschäftsstelle: Chausseestr. 10, 10115 Berlin
18 Zuletzt Bericht für 2003 (Bundesregierung 2004b)
19 Zuletzt Protokoll 98. Plenarsitzung vom 12.3.2004 (Deutscher Bundestag 2004: 8779ff)

Die Begegnung mit der Gesellschaft und Kultur des Gastlandes, die Förderung der deutschen Sprache als Kernaufgabe, die Stärkung des Wirtschaftsstandortes Deutschland und in den letzten Jahren verstärkt wahrgenommen die Bedeutung des Studienstandortes Deutschland sind auch in Zukunft die Leitlinien der deutschen Schulen im Ausland.

Ein besonderes Ergebnis der schulischen Arbeit ist aber die Nachhaltigkeit. Durch die hohe Unterrichtsqualität sind Absolventen der deutschen Auslandsschulen im Berufsleben in vielen Spitzenpositionen in Politik, Wirtschaft und Kultur der Partnerländer zu finden. Diesen für Deutschland nicht in Euro und Cent zu messenden Vorteil gilt es auch in Zukunft zu wahren.

Die mit der Umsetzung betrauten deutschen Schulen vor Ort bedürfen dazu auch in Zukunft der Unterstützung der deutschen Stellen. Die notwendigen finanziellen Mittel und die Möglichkeit, die Strukturen den örtlichen Gegebenheiten anzupassen, sind für die künftige Entwicklung wesentliche Voraussetzungen.

Das im Auslandsschulwesen schon immer praktizierte System der Zusammenarbeit zwischen privaten Schulträgern und öffentlicher Hand (ein Musterbeispiel für *Public Private Partnership*) ist ein Erfolgsmodell.

So wurden die veränderten Parameter frühzeitig erkannt, und insbesondere die Zentralstelle hat im Zusammenwirken mit den privaten Schulträgern Schulentwicklungsmaßnahmen eingeleitet. Qualitätsmanagement und Qualitätsentwicklung – und dies nicht nur im pädagogischen Bereich – werden an allen Schulen heute als unabdingbar angesehen und entsprechend verfolgt. Nicht eine einheitliche Methode steht dabei im Vordergrund, sondern die Vielfältigkeit auch abhängig vom Umfeld und von den Ressourcen. Es ist deshalb nicht erstaunlich, wenn es eine deutsche Auslandsschule war, die als erste Schule nach ISO 9001 zertifiziert wurde.[20] Die Öffnung auch der deutschsprachigen (Experten-) Schulen für Schüler anderer Nationen und Kulturen hat eben auch etwas mit dem Markt und der Wettbewerbsfähigkeit zu tun. Die deutschen Schulen im Ausland müssen sich als Privatschulen auf dem heimischen Schulmarkt behaupten, ohne ihr Profil aufzugeben. Deutsch als Unterrichtssprache ist das Kernelement dieser Schulen und »Deutsch« gibt es nicht zum Nulltarif. Denn »Englisch« als Fremdsprache mit einem sehr hohen Niveau ist natürlich fester Bestandteil des Unterrichtsprogramms. Die Dreisprachigkeit ist das Markenzeichen.

Die Konkurrenz verlangt auch Perspektiven in Bezug auf die Abschlüsse. Die deutschen Schulabschlüsse sind für die deutschen Kinder und für den Studienstandort Deutschland auch künftig von Bedeutung, das heißt aber nicht, dass sie nicht gegebenenfalls einem veränderten Umfeld angepasst werden müssen. Die von der KMK eingeleitete Entwicklung hin zu einem »deutschen internationalen Abitur« ist deshalb genauso wichtig wie die Einführung des gemischtsprachigen Internationalen Baccalaureat (IB)[21]. Diese bisher an 14 deutschen Schulen als Pilotprojekt eingeführte und von der KMK anerkannte Prüfung hat als Prüfungsfächer Deutsch als erste Fremdsprache sowie Geschich-

---

20 Deutsche Schule Puebla, www.colegio-humboldt.edu.mx
21 IB – vergeben von der International Baccalaureate Organization in Genf; als Hochschulzugangsberechtigung international anerkannt

te und Biologie in Deutsch. Die anderen Prüfungsfächer werden entweder in Spanisch, Englisch oder Französisch unterrichtet.

Für die teilnehmenden Schulen, die bisher keine deutsche Hochschulzugangsberechtigung hatten, ist das IB ein wichtiges Instrument, um gegenüber den internationalen Schulen am Ort, die in der Regel das IB anbieten, konkurrenzfähig zu bleiben.

Die Diskussion über die Einführung des IB an anderen Schulen, auch an Schulen, die bereits die deutsche Hochschulzugangsberechtigung anbieten, ist jedoch gerade erst am Anfang. Allein aus Konkurrenzgründen scheint es zur Zeit so, dass an diesem Abschluss in Zukunft kein Weg vorbeigeht, ohne jedoch ein deutsches internationales Abitur zu verdrängen.

Die Einführung weiterer internationaler Schulabschlüsse, die bewusste Schulentwicklung mit Schulprofil und umsetzbaren Leitbildern, eine professionelle Verwaltung und Geschäftsführung zur Unterstützung der Schulleitung und des Vorstandes und, soweit möglich, die Einführung eines Controlling sind an den deutschen Auslandsschulen bereits Wirklichkeit.

Insofern sind trotz mancher noch vorhandener Schwachstellen und wohl stets zu geringer Fördermittel die Perspektiven der deutschen Auslandsschulen ausgezeichnet. Die positiven Wirkungen für die deutsche Außenpolitik sind nicht zu übersehen. Staatsministerin Kerstin Müller hat es mit ihrer Aussage auf den Punkt gebracht: »Der Kulturaustausch ist keine Subvention, sondern eine wichtige Investition in die Zukunft.« (Deutscher Bundestag 2004: 8786f).[22]

---

22 weiterführende Literatur: Wattler (1994); Stoldt (2001)

3.5 Deutschland.de und Co – Informationen über Deutschland

von Udo Rossbach

Wenn man in eine der großen nationalen oder internationalen Suchmaschinen des Internets den Begriff Deutschland-Informationen oder Informationen über/zu Deutschland eingibt, erhält man eine Unzahl von Treffern, im Extremfall einige tausend Linkangebote.[1] Es ist verständlich, dass in dieser Ansammlung Adressen ganz unterschiedlicher Qualität und Quantität enthalten sind, die es dem Suchenden zumal im Ausland nicht leicht machen, diejenigen Links aus dieser Flut von Hinweisen herauszufinden, die ihm qualitativ wertvolle und zielgerichtete Informationen anbieten. Solange mit einer so allgemein gehaltenen Suchanfrage nicht auch eine klare Strukturierung der Suchergebnisse und damit verbunden eine inhaltliche Navigationshilfe von relevanten Grundinformationen bis hin zu vertiefenden Details einhergeht (Clusterbildung und Hierarchisierung), ist es nach wie vor notwendig, dem interessierten Leser und Suchenden einige Hinweise auf diejenigen Internet-Adressen zu geben, die relevante Informationen zu Deutschland enthalten.[2]

Allgemeine Deutschlandinformation

Das Internet-Portal *deutschland.de* (www.deutschland.de), das sich selbst als »das Deutschlandportal« bezeichnet und sich zugleich als »offiziell« und »unabhängig« tituliert, erhebt den Anspruch, das »Metaportal« für alle an Deutschland Interessierten im In- und Ausland zu sein und eine »repräsentative Sammlung wesentlicher Verweise auf deutsche Informationsangebote im Internet« zu neun zentralen Sachgebieten, von Bildung über Kultur, Medien, Staat bis Wissenschaft anzubieten, ohne diesem Anspruch wirklich gerecht werden zu können. Eine der größten Unzulänglichkeiten ist die Sortierung der Links innerhalb der einzelnen Rubriken in alphabetischer Reihenfolge, die die Suche nach Relevanz, Einstiegsseiten und weiterführenden bzw. vertiefenden Hinweisen unmöglich macht. In der fertigen Ausbaustufe soll *deutschland.de* die 2.000 besten Einstiegsseiten zu deutschen Internetangeboten in den bereits bestehenden Sprachfassungen Deutsch, Englisch, Französisch, Spanisch, Russisch und Arabisch aufzeigen.

Mit der Initiative *BundOnline 2005* hat sich die Bundesregierung verpflichtet, alle internetfähigen Dienstleistungen des Bundes bis zum Jahr 2005 online zugänglich zu machen. Das Dienstleistungsportal (www.bund.de) soll bis zu dem Termin als ein zentraler Interneteinstieg flächendeckend das vielfältige Internetangebot des Bundes erschließen.

---

1 Das Internet ist heute bereits das wichtigste und aktuellste Informationsmedium für länderkundliche Informationen. Deshalb beschränkt sich dieser Beitrag auf wichtige Links zu deutschlandrelevanten Informationen im Internet.

2 Siehe zu dieser Problematik den Beitrag von Kurt-Jürgen Maaß (2002d) auf dem Forum Auswärtige Kultur- und Bildungspolitik im Internet, Berlin, 27. November 2001.

Ein Themenkatalog auf der Einstiegsseite soll die Suche nach Informationen und Dienstleistungen aus allen gesellschaftlichen Bereichen erleichtern. Für den am internationalen Kulturaustausch Interessierten sind die Rubriken *Bildung und Ausbildung, Kultur und Sport, Wissenschaft und Forschung* sowie *Deutschland und die Welt* wichtig. Neben dem redaktionell betreuten Themenkatalog lassen sich unter *Verwaltung in Deutschland* derzeit Kontaktadressen von rund 900 Bundesbehörden, ca. 1.200 Landesbehörden und etwa 14.000 Gemeinden in Deutschland abrufen.

In die Rubrik der »offiziellen« Internetseiten gehört auch die Homepage der Bundesregierung (www.bundesregierung.de) mit Informationen zur Regierung und zu einzelnen Bundesministerien, *Themen A-Z*, darunter Außenpolitik, Bildung und Ausbildung, Entwicklungspolitik, Kultur, Medien, Wissenschaft und Forschung.

Auf der Homepage des Auswärtigen Amts (www.auswaertiges-amt.de) finden sich unter der Rubrik *Willkommen in Deutschland* auch allgemeine Informationen über Deutschland mit aktuellen Nachrichten und einem Veranstaltungskalender sowie Einreisebestimmungen/Visa für Deutschland, Hinweise zum Studium mit Antworten auf häufig gestellte Fragen (*FAQs*) zu Studium und Forschung in Deutschland wie auch auf Fragen Deutscher nach Informationen zum Studium im Ausland, ergänzt um Hinweise zum Jugend- und Schüleraustausch. In der Rubrik *Außenpolitik* finden sich neben Nachrichten zu aktuellen Ereignissen auch Hinweise auf die Schwerpunkte deutscher Außenpolitik, darunter auch die Grundsätze und die Bereiche der Auswärtigen Kulturpolitik sowie die Arbeit der wichtigsten Mittlerorganisationen. Unter den *Länder- und Reiseinformationen* finden sich die Internetadressen der Vertretungen anderer Staaten in Deutschland und die Internetadressen der deutschen Auslandsvertretungen. Die großen deutschen Botschaften (so z.B. Paris, London, Rom, Seoul, Moskau, Washington) haben auf ihren Homepages nicht nur Hinweise auf wichtige deutschlandkundliche Links zusammengestellt, sondern auch Internetadressen, die für die bilateralen Beziehungen von Bedeutung sind. Teilweise findet sich auf diesen Seiten auch die Broschüre des Presse- und Informationsamts der Bundesregierung *Tatsachen über Deutschland*. Die Online-Ausgabe dieses Handbuchs, das eine Erstinformation über die Bundesrepublik Deutschland anbietet und laufend überarbeitet wird, findet sich in sechs Sprachen auch auf der Homepage des Auswärtigen Amts (www.tatsachen-ueber-deutschland.de).

Eine gute Ergänzung dazu ist das von der Beauftragten der Bundesregierung für Migration, Flüchtlinge und Integration herausgegebene *Handbuch für Deutschland*, dessen Druckausgabe momentan vergriffen ist. Die dazugehörige Internetausgabe gibt in den Sprachen Deutsch, Englisch, Französisch, Spanisch, Russisch und Türkisch eine Einführung in Landeskunde, Politik und Recht, Arbeit und soziale Sicherung sowie Alltag in Deutschland und bietet mit der Rubrik *Organisationen und Ansprechpartner* Beratungsstellen für Immigranten und erste Anlaufstellen für Ausländer in allen Städten Deutschlands an (www.handbuch-deutschland.de).

Anlässlich der Fußballweltmeisterschaft in Deutschland 2006 hat das Auswärtige Amt in Partnerschaft mit der Deutschen Welle die Internetseite *Deutschland im Web* (www.socceringermany.info/de) eingerichtet, die unter der Rubrik *Deutschland stellt sich vor* aktuelle Informationen und wichtige Links anbietet.

Im Übrigen bieten auch alle großen Suchmaschinen wie z.B. *Google* (www.directory. google.com/TOP/World/Deutsch/Regional/Europa/Deutschland) deutschlandrelevante Informationen zu Bundesländern und Städten sowie zu den Themen Bildung, Gesellschaft, Kultur, Staat und Wirtschaft an.

Mittlerorganisationen

Das Goethe-Institut München bietet auf seiner Homepage unter der Rubrik *Kultur und Gesellschaft* (www.goethe.de/kug/deindex.htm) Meldungen, Einführungen und weiterführende Links zu allen Bereichen der Künste, zu gesellschaftlich relevanten Deutschlandthemen, zum Medien- und Informationsbereich sowie zu Bildung und Wissenschaft. Für jeden dieser vier Bereiche kann ein Newsletter abonniert werden, der einmal monatlich über Neuigkeiten im jeweiligen Bereich unterrichtet.[3] Was für die großen deutschen Botschaften gilt, trifft auch auf eine Vielzahl von Goethe-Instituten im Ausland zu, die deutschlandrelevante Internetadressen und Links zu wichtigen Partnern der bilateralen Kulturbeziehungen anbieten. Das Verzeichnis der 126 Institute, Kulturzentren und Lesesäle ist auf der Homepage der Zentrale des Goethe-Instituts zu finden (www.goethe.de/ ins/wwt/deindex.htm).

Eine ausführliche Berichterstattung über Deutschland bietet in 36 Sprachen die Deutsche Welle (www.dw-world.de) mit wichtigen Nachrichten zu Politik, Wirtschaft und Kultur. Die Dossiers *Deutschland entdecken* mit den Rubriken *Deutschland-Infos* und *Deutschland-Links, Deutschkurse* und *Studieren in Deutschland* geben dem an Deutschland Interessierten einen aktuellen Einblick in die deutsche Gesellschaft.

Ausschließlich auf Informationen aus dem Kulturbereich konzentriert sich die im Auftrag der Beauftragten der Bundesregierung für Kultur und Medien entwickelte Plattform www.kulturportal-deutschland.de. Mit Nachrichten über wichtige deutsche Kulturereignisse, Informationen über die deutsche Kulturpolitik, darunter auch über die Auswärtige Kulturpolitik, einem Veranstaltungskalender und einer Auflistung wichtiger Kultureinrichtungen in Deutschland erhebt dieses Portal den Anspruch, im Bereich der Kultur ein vorgezogener Teilschritt bei der Realisierung des oben erwähnten Informationsportals deutschland.de zu sein. Integriert in das Kulturportal sollen die sich in unterschiedlichen Aufbaustufen befindlichen Kulturserver der einzelnen Bundesländer eines Tages eine repräsentative Abbildung der gesamten kulturellen Vielfalt in Deutschland im Internet darstellen.

Ganz auf die Informationsbedürfnisse der an Auswärtiger Kulturpolitik Interessierten ausgerichtet ist die gemeinsame Internet-Plattform der Mittlerorganisationen (www. deutsche-kultur-international.de), die vom Institut für Auslandsbeziehungen entwickelt

---

3 Über die vom Goethe-Institut herausgegebenen Kulturzeitschriften, die teilweise auch deutschlandkundliche Informationen enthalten, s. den Beitrag von Horst Hanischfeger in Kapitel 4.7.2 dieses Bandes; über die vom Auswärtigen Amt im Rahmen der Auswärtigen Kulturpolitik geförderten Zeitschriften s. den Beitrag von Gudrun Czekalla in Kapitel 8.

und betreut wird. *Deutsche Kultur International* (DKI) bietet eine strukturierte Zusammenfassung von Aktivitäten, Maßnahmen und Dienstleistungen der wichtigsten deutschen Institutionen, die vorwiegend mit öffentlichen Mitteln die Intentionen der Auswärtigen Kulturpolitik konkret umsetzen und die internationalen Kulturbeziehungen fördern. Als virtuelles Vademecum der Auslandskulturarbeit informiert es über alle wichtigen Organisationen, Maßnahmen und Aktivitäten der Auswärtigen Kulturpolitik und bietet dem Suchenden im In- und Ausland auf Deutsch und Englisch Zugang über verschiedene Einstiege wie einzelne Kapitel, Volltextsuche und Schlagwörter.

Natürlich weisen auch alle Mittlerorganisationen noch einmal einzeln auf ihre Arbeit im Internet hin: Alexander von Humboldt-Stiftung (www.avh.de), Deutscher Akademischer Austauschdienst (www.daad.de), das bereits erwähnte Goethe-Institut (www.goethe.de), das Haus der Kulturen der Welt (www.hkw.de), das Institut für Auslandsbeziehungen (www.ifa.de) und InWEnt – Internationale Weiterbildung und Entwicklung GmbH als Zusammenschluss aus Carl Duisberg Gesellschaft (CDG) und Deutscher Stiftung für Internationale Entwicklung (DSE) (www.inwent.org), s. dazu im Einzelnen Kapitel 4.6. Neben den eigenen Programmen und Projekten weist jede dieser Institutionen über die Rubrik *Links* auf deutschlandrelevante Internetadressen hin, die Ergänzungen zum eigenen Tätigkeitsbereich sind und dem Suchenden, vor allem im Ausland, relevante Links zu allen Lebensbereichen anbieten (vgl. zu diesem Absatz auch die weitergehenden Informationen in Kapitel 7).

Bildung und Forschung

Der internationale Wettbewerb um qualifizierte Studierende, Graduierte und Nachwuchswissenschaftler hat in den letzten Jahren stark zugenommen. Vor allem englischsprachige Länder wie die USA, Großbritannien und Australien, aber auch andere europäische Länder wie Frankreich, die Niederlande und die Staaten Skandinaviens umwerben diese Personengruppen mit speziellen Studien- und Forschungsangeboten, gastfreundlichen Rahmenbedingungen und einem professionellen Marketing. An diesem Wettbewerb beteiligt sich inzwischen auch Deutschland mit einer ganzen Reihe von Maßnahmen: Am 22. Juni 2001 haben sich Vertreter aus Politik, Wirtschaft, Bildung und Forschung zu einer konzertierten Aktion *Internationales Marketing für den Bildungs- und Forschungsstandort Deutschland* unter dem Vorsitz des Bundesministeriums für Bildung und Forschung (BMBF) zusammengefunden. Die Aktion will die Attraktivität deutscher Hochschulen, Forschungszentren und Berufsbildungseinrichtungen weltweit besser zur Geltung bringen. Das Internetportal www.campus-germany.de, das sich unter dem Slogan *Hi!Potentials! – International careers made in Germany* (www.hi-potentials.de) an talentierte junge Leute in aller Welt wendet, wurde von der Deutschen Welle aufgebaut und wird täglich in fünf Sprachfassungen aktualisiert. Es bietet Porträts der wichtigsten deutschen Hochschulorte und informiert über Studium, Forschung und Berufsbildung, aber auch über das Leben in Deutschland.

Im Auftrag des Bundesministeriums für Bildung und Forschung wurde das *forschungsportal.net* aufgebaut. Diese Suchmaschine erlaubt den unmittelbaren Zugang zu mehr als 800 staatlich finanzierten Forschungseinrichtungen in Deutschland.

Mit der Internetadresse www.studienwahl.de bietet die Bund-Länder-Kommission für Bildungsplanung Hinweise in Deutsch und Englisch zu deutschen Internet-Studienangeboten.

Die Internetseiten der Hochschulrektorenkonferenz (www.hrk.de) enthalten mit dem *Hochschulkompass* in Deutsch und Englisch detaillierte Informationen zu deutschen Hochschulen sowie zu Studium, Promotion und internationalen Kooperationen.

Informationen zum deutschen Bildungswesen (unter anderem Bildungssystem Deutschland, Bildungspolitik, Hochschulbildung, berufliche Bildung) vermittelt die vom Deutschen Institut für Internationale Pädagogische Forschung (DIPF) betreute Plattform www.bildungsserver.de.

An junge ausländische Wissenschaftler, die sich für einen Forschungsaufenthalt in Deutschland interessieren, wendet sich das deutsche Mobilitätsportal www.eracareers-germany.de, das von der Alexander von Humboldt-Stiftung betreut und vom Bundesministerium für Bildung und Forschung unterstützt wird. Es ist Teil eines Netzwerks von Mobilitätszentren in den EU-Mitgliedstaaten und bietet neben Auskünften zu einem Forschungsaufenthalt in Deutschland auch Informationen für Forscher aus Deutschland für eine Forschungstätigkeit in EU-Mitgliedstaaten.

Hinter den in diesem Kapitel genannten Internetadressen liegt eine Vielzahl von Verweisen auf weitere Links, so dass es für den Suchenden keinen gesellschaftlichen Bereich gibt, in dem er über die eine oder andere genannte Adresse nicht zu den ihn interessierenden Fakten und Hinweisen geleitet wird. Es ist nicht der Mangel an deutschlandrelevanten Links und Informationen im Internet, die dem Interessierten im In- und Ausland die Suche erschwert, sondern die Vielfalt an Informationen, die sich in vielen Bereichen duplizieren, anstatt sich auf kommentierende Verweise zu bereits bestehenden Linkhinweisen und -sammlungen zu beschränken. Hier werden in Zukunft bessere Absprachen und Koordinationen notwendig sein.

3.6 Mit Kultur gegen Krisen – Konfliktprävention

von Dirk Beusch

Die Prävention von Krisen und Konflikten ist spätestens seit dem Ende des globalen Ost-West-Konflikts ins Zentrum der internationalen Politik gerückt. Es zeigte sich, dass die Mittel der klassischen Sicherheitspolitik und der Entwicklungszusammenarbeit nicht mehr adäquat waren, um die Konflikte der neunziger Jahre zu bewältigen. Das Instrumentarium zur Konfliktbearbeitung und das militärisch gestützte Krisenmanagement, die sich jahrzehntelang als brauchbar erwiesen hatten, gerieten in eine Krise. Die klassische staatliche Diplomatie und die auf Frieden gerichtete Entwicklungspolitik kamen an ihre Grenzen, es wurde eine konzeptionelle Lücke sichtbar (Matthies 1999; Debiel u.a. 1999: 3). Diese Lücke wurde durch die Debatte über die Möglichkeiten der Prävention gefüllt. Seither entwickelt sich der Präventionsgedanke allmählich zu einem neuen Paradigma des Nachdenkens über die Gestaltung der internationalen Beziehungen. Auf der Ebene der inter- und supranationalen Organisationen scheint sich Prävention gar als eine Norm herauszubilden (Costy/Gilbert 1998). Trotz vieler begrifflicher und inhaltlicher Divergenzen haben sich zwei Faktoren herausgebildet, über die inzwischen weitgehend Konsens herrscht: Erstens ist man sich weitgehend einig, dass Prävention grundlegend entweder struktur- oder prozessorientiert bzw. operativ angelegt werden muss, und zweitens gibt es Konsens über ein Zyklenmodell, das vorbeugende Maßnahmen in den verschiedenen eskalierenden und deeskalierenden Phasen eines Konflikts vorsieht.[1] Trotz dieser Einigkeit in den Strategien ist zu beobachten, dass die allermeisten Maßnahmen, die als Prävention firmieren, tatsächlich der Friedenskonsolidierung nach Beendigung eines Konflikts dienen. Eine echte Prävention, die den Ausbruch von Gewalt verhindert hätte, ist bis heute nicht gelungen. Nachsorgende Konfliktbearbeitung dient der Verhinderung eines Wiederausbruchs und hat ihren eigenen Wert. Die eigentliche politische Herausforderung besteht aber darin, das bereits vorhandene Präventionsinstrumentarium zur Vermeidung von gewaltsamen Ausbrüchen von Konflikten zu verwenden.

Seit dem Antritt der ersten rot-grünen Bundesregierung im Jahr 1998, spätestens aber seit den Terroranschlägen in den USA vom 11. September 2001 ist die Prävention von Krisen mit zivilen Mitteln – und damit die Zivilisierung der internationalen Beziehungen generell – ein zentraler Aspekt der deutschen Außenpolitik und der außenpolitischen Debatte. So sieht auch der Koalitionsvertrag der zweiten Regierung unter Gerhard Schröder eine Verstärkung der zivilen Krisenprävention in den internationalen Beziehungen und ihrer Instrumente und Institutionen vor (SPD/Bündnis 90/Die Grünen 2002: 60f). Dies ist eine deutliche Verschiebung der Akzente gegenüber vorheriger Politik und ist im gewandelten internationalen Umfeld begründet. Bis 1989 agierte die Bundesrepublik außenpolitisch hauptsächlich in den westlichen Bündnissen. EU, NATO und KSZE (heute OSZE)

---

1 Zu den Einzelheiten und zur Kritik vgl. Matthies (1999) und ders. (2000) sowie Varwick (2002: 5) und als Gesamtdarstellung Wallensteen (2002).

waren für die Existenzsicherung Deutschlands entscheidend, der Multilateralismus der westlichen Welt diente letztlich der Sicherung der Blockkonfrontation und schuf ein Kräftegleichgewicht. Nach dem Ende der Blöcke entstand ein neuer Multilateralismus, der sich nun an vielen verschiedenen Polen ausrichtet und auch nicht mehr nur Staaten bzw. Regierungen als Partner hat. Vor allem große internationale Nichtregierungsorganisationen haben zunehmend Zugang zu Regierungsberatungen. Und Regierungen sind in Teilbereichen bereits dazu übergegangen, nicht nur die Expertise der Nichtregierungsorganisationen zu nutzen, sondern vormals staatliche Aufgaben zu verlagern. Gerade in der Krisenprävention ist dies von Bedeutung, da auf der gesellschaftlichen Ebene vielfältige Erfahrungen und Expertentum existieren. Es hat ein gegenseitiger Lernprozess eingesetzt. Ein Kennzeichen dieser Politik ist, dass Vertreter der deutschen Außenpolitik immer öfter als Vorkämpfer des Präventionsgedankens auftreten und diesen in den vielen Koalitionen der internationalen Krisendiplomatie vertreten.[2] Dabei wird für Deutschland die gemeinsame Außen- und Sicherheitspolitik der EU zunehmend wichtiger, weil diese verstärkt mit verbesserter Präsenz und Handlungsfähigkeit in internationalen Krisensituationen auftritt bzw. auftreten kann. Auf der europäischen Ebene wird das zivile Element der Krisenprävention zunehmend verstärkt; vor allem der Europäische Rat beschäftigt sich mit kultureller Konfliktprävention.

Die Außenpolitik der Bundesrepublik hat also seit der Wiedervereinigung schrittweise eine deutliche Veränderung erfahren, die auch für die Gestaltung der Auswärtigen Kulturpolitik entscheidende Veränderungen mit sich bringt. So zieht auch Gernot Erler, stellvertretender Fraktionsvorsitzender der SPD-Bundestagsfraktion und zuständig für Außen- und Sicherheitspolitik, eine Bilanz der rot-grünen Außenpolitik, die sich an den Koordinaten »internationale Verantwortung« und »nachhaltiger Frieden« misst (Erler 2002). Entscheidend im hier behandelten Zusammenhang ist die von der Öffentlichkeit wenig beachtete Tatsache, dass der Auf- und Ausbau präventiver Instrumente zur Priorität der deutschen Außenpolitik erhoben und etliche institutionelle Maßnahmen für die Umsetzung ergriffen wurden. Es gibt seit April 2000 ein Gesamtkonzept und seit April 2004 einen Aktionsplan für zivile Prävention (Bundesregierung 2004a) und Beauftragte für dieses Politikfeld beim Auswärtigen Amt und beim Ministerium für wirtschaftliche Zusammenarbeit und Entwicklung. Es wurde ein erweiterter Sicherheitsbegriff eingeführt, der ökonomische, politische, ökologische und soziale Stabilität umfasst. Erstmals wurden die Schulung von Friedensfachleuten und ein ziviler Friedensdienst eingeführt (Erler 2002: 3-5, 11). Das Auswärtige Amt hat einen Titel in seinem Haushalt, aus dem gezielt Projekte der zivilen Konfliktprävention und -bearbeitung gefördert werden. Diese Projekte werden vom Institut für Auslandsbeziehungen (ifa) beraten, ausgewählt, dem Auswärtigen Amt zur Förderung empfohlen und evaluiert. Festzuhalten bleibt aber, dass sowohl im erweiterten Sicherheitsbegriff als auch im Begriff des »nachhaltigen Friedens« die Dimension »Kultur« fehlt. Es wird lediglich konstatiert, dass die bisherigen Bemühungen für einen »Dialog der Kulturen« intensiviert werden müssten (ebd.: 21).

2 Vgl. zur Neuausrichtung deutscher Außenpolitik z.B. Hellmann (2002: 3-5).

Wenn die Auswärtige Kulturpolitik mit ihren spezifischen Mitteln Prävention betreiben will, dann müssen zwei Fragen auf jeden Fall gestellt werden: Um welche Art von Konflikt oder Krise handelt es sich und welcher Konflikt oder welche Krise kann und soll überhaupt mit den Mitteln und Instrumenten der Auswärtigen Kulturpolitik bearbeitet werden?

Die Konflikte und Krisen seit dem Zerfall der bipolaren Weltordnung in den neunziger Jahren entsprechen in aller Regel nicht mehr dem klassischen Typus des *zwischenstaatlichen Krieges*. Im Jahr 2001 waren nur noch 6,5 Prozent der Kriege diesem Typus zuzuordnen.[3] Seit den neunziger Jahren rücken diejenigen Konflikttypen, die vorher nur am Rande dieser alten Weltordnung wahrgenommen wurden, ins Zentrum der Aufmerksamkeit; der vorherrschende Konflikttypus ist der *innerstaatliche Konflikt*. Das Potenzial der Bedrohung ist mit der Wandlung des Typus ebenfalls neuartig: leichtere Verfügbarkeit von Massenvernichtungs- und Kleinwaffen, verbesserte Militärtechnologie, Verwundbarkeit von modernen Industriegesellschaften, Privatisierung der Gewaltanwendung (substaatliche oder private Gewaltakteure), Vermischung von kriegerischen und verbrecherischen Handlungen, Asymmetrie in der Kriegsführung und verschwimmende Grenzen der inneren und äußeren Sicherheit sind die Faktoren der Bedrohung. Die Ursachen sind (ethnische) Unabhängigkeitsbestrebungen, gewaltsame Ausübung des Selbstbestimmungsrechts, Fundamentalismus, religiöser oder ideologischer Extremismus, Terrorismus, Regionalkonflikte, Umweltzerstörung, Ressourcenverknappung, Erreichen der Belastbarkeitsgrenze des globalen Ökosystems, Erhöhung der globalen Ungleichheit (globale Apartheid; Varwick 2002: 3). Dazu häufen sich menschliche Tragödien als Folge von Vertreibungen, Flucht und ethnischen Säuberungen. Die gewandelten Konfliktformen erfordern ein gewandeltes Verständnis der Friedenssicherungsinstrumente. Zur Ursachenbekämpfung sind in erster Linie nichtmilitärische Instrumente gefragt, wobei allerdings die Art der Krisen es erforderlich machen kann, dass militärische Maßnahmen nicht ausgeschlossen werden können. Militär soll aber nicht das letzte, sondern das äußerste Mittel der Krisenprävention sein (Varwick 2002: 9).

Unter solchen Bedingungen stellt sich die zweite Frage: Welche Krisen und Konflikte kann und soll die Auswärtige Kulturpolitik bearbeiten, und wo sind die Ansatzpunkte für Prävention oder Konsolidierung mit kulturpolitischen Mitteln möglich, sinnvoll oder nötig? (Beusch 2001: 56f.) Welche Konflikte eignen sich, um mit spezifisch kulturellen Maßnahmen vorbeugend einzugreifen? Diese grundsätzlichen Fragen stehen vor allen kurzfristig operativen Maßnahmen und Programmen, so richtig und hilfreich diese im Einzelfall auch sein mögen. Es ist zuvorderst eine gründliche Analyse der Konfliktursachen und -hintergründe erforderlich, die die kulturellen Aspekte herausarbeiten muss. Diese Notwendigkeit ergibt sich aus der einfachen Tatsache, dass jede Krise und jeder Konflikt so verschieden ist wie die Menschen, die sie austragen. Denn auch die psycho-

---

3 Vgl. dazu die Daten der Hamburger Arbeitsgemeinschaft Kriegsursachenforschung (www.akuf.de) und vom Heidelberger Institut für Internationale Konfliktforschung (www.hiik.de).

logische Komponente eines Konflikts ist letztlich kulturell bestimmt, deshalb sollte diese Ebene nicht vernachlässigt werden. Kramer schreibt dazu, dass es um die Einsicht gehe, »(...) dass nicht Kulturen, sondern immer nur Individuen mit unterschiedlicher kultureller Prägung miteinander in Kontakt treten (...)« (Kramer 2002). Der eigentliche Ansatzpunkt jeder vorbeugenden Politik ist also streng genommen der einzelne Mensch. Menschen verwickeln sich in Konflikte, und daraus folgt, dass Konflikte und Krisen als gesellschaftliche Realität anzuerkennen sind und nicht als solche bekämpfbar sind, sondern lediglich ihre gewaltsame Austragung. Politik, und damit auch die Auswärtige Kulturpolitik, die darauf ausgerichtet ist, die gewaltsame Austragung von Konflikten zu verhindern, wird so zur zivilisierten Fortführung von Konflikten (weil sie Konflikte als Realität anerkennt), und als solche betrachtet hat sie das Potenzial, krisenhafte und konfliktträchtige Auseinandersetzungen zwischen den beteiligten Parteien auf ein zivilisatorisches Niveau zu heben und letzten Endes Gewaltausbrüche zu verhindern. Der Aktionsplan zur zivilen Krisenprävention 2004 der Bundesregierung zielt in diese Richtung, wenn er konstatiert, dass die Auswärtige Kulturpolitik dazu geeignet ist, zum Abbau von Feindbildern, zur friedlichen Konfliktlösung und zum Dialog der Kulturen beizutragen (Bundesregierung 2004a: 43f.). Die Auswärtige Kulturpolitik muss also, wenn sie in der Vermeidung und Bewältigung von Krisen erfolgreich sein will, jeden Konflikt in seiner (kulturellen) Einzigartigkeit analysieren und aus den Ergebnissen Optionen für Handlungen ableiten. Dabei spielen sicherlich wirtschaftliche Überlegungen eine Rolle, aber auch Aussichten auf einen politischen Erfolg.

Die Auswärtige Kultupolitik hat die Chance, sich zu einem System der kulturellen Krisenprävention und Konfliktbewältigung insofern weiterzuentwickeln, als dass sie schon von vornherein definieren sollte, in welchen Krisen- und Konfliktregionen ein Engagement erfolgen soll, ob präventiv oder konsolidierend, und wie sie ihre Instrumente adäquat einsetzt. Dabei darf sie die individuelle Ebene nicht vernachlässigen; der Träger der Kultur ist der Mensch. Dann hat sie auch die Möglichkeit, sich von anderen Teilpolitiken zu emanzipieren. Sie kann mehr sein als die »Dritte Säule« der Außenpolitik. Sie kann durch eine gewisse Definitionsmacht ein kulturelles Warn- und Bearbeitungssystem werden, von dem andere Teilbereiche der internationalen Politik – Außenwirtschaftspolitik, Entwicklungspolitik, internationale Bildungspolitik – profitieren würden. Gleichzeitig muss sich die Auswärtige Kulturpolitik mit diesen Teilpolitiken rückkoppeln, um nachhaltig wirken zu können.

Möglichkeiten und Grenzen der kulturellen Prävention

Es ist angesichts der beschriebenen Konfliktlagen eine grundsätzliche und bisher nicht umfassend beantwortete Frage, wie und ob überhaupt mit kulturpolitischen Maßnahmen Krisenprävention in den internationalen Beziehungen betrieben werden kann. Es gibt einerseits die Annahme, dass Auswärtige Kulturpolitik und ihre Maßnahmen per se konfliktverhindernd seien, andererseits besteht das empirische Problem, dass alle, auch im weitesten Sinne kulturpolitischen Maßnahmen, die erfolgreich in der Verhinderung eines

Konfliktes gewirkt haben könnten, nicht zweifelsfrei im Sinne eindeutiger Kausalbeziehungen nachzuweisen sind. Und auch gescheiterte Prävention wird im seltensten Fall umfassend analysiert.[4] Es wird zwar allgemein eine »Kultur der Prävention« eingefordert und angestrebt, aber gleichzeitig bedeutet das nicht, dass »kulturelle Prävention« in das Vokabular der allgemeinen Außenpolitik Einzug gefunden hätte.[5]

Die Umsetzung präventiver Politikkonzepte stößt grundsätzlich an drei Punkten an ihre Grenzen: Es gibt immer politische Hemmnisse, dazu kommen psychologische Grenzen, und vielfach wird Prävention durch Bürokratie behindert. Der Wille von Regierungen, präventiv in Konflikte einzugreifen, stößt immer wieder an diese Grenzen. Die Fähigkeit, überhaupt vorbeugend handeln zu können, hängt darüber hinaus in hohem Maße von der Bereitstellung entsprechender Kapazitäten ab (Personal, Ausbildung, Institutionen). Die Entwicklung der Konzepte und institutionelle Neuerungen haben Fortschritte gemacht. Dennoch bleiben Schwierigkeiten, die einen grundsätzlichen Paradigmenwechsel – zumindest kurzfristig – eher unwahrscheinlich erscheinen lassen. Das hat zum einen mit der Schwierigkeit der Begriffe zu tun. Denn was ist unter »kultureller Prävention« zu verstehen? Diese Debatte steht erst am Anfang, wird aber verstärkt geführt. Zuerst hilft ein Blick in die *Konzeption 2000* des Auswärtigen Amts. Dieses Konzept ist eine Bestandsaufnahme und Neubeschreibung der Auswärtigen Kulturpolitik der Bundesrepublik nach den weltpolitischen Umwälzungen der neunziger Jahre (Auswärtiges Amt 2000a). Dort wird sie zunächst nach wie vor als »Dritte Säule der Außenpolitik« bezeichnet, und sie ist in dieser Funktion den allgemeinen Zielen der Außenpolitik verpflichtet. Konfliktprävention ist ein Teil davon. Dann wird unter Bezugnahme auf die Globalisierung konstatiert, dass die »(...) globale Angleichung der Alltagskultur (...) zum Verblassen zahlreicher Regionalkulturen und als Gegenreaktion zur Besinnung auf tradierte Kulturformen bis hin zu religiös und kulturell begründeten Konflikten (...)« führt. Daraus folgt ein erhöhter Bedarf nach Stabilisierung und Konfliktprävention. Die Mittel dazu sind Dialog, Förderung demokratischer Entwicklungsprozesse sowie Verwirklichung der Menschenrechte (ebd.: 3). Weiter beschreibt das Auswärtige Amt in der *Konzeption 2000* seine Strategien für die unmittelbare Zukunft. Unter diesen lassen sich zwei Maßnahmen analysieren, die der dialogorientierten Konfliktprävention dienen können: Durch den Aufbau von Dialogforen und globalen Netzwerken sollen Lerngemeinschaften etabliert werden, die dazu beitragen, durch besseres Wissen übereinander und mehr Verständnis füreinander konfliktverhindernd zu wirken. Diese Sichtweise wird auch der weiter oben gemachten Annahme gerecht, dass es immer erst um den einzelnen Menschen gehen muss. Weiterhin kommt der Auswärtigen Kulturpolitik die Aufgabe zu »(...) durch Stärkung kultureller Identitäten und der kulturellen Vielfalt (...) einer einseitigen Ökonomisierung aller Lebensbereiche entgegenzuwirken und Menschen Orientierungshilfe zu bieten.« (ebd.: 4) Aus dieser Aussage lässt sich schließen, dass die Ökonomisierung von Lebensumwelten der kulturellen Vielfalt und Identität schadet und somit Konfliktpotenzial

---

4 In diesem Sinne argumentiert Varwick (2002: 1) generell bezüglich präventiver Maßnahmen.
5 Vgl. dazu Carnegie Commission on Preventing Deadly Conflict (1997). In dieser Studie wurde eine allgemeine Kultur der Prävention in einer komplexen Arbeitsteilung unter Einbindung der Zivilgesellschaft gefordert.

beinhaltet. Im Umkehrschluss ist eine Politik, die der Ökonomisierung entgegenwirkt und Vielfalt und Identität fördert bzw. erhält, tendenziell konfliktverhindernd. Wird diese Politik mit kulturellen Mitteln, also im Sinne der Auswärtigen Kulturpolitik betrieben, so ist hier in der Tat ein präventives Potenzial der Kultur zu sehen.[6]

Die Vereinten Nationen hatten das Jahr 2001 als das »Jahr des Dialogs zwischen den Kulturen« ausgerufen. Dabei wurde unter anderem davon ausgegangen, dass eben dieser Dialog dazu beitragen kann, dass Konflikte verhindert oder leichter bewältigt werden können. Der wichtigste Beitrag, so die Vereinten Nationen, liege darin, dass die beste Verhinderung eines »clash of civilisations« die bessere und tiefere Kenntnis anderer Kulturen sei. Die Probleme fangen aber auch hier bei den Begriffen an: »Zivilisation« und »Kultur« werden nebeneinander verwendet und oft nicht unterschieden (Müller 1999: 31-34). Schwierig wird es, wenn man die Übersetzungen in andere Sprachen bemüht: Im Russischen, im Arabischen, im Chinesischen wird jeweils etwas anderes darunter verstanden. Im arabischen Raum gibt es die Befürchtung, dass aus einem solchen Dialog der Kulturen oder Zivilisationen die Überlegenheit einer bestimmten Kultur hervorgehen könnte. Es wird die Gleichheit der Kulturen als Basis des Dialogs gefordert. Europäer verstehen in aller Regel unter Kulturen komplexe Gebilde, die nicht monolithisch und einem ständigen Wandel unterworfen sind. Hier wird die Diversität der Kulturen betont. In Afrika gibt es die Auffassung einer universalistischen, panmenschlichen Zivilisation, deren Vision heute aktueller denn je sei. Zu diesen Auffassungen gesellt sich die Tatsache, dass auch schon innerhalb der verschiedenen Regionen, ja sogar einzelner Länder, kulturelle Unterschiede bestehen. Diese wenigen Beispiele zeigen, dass die Voraussetzungen für eine Konfliktprävention durch kulturelle Maßnahmen nicht gerade ideal sind. Dennoch kann man aufzeigen, dass die Politik, und insbesondere die Auswärtige Kulturpolitik, Möglichkeiten hat, Interessenausgleiche herbeizuführen und ein der Wahrnehmung der Konfliktparteien angepasstes präventives Handeln zu verfolgen. Der Deutsche Bundestag und das Auswärtige Amt verfolgen eine wertorientierte Auswärtige Kulturpolitik: Demokratieförderung, Verwirklichung der Menschenrechte, Nachhaltigkeit des Wachstums, Teilhabe am wissenschaftlich-technischen Fortschritt, Armutsbekämpfung und Schutz der natürlichen Ressourcen sind Werte, für die eindeutig Position bezogen wird. Diese Werte sind Bestandteile eines weit gefassten Kulturbegriffs. Das ist die eine Seite des hier betrachteten Politikfeldes.

Auf der anderen Seite stehen die Konflikte: Sie sind, wie dargelegt, normaler, notwendiger Bestandteil menschlichen Handelns und damit eine soziale Realität, die auch gesellschaftliche Entwicklung fördert. Konflikte an sich sind also nicht das eigentliche Problem, sondern deren gewaltsame Austragung. Das Ziel jeder Konfliktbearbeitung, also auch der deutschen Auswärtigen Kulturpolitik, ist daher die gewaltfreie, nichtmilitärische Austragung. Die Prävention besteht darin, den Ausbruch von gewaltsamen Handlungen zu verhindern, und zwar durch kulturelle Maßnahmen. Kann eine wertorientierte Auswärtige Kulturpolitik eine solche Arbeit leisten? Oder steht gerade die Wertorientierung dem

---

6   Dabei bleibt die Frage zu klären, ob die Auswärtige Kulturpolitik hier möglicherweise in unerwünschte Konkurrenz zur Außenwirtschaftspolitik, die auch ein Teil der allgemeinen Außenpolitik ist, tritt.

entgegen? Es besteht die reale Gefahr, dass sich Werte in einem Dialog zunächst gegenüberstehen, auch unversöhnlich. Eine präventiv ausgerichtete Auswärtige Kulturpolitik muss daher versuchen, durch ihre Instrumente auf beiden Seiten eines Konflikts – sowohl bei der dominierenden als auch bei der unterlegenen – Kapazitäten für eine konstruktive Konfliktbearbeitung bereitzustellen. Die Unterstützung und Förderung einer demokratischen Medienkultur beispielsweise dürfte hier von großer Bedeutung sein. Ein praktisches und sehr anschauliches Beispiel ist die Arbeit der Deutschen Welle in Afghanistan beim Aufbau des afghanischen Fernsehens. Auch der Austausch von künstlerischen Projekten und die Förderung kultureller Arbeit im weiteren Sinne sowie die Bereitstellung von Freiräumen, in denen gefahrlos Begegnungen stattfinden können, sind von großem Wert. Auch wenn sich ein Konflikt bereits in der Phase der Konfrontation befindet, können immer noch dialogorientierte Interventionen helfen. Hier kommt es darauf an, die Kommunikation aufrechtzuerhalten und sie konstruktiv zu gestalten. Auch das ist mit kulturellen Projekten möglich, denn es geht bei Konflikten immer auch um Fragen der Identität und Anerkennung. Identitäten drücken sich aber hauptsächlich durch kulturelle Äußerungen aus. Der Bezug auf eine Kultur ist nichts anderes als die Identifikation mit derselben. Das gilt sogar dann, wenn Kultur instrumentalisiert und missbraucht wird. Hier können Programme und Maßnahmen der Auswärtigen Kulturpolitik vermittelnd eingreifen und Möglichkeiten bereitstellen, sich mit der jeweils anderen Kultur und damit Identität auseinander zu setzen. Wenn Konfliktparteien die Chance haben, die identitätsstiftenden Merkmale der »gegnerischen« Kultur kennen- und begreifen zu lernen, dann gibt es auch die Chance, sich anders als gewalttätig auseinander zu setzen. Die Auswärtige Kulturpolitik kann dazu Räume bereitstellen, Ausstellungen organisieren, Lesungen veranstalten und somit einen kulturellen Dialog in Gang setzen, der es erlaubt, den Anderen mit anderen Augen zu sehen und die Interessen und Bedürfnisse zu artikulieren.

Ausblick: Zur politischen Wirksamkeit von Kultur

Wie kann die Kultur politische Kraft entfalten? Die Beantwortung dieser Frage scheint immer dringlicher zu werden. Sowohl in der Politik als auch in der Politikwissenschaft wird darüber nachgedacht, wie Kultur in der politischen Sphäre Wirkungen entfalten kann, weil der Kultur offenbar segensreiche Wirkungen zugeschrieben werden. Dabei stehen sich zwei Lager gegenüber: diejenigen, die den Kampf der Kulturen heraufziehen sehen, und diejenigen, die eher den verbindenden Charakter der Kultur beschreiben. Es spielt kaum eine Rolle, auf welche Seite man sich stellt. Entscheidend ist, ob Kultur überhaupt politisch wirken kann oder nicht. Der viel beschworene Dialog der Kulturen ist sicherlich nötig und sinnvoll, vor allem wenn er im Geiste der Offenheit, der Toleranz und des gegenseitigen Respekts geführt wird. Außerdem bedarf es einer gewissen Stabilität des eigenen politischen Systems, d.h. dass Dialoge am besten in einem wirtschaftlich stabilen Umfeld funktionieren können. Zwischen wirtschaftlich stabilen Systemen kommt es aber äußerst selten oder gar nicht zu Konflikten, die die Gefahr der gewaltsamen Austragung beherbergen. Daraus lässt sich schließen, dass der Dialog der Kulturen und seine präventive Kraft de facto zwischen wirtschaftlich ungleichen politischen Systemen stattfindet. Das heißt auch, dass die Prävention von Konflikten zwischen diesen Systemen zur Anwendung kommen muss. Ein Blick auf die politische Realität zeigt, dass diese Konstellation zumindest immer mitgedacht wird. Wenn wir vom Dialog der Kulturen reden, meinen wir in der Regel nicht den Dialog zwischen Deutschland und Italien, oder zwischen Frankreich und Großbritannien. Ob das heißt, dass diese Beziehungen konfliktfrei sind, sei dahingestellt. Jedenfalls erreichen sie nicht die Schwelle zur Gewalt.

Wann also wird Kultur politisch wirksam? Sie kann dann wirksam werden, wenn Repräsentanten des Staates einen selbstbewussten, positiven Umgang mit ihrer eigenen Wertordnung haben und aus dieser Haltung heraus neugierig auf das Andere, das Fremde sind. Dazu muss der Wille kommen, über andere Kulturen etwas lernen zu wollen. In Europa und in den USA haben wir die sozialen Grundlagen für einen selbstbewussten, toleranten und respektvollen Umgang mit anderen. Die Chance für kulturelle Prävention liegt deshalb zuallererst in den entwickelten Staaten des Westens, und das heißt auch, dass dort in Bildung und Ausbildung und kulturellen Austausch investiert werden muss, um das Wissen über andere Kulturen zu verbessern. Der zweite Faktor, der zur politischen Wirksamkeit von Kultur beiträgt, ist der der Verkörperung.[7] Ausgehend von der Tatsache, dass die politische Wirksamkeit des Staates in seiner Institutionalisierung und der Verfügbarkeit über Machtressourcen begründet ist und Kultur im Gegensatz dazu diese Eigenschaften nicht besitzt, liegt der Schluss nahe, dass Kultur sich das Gefäß, den Körper zu ihrer Wirksamkeit suchen muss. Dies könnte durch eine stärkere Institutionalisierung und Emanzipation von Auswärtiger Kulturpolitik und ihren Mittlerorganisationen geschehen, die mit einer adäquaten finanziellen Ausstattung versehen werden. Der Kulturhaushalt des Auswärtigen Amts bewegt sich seit Jahren bei ca. 25 Prozent Anteil am Gesamthaushalt des Amts.[8]

---

7   Diesen Begriff benutzt Müller (1999: 43).
8   Vgl. die Haushaltsangaben unter www.auswaertiges-amt.de

3.7 Zwischen Gutenberg und Google – Medien

von Horst Harnischfeger

Zu Recht wird unser Zeitalter das Medienzeitalter genannt. Die Medien haben eine beherrschende Stellung im täglichen Leben jedes Einzelnen erlangt, im Staats- und Wirtschaftsleben, ja bis zu einem gewissen Grade sogar in den Künsten. Die Erfindung und der Einsatz von Medien haben seit dem Beginn des zwanzigsten Jahrhunderts ein exponentielles Wachstum gezeigt. Das gilt vor allem für die elektronischen Medien Rundfunk, Fernsehen, Video, CD-Rom, DVD und Internet. Dies hat in den letzten Jahrzehnten viele dazu verführt, das älteste Medium, nämlich das Druckwerk (Buch, Zeitschrift, Zeitung), als eine aussterbende Spezies anzusehen. Solche Prognosen haben sich allerdings nicht bewahrheitet. Die verschiedenen Medien werden nebeneinander genutzt und keines scheint verdrängt zu werden[1], weil eben jedes Medium seine spezifischen Vor- und Nachteile hat. Deshalb ist zweifelhaft, wenn eine vom ehemaligen US-Präsidenten Clinton eingesetzte Kommission unter anderem empfiehlt, Bibliotheken durch Online-Auskunftsdienste und elektronische Bibliotheken oder Veröffentlichungen in Buch- und Zeitschriftenform durch Internet-Seiten zu ersetzen und die Zahl der Redner dadurch zu erhöhen, dass Videokonferenzen durchgeführt werden (United States Advisory Commission on Public Diplomacy 1996).

Wie in allen Lebensbereichen finden die Medien auch in der Auswärtigen Kulturpolitik eine breite Verwendung. Die Analyse dieses Feldes setzt einige grundsätzliche Überlegungen zu folgenden Fragen voraus:
– Was ist ein Medium?
– Was kann ein Medium leisten?
– Was kann ein Medium nicht leisten?
– Welche Konsequenzen ergeben sich daraus für das gesamte Spektrum der Instrumente der Auswärtigen Kulturpolitik?

Ein Medium ist ein »Zwischen«, ein »in der Mitte«, ein »Mittler«. Das ergibt sich aus der Etymologie (lateinisch »medius« = »der in der Mitte befindliche«, »der Mittlere«) ebenso wie aus dem heutigen Sprachgebrauch und schließlich aus der Sache selbst. Über Medien kann man deshalb sinnvoll nur sprechen, wenn man über drei Dinge spricht, nämlich über das Medium und die auf den beiden Seiten des Mediums Befindlichen. In der Kommunikationstheorie heißen die Beteiligten Sender, Medium und Empfänger. Geht es um den Dialog, wechseln Sender und Empfänger ihre Rollen im Verlauf des (Informations- oder Meinungs-)Austauschs.

---

1 Vgl. z.B. die Studie im Auftrag der EU-Kommission »Europeans' participation in cultural activities« vom April 2002, nach der das Internet von 34,5 % der Europäer in der EU genutzt wird, eine Mehrheit aber auch Bücher liest.

Ein Medium ist ein Raum von Möglichkeiten, von denen bei jeder Formbildung eine bestimmte aktualisiert wird. »Sichtbar« und operational greifbar sind immer nur Formen, nie ein Medium »an sich«. Dies muss betont werden, weil in Zeiten der Medieneuphorie gelegentlich über die nahezu unendliche Zahl der Möglichkeiten eben jene Formbildungen oder Inhalte vergessen werden, um die es in erster Linie geht.

Diese Inhalte oder »Botschaften« können durch das Medium verändert werden, durch einen Wandel der Natur der ursprünglichen Botschaft (die Fotografie eines Gemäldes ist nicht mehr ein Gemälde) oder durch so genannte Störgeräusche.

Betrachtet man die Medien mit Marshall McLuhan als »Ausdehnungen des Menschen«, so ist nach dessen Theorie auch darauf zu achten, welche Auswirkungen die Nutzung eines Mediums auf das bis dahin vertraute Umfeld hat (McLuhan/Powers 1995).

Im Folgenden werden die wichtigsten Medien unter diesen Gesichtspunkten jedes für die verschiedenen Zielrichtungen der Auswärtigen Kulturpolitik betrachtet.

Die Medien in der Auswärtigen Kulturpolitik

Das Buch

Der Kern der ersten noch von dem weitgehend unsubventionierten Verein Goethe-Institut gegründeten Institute im Ausland (z.B. Athen 1952) war eine Bibliothek, in der die Besucher deutschsprachige Literatur lesen und entleihen konnten. Bis heute gilt für viele, dass ein Kulturinstitut ohne Bibliothek nicht denkbar ist. Dennoch wurden aus finanziellen Gründen bereits in den achtziger Jahren des 20. Jahrhunderts zahlreiche Bibliotheken an Kulturinstituten im Ausland geschlossen, Aktionen, die bis zum Anfang des 21. Jahrhunderts den Verantwortlichen weiter notwendig erschienen. Damit steht die Bundesrepublik Deutschland nicht allein. Das Department of State und der British Council haben ebenfalls Bibliotheken in großer Zahl aufgegeben. Das alles könnte den Gedanken nahe legen, dass das Buch als Medium abgedankt habe. Das ist aber nicht der Fall. Die genannte Entwicklung in der Auswärtigen Kulturpolitik hat andere Gründe:
– Bibliotheken sind finanziell aufwändig (Mieten, ständige Aktualisierung, Personal).
– Sie sind in den großen Städten schwer erreichbar.
– Die Zahl der Nutzer ist entsprechend häufig gering.

Trotzdem hat die Bibliothek in ihrer traditionellen Bedeutung noch nicht ihren Sinn verloren. Es gibt Orte bzw. Länder, in denen sie sogar notwendig sind, um überhaupt den dortigen Interessierten eine Chance zu geben, sich mit deutscher Kultur, Politik, Wirtschaft oder Sprache zu befassen. In Ländern mit schwacher Infrastruktur wurden deshalb nicht nur neue Bibliotheken eingerichtet (in nahezu allen Ländern des ehemaligen Ostblocks), sondern auch zahlreiche Lesesäle (Stand 2005: 65).

Die Art der Bestände in den Bibliotheken und Lesesälen hat sich im Laufe der letzten Jahrzehnte entscheidend gewandelt. Wurde am Anfang viel Wert auf schöne Literatur gelegt, so ist deren Bedeutung zugunsten von Nachschlagewerken und Informationsmaterialien zurückgetreten. Zum Buch gesellten sich andere Medien: Hörkassetten, CDs, Videokassetten, CD-ROM und Filme.

Das Buch bleibt als Medium der Literatur unverzichtbar. Die Auswärtige Kulturpolitik stellt allerdings davon zunehmend weniger dem Interessierten im Ausland zur Verfügung. Sie beschränkt sich eher darauf, Hinweise auf wichtige Literatur zu geben und darauf, wo sie erhältlich ist. Vorstellungen, die Bibliotheken durch Online-Texte zu ersetzen, werden nur beschränkt realisierbar sein – nicht aus technischen Gründen, sondern weil offenbar kaum jemand bereit ist, einen Roman am Computer-Bildschirm zu lesen. Anders scheint es bei der Lyrik, die wegen ihres geringeren Volumens durchaus auch für den Bildschirm geeignet erscheint.[2]

Das Buch spielt für die Vermittlung der übrigen Künste nur im Sinne der Beschreibung oder der Gewinnung von Übersichten eine Rolle. Am Beispiel der bildenden Kunst wird deutlich, dass das im Buch oder auf einem anderen Druckmedium reproduzierte Kunstwerk niemals vollständig die künstlerische Aussage dem Betrachter vermitteln kann. »…was im Zeitalter der technischen Reproduzierbarkeit des Kunstwerks verkümmert, das ist seine Aura.« (Benjamin 1977: 13) Walter Benjamin hat mit diesem Begriff nicht nur das nahe Liegende gemeint, nämlich dass die physische Größe, die Farbnuancen oder die Oberflächenstruktur eines Werks der bildenden Kunst durch eine Reproduktion nicht genau erfasst werden können. Ihm ging es auch um die Umgebung, in der das Kunstwerk seinen Platz hat, und um die Tradition, in die es eingebettet ist, Dinge, die sich der Vermittlung über Distanzen überhaupt entziehen. Das Buch als Kunstband kann also immer nur zur Befassung mit Kunst anregen, die Erfassung des Kunstwerks durch die Betrachtung des Originals aber nicht ersetzen.

Für die Förderung der deutschen Sprache hat das Buch als Lehrbuch und Lesetext eine bleibende Bedeutung. Trotz aller Entwicklungen im Multimedia-Bereich, der auch für die Lehre der Sprache eingesetzt wird, greift der Lerner doch immer gern auf das Lehrbuch zurück. Mit Recht sind deshalb die Angebote deutscher Sprachkurse über Rundfunk, Fernsehen oder Internet mit der Ausgabe von Lehrbüchern verbunden.

Für das Feld der Informationsarbeit hat das Buch in der Form von Lexika und anderen Übersichts- und Nachschlagewerken noch eine gewisse Bedeutung, wird aber, wo vorhanden, vom Internet verdrängt.

Ähnliches gilt für das Gebiet der Bildungs- und Wissenschaftsförderung. Die Bibliotheken im Ausland haben allerdings nie den Anspruch erhoben, in irgendeinem Umfang das Gebiet der wissenschaftlichen Literatur abzudecken. Eine Ausnahme gilt nur für die Germanistik, von der wichtige Werke gehalten werden, wenn vor Ort dafür ein Bedarf besteht.

Eine relativ neue explizite Aufgabe der Auswärtigen Kulturpolitik ist die Konfliktprävention und die Förderung von Demokratie und Menschenrechten. Nach den großen politischen Veränderungen im Jahre 1990 versuchte Deutschland vor allem in den Ländern des früheren Ostblocks einen Beitrag zur Demokratieentwicklung zu leisten. Die zahlreichen neuen Goethe-Institute wurden mit guten Bibliotheken ausgestattet und ebenso Dutzende von Lesesälen eingerichtet. Die jüngsten Gründungen in Konfliktregionen – in Ra-

---

2 vgl. die Website www.lyrikline.de, die neben den Texten auch deren Lesung durch die Autoren bietet.

mallah und Sarajewo – verfügen allerdings nicht über eine Bibliothek. Von vornherein wurde dort mehr auf die Arbeit mit Kulturprogrammen, Begegnungen, Symposien und die so genannte bibliothekarische Verbindungsarbeit gesetzt. Andererseits wurden auf dem Balkan mehrere dortige Bibliotheken zur Ergänzung von deren Beständen mit Büchern ausgestattet.

Das Buch als Träger von Literatur oder Wissenschaft wird seine Bedeutung als Medium behalten. Für die Auswärtige Kulturpolitik ist die Form der Präsentation in eigenen Bibliotheken eher ein Auslaufmodell. Aber Bücher dorthin zu schicken, wo sie gebraucht werden, scheint eher Zukunft zu haben. So sind die erwähnten Lesesäle stets in großen öffentlichen Bibliotheken untergebracht, und es ist lange Tradition, germanistische Abteilungen an Universitäten (zum Teil über die dort tätigen Lektoren) oder Fortbildungseinrichtungen für Lehrer für Deutsch als Fremdsprache mit Fachliteratur auszustatten.

Inwieweit Zeitschriften als Druckwerke (wie z.B. die vom Goethe-Institut herausgegebenen »Humboldt«, »Fikrun wa Fann«, »Kulturjournal«, »Bildung und Wissenschaft«) noch eine langfristige Zukunft haben, ist eher zweifelhaft. In dem Maße, in dem diese auf Aktualität zielen, ist nach den heutigen Gewohnheiten der Informationsbeschaffung eher damit zu rechnen, dass sie in das Internet verlegt werden müssen. Es gibt zu denken, dass die Bayerische Staatsbibliothek im Jahre 2001 insgesamt 44.100 Zeitschriften hielt, unter denen bereits 4.200 rein elektronische waren.

Das Radio

Das erste Medium, das als so genanntes Massenmedium in der Auswärtigen Kulturpolitik eingesetzt wurde, war der Rundfunk. Die Deutsche Welle begann mit ihren für das Ausland bestimmten Sendungen 1926 (Düwell 1976: 191). Dasselbe unternahmen Holland (1927), Frankreich (1931) und Großbritannien (1932) (Mitchell 1986: 219). Die Zielgruppe dieser ersten Auslandssender waren vor allem die Staatsangehörigen, die im Ausland – entweder in den Kolonien oder als Minderheiten in benachbarten Ländern – lebten. Erst als Reaktion auf die Auslandspropaganda der Nationalsozialisten begannen die Sender, ihre Programme auch in fremden Sprachen auszustrahlen. Deutsche Welle-Radio sendet heute in 31 Sprachen. Die Ausstrahlung erfolgt zum Teil über Satellit (Europa), vorwiegend aber über die traditionelle Kurzwelle.

Gerade wegen der Geschichte, in der die Rundfunkpropaganda eine wichtige Rolle spielte, ist die Frage von äußerstem Interesse, wer auf der Seite des Senders die Programme und Inhalte gestaltet. Was von außen betrachtet als ein Regierungs- oder Staatsrundfunk erscheint, weil er aus Mitteln der Regierung finanziert wird, kann nur dann Vertrauen und damit Hörer im Ausland gewinnen, wenn er eine Verfassung hat, welche den Rundfunk unabhängig stellt und nur den journalistischen Pflichten unterwirft. In §61 des Deutsche-Welle-Gesetzes vom Jahre 1997 (Gesetz über den deutschen Auslandsrundfunk 1997) ist geregelt, dass der Sender keiner staatlichen Fachaufsicht unterliegt. Die Deutsche Welle ist im Übrigen ähnlich wie die öffentlich-rechtlichen Rundfunkanstalten organisiert mit einem pluralistischen Rundfunkrat und Verwaltungsrat. Das wichtigste Organ ist der Intendant, der vom Rundfunkrat gewählt wird. Er »leitet die Deutsche Welle selbständig« und »ist für die Programmgestaltung und für den gesamten Betrieb der Anstalt allein verantwortlich« (§42 DWG).

Fragt man nach der Empfängerseite, so ist die Datenlage äußerst dürftig. In ihrer Selbstdarstellung stellt sich die Verbreitung des DW-Radios wie folgt dar: 210 Millionen Erwachsene über 15 Jahre kennen DW-Radio. Rund 28 Millionen Menschen schalten eines der Programme von DW-Radio regelmäßig ein.[3] In Anbetracht fehlender Forschungen muss dahingestellt bleiben, was diese Hörer mit welcher Intensität dem DW-Radio entnehmen. Sicher ist lediglich, dass gesendet und diesen Sendungen auch eine gewisse Aufmerksamkeit geschenkt wird.

Hinsichtlich der Zielgruppen für das Radio sind die Verlautbarungen der Bundesregierung in den vergangenen Jahrzehnten eindeutig, zuletzt formuliert in dem Bericht der Bundesregierung zur medialen Außenrepräsentanz: »Hauptzielgruppe unserer medialen Außendarstellung sind Multiplikatoren in Medien, Politik, Wirtschaft, Wissenschaft und Kultur. Die besondere Aufmerksamkeit gilt dabei der nachwachsenden Generation.« (Bundesregierung 2002a: 5) Gemeint sind damit Ausländer, obwohl ein entscheidender Teil der Nutzer der Deutschen Welle Deutsche sind, die im Ausland leben oder sich dort vorübergehend aufhalten. Hier zeigt sich, dass in den Vorstellungen der verschiedenen Bundesregierungen die (propagandistische) Einwirkung auf die Welt im Vordergrund steht und die Dienstleistung für die eigenen Bürger eher verschämt als Nebenfolge in Kauf genommen wird. Das war am Anfang der Deutschen Welle nach dem Zweiten Weltkrieg noch anders. Als die Deutsche Welle am 3. Mai 1953 auf Sendung ging, sagte der damalige Bundespräsident Theodor Heuss: »Ich sende diesen ersten Gruß der alten Heimat, der unmittelbar durch den Äther das Ohr und auch das Herz der Menschen deutscher Herkunft, Art und Sprache in aller Welt sucht, mit bewegtem Herz.« (Weirich 1993: 111)

Für die Vermittlung der Künste kann das Radio nur eine sehr beschränkte Rolle spielen. Authentisch ist die eigens für dieses Medium ersonnene Kunst des Hörspiels. Für die Musik freilich ist das Radio als ausschließlich das Gehör ansprechendes Medium zwar prädestiniert, doch fehlt der so reproduzierten Musik das besondere Erlebnis der Interaktion zwischen ausübenden Künstlern und Publikum ebenso wie die akustische Umgebung, die den Hörer eines Konzerts erst das Kunstwerk in seiner Authentizität erfassen lässt.

Für den Bereich der deutschen Sprache ist es neben dem Fernsehen das Radio, über das Sprachkurse sehr früh angeboten wurden. Im Jahre 1966 wurde im Goethe-Institut ein Arbeitsbereich »Film, Funk, Fernsehen« eingerichtet. Bis 1976 waren sechs Kurse zu je 26 Lektionen fertig gestellt (»Familie Baumann«), die über die Deutsche Welle, den Deutschlandfunk und zahllose ausländische Sender ausgestrahlt wurden. Für die begleitenden Lernbücher wie auch für den Hörfunk-Kurs selbst wurden 29 Sprachfassungen hergestellt. Dieses Material erfreute sich zugleich eines regen Zuspruchs in den Sprachkursinstituten – Universitäten, Schulen, Goethe-Institute – die es in ihren Kursen unterstützend einsetzten. Nach diesen ersten Sprachkursen wurden neue entwickelt. Im Jahre

---

3   http://www.dw-world.de/german vom November 2002.

2002 bot die Deutsche Welle Kurse für die Grundstufe und die Mittelstufe (Deutsch – warum nicht? – insgesamt 104 Lektionen) sowie einen Kurs für Wirtschaftsdeutsch an. Abgesehen von der Möglichkeit, diese Kurse über den Sender in verschiedenen Sprachen zu hören, können die Interessenten die Kurse auch als Audio-Datei und das dazugehörige Lehrmaterial aus dem Internet herunterladen.

Der deutliche Schwerpunkt der Wirksamkeit des Radios liegt eindeutig auf dem Feld der Information. »Es gilt, das Interesse an und das Verständnis für Deutschland mit allen politischen, kulturellen, wirtschaftlichen, sozialen, wissenschaftlichen und touristischen Aspekten im Ausland zu fördern.« (Bundesregierung 2002a: 4) »Die wichtige Aufgabe, unser Land medial in der Welt wirksam darzustellen, entspringt unserem politischen und kulturellen Selbstverständnis, über Deutschland im Ausland differenziert, d.h. in seiner Vielfältigkeit und seinen pluralen Erscheinungsformen umfassend zu informieren. Auf diese Weise kann in der Welt das Vertrauenskapital in der Völkergemeinschaft erhalten und ausgebaut werden, dessen auch Deutschland in einer umfassenden Weise bedarf. Weitere ebenso wichtige Ziele sind die Verdeutlichung unserer Bereitschaft zur globalen Mitverantwortung und -gestaltung, die Standortwerbung in der globalen Konkurrenzsituation und nicht zuletzt als Export orientiertes Land die Vermarktung unserer Produkte.« (ebd.: 3)

Für den Bereich Bildung und Wissenschaft spielt der Rundfunk nur eine untergeordnete Rolle. Gemeinverständliche Berichte über wissenschaftliche Forschung sind das Einzige, was das Radio zu bieten hat, und als solche eher der allgemeinen Informationsarbeit zuzuordnen.

Konfliktprävention sowie die Förderung von Demokratie und Menschenrechten sind Aufgabengebiete, für die das Radio eine besonders wichtige Rolle spielt. Dabei kommt ihm zugute, dass mit relativ geringem Aufwand in vielen Sprachen gesendet werden kann. Über das Radio ist es also möglich, gezielt in eine von Krisen geschüttelte Region oder ein Land, das sich auf dem Wege zur Demokratisierung befindet, weitgehend objektive Informationen zu senden, die eine Orientierung der jeweils betroffenen Bevölkerung ermöglicht. Als Beispiel kann auf die Aktivitäten im Zusammenhang mit dem Kosovo-Krieg verwiesen werden. Unter amerikanischer Ägide wurde im April 1999 das Projekt »Ring around Serbia« installiert, in dessen Rahmen vier amerikanische und europäische Sender von den Nachbarländern Serbiens aus in serbo-kroatischer Sprache Informationen über den Konflikt aus der Sicht dieser westlichen Länder über Kurzwelle, UKW und Mittelwelle sendeten (Meckel 2000: Randnr. 49). Wie stark dieses Angebot genutzt wurde, zeigt die Tatsache, dass z.B. die Deutsche Welle und Voice of America in albanischer Sprache von 50 Prozent der Bevölkerung wöchentlich gehört wurden (serbo-kroatisch nur von 3,8 Prozent).

Das Fernsehen

Obwohl der Hörfunk seine hervorragende Stellung als Massenmedium für Information und Unterhaltung mit dem Aufkommen des Fernsehens verloren hat, bleibt seine Bedeutung wegen seiner nahezu unbegrenzten Reichweite erhalten. Für die deutsche Auswärtige Kulturpolitik wurde das Fernsehen erst Anfang der neunziger Jahre des 20. Jahrhunderts installiert. Mit der Wiedervereinigung verlor das Ende der achtziger Jahre gegründete und vom Bund finanzierte Fernsehunternehmen RIAS-TV seinen Auftrag. Die Fusion dieses Senders mit der Deutschen Welle führte dazu, dass diese heute weltweit ein Fernsehprogramm in fünf Sprachen aussenden kann.

Fernsehprogramme hatte die Deutsche Welle auch zuvor, nämlich seit 1965, produziert, allerdings nur mit dem Ziel, sie über den Kanal von »TransTel«, einer Tochtergesellschaft von ARD und ZDF, in Ländern der Dritten Welt von dort ansässigen Sendern ausstrahlen zu lassen. 1973 war noch der »european television service e-te-s« mit entsprechender Funktion für Nordamerika und Europa hinzugetreten.

Für die deutsche Sprache leistet auch das Fernsehen der Deutschen Welle einen Beitrag, indem es einen – wenn auch sehr kleinen (12 Sendungen à 4-5 Minuten) – Sprachkurs regelmäßig sendet. Zum Erlernen der deutschen Sprache ist dieser freilich nicht geeignet, aber er kann eine Motivation fördern und in dem Gesamtpaket der Video-, Audio- und Druckmaterialien eine gewisse Rolle spielen.

Der Schwerpunkt unter den Funktionen der Auswärtigen Kulturpolitik liegt eindeutig auf dem Gebiet der Information. So ist der Kern- und Angelpunkt die ausführliche Nachrichtensendung, die Neuigkeiten aus Deutschland, aber auch aus der ganzen Welt präsentiert. Daneben gibt es so genannte Features, Berichte aus den verschiedensten Bereichen des Lebens in Deutschland.

Mit dem Magazin »Leonardo« berichtet die Deutsche Welle über Forschungs- und Entwicklungsergebnisse aus Deutschland.

Abgesehen von den Informationen über die Künste in Deutschland kann das Fernsehen zur Vermittlung der Künste keinen Beitrag leisten. Selbst die besondere Kunstform des Fernsehspielfilms hat in den Programmen der Deutschen Welle keinen Raum. Unter anderem um diese Lücke zu füllen wurde zwischen der Deutschen Welle, ARD und ZDF der Auslandskanal German TV gegründet, der mit seinen Sendungen im Frühjahr 2002 zunächst für die Zielregion USA und dort als Pay-TV begann. Das Programm enthält neben Dokumentationen, Serienfilmen, Kriminalfilmserien und Talk-Shows auch Übertragungen und Berichte über die Spiele der Fußball-Bundesliga und Nachrichtensendungen. Ob eine Ausdehnung dieses Programms über die USA hinaus möglich sein wird, hängt im Wesentlichen von der Finanzierbarkeit ab, die bis jetzt (Ende 2003) nicht gesichert ist.

In diesem Zusammenhang ist der private Fernsehsender »Channel D« zu erwähnen, der ein ganz ähnliches Programm auch in Nordamerika als Pay-TV vertreiben wollte und rund ein Jahr früher als »German TV« seine Sendungen aufgenommen hatte. Channel D hat seinen Sendebetrieb Anfang Oktober 2002 eingestellt und Antrag auf Insolvenz gestellt. Die Abonnenten und Frequenzen werden von German TV übernommen. Channel D konnte innerhalb von einem Jahr nur knapp 1.000 Abonnenten gewinnen.

Nach einer Erhebung von Nua Internet Surveys betrug die Zahl der Internet-Nutzer Ende September 2002 weltweit 605 Millionen. Bei der letzten Untersuchung im Mai desselben Jahres zählten die Marktforscher global noch 580 Millionen Nutzer. 190,91 Millionen dieser »Onliner« stammen dabei aus Europa, was einem weltweiten Anteil von 31,5 Prozent entspricht. Der »alte Kontinent« behauptet damit seine führende Position in diesem Bereich. Den zweiten Platz mit 30,9 Prozent bzw. 187,24 Millionen Internet-Nutzern hat sich erstmals die Asien-Pazifik-Region erkämpft, während sich in Nordamerika mit 30,1 Prozent bzw. 182,67 Millionen Web-Surfern inzwischen doch so etwas wie eine Sättigung abzeichnet. Im Mutterkontinent des Web ist jedenfalls kaum noch ein Wachstum in Hinblick auf die Nutzerzahlen auszumachen.[4]

Unabhängig davon, ob noch weiteres Wachstum der Internet-Nutzung stattfinden wird oder nicht: das Internet ist ein Medium, welches wegen seiner leichten und zugleich universellen Zugänglichkeit wie kein anderes für die Verbreitung und die Beschaffung von Informationen geeignet ist. Daneben – und dies ist der besondere Vorteil dieses Mediums – erleichtert es auch die Kommunikation in der Form der E-Mail oder des so genannten Chat-Rooms. Die Dimension der Nutzung des Mediums sei an einer Zahl verdeutlicht: Das Goethe-Institut unterhält seit Jahren eine Website. Im Jahre 2002 sind darauf 50.000 Seiten eingestellt. Pro Tag werden 120.000 Seiten abgerufen (Goethe-Institut 2002: 46). Die Auswärtige Kulturpolitik hat die Chancen, die das Medium Internet bietet, genutzt.

Für die Förderung der deutschen Sprache bietet das Internet neue hervorragende Möglichkeiten:

– Fernsprachkurse mit einer Betreuung anzubieten und damit das bisherige Angebot über die Massenmedien zu erweitern,
– den Inhalt von Lehrbüchern und anderen Materialien vorzustellen und Materialien bestellen zu lassen, sei es für Lerner oder Lehrer,
– für Deutsch als Fremdsprache mit geringem Aufwand zu werben.

Hinsichtlich der Informationsarbeit ist das Internet im Verhältnis zu allen anderen Medien unschlagbar. Über das im Jahre 2002 im Auftrag des Presse- und Informationsamts der Bundesregierung eingerichtete Deutschland-Portal gibt es eine nahezu unendliche Fülle von Möglichkeiten, sich Informationen über Deutschland zu beschaffen, von wichtigen Daten des Statistischen Bundesamts bis zu Studienmöglichkeiten an deutschen Hochschulen. Das Deutschlandportal enthält wie auch die Websites der Mittlerorganisationen wichtige Links zu anderen Informationsquellen.[5] Wer also heute über einen Internet-Zugang irgendwo in der Welt verfügt, kann sich umfassend und ausführlich informieren, und das zu jeder Zeit.

Trotz der Möglichkeiten, die das Internet bietet, bleiben die Informationszentren der Kulturinstitute im Ausland und der Zentrale des Goethe-Instituts wichtige Anlaufstellen

---

4   Bericht von ecin (Electronic Commerce Info Net) vom 04.11.2002 (www.ecin.de/news).
5   s. dazu auch den Beitrag von Udo Rossbach in diesem Band, Kapitel 3.5.

für Menschen, die sich für Aspekte der deutschen Kultur interessieren. Nur die Institute sind in der Lage, sprachliche Probleme des Interessenten zu lösen oder vertiefte Recherchen zu speziellen Themen anzustellen.

Für die Bereiche der Künste sowie Bildung und Wissenschaft bietet das Internet Zugang zu jedweder Information. Insoweit gilt hierfür das allgemein über die Informationsarbeit Gesagte.

Was die Konfliktprävention und die Förderung von Demokratie und Menschenrechten betrifft, so ist das Internet ebenfalls eine Informationsquelle für all diejenigen, die sich in ihren Heimatländern mit solcher Zielsetzung engagieren wollen.

Inhaltliche Probleme

Das erste inhaltliche Problem, das hier zu behandeln ist, ist eines der Definition: Die Frage nämlich, ob der Film als Medium oder als Kunstform zu behandeln ist. In den offiziellen Verlautbarungen und in der einschlägigen Literatur wird der Film in der Regel unter der Rubrik »Medien« eingeordnet. Das erscheint nicht angemessen. Der Spiel- und auch der Dokumentarfilm sind vielmehr als Kunstform anzusehen. Der Film ist nicht ein Mittler, sondern ganz unmittelbar ein durch die Anwendung bestimmter Techniken und der Phantasie geschaffenes ästhetisches Objekt (Arnheim 1974). Die Multiplizierbarkeit steht dieser Einschätzung ebenso wenig entgegen wie Graphiken oder Bronzeskulpturen wegen ihrer Multiplizierbarkeit der Kunstcharakter abgesprochen werden kann. Für die Auswärtige Kulturpolitik, die den Dialog der Kulturen anstrebt und deshalb die Vorstellung von Kunstwerken im Ausland als einen wichtigen Teil ihres Aktionsprogramms ansieht, hat dies zur Konsequenz, dass bei der Auswahl von Filmen allein künstlerische Qualitätsmerkmale eine Rolle spielen dürfen (und nicht etwa Gesichtspunkte der Landeskunde). Auch für die Präsentation ist wichtig, dass der Film an solchen Orten gezeigt wird, für die er produziert wurde, nämlich im Kino, und nicht etwa als Video im Fernsehen, denn nur als Original, d.h. als Kinofilm, kann er seine volle ästhetische Wirkung entfalten. In der Praxis der Auswärtigen Kulturpolitik führt dies häufig zu Konflikten zwischen denen, die einen Hauptzweck in der Ansehensmehrung Deutschlands im Ausland sehen, und denen, die im Kulturaustausch als solchem einen Beitrag zur Völkerverständigung sehen. Denn der Film setzt sich naturgemäß auch mit problematischen Aspekten des gesellschaftlichen Lebens auseinander.

Dies führt zu dem zweiten allgemeinen Problem der Medien. Für die Künste gilt nämlich, dass ihre Vermittlung überzeugend nur ohne Zuhilfenahme der Medien erfolgen kann. Wie oben schon verschiedentlich angedeutet, verursacht jedes Medium Störgeräusche, es verfälscht das jeweilige Kunstwerk. Die Präsentation über ein Medium wird dem Kunstwerk damit nicht gerecht. Das gilt für die Musik, für die bildenden Künste ebenso wie für Theater und Tanz. Die Medien mögen in der Vor- oder Nachbereitung eine nützliche Rolle spielen, können aber die authentische Vorstellung nicht ersetzen. Mit Recht haben sich deshalb immer wieder Musiker geweigert, ihre Darbietungen auf Medien aufnehmen zu lassen (berühmtestes Beispiel: der große Dirigent Sergiu Celibidache: »…die Akustik ist ein fortbildendes Element. Deswegen ist die Schallplatte die Vernichtung der Musik. Denn sie wird nicht in derselben Akustik gehört, in der man sie aufgenommen hat.«[6]).

Das dritte inhaltliche Problem für die Medien ist das von der Auswärtigen Kulturpolitik mit Recht geforderte Prinzip des Dialogs über die Grenzen. Mit diesem zentralen Begriff wird die Hoffnung verbunden, dass durch den Dialog ein Beitrag zum friedlichen Miteinander der Völker geschaffen wird. Die Medien sind dem Dialog gegenüber weitgehend resistent. Beim Buch, dem Radio, dem Fernsehen oder auch dem Internet bleiben Autor, Sprecher oder Schauspieler für den Leser oder Empfänger Fremde. Die Wirkung des Anwesenden, mit dem ein unmittelbarer Kontakt hergestellt und ein Dialog geführt werden kann, ist eine substantiell andere als die über die Medien vermittelte Präsenz. Der persönliche Kontakt ist intensiver, facettenreicher und damit in jedem Falle eindrücklicher. Deshalb kann die Auswärtige Kulturpolitik nicht auf die Organisation von Begegnungen unter Menschen verzichten. Wenn demgegenüber von den Medienbegeisterten die Dialogfähigkeit des Rundfunks (Hörerpost) oder des Internet (Austausch von E-Mails, Chat-Rooms) betont wird, so ist doch darauf hinzuweisen, dass dies zwar Ansätze zum Dialog sein mögen, aber die Begegnung nicht ersetzen können. Anders als die oben zitierte amerikanische Studie muss für die Auswärtige Kulturpolitik gefordert werden, dass sie die menschlichen Begegnungen weiterhin als zentralen Bestandteil ihrer Aktivitäten ansieht.

Organisatorische Probleme

Institutionelle Vielfalt
Wie in der Auswärtigen Kulturpolitik insgesamt, so ist die institutionelle Vielfalt auch im Bereich der Medien ein Charakteristikum. Radio und Fernsehen sind allerdings in einer einzigen Anstalt vereint, der Deutschen Welle, die als einziger Sender des Bundes für Sendungen ins Ausland ein Monopol hat. Für das Buch waren bis 2001 im Wesentlichen zwei Institutionen tätig, nämlich das Goethe-Institut und Inter Nationes, die auf diesem Feld eng kooperierten und wegen der Kompetenzverteilung auch kooperieren mussten. Dieser Zustand wurde durch die Fusion der beiden Organisationen zu Beginn des Jahres 2001 beendet.

Nicht zuletzt von Ausländern, die auf kulturellem Gebiet mit Deutschland zusammenarbeiten wollen, wird häufig über die Pluralität der Mittler in Deutschland geklagt. Im Inland haben gelegentlich Politiker diese Frage aufgegriffen und zentrale koordinierende Institutionen gefordert. Das Medium Internet hat allerdings die Problematik entschärft. In ihm stellen sich nicht nur alle Organisationen dar, sondern sie sind auch durch Links miteinander verbunden bzw. verweisen auf verwandte Dienstleistungen anderer Organisationen. Der Interessent kann also leicht den institutionellen Dschungel durchwandern und ihn für sich selbst transparent machen.

---

6   Gespräch mit Sergiu Celibidache, das der Orchesterreferent des SFB, Dr. Klaus Lang, am 29.11.1974 in Stuttgart geführt hat und das im Dezember 1974 im SFB gesendet wurde.

Eigene Produktionen oder Übernahmen

Für die Mittlerorganisationen stellt sich die Frage, ob sie für ihre in das Ausland gerichtete Arbeit eigenes Material, also Sprachkurse, Informationen, Dokumentarserien etc. herstellen oder auf das zurückgreifen wollen, was der jeweilige Markt bietet. Diese Frage ist in der Praxis unterschiedlich behandelt worden. Auf dem Gebiet der Sprachlehrbücher für Deutsch als Fremdsprache z.B. haben das Goethe-Institut oder andere Mittler nie eigene Produktionen auf den Markt gebracht, weil dieser genügend anbot. Radio- und Fernsehsprachkurse hingegen sind so kostenaufwändig, dass kein Privatanbieter sich bisher auf diesem Gebiet betätigt hat. Aber es gibt auch Koproduktionen mit anderen global tätigen Institutionen wie z.B. der Fernsehsprachkurs »Hallo aus Berlin«, eine Koproduktion von BBC und dem Goethe-Institut, der seit Anfang 2003 ausgestrahlt wird.

Anders ist die Frage zu beurteilen, wenn es um Informationen über Deutschland geht. So unterhält z.B. die Deutsche Welle einen ausgedehnten Redaktionsstab, um Nachrichten und Features aller Art herzustellen. Dass dies allgemein als selbstverständlich angesehen wird, hängt mit der Geschichte des Staatsrundfunks zusammen. Es ist zu bezweifeln, ob dies notwendig ist, zumal von den öffentlich-rechtlichen wie auch von Privatsendern täglich mindestens qualitativ gleichwertige Sendungen erstellt werden. Das pluralistische Bild Deutschlands, das die Auswärtige Kulturpolitik zu vermitteln für sich in Anspruch nimmt, würde sicherlich noch bunter, wenn sich die Deutsche Welle auf Übersetzungen (soweit Fremdsprachen erforderlich sind) beschränkte und technisch die weltweite Ausstrahlung übernähme, die eigentlichen Inhalte also auf dem großen und pluralistischen Markt in Deutschland erwerben würde. Auf diese Weise könnten die Kosten für den Staatsrundfunk Deutsche Welle wesentlich gesenkt werden, ohne dass dadurch die Effizienz der Auswärtigen Kulturpolitik in diesem Bereich vermindert würde. Im Gegenteil: Ein solches Programm wäre für die Teilnehmer im Ausland, ob Deutsche oder Ausländer, auf jeden Fall lebendiger und damit aufschlussreicher.

Zusammenfassung

Durch die so genannten neuen Medien (Internet, CD-ROM, DVD, Video) haben sich für die Auswärtige Kulturpolitik neue Möglichkeiten ergeben, im Sinne ihrer Ziele und auf ihren Tätigkeitsfeldern zu wirken. Soweit es um Information geht, kann mit mehr Effizienz weltweit ein erheblich größeres Publikum erreicht werden. Das gilt vor allem für das Internet. Die alten Medien (Printmedien, Radio, Fernsehen) behalten ihre Bedeutung überall dort, wo der Zugang zu neuen Medien nicht gegeben ist, aber es scheint nicht nur legitim, sondern auch in Anbetracht beschränkter Ressourcen geboten, eine gewisse Umverlagerung von Mitteln vorzunehmen. Falsch wäre eine Politik, die ausschließlich auf die neuen Medien setzte. Der Dialog unter Menschen verschiedener Kulturen und die Präsentation der Künste in ihrer authentischen Form sollten ein wesentlicher Bestandteil der Auswärtigen Kulturpolitik bleiben.

4. Nationale Akteure

4.1 Kontrolle und Impulse – Die Mitwirkung des Bundestags

von Otto Singer

Die Außenkulturpolitik ist eine Domäne der Exekutive. Zum institutionellen Umfeld der Auswärtigen Kulturpolitik gehört aber auch die parlamentarische Ebene. Dabei nimmt der Deutsche Bundestag eine Rolle ein, die weniger auf die direkte Einflussnahme ausgerichtet ist, sondern vor allem in indirekten – d.h. diskursiven und kontrollierenden – Funktionen besteht. Die direkten und bestimmenden Handlungsmöglichkeiten des Parlaments auf dem Gebiet der Auswärtigen Kulturpolitik sind dagegen begrenzt (Schulte 2000: 81ff.). Dies zeigt sich etwa beim Abschluss kultureller Regierungsabkommen. Diese stellen als Vertragsgesetze gemäß Art. 59 Abs. 2 GG nur formelle Gesetze dar, dem Bundestag kommt hier kein Recht auf eine materielle Beteiligung zu. Eine Beteiligung des Parlaments bereits an den Vertragsverhandlungen ist nicht vorgesehen. Bei grundlegenden politischen Fragen werden dem Parlament gleichwohl weitergehende Beteiligungskompetenzen eingeräumt. Darunter fallen beispielsweise Friedensverträge, Abrüstungsverträge und militärische Bündnisse, aber auch der Beitritt zu internationalen Organisationen (etwa UNESCO oder Europarat).[1]

Der institutionelle Rahmen des parlamentarischen Handelns

Neben den verhältnismäßig begrenzten direkten Mitwirkungsmöglichkeiten[2] stehen dem Deutschen Bundestag auf dem Gebiet der Auswärtigen Kulturpolitik vor allem indirekte Kompetenzen zu. Hierzu zählt zunächst das Budgetrecht, das als politisches Steuerungsinstrument z.B. bei der finanziellen Ausstattung der Mittlerorganisationen oder des Aus-

---

1 Das verfassungsrechtliche Verhältnis von Bundestag und Exekutive ist jedoch nicht unumstritten. Nach traditioneller staatsrechtlicher Auffassung gehört die Führung der Außenpolitik wesensmäßig zum Bereich der Regierung und Verwaltung. Heute wird von einer engeren Verknüpfung von Regierungs- und Gesetzgebungsfunktion ausgegangen, wobei das Schwergewicht weiterhin bei der Exekutive gesehen wird (Bierling 1999: 21ff.; Geiger 2003).

2 Hierzu gehört etwa die gesetzgeberische Kompetenz im Hinblick auf die Rundfunkanstalt des Bundesrechts »Deutsche Welle«.

landsrundfunks fungieren kann.[3] Eine Besonderheit ist in diesem Zusammenhang die ressortübergreifende Darstellung der Ausgaben auf dem Gebiet der Auswärtigen Kulturpolitik im Haushaltsplan des Bundes. Auch dies geht auf einen Vorschlag der Enquete-Kommission »Auswärtige Kulturpolitik« zurück (Enquete-Kommission 1975: 33).[4]

Hinzu kommen die Informations- und Kontrollmöglichkeiten der parlamentarischen Ebene. Der Bundestag nimmt seine Rechte durch die einzelnen Organe wie Plenum, Ausschüsse und Unterausschüsse wahr. Kontrollmöglichkeiten bestehen zunächst durch das Zitier- und Interpellationsrecht. Zu Ersterem gehört das verfassungsmäßige Recht des Bundestags und seiner Ausschüsse, jederzeit die Anwesenheit von Regierungsmitgliedern verlangen zu können (Art. 43 Abs. 1 GG). Dem Zitierrecht steht das Recht von Regierung und Bundesrat gegenüber, an den Sitzungen des Bundestags und seinen Ausschüssen teilzunehmen und gehört zu werden (Art. 43 Abs. 2 GG). Zum Zitierrecht gesellt sich das ihm verwandte Interpellationsrecht; es ist die Befugnis des Bundestags, Anfragen an die Regierung zu richten. Dies kann durch eine Große Anfrage geschehen, die mit einer öffentlichkeitswirksamen Bundestagsdebatte verknüpft werden kann. Möglich sind auch Kleine Anfragen sowie mündliche und schriftliche Fragen einzelner Parlamentarier. Schließlich kann der Bundestag durch das ihm eigene Mittel der Plenardebatte außenkulturelle Themen aufgreifen und dadurch versuchen, die Regierungspolitik zu beeinflussen (Ismayr 2001: 327ff.).[5]

Der Deutsche Bundestag setzte im Lauf seiner Geschichte Ausschüsse bzw. Unterausschüsse ein, die sich in unterschiedlicher Zuordnung und Abgrenzung mit Fragen der Auswärtigen Kulturpolitik beschäftigten. Dieses Politikfeld wurde in der 14. Wahlperiode dem neu eingesetzten Bundestagsausschuss »Kultur und Medien« übertragen. Von großer Bedeutung ist das den Ausschüssen 1969 eingeräumte Selbstbefassungsrecht. Es eröffnet die Möglichkeit, sich aufgrund eigener Entscheidung – ohne Überweisung oder Auftrag des Plenums – mit Gegenständen aus ihrem Arbeitsbereich zu befassen. Das Selbstbefassungsrecht hat sich zu einem wichtigen Instrument parlamentarischer Kontrolle entwickelt. Dem Ausschuss wird dadurch ermöglicht, sowohl außenkulturelle Grundsatzfragen als auch aktuelle Entwicklungen zum Gegenstand seiner Beratungen zu machen. Ein wichtiges Instrument der Beratung sind öffentliche, teilweise auch nichtöf-

---

3   Im Jahr 2004 ging es bereits im Vorfeld der Haushaltsberatungen um die Frage des Subventionsabbaus im Kulturbereich: Nach einer längeren Debatte wurde die Auswärtige Kulturpolitik von geplanten Kürzungen ausgenommen. Vgl. dazu die Bundestagsdebatte vom 12. März 2004 (Deutscher Bundestag 2004) und die Beschlussempfehlung des Ausschusses für Kultur und Medien zum Antrag »Auswärtige Kulturpolitik stärken« (Ausschuss für Kultur und Medien 2004).

4   Dementsprechend sind seit den späten siebziger Jahren die verschiedenen Ausgabenbereiche im haushälterisch sehr unübersichtlichen Feld der Auswärtigen Kulturpolitik in einer »Übersicht II« im Einzelplan 05 (Auswärtiges Amt) des Bundeshaushaltsplanes zusammengefasst worden. Seit dem Haushalt des Jahres 2003 wird jedoch diese Praxis nicht fortgesetzt, die zusammenfassende Übersicht der außenkulturellen Ausgaben aller Ressorts wird inzwischen im Finanzbericht des Bundesministeriums der Finanzen veröffentlicht (Bundesministerium der Finanzen 2004: 350ff.).

5   Vgl. dazu die Internet-Informationen über Organisation, Gremien und Beziehungen des Deutschen Bundestages (http://www.bundestag.de/parlament/index.html).

fentliche Anhörungen (Hearings) mit Experten aus Wissenschaft und Praxis (Schick/ Schreiner 2003).[6]

Ergänzt wird die Informationsbeschaffung des Deutschen Bundestags durch den Ausbau eigener Analysekapazitäten. Enquete-Kommissionen unterstützen die Legislative durch die Einbeziehung externen, vor allem wissenschaftlichen Sachverstands.[7] Auch die Wissenschaftlichen Dienste des Deutschen Bundestags verbreitern die Analysekapazitäten des Parlaments. Sie unterstützen die Abgeordneten bei ihrer politischen Arbeit im Parlament durch Fachinformation, Analysen und gutachtliche Stellungnahmen. Hinzu kommt die fachliche und organisatorische Unterstützung durch die Sekretariate der Ausschüsse.[8] Die Informationsgewinnung des Parlaments gründet dabei auch auf Berichtspflichten der Bundesregierung. Dazu gehören Berichte, die die Bundesregierung dem Deutschen Bundestag auf Grund von gesetzlichen Vorschriften oder auf Grund von Beschlüssen des Deutschen Bundestags vorzulegen hat. Für die Auswärtige Kulturpolitik existiert erst seit einigen Jahren eine solche Berichtspflicht, obwohl die Enquete-Kommission »Auswärtige Kulturpolitik« bereits im Jahr 1975 eine umfassende Berichtspflicht für das Auswärtige Amt vorgeschlagen hatte.[9]

Zu erwähnen sind auch die internationalen Kontakte des Bundestags und der Ausschüsse, die ebenfalls zur regierungsunabhängigen Informationsbeschaffung genutzt werden. Dies betrifft etwa die Informationsreisen von Fachausschüssen und Abgeordnetengruppen, aber auch die ständigen Delegationen in Parlamentarischen Versammlungen internationaler Organisationen (Deutscher Bundestag 2005). Sie bieten eine zusätzliche Informationsquelle für Abgeordnete, stellen ein Forum zum internationalen Meinungsaustausch dar und sind außerdem ein wichtiges Instrument der parlamentarischen Kontrolle im außenkulturellen Bereich geworden. Diese internationalen Kontakte sind gleichzeitig eine subtile Form der parlamentarischen Einwirkung auf die Auswärtige Kulturpolitik.[10]

Gestaltungsformen der parlamentarischen Beteiligung: Der Ausschuss für Kultur und Medien

Neben Ansätzen zur besseren Koordination der Politik zwischen föderalen Ebenen und der ressortbezogenen Abstimmung in der Bundesregierung gab es auch immer wieder

---

6 Hinter der Ausschusstätigkeit wirken die fachspezifischen Arbeitsgruppen der Fraktionen, die ihrerseits die außenkulturpolitischen Themen mit Blick auf die Exekutive und die relevanten gesellschaftlichen Debatten diskutieren und damit die Agenda dieses Politikfeldes beeinflussen (Ismayr 2001: 95ff.).

7 Die erste Enquete-Kommission des Deutschen Bundestags überhaupt wurde zum Thema »Auswärtige Kulturpolitik« eingerichtet (Metzger 1995: 148).

8 Vgl. dazu ausführlich die Informationen der Wissenschaftlichen Dienste des Deutschen Bundestags (www.bundestag.de/bic/wissenschaftlichedienste/index.html).

9 Vgl. dazu die parlamentarische Debatte vom 15. Juni 1994 (Deutscher Bundestag 1994b). Im Rahmen dieser Debatte wurde ein Entschließungsantrag der Fraktionen von CDU/CSU und FDP (Deutscher Bundestag 1994a) angenommen, wonach die Bundesregierung einen jährlichen Bericht zur Auswärtigen Kulturpolitik vorlegen solle. Im Jahr 1996 hat die Bundesregierung erstmalig den Bericht für die Jahre 1994/1995 vorgelegt.

10 Hinweise finden sich vor allem unter http://www.bundestag.de/parlament/internat/int_bez/index.html.

Veränderungen der parlamentarischen Entscheidungs-, Kontroll- und Konsultationsformen. Dies zeigt sich vor allem in der Arbeit der Bundestagsausschüsse. Die Arbeitsbereiche der Ausschüsse entsprechen dabei zumeist der Aufgabenverteilung der Bundesministerien. Im Bereich der Auswärtigen Kulturpolitik wurde dieses Prinzip allerdings nicht immer eingehalten. Das unterschiedlich ausgeprägte Bestreben des Deutschen Bundestags, Einfluss auf die Ausgestaltung der Außenkulturpolitik zu gewinnen, lässt sich am Beispiel der jeweils dafür geschaffenen Ausschuss-Strukturen bis zu den Anfängen der Bundesrepublik zurückverfolgen (Singer 2003).

Seit der 14. Wahlperiode (1998-2002) gibt es einen eigenständigen Kulturausschuss (»Ausschuss für Kultur und Medien«), der auch für die Auswärtige Kulturpolitik zuständig ist (Vorsitzende 1998-1999: Elke Leonhard; seit 1999: Monika Griefahn). Der neue Kulturausschuss wurde 1998 nach der Bundestagswahl neu eingerichtet. Die Bundesregierung schuf gleichzeitig das Amt des »Beauftragten der Bundesregierung für die Angelegenheiten der Kultur und der Medien« beim Bundeskanzler (1998-2000: Michael Naumann; 2001-2002: Julian Nida-Rümelin; ab 2002: Christina Weiss). Damit wurden zwei neue Institutionen geschaffen, die eine stärkere kulturpolitische Akzentuierung des Parlaments- und Regierungshandelns verdeutlichen sollten. Die in der Vergangenheit breit verstreuten Aktivitäten in kulturellen und medialen Angelegenheiten wurden wieder in einem parlamentarischen Ausschuss zusammengefasst. Auch die Auswärtige Kulturpolitik wurde diesem Ausschuss zugeordnet. Das Aufgabengebiet des Ausschusses für Kultur und Medien umfasst freilich nicht nur das Gebiet der Auswärtigen Kulturpolitik, sondern vor allem die Themen aus dem Zuständigkeitsbereich der Beauftragten der Bundesregierung für Kultur und Medien (Griefahn 2001a).

Der Ausschuss lässt sich im Rahmen seiner Beratungen regelmäßig durch den Außenminister über aktuelle Entwicklungen Bericht erstatten, um die Arbeit der Regierung kritisch begleiten zu können. Auf der Tagesordnung des Ausschusses stehen auch immer wieder Gespräche mit Vertretern von Institutionen, die zum Politikfeld der Außenkulturpolitik gehören (insbesondere die Mittlerorganisationen). Darüber hinaus führt der Ausschuss öffentliche Anhörungen von Sachverständigen durch und berät zudem aktuelle Themen, die auf breites Interesse stoßen, in öffentlicher Sitzung. Dies betraf in jüngerer Zeit vor allem die Herausforderung der Deutschen Einheit, das Ende der Blockkonfrontation und die Auswirkungen der Globalisierung. Betont wurde die Notwendigkeit einer intensiveren Kommunikation zwischen den Kulturen.[11] Es ging um die Etablierung kulturpolitischer Dialogstrukturen auf internationaler Ebene und um die Verbesserung interkultureller Lern- und Kommunikationsprozesse (Griefahn 2001b; 2003).[12]

Die Neugliederung der parlamentarischen Zuständigkeiten war freilich nicht von einer entsprechenden Verlagerung der Ressortkompetenzen begleitet. Nach 1998 wurden die innenpolitischen Kulturbereiche (aber auch der Auslandsrundfunk) zur Domäne der Beauftragten für Kultur und Medien, während die Auswärtige Kulturpolitik mit ihren Mitt-

---

11 An diesen Zielen orientiert sich auch die aktuelle Reform des Auslandsrundfunks (Griefahn 2004).

12 Verdeutlicht wird dies anhand der Internet-Informationen über die Tätigkeit des Kulturausschusses (http://www.bundestag.de/parlament/gremien15/a21/index.html). Vgl. dazu auch Singer (2003: 22ff.).

lerorganisationen weiterhin dem Auswärtigen Amt zugeordnet blieb. Demgegenüber lag nun die parlamentarische Zuständigkeit für die Kulturpolitik und auch für die Auswärtige Kulturpolitik beim neu geschaffenen Ausschuss für Kultur und Medien. Vorgesehen war ursprünglich – entsprechend der Koalitionsvereinbarung von SPD und Bündnis 90/Die Grünen vom Herbst 1998 –, auch die Auswärtige Kulturpolitik in das neue Aufgabenfeld des Beauftragten der Bundesregierung für die Angelegenheiten von Kultur und Medien (BKM) einzubeziehen. Nach einer Reihe von Abstimmungsprozessen zwischen den Ressorts setzte sich schließlich das Auswärtige Amt mit der Ansicht durch, dass sich die geplante Trennung der Kultur vom Außenressort als nicht sachgerecht erweisen würde. Die Auswärtige Kulturpolitik verblieb deshalb in der Verantwortung des Außenamtes.

Die Folge war jedoch ein *Mismatch* zwischen parlamentarischen Ausschuss-Strukturen und der Verteilung der Ressortzuständigkeiten innerhalb der Bundesregierung. Die parlamentarische Zuständigkeit für die Auswärtige Kulturpolitik verblieb beim neu geschaffenen Ausschuss für Kultur und Medien, der freilich nicht für außenpolitische Belange verantwortlich ist. Umgekehrt ist der Auswärtige Ausschuss, dem vordem die außenkulturellen Belange in einem entsprechenden Unterausschuss oblagen, nicht mehr mit der Kulturarbeit im Ausland betraut. Mehrere Auswege aus dieser institutionellen Inkongruenz sind in den letzten Jahren vorgeschlagen worden, wobei sich entsprechend der institutionellen Zuordnung recht unterschiedliche Präferenzen für eine Neuordnung der Zuständigkeiten feststellen lassen. Der Deutsche Kulturrat – wie auch viele andere Akteure der eher national fokussierten Kulturpolitik – plädiert für eine Verlagerung der Auswärtigen Kulturpolitik in den Zuständigkeitsbereich der Kulturstaatsministerin (Zimmermann 2002). Der Generalsekretär des Instituts für Auslandsbeziehungen, Kurt-Jürgen Maaß, betont hingegen die Notwendigkeit, Kultur als außenpolitisches Instrument einzusetzen. Kulturarbeit als Teil der Außenpolitik sei aber nur umzusetzen in Verbindung und mit Hilfe der diplomatischen Strukturen im Ausland. Angesichts der Fülle der im Kulturausschuss zu behandelnden Themen sei es deshalb notwendig, für die Auswärtige Kulturpolitik ein eigenständiges parlamentarisches Gremium einzurichten (Maaß 2002b; 2003a).[13]

Europäische Perspektiven

Von besonderer Bedeutung für die Auswärtige Kulturpolitik ist heute die fortschreitende europäische Integration. Die kulturelle Repräsentation in den europäischen Mitgliedstaaten wird dabei zunehmend als eine Art »europäischer Kulturinnenpolitik« verstanden, immer deutlicher wird aber gleichzeitig der Bedarf für eine europäische Außenkulturpolitik, die das Prinzip der Nationalstaatlichkeit in der Auswärtigen Kulturpolitik überwindet (Singer 2004: 39ff.). Mit der Einigung über die Europäische Verfassung beim abschließenden Treffen der Regierungskonferenz am 18. Juni 2004 in Brüssel haben sich die Bedingungen für eine Außenkulturpolitik der Europäischen Union verbessert. Die Politik-

---

13 Eine Möglichkeit wäre die Einrichtung eines gemeinsamen Unterausschusses »Auswärtige Kulturpolitik« durch den Auswärtigen Ausschuss und den Ausschuss für Kultur und Medien.

bereiche mit Mehrheitsentscheidungen werden ausgeweitet und mit der Einführung eines Präsidenten des Europäischen Rats (Art. I-21) und des Außenministers der Union (Art. I-27) wird erstmals eine gemeinsame europäische Außenpolitik möglich werden. Damit werden gleichzeitig auch die Voraussetzungen für eine Außenkulturpolitik der Europäischen Union geschaffen. Allerdings wird auch in Zukunft der subsidiäre Charakter der Kulturpolitik der Europäischen Union fortbestehen: Die Europäische Verfassung sieht ebenso wie die bestehenden Verträge vor, dass die Gemeinschaft nur innerhalb eines engen Rahmens zur Kulturförderung befugt ist. Die Union kann innerhalb dieses Rahmens auch nur unterstützend tätig werden, da die Kompetenz im kulturellen Bereich weiterhin grundsätzlich den Mitgliedsländern zusteht. In diesen engen Handlungsrahmen ist auch eine zukünftige Auswärtige Kulturpolitik der Europäischen Union eingebunden. Gleichzeitig sieht die neue Verfassung erweiterte Handlungsmöglichkeiten für die nationalen Parlamente vor. Auch für den Deutschen Bundestag ergeben sich hieraus – gerade mit Blick auf die außenkulturellen Aspekte – neue Aufgaben und Herausforderungen.[14]

14 Der Verfassungsvertrag verleiht den nationalen Parlamenten mehr Kontroll- und Beteiligungsrechte gegenüber der Regierung und mehr Informationsrechte gegenüber den Akteuren in Brüssel. Zum einen bekommen die nationalen Parlamente mehr Informationsrechte, und zum zweiten wird ein so genannter Frühwarnmechanismus im Bereich der Subsidiaritätskontrolle errichtet.

4.2 Führung ohne Monopol – Das Auswärtige Amt in der Auswärtigen Kulturpolitik

von Günter Sautter

Rechtlich, geschichtlich und finanziell betrachtet ist das Auswärtige Amt in Deutschland der stärkste Spieler in der Auswärtigen Kulturpolitik des Bundes. Es ist aber kein Monopolist; sein Gestaltungsspielraum ist durch ein kompliziertes System der Gewaltenteilung und Gewaltenverschränkung begrenzt.

Staatsrechtlich legt Artikel 32 des Grundgesetzes fest, dass die Pflege der Beziehungen zu auswärtigen Staaten Sache des Bundes ist. Die Gemeinsame Geschäftsordnung der Bundesregierung konkretisiert diese Bestimmung; sie legt fest, dass das Auswärtige Amt in zentraler Weise die auswärtigen Beziehungen Deutschlands gestaltet. Das 1990 verabschiedete »Gesetz über den Auswärtigen Dienst« weist dem Auswärtigen Amt außerdem die Aufgabe zu, die auswärtigen Beziehungen der Bundesregierung insgesamt zu koordinieren. Daraus leitet sich auch eine weitgehende Zuständigkeit des Auswärtigen Amts in der Auswärtigen Kulturpolitik ab.

Diese Rolle des deutschen Außenministeriums ist geschichtlich gewachsen. Kurz nach dem Ersten Weltkrieg war das Auswärtige Amt das erste Ministerium, das eine systematische Gestaltung der Kulturbeziehungen zwischen Deutschland und dem Ausland als politische Aufgabe begriffen und eine eigene Kulturabteilung eingerichtet hat (Witte 2003a). Seit seiner Neueinrichtung 1951 hat das Auswärtige Amt der Auswärtigen Kulturpolitik Deutschlands immer wieder entscheidende Impulse gegeben. Die Minister Konrad Adenauer und Heinrich von Brentano haben in der Nachkriegszeit die Kultur als Feld der Außenpolitik aufgewertet und den Kulturhaushalt des Außenministeriums vervielfacht (Grolig 2003a). In den siebziger Jahren hat das Auswärtige Amt – namentlich Ralf Dahrendorf und Hildegard Hamm-Brücher – eine Schlüsselrolle bei der Vorbereitung des Enquete-Berichts zur Auswärtigen Kulturpolitik gespielt, der für mehr als zwei Jahrzehnte Maßstäbe gesetzt hat. Zur Jahrtausendwende hat schließlich Bundesaußenminister Joschka Fischer eine neue Konzeption für das ganze Politikfeld vorgelegt. Diese Konzeption erhebt einen klaren Führungsanspruch innerhalb der Bundesregierung: »Die politischen Leitlinien der Auswärtigen Kulturpolitik der Bundesregierung werden vom Auswärtigen Amt formuliert und koordiniert.« (Auswärtiges Amt 2000b: 17) Tatsächlich hat bisher keine andere staatliche Einrichtung in Deutschland einen vergleichbaren Einfluss auf die Auswärtige Kulturpolitik insgesamt genommen.

Diese besondere Stellung schlägt sich auch im Bundeshaushalt nieder. Im Jahr 2004 hat der Bund insgesamt rund 1,1 Milliarden Euro für den internationalen Kulturaustausch ausgegeben. Davon ist mit 543 Millionen Euro fast die Hälfte an das Auswärtige Amt geflossen.

Trotzdem ist das Auswärtige Amt kein Monopolist. Das liegt zum einen in der Natur des internationalen Kulturaustauschs. Anders als die klassische Diplomatie ist der Kulturaustausch als hoheitliche Staatsaufgabe undenkbar. Schließlich findet echter Austausch nur dort statt, wo nicht Regierungen, sondern Menschen ins Gespräch kommen. Die Hauptrolle spielen also die Künstler, Wissenschaftler, Vereine und Kulturgesellschaften, die den Kulturaustausch überhaupt erst möglich machen.

Zum anderen sieht das politische System Deutschlands in der Auswärtigen Kulturpolitik eine weitgehende Gewaltenteilung vor. Der deutsche Föderalismus bringt mit sich, dass sich in den Bereichen Kultur und Bildung nicht nur der Bund, sondern auch Gemeinden und Länder engagieren, von der Städtepartnerschaft bis hin zur Anerkennung ausländischer Studienabschlüsse. Außerdem gehört es zum Grundkonsens in der Auswärtigen Kulturpolitik, dass die Mittlerorganisationen, die gemeinsam mit dem Auswärtigen Amt den Kulturdialog gestalten, in ihrer inhaltlichen Arbeit weitgehend frei sind.

Schließlich haben in den letzten Jahrzehnten zunehmend andere Einrichtungen des Bundes Aufgaben übernommen, die zur Auswärtigen Kulturpolitik gehören. Heute arbeiten fünf Bundesministerien in nennenswertem Umfang auf diesem Feld. Außerdem entfalten die Beauftragten der Bundesregierung für Kultur und Medien seit 1998 Wirkung weit über Deutschland hinaus – zumal über die Deutsche Welle. Diese Streuung von Verantwortlichkeiten ist seit der Neugründung des Auswärtigen Amts nach dem Zweiten Weltkrieg angelegt. Dass sie sich in den letzten Jahren verstärkt hat, entspricht ähnlichen Entwicklungen etwa in der Wirtschafts- und Finanzpolitik. Auch dort ist im Zuge von Europäisierung und Globalisierung politischer Einfluss vom Auswärtigen Amt auf andere Ressorts übergegangen (Schulte 2000: 82-97). In der Folge ist das Auswärtige Amt heute in der Auswärtigen Kulturpolitik des Bundes zwar der stärkste Spieler, aber eben keineswegs der einzige.

Auswärtige Kulturpolitik als Teil der Außenpolitik

Grundverständnis des Auswärtigen Amts ist, dass die Auswärtige Kulturpolitik ein fester Bestandteil der deutschen Außenpolitik ist. Damit ist mehr als nur eine thematische Zuständigkeit bezeichnet. Die *Konzeption 2000* des Auswärtigen Amts schreibt fest, dass die Auswärtige Kulturpolitik die gleichen Interessen verfolgt und den gleichen Grundwerten verpflichtet ist wie die deutsche Außenpolitik insgesamt. Ausdrücklich soll die Auswärtige Kulturpolitik deshalb einen Beitrag zu Friedenssicherung, Konfliktverhütung, Verwirklichung der Menschenrechte, Demokratie, nachhaltigem Wachstum, Armutsbekämpfung und Schutz natürlicher Ressourcen leisten.

Die Auswärtige Kulturpolitik des Auswärtigen Amts ist also kein Selbstzweck. Sie verfolgt konkrete politische Ziele, ohne dabei die Autonomie von Kunst und Wissenschaft anzutasten. Formuliert man diese Ziele abstrakt, dann haben sie sich in den letzten Jahrzehnten nur wenig verändert. Die Auswärtige Kulturpolitik des Auswärtigen Amts will ihren Beitrag dazu leisten, im Ausland deutsche Interessen zu vertreten; sie will ein zeitgemäßes Bild von deutscher Kultur vermitteln; gleichzeitig will sie Sympathien für Deutschland schaffen und Neugierde für seine Kultur wecken. Diese sehr allgemeinen

Ziele muss das Auswärtige Amt aber immer wieder an neue außenpolitische Rahmenbedingungen und Herausforderungen anpassen.

Heute muss sich die deutsche Auswärtige Kulturpolitik einem ganzen Bündel neuer außenpolitischer Herausforderungen stellen. Wichtige Stichwörter sind dabei die fortschreitende Globalisierung von Wirtschaft, Wissenschaft und Kultur, die Vertiefung und Erweiterung der Europäischen Union und die Sicherheitsbedrohung durch den internationalen Terrorismus. Vor diesem Hintergrund spielen in der gegenwärtigen kulturpolitischen Arbeit des Auswärtigen Amts drei Ziele eine besonders wichtige Rolle.

Erstens soll die Auswärtige Kulturpolitik einen Beitrag zur Gestaltung einer friedlichen Weltordnung leisten. Sie soll helfen, Probleme zu bewältigen, die sich aus der wirtschaftlichen und kulturellen Globalisierung ergeben. Dadurch soll sie einen Beitrag dazu leisten, Konflikte zu entschärfen oder zu verhindern – seien ihre Ursachen ethnisch, religiös oder kulturell. Dieser Überlegung liegt ein erweiterter Sicherheitsbegriff zugrunde. Er geht davon aus, dass nicht nur diplomatische und militärische, sondern auch wirtschaftliche und kulturelle Maßnahmen Frieden und Sicherheit schaffen. Ausgehend von dieser Einschätzung hat die Bundesregierung im Sommer 2004 einen Aktionsplan zur zivilen Krisenprävention verabschiedet, der auch auf die Auswärtige Kulturpolitik setzt (Maaß 2004).

Gerade in den islamisch geprägten Staaten steht die Auswärtige Kulturpolitik dabei vor großen Herausforderungen. Schließlich erschweren die politischen Entwicklungen seit dem 11. September 2001 die Verständigung zwischen »Ost« und »West« ganz erheblich. Damit kein kultureller Konflikt zwischen Europa und seinen Nachbarn an den südlichen Ufern des Mittelmeers aufbricht, sucht das Auswärtige Amt heute verstärkt den kulturellen Dialog mit den Menschen in der Region.

Zweitens zielt die Auswärtige Kulturpolitik des Auswärtigen Amts darauf, den europäischen Integrationsprozess zu stärken (Müller 2004). Nach der Erweiterung der Europäischen Union im Mai 2004 und der Unterzeichnung der Europäischen Verfassung im Oktober 2004 hat dieses traditionelle Ziel Auswärtiger Kulturpolitik neue Bedeutung gewonnen. Schließlich soll eine erweiterte und vertiefte Europäische Union nicht nur eine bürokratische Einrichtung sein. Das Europa der Zukunft soll sich noch stärker als bisher als gemeinsamer Kulturraum verstehen, dessen Stärke gerade in der Auflösung des Widerspruchs zwischen kultureller Einheit und Vielfalt liegt.

Einem *dritten* Ziel hat das Auswärtige Amt symbolisch zusätzliche Bedeutung verliehen, indem es kürzlich seine frühere Kulturabteilung in Kultur- und Bildungsabteilung umbenannt hat. Dieser Entscheidung liegt die Bewertung zugrunde, dass gerade der internationale Austausch im Bereich Wissenschaft und Hochschulen im Informationszeitalter eine besondere Bedeutung hat. Schließlich leistet dieser Austausch einen wichtigen Beitrag zur Sicherung Deutschlands als Wissenschafts- und Wirtschaftsstandort.

Die Arbeitsfelder der Kultur- und Bildungsabteilung

Die vier großen Arbeitsfelder, auf denen das Auswärtige Amt traditionell diese Ziele verfolgt, sind die kulturelle Programmarbeit, die Förderung der deutschen Sprache, das Auslandsschulwesen sowie der Wissenschafts- und Hochschulaustausch. Drei Zahlen vermitteln einen Eindruck, in welcher Größenordnung sich das deutsche Außenministerium auf diesen Feldern engagiert: Jahr für Jahr besuchen rund 70.000 Jugendliche deutsche Schulen im Ausland. Die Deutschkurse des Goethe-Instituts haben im Jahr 2003 über 150.000 Menschen erreicht. Und der Deutsche Akademische Austauschdienst sowie die Alexander von Humboldt-Stiftung bringen derzeit jedes Jahr über 60.000 Stipendiaten aus aller Welt an deutsche Hochschulen und Forschungsinstitute.[1]

Diese Arbeit bewältigen die rund 100 Mitarbeiter in der Kultur- und Bildungsabteilung des Auswärtigen Amts und ihre Kollegen an über 200 Auslandsvertretungen nicht allein. Das ist auch gar nicht ihre Aufgabe. Als Bundesministerium soll das Auswärtige Amt Auswärtige Kulturpolitik nicht selbst durchführen; seine Kernaufgabe liegt in der strategischen Planung.

Die Umsetzung übernehmen in erster Linie die so genannten Mittlerorganisationen. Die größte Mittlerorganisation, die mit dem Auswärtigen Amt zusammenarbeitet, ist das Goethe-Institut. 2003 hat es an 128 Orten weltweit kulturelle Programmarbeit, Spracharbeit und Informationsarbeit geleistet. Zu diesen Zwecken hat das Auswärtige Amt dem Institut 2003 rund 170 Millionen Euro zugewendet. Den Deutschen Akademischen Austauschdienst fördert das Auswärtige Amt vor allem dadurch, dass es Stipendien an ausländische Studierende und Wissenschaftler und rund 450 Lektorenstellen an Hochschulen im Ausland finanziert. 2003 hat das Auswärtige Amt den Deutschen Akademischen Austauschdienst bei dieser Arbeit mit über 110 Millionen Euro unterstützt. Der Alexander von Humboldt-Stiftung hat das Auswärtige Amt im gleichen Jahr über 20 Millionen Euro zugewendet, mit denen die Stiftung rund 1.600 Stipendien für Spitzenforscher aus aller Welt finanziert hat.

Dazu kommen weitere Partnerorganisationen wie das Deutsche Archäologische Institut, das Institut für Auslandsbeziehungen, die Deutsche UNESCO-Kommission und das Haus der Kulturen der Welt. Eine Sonderrolle spielt die Zentralstelle für das Auslandsschulwesen, die 2003 aus dem Haushalt des Auswärtigen Amts rund 170 Millionen Euro erhalten hat. Aus diesen Mitteln unterstützt die Zentralstelle fast 120 privatrechtlich organisierte deutsche Schulen in aller Welt. Während die Mittlerorganisationen der Organisationsform nach überwiegend Vereine und Stiftungen sind, führt das Auswärtige Amt die Fachaufsicht über diese Abteilung des Bundesverwaltungsamts. Das Ministerium hat in der Zusammenarbeit mit der Zentralstelle für das Auslandsschulwesen also vergleichsweise großen Gestaltungsraum.

Kultur, Sprache, Wissenschaft, Schule – auf diesen traditionellen Arbeitsfeldern arbeitet das Auswärtige Amt eng mit seinen Durchführungsorganisationen zusammen. Eine ganz andere Arbeitsweise ist dagegen in der multilateralen Kulturpolitik gefragt. Dieses Engagement in den Foren der Europäischen Union, der UNESCO, des Europarats und der OSZE hat unter dem Vorzeichen von Globalisierung und europäischer Integration stark an Bedeutung gewonnen. Das Auswärtige Amt setzt sich in diesem multilateralen Rah-

---

1 Ausführliche Überblicke geben der Bericht der Bundesregierung über die Auswärtige Kulturpolitik sowie: Auswärtiges Amt (Hg.): Auswärtige Kultur- und Bildungspolitik heute, Berlin 2002

men für grundlegende kulturpolitische Interessen ein, etwa für eine gemeinsame europäische Kulturpolitik oder für den weltweiten Schutz der kulturellen Vielfalt.

Das Auswärtige Amt als Impulsgeber

Trotz dieses multilateralen Engagements bleibt eine wichtige Kernaufgabe des Auswärtigen Amts, seinen deutschen Partnerorganisationen immer wieder neue und zeitgemäße Impulse zu geben. Das Ministerium muss die Arbeit seiner Partnerorganisationen ermöglichen, steuern und koordinieren.

Zunächst schafft das Auswärtige Amt die entscheidenden Voraussetzungen dafür, dass seine Partner im Ausland erfolgreich tätig sein können. Zum einen stellt das Ministerium die nötigen finanziellen Mittel zur Verfügung. Zum anderen schafft es gesicherte rechtliche Rahmenbedingungen für die Arbeit seiner Partnerorganisationen im Ausland, indem es für die Bundesregierung Kulturabkommen mit den Regierungen der jeweiligen Gastländer abschließt. Derzeit bestehen über 120 dieser völkerrechtlichen Verträge. Sie regeln, in welchen Bereichen die Partnerorganisationen des Auswärtigen Amts arbeiten dürfen und welche Rechte sie bei dieser Arbeit haben.

Das Auswärtige Amt nimmt außerdem auf verschiedenen Wegen Einfluss auf die Planung der Kulturarbeit seiner Partner. Ein besonders wichtiges Mittel ist dabei die jährliche Haushaltsaufstellung. Über die Zuteilung von Haushaltsmitteln setzt das Auswärtige Amt thematische Akzente, die dann allerdings noch die Zustimmung des Bundestags finden müssen. Ein klar erkennbarer Trend ist etwa, dass sich das Ministerium in den letzten Jahren fortwährend für den Ausbau des internationalen Hochschul- und Wissenschaftsaustauschs stark gemacht hat.

Das Auswärtige Amt nimmt auch Einfluss auf die regionalen Schwerpunkte seiner Partnerorganisationen. Ziel ist dabei, dass die Akteure der Auswärtigen Kulturpolitik in den Teilen der Welt präsent sind, die für Deutschland in der absehbaren Zukunft von besonderem außenpolitischem Interesse sind. Diese Entscheidungen über regionale Schwerpunkte können eine große Tragweite haben. Ein Beispiel dafür war die Grundsatzentscheidung, nach dem Ende des Kalten Kriegs die kulturellen Beziehungen zu den Menschen im östlichen Europa deutlich zu stärken (Grolig 2003b). Das Auswärtige Amt und seine Partner haben diese geschichtliche Chance von der ersten Stunde an genutzt. Heute fließen mehr als 20 Prozent des Kulturhaushalts des Ministeriums in diese Region. Solche grundlegenden Richtungsentscheidungen macht die außenpolitische Entwicklung immer wieder notwendig. Derzeit plant das Auswärtige Amt deshalb, sein Engagement in der Auswärtigen Kultur- und Bildungspolitik im Nahen und Mittleren Osten, in den neuen Mitgliedstaaten der Europäischen Union sowie in Asien zu verstärken.

Diese regionalen Umsteuerungen kann das Auswärtige Amt nicht über die Zuteilung von Haushaltsmitteln steuern. In der Regel treffen das Ministerium und seine Mittler in einer Vielzahl von Gremien Absprachen über die Schwerpunkte ihrer gemeinsamen Arbeit. Das gilt auch für eine große Bandbreite einzelner Themen – von der Eröffnung neuer Goethe-Institute bis hin zu Sofortmaßnahmen in Krisengebieten wie Afghanistan oder dem Irak. Dabei ist der Einfluss des Auswärtigen Amts von Partner zu Partner verschieden groß; in vielen Fragen kann das Ministerium seine Interessen eher in partnerschaftlicher Zusammenarbeit als durch Vorgaben verfolgen.

Dabei leistet das Ministerium wichtige Koordinationsarbeit. Diese Koordination vollzieht sich auf zwei Ebenen. Zum einen setzt die Kultur- und Bildungsabteilung des Auswärtigen Amts regionale und thematische Schwerpunkte. Diese Arbeit leisten derzeit zwölf Referate, darunter drei Regionalreferate und vier Themenreferate. Gemeinsam mit dem Grundsatzreferat entwickeln diese Arbeitseinheiten längerfristige Strategien und koordinieren große Einzelvorhaben. Solche Koordinationsarbeit hat viele Dimensionen. Neben der Abstimmung mit den Mittlerorganisationen sind Absprachen mit anderen Bundesministerien, mit den Ländern, aber auch mit privaten Partnern und mit den Außenministerien anderer Staaten notwendig.

Ein größeres Einzelvorhaben wie das Projekt »Deutschland in Japan« macht anschaulich, was das bedeutet. Dieses Großprojekt mit einem Volumen in zweistelliger Millionenhöhe hat das Ziel, Deutschland in Japan als Kultur-, Wissenschafts- und Wirtschaftsstandort zu präsentieren. Dabei ist eine Kernaufgabe des Auswärtigen Amts, die zahlreichen Anstrengungen verschiedener Bundes- und Länderministerien, Kulturmittler und Privater sowie der japanischen Partner so zu koordinieren, dass am Ende ein stimmiges Ganzes herauskommt.

Neben der Zentrale des Auswärtigen Amts spielen die Kulturreferenten an den deutschen Botschaften und Generalkonsulaten eine Schlüsselrolle bei der Koordination der Auswärtigen Kulturpolitik. Zum einen entwickeln sie vor Ort Länderkonzeptionen über die zukünftigen Schwerpunkte der deutschen Auswärtigen Kulturpolitik in ihrem Gastland. Zum anderen halten sie Kontakt zu den Vertretern der deutschen Kulturinstitutionen im Land und setzen sich für eine enge Zusammenarbeit dieser Einrichtungen ein. Ziel ist es, dadurch Doppelarbeit zu verhindern und knappe Mittel möglichst gut zu nutzen.[2]

Neue Ideen in der Auswärtigen Kulturpolitik

Mit seinem Einsatz für eine wirtschaftliche Auswärtige Kulturpolitik reagiert das Auswärtige Amt auf die Entwicklung der Haushaltslage im letzten Jahrzehnt. Noch 1993 hat sich der Kulturhaushalt des Ministeriums auf 638 Millionen Euro belaufen. Zehn Jahre später, 2003, ist dieser Betrag auf 559 Millionen Euro gesunken. Das entspricht einem nominalen Minus von über 12 Prozent. Dieser Trend wird sich auch in der absehbaren Zukunft fortsetzen. Er hat seine Ursachen vor allem außerhalb des Kultursektors; in den letzten Jahren haben Kürzungen im Haushalt des Auswärtigen Amts vor allem der Konsolidierung des Bundeshaushalts gedient.

---

2   Über den Arbeitsalltag in der Zentrale des Auswärtigen Amts und an den deutschen Auslandsvertretungen informiert Brandt/Buck (2002)

Das Auswärtige Amt hat verschiedene Strategien entwickelt, um sich auf diese schwierige wirtschaftliche Lage einzustellen. Erstens sucht es systematisch privat-öffentliche Zusammenarbeit. Auf diesem Gebiet sind inzwischen ganz neue Organisationsformen entstanden. In Spanien, Mexiko und der Türkei etwa haben die deutschen Botschaften gemeinsam mit deutschen Unternehmen sogenannte »Kulturstiftungen der deutschen Wirtschaft« ins Leben gerufen. Und im Osten Europas hat das Auswärtige Amt gemeinsam mit der Robert Bosch Stiftung, dem Institut für Auslandsbeziehungen und lokalen Partnern inzwischen rund ein Dutzend deutsche Kulturzentren eingerichtet. Um solche Ideen in Zukunft systematisch zu entwickeln, hat das Ministerium einen Arbeitsstab für Kultursponsoring und private Stiftungen eingerichtet.

Angesichts begrenzter Mittel stellt das Auswärtige Amt außerdem immer wieder die thematischen und regionalen Schwerpunkte seiner Arbeit auf den Prüfstand. Ziel ist dabei, Kernkompetenzen zu bewahren oder auszubauen. Zu diesem Zweck entwickelt das Ministerium derzeit neue Steuerungsmechanismen. Dazu gehören Zielvereinbarungen des Auswärtigen Amts mit den Mittlerorganisationen. Mit der Deutschen UNESCO-Kommission hat das Ministerium Anfang 2004 eine erste dieser Zielvereinbarungen geschlossen; weitere sind in Vorbereitung. Außerdem haben sich das Auswärtige Amt und das Goethe-Institut darauf verständigt, 2005 in einem Pilotprojekt die Arbeit der Goethe-Institute in Italien zu budgetieren. Die Institute sollen ein festes Budget bekommen, über das sie frei verfügen können. Im Gegenzug verpflichten sie sich gegenüber dem Auswärtigen Amt, die gemeinsam festgelegten Ziele zu erreichen. Das soll zum einen Bürokratie abbauen, die mit dem herkömmlichen Steuerungssystem der kameralen Haushaltsordnung verbunden ist. Zum anderen soll solche Budgetierung sicherstellen, dass die Kulturarbeit im Ausland auf die Kernziele der Auswärtigen Kulturpolitik ausgerichtet ist.

Solche Ideen sollen helfen, die Auswärtige Kulturpolitik des Auswärtigen Amts auch in Zukunft handlungsfähig zu erhalten. Nur wenn das gelingt, bleibt das Auswärtige Amt, was es heute in der deutschen Auswärtigen Kulturpolitik ist: kein Monopolist, aber der stärkste Spieler.

4.3 Parallele Vielfalt – Weitere Bundesministerien in der Kulturpolitik

von Kurt-Jürgen Maaß

Neben dem Auswärtigen Amt haben sich seit Bestehen der Bundesrepublik Deutschland nach und nach auch andere Bundesministerien als Akteure von Programmen und Projekten Auswärtiger Kulturpolitik und des internationalen Kulturaustauschs betätigt. Dies hat dazu geführt, dass von den derzeit 1,1 Milliarden Euro Bundesmitteln für Auswärtige Kulturpolitik nur noch die Hälfte über das Auswärtige Amt läuft. Zu nennen sind hier:

1. Das *Bundesministerium für Bildung und Forschung (BMBF)* finanziert – zum Teil parallel zum Auswärtigen Amt – die internationale Kooperation in Wissenschaft und Forschung, in Bildungsfragen und im Studenten- und Wissenschaftleraustausch, im Haushalt 2004 ein Gesamtbetrag von rund 136 Millionen Euro (vgl. Bundesministerium der Finanzen 2004: Tabelle 19). Seit dem Jahr 2000 engagiert es sich auch im internationalen Marketing für den Studien- und Forschungsstandort Deutschland. Das BMBF gibt unter anderem Mittel an den Deutschen Akademischen Austauschdienst, die Alexander von Humboldt-Stiftung und die Fulbright-Kommission (Auswärtiges Amt 2002: 8). Das BMBF finanziert auch überwiegend die Deutsch-Französische Hochschule in Saarbrücken, ferner die geisteswissenschaftlichen Institute im Ausland (Deutsche Historische Institute in Paris, Rom, London, Washington und Warschau, das Orient-Institut in Beirut und Istanbul, das Deutsche Institut für Japanstudien in Tokyo) und exemplarische Einrichtungen wie das Chinesisch-Deutsche Zentrum für Wissenschaftsförderung in Beijing, das Vietnamesisch-Deutsche Zentrum in Hanoi, die German University Cairo und die Villa Vigoni am Comer See.

Das BMBF hat im Juli 2002 ein Strategiepapier zur internationalen Zusammenarbeit in Bildung und Forschung unter dem Titel *Bildung und Forschung weltoffen – Innovation durch Internationalität* veröffentlicht (Bundesministerium für Bildung und Forschung 2002). Aus dem Papier wird deutlich, dass das BMBF am Rande seiner internationalen Aktivitäten zwar auch Gesichtspunkte der Außenpolitik sieht; dazu gehören beispielsweise Überlegungen zu einer gemeinsamen politischen und gesellschaftlichen Gestaltung der Zukunft der Europäischen Union und Beiträge zur Vorbereitung der Erweiterung der EU nach Osten und Südosten. Dazu gehört ebenfalls, den Prozess der Globalisierung fair und sozial vertretbar zu gestalten und anderen Ländern mit der besonderen Kompetenz Deutschlands in Bildung und Forschung in zentralen Handlungsfeldern zu helfen. Im Mittelpunkt aller internationalen Initiativen und Aktivitäten des BMBF steht jedoch die Wettbewerbsfähigkeit Deutschlands (und Europas) und die Fähigkeit Deutschlands zur Innovation (ebd.: 2). Vor allem sie erfordert Weltoffenheit und Internationalität. Deshalb wird als entscheidend angesehen, dass die junge Generation die für die Internationalität unabdingbare neue Schlüsselkompetenz erwirbt, nämlich das Verständnis für internationale Zusammenhänge und Abhängigkeiten, die Fähigkeit zu grenzüberschreitender Kooperation und Austausch und die Toleranz und Aufgeschlossenheit für andere Kulturen (ebd.: 3). Unter diesem zentralen Vorzeichen stehen die Förderung des internationalen Studenten- und Wissenschaftleraustauschs, die Forderung nach Internationalisierung des Lehrkörpers, die weltweite Werbung um kluge Köpfe, der internationale Leistungsvergleich in Bildung und Forschung, die Förderung des Spracherwerbs und die Erleichterung der internationalen akademischen Mobilität (ebd.: 4; 6; 7; 17-19).

Erneut unterstrichen wurden diese Überlegungen im *Bundesbericht Forschung 2004* (Bundesministerium für Bildung und Forschung 2004). Exzellenz, so der Bericht, wird nicht in Deutschland, sondern weltweit definiert. Deshalb müssten deutsche Hochschulen, Forschungseinrichtungen wie auch Unternehmen sich in internationalen Netzwerken strategisch positionieren. Internationale Zusammenarbeit sei der wesentliche Schlüssel zur Nutzung der weltweiten Wissensquellen und zur Steigerung der eigenen Leistungsfähigkeit (ebd.: 523). Nur so seien Kompetenzgewinne und Innovationsvorsprünge der deutschen Wissenschaft und Wirtschaft zu gewinnen und nachhaltig zu sichern. 85 Prozent des relevanten Wissens werde außerhalb Deutschlands »produziert«.

Schulte beklagt die »fehlende konzeptionelle Integration« der außenkulturpolitischen Aktivitäten der einzelnen Ressorts (Schulte 2000: 95). Die Formulierung der Kritik offenbart aber schon einen Denkansatz, der in dieser Form nicht nachvollziehbar ist. Wenn beispielsweise das BMBF mit einem Studentenaustauschprogramm die Innovations- und Wettbewerbsfähigkeit Deutschlands unterstützen und sichern möchte, so versteht sich dies gerade nicht als außenkulturpolitisch. Dass es auch außenkulturpolitische Implikationen hat – jeder ausländische Student oder Wissenschaftler nimmt von seinem Aufenthalt in Deutschland auch ein bestimmtes Bild des Landes mit und wird möglicherweise zum Multiplikator –, muss in einer rationalen Betrachtungsweise unberücksichtigt bleiben. Auch ein deutscher Soldat in Afghanistan vermittelt ein Bild von Deutschland und nimmt eigene intensive Erfahrungen mit zurück in die Heimat. Dadurch wird der militärische Einsatz aber nicht zu einem Teil der Außenkulturpolitik.

2. Der beim *Bundeskanzleramt* angesiedelte *Staatsminister und Beauftragte der Bundesregierung für Angelegenheiten der Kultur und der Medien (BKM)* wurde 1998 erstmalig eingesetzt mit der Ankündigung, er werde »Impulsgeber und Ansprechpartner für die Kulturpolitik des Bundes sein und sich auf internationaler Ebene, aber vor allem auf europäischer Ebene als Interessenvertreter der deutschen Kultur verstehen« (Bundeskanzler Gerhard Schröder am 10. November 1998 im Bundestag, Bundestagsprotokoll 14/3 Spalte 62).

Ein bedeutender Teil der Aktivitäten ist international angelegt. Zum einen betrifft dies die Kulturarbeit in Europa, zum anderen die Deutsche Welle, schließlich auch die Förderung der Kulturstiftung des Bundes als einer auch international tätigen Kultureinrichtung. Die *Eckpunkte für eine Verständigung über die Zuständigkeiten des Beauftragten der Bundesregierung für Angelegenheiten der Kultur und der Medien im Kulturbereich* in der Fassung vom 25. April 2002 (Bundesregierung 2002b) definieren die folgenden Themen aus der Auswärtigen Kulturpolitik:

– Vertretung der kulturpolitischen Interessen der Bundesrepublik Deutschland im Rat der Europäischen Union,
– Mitwirkung in anderen internationalen und supranationalen Organisationen,
– Pflege der Kulturbeziehungen zu anderen Staaten,
– Repräsentation der deutschen Kultur im Ausland, vor allem durch Mittlerorganisationen,
– Unterstützung des internationalen Kulturaustausches,
– wissenschaftliche Erforschung sowie Sicherung von Kulturgut und Geschichte ehemals deutscher Kulturlandschaften im östlichen Europa,
– kulturelle Betreuung nationaler Minderheiten sowie fremder Volksgruppen und heimatloser Ausländer im Bundesgebiet,
– Projektförderungen für nationale und internationale Musik-, Tanz-, Theater- und Literaturprojekte sowie Projekte der Bildenden Kunst,
– Förderung von Künstlern, insbesondere durch Studien- und Arbeitsaufenthalte deutscher Künstler im Ausland sowie ausländischer Künstler in Deutschland.

Auch die Deutsche Welle gehört zum Zuständigkeitsbereich des BKM (sie erhält immerhin 88 Prozent der internationalen Mittel des BKM, vgl. Bundesministerium der Finanzen 2004: Tabelle 19), ebenso das Haus der Kulturen der Welt in Berlin.

Ein neuer und vom BKM finanzierter Akteur im internationalen Bereich ist die Kulturstiftung des Bundes. Sie hat einen Schwerpunkt in der Förderung innovativer Programme und Projekte im internationalen Kontext gesetzt, d.h. internationaler Kulturaustausch und grenzüberschreitende Zusammenarbeit (Bundesregierung 2003a: 37). Eine »Imagebroschüre« der Stiftung (Kulturstiftung des Bundes 2003) sieht das Stiftungsprofil unter anderem in einem »Knotenpunkt eines internationalen kulturellen Netzwerks« (ebd.: 6). Ein formuliertes Gesamtkonzept hierzu gibt es noch nicht, der Internetauftritt der Stiftung nennt unter den verschiedenen Programmen einzelne Förderlinien, aus denen sich aber noch kein Gesamtbild ergibt.

Zum »Programm Mittel- und Osteuropa« heißt es im Internetauftritt der Stiftung, es gehe darum, »die wechselseitige Neugierde der frühen neunziger Jahre wieder aufleben zu lassen und Starthilfe für einen weitergehenden Austausch zwischen intellektuellen, wissenschaftlichen und künstlerischen Foren verschiedener osteuropäischer Länder und ihren deutschen Partnern zu leisten«. »Die kulturelle Herausforderung des 11. September 2001« will die Stiftung mit Projekten angehen, die einen Einblick in die für die Eskalation vormals regionaler ethnischer, wirtschaftlicher und religiöser Konflikte verantwortlichen gesellschaftlichen Zusammenhänge ermöglichen. Zu den ersten geförderten Projekten gehören zum einen das Online-Magazin Litrix.de zur Förderung der internationalen Vermittlung deutscher Gegenwartsliteratur und die regionale Förderung von Übersetzungen dort, wo Literatur einen wichtigen Beitrag zum interkulturellen Dialog leisten kann (z.B. in China oder in den arabischen Staaten). Die

Stiftung unterstützt ferner Fellowships am Wissenschaftskolleg zu Berlin, insbesondere zur Förderung des Austauschs zwischen Wissenschaft und Künsten. Weitere Initiativen sind angestoßen oder angedacht.

3. Das für Jugendfragen zuständige *Bundesministerium für Familie, Senioren, Frauen und Jugend* (http://www.bmfsj.de) fördert und unterstützt im Rahmen seiner internationalen Jugendpolitik Programme der Begegnung und Zusammenarbeit von Jugendlichen und Fachkräften der Jugendhilfe. (Der Bundeshaushalt weist dafür insgesamt 33 Millionen Euro aus; vgl. Bundesministerium der Finanzen 2004: Tabelle 19). Sie ermöglichen das Kennenlernen anderer Länder und Kulturen mit dem Ziel, das gegenseitige Verständnis zu verbessern, Vorurteile abzubauen und den eigenen Standpunkt kritisch zu reflektieren. Auch soll interkulturelles Lernen ermöglicht, Toleranz und Offenheit praktiziert und damit das Zusammenwachsen Europas gefördert werden. Teilnehmerinnen und Teilnehmer sollen ihre eigene Verantwortung für die Schaffung einer friedfertigeren und gerechteren Welt begreifen. Zentrales Förderinstrument ist der Kinder- und Jugendplan des Bundes. Das Ministerium finanziert drei bilaterale Jugendwerke: das Deutsch-Französische Jugendwerk (DFJW), das Deutsch-Polnische Jugendwerk und den deutsch-tschechischen Jugendaustausch. Das DFJW entstand 1963 direkt nach dem Abschluss des Elysée-Vertrages über die deutsch-französische Zusammenarbeit. In 40 Jahren nahmen 7 Millionen junge Franzosen und Deutsche an rund 250.000 Austauschprogrammen teil. Das Deutsch-Polnische Jugendwerk wurde 1991 durch die Regierungen beider Länder begründet. Es unterstützt Begegnungen, Praktika, Fach- und andere Programme für junge Menschen aus Deutschland und Polen durch Zuschüsse. In elf Jahren wurden 140.000 junge Menschen aus beiden Ländern gefördert. Der deutsch-tschechische Jugendaustausch wird über ein Koordinierungszentrum (Tandem) in Regensburg und eine tschechische Koordinationsstelle in Pilsen verwirklicht. Die Programmmittel für den Austausch kommen vom BMFSFJ, vom BMBF sowie vom Europäischen Sozialfonds. Das tschechische Koordinierungszentrum ist an die westböhmische Universität angebunden und wird vom Ministerium für Erziehung, Jugend und Sport der Tschechischen Republik finanziert.

4. Das *Bundesministerium der Justiz* initiierte 1992 eine Deutsche Stiftung für internationale rechtliche Zusammenarbeit, die Staaten Mittel- und Osteuropas und der GUS sowie Partnerstaaten des Stabilitätspaktes bei der Reform ihrer Rechtssysteme und des Justizwesens berät. Die Stiftung bietet Expertengespräche, Gutachten und Beratung bei der Erarbeitung von Gesetzentwürfen an. Sie fördert die Aus- und Weiterbildung von Richtern, Staatsanwälten, Rechtsanwälten, Notaren, Wissenschaftlern und Nachwuchsjuristen und veranstaltet Seminare und Symposien. Sie vermittelt auch Praktika und Hospitationen in Deutschland. Die Stiftung erhält Mittel aus dem Haushalt des Bundesministeriums der Justiz, aus dem Stabilitätspakt Südosteuropa, aus der EU sowie Spenden und Gelder von privater Seite.

5. Auch das *Bundesministerium für wirtschaftliche Zusammenarbeit und Entwicklung (BMZ)* trägt zur Auswärtigen Kulturpolitik bei. Im *Bericht der Bundesregierung zur Auswärtigen Kulturpolitik 2002* (Bundesregierung 2003a) wird aus der Vielzahl entwicklungspolitischer Aktivitäten als AKP-relevant herausgehoben: die Qualifizierung akademischer Fach- und Führungskräfte in entwicklungsrelevanten Sektoren und die Anbindung der Kooperationsländer an globale Wissensnetze im Rahmen der Wissenschafts- und Hochschul-Kooperationen. Dazu gehören *Sur Place-* und Drittlandstipendienprogramme über den DAAD, die Einrichtung entwicklungsländerbezogener Aufbaustudiengänge an deutschen Hochschulen sowie Partnerschaften deutscher Hochschulen mit Hochschulen in Entwicklungsländern (alles über den DAAD). Über die Humboldt-Stiftung werden Forschungsstipendien für hochqualifizierte Wissenschaftler aus Entwicklungsländern zur Verwirklichung wissenschaftlicher Vorhaben mit entwicklungsrelevanten Themen in Deutschland vergeben. Über die Deutsche Forschungsgemeinschaft werden Forschungskooperationen zwischen deutschen Forschungseinrichtungen und entsprechenden Einrichtungen in Entwicklungsländern gefördert. Es gibt ferner ein Alumni-Programm zur Nachbetreuung ehemaliger Studierender aus Entwicklungsländern, die in Deutschland waren. Mit diesem Programm soll ein geeigneter Personenkreis als Ansprechpartner für die deutsche Kultur- und Entwicklungszusammenarbeit sowie für die deutsche Exportwirtschaft gewonnen werden. Das Zentrum für Hörfunk- und Fernsehfortbildung der Deutschen Welle bietet Fortbildungs- und Beratungsprojekte für Rundfunkfach- und -führungskräfte aus Entwicklungsländern an, im Jahr 2003 60 mehrwöchige Projekte im In- und Ausland (Bundesministerium für Wirtschaftliche Zusammenarbeit und Entwicklung 2004: 86). Der Bundeshaushalt 2004 weist für diese Tätigkeiten einen Gesamtbetrag von 24 Millionen Euro aus (vgl. Bundesministerium der Finanzen 2004: Tabelle 19). Man kann allerdings auch die Frage stellen, ob nicht andere Funktionsbereiche des BMZ ebenfalls der Auswärtigen Kulturpolitik zugerechnet werden müssten. So wird der Bildungssektor in den Entwicklungsländern vom BMZ mit 186 Millionen Euro (im Jahr 2002) unterstützt (Bundesministerium für Wirtschaftliche Zusammenarbeit und Entwicklung 2004: 266). Diese Mittel kommen der Schulbildung, der beruflichen Bildung und der Hochschulbildung zugute.

Nach der nochmaligen Erweiterung des Kulturbegriffs durch die *Konzeption 2000* des Auswärtigen Amts müssen auch die Handlungsfelder »Friedensentwicklung und Krisenprävention« und »Menschenrechte, Demokratie und Gleichberechtigung« zumindest als der Außenkulturpolitik sehr nahe stehend angesehen werden (ebd.: 175ff.; 190ff.). Im Jahr 2003 wurden für den zweiten Bereich – Vorhaben zur direkten Förderung der Demokratie (insbesondere Förderung der Menschenrechte einschließlich Frauen- und Kinderrechte, Zivilgesellschaft, Justizreformen) – 160 Millionen Euro zur Verfügung gestellt, für Projekte und Programme, die dies als wichtiges Nebenziel fördern, weitere 350 Millionen Euro (ebd.: 193).

Schulte sieht im Verhältnis zwischen Auswärtigem Amt und BMZ »ein für die Auswärtige Kulturpolitik besonders desintegrierend wirkendes Konkurrenzverhalten« (Schulte 2000; 88). Auch Schulte findet in den Aktivitäten des BMZ »eine Vielzahl von Maß-

nahmen, die eindeutig dem Bereich der Auswärtigen Kulturpolitik zuzurechnen sind«
(ebd.: 90). Da ein eigener Verwaltungsunterbau fehlt, ist die Verwirklichung der Programme fast ausschließlich freien Trägern, vergleichbar den Mittlerorganisationen des Auswärtigen Amts, übertragen worden (vgl. Kapitel 4.6 in diesem Band über die Mittlerorganisationen).

Über die Bedeutung der Kultur für die Entwicklungszusammenarbeit hat sich in den letzten Jahren eine lebhafte Debatte entwickelt. Dabei geht es im Wesentlichen darum, ob Kultur als Rahmenbedingung der Entwicklungszusammenarbeit gesehen oder aber zu einem »Interventionsfeld« von Entwicklung und Zusammenarbeit gemacht werden soll (Claus 2001: 310). Ein Mindestansatz wird darin gesehen, Entwicklungspolitik, Auswärtige Kulturpolitik und wissenschaftliche Kooperation stärker aufeinander abzustimmen (ebd.: 318). Die Bundesregierung hat in ihrem Koalitionsvertrag vom Oktober 2002 angekündigt, sie werde »die kulturelle Dimension von Entwicklung als Schwerpunkt festigen«.

In einem Partnerschaftsabkommen zwischen der Europäischen Union und den Staaten Afrikas, der Karibik und des Pazifik (sog. AKP-Staaten), das am 1. April 2003 in Kraft getreten ist, werden im Artikel 27 als Ziele der Zusammenarbeit im kulturellen Bereich definiert:

a) die kulturelle Dimension in die Entwicklungszusammenarbeit auf allen Ebenen einzubeziehen;

b) die kulturellen Wertvorstellungen und die kulturelle Identität anzuerkennen, zu erhalten und zu fördern, um einen interkulturellen Dialog zu ermöglichen;

c) den Wert des kulturellen Erbes anzuerkennen, zu erhalten und zu fördern; den Ausbau der Kapazitäten in diesem Bereich zu unterstützen;

d) das Kulturgewerbe zu entwickeln und die Marktzugangsmöglichkeiten für kulturelle Waren und Dienstleistungen zu erweitern.

Das Institut für Auslandsbeziehungen hat das Thema Kultur und Entwicklung zum Schwerpunkt des ersten Heftes seiner *Zeitschrift für Kulturaustausch* im Jahr 2005 gemacht (ZfK Nr. 1/2005).

6. Die Tabelle 19 zum Finanzbericht 2005 umfasst im Rahmen der Gesamtsumme von 1,135 Milliarden Euro für die Auswärtige Kulturpolitik auch 14,454 Millionen Euro beim Einzelplan 06 – *Bundesministerium des Innern* (1,3 Prozent). Der größte Teil dieser Mittel fließt in die Förderung deutscher Volksgruppen in Nordschleswig (Dänemark), nämlich 11,6 Millionen Euro. 1,9 Millionen Euro gehen in die »Breitenarbeit« bei der Unterstützung deutscher Minderheiten in Russland und Kasachstan, weitere 745.000 Euro in die »Schaffung von Lebensgrundlagen für die deutschen Minderheiten« in Ostmittel-, Ost- und Südosteuropa einschließlich nichteuropäischer Nachfolgestaaten der UdSSR. Die vielfältigen Hilfsmaßnahmen sollen unter anderem auch die Bleibewilligkeit deutscher Minderheiten in den jeweiligen Ländern erhöhen. Dazu sollen – neben wirtschaftlichen, humanitären und gemeinschaftsfördernden – auch kulturelle Maßnahmen beitragen. Gefördert werden die Selbstorganisation der deutschen Minderheiten, Begegnungsstättenarbeit, Sprachkurse, Jugendarbeit, berufliche Aus-

und Fortbildung und Städtepartnerschaften. Begünstigt sind Minderheiten in Dänemark, Polen, Rumänien, Russland, der Slowakei, Tschechien und Ungarn (Bundesministerium des Innern 2004: 35).

Mit zunehmender europäischer Integration haben sich weite Teile des Regierungshandelns zwangsläufig internationalisiert. So hat eine jüngste Erhebung ergeben, dass innerhalb der Bundesregierung 340 Referate mit internationalen Aufgaben beschäftigt sind, davon 280 mit Aufgaben auch außerhalb Europas. Nur noch knapp 70 Referate sind solche des Auswärtigen Amts. Andreae/Kaiser (1998) sehen darin eine Reaktion auf das »dramatische Anwachsen transnationaler Beziehungen«. Jedes Fachministerium sei »faktisch zum Außenministerium des von ihm verwalteten Sachbereichs geworden« (ebd.). Sie hätten zunehmend auch operative internationale Aufgaben übernommen und wirkten damit (Eberlei/Weller 2001) »an der Gestaltung von *Global Governance*« mit. Besonders die Europäisierung von Politik sei bereits so weit fortgeschritten, dass es praktisch keine Arbeitseinheit in einem Bundesministerium mehr gebe, die nicht in irgendeiner Weise in europapolitische Überlegungen einbezogen sei bzw. die Auswirkungen der auf europäischer Ebene getroffenen Entscheidungen in die eigene Arbeit einbeziehen müsse.

Die bisherigen Untersuchungen zu den internationalen Aktivitäten der Ressorts betonen aber, dass – mangels ausreichender personeller Ausstattung – viele Referate ihre auslandsbezogenen Tätigkeiten eher reaktiv angehen (Eberlei/Weller 2001). Eigene innovative Ansätze kommen in der Regel gar nicht zum Tragen. Insofern ist der »Abgesang« mancher wissenschaftlicher Beiträge (z.B. Messner 2001) auf die zentrale Bedeutung des Auswärtigen Amts in der Außenpolitik nicht nachzuvollziehen.

Das Auswärtige Amt wird an vielen Vorgängen lediglich durch parallel geschaltete Informationen beteiligt. Die interministerielle Koordination auswärtiger Politik hat (nach Eberlei/Weller 2001) zurzeit recht vielfältige Formen. Es gibt
– zum Teil keine Koordination in zumeist sehr technischen Detailfragen,
– informelle Koordination bei Routineaufgaben,
– formalisierte, aber unregelmäßige bzw. nichtinstitutionalisierte Koordination durch im Einzelfall einberufene Ressortbesprechungen,
– die Einholung schriftlicher Stellungnahmen,
– formalisierte und institutionalisierte Koordination durch interministerielle Ausschüsse,
– sogenannte vertikale Koordination durch das Auswärtige Amt bzw. in politisch besonders wichtigen Bereichen durch das Bundeskanzleramt.

Außer informellen und ad hoc vereinbarten bilateralen Ressortgesprächen auf Abteilungsleiterebene gibt es keine systematisierten Koordinationen. Das Auswärtige Amt hat es vor allem im Studenten- und Wissenschaftleraustausch hinnehmen müssen, dass sich der Bundesminister für Bildung und Forschung immer stärker und ohne Absprache mit dem Außenminister engagiert hat. Beide Ministerien entsenden beispielsweise Vertreter in die Leitungsgremien von DAAD und Humboldt-Stiftung, doch ergibt sich daraus kein

Zuwachs an Koordination. Mit seinen Mittlerorganisationen führt das Auswärtige Amt bilaterale Planungsgespräche und lädt überdies die Generalsekretäre zu regelmäßigen gemeinsamen Besprechungen ein.

Eine gewisse Koordinationsebene ist die Vorbereitung der Verhandlungen über Kulturabkommen bzw. Kulturkonsultationen. Neu und entwickelt nach Verabschiedung der *Konzeption 2000* ist die Umwandlung der traditionellen kulturpolitischen Jahresberichte der deutschen Auslandsvertretungen in Länderkonzepte. Hierbei lädt die deutsche Vertretung die vor Ort arbeitenden Akteure zu gemeinsamen Gesprächen und einem Zusammenwirken beim Entwurf einer Länderkonzeption ein. Dieser Ansatz befindet sich in einer Erprobungsphase.

Die Beschäftigung von rund 1.000 Mitarbeiterinnen und Mitarbeitern (darunter 250 Referenten), die von anderen Bundesressorts (wie übrigens auch von Bundesländern, von der Wirtschaft oder von anderen Institutionen) befristet für eine Tätigkeit im auswärtigen Dienst abgestellt wurden, unterstützt ebenfalls Koordinations- und Steuerungsprozesse. Mit dieser personellen Beteiligung in ihren Auslandsvertretungen »überwindet« das Auswärtige Amt die von anderen Fachressorts häufig kritisierte Regelung in §11 der Geschäftsordnung der Bundesregierung, nach der Verhandlungen mit dem Ausland oder im Ausland nur mit Zustimmung des Auswärtigen Amts geführt werden können und die Vertretung im Ausland die alleinige Domäne des Auswärtigen Amts ist.

Wessels untersucht in seiner Monographie im Kapitel über Formen zwischenstaatlicher Verwaltungsstränge unter anderem die »Interaktionsstränge der Bundesministerien« und wertet dabei Statistiken und Übersichten unter folgenden Gesichtspunkten aus (Wessels 2000: 302ff.):

– Beurlaubungen von Bundesbeamten für einen befristeten Dienst in internationalen Organisationen,
– Führungspositionen deutscher Beamter in internationalen Organisationen,
– Umfang und Verteilung von Personalstellen an Ständigen Vertretungen der Bundesrepublik Deutschland und Abordnung von Nichtdiplomaten an deutsche Botschaften,
– Aufwendungen für Auslandsdienstreisen von Bundesministerien,
– Interministerielle Zuständigkeitsregelungen für zwischenstaatliche Einrichtungen,
– Aufgabenzuordnung für grenzüberschreitende Aktivitäten oder Politikfelder.

Die Auswertung zeigt, dass grenzüberschreitende Aktivitäten auch anderer Bundesministerien erheblich zugenommen haben, sich dabei gleichzeitig innerhalb der meisten Ministerien eine Tendenz zur Dezentralisierung ergibt und insgesamt ein zunehmender Trend zum institutionellen, administrativen und prozeduralen »Pluralismus« festzustellen ist (Wessels: 319). Da gleichzeitig das Fehlen einer umfassenden Lenkungsrolle des Auswärtigen Amts konstatiert wird, hat nach Ansicht Wessels der Auswärtige Dienst seine Rolle als zentrale Institution der deutschen Außenpolitik zunehmend verloren (Wessels nennt dies die »Erosionsthese«; ebd.: 320).

Schulte (2000) sieht als eine wesentliche Ursache für diese Pluralisierung der Zuständigkeiten die Erweiterung des Kulturbegriffs in den siebziger Jahren: »Die konsensuale Übernahme des erweiterten Kulturbegriffs für die Auswärtige Kulturpolitik bei gleichzei-

tiger Schaffung einer konzeptionellen Grundlage führte zu einer sektoralen Neukanoni-
sierung des Politikfeldes, insbesondere durch die Ausweitung auf die Bereiche Jugend-
und Erwachsenenbildung sowie Gesellschaftspolitische Zusammenarbeit« (ebd.: 86).
Dadurch seien verstreute außenkulturpolitische Aktivitäten im Nachhinein in das Politikfeld integriert worden, ohne dass entsprechende strukturelle Konsequenzen gezogen worden seien. Schulte sieht insbesondere in der Politik des BMZ ein »besonders desintegrierend wirkendes Konkurrenzverhalten« (ebd.: 88).

4.4 Kulturhoheit mit Drang nach außen – Der Beitrag der Länder

von Kurt-Jürgen Maaß

Nach Artikel 30 des Grundgesetzes ist die Ausübung der staatlichen Befugnisse und die Erfüllung der staatlichen Aufgaben Sache der Länder, soweit das Grundgesetz keine andere Regelung trifft oder zulässt. Eine »andere Regelung« im Sinne dieses Verfassungsartikels trifft Artikel 32, wonach die Pflege der Beziehungen zu auswärtigen Staaten Sache des Bundes ist. Offen bleibt jedoch nach dem Wortlaut des Grundgesetzes, ob damit auch die Auswärtige Kulturpolitik umfasst ist. Denn die Länder sind die ausschließlichen Träger der Kulturhoheit. Diese kulturstaatlichen Kompetenzen sind wesentlich für ihre Identität und Legitimation (Gau/Weber 2001: 269). Kulturstaatliche Funktionen des Bundes sind immer die Ausnahme. Allerdings hat der Bund in der letzten Dekade sein kulturelles und kulturpolitisches Engagement deutlich ausgeweitet, vor allem durch Artikel 35 des Einigungsvertrages in den neuen Bundesländern und durch die wegen der Finanznot des Landes Berlin immer stärker werdende kulturelle Förderung der Bundeshauptstadt. Dieses erweiterte Engagement wird auch durch das am Anfang der 14. Legislaturperiode geschaffene Amt eines Staatsministers im Bundeskanzleramt (Beauftragter der Bundesregierung für Angelegenheiten der Kultur und der Medien) deutlich, ebenso durch die Schaffung eines Ausschusses für Kultur und Medien im Deutschen Bundestag. Der Bundeskanzler hat zu dem neuen Amt eines Staatsministers in seiner Regierungserklärung am 10. November 1998 formuliert, er werde »Impulsgeber und Ansprechpartner für die Kulturpolitik des Bundes sein und sich auf internationaler Ebene, aber vor allem auf europäischer Ebene als Interessenvertreter der deutschen Kultur verstehen« (Gerhard 1998), doch zeigt die Entwicklung der letzten Jahre, dass der Einfluss des Bundes wächst und über diese ursprüngliche Formulierung hinausgeht. In der Literatur wird deshalb bereits die Frage gestellt, ob die föderativen Gewichte insgesamt noch so ausbalanciert sind, wie es den Intentionen des Grundgesetzes entspricht (Gau/Weber 2001: 270).

In der Auswärtigen Kulturpolitik haben die Länder ihre rechtliche Stellung allerdings eher ausgebaut (wenngleich sie auch die Kompetenzerweiterung durch die Europäische Gemeinschaft im Kulturbereich sehr kritisch sehen).

Eine erste Klärung der Zusammenarbeit in der Auswärtigen Kulturpolitik leistete die »Verständigung zwischen der Bundesregierung und den Staatskanzleien der Länder über das Vertragsschließungsrecht des Bundes« vom 14. November 1957 (die so genannte »Lindauer Absprache«, Kultusministerkonferenz 1995). Darin halten die Länder eine Zurückhaltung insbesondere bei auswärtigen Angelegenheiten für möglich, erwarten aber bei Kulturabkommen eine rechtzeitige Einbindung der Länder. Eine weitere Klärung der Kompetenzstreitigkeiten zwischen Bund und Ländern erfolgte durch das Gesetz über die Zusammenarbeit von Bund und Ländern in Angelegenheiten der Europäischen Union vom 12. März 1993[1], das eine Mitwirkung der Länder in Angelegenheiten der Europäi-

---

1 Zu finden auf der Website der KMK: http://www.kmk.org/intang/main.htm#EUZBLG

schen Union über den Bundesrat festlegt. Die Bundesregierung muss demzufolge die Länder umfassend und zum frühestmöglichen Zeitpunkt über alle Vorhaben, die für die Länder von Interesse sein könnten, informieren und ihnen vor der Festlegung der Verhandlungsposition Gelegenheit zur Stellungnahme geben. Sie verpflichtet sich, die Stellungnahme maßgeblich zu berücksichtigen und ein Einvernehmen mit den Ländern anzustreben. Zu Beratungen kann die Bundesregierung Ländervertreter hinzuziehen. Die Länder dürfen in Brüssel ständige Verbindungen unterhalten, soweit dies der Erfüllung ihrer staatlichen Befugnisse und Aufgaben nach dem Grundgesetz dient (§8, sogenannte »Länderbüros« ohne diplomatischen Status). Einzelheiten wurden in einer weiteren Vereinbarung zwischen Bund und Ländern vom 29. Oktober 1993[2] geregelt. Die Länder werden also zum einen durch umfassende Information beteiligt, zum anderen müssen sie über den Bundesrat bei der Übertragung von Hoheitsrechten von der Bundes- und Landesebene auf die europäische Ebene mitwirken (vgl. auch Knodt 1998: 156; Gau/Weber 2001: 272). Im Kulturministerrat der EU wird Deutschland durch einen vom Bundesrat benannten Landeskulturminister und den Beauftragten der Bundesregierung für Angelegenheiten der Kultur und der Medien vertreten. Im Ausschuss für Kulturfragen beim Rat der Europäischen Union sitzen zwei Ländervertreter und zwei Bundesvertreter.

Die Länder haben sich inzwischen eine Infrastruktur für »Informationsfluss und eigenständiges Lobbying« (Knodt 1998: 158) in Brüssel durch die Eröffnung von Informations- und Verbindungsbüros geschaffen (Knodt nennt dies »Paradiplomatie«, S. 159 und 161). Hier hat sich eine ganz eigene »Vertretungskultur« herausgebildet. Die meisten EU-Staaten haben zwar keine den Bundesländern vergleichbaren subnationalen Einheiten, arbeiten aber zunehmend mit dem Begriff »Region«, und viele Regionen unterhalten eigene Büros in Brüssel. 1995 waren es bereits 100 (Wessels 2000: 275, 280).

Der überwiegende Anteil der Kulturausgaben der öffentlichen Hand wird von Ländern und Kommunen aufgebracht. 1998 beteiligte sich der Bund mit 7,3 Prozent, die Länder mit 47 Prozent und die Kommunen mit 45,7 Prozent (Gau/Weber, S. 269/270). Darin sind indirekt auch erhebliche Beiträge für die Umsetzung von Programmen der Auswärtigen Kulturpolitik, soweit sie im Inland verwirklicht wird, enthalten. Dies hängt damit zusammen, dass der Bund praktisch keine Einrichtungen des Kultur- und Bildungsaustausches unterhält. Ausländische Schüler, Lehrer, Studierende, Wissenschaftler und Künstler werden in den Kultur- und Bildungseinrichtungen der Länder aufgenommen und betreut, Theater, Museen, Konzertsäle bieten ihnen die Möglichkeit zur Präsentation ihrer Kultur (Kultusministerkonferenz 2000: 2). Die Länder, so formuliert es die KMK, schaffen im Schulwesen wesentliche Grundvoraussetzungen für Kulturaustausch, Kulturdialog und interkulturelle Kompetenz durch Fremdsprachenangebote und fremdsprachlichen Unterricht, Themengestaltung im Curriculum, Schulaustausch und Partnerschaften, besondere Übergangs- und Eingliederungshilfen für deutsche Schüler nach einem Auslandsaufenthalt, schulische Betreuung von Migrantenkindern und Beteiligung an internationalen Programmen (Kultusministerkonferenz 2000: 3). Die deutsche schulische Arbeit im Aus-

2 Auffindbar ebenfalls auf der Website der KMK.

land (unter anderem in deutschen Schulen) wird ebenfalls von den Ländern, unter anderem durch Entsendung von Landesprogrammlehrkräften, unterstützt.[3]

In Studium und Forschung tragen die Länder einen entscheidenden Teil der Kosten. Die ausländischen Studierenden in Deutschland werden nahezu vollständig von Hochschulen der Länder aufgenommen. Die Hochschulen verzeichnen über 13.000 Kooperationen mit Hochschulen im Ausland. Gastforscher aus dem Ausland sind zu zwei Dritteln an Hochschulen in Deutschland tätig, ein Drittel forscht an Einrichtungen, die von Bund und Ländern gemeinsam finanziert werden.

Von den Mittlerorganisationen wird eines, das Institut für Auslandsbeziehungen in Stuttgart, zu 15 Prozent auch vom Land Baden-Württemberg und der Stadt Stuttgart mitfinanziert.

Die Länder engagieren sich zunehmend im Ausland. Allerdings ist dieses Umfeld bisher leider noch nicht wissenschaftlich untersucht worden. Vor allem die größeren Bundesländer unterhalten Partnerschaften mit Regionen oder Verwaltungseinheiten anderer Länder, die mit zahlreichen Kulturveranstaltungen oder Austauschmaßnahmen umgesetzt werden. Solche Aktivitäten reichen von Jugend- und Schüleraustausch über Studienstipendien, Tagungen und Vorträge, Theateraufführungen und Konzerte sowie Filmfestivals bis hin zu zahlreichen Ausstellungen. Nordrhein-Westfalen hat im Jahr 2002 in Zusammenarbeit mit dem mit mehr als 500 Veranstaltungen aus allen Sparten der Kunst einen Beitrag zum Deutschlandbild in Großbritannien geleistet.

Umgekehrt hat die Schweiz im Frühjahr 2004 in ausgewählten Städten Nordrhein-Westfalens ein Kulturfestival mit rund 150 Veranstaltungen realisiert und so die kulturelle Zusammenarbeit zwischen Nordrhein-Westfalen und der Schweiz wesentlich gestärkt.

---

3   Zum Beitrag der Länder im Management der deutschen Schulen im Ausland vgl. den Beitrag von Gerhard Gauf unter 3.4.

4.5 Grenzenlos aktiv – Der Beitrag der Gemeinden

von Kurt-Jürgen Maaß

In den letzten 20 Jahren hat sich die Zahl der Städtepartnerschaften deutscher Städte und Gemeinden mit ausländischen Kommunen auf über 5.000 verdoppelt. Von vielen Autoren wird die Entwicklung seit 1945 als eine »Erfolgsstory« bezeichnet. Zwar bezieht sich der Art. 32 des Grundgesetzes (»Die Pflege der Beziehungen zu auswärtigen Staaten ist Sache des Bundes«, »Soweit die Länder für die Gesetzgebung zuständig sind, können sie mit Zustimmung der Bundesregierung mit auswärtigen Staaten Verträge abschließen«) nur auf Bund und Länder, nicht aber auf die auswärtigen Beziehungen der Kommunen. Dennoch ist inzwischen Konsens, dass »sich die kommunalen Auslandsbeziehungen einerseits aus der Selbstverwaltungsgarantie des Art. 28 Abs. 2 GG ableiten lassen und aus diesem Grund im Allgemeinen als verfassungskonform gelten können, solange sie sich auf den kommunalen Wirkungskreis beschränken« (Bautz 2002: 18; Leitermann 1992: 318). Die Aktivitäten der Kommunen werden vor diesem Verfassungshintergrund aber nicht als Teil der Außenkulturpolitik definiert, sondern als Auslandsbeziehungen oder transnationale Aktivitäten bezeichnet.

Unterscheiden muss man zwei Aktionsstränge der Kommunen: die innenkommunalpolitischen Themen Interkultur, Integration von Migranten und Internationalisierung und die nach außen gerichteten Aktivitäten in Form von Partnerschaften, Büros und Repräsentanzen im Ausland, Ländervereinen, Schul- und Hochschulpartnerschaften, Nichtregierungsorganisationen und Stiftungen, Beteiligung an internationalen kommunalen Organisationen sowie Marketingaktivitäten über Messen im Ausland.

Die zunehmende Migration und die sich hieraus vor allem in größeren Städten ergebenden Notwendigkeiten für eine aktive Integrationspolitik haben das Stichwort »Interkultur« gerade in den letzten Jahren immer mehr in das Sichtfeld der Kommunalpolitik gerückt. Herausragendes Beispiel hierfür ist die Stadt Stuttgart (Maaß 2003d), die mit 25 Prozent nach Frankfurt/Main den zweitgrößten Ausländeranteil in Deutschland hat. Im September 2002 wurde im Gemeinderat einstimmig ein *Bündnis für Integration* beschlossen, das die Grundlage für die weitere Integrationspolitik und den Ausbau der Internationalität sein soll (Stabsabteilung für Integrationspolitik der Landeshauptstadt Stuttgart 2002).

Das *Bündnis für Integration* sieht acht zentrale Handlungsfelder:

1. die Förderung der Chancengleichheit durch Sprach- und Integrationskurse, vor allem auch in der Stadtteilarbeit;
2. die Förderung der Chancengleichheit in Schule und Ausbildung, vor allem mit dem Ziel, den Schulerfolg bei den Übergängen und Abschlüssen von Schülerinnen und Schülern nichtdeutscher Muttersprache zu verbessern;
3. die Förderung der Integration in den Stadtteilen über Bürgerforen, Kooperationsstrukturen und Mediationsangebote;
4. die Verstärkung der interkulturellen Ausrichtung der Stadtverwaltung mit zahlreichen Querschnittsprojekten und einer Verbesserung des Bürgerservices;

5. themen- und zielgruppenspezifische Projekte der Stabsabteilung Integrationspolitik;
6. eine Verbesserung der politischen Partizipation, vor allem über den Internationalen Ausschuss des Gemeinderats und die Bezirksbeiräte;
7. eine Verstärkung der interkommunalen und internationalen Zusammenarbeit im Rahmen von Städtenetzwerken;
8. eine Verbesserung der Öffentlichkeitsarbeit zu Migrations- und Integrationsfragen.

Die Umsetzung des *Bündnisses für Integration* wird einerseits vom Gemeinderat, speziell seinem Internationalen Ausschuss, gesteuert, andererseits von der bereits erwähnten Stabsabteilung Integrationspolitik, darüber hinaus durch Arbeitskreise in den Stadtteilen, die freie Träger, Bildungseinrichtungen, Arbeitsämter, Unternehmen und Gewerkschaften, Sport- und Kulturvereine, Emigrantenvereine, Religionsgemeinschaften, Medien sowie politische Parteien zusammenbringen.

Im Kulturbereich hat die Stadt die Gründung eines Forums der Kulturen unterstützt, das als Dachverband internationaler Kulturvereine zum einen Beratungs- und Koordinationsaufgaben wahrnimmt und ein *Sommerfestival der Kulturen* veranstaltet, zum anderen die Zeitschrift *Begegnung der Kulturen* herausgibt, die jeden Monat das internationale Kulturangebot der Stadt Stuttgart transparent macht und pro Monat 400-500 Angebote enthält: Kulturveranstaltungen, Ausstellungen, interkulturelle Treffs, Angebote für Tanz- und Musikunterricht und interkulturelle Partys.

Im Grundsatzprogramm der Kulturpolitischen Gesellschaft von 1998 heißt es zu diesem Thema:

»Die große Zahl von Menschen aus anderen Kulturen und Ländern in der Bundesrepublik hat die Zusammensetzung unserer Gesellschaft verändert und zu einer weiteren Ausdifferenzierung von Lebensformen und Kulturen geführt. Dies bereichert das Alltagsleben, ermöglicht neue Erfahrungen und führt zur Herausbildung neuer Kulturen, die unterschiedliche Einflüsse und Traditionen verbinden. [...] Aufgabe der Kulturpolitik ist es, zum Verständnis der kulturellen Differenzen und damit zur Tolerierung und Anerkennung des Anderen und Andersartigen beizutragen. [...] Kulturpolitik muss den öffentlichen Raum bereitstellen für die Begegnung der verschiedenen Kulturen und den Dialog zwischen ihnen voranbringen« (Kulturpolitische Gesellschaft 1998; vgl. Kröger/Sievers 2003: 305).

Die Internationalität wird für die Städte immer wichtiger. Wenn die Wirtschaftsunternehmen einer Stadt wie Stuttgart eine Exportquote von 50 Prozent haben, wenn internationale Unternehmen in einen weltweiten Wettbewerb um die besten Köpfe treten, wenn von einem Wirtschaftsstandort internationales Flair, Innovationsbereitschaft und Offenheit gegenüber interkulturellen Lebensformen erwartet wird, bedeutet dies für die Kommunen eine weitere Herausforderung für die lokale Kulturpolitik.

Die Literatur zum Thema »Städtepartnerschaften« ist inzwischen nur noch schwer überschaubar. Allein die jüngst erschienene Dissertation von Ingo Bautz umfasst 30 Seiten Literaturangaben (Bautz 2002: 343ff.).

Die Städtepartnerschaften haben sich in mehreren Phasen entwickelt. Ingo Bautz sieht vier Phasen: *Re-education* und individuelle Versöhnungsgesten vor 1949, Partnerschaftskonjunktur und Verständigungsfunktion in den fünfziger Jahren, Partnerschaftsboom mit

Frankreich und Übergang von der Verständigung zum Alltag interkultureller Kommunikation 1960-1975, Strukturwandel (Übergang von der symbolischen Politik zur Kooperation) und neue Schwerpunkte 1975-1990 und Partnerschaftskonjunktur mit Osteuropa (materielle Hilfe) sowie Entwicklung neuer Kooperationsformen in Westeuropa (Städtenetzwerke) seit 1990 (Bautz 2002: 43).

Auch Kurt Eichler unterscheidet vier Phasen (Eichler 2002: 54):

1. Die Phase der Aussöhnung und Normalisierung der Kontakte, vor allem mit dem westlichen Ausland (fünfziger und sechziger Jahre).
2. Die Phase des Brückenschlags zu den osteuropäischen Nachbarländern (siebziger Jahre).
3. Die Phase der einrichtungs- und angebotsbezogenen Vertiefung und Verstetigung der Beziehungen zu den europäischen Nachbarn (achtziger Jahre).
4. Die Phase des europäischen Einigungsprozesses und die Hinwendung zu außereuropäischen Kulturkreisen (neunziger Jahre).

So viel Material es über das Thema »Städtepartnerschaften« gibt, so wenig empirische und systematische Untersuchungen gibt es über die tatsächlichen Inhalte der Partnerschaften und über die Frage, welche von ihnen aktiv sind und welche »schlafen« (so bedauernd Leitermann 1992: 319). Auch eine Übersicht, wie viele Büros und Repräsentanzen von deutschen Städten im Ausland unterhalten werden (vergleichbar dem Deutschlandnetz des Instituts für Auslandsbeziehungen, www.ifa.de/deutschlandnetz) gibt es bisher nicht. Ebenso wenig sind Quantitäten und Arbeitsinhalte von Ländervereinen bzw. Freundschaftsgesellschaften ausgewertet (vgl. als Beispiel die Ausführungen über die rund 50 deutsch-japanischen Gesellschaften in Deutschland, Metzler 2003: 49f.). Natürlich leisten auch Schulpartnerschaften und Hochschulpartnerschaften für die Heimatkommunen einen Beitrag zum Kulturaustausch, der im Wesentlichen aus gegenseitigen Aufenthalten bzw. Delegationsbesuchen besteht.

Überregional arbeiten die Gemeinden im Europäischen Rat der Gemeinden und Regionen Europas (RGRE, Council of European Municipalities and Regions) zusammen, in dem unter anderem 40 Kommunalverbände in über 30 europäischen Ländern 100.000 lokale und regionale Gebietskörperschaften repräsentieren (www.rgre.de). Der RGRE ist die europäische Sektion des größten Weltverbandes der Kommunen, des Internationalen Gemeindeverbandes (IULA, International Union of Local Authorities).

Auf der Ebene der UNO wurde ein Beirat der Kommunen gebildet (UNACLA, United Nations Advisory Committee of Local Authorities). Im Mai 2002 fand auf Einladung der UNO ein *World Urban Forum* statt, dessen Hauptthema die Zentralisierung und Stärkung der Kommunen war. Gerade in diesem Zusammenhang werden Städtepartnerschaften als Plattform zur Förderung und zum Erlernen der Demokratie und des Bürgerbewusstseins angesehen, spätestens seit der *Konzeption 2000* (Auswärtiges Amt 2000a) anerkannte Ziele der deutschen Auswärtigen Kulturpolitik.

Die EU-Kommission will mit einem neuen Aktionsprogramm, das im Sommer 2003 vorgestellt wurde, unter anderem Städtepartnerschaften fördern, um auf diese Weise die Entwicklung einer aktiven europäischen Bürgerschaft zu unterstützen (zu den internationalen Netzwerken der Gemeinden s. Wessels 2000: 261ff.).

Kritisiert wird, dass die internationale Kulturarbeit einzelner Gemeinden oft isoliert von vergleichbaren Initiativen anderer Städte und Gebietskörperschaften, aber auch unabhängig und zumeist ohne Abstimmung mit Bund und Ländern erfolge (Eichler 2002: 54). Insbesondere fehlten überregionale Netzwerke für die internationale Kulturarbeit, die den Informationsaustausch sicherstellen, als Transferstellen für Projekte und Programme genutzt werden könnten und in die Kulturinstitutionen und Organisationen eingebunden seien. Insgesamt sei dieser Tätigkeitsbereich der Kommunen unterfinanziert. Wolfgang Wessels sieht nur einen geringen Umfang verfestigter interkommunaler Kontakte. Die Nutzungsintensitäten der entsprechenden Interaktionsstränge seien durchweg begrenzt, die personelle Ausstattung sei bescheiden, die horizontale und vertikale Differenzierung der zwischenstaatlich aktiven Verwaltungsstrukturen relativ schwach ausgeprägt. Das politische Profil sei niedrig, die Ausstattung mit administrativen Ressourcen gering, die meisten lokalen Administrationen demnach der Kategorie der passiven und reaktiven Akteure zuzuordnen (Wessels 2000: 271).

Der Deutsche Bundestag hat im Jahr 2001 in einem Entschließungsantrag zur *Auswärtigen Kulturpolitik für das 21. Jahrhundert* (Deutscher Bundestag 2001b) bedauert, dass die auswärtige Kulturarbeit der kommunalen Gebietskörperschaften und der Länder in der Vergangenheit nicht überall wahrgenommen worden sei. Sie gewinne aber zunehmend an Bedeutung. Ihre Strukturen seien für einen fruchtbaren kulturellen Dialog unverzichtbar. Der Bundestag forderte deshalb die Bundesregierung auf, »die zunehmende Kommunalisierung der Auswärtigen Kulturpolitik unterstützend zu begleiten und in diesem Zusammenhang die Kräfte der Zivilgesellschaft mehr als bisher in die Strukturen der Auswärtigen Kulturpolitik einzubinden«.

Im September 2002 hat sich in Bonn der Verein Kultur Transnational konstituiert. Er will vor allem kleinere Kommunen bei der Weiterentwicklung ihres Know-hows und ihrer Strukturen sowie der Qualifizierung ihres Personals für Projekte im internationalen Kulturdialog unterstützen. Darüber hinaus sollen kulturelle Einrichtungen vernetzt und der Informations- und Erfahrungsaustausch verbessert werden. Durch Projekte sollen Kunst und Kultur einerseits und Entwicklungszusammenarbeit andererseits zusammengeführt und in den Kontakten zu ausländischen Partnern unterstützt werden. Erreicht werden soll außerdem eine erweiterte Kooperation zwischen der deutschen Kulturarbeit im Ausland und der internationalen Kulturarbeit im Inland.

4.6 Das deutsche Modell – Die Mittlerorganisationen

von Kurt-Jürgen Maaß

»Gesellschaftliche Mittlerorganisationen sind Institutionen der zwischen Gesellschaften angewachsenen transnationalen Beziehungen sowie der Demokratisierung der Außenpolitik einerseits als deren Produkt, andererseits als Kräfte, die diese Prozesse weiter vorwärts treiben. Diese Organisationen entstehen innerhalb der Gesellschaft, um für die Vertiefung der Beziehungen mit einem anderen Land zu arbeiten: durch Aktivitäten in der Gesellschaft, Veranstaltungen, Veröffentlichungen, Einwirkung auf relevante Eliten oder durch Kontakte mit ähnlichen Organisationen, Eliten und Gruppen im Partnerland.«
Karl Kaiser und Markus Mildenberger

Auswärtige Kulturpolitik kann mit Strukturen und Programmen entweder rein staatlich umgesetzt werden oder durch staatlich finanzierte, rechtlich aber in privater Form organisierte Einrichtungen. Im Europa der 25 findet man sehr unterschiedliche Lösungen, allerdings keine, die sich nur auf das eine oder andere Modell stützt. Am häufigsten sind Mischformen. Ein traditionell eher etatistisches Modell ist Frankreich, dessen Kulturinstitute im Ausland den Botschaften unterstellt sind (Znined-Brand 1999; Iltgen 2004). Das Modell mit der weitestgehenden Staatsferne hat Deutschland verwirklicht.

Deutschland arbeitete in der Verwirklichung seiner Auswärtigen Kulturpolitik von Beginn an mit Mittlerorganisationen. Als das Auswärtige Amt 1920 seine Kulturabteilung einrichtete, gab es bereits zahlreiche deutsche wissenschaftliche Institute und deutsche Schulen im Ausland. 1924/25 kamen das Deutsche Ausland-Institut (1917 in Stuttgart gegründet), der Deutsche Akademische Austauschdienst (1925 in Heidelberg gegründet), die Alexander von Humboldt-Stiftung (1925 in Berlin gegründet) und die Deutsche Akademie (1925 in München gegründet) als Mittlerorganisationen in die Finanzierung des Auswärtigen Amts, 1928 der Weltrundfunksender. Nach 1949 wurden diese Institutionen alle erneut ins Leben gerufen: Institut für Auslandsbeziehungen, Goethe-Institut, DAAD, Humboldt-Stiftung, Deutsche Welle. Hinzu kamen Inter Nationes und – wesentlich später – das Haus der Kulturen der Welt in Berlin. »Die Mittlerorganisationen«, so heißt es in den Richtlinien des Auswärtigen Amts für die Tätigkeit der deutschen Auslandsvertretungen auf dem Gebiet der Auswärtigen Kultur- und Bildungspolitik (Runderlass vom 1. Juni 2004), »genießen im Rahmen der von der Bundesregierung gesetzten Leitlinien ... weitgehende Freiheit der Programmgestaltung. Die dezentrale Umsetzung hat sich in langjähriger Praxis bewährt. Differenzierung nach Aufgabenprofilen und unabhängige Organisation garantieren Vielfalt und Qualität unserer Auslandskulturarbeit.« Die deutschen Mittlerorganisationen sind in der Regel privatrechtliche Vereine oder Stiftungen. In ihren Organen, Beiräten und Gremien ist der Staat überall vertreten, hat aber nirgends die Mehrheit der Stimmen. Die Definition der Ziele und Zwecke der Mittlerorganisationen in deren Satzungen ist im Allgemeinen sehr weit gefasst, so beispielsweise:

bei der AvH: »Zweck der Stiftung ist es, wissenschaftlich hochqualifizierten Akademikern fremder Nationalität ohne Ansehen des Geschlechts, der Rasse, Religion oder Weltanschauung durch die Gewährung von Forschungsstipendien und Forschungspreisen die Möglichkeit zu geben, ein Forschungsvorhaben in der Bundesrepublik Deutschland durchzuführen, und die sich ergebenden wissenschaftlichen Verbindungen zu erhalten« (§2 Abs. 1 der Stiftungssatzung vom 7. Mai 1996);

beim DAAD: »Der Verein dient der Pflege der akademischen Beziehungen zum Ausland. Er vermittelt und fördert sowohl ideell als auch finanziell den Austausch von Lehrenden und Lernenden, insbesondere von Forschern und Studenten« (§2 Abs. 1 der Satzung vom 23. Juni 1998);

beim Goethe-Institut: »Vereinszweck sind die Förderung der Kenntnis deutscher Sprache im Ausland, die Pflege der internationalen kulturellen Zusammenarbeit und die Vermittlung eines umfassenden Deutschlandbildes durch Informationen über das kulturelle, gesellschaftliche und politische Leben« (§2 Abs. 1 der Satzung in der Fassung vom 11. Juli 2003);

beim ifa: »Vereinszweck ist die Förderung der Völkerverständigung, des interkulturellen Dialogs und des Verständnisses für Deutschland im Ausland, insbesondere durch internationale Zusammenarbeit auf den Gebieten der Kultur, der Medien im Ausland und der Friedensförderung« (§2 Abs. 1 der Satzung in der Fassung vom 4. Dezember 2003).

Soweit für diese Zwecke staatliche Mittel zur Verfügung gestellt werden, findet sich die rechtliche Regelung dazu entweder in einfachen Zuwendungsbescheiden für jährliche Haushaltsmittel oder in besonderen vertraglichen Vereinbarungen. Das älteste Beispiel hierzu ist der Rahmenvertrag von 1976 mit dem Goethe-Institut. Rahmenverträge werden ausgefüllt durch jährlich verhandelte und von den Gremien der Mittlerorganisationen beschlossene Wirtschaftspläne. Diese wiederum werden umgesetzt durch Zuwendungsbescheide des Auswärtigen Amts oder eines anderen Bundesministeriums.

In der anschließenden Programm- oder Projektumsetzung kann eine Mittlerorganisation völlig frei sein, es kann aber auch eine Mitentscheidung oder eine Vertretung des Bundesressorts im Entscheidungsgremium vereinbart sein.

Kontrolliert wird die Verwendung der staatlichen Mittel in der Regel durch die Verwendungsprüfung des geldgebenden Ressorts, eine von der Mittlerorganisation selbst eingesetzte Wirtschaftsprüfung, die Vereinsaufsicht (Finanzamt) oder Stiftungsaufsicht (Stiftungsbehörde) sowie durch den Bundesrechnungshof.

Im Einzelnen sieht der Einfluss der staatlichen Geldgeber auf die Mittler wie folgt aus:

Bei der AvH wird der Präsident nach Anhörung des Vorstandes vom Bundesminister des Auswärtigen berufen. Der Bundesminister des Auswärtigen, der für die Forschung jeweils zuständige Bundesminister und der Präsident der Ständigen Konferenz der Kultusminister der Länder in der Bundesrepublik Deutschland gehören dem Vorstand kraft Amtes an (drei von insgesamt fünf Stimmen), §6 der Stiftungssatzung.

Beim DAAD sind die staatlichen Geldgeber bestellte Mitglieder des Kuratoriums, und zwar je ein Vertreter des Auswärtigen Amts, des Bundesministeriums des Innern, des Bundesministeriums für Bildung und Forschung, des Bundesministeriums für Wirtschaftliche Zusammenarbeit und Entwicklung, des Bundesministeriums für Arbeit und

Sozialordnung sowie des Bundesministeriums für Wirtschaft, ferner drei von der Ständigen Konferenz der Kultusminister der Länder in der Bundesrepublik Deutschland bestimmte Vertreter (§ 14 Abs. 3 a und b der Satzung). Der Vorstand besteht unter anderem aus neun in der Auslandsarbeit erfahrenen Persönlichkeiten (von insgesamt 15 Vorstandsmitgliedern), die auf Vorschlag des Kuratoriums von der Mitgliederversammlung gewählt werden (§ 17 Abs. 3). Eine Berücksichtigung von Vertretern der Geldgeber aus Bund und Ländern ist nach der Satzung nicht zwangsläufig, allerdings gehören dem gegenwärtigen Vorstand vier Vertreter von Bundesregierung und Kultusministerkonferenz als Gäste an.

Beim Goethe-Institut e.V. ist die Gesamtzahl der ordentlichen Mitglieder auf 30 begrenzt, von denen eines die Bundesrepublik Deutschland ist. Außerordentliche Mitglieder sind hier je ein Abgeordneter der Fraktionen des Deutschen Bundestags und zwei Vertreter von Länderregierungen. Das Präsidium besteht aus 12 Mitgliedern, darunter je einem Vertreter des Auswärtigen Amts und des Bundesministeriums der Finanzen (§ 7 Abs. 3 der Satzung). Das Präsidium wählt den Präsidenten und die Vize-Präsidenten; dies bedarf der Bestätigung des Bundesministers des Auswärtigen (§ 7 Abs. 5). An vom Präsidium eingesetzten Ausschüssen können Vertreter des Auswärtigen Amts und selbst des Bundesministeriums der Finanzen teilnehmen. Das Präsidium kann ferner einen besonderen Ausschuss bilden, der sich aus dem Präsidenten, den Vize-Präsidenten, je einem Vertreter des Auswärtigen Amts und des Bundesministeriums der Finanzen sowie einem Arbeitnehmervertreter bzw. einer Arbeitnehmervertreterin zusammensetzt, und diesen von Fall zu Fall ermächtigen, Entscheidungen anstelle des Präsidiums zwischen den Präsidiumssitzungen zu treffen (§ 7 Abs. 11 der Satzung). Das Auswärtige Amt kann »ausnahmsweise aus gewichtigen politischen Gründen den Vorstand um eine Maßnahme oder Unterlassung im Bereich der Vertragsaufgaben ersuchen. Der Vorstand hat einem solchen Ersuchen zu entsprechen und den Mitgliedern des Präsidiums unverzüglich zu berichten. Für derartige Ersuchen trägt das Auswärtige Amt die alleinige Verantwortung« (§ 8 Abs. 5 der Satzung). Das Auswärtige Amt hat über die Satzung hinaus einen Rahmenvertrag mit dem Goethe-Institut geschlossen (gültige Fassung vom 17.01.2001), der die Beteiligung des Auswärtigen Amts an Tätigkeiten und Entscheidungen des Goethe-Instituts näher spezifiziert. Danach arbeiten beide Vertragspartner bei der Ausführung der Vertragsaufgaben eng zusammen und machen ihren Bediensteten und Mitarbeitern eine loyale Zusammenarbeit zur Pflicht (§ 2 Abs. 1). Der Vertrag regelt die gegenseitige Information, Planungsbesprechungen, die Information des Auswärtigen Amts über Auslandsdienstreisen von Angehörigen der Zentralverwaltung, die Beteiligung von Auslandsvertretungen an Regionaltagungen und Arbeitsbesprechungen im Ausland. Für die Errichtung oder Schließung von Zweigstellen ist die Zustimmung des Auswärtigen Amts erforderlich. Vorschlägen des Auswärtigen Amts zur Errichtung oder Schließung von Kulturinstituten wird das Goethe-Institut entsprechen (§ 4 Abs. 1). Der Vertrag regelt ferner die Zusammenarbeit und Kontakte zwischen Goethe-Institut und dem Ausland und deutschen Auslandsvertretungen; zudem werden die Haushaltsplanung, die Mittelverwendung und die Verwendungsnachweise geregelt, darüber hinaus auch Entscheidungsvorbehalte des Auswärtigen Amts in bestimmten Fällen. Schädigt ein entsandter Mitarbeiter des Goethe-Instituts nach Auffassung des Auswärtigen

Amts das deutsche Ansehen oder führt sein Verhalten zu Belastungen der politischen Beziehungen zum Gastland oder zu dritten Ländern, so kann das Auswärtige Amt seine sofortige Suspendierung verlangen.

Beim ifa, dessen Trägerverein aus 30 ordentlichen Mitgliedern besteht, sind das Auswärtige Amt (zwei stimmberechtigte Vertreter), die Beauftragte für Kultur und Medien (eine Stimme), das Land Baden-Württemberg (Ministerium für Wissenschaft, Forschung und Kunst und Finanzministerium mit je einer Stimme), die Landeshauptstadt Stuttgart sowie je ein benannter Abgeordneter der Fraktionen des Deutschen Bundestags, des Ausschusses für Wissenschaft, Forschung und Kunst des Landtags von Baden-Württemberg und des Kulturausschusses des Gemeinderats der Stadt Stuttgart nach der Satzung als ordentliche Mitglieder vorgesehen (§3.2 der Satzung vom 4. Dezember 2003). Das Präsidium (10 Mitglieder) besteht unter anderem aus zwei Vertretern des Auswärtigen Amts, einem des Landes Baden-Württemberg und einem der Landeshauptstadt Stuttgart sowie mindestens einem aus dem Kreis der Abgeordneten (§7.3 der Satzung). Wahl und Abberufung des Präsidenten bedürfen der Bestätigung der Zuwendungsgeber (§7.6 der Satzung). Satzungsänderungen bedürfen in jedem Fall der Zustimmung der Zuwendungsgeber (§6.8 der Satzung). Gegen Beschlüsse der Mitgliederversammlung, die den Richtlinien der Planung oder der Koordination des Auswärtigen Amts auf dem Gebiet der Auswärtigen Kulturpolitik widersprechen, kann das Auswärtige Amt Einspruch einlegen. Dadurch wird der Beschluss suspendiert (§6.7). Ein Rahmenvertrag, ähnlich wie mit dem Goethe-Institut, ist in Vorbereitung, aber noch nicht unterzeichnet.

Vor- und Nachteile der Mittlerorganisationen

Für das Lösungsmodell Mittlerorganisationen werden in der Literatur viele Vorteile gesehen (die eher historischen nach dem Ersten und Zweiten Weltkrieg nennt Kurt Düwell im Kapitel 2):

Witte (1993) sieht den Vorteil von Mittlerorganisationen in mehr Flexibilität, in einem einfacheren Zugang für Partner im Ausland, weil freie Träger und nicht der deutsche Staat angesprochen werden müssen, sowie im praktizierten Pluralismus, in der Vielfalt politischer Auffassungen, wirtschaftlicher Dienstleistungen und Waren und Informationen über religiöse Angebote, über wissenschaftliche Lehrmeinungen und über den künstlerischen Ausdruck in Deutschland. Dass Mittler zudem in beide Richtungen arbeiten, also auch ausländische Kultur nach Deutschland vermitteln können, sieht er ebenfalls als Vorteil.

Kaiser/Mildenberger (1998) sehen vor allem die Möglichkeit, Aufgaben und Initiativen zu übernehmen, die staatliche Außenpolitik gar nicht selbst umsetzen kann. Die Mittler seien in ihren Kenntnissen und Aktionsmöglichkeiten der staatlichen Außenpolitik oft überlegen, sie können breitere Bevölkerungsschichten ansprechen als eine Botschaft, sie können mit einem sehr weiten Kulturbegriff arbeiten, eine plurale und vielseitige, auch kritische Information über Deutschland geben, ein Verbindungsnetz mit den Eliten eines Landes unterhalten und kontinuierlich pflegen, wie es den alle paar Jahre wechselnden

Diplomaten gar nicht möglich ist, sowie ein Frühwarnsystem für die deutsche Außenpolitik sein.

Schulte (2000) unterstreicht als Vorteile die Unabhängigkeit der Mittlerorganisationen in der praktischen Kulturarbeit im Ausland, die Akkumulation von Wissen, die größere Routine in Verfahren und Lösungen und eingespielte Kontakt- und Kommunikationsnetze.

Bode (2002) sieht das System der Mittlerorganisationen im Umfeld der politischen Umwälzungen seit 1990 als »hinreichend anpassungsfähig« an, »denn das System fördert Arbeitsmotivation durch Selbstverantwortung, Kreativität durch Wettbewerb, Legitimation durch Teilhabe der Akteure; es verbindet Kontinuität ... mit Professionalität, hat mehr Sach- und Bürgernähe als eine Ministerialverwaltung und ist nicht zuletzt ... wesentlich preiswerter. Hinzu kommt, dass die Semi-Staatlichkeit der Mittler politische Handlungsmöglichkeiten auch dort eröffnet, wo rein staatliche Wege versperrt oder zu beschwerlich sind ...« (Bode 2002: 158).

Darüber hinaus gibt es weitere Vorteile: die Chance zum innovativen Denken und raschen und flexiblen Umsetzen, die Möglichkeit zur Erprobung neuer Wege und Strukturen, die Zusammenarbeit mit Gruppen und Institutionen des Partnerlandes im Gastland selbst, die Integration zivilgesellschaftlicher Vorstellungen in den Kulturaustausch, die Zusammenarbeit mit nichtstaatlichen deutschen Organisationen und Stiftungen (auch für *Public Private Partnership*), die größere Glaubwürdigkeit im Vergleich zu interessegeleiteten nationalen außenpolitischen Motiven. Deutsche Mittlerorganisationen haben häufig auch nach Abbruch diplomatischer Beziehungen weiter arbeiten können, Kontakte gehalten und den Boden für eine spätere Wiederaufnahme der Beziehung vorbereitet. Nach dem Fall des Eisernen Vorhangs waren deutsche Mittlerorganisationen die ersten ausländischen Kulturorganisationen, die Kontakte, Programme und Informationen anboten und in vielfältiger Weise den Aufbau neuer Demokratien unterstützt haben.

Es gibt auch Nachteile des Modells Auswärtiger Kulturpolitik über Mittlerorganisationen. Die Zielsetzung und Steuerung durch das Auswärtige Amt ist schwieriger, auch die Koordinierung verschiedener Programmträger aufwändiger. Für »Kunden« im Ausland ist das Mittlermodell unübersichtlicher als eine zentralistische Lösung. Die Beteiligung verschiedener Bundesressorts an Programmen und Projekten des Kulturaustauschs führt zu Ressortegoismen, die durch Mittler eher noch verstärkt werden. Konkurrenzdenken unter Mittlern kann positiv, aber auch bremsend wirken. Mittler tendieren zur Besitzstandwahrung. Das Auswärtige Amt tendiert aus Furcht vor Einflussverlusten zu einer Überbürokratisierung der Arbeit mit Mittlern, mit der Folge teilweise nicht unerheblicher Verluste im möglichen Zeitbudget der Mittler für die eigentliche Arbeit.

Goethe-Institut (GI)

Eingetragener Verein, gegründet: 1951

Tätigkeit:
Ein umfassendes Bild der deutschen Gesellschaft, Kultur und Politik im Ausland zu vermitteln ist das Ziel des Goethe-Instituts. Zentrales Anliegen ist dabei die Förderung der Kenntnis der deutschen Sprache im Ausland. Großen Wert legt das Goethe-Institut auch auf eine enge kulturelle Zusammenarbeit auf internationaler Ebene. 144 Institute in 80 Ländern (davon 16 Institute in Deutschland) sowie zahlreiche Goethe-Zentren, Kulturgesellschaften, Lesesäle sowie Prüfungs- und Sprachlernzentren kümmern sich um diese Aufgaben.

2003/2004
Jahresetat: 257.500.000,00 Euro
Mitarbeiter: 3.121

Adresse:
Zentrale München
Dachauer Str. 122
80637 München
Postanschrift:
Postfach 19 04 19
80604 München
Tel.: 089 15921-0
Fax: 089 15921-450

Internet: www.goethe.de
Email: zv@goethe.de

Außenstellen:
144 Institute weltweit
davon 16 Institute in Deutschland

Deutscher Akademischer Austauschdienst (DAAD)

Eingetragener Verein, gegründet: 1925

Tätigkeit:
Förderung der akademischen Beziehungen mit dem Ausland vor allem durch den Austausch von Studierenden und Wissenschaftlern.
Der DAAD, eine gemeinsame Einrichtung der deutschen Hochschulen, zählt zur Zeit 231 Hochschulen und 124 Studierendenschaften zu seinen Mitgliedern. Als größte deutsche Förderorganisation für die internationale Hochschulzusammenarbeit erfüllt der DAAD Aufgaben der Auswärtigen Kultur- und Wissenschaftspolitik, der Entwicklungspolitik und der Internationalisierung nationaler Hochschulpolitik. Zudem ist der DAAD nationale Agentur im Rahmen der europäischen Bildungsprogramme, insbesondere bei den Austausch- und Mobilitätsprogrammen der EU.

2004
Jahresetat: ca. 245.000.000,00 Euro
Mitarbeiter: ca. 293 in Bonn, Berlin und den Außenstellen
Projekt- und Drittmittelstellen: 251,38
DAAD-Geförderte: 51.962

Adresse:
Geschäftsstelle Bonn-Bad Godesberg
Kennedyallee 50
53175 Bonn
Tel.: 0228 882-0 – Fax: 0228 882-444

Büro Berlin
»Berliner Künstlerprogramm«
Im Wissenschaftsforum am Gendarmenmarkt
Markgrafenstr. 37
10117 Berlin
Tel.: 030 202208-0 – Fax: 030 2041267

Internet: www.daad.de
Email: postmaster@daad.de

Außenstellen:
14 Außenstellen weltweit

Alexander von Humboldt-Stiftung (AvH)

Stiftung bürgerlichen Rechts, gegründet: 1953

Tätigkeit:
Förderung wissenschaftlicher Forschung auf internationaler Ebene.
Die Humboldt-Stiftung ermöglicht hoch qualifizierten ausländischen Wissenschaftlerinnen und Wissenschaftlern durch die Vergabe von Forschungsstipendien und -preisen die Durchführung selbst gewählter Forschungsvorhaben in Deutschland. Auch nach Abschluss des Deutschlandaufenthalts hält die Humboldt-Stiftung Kontakt zu den weltweit mehr als 25.000 Alumni, u.a. durch die Förderung erneuter Deutschlandaufenthalte, gegenseitiger Besuche von Alumni und internationaler Institutspartnerschaften. In rund 70 Ländern engagieren sich die Alumni in Humboldt-Vereinigungen. Gefestigt werden die internationalen Kontakte außerdem durch die Feodor Lynen-Forschungsstipendien, die deutschen Post-Docs längere Forschungsaufenthalte an Instituten ehemaliger Humboldt-Gastwissenschaftler im Ausland ermöglichen.

2004
Jahresetat: ca. 50.000.000,00 Euro
Mitarbeiter: 127
Forschungsstipendien für Nachwuchswissenschaftler aus dem Ausland: 540
Forschungsstipendien für Nachwuchswissenschaftler aus Deutschland: 113
Forschungspreise für Wissenschaftler aus dem Ausland: 95

Adresse:
Jean-Paul-Str. 12
53173 Bonn
Tel.: 0228 833-0
Fax: 0228 833-199

Internet: www.humboldt-foundation.de
Email: post@avh.de

Institut für Auslandsbeziehungen e.V. (ifa)

Eingetragener Verein, gegründet: 1917

Tätigkeit:
Das Institut für Auslandsbeziehungen (ifa) ist Initiator und Impulsgeber für interkulturellen Dialog, Völkerverständigung und zivile Konfliktbearbeitung. Es ist Partner und Dienstleister in der Außenpolitik, insbesondere der Auswärtigen Kulturpolitik. Zu seinen Aktivitäten gehören vor allem Kunstaustausch, Informationsvermittlung und Dialogveranstaltungen. Die Kunstabteilung vermittelt durch weltweite Ausstellungstourneen deutsche Kunst ins Ausland, die ifa-Galerien in Stuttgart und Berlin zeigen Ausstellungen von Künstlern aus Entwicklungs- und Transformationsländern. Durch internationale Dialogforen, Mediendialoge mit islamisch geprägten Ländern und zivile Konfliktbearbeitung organisiert das ifa den Wertediskurs und initiiert Lernprozesse an interkulturellen Schnittstellen. Spezielle Medienprogramme dienen der Förderung zivilgesellschaftlicher Strukturen besonders in Mittel-, Ost- und Südosteuropa. Die Fachbibliothek in Stuttgart, die »Zeitschrift für Kultur-Austausch« und die Internetportale des ifa sind die führenden Informationsforen zur Auswärtigen Kulturpolitik.

2005
Jahresetat: 16.900.000,00 Euro
Mitarbeiter: 165

Adresse:
Charlottenplatz 17
70173 Stuttgart
Postfach 10 24 63
70020 Stuttgart
Tel.: 0711 2225-119
Fax: 0711 2264-346

Internet: www.ifa.de
Email: info@ifa.de

Bundesverwaltungsamt, Zentralstelle für das Auslandsschulwesen (BVA-ZfA)

Abteilung des Bundesverwaltungsamts, gegründet: 1968

Tätigkeit:
Die Zentralstelle für das Auslandsschulwesen betreut und unterstützt unter Fachaufsicht des Auswärtigen Amts weltweit 117 Schulen im Ausland sowie weitere 400 von der Bundesrepublik Deutschland geförderte schulische Einrichtungen im Ausland. Dies erfolgt in enger Zusammenarbeit mit dem Bund-Länder-Ausschuss für Schulische Arbeit im Ausland (BLASchA), in dem das Auswärtige Amt, die Zentralstelle für das Auslandsschulwesen und die 16 Bundesländer vertreten sind. Die Ständige Konferenz der Kultusminister der Länder in der Bundesrepublik Deutschland (KMK) ist für die Anerkennung und Abnahme von Schulabschlüssen und Prüfungen an deutschen Schulen im Ausland zuständig.

2004
Jahresetat: ca. 170.000.000,00 Euro
Mitarbeiter: ca. 90 zzgl. ca. 40 Fachberater im Ausland

Adresse:
Barbarastr. 1
50728 Köln
Tel.: 01888 358-0 oder 0221 758-0
Fax: 01888 358-2854 oder 0221 758-2854

Internet: www.auslandsschulwesen.de/
Email: zfa@bva.bund.de
Bildungsserver: www.dasan.de

Haus der Kulturen der Welt GmbH (HKW)

GmbH, gegründet: 1989

Tätigkeit:
Aufgabe des HKW ist es, den außereuropäischen Kulturen in der Bundesrepublik Deutschland ein repräsentatives Forum zu bieten. Durch Ausstellungen, Lesungen, Diskussionen, Filme, Tagungen, Musik, Theater und Performances sollen die Kulturen Afrikas, Asiens und Lateinamerikas in ihren vielfältigen Ausdrucksformen vorgestellt und in einen öffentlichen Diskurs mit europäischen Kulturen gestellt werden.

2004
Jahresetat: ca. 4.600.000,00 Euro
Mitarbeiter: ca. 40

Adresse:
John-Foster-Dulles-Allee 10
10557 Berlin
Tel.: 030 39787-0

Internet: www.hkw.de
Email: info@hkw.de

**Deutsche Gesellschaft
für Technische Zusammenarbeit (GTZ)**

Gemeinnützige Gesellschaft, gegründet: 1975

Tätigkeit:
Entwicklungszusammenarbeit im Sinne von »nachhaltiger Entwicklung«.
Die GTZ realisiert derzeit rund 2.700 Entwicklungsprojekte und -programme in mehr als 130 Ländern. In 67 dieser Länder ist sie mit eigenen Büros vertreten und hat im Jahr 2003 mit insgesamt fast 10.000 Mitarbeiterinnen und Mitarbeitern einen Umsatz in Höhe von 884,8 Millionen Euro erwirtschaftet. In der Zentrale in Eschborn bei Frankfurt am Main arbeiten rund 1.000 Personen. Die GTZ arbeitet im Auftrag der Bundesregierung und für andere öffentliche und private, nationale wie internationale Auftraggeber, etwa EU, Weltbank oder UN-Organisationen, sowie auch für Unternehmen der Privatwirtschaft. Hauptauftraggeber ist das Bundesministerium für Wirtschaftliche Zusammenarbeit und Entwicklung.

2003
Jahresetat: 884.800.000,00 Euro
Mitarbeiter: 9.553 Mitarbeiterinnen und Mitarbeiter in über 130 Ländern der Welt, davon 7.081 einheimische Kräfte, 709 integrierte Fachkräfte, 1.430 entsandte Fachkräfte.
1.042 Personen arbeiten in der GTZ-Zentrale in Eschborn bei Frankfurt am Main.

Adresse:
Dag-Hammarskjöld-Weg 1-5
65760 Eschborn
Tel.: 06196 79-0
Fax: 06196 79-1115

Internet: www.gtz.de
Email: i-punkt@gtz.de

Außenstellen:
In 67 Ländern ist die GTZ mit eigenen Büros vertreten

**InWEnt – Internationale Weiterbildung und
Entwicklung gGmbH**

GgmbH, gegründet: 2002

Tätigkeit:
InWEnt – Internationale Weiterbildung und Entwicklung gGmbH steht für Personal- und Organisationsentwicklung in der internationalen Zusammenarbeit. Ihre Angebote richten sich an Fach- und Führungskräfte und an Entscheidungsträger aus Wirtschaft, Politik, Verwaltung und Zivilgesellschaft und erreichen jährlich rund 55.000 Personen. Die Programme und Maßnahmen von InWEnt zielen darauf, Veränderungskompetenzen auf drei Ebenen zu fördern: Sie stärken individuelle Handlungskompetenzen, erhöhen die Leistungsfähigkeit von Unternehmen, Organisationen und Verwaltungen und verbessern die Handlungs- und Entscheidungsfähigkeit auf politischer Ebene. Das methodische Instrumentarium ist modular verfügbar und wird den jeweiligen Anforderungen lösungsgerecht angepasst. Neben *face-to-face*-Situationen in Bildungs-, Austausch- und Dialogveranstaltungen nimmt die Vernetzung durch E-Learning einen breiten Raum ein. Die Partner von InWEnt sitzen gleichermaßen in Entwicklungs-, Transformations- und Industrieländern. Gesellschafter von InWEnt sind die Bundesregierung, vertreten durch das Bundesministerium für Wirtschaftliche Zusammenarbeit und Entwicklung (BMZ), die deutsche Wirtschaft und die Länder. InWEnt entstand 2002 durch die Fusion der Carl Duisberg Gesellschaft (CDG) und der Deutschen Stiftung für Internationale Entwicklung (DSE).

2003
Jahresetat: 142.400.000,00 Euro
Mitarbeiter: 850 an Standorten im In-und Ausland
55.000 Programmteilnehmer jährlich

Adresse:
Tulpenfeld 5, 53113 Bonn
Tel.: 0228 2434-5
Fax: 0228 2434-766

Internet: www.inwent.org
Email: info@inwent.org

Außenstellen:
Über 30 Standorte im In- und Ausland

Deutscher Entwicklungsdienst (DED)

gGmbH, gegründet: 1963

Tätigkeit:
Der Deutsche Entwicklungsdienst hat die Aufgabe, Fachkräfte weltweit in ausgewählte Schwerpunktregionen und -länder zu entsenden und einheimische Organisationen und Selbsthilfe-Initiativen fachlich und finanziell zu unterstützen. Zudem werden vom DED Auslandsaufenthalte sowohl im Rahmen des Nachwuchsförderungsprogramms für qualifizierte Berufsanfänger als auch mittels des Freiwilligenprogramms der Vereinten Nationen, United Nations Volunteers (UNV), angeboten.

2003
Jahresetat: 81.386.000,00 Euro
Mitarbeiter: Im Inland: 163
Im Ausland: 56

Adresse:
Tulpenfeld 7 – 53113 Bonn
Tel.: 0228 2434-0
Fax: 0228 2434-111

Internet: www.ded.de
Email: poststelle@ded.de

Außenstellen:
43 DED-Büros weltweit

4.7 Teil der neuen Strategie – Nichtregierungsorganisationen

von Swetlana W. Pogorelskaja

So viel über die Nichtregierungsorganisationen (NGOs) gesprochen und geschrieben wird, so wenig scharf und daher im Einzelfall präzisierungsbedürftig ist der Begriff der NGO selbst. Grundsätzlich können als NGO (Non-Governmental Organisation) bzw. als NRO (Nichtregierungsorganisation, aus Klarheitsgründen wird aber in diesem Beitrag auch für deutsche Organisationen die übliche englische Abkürzung verwendet) folgende Strukturen bezeichnet werden:

1. Jede internationale Organisation, die nicht durch zwischenstaatliche Übereinkunft errichtet wurde. Dies ist die breiteste Definition, die auch die so genannten Business INGOs (BINGOs) wie z.b. transnationale Konzerne mit einschließt.
2. Ein Zusammenschluss von mindestens drei gesellschaftlichen Akteuren (Parteien, Verbände) aus mindestens drei Staaten, der zur Ausübung seiner grenzüberschreitenden, nicht profitorientierten Zusammenarbeit Regelungsmechanismen aufstellt. Diese engere Definition deutet bereits die gesellschaftlich-politische bzw. soziale Ausrichtung der Tätigkeit an, die in der Alltagssprache mit dem Begriff »NGO« in der Regel verbunden wird. Allerdings schließt auch diese Definition unterschiedlichste, miteinander kaum vergleichbare Organisationen ein, angefangen mit internationalen Parteienzusammenschlüssen (z.B. die Sozialistische Internationale) oder kulturellen Organisationen wie Internationale Schriftstellerverbände bis hin zu der bunten Schar von weltweit präsenten und meist ehrenamtlichen Menschenrechts-, Frauen-, Umwelt- und Entwicklungshilfegruppen, wie z.b. Amnesty International oder Greenpeace.
3. Nationalstaatlich verwurzelte Organisationen, die die Interessen unterschiedlicher sozialer Gruppen vertreten und sowohl innenpolitisch als auch international agieren können. Solche Organisationen können sich z.B. als Interessenvertreter diverser gesellschaftlicher Statusgruppen innerhalb des Landes verstehen, aber z.B. auch als Interessenvertreter der Bevölkerung der Dritten Welt in den Industriestaaten (Entwicklungshilfeorganisationen).

Im Folgenden wird die Definition »NGO« überwiegend in diesem engeren Sinne eingesetzt, weil nur nationalstaatlich verwurzelte und gemeinnützige NGOs als Träger bzw. als Instrumente der Auswärtigen Kulturpolitik eines Staates auftreten können und vom Staat Förderung für ihre Projekte im Ausland erhalten.

Vorteile und Probleme

Die internationalen NGOs, die sich inzwischen als Akteure der internationalen Zivilgesellschaft und Sprachrohre der globalen Öffentlichkeit verstehen, haben in der letzten Zeit enorme Möglichkeiten zur politischen Einflussnahme erhalten. Sie tragen zur Demokratisierung der Weltpolitik bei, leisten umfangreiche und vielseitige Arbeit in der Dritten Welt und in den Transformationsstaaten und bringen aktuelle Themen, die von der offiziellen Politik verdrängt oder weniger berücksichtigt werden, ins Visier der Weltöffentlichkeit.

Das erste Problem, auf das in diesem Zusammenhang hingewiesen wird, ist, dass es die NGOs des »reichen Nordens« sind, die derzeit weltweit agieren, so dass auch »die globale Zivilgesellschaft ihre eigenen Formen der Dominanz kennt« (Klein 2002: 4), vor allem was die Auswahl der Tätigkeitsbereiche betrifft. Als Gegenargument wird darauf hingewiesen, dass die Entstehung der vergleichsweise schwachen NGOs in den Entwicklungsländern erst dank den einflussreichen NGOs des Nordens, die enorme Arbeit zur Förderung der Zivilgesellschaft in diesen Staaten geleistet haben, möglich geworden ist.

Das zweite Problem ist, dass die Verlagerung der ursprünglich staatlichen Aktivitäten in die Hände von NGOs nicht nur Vorteile für die internationale Politik mit sich bringt. Die politische Analysefähigkeit und die Strukturen politischer Rechenschaftspflicht dieser Organisationen können mit ihren wachsenden Einflussmöglichkeiten nicht immer Schritt halten. Die NGOs spezialisieren sich oft auf populäre Probleme, ohne sich um das Ganze zu kümmern und am Ende konkrete Entscheidungen fällen zu müssen, deren Ergebnisse nachprüfbar wären. Regierungen können abgewählt werden; wer erteilt aber den NGOs ihren Auftrag, wer kontrolliert sie? Als Gegenargument wird normalerweise auf die wachsende Entstaatlichung des weltpolitischen Prozesses hingewiesen: Entscheidungen werden in immer größerem Maße von inter- und supranationalen Institutionen getroffen, was die politische Beteiligung der von diesen Entscheidungen Betroffenen am Entscheidungsprozess so gut wie ausschließt.

Auch im Bereich der weltweit tätigen und von ihren Staaten unterstützten nationalen NGOs ist Vorsicht geboten: Die Verstaatlichung der im Ausland arbeitenden nationalen NGOs und die daraus folgende Vergesellschaftung der Außenpolitik eines Staates löst zwar die Dualität von Staat und Gesellschaft auch in diesem Bereich auf, kann aber potenziell die durch die Globalisierung ohnehin angeschlagenen traditionellen staatlichen Regulierungsmechanismen der internationalen Politik noch weiter schwächen. Hiergegen ist wiederum zu bedenken, dass in Zeiten, in denen die nationalstaatlichen Demokratien ihre Entscheidungskompetenzen in Fragen der internationalen Politik immer mehr an die inter- und supranationalen Institutionen verlieren, die nationalen NGOs eine willkommene Lösung des Problems bieten: Die nationalen Interessen eines Staates lassen sich in gewissen Hinsichten auf »nichtstaatlichen« Umwegen durchsetzen.

Ein weiteres Problem, auf das von mehreren Autoren in diesem Zusammenhang hingewiesen wird, ist die »Ausnutzung« der nationalen NGOs (Fachkompetenzen, Flexibilität, öffentliches Ansehen) durch den Staat in Folge der »Privatisierung« von Entwicklungshilfe und humanitären Programmen. Aber auch dieses Problem hat eine Kehrseite: Die NGOs lassen sich in ihrer Projektarbeit zwar gern durch ihren Staat fördern, sind in ihren Entscheidungen und in ihrer Auslandsarbeit jedoch im Unterschied zu den »Vorfeld-« bzw. »Durchführungsorganisationen« weitgehend selbständig. Durch ihre Auslandsarbeit werden sie nicht selten zu Akteuren der internationalen Politik. In gewissen

Situationen können sie sogar zu Akteuren der Außenpolitik ihres Staates werden, besonders wenn es um die vorwiegend politisch tätigen NGOs wie die parteinahen Stiftungen geht.

Durch ihre Nähe zu den Partnerorganisationen im Ausland (in der Dritten Welt, in den Transformationsstaaten) und die Möglichkeit, an den staatlichen Stellen des Gastlandes vorbei direkt mit den Zielgruppen arbeiten zu können, benötigen die nationalen NGOs im Vergleich zu staatlichen Organisationen einen erheblich geringeren bürokratischen Aufwand. Sie können aber überfordert werden, indem sie Aufgaben übernehmen, denen sie nicht gewachsen sind, wie z.B. die Einmischung in die politischen Auseinandersetzungen in den Projektländern mit dem Ziel einer Beeinflussung der Rahmenbedingungen der Entwicklungszusammenarbeit. Die Stärken der nationalen NGOs liegen in der Regel in Bereichen technischer Hilfe (sowohl im engeren als auch im weiteren Sinne), unmittelbarer Armutsbekämpfung, Förderung der Zivilgesellschaft, Umweltfragen, Kulturarbeit. Aber auch hier kommt es immer auf die Größe und Ausrichtung der jeweiligen NGO an.

Nichtregierungsorganisationen (NGOs) in Deutschland: Unterscheidungskriterien, Aufgabenbereiche

Die deutschen NGOs bilden keine homogene Gruppe. Ihre Struktur reicht von mitgliedsstarken Verbänden, wissenschaftlichen Expertengruppen und puren Lobbyisten bis hin zu projektorientierten Aktionsgruppen, »Hilfe-zur-Selbsthilfe-Organisationen« und örtlichen Initiativen. Je nach Größe und Inhalt der Arbeit können sie in folgende Gruppen unterteilt werden: kirchliche Organisationen, politische Stiftungen, überregionale Organisationen, überregionale Interessenvertretungen, Fair-Handelsorganisationen, lokale Organisationen/Nord-Süd-Foren, Landesnetzwerke.

Das ist eine der möglichen Klassifikationen, die andere Typologien, besonders was die Verbände und Vereine (organisierte Interessengruppen) angeht, nicht ausschließt.

Im Hinblick auf die inhaltlichen Funktionen wird nicht selten zwischen »politischen« und »unpolitischen« (z.B. »kulturellen« oder, falls es um die Entwicklungspolitik geht, den »technischen«) NGOs unterschieden, obwohl sich eine solche Grenzziehung gerade im außenpolitischen Kontext relativiert. Sie können auch nach dem Maß ihrer Einflussnahme auf politische Entscheidungen ihres Staates (politische bzw. außenpolitische Relevanz) typologisiert werden; dabei muss unter anderem beachtet werden, ob der Einfluss mittelbar (durch die Lobbyarbeit, Parteien usw.) oder unmittelbar durch politisches Handeln oder Projektarbeit ausgeübt wird.

In den letzten Jahren ist die Institutionalisierung der globalisierungskritischen Gruppen zu NGOs zu beobachten. Es existiert auch eine Vielfalt von Kleinstorganisationen, Initiativen etc., die sich mit menschenrechtlichen, ökologischen und anderen Fragen befassen. Das pluralistische Erscheinungsbild ist ein wesentliches Strukturmerkmal der NGOs und spiegelt die Vielfalt der deutschen Zivilgesellschaft wider. Diese Vielfalt ermöglicht es den NGOs, im Ausland in einem breiten Arbeitsspektrum tätig zu werden.

Im Folgenden konzentrieren wir uns nur auf diejenigen NGOs, die Auslandsarbeit betreiben bzw. außenpolitisch (auch im Sinne der außenpolitischen Komponenten der Entwicklungshilfe bzw. im Sinne der Auswärtigen Kulturpolitik) relevant sind.

Nicht berücksichtigt werden in diesem Beitrag die so genannten »Vorfeld-« bzw. »Durchführungs-« oder »Mittlerorganisationen«, die zwar nichtstaatlich sind, die aber trotzdem nicht zu den NGOs gezählt werden können, weil sie entweder eigens von der Bundesregierung für bestimmte Zwecke geschaffen sind oder für die Bundesregierung die Durchführung der außen-, entwicklungs- oder kulturpolitischen Maßnahmen übernehmen.

Mit Ausnahme der politischen Stiftungen, die in westlichen, europäischen, deutschen und ihren eigenen Interessen weltweit unterwegs sind und die entwicklungspolitische Arbeit nur als Teilbereich ihrer Tätigkeit begreifen, ist der größte Teil der im Ausland arbeitenden bedeutenden deutschen NGOs unmittelbar im Bereich der *Entwicklungshilfe* tätig. Sie befassen sich mit der Durchführung von Projekten und Programmen der Entwicklungszusammenarbeit zur Armutsbekämpfung (Not- und Katastrophenhilfe, Bildung, Gesundheitswesen), mit der entwicklungspolitischen Bildungsarbeit in Deutschland, entwicklungspolitischer Interessenvertretung international und in Deutschland und mit dem Entsenden von Fachkräften und Freiwilligen.

Zu solchen Organisationen gehören unter anderem freie Träger und kirchliche Organisationen wie z.B. die Deutsche Welthungerhilfe (www.welthungerhilfe.de), Terre des Hommes (www.terre-des-hommes.de), die Karl Kübel Stiftung (www.kkstiftung.de), Jugend Dritte Welt (www.jugend-dritte-welt.de), EIRENE (www.eirene.org), der Weltfriedensdienst (www.weltfriedensdienst.de), das Hilfswerk Ärzte für die Dritte Welt (www.aerzte3welt.de), Evangelischer Entwicklungsdienst (www.eed.de), MISEREOR (www.misereor.de), die Arbeitsgemeinschaft für Entwicklungshilfe (AGEH) (www.ageh.de), Dienste in Übersee (DÜ) (www.due.org).

Neben diesen großen Organisationen gibt es eine Vielfalt kleinerer NGOs, die sich ebenfalls mit entwicklungspolitischen Fragen befassen. Allein im kirchlichen Bereich soll es über 10.000 entwicklungspolitisch engagierte Gruppen geben.

In den letzten Jahren hat die politische Dimension der Entwicklungsarbeit der NGOs deutlich zugenommen. Dies bezieht sich sowohl auf ihre Projekte in den Entwicklungsländern, wo inzwischen verstärkt die zivilgesellschaftlichen Akteure der Demokratisierungsprozesse unterstützt werden, als auch auf ihre entwicklungspolitische Inlandsarbeit.

Neben den entwicklungspolitisch tätigen NGOs gibt es auch außenpolitisch interessierte Organisationen, die als Verbände in gewissen Hinsichten zu den NGOs gezählt werden können. Dazu gehören z.B. einige Organisationen der deutschen Vertriebenen, die sich unter anderem um die Erhaltung des Kulturerbes der deutschen Minderheiten bemühen. Darüber hinaus gibt es eine Menge von Organisationen und kleineren Initiativen, die ohne jeglichen politischen bzw. entwicklungspolitischen Auftrag weltweit in Bereichen wie bilaterale kulturelle Beziehungen, Jugendaustausch etc. tätig sind. Zu nennen sind z.B. Jugendwerke, Gesellschaften für bilateralen Austausch, bilaterale Kulturforen und andere Organisationen der Auslandskulturarbeit.

Nichtregierungsorganisationen und der Staat: Legitimation, Finanzierung, Zusammenarbeit

Die nationalen NGOs sind ein Abbild der politischen Kultur ihres Landes. Ihre demokratische Legitimität resultiert nicht nur daraus, dass ihre Tätigkeit der politisch relevanten Öffentlichkeit ausgesetzt ist, sondern aus den in der Gesellschaft geltenden politischen und rechtlichen Normen. Die Frage nach der demokratischen Kontrolle ist im Fall der nationalen NGOs einfacher zu beantworten, als wenn es um die internationalen NGOs geht. Die Aktivitäten der nationalen NGOs können in der Regel nicht aus den jeweiligen rechtlichen Rahmenbedingungen ausscheren bzw. undemokratischer sein, als es die demokratische Qualität der Gesetzgebungsprozesse des Staates zulässt. In Deutschland, wo die NGOs in der Regel als gemeinnützige Vereine auftreten, sind sie außerdem schon durch das Vereinsrecht auf demokratische Mitbestimmungsmöglichkeiten ihrer Mitglieder festgelegt.

So unterschiedlich die Erscheinungsformen der NGOs sind, so unterschiedlich sind auch ihre Finanzierungsquellen und ihre Zusammenarbeit mit dem Staat. Einige werden von Mitgliedsbeiträgen getragen, die meisten aber von Spenden. Für ihre Auslandsarbeit können sie auch zweckgebundene Mittel des Bundesministeriums für Wirtschaftliche Zusammenarbeit und Entwicklung (BMZ), des Auswärtigen Amts (AA) und zu kleineren Teilen von anderen Ressorts erhalten. Die staatliche Finanzierungsquelle, die Höhe der bereitgestellten Mittel, deren Verwendung und Nachweisführung hängen von der Art der jeweiligen NGO und der Ausrichtung des vorgeschlagenen Projektes ab. Dem BMZ und dem AA werden die Anträge mit den Angaben vorgelegt, die für eine Beurteilung der entwicklungspolitischen oder kulturpolitischen Förderungswürdigkeit und für eine außenpolitische Bewertung erforderlich sind. Die Projekte dürfen das »Kerngebiet« der deutschen Außenpolitik nicht antasten. In einzelnen Fällen werden auch andere Ressorts angefragt, wie z.B. das Bundesministerium der Finanzen (BMF) (ab bestimmten Förderungsbeträgen). Sofern die entwicklungspolitischen, außenpolitischen, haushaltsmäßigen und sonstigen Voraussetzungen gegeben sind, werden die Mittel bewilligt. Die kirchlichen Organisationen (e.V.) sind die ältesten und erhalten staatliche Förderung für ihre Arbeit in der Dritten Welt bereits seit den sechziger Jahren. Zunächst gab es nur projektbezogene Einzelbewilligungen, später wurden auch für sie globale Zuwendungen eingeführt; über die Verteilung der globalen Mittel unter den Projektträgern entscheiden dann die Zentralstellen der beiden Kirchen.

Inzwischen wird die systematische Förderung der NGOs in Deutschland als strategisches Element der deutschen Außenpolitik begriffen. Daher bemüht sich der Staat, die Zusammenarbeit unbürokratisch und partnerschaftlich zu gestalten. Dazu gehören permanente Kontakte zwischen den staatlichen Ressorts, staatlich finanzierten Durchführungsorganisationen und NGOs, die Erhöhung der Transparenz staatlicher außenpolitischer Entscheidungen, die Hinzuziehung der NGOs bei der Erstellung von jeweiligen Regionalkonzepten und die Verbesserung der Koordinierung der Aufgabenbereiche der staatlichen Ressorts, der Durchführungsorganisationen und der NGOs. Man bemüht sich auch, den Zugang deutscher NGOs zu Mitteln der EU zu verbessern. Auch vor Ort arbeiten deutsche Auslandsvertretungen mit deutschen NGOs zusammen.

Seitens der NGOs wurde bereits Anfang der neunziger Jahre ebenfalls die Tendenz deutlich, sowohl ihre Projekte als auch ihre Zusammenarbeit mit der Bundesregierung besser zu koordinieren. Mit der Gründung des Verbandes Entwicklungspolitik deutscher NGOs (VENRO) [1] Ende 1995 wurde für die Bundesregierung ein Ansprechpartner im Bereich der Entwicklungshilfe geschaffen. Auch die internationale Vernetzung der deutschen NGOs hat sich wesentlich verbessert.

Politische Kultur und Auswärtige Kulturpolitik

Welche der oben genannten Organisationen kommen nun für die Durchsetzung der Ziele der Auswärtigen Kulturpolitik in Frage?

Eigentlich alle. Es kommt auf die Breite der Definition »Kultur« sowie auf die Definition der Auswärtigen Kulturpolitik und ihrer Kompetenzen an.

Bleiben wir bei der »gängigen« Definition der Kultur als Gesamtheit der geistigen, künstlerischen, gestaltenden Leistungen einer bestimmten Gemeinschaft während einer bestimmten Epoche, grenzen wir Kultur von der Politik ab, dann werden wir uns bei der Betrachtung der Rolle der NGOs nur auf die Organisationen begrenzen müssen, die neben den Mittlerorganisationen deutsche Kulturleistungen im Ausland vorstellen, fremde Kulturleistungen im eigenen Lande bekannt machen und dadurch zur Verbesserung der Völkerverständigung beitragen. Und selbst bei diesen NGOs werden wir – falls wir bei einem reduzierten Begriff der Kultur bleiben – nicht die ganze Palette ihrer Arbeit einbeziehen können. Die Reduzierung des Begriffes »Kultur« ausschließlich auf die Produkte des Geisteslebens bedeutet die Gegenüberstellung von »Politik« und »Kultur«, wobei die »Kultur« im Unterschied zur »Politik« immer eine positive Bedeutung hat.

Im vorliegenden Beitrag gehen wir aber davon aus, dass der Begriff Kultur als solcher weitgehend neutral ist. Es kommt immer auf die geistigen Werte eines bestimmten Gemeinwesens an, die unter diesem Sammelbegriff zum Ausdruck gebracht werden. In diesem Sinne gehören Politik und Kultur allein schon deshalb zusammen, weil sich in jedem politischen Handeln eine gewisse Art der Kultur manifestiert.

Somit ist Kultur nicht nur deshalb ein integraler Bestandteil der Außenpolitik, weil man selbst bei »politisch neutraler« Auslandskulturarbeit im »engeren Sinne« des Wortes allein schon aus technischen Gründen auf engste Zusammenarbeit mit dem Auswärtigen Amt und deutschen Botschaften und Konsulaten angewiesen ist, sondern weil Außenpolitik als solche in gewisser Weise Ausdruck einer Kultur ist. Bei jedem außenpolitischen Handeln eines Staates wird unvermeidlich auch die politische Kultur des entsprechenden Staatsvolkes vermittelt.

Was ist aber »politische Kultur«? Eine gängige und aus amerikanischen empirischen Sozialforschungen stammende Definition der »civic culture« als der durch Umfragen ermittelten sozial-psychologischen Einstellungen der Bevölkerung zu ihrem politischen

---

1 http://www.venro.org; VENRO umfasst inzwischen ca. 100 private und kirchliche Entwicklungsorganisationen, darunter auch regionale NGO-Netzwerke mit zahlreichen lokalen Initiativen.

System greift zu kurz. Eine breitere Definition versteht unter der politischen Kultur die Gestaltung eines bestimmten politischen Handelns gemäß bestimmten Wertvorstellungen, seien es die Wertvorstellungen Einzelner (»belief systems« der kognitiven Analyseansätze) oder Normen (intersubjektiv geteilte, wertgestützte Erwartungen angemessenen Verhaltens im Konstruktivismus) (Berger 1998). So wurden z.b. nach dem Zweiten Weltkrieg in die institutionellen Gefüge der bundesdeutschen Innen-, Außen- und Sicherheitspolitik Werte und Prinzipien eingefügt, die sie entscheidend prägten.[2] Dieser Ansatz betont die Kontinuität des wertgestützten politischen Handelns; die Veränderungen werden weniger berücksichtigt.

Kurt Sontheimer spricht vom »wechselseitigen Verhältnis von Geist und Politik«, das er als »politische Kultur« bezeichnet (Sontheimer 1998: 10). In Anlehnung an diese Definition wird in diesem Beitrag die (außen)politische Kultur in Kürze folgendermaßen definiert: Sie ist ein Zusammenhang des Empfindens, des Denkens und des Handelns im Bereich der (Außen)Politik, oder, genauer gesagt, eine für eine staatlich verfasste Gesellschaft während einer bestimmten Zeit charakteristische Art, (Außen)Politik zu begreifen, zu gestalten und zu betreiben.

Ein solcher Ansatz erlaubt es, die Außenpolitik ohne kulturrelativistische Zweifel zu gestalten.

Zum Selbstverständnis der demokratischen Weltgemeinschaft von heute gehört die Überzeugung, dass gewisse Werte, die ihre Ursprünge in der abendländischen Kultur haben, wie z.b. die Idee der individuellen Menschenrechte, universell gelten sollen. Funktionierende zivilgesellschaftliche Strukturen und demokratische Rechtskultur sind Indikatoren der »Friedensfähigkeit und Konfliktträchtigkeit der Gesellschaften« (Fischer 2000). Somit gehört ihre Förderung im Ausland zu den Aufgaben der Außenpolitik der demokratischen Staaten.

NGOs in der Auswärtigen Kulturpolitik

Unter den Akteuren einer durch die neuen welt- und innenpolitischen Realitäten neu definierten deutschen Auswärtigen Kulturpolitik kommt den NGOs eine besondere Bedeutung zu.[3]

Zum Ersten können sie sich in ihrer Arbeit mehr Freiheiten erlauben, als es den Mittlerorganisationen der Auswärtigen Kulturpolitik gegönnt ist. Sie arbeiten dort, wo eine staatliche Handlung schnell als »Einmischung« in die inneren Angelegenheiten souveräner Staaten eingestuft werden kann und somit die Konflikte produzieren kann, denen sie eigentlich vorzubeugen sucht.

---

2   Die Vorstellung über die normengerechte Außenpolitik entspricht auch dem Selbstverständnis der Bundesrepublik Deutschland. Sie wird problematisch, falls die innergesellschaftlichen und diversen internationalen Erwartungen angemessenen Verhaltens auseinander driften.

3   Ein gemeinsames Dach im Internet für alle Organisationen (darunter auch NGOs), die im Rahmen der AKP tätig sind, bildet www.deutsche-kultur-international.de. Hier ist auch eine Liste aller Organisationen der Auslandskulturarbeit zu finden.

Zum Zweiten können sie auf unterschiedlichen Feldern der Auswärtigen Kulturpolitik gleichzeitig angewandt werden, angefangen beim klassischen interkulturellen Austausch bis hin zu Projekten im Rahmen der Krisenprävention. Selbst ihre Projekte der technischen Hilfe tragen zur Entwicklung der für die Auswärtige Kulturpolitik so wichtigen »Verständigungsverhältnisse« (Habermas) bei.

Und zum Dritten sind sie billiger. Angesichts der neuen weltpolitischen Realitäten werden die Ansprüche an die Auswärtige Kulturpolitik immer größer, das Geld aber, mit dem sie diese erfüllen soll, wird (so die innenpolitischen Realitäten) immer knapper. Das Dilemma ist offensichtlich: Einerseits werden mit der neuen Konzeption der Auswärtigen Kulturpolitik neue Aufgaben anvertraut, andererseits werden die finanziellen Fundamente der »Dritten Säule« unterminiert. Unter diesen Bedingungen, da die »klassischen« Mittler- und Durchführungsorganisationen unter dem Sparzwang leiden und mit immer weniger Personal immer gewaltigere Aufgaben bewältigen müssen, treten die NGOs fast als Retter auf. Sie sind zwar (im Sinne des Auswärtigen Dienstes) weniger professionell, dafür aber flexibel und bedürfen weniger bürokratischen Aufwands. Sie gibt es zahlreich und in den unterschiedlichsten Richtungen. Es gelingt ihnen, auch private Spender für ihre Projekte zu finden oder aus europäischen Töpfen Mittel bekommen. Sie gehen »auf eigene Gefahr« in die Konfliktregionen, ohne staatlichen Schutz zu beanspruchen. In Zeiten großer Herausforderungen und knapper Mittel sind die NGOs für die Außenpolitik unersetzlich.

Bei einem Überblick über die Arbeitsbereiche, für welche die NGOs für die im Kontext der Krisenprävention neu definierte Auswärtige Kulturpolitik von Bedeutung sind, ist zu berücksichtigen, dass mehrere Ziele, die früher als »entwicklungspolitisch« galten, wie z.B. Demokratieförderung, angesichts der sich verändernden weltpolitischen Realitäten mehr denn je an außenpolitischer Relevanz gewonnen haben und sich unter anderem auf den Wegen der langfristig angelegten Auswärtigen Kulturpolitik erreichen lassen.

»Entwicklungspolitische« Arbeit der NGOs im System der Auswärtigen Kulturpolitik

Dazu gehört z.B. Arbeit in den Staaten der Dritten Welt und in den Transformationsstaaten, bei der es, bezogen auf die konkreten Bedürfnisse des jeweiligen Transformations- oder Entwicklungslandes, um die Förderung der zivilgesellschaftlichen, rechtsstaatlichen Strukturen zwecks allmählicher Konsolidierung demokratischer, marktwirtschaftlicher, also weniger »konfliktträchtiger« Systeme geht. In einigen Staaten müssen aber zunächst strukturelle Voraussetzungen zur Behebung der »Unterentwicklung« und Armut geschaffen werden. Projekte im Rahmen der »Hilfe zur Selbsthilfe« und Demokratieförderung werden von mehreren deutschen NGOs im Ausland getragen. Sowohl kirchliche NGOs als auch andere private Träger arbeiten aktiv in Bereichen wie Bildung, Berufsbildung, Frauenförderung, Gesundheitswesen, Katastrophen- und Flüchtlingshilfe. Dabei wird auch mit Selbsthilfeorganisationen und anderen NGOs vor Ort zusammengearbeitet. Die Entstehung von solchen Organisationen wird von deutschen NGOs technisch, manchmal auch finanziell unterstützt. Einen wichtigen Beitrag leisten die parteinahen Stiftungen mit ihren Projekten auf politischen und gesellschaftlich-politischen Ebenen. Es geht aber nicht nur um die konkreten entwicklungspolitischen Projekte der NGOs, sondern auch darum, dass im Prozess ihrer projektbezogenen Arbeit in diesen Ländern deutsche politische Kultur, freiheitliche Werte, tolerante Umgangsformen vermittelt werden, und zwar nicht unbedingt gezielt, sondern eher als »Nebeneffekt«.

Unterstützung der europäischen Einigungsprozesse

Auch auf europäischer Ebene sind die nationalen NGOs unersetzlich, zumal es um das für das Fortschreiten der politischen Integration erforderliche Zusammenwachsen von unterschiedlichen politischen Kulturen geht. So bemerkte Joschka Fischer: »Im Zusammenhang mit den europäischen Integrationsprozessen stelle ich immer wieder fest, dass die selben Begriffe völlig andere Kontexte haben (…), etwa der Begriff der Föderation. (…) Was wir brauchen, ist ein grenzüberschreitender Diskurs (…), der versucht, genau diese historisch gewachsenen Barrieren und Tabus im positiven, konstruktiven Sinne aufzulösen« (Fischer 2000). Ein solcher Diskurs, auch auf Ebene der privaten Träger geführt, angefangen von politischen Stiftungen und ihren Partnern und bis zu den vielseitigen kleinen Initiativen, Schüler- und Jugendaustauschgruppen etc., trägt zur allmählichen Entstehung der »europäischen« politischen Kultur bei.

Pflege der transatlantischen Beziehungen

Die politischen Stiftungen oder Organisationen wie Atlantikbrücke e.V. zielen auf der Ebene des politischen Dialogs mehr auf Elitenvernetzung. Kleinere Organisationen, Initiativen und Austauschgruppen arbeiten dagegen auf diversen gesellschaftlich-politischen und gesellschaftlich-kulturellen Ebenen. »Volksdiplomatie«, von den NGOs getragen, bleibt die wichtigste Voraussetzung dafür, dass Stereotypen und Vorurteile, die in für die Politik schwierigen Zeiten von gewissen Kräften reanimiert werden können, keine Verbreitung und Unterstützung bekommen.

Dasselbe gilt für die Pflege der jeweiligen *bilateralen* Beziehungen. Jede, selbst eine entwicklungspolitisch tätige NGO oder eine NGO, die sich mit Minenräumung befasst, leistet mit ihrer Arbeit auch einen Beitrag zur Völkerverständigung. An erster Stelle stehen hier aber ohne Zweifel die politischen Stiftungen mit ihren vielseitigen Projekten; ihnen folgen verschiedene Organisationen, die die wissenschaftliche (auch geisteswissenschaftliche und künstlerische) Zusammenarbeit fördern oder sich auf gesellschaftlich-politischer Ebene bewegen (Beispiel: Adam Schall Gesellschaft für Deutsch-Chinesische Zusammenarbeit e.V. oder Hamburger China-Gesellschaft e.V., die sich fast ausschließlich aus Mitgliederbeiträgen und Spenden finanziert). Es gibt auch eine Menge NGOs, die sich speziell mit der Pflege der *bilateralen Kulturbeziehungen* im engeren Sinne des Wortes befassen, z.B. Organisationen, die Literaturaustausch fördern, so wie die Neue Literarische Gesellschaft Marburg e.V., die sich unter anderem der deutsch-ukrainischen Literaturvermittlung widmet, oder das Kulturforum Türkei/Deutschland e.V., das künstlerische Leistungen vermittelt.

Ein wichtiger Bestandteil der bilateralen Beziehungen in Ländern mit einem großen Anteil deutscher Minderheiten bleibt die *Pflege der deutschen Sprache und des deutschen Kulturerbes*. Indem die Mittlerorganisationen, wie z.B. das Goethe-Institut oder der DAAD mit seinen Lektoren-Programmen, weltweit und in der Regel ohne speziell betonten Bezug zu den deutschen Volksgruppen deutsche Sprache und deutsche Kultur vermitteln, befassen sich NGOs auch in diesem Bereich mit konkreteren, manchmal länderbezogenen Problemen. Es gibt auch NGOs der deutschen Minderheiten (angefangen von »Wiedergeburt« der ehemaligen Russlanddeutschen mit regionalen Gliederungen bis zu Jugendvereinen oder Landsmannschaften), die von der Bundesregierung Unterstützung erhalten und mit entsprechenden deutschen Vorfeldorganisationen, aber auch mit deutschen NGOs zusammenarbeiten.

Ausblick

Die bereits mit der Konzeption 2000 gegebenen Richtlinien zur Neuorientierung der Auswärtigen Kulturpolitik wurden nach dem 11. September 2001 weiter entwickelt. Zu den grundlegenden Prioritäten der Auswärtigen Kulturpolitik gehören gegenwärtig
– die »gezielte Stärkung der Zivilgesellschaften«,
– die weltweite »Herrschaft des Rechts« und
– der »Dialog der Kulturen«.

Die gestiegenen Anforderungen an die Auswärtige Kulturpolitik und die Erweiterung ihrer Aufgabenbereiche verlangen nach neuen, flexiblen Instrumenten. Dazu gehören auch die nationalen NGOs.

Zu den Vorteilen der nationalen NGO gehört es, dass ihr kultureller Auftrag – wenn es um die Arbeit in den Transformations- und Entwicklungsländern geht – selbst in ihren entwicklungspolitischen Projekten zum Ausdruck kommt. Somit erlaubt es der Einsatz der NGOs, den Dialog der Kulturen mit Maßnahmen zur demokratischen Entwicklung zu verbinden und eine neue, wirksamere Art der kulturellen Konfliktprävention zu etablieren.

4.8 Im Ausland einmalig – Die politischen Stiftungen

von Swetlana W. Pogorelskaja

Unter den deutschen Nichtregierungsorganisationen (NGOs) kommt den politischen Stiftungen eine besondere Bedeutung zu. Die parteinahen Stiftungen, die nach dem Maßstab ihrer Tätigkeit und dem Ausgabenvolumen zu den größten der deutschen Stiftungen zählen, sind weltweit einmalig in ihrer Art, vor allem im Hinblick auf ihre Auslandstätigkeit. Derzeit gibt es sechs bundesweit tätige parteinahe Stiftungen, deren jeweiliger Namensgeber für die politische Grundorientierung steht: die Friedrich Ebert Stiftung (FES)[1], der SPD nahe stehend, die Konrad-Adenauer-Stiftung (KAS)[2], der CDU nahe stehend, die Hanns-Seidel-Stiftung (HSS)[3], der CSU nahe stehend, die Friedrich-Naumann-Stiftung (FNS)[4], der FDP nahe stehend, die Heinrich-Böll-Stiftung (HBS)[5], Bündnis 90/den Grünen nahe stehend, die Rosa-Luxemburg-Stiftung (RLS)[6], der PDS nahe stehend.

Organisation und Aufgaben

Die älteste der sechs politischen Stiftungen ist die 1925 mit dem Ziel, »die Entwicklung des sozialen und demokratischen Gedankengutes und die Verständigung und Zusammenarbeit zwischen Völkern zu fördern« gegründete und 1947 neu aufgebaute Friedrich Ebert Stiftung (FES). Ihr folgten die aus der Politischen Akademie Eichholz e.V. (die ihrerseits 1958 aus dem 1956 gegründeten Verein Gesellschaft für christlich-demokratische Bildungsarbeit hervorging) 1964 entstandene Konrad-Adenauer-Stiftung (KAS) und die 1958 gegründete Friedrich-Naumann-Stiftung (FNS). 1967 wurde in Bayern die Hanns-Seidel-Stiftung (HSS) gegründet. Die Grünen, die zunächst gegen die Institution der parteinahen Stiftungen auftraten, gründeten 1988 einen Stiftungsverband Regenbogen, unter dessen Dach drei bisher als Gegenmodelle zu etablierten politischen Stiftungen arbeitende »grünennahe« Stiftungen (Frauen-Anstiftung, Heinrich-Böll-Stiftung und Buntstift als Dachverband der Landesstiftungen) zwecks Verbesserung ihrer Kooperation und der Finanzierung untergebracht wurden. Erst 1996 wurden alle diese Stiftungen in der Heinrich-Böll-Stiftung (HBS) mit Sitz in Berlin zusammengeführt. Die PDS-nahe Stiftung, die bereits 1991 als Stiftung Gesellschaftsanalyse und politische Bildung entstand und 1999 offiziell in Rosa-Luxemburg-Stiftung (RLS) umbenannt wurde, hat fast zehn Jahre gebraucht, um wie andere Stiftungen Globalzuschüsse des Bundes erhalten zu dürfen.

1 http://www.fes.de
2 http://www.kas.de
3 http://www.hss.de
4 http://www.fnst.org
5 http://www.boell.de
6 http://www.rosalux.de

Seit 1989 versuchten auch die Republikaner, eine Stiftung zu gründen, doch wurde ihr Antrag 1998 abgelehnt.

Nach den Ausgabenvolumen sind die den beiden großen Volksparteien nahe stehenden Stiftungen FES und KAS die größten.

Die satzungsmäßigen Aufgaben der politischen Stiftungen unterscheiden sich kaum voneinander und folgen dem demokratischen Grundkonsensus. Die jeweilige Parteinähe sorgt allerdings für die entsprechende Schwerpunktsetzung in ihrer innenpolitischen Arbeit und auswärtigen Tätigkeit. Im Mittelpunkt der Arbeit aller parteinahen Stiftungen steht die politische Bildung. Zu den weiteren Aufgaben gehören Studienförderung, wissenschaftliche Arbeit und Politikberatung. Alle Aufgabenbereiche sind in der Regel miteinander verflochten (Stipendiaten gehören unter anderem zu den Zielgruppen der politischen Bildungsarbeit, Forschungsarbeit trägt unter anderem auch zur Erarbeitung der neuen Bildungskonzepte bei, wissenschaftliche Veröffentlichungen werden auch in politischer Bildungsarbeit benutzt usw.). Jede der politischen Stiftungen hat auch die Aufgabe, die internationale Zusammenarbeit und Kooperation sowie die europäischen Einigungsbestrebungen zu unterstützen und Entwicklungshilfe zu fördern.

Die organisatorischen Strukturen der Stiftungen, obwohl permanent in Umbauprozessen zwecks besserer Anpassung an die politischen Herausforderungen befindlich, weisen grundsätzliche Ähnlichkeiten auf, die aus der Ähnlichkeit der Aufgabenbereiche aller Stiftungen resultieren. Wie die Abteilungen aktuell auch heißen und gegliedert sein mögen, in der Regel gibt es die Arbeitsbereiche politische Bildung (mit den dazu gehörenden bildungspolitischen Zentren bzw. Bildungswerken), wissenschaftliche Dienste (unter anderem Archiv zur Geschichte des Gedankengutes der nahestehenden Partei, Pressearchiv, Bibliothek), Forschung und Beratung, Studienförderung (In- und Ausland), Internationale Zusammenarbeit (kann in Industrie- und Entwicklungsstaaten gegliedert sein). Alle Stiftungen unterhalten auch Auslandsbüros, deren Zahl von der Größe und den finanziellen Möglichkeiten der Stiftungen abhängig ist. KAS und FES sind so gut wie in der ganzen Welt vertreten.

Status und Finanzierung

In politisch-rechtlicher Hinsicht sind die Stiftungen einzigartig: Zum einen treten sie als international agierende NGOs auf, zum anderen wird ihre Arbeit vom Staat finanziert und zum dritten sind sie durch ihre Parteinähe in der amtlichen Politik vom Parlament bis zur Regierung verankert.

Die politischen Stiftungen sind privatrechtlich konstituierte Organisationen. Ihre Tätigkeit hat ihre verfassungsrechtliche Grundlage in Art. 9 Abs. 1 GG, soweit es ihre vereinsrechtliche Organisation betrifft, und in Art. 12 Abs. 1 GG bezogen auf ihre gesellschaftspolitische Bildungsarbeit.

Für innenpolitische Arbeit (wie politische Bildung, Forschung, Beratung, Veröffentlichungen, Verwaltungskosten usw.) erhalten sie sogenannte Globalzuschüsse. Diese Art von Zuwendungen wurde grundsätzlich durch die Entscheidung des Bundesverfassungsgerichts vom 14. Juli 1986 geregelt, der die Klage der Grünen von 1983 über die »verdeckte Parteienfinanzierung« vorausging. Das Gericht stellte fest, dass die Stiftungen in hinreichender Weise sowohl organisatorisch als auch in ihrer Willensbildung von ihren Parteien unabhängig sind. Mit diesem Urteil wurde die innenpolitische Arbeit der Stiftungen ausdrücklich bejaht. Die 1992 eingesetzte Kommission unabhängiger Sachverständiger zur Parteienfinanzierung hat am 17.2.1993 bestätigt, dass die politischen Stiftungen ein wichtiger Teil der politischen Kultur der Bundesrepublik sind und für das Gemeinwesen nützliche Arbeit leisten.

In der Tat ist die Verbindung zwischen Stiftung und Partei keineswegs eingleisig, auch wenn die »Parteinähe« immer wieder in ihrer innenpolitischen Tätigkeit zum Ausdruck kommt. Es handelt sich eher um eine Art Wechselbeziehung, die von rechtlicher Seite schwer nachzuweisen ist, da sie nicht institutionalisiert ist und nicht auf der offiziellen, sondern eher auf einer ideellen und politisch-persönlichen Ebene zum Ausdruck kommt. Die Aufgaben, die die Stiftungen zu bewältigen haben, überschreiten die speziellen Interessen der Parteien und werden nicht unbedingt von den Parteien bestimmt, was gerade am Beispiel der Auslandstätigkeit der Stiftungen besonders deutlich zu sehen ist.

Für ihre außen- und entwicklungspolitische Tätigkeit erhalten die Stiftungen zweckgebundene Mittel des Bundesministeriums für wirtschaftliche Zusammenarbeit und Entwicklung (BMZ), des Auswärtiges Amts (AA) und zu kleineren Teilen der anderen Ressorts. Die Finanzierungsquelle ist von der Ausrichtung des jeweiligen Projektes abhängig. Mittel werden (im Fall einer entwicklungspolitischen Ausrichtung) bewilligt, wenn von Projekten ein eindeutig positiver strukturwirkender Effekt zu erwarten ist und solange sie das »Kerngebiet« der deutschen Außenpolitik nicht antasten. Die dem BMZ vorgelegten Projekte werden auch dem Auswärtigen Amt zwecks Überprüfung der möglichen »außenpolitischen Bedenken« vorgelegt. Indem der Staat die Finanzierung des Projekts verweigert, distanziert er sich offiziell von ihm. Es bleibt der Stiftung überlassen, das Projekt zu überarbeiten, fallen zu lassen, es auf eigenes Risiko und mit anderen Mitteln durchzuführen oder gegen den Staat zu klagen (von diesem Recht hat eine der grünennahen Stiftungen Anfang der neunziger Jahre mit Erfolg Gebrauch gemacht).

Sowohl die Globalzuschüsse als auch die Projektförderung werden mit dem Gesetz zur Feststellung des Bundeshaushalts verabschiedet. Die Verteilung der Gesamtmittel auf die Stiftungen richtet sich nach einem Schlüssel, der die dauerhaften, ins Gewicht fallenden Grundströmungen in der Bundesrepublik Deutschland berücksichtigt. Im Jahre 2000 erhielten die FES und die KAS je 32,5 Prozent, die FNS und die HSS je 12 Prozent und die HBS 11 Prozent. Die Rosa-Luxemburg-Stiftung erhielt eine Aufbauförderung.

Die innen- und außenpolitische Arbeit der Stiftungen unterliegt grundsätzlich der ministeriellen und parlamentarischen Kontrolle. Die finanziellen Ausgaben werden außer vom Zuwendungsgeber noch vom Bundesrechnungshof, den Landesrechnungshöfen, dem Finanzamt und von Wirtschaftsprüfern kontrolliert. In ihren Jahresberichten legen die Stiftungen der Öffentlichkeit die Ergebnisse ihrer Arbeit vor.

Eigentliche Kulturarbeit gehört nicht zu den grundsätzlichen Aufgaben der Stiftungen; wenn sie in diesem Bereich gelegentlich tätig sind (Kunstausstellungen, literarische Symposien, Autorenseminare, Autorenlesungen, Ausschreibung von Autorenpreisen usw.), hat diese Arbeit letztendlich einen gesellschaftlich-politischen Bezug.

Im Hinblick auf ihre auswärtige Arbeit wird in der Regel angenommen, dass sich die Stiftungen außen- und entwicklungspolitisch betätigen und nur bedingt die »klassischen« Bereiche der Auswärtigen Kulturpolitik berühren. Tatsächlich sind selbst die kulturpolitischen Programme, selbst Ausstellungen oder internationale kulturpolitische Dialoge (bzw. Dialoge der Religionen) im Endeffekt eng in den entsprechenden außen- bzw. entwicklungspolitischen Kontext eingebettet. Politische Stiftungen sind keine nennenswerten Träger Auswärtiger Kulturpolitik im engeren Sinne des Wortes. Geht man allerdings von einem erweiterten Verständnis der Auswärtigen Kulturpolitik aus, das auf einer die ganze Bandbreite der geistigen Werte des deutschen Volkes als eines Teils der freiheitlichen westlichen Gemeinschaft umfassenden Definition des Kulturbegriffs beruht, ergibt sich, dass sich mehrere Bereiche der auswärtigen Tätigkeit der Stiftungen mit den Aufgabenbereichen der Auswärtigen Kulturpolitik überschneiden bzw. unmittelbar deren Zielen dienen. Ansätze zu solch einer erweiterten Definition der Kulturpolitik findet man in den Arbeitsdokumenten des Auswärtigen Amts bereits Mitte der sechziger Jahre, also exakt in der Zeit, als die Stiftungen ihre Auslandsarbeit begannen.

In der zweiten Hälfte der sechziger Jahre verbreitete sich die Ansicht, dass die klassischen Methoden der Kulturpolitik in weiten Bereichen der Dritten Welt versagen und durch kulturpolitische Aufgaben mit überwiegend entwicklungspolitischer Motivation oder Auswirkung (technische Hilfe) ergänzt werden müssen. Dazu gehörten die »weltanschaulich und politisch gebundenen Bildungsmaßnahmen«, die »mittels den drei großen Parteien nahe stehenden Bildungsinstitutionen« (Auswärtiges Amt 1963) durchgeführt werden sollten. In den Diskussionen über das Verhältnis zwischen »Außenpolitik«, »Auswärtiger Kulturpolitik«, »Entwicklungspolitik« und »Entwicklungshilfe« ging es letztendlich um die Verteilung der Kompetenzen zwischen dem Auswärtigen Amt und dem neugeschaffenen Bundesministerium für wirtschaftliche Zusammenarbeit. Für die Stiftungen waren diese Diskussionen nur im Hinblick auf die Finanzierung ihrer Projekte aus dem einen oder dem anderen Ressort relevant. Ziel ihrer Arbeit in den Entwicklungsländern in den sechziger Jahren war die Schaffung »der bildungsmäßigen und psychologischen Voraussetzungen einer wirtschaftlichen Entwicklung« (Auswärtiges Amt 1965a), als Instrument dienten gesellschaftlich-politische Bildungsmaßnahmen (später gewann auch der politische Dialog an Bedeutung), Zielgruppen waren politische, intellektuelle und gewerkschaftliche Eliten.

Dagegen war gegenüber den Ostblockstaaten »das Ziel unserer Kulturpolitik ... Expansion um politischer Ziele willen ... Hauptobjekt unserer Bemühungen ist die urteilsfähige und gebildete Öffentlichkeit, nicht so sehr die breite Masse« (Auswärtiges Amt 1965b). Die Tätigkeit der Stiftungen in diesem Bereich begrenzte sich in den sechziger

Jahren eher auf die Forschungsarbeit und auf episodische Einzelreisen der Länderexperten (vor allem im Auftrag der FES) zur Kontaktaufnahme.

Bereits als Außenminister betonte Willy Brandt, die Auswärtige Kulturpolitik sei durch folgende drei Komponenten gekennzeichnet: Selbstdarstellung, Kooperation und Unterstützung derer, die ihrer bedürfen, um Anschluss an das internationale Niveau zu gewinnen. 1970 setzte sich die umfassende Definition des Begriffs der Auswärtigen Kulturpolitik endgültig durch. Sie wurde als »Politik der kulturellen, wissenschaftlichen und gesellschaftspolitischen Zusammenarbeit« verstanden. »Dabei kann im Interesse des außenpolitischen Gesamtkonzepts auf die Einbeziehung der Entwicklungsländer nicht verzichtet werden. Die gesellschaftspolitische Arbeit, die weitgehend von den drei politischen Stiftungen durchgeführt wird, ist Teil der Kulturarbeit in diesem umfassenden Sinne« (Auswärtiges Amt 1970a).

Die neuen weltpolitischen Realitäten der neunziger Jahre brachten neue wichtige Schwerpunkte in der Ausrichtung der Auswärtigen Kulturpolitik (weitere Unterstützung der europäischen Wertegemeinschaft, Demokratieförderung in den Transformationsstaaten in Mittel- und Osteuropa), berührten aber nicht ihr Grundverständnis. Auch in der neuen *Konzeption 2000* der Auswärtigen Kulturpolitik (Auswärtiges Amt 2000a) wird sie mit den auf den freiheitlich-demokratischen Werten basierenden außenpolitischen Interessen verknüpft.

Politische Stiftungen im System der aktuellen Auswärtigen Kulturpolitik

Die Funktionen der politischen Stiftungen im Rahmen der deutschen Außenpolitik sind bekannt: Sie sind sowohl ihre Instrumente als auch ihre Akteure. Sie begleiten, ergänzen und entlasten die amtliche Außenpolitik, sie ermöglichen die Umsetzung langfristiger außenpolitischer Zielsetzungen dort, wo dies mit den Mitteln des Auswärtigen Dienstes nicht zu erreichen ist. Ihre Präsenz in den Grauzonen der Politik in den Staaten, wo sie ihre Vertretungen haben und eine langjährige Projektarbeit durchführen, erlaubt ihnen, die deutsche Außen- und Entwicklungspolitik effizient zu beraten. Da sie in ihren Entscheidungen (zumindest formell) weitgehend selbständig sind, führen sie unter anderem auch Projekte durch, die sich von den jeweiligen außenpolitischen Konzepten der Bundesregierung unterscheiden. Gelegentlich gewinnt eine solche Tätigkeit unmittelbaren Bezug zur Neugestaltung dieser Konzepte. Darüber hinaus tragen sie als international agierende NGOs zur internationalen Kommunikation bei und versuchen, auf die Ausgestaltung der internationalen Beziehungen Einfluss zu nehmen und internationale Netzwerke zu schaffen. In allen ihren Eigenschaften sind sie für die deutsche Auswärtige Kulturpolitik unersetzlich.

Die wichtigsten gegenwärtigen Aufgabenbereiche der Auslandsarbeit der Stiftungen im Kontext des heutigen Konzepts der Auswärtigen Kulturpolitik:

Entwicklung der transatlantischen und europäischen Zusammenarbeit, Unterstützung der europäischen Einigungsprozesse. Dies wird vor allem durch die transatlantische und europäische Elitenvernetzung auf sicherheitspolitischer, politischer, wissenschaftlicher und bedingt auch auf kultureller Ebene (falls ein gesellschaftlich-politischer Bezug existiert) erreicht. Wichtigstes Instrument dazu ist der politische bzw. kulturpolitische Dialog, der unter anderem in Form thematischer bi- und multilateraler Veranstaltungen auf unterschiedlichen Ebenen stattfindet (von engeren Politiker- bzw. Expertengesprächen bis zu breiteren Fachtagungen, Konferenzen, Vortrags- und Diskussionsveranstaltungen usw.). Dazu gehören auch Besucherprogramme und wissenschaftliche Zusammenarbeit. *Beispiel*: »Der Transatlantische Dialog« der FNS mit dem Ziel, einen »liberalen Beitrag« zum transatlantischen Dialog zu leisten.

Heranführung der Reformstaaten Mittel- und Osteuropas an die europäischen und transatlantischen Strukturen. Es geht hierbei um die Staaten, die den europäischen und transatlantischen Strukturen bereits beigetreten sind bzw. in Bälde beitreten werden. Ziel ist unter anderem die Schaffung bzw. Festigung der dafür erforderlichen gesellschaftlich-politischen und wirtschaftlichen Strukturen. Als Instrumente dienen der politische bzw. kulturpolitische Dialog und begleitende Maßnahmen, wie gesellschaftlich-politische Bildungsarbeit und Beratung durch Experteneinsätze. *Beispiele*: »Soziale und demokratische Gestaltung des Beitritts Polens zur Europäischen Union. Förderung des zivilgesellschaftlichen Dialogs« (Projekt der RLS), »Deutsch-baltischer Politikdialog« (FES zusammen mit Stiftung Wissenschaft und Politik).

Demokratieförderung in den Transformationsstaaten. Es handelt sich hier um die Staaten, die sich nicht als Entwicklungsländer einstufen lassen, die sich jedoch nach dem Zusammenbruch ihrer früheren Strukturen in einem Übergangsprozess befinden, dessen erklärtes Ziel die Konsolidierung der demokratischen und marktwirtschaftlichen Systeme sein soll. Dazu gehören die GUS-Länder und einige Balkanstaaten. Bezogen auf die konkreten Bedürfnisse des jeweiligen Landes geht es um die Bekämpfung der nur diesen Staaten eigenen Probleme im Verlauf der Transitionsprozesse zwecks Stabilisierung der politischen und wirtschaftlichen Entwicklung hin zur Demokratie. Instrumente hierzu sind bildungspolitische Maßnahmen, Experteneinsätze, politischer bzw. kulturpolitischer Dialog. *Beispiele*: »Demokratieförderung Russland« (KAS), »Managementberatung für Führungskräfte aus Politik, Wirtschaft und Verwaltung« (Ukraine, HSS). Dazu gehören auch diverse Projekte, die von den politischen Stiftungen im Rahmen des »Stabilitätspaktes Südosteuropa« angeboten werden.

Die Ausrichtung der *entwicklungspolitischen Arbeit* in den Ländern der Dritten Welt variiert von Land zu Land. Grundsätzlich geht es um »Hilfe zur Selbsthilfe«, also um die Schaffung der strukturellen Voraussetzungen zur Behebung der Unterentwicklung. Unter den Instrumenten dominieren gesellschaftlich-politische Bildungsmaßnahmen und Experteneinsätze (einschließlich Beratung der Regierungen). Die Intensität des politischen bzw. kulturpolitischen Dialogs ist von Land zu Land unterschiedlich. *Beispiele*: »Rechtsstaatsprogramm für Südamerika« (KAS), »Politische Bildung Westafrika« (KAS), »Medienförderung und Kommunikationsberatung in Lateinamerika« (FES).

Überregionale Aufgaben. Besonders in der letzten Zeit ergaben sich Aufgabenbereiche, die für die gesamte Auslandsarbeit der Stiftungen aktuell sind, auch wenn die Schwerpunkte sich von Land zu Land unterscheiden und im Rahmen der laufenden Zusammenarbeit regionen- bzw. länderspezifisch umgesetzt werden. Zu solchen Themen gehören unter anderem der Umgang mit den Folgen der Globalisierung, die Krisen- und Konfliktprävention und der damit verbundene Kampf gegen den internationalen Terrorismus, aber auch Dialog der Kulturen, Frauenpolitik usw. *Beispiele*: »Solidarische Globalisierungsgestaltung« (FES), »Gender- und Frauenpolitik« (FES), Sonderprogramm »Dialog mit dem Islam« (KAS).

Pflege der *bilateralen Beziehungen*. Diese Aufgabe ist ebenfalls in jeder länderbezogenen Tätigkeit der Stiftungen präsent. Selbst wenn einige Projekte nicht der Verbesserung der aktuellen offiziellen diplomatischen Beziehungen dienen, schaffen sie Ansätze für die beiderseitige gesellschaftlich-politische Verständigung und ermöglichen eine Zusammenarbeit, die für die künftigen bilateralen Beziehungen bedeutsam sein kann. In einigen Fällen haben die Stiftungen in nichtdemokratischen Staaten die demokratisch orientierten oppositionellen Eliten bildungspolitisch unterstützt, die später die Regierungsverantwortung übernahmen.

Zu den *Zielgruppen* aller politischen Stiftungen gehören Entscheidungsträger in politischen, wirtschaftspolitischen, rechtlichen bzw. verfassungsrechtlichen Bereichen, in den Strukturen der kommunalen Selbstverwaltung, im wissenschaftlichen und universitären Bereich, aber auch Intellektuelle, Journalisten und Studenten. Als *Partnerorganisationen* werden nichtstaatliche Strukturen bevorzugt (z.B. Bildungs- und Wissenschaftseinrichtungen derjenigen Parteien, die den den Stiftungen nahe stehenden Parteien »verwandt« sind), aber in der letzten Zeit wird immer mehr unmittelbar mit Regierungsstrukturen, mit Parlament und Judikative zusammengearbeitet.

Die jeweiligen konkreten Schwerpunkte der Tätigkeit der Stiftungen im Rahmen der allgemeinen Aufgaben sind in hohem Maße von ihrer Parteinähe abhängig und an die Bedürfnisse des lokalen Partners angepasst.

Für die gesamte Auslandsarbeit der Stiftungen gilt, dass die unmittelbare politische Arbeit Priorität hat. Sollte diese aus diversen Gründen zunächst nicht möglich sein, kann die Stiftung sich auf technische Projekte (wie z.B. die von der HSS angebotenen Programme zur Berufsbildung) konzentrieren oder sich mit der wissenschaftlichen Zusammenarbeit (Vorlesungsreihen an Universitäten, gemeinsame Projekte mit Forschungsinstituten vor Ort, selbst Förderung von Übersetzungsprojekten) bzw. mit kulturpolitischen oder rein kulturellen Aufgaben befassen. Dies sind die bewährten Ausgangspositionen für die Aufnahme der Arbeit in einem Land, aber auch die Nischen, in welche sich eine Stiftung zurückziehen kann, falls eine politische Arbeit aus irgendwelchen Gründen nicht mehr möglich ist, ein außenpolitisch bedingtes Interesse an einer Präsenz im Lande aber fortbesteht.

Umstrittene Fragen

Politische Stiftungen werden immer wieder zum Gegenstand innenpolitischer Diskussionen. Am häufigsten werden in Deutschland folgende prinzipielle Fragen diskutiert:

1. Legalität der Globalzuschüsse des Bundes an die Stiftungen, nicht selten im Hinblick auf die innenpolitische Bildungsarbeit der Stiftungen (Vorwurf: »verdeckte Parteienfinanzierung« – Gegenargument: »Förderung des politischen Pluralismus«).

2. Parteinähe im Hinblick auf Finanzierung der Auslandsarbeit (Vorwurf: »Parteienaußenpolitik« – Gegenargument: Projekte werden nur finanziert, wenn sie den Richtlinien der deutschen Außen- und Entwicklungspolitik entsprechen). Gelegentlich taucht dieses Thema aber im Zusammenhang mit den Spendenaffären auf;[7] dann wirft man den Stiftungen vor, als »Geldwäsche-Anlagen« aufzutreten und der Bereicherung der nahestehenden Parteien zu dienen.[8]
3. Intensität der Parteinähe in der entwicklungspolitischen Projektarbeit (Vorwurf: Unterstützung der den deutschen Parteien nahe stehenden Gruppen in den Entwicklungsländern als »Export« der deutschen innenpolitischen Auseinandersetzungen – Gegenargument: Förderung des politischen Pluralismus in den Entwicklungsländern als Teil der Demokratieförderung).[9]
4. Verhältnis »Stiftungen« – »offizielle Diplomatie« (Vorwurf: »geheime Diplomatie«, »Nebenaußenpolitik« – Gegenargument: »Instrumente der Außenpolitik«). Im Ausland dagegen werden eher konkrete Projekte der jeweiligen Stiftungen diskutiert (Vorwurf: Einmischung in die inneren Angelegenheiten – Gegenargument: Unterstützung der demokratischen Kräfte).

Der Tätigkeit der Stiftungen kann im Prinzip keine eindeutige politische Bewertung gegeben werden. Es kommt dabei auf das Land und auf den politisch-ideologischen Blickwinkel an, unter welchem ihre Arbeit analysiert wird. Ihre praktische Bedeutung für die deutsche Außenpolitik ist jedoch unumstritten.

---

7 Über die Geschichte des sogenannten »spanischen Fall Flick« siehe u.a.: Labusch (1984); Haubrich (2000).
8 So wurde z.B. die Tätigkeit der Stiftungen auf der iberischen Halbinsel wieder unter die Lupe genommen im Zusammenhang mit den Vorwürfen, dass die zweckgebundenen Gelder aus den sogenannten »Reptilienfonds« des Bundeskanzleramts, die die deutschen Parteien für die Unterstützung der demokratischen Kräfte in Spanien und Portugal in den Jahren 1974 bis 1982 erhielten, teilweise an die nahe stehenden Parteien zurückgeflossen seien. Siehe Leyendecker (2000); Stadlmayer (2000).
9 Siehe u.a.: Adam (1985); Wewer (1986).

4.9 Bahn frei für Visionen – Die Stiftungen

von Peter Theiner

Stiftungen sind älter als der moderne Staat. Schon in der Antike, mit der die europäische Stiftungsgeschichte ihren Ausgang nimmt, übereigneten wohlhabende Familien Teile ihres Grundbesitzes den Göttern, auf dass die Erträge dem Opferdienst im Tempel zugute kamen. Dem unmittelbaren religiösen Zweck waren früh karitative Absichten beigemischt. Das Bedürfnis der Stifter, das eigene Leben zu transzendieren und über den Tod hinaus gleichsam in die Ewigkeit zu wirken, war der Keim für Institutionen der Mildtätigkeit und der Bildung. Noch fehlte dem Stiftungshandeln die eigene Rechtspersönlichkeit. Das gestiftete Vermögen gehörte der Gottheit, den Tempelpriestern oder auch natürlichen Personen.

Bei Gaius C. Maecenas und seiner Förderung der Poesie (Vergil und Horaz) treten erstmals, bis heute vorbildlich, Kunst und Kultur in das Blickfeld eines Stifters. Unser modernes Institutionengefüge hätte sich ohne die pia causa des römischen Rechts, mit der schon sehr früh der Gedanke der Gemeinnützigkeit hervortrat, in eine ganz andere Richtung entwickelt.

Das christliche Mittelalter war nicht nur auf dem Gebiet des Stiftungswesens alles andere als finster. Bis heute versteht sich die Kirche selbst als Stiftung. Die Versorgung der Alten und Kranken, das Schulwesen und vor allem die Entfaltung der Universitäten mit Mensa, Studentenheimen, Stipendien und Professorengehältern waren schon im Mittelalter wesentlich von Stiftungen geprägt und getragen. Die Sorge um das Seelenheil war als sozialmoralische Antriebskraft der Vorläufer dessen, was wir heute unter Gemeinsinn und gemeinnützigem Engagement verstehen und zu aktivieren bemüht sind.

Bei alldem sehen wir noch keine Berührungspunkte zwischen Stiftungen und Auswärtiger Kulturpolitik. Diese ist ihrem Wesen nach auf den modernen souveränen Machtstaat bezogen, und sie rückte erst sehr allmählich auf in den Kreis der Staatsfunktionen. Bevor es überhaupt zu einer fruchtbaren Wechselwirkung von Staat und Stiftungen kommen konnte, musste einiges geschehen. Je mehr der Staat sich zum modernen Machtstaat entwickelte, desto antagonistischer gestaltete sich zunächst sein Verhältnis zu den Institutionen des Stiftungswesens. Stiftungen waren zunächst eine soziale Bauform in einer Welt feudaler Zersplitterung. Feudalismus bedeutet im Kern die systematische Dezentralisierung von Herrschaft, nicht ihre Bündelung in bürokratisch organisierten staatlichen Organen. Der Staat der Neuzeit im kontinentaleuropäischen Absolutismus blies zum Angriff auf die Stiftungen, denn der Leviathan duldete keine Götter neben sich. Stiftungen entsprachen nicht dem Grundsatz eines rational konstruierten, hierarchischen Gemeinwesens mit staatlichem Gewaltmonopol. Sie standen als auf Dauer angelegte Institutionen aus eigenem vorstaatlichem Recht quer zum Anspruch des modernen Staates, die Gesellschaft und ihre Subsysteme mit hoheitlicher Gewalt zu durchdringen und fortlaufend zu verändern.

Gerade deshalb waren Stiftungen auch für die europäische Aufklärung ein Stein des Anstoßes. Die kritischen Nachfragen führender Köpfe der europäischen Aufklärung schimmern gelegentlich noch heute in der öffentlichen Diskussion durch, wenn über das Verhältnis von Staat und Stiftungen diskutiert wird. Sind Stiftungen mit ihrem für die Ewigkeit festgelegten Vermögen mit dem Erfordernis ständigen Wandels überhaupt verträglich? Nicht zufällig sah Immanuel Kant in den Stiftungen anachronistische Gebilde, die wertvolles Vermögen dem Wirtschaftskreislauf entziehen und überholte Gesellschaftsstrukturen und Machtverhältnisse festschreiben. Kaum denkbar war in diesem Ideenkreis deshalb die Vorstellung einer fruchtbaren Zusammenarbeit von Staat und Stiftungen auf dem Feld der Kultur oder gar der grenzüberschreitenden Zusammenarbeit. Aufklärung und Revolution führten in Frankreich und Deutschland zu Nationalisierung und Säkularisierung, zu einer Planierung des verwinkelten alteuropäischen Institutionengefüges und damit auch zu einem allgemeinen Stiftungssterben. Vom Reichsdeputationshauptschluss von 1803, der Stiftungen der landesherrlichen Aufsicht unterstellte, ist die staatliche Stiftungsaufsicht bis heute Bestandteil des Stiftungsrechts geblieben. Indessen führte die heraufziehende Industriegesellschaft zu einer Wiederbelebung des Stiftungsgedankens, auch begünstigt durch die Leistungen der Rechtswissenschaft, die der Stiftung als Rechtspersönlichkeit ihre bis heute gültige Form gab.

Die werdende Industriegesellschaft begünstigte die Entstehung neuer großer Vermögen. Neu erwachendes stifterisches Engagement traf einerseits auf neue Vorbehalte. Die liberale Stiftungskritik des 19. Jahrhunderts und die sozialdemokratische Stiftungsskepsis des 20. Jahrhunderts glaubten im Stiftungswesen eine unerwünschte Renaissance quasi monarchischer Ansprüche zu sehen, nicht demokratisch legitimiert und der Verfolgung privater Interessen verdächtig. Andererseits war offenkundig, dass der im 19. Jahrhundert erst in rudimentären Ansätzen sichtbare Interventionsstaat auf das stifterische Engagement wohlhabender Bürger dringend angewiesen war. So haben etwa private Stiftungen und Mäzene in vorbildlicher Public Private Partnership zur rasanten Entfaltung des Wissenschaftssystems in Deutschland beigetragen, eines Wissenschaftssystems, das mit seiner Attraktivität für Forscher und Studierende aus dem Ausland bereits mittelbar einen sichtbaren Beitrag zu den auswärtigen Kulturbeziehungen und zur internationalen Verständigung leistete.

Auswärtige Kulturpolitik im heutigen Sinne blieb indessen einstweilen eine Domäne staatlichen Handelns. Stiftungsengagement auf dem Gebiet der Kultur hatte ergänzende, helfende und dienende Funktion und bewegte sich in der Regel innerhalb der Landesgrenzen. Noch 1919 trat der staatliche Anspruch auf Gestaltung kultureller Belange mit robustem Selbstbewusstsein auf. Kulturpolitik als Teil der Außenpolitik war zunächst und vor allem Machtpolitik des Staates in einem antagonistischen internationalen System. Es ging um Kontrolle und Instrumentalisierung, nach außen oft auch um Propaganda, mit den Worten des preußischen Kultusministers Carl Heinrich Becker um »bewusste Einsetzung geistiger Werte im Dienste des Volkes und des Staates zur Festigung im Innern und zur Auseinandersetzung mit anderen Völkern nach außen«. Für das Zusammenspiel von Staat und Stiftungen im Interesse einer Auswärtigen Kulturpolitik, die sich der Völkerverständigung verpflichtet weiß, war kaum Spielraum.

Der nationale Machtstaat der klassischen Moderne war zunächst im Zeichen des europäischen Bürgerkriegs in der ersten Hälfte des 20. Jahrhunderts geprägt vom Primat des

Exports auf dem Gebiet der Auswärtigen Kulturpolitik. Diese gleichsam merkantilistische Grundrichtung war keine Basis für die Entfaltung von Stiftungsengagement auf dem Gebiet der Völkerverständigung. Die kulturellen Eliten und Meinungsbildner innerhalb und außerhalb der Hochschulen waren in der Breite kaum auf die heute selbstverständliche Praxis des unbefangenen geistigen Austauschs über die Grenzen hinweg vorbereitet. Wo der Grenzübertritt im Leben der Menschen noch etwas Außergewöhnliches, oft auch Hochnotpeinliches an sich hatte, konnten auch kulturelle Güter nicht ohne weiteres lebhaft grenzüberschreitend zirkulieren – auch wenn sich in der Populärkultur und in den Künsten der Goldenen Zwanziger bereits die Umrisse einer globalen Unterhaltungskultur abzeichneten.

Vorherrschend war vielmehr der nahezu ethnologisch geprägte Blick auf das Fremde, etwa auf die »besonderen Bedingungen des französischen Nationaldaseins« (Ernst Robert Curtius). Das war damals eine legitime und keineswegs nur in Deutschland übliche Fragestellung, aber sie zeigt auch bis in die Wortwahl hinein, wie weit der Weg bis zu einem Werk über Nachbarn am Rhein (Kaelble 1991), das den deutsch-französischen Gemeinsamkeiten in Gesellschaft, Kultur und Wirtschaft nachspürt, noch war. Wenn man die auswärtigen Beziehungen der Nationalstaaten unterhalb der Regierungsebene vor dem Ersten Weltkrieg in den Blick nimmt, darf man nicht vergessen, dass die zaghaften Versuche interparlamentarischer Annäherungsbemühungen nur von linksliberalen und sozialdemokratischen Abgeordneten getragen waren und regierungsseitig mit einem gewissen Argwohn beobachtet wurden. Einer Auswärtigen Kulturpolitik im Geiste des offenen Dialogs, im Sinne einer lernenden, nicht nach außen belehrenden Gesellschaft, waren außerordentlich enge Grenzen gezogen.

Indessen gab es schon in der Zeit zwischen den Weltkriegen tastende Versuche, um gleichsam unterhalb oder neben den staatlichen Institutionen dem kulturellen Austausch den Weg zu ebnen. War für Ernst Robert Curtius in Frankreich »alles ganz anders«, so schrieb Paul H. Distelbarth, ein unermüdlich für die deutsch-französische Verständigung werbender Publizist, dass die Unterschiede zwischen Deutschen und Franzosen »mehr eingebildet als wirklich« seien. Nicht umsonst war der Stifter und Unternehmer Robert Bosch ein Förderer von Distelbarth wie auch der von dem Grafen Coudenhove-Calergi gegründeten Paneuropa-Bewegung. Robert Bosch und Paul H. Distelbarth setzten sich für eine Verständigung zwischen Deutschland und Frankreich »von unten« her ein. Damit zeichnete sich schon zwischen den Weltkriegen etwas ab, was wir die Entdeckung des Bürgers in den internationalen Beziehungen nennen können.

Robert Bosch und später Joseph Rovan und Alfred Grosser gründeten ihr Engagement für die Völkerverständigung auf die Verantwortung des Einzelnen in der Gesellschaft, die in die Außenbeziehungen des Staates hineinreicht. Man kann rückblickend auch sagen, dass sich in der Mitte des nationalen Machtstaats, der sich in den Weltkriegen selbst ad absurdum führte, frühzeitig Kräfte regten, die nach ganz neuen Formen des zwischenstaatlichen Miteinanders suchten. Diese Überlegungen zielten schon früh auf die Schaffung eines einigen Europa, das nicht mehr von den hegemonialen Ansprüchen rivalisierender europäischer Mächte geprägt sein sollte, sondern durch Gleichberechtigung der Nationen und freien Wettbewerb in Wirtschaft und Kultur.

Um für solche Visionen die Bahn frei zu machen, bedurfte es allerdings auch neuer Formen stifterischen Engagements und eines neuen Verständnisses von der Rolle des Stifters in der Gesellschaft. Es trat ein neues »Pathos der Innovation« (Borgolte 2001) auf den Plan, das auch für die Arbeit von Stiftungen in den internationalen Beziehungen weitreichende Folgen haben sollte. Beispielhaft dafür war, was der Anwalt John D. Rockefeller bei der Registrierung der Rockefeller Foundation 1913 niederlegte: »Ich war nicht so kühn, auch nur vorzuschlagen, wie diese Menschen die Details der Pläne ausarbeiten sollten, an denen mitzuwirken ich die Ehre hatte. Sie sind in diesen Dingen so viel erfahrener und klüger als ich. [...] Die Wohlfahrtseinrichtungen des 14. Jahrhunderts sind nicht mit denen des 20. Jahrhunderts zu vergleichen. Die gemeinnützigen Institutionen des 20. Jahrhunderts sind anders als die des 21. Jahrhunderts sein werden, und es ist auch zu wünschen, dass die tote Hand aus den Vermächtnissen für wohltätige Zwecke entfernt werde und dass die Macht zu befinden, welchen spezifischen Zwecken sie gewidmet werden sollen, lebenden Menschen übertragen bleibt, welche die Erfordernisse und Bedürfnisse im Lichte des Wissens beurteilen können, über das sie als Zeitgenossen verfügen, und das ihre Hände nicht gebunden sein sollen durch den Willen eines Menschen, der vor vielen Jahren verstarb. Die Weisheit der Lebenden wird immer die Weisheit der vor langer Zeit verstorbenen Menschen übertreffen, so weise dieser auch gewesen sein mag« (Borgolte 2001: 24).

Auch Andrew Carnegie verlieh den Kuratoren seiner Stiftung »volle Autorität [...], die Stiftungspolitik oder Förderungsbereiche von Zeit zu Zeit zu verändern, wenn dies aus ihrer Sicht nötig oder wünschenswert erscheint« (Borgolte 2001: 23).

Gleichsam wie ein deutsches Echo auf die amerikanischen Stifterkollegen schrieb Robert Bosch 1935: »Ich bin mir bewusst, dass die wirtschaftlichen und kulturellen Zustände und Bedürfnisse immerwährenden Wandlungen unterworfen sind [...]. Daraus ergibt sich die Notwendigkeit, diese Richtlinien [der späteren Robert Bosch Stiftung, Anm. des Verf.] auf dem Wege der Fortentwicklung den jeweiligen Änderungen der Verhältnisse ständig anzupassen [...]. Schließlich können [...] neue Gedanken [...], die ich [...] (noch) nicht ins Auge fassen konnte, nachträglich aufgenommen werden [...]« (Robert Bosch Stiftung 1978).

Wir sehen: Während Immanuel Kant im modernen Staat den Motor der Veränderung gegen Stiftungen und Kirchen sah, läuft mit diesen Bekenntnissen zu dynamischem, stiftungsunternehmerischem Handeln die Kritik der Aufklärung an der Zeitlosigkeit und dem statischen Charakter von Stiftungen ins Leere. Stiftungen verstehen sich heute selber als Agenten des Wandels und als Helfer des werdenden Neuen. Sie gehören »ihrem Wesen nach in den Umkreis unternehmerischer gestaltender Denkweise« (Merkle 1984: 31).

Heute sind private gemeinnützige Stiftungen aus den internationalen Beziehungen nicht mehr wegzudenken. Stiftungen sind nicht nur älter als der Staat, das frühe Engagement von Stiftern für die Völkerverständigung ist auch älter als die Auswärtige Kulturpolitik, wie wir sie heute kennen. Zugleich sind private gemeinnützige Stiftungen nicht Teil der Auswärtigen Kulturpolitik. Was die Aufklärer des 18. Jahrhunderts als Mangel und Fehlentwicklung kritisierten, ist heute ihr strategischer Vorteil: Dauer, Nachhaltigkeit und Unabhängigkeit, heute in Verbindung mit unternehmerischer Orientierung, die ausschließlich auf gemeinnützige Ziele bezogen ist.

In Wahrnehmung ihrer internationalen Verantwortung haben deutsche Stiftungen bis heute ein beachtliches Spektrum an Projekten und Programmen hervorgebracht. Ohne jeden Anspruch auf Vollständigkeit seien hier beispielhaft genannt:

- Die internationalen Partnerschaftsprogramme der VolkswagenStiftung;
- das seit vielen Jahren breite und maßstabsbildende Engagement der Alfried Krupp von Bohlen und Halbach-Stiftung auf internationaler Ebene;
- internationale Stipendien und wissenschaftliche Austauschprogramme der Fritz Thyssen Stiftung;
- die durch Stipendien, Sommerschulen und internationale Partnerschaften vorangetriebene Arbeit der ZEIT-Stiftung Ebelin und Gerd Bucerius;
- die Roman-Herzog-Forschungsstipendien für Nachwuchswissenschaftler aus Mittel- und Osteuropa der Gemeinnützigen Hertie-Stiftung;
- der Bergedorfer Gesprächskreis und die deutsch-amerikanischen sowie die deutsch-türkischen Programme der Körber-Stiftung;
- die Impulsgeber-Funktion der Dräger-Stiftung für internationale Ideen und Erfahrungsaustausch mit Symposien und Stipendien und ihr Engagement für die transatlantische Partnerschaft;
- der Förderschwerpunkt »Einheit und Vielfalt in Europa« und die Stipendienangebote der Haniel-Stiftung;
- Programme und Projekte des Stifterverbandes für die Deutsche Wissenschaft zur internationalen Vernetzung der Wissenschaft und ihrer Institutionen;
- die kulturelle Perspektive in vielen Förderbereichen der Bertelsmann Stiftung;
- die Stiftungsinitiative Johann Gottfried Herder als konsortialer Beitrag zur Weiterentwicklung der Hochschulen in Ländern Mittel- und Osteuropas durch die Entsendung emeritierter deutscher Hochschullehrer;
- die grenzüberschreitenden Kulturprojekte der Allianz Kulturstiftung;
- der Trialog der Kulturen der Herbert-Quandt-Stiftung;
- die internationalen Konferenzen, Vortragsveranstaltungen, Workshops und Young-Leaders-Foren der BMW Stiftung Herbert Quandt;
- die Beiträge der Asko Europa-Stiftung zur europäischen Einigung und zur Bildung in Europa.

Der Beitrag der Robert Bosch Stiftung zu den auswärtigen Kulturbeziehungen, auf den hier einer Anregung des Herausgebers folgend eingegangen wird, ergänzt diese Anstrengungen in vielfältiger Weise. Wo immer es sinnvoll und möglich erscheint, ist die Robert Bosch Stiftung für Partnerschaften und Allianzen offen. In ihrer internationalen Arbeit stützt sie sich auf die Absicht des Stifters und Unternehmers Robert Bosch (1861 bis 1942), der Völkerversöhnung und internationale Zusammenarbeit als vordringliche Aufgabe gemeinnütziger Stiftungen beschrieb und mit Förderbeiträgen und Initiativen zur deutsch-französischen Verständigung schon in der Zeit zwischen den Weltkriegen ins Werk setzte. Die Robert Bosch Stiftung knüpfte auf den Gebieten Völkerverständigung, internationale Nachwuchsförderung, Jugend, Bildung und Bürgergesellschaft, auch auf dem Gebiet der Gesundheit und der humanitären Hilfe sowie in der internationalen Wissenschaftsförderung direkt an den Stifter an und richtete in rascher Folge die Schwerpunkte »Deutsch-französische Beziehungen« (1973) und »Deutsch-polnische Beziehungen« (1974) ein. 1980 traten die »Deutsch-amerikanischen Beziehungen« hinzu. Nach 1990 wurde die Zusammenarbeit über den deutsch-polnischen Schwerpunkt hinaus auf andere Länder Mittel- und Osteuropas ausgeweitet. 2003 richtete die Robert Bosch Stiftung einen Schwerpunkt »Deutsch-türkische Beziehungen« ein. Im länderübergreifenden Schwerpunkt »Internationale Nachwuchsförderung« engagiert sie sich für die Qualifizierung von deutschem Führungsnachwuchs für internationale Aufgaben, vornehmlich im öffentlichen Sektor.

Zahlreiche Programme und Projekte ergänzen die Auswärtige Kulturpolitik aus eigener Initiative. Drei Bibliotheken, eine polnische zunächst, später eine tschechische und schließlich eine türkische, sollen im Sinne breit angelegter Anthologien das kulturelle Erbe unserer Partner dem deutschen Lesepublikum zugänglich machen. Dabei geht es darum, der Literatur und der Geistesgeschichte unserer Partnerländer in Deutschland in exemplarischer Weise ein Gesicht zu geben und die Neugier auf das geistige Schaffen in unseren Partnerländern zu wecken. Es handelt sich dabei im engeren Sinne um kulturellen Import, denn nur wer sich dem kulturellen Angebot unserer Partnerländer öffnet, kann auch die entsprechende Neugier auf deutsche Texte erwarten.

Ein internationales Tutorenprogramm ermöglicht jährlich 70 jungen Hochschulabsolventen aus Frankreich, den Vereinigten Staaten, Polen, Tschechien und Russland einen Lehraufenthalt an deutschen Hochschulen. Umgekehrt besetzt die Robert Bosch Stiftung jährlich 100 Lektorate für deutsche Sprach- und Landeskunde, Geschichte, Politikwissenschaft, Rechts- und Wirtschaftswissenschaften an Hochschulen in Ländern Mittel- und Osteuropas.

Das Stipendienprogramm für amerikanischen Führungsnachwuchs bringt seit 1984 jährlich 20 amerikanische *Fellows* für neun Monate nach Deutschland. Sie kommen mit Berufserfahrung, aus unterschiedlichen Disziplinen, nicht wenige auch mit besonderem Interesse am kulturellen Austausch. Alle Programmteilnehmer sammeln in Deutschland nicht nur berufliche Erfahrung. Sie tauchen auch in die Kultur unseres Landes ein, einige von ihnen sind Journalisten, die nach ihrem Stipendium in amerikanischen Medien auch über Musik und Museen, über Theater und Literatur in Deutschland berichten.

Im Rahmen des Programms »Robert Bosch Kulturmanager in Mittel- und Osteuropa« werden junge Stipendiaten an Bildungs- und Kultureinrichtungen in Mittel- und Osteuropa entsandt, um diese bei der Erfüllung ihrer Aufgaben konzeptionell und organisatorisch zu unterstützen. Zugleich vermitteln die Kulturmanager mit innovativen Projekten ein aktuelles Deutschlandbild und werden durch regelmäßige Fortbildungen zu Nachwuchskräften für den internationalen Kulturaustausch qualifiziert. Damit beschreiten die Robert Bosch Stiftung und das Institut für Auslandsbeziehungen neue Wege in der Auswärtigen Kulturpolitik. Durch die Förderung von lokalen Initiativen werden nachhaltige Strukturen für die Kulturbeziehungen zwischen Deutschland und seinen Nachbarn in Mittel- und Osteuropa aufgebaut. Damit leistet das Programm einen Beitrag zur Völkerverständigung im zusammenwachsenden Europa.

Junge Lektoren aus Deutschland präsentieren mit dem »DeutschMobil« in Frankreich die deutsche Sprache und unser Land, und sie werben vor allem für den Deutschunterricht an französischen Schulen. Umgekehrt fördert die Stiftung französische Lektoren, die mit dem »FranceMobil« für die französische Sprache an deutschen Schulen werben. Grundlage des Programms ist die gute Zusammenarbeit mit den Botschaften in Paris und Berlin sowie vor allem mit Unternehmen der Automobilindustrie, die die Fahrzeuge für den Einsatz der jungen Lehrkräfte bereitstellen. Dieses Programm zeigt exemplarisch, wie in einem grenzüberschreitenden kulturellen *joint venture* die Interessen und Ressourcen einer gemeinnützigen Stiftung, von Förderern aus der unternehmerischen Wirtschaft (DaimlerChrysler AG und Renault-Nissan) sowie der Außenministerien zusammengeführt und auf ein gemeinsames, praxisgerichtetes Vorhaben gelenkt werden können.

Französische Wochen in deutschen Städten zeigen die Vielfalt und den Umfang des gelebten deutsch-französischen Kulturdialogs. Deutsche Wochen in Frankreich sollen das Gleiche bewirken: Bürgergruppen sollen in ihrem Bemühen ermutigt und unterstützt werden, der Kultur des Nachbarlandes in der eigenen Kommune eine Plattform mit Öffentlichkeitswirkung zu schaffen.

Lebendige Partnerschaften deutscher und französischer Städte und Gemeinden haben in der Nachkriegszeit zur Versöhnung und Verständigung im zusammenwachsenden Europa beigetragen. Ihre Bedeutung ist heute, über 40 Jahre nach Abschluss des deutsch-französischen Freundschaftsvertrags, so groß wie ehedem. Die vielfältigen Aktivitäten auf den Gebieten der Kultur und der Bildung, des Sports und der Kommunalpolitik im Rahmen der annähernd 2.000 offiziellen Partnerschaften füllen die deutsch-französischen Beziehungen mit Leben. Sie sind Vorbild für Städte- und Gemeindepartnerschaften in anderen Ländern und bauen mittlerweile viele Brücken auch zu Ländern in Mittel- und Osteuropa. Der von der Robert Bosch Stiftung eingerichtete Preis für bürgerschaftliches Engagement in deutsch-französischen Städte- und Gemeindepartnerschaften ist ein Anreiz zur Verstetigung und Ausweitung dieses bürgerschaftlichen Engagements in den deutsch-französischen Beziehungen. Insbesondere junge Menschen sollen dafür gewonnen werden, mit Initiative und Ideenreichtum Projekte zu erarbeiten und die Zukunft der deutsch-französischen Kommunalpartnerschaften lebendig zu gestalten.

Dieser Blick auf einen Ausschnitt der heutigen Programmvielfalt macht deutlich, dass sich private gemeinnützige Stiftungen auf dem Gebiet der auswärtigen Kulturbeziehungen mit staatlichen Stellen in einem Verhältnis der Ergänzung bewegen. Sie greifen ein, wo staatliches Handeln noch nicht oder nicht mehr möglich erscheint. Oft werden sie auch dann tätig, wenn die Aktivität des Staates und staatlich finanzierter Mittler aus unterschiedlichen Gründen nicht zweckmäßig wäre.

Vor dem Fall der Mauer waren die Beziehungen mit Polen auf staatlicher Ebene bekanntlich mehr als schwierig. Hier konnte eine private Stiftung Wirkung entfalten und durch das Dickicht der misstrauischen Bürokratie einer geschlossenen Gesellschaft behutsam Schneisen legen, mit politisch unverdächtigen Bemühungen Vertrauenskapital sammeln, das sich späterhin als Grundstock für die Vertiefung der Beziehungen unter den Bedingungen einer freiheitlichen Ordnung erweisen konnte.

Nicht selten wirkt stifterisches Handeln in den auswärtigen Kulturbeziehungen auch im Sinne eines Korrektivs. Stiftungen sind von ihrem Auftrag her darauf verwiesen, Fehlentwicklungen und Defizite zu erkennen und praxisorientierte Lösungen ins Spiel zu bringen. Sie haben keine Präzeptorenrolle. Sie sind auch nicht intelligenter als andere Akteure in den auswärtigen Kulturbeziehungen. Aber diese Vermutung gilt auch umgekehrt. In diesem Sinne, mit dem Vorsatz der konzeptionellen Bescheidenheit und in realistischer Einschätzung ihrer Möglichkeiten, können Stiftungen Fragen stellen, die aus wohlerwogenen Gründen im Rahmen der staatlichen Auswärtigen Kulturpolitik nicht gestellt werden. Dieser unternehmerisch geprägte Ansatz stifterischen Handelns birgt wie jedes kaufmännische Tun das Risiko des Scheiterns. Aber das Neue, das Bessere und das Andere sind ohne dieses Risiko in der Regel nicht zu haben. In diesem Sinne können sich Stiftungen auch auf dem Gebiet der auswärtigen Kulturbeziehungen auf Projekte einlassen, die rechnungshofgeprüfte Akteure in der Regel nicht in Angriff nehmen.

Stifterisches Handeln auf dem Gebiet der auswärtigen Kulturbeziehungen kann sich dabei sinnvollerweise nicht gegen die eigene Gesellschaft wenden, von der es getragen ist, gewiss sich auch nicht gegen die außenpolitischen Interessen des eigenen Landes richten. Es verhält sich vielmehr zur Auswärtigen Kulturpolitik komplementär, ergänzend und unterstützend. Private gemeinnützige Stiftungen sind gut beraten, auf dem Gebiet der Auswärtigen Kulturpolitik immer den Dialog, und wo sachgerecht, die Partnerschaft mit staatlichen Stellen und Mittlern zu suchen, vor allem auch um unkoordiniertem Nebeneinander in der Programmarbeit vorzubeugen und die ihnen anvertrauten Mittel wirtschaftlich, ergebnisorientiert und unter dem Gebot der Transparenz einzusetzen. Zum Glück gibt es heute in Deutschland einen Parteien und Institutionen übergreifenden Konsens für ein konstruktives Miteinander von Stiftungen und Staat, auch und gerade auf dem Gebiet der auswärtigen Kulturbeziehungen. Zu wünschen bleibt, dass Parlament und Regierung die rechtlichen und steuerlichen Rahmenbedingungen für die Gründung und für die Arbeit gemeinnütziger Stiftungen weiter verbessern.

5 Internationale Akteure

5.1. Multilateral vernetzt – Die UNESCO

von Traugott Schöfthaler

Die im November 1945 als Sonderorganisation der Vereinten Nationen gegründete UNESCO ist mit ihrem Mandat für Bildung, Natur- und Sozialwissenschaften, Kultur und Kommunikation (sowie Menschenrechten als Querschnittsthema) die einzige internationale Organisation, die für das gesamte Spektrum der Auswärtigen Kulturpolitik zuständig ist.

Mitte der achtziger Jahre hatten die Austritte der Vereinigten Staaten und Großbritanniens die UNESCO für ein Jahrzehnt in eine schwere Krise gestürzt. Auslöser war die unter dem Stichwort »Neue Welt-Informations- und -Kommunikationsordnung« geführte Auseinandersetzung zwischen den westlichen Industriestaaten und einer Koalition aus Entwicklungsländern und sozialistischem Block um die nationale Souveränität bei der Steuerung des Medien- und Informationsangebots auf dem jeweiligen Territorium. Der anfängliche Konsens über die Notwendigkeit, den in der internationalen Medienlandschaft kaum sichtbaren Staaten einen größeren Anteil an der entstehenden weltweiten Informationsgesellschaft zu geben, zerbrach in der Spätphase des Kalten Krieges am ideologisch geführten Streit um den Zielkonflikt zwischen zwei in der UNO-Charta und in der UNESCO-Verfassung niedergelegten Prinzipien: freier Fluss von Ideen in Wort und Bild und nationale Souveränität. Die achtziger Jahre waren der denkbar letztmögliche Zeitpunkt für eine derartig fundamentale Auseinandersetzung. Der Siegeszug grenzüberschreitender Kommunikationskanäle via Satellit, Telefax und schließlich Internet und das Ende des Kalten Krieges bereiteten der Konfrontation ein schnelles Ende. Die Wiedereintritte Großbritanniens (1997) und der USA (2003) markieren den Schlusspunkt einer umfassenden Strukturreform der UNESCO, die auf Initiative Deutschlands und anderer westlicher Industriestaaten mit zunehmender Unterstützung aus allen Weltregionen unternommen worden war.

Heute steht die UNESCO für Orientierungs- und Steuerungsleistungen, die für alle Weltregionen gleichermaßen von Interesse sind. Die herausragenden aktuellen Themen sind Kulturerhalt und kulturelle Vielfalt, Bioethik, Bildungsqualität, Zugang zur Informationsgesellschaft, die Bewältigung der weltweiten Wasserkrise und die Vermittlung des Nachhaltigkeitsprinzips.

Die UNESCO-Konvention zur Erhaltung des Weltkultur- und -naturerbes (1972) ist nach Ratifikation durch fast alle Mitgliedstaaten eines der erfolgreichsten Völkerrechtsinstrumente. In der UNESCO markiert sie den Schritt von einzelnen Rettungsaktionen bedrohter Kulturdenkmäler (am bekanntesten wurde die Rettung der nubischen Tempel von Abu Simbel) zu einem integrierten Konzept des Kulturerhalts. Mit der begehrten, weil prestigeträchtigen Eintragung von Kultur- und Naturdenkmälern von »universeller Bedeutung« in die Welterbeliste verpflichten sich die antragstellenden Staaten, den Zugang wie die Erhaltung langfristig zu sichern. Sie treten auch ein Stück nationale Souveränität ab.

Mit der »Roten Liste« und der Möglichkeit des Ausschlusses verfügt das zwischenstaatliche UNESCO-Welterbekomitee über zwei sehr wirksame Sanktionsmöglichkeiten.

In Deutschland konnte auf diese Weise Anfang der neunziger Jahre die durch geplante Baumaßnahmen gefährdete Integrität der Sichtachsen und des Umfelds der Schlösser und Gärten von Potsdam-Sanssouci und Berlin-Glienicke erhalten werden. Die Aufnahme des Kölner Doms in die Rote Liste des gefährdeten Kulturerbes (2004) führte zur Einrichtung eines Kooperationsmechanismus zwischen Dombauhütte, Stadt, Land und Bundesregierung mit dem gemeinsamen Ziel, die UNESCO durch neue Bemühungen um die Erhaltung der durch Hochhausbauten gefährdeten, weil vom Dom dominierten Stadtsilhouette und durch Ausweisung einer Schutzzone zur Rücknahme der Sanktion zu bewegen. Ähnliche Erfolge konnten unter anderem in den USA, in Italien, Österreich und Australien sowie einer großen Zahl von Entwicklungsländern erzielt werden.

Die UNESCO hat mit der Welterbekonvention ein Instrument, das in die Mitgliedstaaten hineinwirkt und dort Kooperationsstrukturen erzeugt, die sonst kaum zustandegekommen wären. Aktuelle Beispiele hierfür sind die interkommunale und Mehrländerkoordination zur Erhaltung des als Kulturlandschaft zum Welterbe gehörenden oberen Mittelrheintales sowie die deutsch-polnische Zusammenarbeit zur Erhaltung des Muskauer Parks.

Der »erweiterte Kulturbegriff«, erstmals zwischenstaatlich vereinbart auf der UNESCO-Weltkonferenz über Kulturpolitik in Mexico City (1982), ist Grundlage aller Konzeptionen der deutschen Auswärtigen Kulturpolitik der letzten 30 Jahre. In der Terminologie zeitgenössischer zwischenstaatlicher Dokumente (Unesco 1998; Europarat 1997) erhält die Definition (»vom Menschen Geschaffenes einschließlich Wertorientierungen, Traditionen, Lebensstile«) eine Handlungskomponente in Form kulturpolitischer Leitvorstellungen zur Integration von Kulturpolitik mit Bildungs-, Sozial- und Wirtschaftspolitik, zur Erhaltung von kultureller Vielfalt, Förderung von Pluralismus, Verwirklichung des Rechts auf Informations- und Meinungsäußerungsfreiheit und anderer Menschenrechte. Der erweiterte Kulturbegriff trug dazu bei, dass der in Deutschland wie in vielen anderen Staaten geführte Streit um Hochkultur vs. Volkskultur zumindest in der Kulturpolitik beendet wurde. In der UNESCO wurden die Kulturerhaltsprogramme erweitert durch Einrichtung neuer Mechanismen zum Weltdokumentenerbe (»Memory of the World Programme«) und zur traditionellen Kultur (Konvention zur Erhaltung des immateriellen Kulturerbes; UNESCO 2003e). Mit dem von der UNESCO in Auftrag gegebenen Bericht der Weltkommission »Kultur und Entwicklung« unter Leitung des ehemaligen VN-Generalsekretärs Javier Pérez de Cuéllar (UNESCO 1995) gelang es, das Prinzip der Erhaltung kultureller Vielfalt weltweit konsensfähig zu machen. Die verbreiteten Globalisierungsängste brachten selbst autoritäre Regime dazu, ein Prinzip anzuerkennen, das ähnlich subversive Wirkungen wie die Menschenrechte zu entfalten verspricht. Die 2001 verabschiedete Allgemeine Erklärung zur kulturellen Vielfalt stellt die kulturelle Selbstbestimmung des Einzelnen und sozialer Gruppen auf die gleiche Ebene wie die kulturellen Rechte von Völkern und Sprachgruppen.

Der 2003 der UNESCO erteilte Auftrag zur Ausarbeitung einer internationalen Konvention zur kulturellen Vielfalt ist der politisch bisher bedeutsamste Schritt in diese Richtung. Er war vorbereitet worden durch die deutsch-französische Erklärung zum 40. Jahrestag des Elysée-Vertrages und eine Entschließung des Europäischen Parlaments vom Januar 2003. Der im September 2004 in die zwischenstaatlichen Beratungen gegebene Konventionsentwurf wird die UNESCO in eine neue Partnerschaft mit der Welthandelsorganisation (WTO) bringen. Völkerrechtlich vereinbart werden sollen Freiheitsspielräume nationaler wie kommunaler Kulturpolitik, die bei den laufenden Verhandlungen über die Liberalisierung des Handels mit kulturellen Gütern und Dienstleistungen (einschließlich Bildung, Wissenschaft und Informationsdienste) gefährdet scheinen. Eine Einigung auf den Begriff des Doppelcharakters kultureller Güter und Dienstleistungen als Gegenstand von Handel und Kulturpolitik ist der bisher wichtigste konzeptionelle Schritt auf dem Weg zur Beilegung des Streits um Freihandel vs. Freiheit der Kultur. Die Ergänzung der in der WTO vereinbarten Freihandelsprinzipien durch die UNESCO-Prinzipien der kulturellen Selbstbestimmung und des freien Flusses von Ideen in Wort und Bild gibt der UNESCO nicht nur neues Profil, sondern auch erhöhte Bedeutung für nationale Bildungs-, Wissenschafts- und Kulturpolitik.

Weitere aktuelle Schwerpunkte

Zur Orientierung in der Bioethik hat die UNESCO 1995 mit einer Deklaration zum menschlichen Genom und den Menschenrechten beigetragen, die das Diskriminierungsverbot der Menschenrechte auf genetische Unterschiede erweitert. Mit der Einrichtung je eines Experten- und Regierungskomitees zur Bioethik wurden Instrumente für zwischenstaatliche Zusammenarbeit und Austausch zwischen nationalen Ethikräten sowie fachbezogenen Ethikkomitees geschaffen. Eine internationale Konvention ist in Vorbereitung.

Mit dem Stichwort »Bildungsqualität« verbindet sich eine Neuorientierung der Bildungspolitik nach Jahrzehnten des quantitativen Ausbaus der Bildungssysteme. Sie wurde in der UNESCO eingeleitet durch den Bericht der Weltkommission »Bildung im 21. Jahrhundert« unter Vorsitz des ehemaligen Präsidenten der Europäischen Kommission Jacques Delors (UNESCO 1996). Die von Delors vorgeschlagenen globalen Bildungsziele wie Erziehung zum Pluralismus, politische Bildung zum demokratischen Bürger und Mehrsprachigkeit wurden von der UNESCO-Weltbildungsministerkonferenz 2001 gebilligt. Bereits im Juli hatte das Weltbildungsforum der Vereinten Nationen in Dakar »Qualität« in die Liste der bildungspolitischen Prioritäten eingereiht. Eine internationale Verständigung über die wesentlichen Elemente einer auf Verbesserung von Bildungsqualität gerichteten Reformpolitik erbrachte die Weltbildungsministerkonferenz 2004. Internationale Standards für Bildungsleistungen und -methoden gehören ebenso dazu wie Inhalte einer globalen und auf Verständigung gerichteten Bildung, die dem Zusammenleben in der multikulturellen Welt des 21. Jahrhunderts dient. Die UNESCO ist hier mit der OECD eine strategische Partnerschaft eingegangen, die von der differenzierten Bewertung verschiedener Niveaus der Beherrschung der Kulturtechniken Lesen, Schreiben und Rechnen über die Beteiligung von Nicht-OECD-Staaten an der PISA-Studie zur Bewertung von Schulleistungen bis zur Qualitätssicherung in grenzüberschreitender Hochschulbildung reicht. Als Koordinatorin der 2000 gegründeten internationalen Koalition »Bildung für Alle« gibt die UNESCO jährlich einen Monitoring-Bericht heraus.

Die VN-Generalversammlung erteilte 2002 der UNESCO die Federführung für die Weltdekade »Bildung für nachhaltige Entwicklung (2005-2014)«. In zehn Jahren sollen für alle schulischen und außerschulischen Bildungsbereiche Konzepte zur Vermittlung des Nachhaltigkeitsprinzips erarbeitet und realisiert werden. Wichtigster Indikator für den Erfolg sind messbare Einstellungs- und Verhaltensänderungen. Es geht um politische Bildung im weiteren Sinne, um die Mehrheitsfähigkeit einer langfristig angelegten Politik, die Umweltschutz, wirtschaftliche Entwicklung und Generationenvertrag miteinander verbindet. Der Deutsche Bundestag hat im Juli 2004 die Deutsche UNESCO-Kommission mit der Koordination der über rein staatliches Handeln hinausreichenden deutschen Aktivitäten im Rahmen der Weltdekade des Nachhaltigkeits-Lernens beauftragt.

In dem vorwiegend auf ökologische Querschnittsfragen ausgerichteten Wissenschaftsprogramm der UNESCO ist oberste Priorität die Lösung der weltweiten Wasserkrise. Die UNESCO fungiert hier als Sekretariat für die Zuständigkeiten von 23 Organisationen und Programmen für Wasserfragen, von hydrologischer und ozeanographischer Forschung über Klimafragen, Bildung, Gewässerschutz bis zur Technik, kommunalem Wassermanagement und zur Beilegung zwischenstaatlicher Konflikte um Wasserressourcen. Seit 2003 wird der im Turnus von drei Jahren erscheinende Welt-Wasser-Entwicklungsbericht herausgegeben. Im Rahmen der Weltdekade »Wasser für das Leben (2005-2014)« sollen die Synergien zwischen internationalen, regionalen und nationalen Akteuren erheblich verbessert werden.

»Zugang zur Informations- und Wissensgesellschaft« ist Priorität des Kommunikationsprogramms der UNESCO. Dabei geht es nicht in erster Linie um technische Fragen (für die in den Vereinten Nationen die Internationale Fernmeldeorganisation ITU zuständig ist), sondern um Grundsatzfragen staatlicher Medienpolitik wie öffentlich-rechtlicher Rundfunk und Fernsehen, Jugendmedienschutz, das Verhältnis von kommerziellen und öffentlichen Zugängen zu Informationsressourcen, Medienkompetenz als Bildungsziel, grenzüberschreitende Schul-, Hochschul- und Forschungsnetzwerke, die Steuerung des Internet und um die Nutzung der »digitalen Chance« für Beteiligung der Entwicklungsländer, benachteiligten Regionen und Bevölkerungsgruppen. Diese Fragen werden beim Weltgipfel zur Informationsgesellschaft (Genf 2003 und Tunis 2005) erörtert mit dem Ziel, medienpolitische Orientierungswerte zu vereinbaren.

Im VN-Bereich ist die UNESCO mit ihren vielfältigen Mandatsbereichen in besonderem Maße zur Koordination und Kooperation mit den anderen VN-Institutionen aufgefordert. Den europäischen Organisationen sind insbesondere in den neunziger Jahren Kompetenzen im Bereich der Auswärtigen Kulturpolitik zugewachsen. Für Europa fordert die deutsche UNESCO-Politik daher Konzentration auf die komparativen Vorteile wie bewährte Programme (UNESCO-Schulprojekt, Weltkulturerbe, zwischenstaatliche Wissenschaftsprogramme) und die oben genannten aktuellen Schwerpunkte sowie die Verbindungsfunktion mit anderen Weltregionen. Für die Auswärtige Kulturpolitik sind folgende weitere multilaterale Organisationen von besonderer Bedeutung:

Die Vereinten Nationen mit ihren anderen Sonderorganisationen und weiteren Institutionen des VN-Systems, insbesondere die Weltbank und UNDP (alle Themenbereiche mit Fokus auf Entwicklung), UNICEF (Bildung), Internationale Arbeitsorganisation ILO (berufliche und Weiterbildung), Weltfernmeldeorganisation ITU (technische Fragen der Kommunikation), Welturheberrechtsorganisation WIPO, die Welternährungsorganisation FAO, die Weltgesundheitsorganisation WHO und die Internationale Atomenergiebehörde IAEO (mit den wissenschaftlichen Aspekten ihrer Mandatsbereiche Ernährung, Gesundheit und Nuklearenergie), die Menschenrechtskommission und die Menschenrechts-Vertragskörperschaften sowie einzelne Spezialprogramme, Sekretariate und Fonds wie UNIFEM (Frauen), GEF und UNEP (Umwelt), UNV (Freiwilligendienste) und Klimasekretariat.

Zum regionalen Kontext gehören europäische und (weitgehend) europazentrierte Organisationen wie die OECD (Bildung und Wissenschaft), die OSZE (Menschenrechte, Demokratieförderung), der Europarat (alle Themenbereiche) und die Europäische Kommission (alle Themenbereiche mit sehr unterschiedlicher Intensität).

Zur Koordination haben die VN-Institutionen eine Reihe von Abstimmungsvereinbarungen getroffen sowie eine Reihe von gemeinsamen Langfristprogrammen aufgelegt (z.B. Grundbildung und Lerngesellschaft). Sie sind in doppeltem Sinne ergänzungsbedürftig – zum einen im Verhältnis zu den europäischen Organisationen, zum anderen mit den und zwischen den deutschen (staatlichen und nichtstaatlichen) Partnern dieser Organisationen.

Noch schwach ausgeprägt ist die Koordination zwischen bilateraler und multilateraler Auswärtiger Kulturpolitik sowohl auf der Ebene staatlicher Stellen als auch der Mittlerorganisationen. Neben der Vermeidung von Doppelarbeit könnten beträchtliche Synergien erreicht werden. So könnten bilaterale Aktivitäten für multilaterale Programme fruchtbar gemacht, andererseits die multilateral vereinbarten Programme bilateral konkretisiert werden.

Die deutsche Mitwirkung in der UNESCO ist an folgenden Zielen der *Konzeption 2000* (Auswärtiges Amt 2000a) der Auswärtigen Kulturpolitik ausgerichtet: Förderung des Deutschlandbildes, Vertrauensbildung (Sicherheits- und Friedenspolitik), der Aufbau globaler Lerngemeinschaften (internationaler Wissens- und Erfahrungsaustausch) und multilaterale Politikberatung.

Förderung des Deutschlandbildes

Jeder signifikante Beitrag eines Mitgliedstaates zu den kulturpolitischen Aktivitäten und Programmen zwischenstaatlicher Organisationen fördert in hohem Maße auch das Ansehen dieses Staates bei der Gesamtheit der anderen Mitgliedstaaten. Die wichtigsten Instrumente sind:
- die Formulierung überzeugender (d.h. in den Gremien durchsetzbarer) kulturpolitischer Perspektiven für die UNESCO im Zusammenwirken mit Partnern aus der EU sowie anderer Regionen;
- sichtbare Beteiligung an der Umsetzung der beschlossenen Programme;
- freiwillige Leistungen (z.B. Treuhandmittel, personelle Hilfe für wichtige Projekte, Gastgeber für internationale Veranstaltungen).

Im Vergleich zu bilateralen Maßnahmen etwa der Entwicklungszusammenarbeit sind angesichts der geringen multilateralen Kulturbudgets derartige politische, personelle und finanzielle Investitionen besonders wirksam, da sie in jedem Einzelfall eine Multiplikatorwirkung haben. Qualität vorausgesetzt, tragen deutsche Investitionen in multilaterale Auswärtige Kulturpolitik daher in hohem Maße zur Förderung des Deutschlandbildes bei.

Vertrauensbildung (Sicherheits- und Friedenspolitik)

Unverändert aktuell ist das in der UNESCO-Verfassung aus dem Jahr 1945 formulierte Ziel, »durch Förderung der internationalen Zusammenarbeit in Bildung, Wissenschaft und Kultur beizutragen zum Frieden und zur internationalen Sicherheit«. Es geht um den Aufbau von Zusammenarbeit in einem allseits anerkannt neutralen Rahmen, in dem kleine wie große Staaten gleichberechtigt zusammenarbeiten können. Dieser Rahmen ist von besonderer Bedeutung für Staaten, zwischen denen es keine oder kaum organisierte bilaterale Auswärtige Kulturpolitik gibt. Ein gutes historisches Beispiel ist Deutschland, dem die UNESCO in ihrer Deutschlandresolution von 1949 umfassende Möglichkeiten zur Wiederanknüpfung der unter der Naziherrschaft zerrissenen Fäden bildungs-, kultur- und wissenschaftspolitischer internationaler Zusammenarbeit eröffnete. Von 1972 (Aufnahme der DDR als Mitgliedstaat) bis 1990 gab die UNESCO beiden deutschen Staaten einen stets verfügbaren neutralen Rahmen zum Aufbau bilateraler Kontakte (aus denen eine Reihe gemeinsamer Initiativen in den Bereichen Berufsbildung, Umweltschutz und Wissenschaft wurde). Die in schwierigen Fällen (wie Polen) per Vereinbarung der beiden UNESCO-Nationalkommissionen geschlossenen Verträge zur Einrichtung bilateraler Schulbuchkommissionen waren und sind ein wichtiger Faktor im Aussöhnungsprozess zwischen Deutschland und seinen Nachbarn sowie Israel und einer Reihe weiterer Länder. Insbesondere wegen dieses historischen Hintergrundes ist Deutschland derzeit und wohl noch auf weitere Jahre gefragt als Animateur, als Moderator und engagierter Dritter beim Aufbau kulturpolitischer Kooperation im Nahen Osten, in Osteuropa, aber auch in mehreren Regionen Afrikas, Asiens und Lateinamerikas. Die deutsche UNESCO-Politik sieht im Vertrauensbonus, den fast alle Konfliktparteien der UNESCO entgegenbringen, einen komparativen Vorteil. Zu den besonders beachteten deutschen Initiativen gehört die Einrichtung eines mehrsprachigen UNESCO-Bildungsservers für das ehemalige Jugoslawien und südosteuropäische Nachbarstaaten sowie die Schenkung eines Elektro-Synchrotronbeschleunigers für die arabische Region. In dem damit geschaffenen neuen Forschungszentrum SESAME in Jordanien arbeiten auch israelische, europäische, amerikanische, russische und südafrikanische Wissenschaftler mit am Aufbau der Wissensgesellschaft in der arabischen Welt, die in aktuellen Berichten des Entwicklungsprogramms der Vereinten Nationen (UNDP) als entscheidende Voraussetzung für eine demokratische und friedliche Zukunft der arabischen Region bezeichnet wird.

Globale Lerngemeinschaften (internationaler Wissens- und Erfahrungsaustausch)

Schwerpunkte in der UNESCO sind zwischenstaatliche und andere langfristige Programme in den Bereichen Grundbildung und Lerngesellschaft (mit dem VN-System und der OECD), berufliche Bildung (mit der ILO), Wissenschaften (Ozeanographie, Hydrologie, Geologie, Ökologie, Sozialwissenschaften, Statistik, Wissenschaftsethik), Kultur (Welterbe, Kulturerhalt, nichtmaterielle Kultur) und Kommunikation (Medienförderung in Entwicklungsländern, Medienfreiheit in Krisenregionen, Informationsethik). Hinzu kommen zahlreiche Netzwerke wie die UNESCO-Projekt-Schulen und Expertennetze (z.B. Membranforschung, Chemieunterricht). An fast allen dieser Langfristprogramme und Netzwerke ist Deutschland engagiert beteiligt, z.B. durch eigene Nationalkomitees, eigene Koordinationsstellen und langfristig vereinbarte institutionelle Kontakte. Die hier aufgebauten Verbindungen stehen auch als Rahmen für den Ausbau einer Reihe von bilateralen Kooperationsvorhaben zur Verfügung (Beispiel: regionale Medienprogramme in Afrika und Asien mit Wechselbeziehungen zu bilateralen Medienprojekten u.a. der Friedrich-Ebert-Stiftung).

Aktuelle Aufgabe ist insbesondere die Nutzung des Internet zur schnelleren und wirksameren Verbreitung von Informationen. Deutschland engagiert sich hier in der UNESCO für neue Formen des Austauschs wissenschaftlicher Forschungs- und Messdaten zwischen Nord und Süd, Ost und West sowie für die Verbreitung ergänzender Unterrichtsmaterialien über Internet-Schulprojekte (z.B. mit Kuba und anderen Karibikstaaten).

Multilaterale Politikberatung

Multilaterale Auswärtige Kulturpolitik ist ein besonders geeigneter Rahmen zur Propagierung kulturpolitischer Konzepte und Ziele. Wichtigstes Mittel hierzu ist das »Einfüttern« solcher Konzepte in programmatische Beschlüsse multilateraler Organisationen sowie in Leitdokumente (z.B. Berichte von Weltkommissionen wie die Delors-Kommission und die Pérez de Cuéllar-Kommission). In der UNESCO war Deutschland besonders erfolgreich in den Bereichen Erziehung zur internationalen Verständigung (Menschenrechte, Pluralismus), Berufsbildung, Wissenschaftsnetzwerke, integrierte Kulturpolitik, Informationsethik. Im Verhältnis zum Aufwand und zu den Kosten einer ausschließlich bilateralen Politikberatung hat die multilaterale Politikberatung – Qualität vorausgesetzt – einen besonders großen Wirkungsgrad, der durch Koordination zwischen bi- und multilateralen Aktivitäten noch gesteigert werden kann.

Die Deutsche UNESCO-Kommission (DUK) als Mittlerorganisation der Auswärtigen Kulturpolitik

Nach ihrer Satzung hat die DUK sowohl im engeren Sinne staatliche wie im weiteren Sinne öffentliche Aufgaben.

Im engeren Sinn staatliche Aufgaben sind die Beratung der Bundesregierung und der übrigen staatlichen Stellen in allen Fragen, die sich aus der Mitgliedschaft Deutschlands in der UNESCO ergeben. Dazu gehören – im Auftrag des Auswärtigen Amtes – die Ausarbeitung politischer Konzeptionen und Entschließungsanträge sowie die Vertretung der Bundesrepublik Deutschland in zwischenstaatlichen Gremien der UNESCO (Generalkonferenz, Exekutivrat). Im engeren Sinn staatlich ist auch die Aufgabe, »die Präsenz der UNESCO in der Bundesrepublik Deutschland sicherzustellen und an der Ausführung des Programms der UNESCO verantwortlich mitzuarbeiten« sowie – im Auftrag der Bundesregierung – die rechtlichen Interessen der UNESCO in Deutschland wahrzunehmen (Namens- und Zeichenschutz, Vertragsgestaltung).

Zu den im weiteren Sinne öffentlichen Aufgaben gehören deutschsprachige Öffentlichkeitsarbeit, Vermittlung von Experten und Institutionen, Einflussnahme auf die Gesetzgebung, Aufbau von lokalen Diskussions- und Aktionsgruppen und die Kooperation mit der Wirtschaft sowie Sponsoring und Spendenwerbung für UNESCO-Projekte. Aktuelle Schwerpunkte sind das UNESCO-Schulprojekt, Welterbe und kulturelle Vielfalt, Bildung für nachhaltige Entwicklung, deutsche Beteiligung an den naturwissenschaftlichen Langfristprogrammen der UNESCO; eine Gesamtschau gibt der jährliche Tätigkeitsbericht der DUK. Seit 2004 trifft die DUK über ihren Beitrag zur Auswärtigen Kulturpolitik eine jährliche Zielvereinbarung mit dem Auswärtigen Amt, die im Rahmen der DUK-Gremien mit den anderen zuständigen Ressorts der Bundesregierung, den Ländern und den insgesamt 100 Mitgliedsinstitutionen und persönlichen Mitgliedern der Kommission sowie in beratenden Fachausschüssen abgestimmt wird.

Die UNESCO ist die einzige VN-Institution, die ihren Mitgliedstaaten die Einrichtung nationaler Kommissionen auferlegt. Historische Erklärung ist die bei der Gründung der UNESCO im Jahr 1945 getroffene Entscheidung, die UNESCO als zwischenstaatliche und nicht – wie damals alternativ vorgeschlagen – als Nichtregierungs-Organisation einzurichten. Nationalkommissionen haben deshalb vorrangig die Aufgabe, national als Mittler zwischen Staat und Wissenschaft, Bildung und Politik sowie international als Mittler zwischen dem Mitgliedstaat und der zivilgesellschaftlichen Komponente der UNESCO zu wirken. Hierzu gehört der Auftrag an die DUK zur direkten Zusammenarbeit mit den Nationalkommissionen der anderen 189 Mitgliedstaaten. Die Verknüpfung von staatlichen Aufgaben im engeren und öffentlichen Aufgaben im weiteren Sinn ist Ergebnis politischer Willensentscheidungen der Bundesregierung. In der Praxis arbeitet die DUK auf derselben Grundlage wie die anderen Mittlerorganisationen der Auswärtigen Kulturpolitik: Sie ist als eingetragener Verein rechtlich selbständig und »regierungsfern« organisiert. In der Mitgliedschaft ist die Zahl der staatlichen Vertreter auf 14 Prozent begrenzt; mit rund 50 Mitgliedsinstitutionen (Organisationen, Verbände, Institute) ist die DUK auch ein Netzwerk innerhalb der deutschen Auswärtigen Kulturpolitik.[1]

1 Weitere Informationsquellen im Internet: www.unesco.org sowie deutschsprachig www.unesco.de

5.2 Das Gewissen Europas – Der Europarat

*von Kathrin Merkle und Gesa Büttner**

Der Europarat wurde 1949 als eine zwischenstaatliche Organisation mit ständigem Sitz in Straßburg (Frankreich) gegründet. Im Herbst 2004 gehören ihm 46 europäische Staaten an. Fünf weitere Staaten haben einen Beobachterstatus (Europarat 2004a; 2004b). Zu den Aufgaben des Europarats gehören:
- die Verteidigung der Menschenrechte, der pluralistischen Demokratie und der Rechtsstaatlichkeit in allen Mitgliedstaaten;
- die Stärkung der demokratischen Stabilität Europas; dies geschieht durch Reformen in Politik, Gesetzgebung und Verfassung, die der Europarat auf allen Regierungsebenen, d.h. Bund, Länder und Gemeinden, unterstützt;
- die Auseinandersetzung mit gesellschaftspolitischen Fragen wie Intoleranz, Diskriminierung von Minoritäten, Klonen von Menschen, Drogenhandel, Terrorismus, Korruption und organisiertem Verbrechen;
- die Förderung des Bewusstseins um die gemeinsame europäische kulturelle Identität in ihrer ganzen Vielfalt, insbesondere durch Zusammenarbeit im Bereich Kultur, historisches Kulturerbe, Bildung, Sport und Jugend;
- die Förderung des sozialen Zusammenhalts und der sozialen Rechte.

Der Europarat ist nicht die einzige internationale Organisation, die sich diesen Themen widmet. Allerdings ist die spezifische Bündelung mit der Konzentration auf Menschenrechte, Demokratieentwicklung und Rechtsstaatlichkeit in Verbindung mit gesamteuropäischer Zuständigkeit einzigartig und grenzt die Organisation von anderen Institutionen ab.

Im Dialog zwischen seinen wichtigsten Organen, dem Ministerkomitee, der Parlamentarischen Versammlung, dem Kongress der Gemeinden und Regionen des Europarats und unter Einbeziehung von internationalen Nichtregierungsorganisationen strukturiert der Europarat seine Arbeit.

Den Rahmen hierfür bildet das *Zwischenstaatliche Arbeitsprogramm*. Es ist das Arbeitsinstrument des Ministerkomitees und spiegelt die politischen Prioritäten der Organisation wider. Je nach Art der zu behandelnden Fragen sieht es verschiedene Prozeduren und Aktionsformen vor:
- internationale Konventionen und Abkommen, die nach ihrer Ratifizierung für die Staaten rechtsverbindlich sind, sowie Regierungsempfehlungen zu bedeutenden Gegenwartsfragen;

---

* Dieser Beitrag gibt die Meinung der Autorinnen wieder und stellt nicht unbedingt die Position des Europarats dar.

- Untersuchungen und Berichte als Grundlage für weiterführende Arbeiten in den Mitgliedstaaten sowie Arbeitstreffen und Konferenzen zwischen Experten, Politikern, Nichtregierungsorganisationen[1] und anderen Fachvertretungen;
- Schulungen und Kooperationsprogramme, besonders zu Rechtsfragen und zum besseren Demokratieverständnis sowie Kampagnen und andere Großveranstaltungen von europäischer Tragweite.

Durch alle Arbeitsbereiche hindurch, wenngleich mit unterschiedlich starker Ausprägung, charakterisieren folgende Funktionen die Arbeit der Organisation: internationaler Austausch einschließlich Erarbeitung neuer Konzepte für Politik und Praxis, Definition von europäischen Normen und deren Vorbereitung und Vertiefung unter anderem durch Kooperationsprojekte, Überwachung der Anwendung dieser Normen (*monitoring*) sowie – als Voraussetzung, Ergebnis oder Nebenprodukt – Informationssammlung und -verbreitung. Je nach spezifischem historischem und gesellschaftlichem Kontext variieren der Bedarf und das Interesse der Mitgliedstaaten an den einzelnen Arbeitsbereichen und Kooperationsformen.

Europa bauen – 50 Jahre Kulturaustausch im Europarat: Hintergrund, Ziele, Aktivitäten, Ergebnisse

Im Nachkriegseuropa der fünfziger Jahre schuf der Europarat nach der Verabschiedung der Menschenrechtskonvention von 1950 ein weiteres zentrales Instrument: die Europäische Kulturkonvention[2] aus dem Jahr 1954. Sie gründet auf der historischen Pluralität und Diversität europäischer Kultur und spiegelt ihre Zeit: die Hoffnung auf zukünftige europäische Einheit, den Glauben an die Kraft des humanistischen Geistes von Bildung und Kultur – um alte Trennungen zu überwinden, neue Konflikte zu vermeiden und die demokratische Ordnung zu festigen.

Wenngleich der Verweis auf das europäische kulturelle Erbe und die Wahrung der gemeinsamen Kultur in der Europäischen Kulturkonvention im Vordergrund stehen, ist diese doch auch von Anfang an auf Weiterentwicklung hin orientiert. Als noch immer gültige Rahmenkonvention, die mittlerweile die Bereiche Ausbildung, Hochschulbildung und Forschung, Kultur, historische Bausubstanz, Sport und Jugend abdeckt, bildet sie seit 50 Jahren die Grundlage für den Dialog und den Zusammenhalt von 48 Staaten (46 Mitgliedstaaten, Weißrussland und Heiliger Stuhl).

---

1 Der Europarat verleiht über 400 Nichtregierungsorganisationen, d.h. Vereinen (Non-Governmental Organisations, NGOs) einen Partizipativstatus und entwickelt so vielfältige Partnerschaften mit den Europäern. Er beteiligt die Nichtregierungsorganisationen z.B. durch Verfahren wie Teilnahme an Ausschüssen oder Kolloquien an der zwischenstaatlichen Arbeit und fördert den Dialog über große gesellschaftspolitische Themen zwischen Parlamentariern und Vertretern der Nichtregierungsorganisationen.
2 European Cultural Convention, http://conventions.coe.int/Treaty/en/Treaties/Html/018.htm

Spezifische Ziele der Konvention sind die Anerkennung und der Schutz des gemeinsamen kulturellen Erbes, die Mobilität von Personen und der Austausch von kulturellen Objekten wie auch ein weites und ganzheitliches Konzept von Kulturzusammenarbeit. Im Lauf der letzten 50 Jahre wurden Konzepte und Arbeitsbereiche erweitert, um neben dem Bildungssektor (Beispiel: gegenseitige Anerkennung von Bildungsabschlüssen) und dem Kultursektor im eigentlichen Sinne (Beispiel: europäische Kunstausstellungen) auch Aktivitäten im Jugend- und Sportbereich zu ermöglichen. Nicht zuletzt wurde der Kulturbegriff erweitert: In einem für die damalige Zeit avantgardistisch anmutenden Dokument der Expertenkommission zur kulturellen Entwicklung und Rolle von Kulturpolitik in fortgeschrittenen Industriegesellschaften wird die »kulturelle Demokratisierung« (Zugang aller zu den klassischen Kulturformen und Institutionen) und die »kulturelle Demokratie« (gleichberechtigte Anerkennung aller kulturellen Ausdrucksformen) postuliert, die kulturindustrielle Entwicklung vorweggenommen und hinterfragt sowie eine harmonische Beziehung zwischen Mensch und Umwelt gefordert.[3] Darüber hinaus erlangen die Begriffe Partizipation, individuelle Kreativität und lebenslange Bildung europaweit kulturpolitische Anerkennung.

In der Folge wird dem Kulturbegriff eine soziokulturelle, plurale Dimension gegeben und der Kulturpolitik selbst eine zentrale Rolle bei der Bewältigung von Zukunft zugeschrieben – eine Annahme, die später im Kontext der verschiedenen Weltkulturberichte der Sonderorganisation der Vereinten Nationen für Bildung, Wissenschaft und Kultur (UNESCO) mit Blick auch auf das Entwicklungspotenzial außereuropäischer Weltregionen bekräftigt wurde.

Das Programm *Sport für alle,* Jugendprogramme, Bildungsinitiativen zur staatsbürgerlichen Verantwortung und die Einbeziehung von Universitäten und NGOs im Jugend- und Sportbereich runden die Bestrebungen nach maximaler Partizipation der Bevölkerung am demokratischen gesellschaftlichen Leben ab.

Im Lauf der Jahre ist die Rolle des Europarats bei der Definition und Anwendung von europäischen Normen und Standards in Politik und Praxis immer deutlicher geworden. Unterstützung von Netzwerken und die Verbreitung von *best-practice*-Beispielen werden zu bevorzugten Aktionsformen im kulturellen Bereich, *monitoring* eine Begleitfunktion vieler Programme. In den letzten Jahren gewinnt die kulturelle Diversität als Schlüsselthema für demokratische Stabilität zunehmend an Bedeutung, wobei Globalisierung und Kommerzialisierungstendenzen nur teilweise zur Erklärung herangezogen werden können: Noch immer verlaufen Trennungslinien durch Europa, die zu Extremismus und Konflikt führen können.[4]

Der Europarat hat seit den fünfziger Jahren nicht nur als Initiator und Ideenlabor gewirkt, sondern auch 19 rechtsverbindliche Abkommen im Kultur-, Bildungs-, Jugend- und Sportbereich geschaffen.[5] Die Konventionen zum Schutz des architektonischen Er-

3 Arc-et-Senans Declaration,
http://www.coe.int/T/E/Cultural_Co-operation/Culture/Resources/Texts/CDCC (80)7-E_AeS.pdf?L=EN
4 vgl. Budapest Declaration »For a Greater Europe Without Dividing Lines«
5 s. http://www.coe.int/T/E/Cultural_Co-operation/Culture/Resources/Texts/

bes Europas[6] und zum Schutz des archäologischen Kulturguts[7] bilden den rechtlichen Rahmen für die internationale Zusammenarbeit in diesen Bereichen, in Kürze erweitert um die Europäische Rahmenkonvention zum Wert des Kulturerbes für die Gesellschaft[8]. Die Konvention zum Schutz des audiovisuellen Kulturerbes[9] und über die Gemeinschaftsproduktion von Kinofilmen[10] regeln diese auch kulturwirtschaftlich bedeutsamen Bereiche. Im Bildungswesen wurden Normen zur gegenseitigen Anerkennung von Bildungsabschlüssen[11] definiert, um studentische Mobilität in Europa zu ermöglichen. Im Jahre 2010 soll, sofern die Koordinierung von Normen und Politik dies erlaubt, der »Europäische Hochschulraum« eröffnet werden.

Politische Normen werden nicht allein durch Konventionen gesetzt: Die genannten Verträge werden ergänzt durch eine Vielzahl von Regierungsempfehlungen zu großen Gegenwartsfragen in Kultur, Bildung, Jugend und Sport, wie auch durch politische Deklarationen, so z.B. zur kulturellen Diversität[12] und zum interkulturellen Dialog und zur Konfliktverhütung[13]. Parallel zur Arbeit des Direktorats für Bildung, Kultur, Jugend und Sport fassen auch die Parlamentarische Versammlung und der Kongress der Gemeinden und Regionen des Europarats Entschließungen und Empfehlungen ab. Als Stimme der Städte und Regionen initiiert der Kongress insbesondere Aktivitäten zur effektiven Partizipation der Bürger im demokratischen Prozess wie auch zu grenzüberschreitender Zusammenarbeit für Toleranz, Frieden und nachhaltige Entwicklung. Ein Pakt zur Integration und Beteiligung der Einwanderer in den Städten und Regionen Europas wurde 2004 in Form einer Empfehlung vorgelegt.[14]

Nicht immer müssen alle 46 Mitgliedstaaten kooperieren – im Rahmen von Teilabkommen des Europarats kann auch eine kleinere Anzahl von Staaten mit Einverständnis der übrigen Mitgliedstaaten in für sie relevanten Bereichen zusammenarbeiten.[15]

Der Europarat finanziert Programme zu den Themen Menschenrechte und staatsbürgerliche Verantwortung, zum Geschichts- und Fremdsprachenunterricht (z.B. wurden eu-

---

6 Convention for the Protection of the Architectural Heritage of Europe, http://conventions.coe.int/Treaty/EN/Treaties/Html/121.htm

7 European Convention on the Protection of the Archaeological Heritage (revised), http://conventions.coe.int/Treaty/EN/Treaties/Html/143.htm

8 Vorläufige Übersetzung des Konventionstitels

9 European Convention for the Protection of the Audiovisual Heritage, http://conventions.coe.int/Treaty/en/Treaties/Html/183.htm

10 European Convention on Cinematographic Co-production, http://conventions.coe.int/Treaty/en/Treaties/Html/147.htm

11 Convention on the Recognition of Qualifications concerning Higher Education in the European Region, http://conventions.coe.int/Treaty/en/Treaties/Html/165.htm

12 Declaration on Cultural Diversity, http://cm.coe.int/ta/decl/2000/2000dec2.htm

13 Declaration on Intercultural Dialogue and Conflict Prevention, http://www.coe.int/T/E/Com/Files/Ministerial-Conferences/2003-Culture/declaration.asp

14 Recommendation 153 (2004) on »A Pact for the Integration and Participation of People of Immigrant Origin in Europe's Towns, Cities and Regions«, http://www.coe.int/T/E/Clrae/_5._Texts/2._Adopted_texts/1._Recommendations_2004/REC_153_2004_E.asp

15 Die wichtigsten Teilabkommen in Kürze: *Eurimages* ist ein europäischer Fonds, der Fördermittel für die Koproduktion, den Verleih und den Vertrieb europäischer Spiel- und Dokumentarfilme bereitstellt. Die Europäi-

ropäische Normen für das Erlernen von Fremdsprachen definiert), Programme zur Förderung der Lehrerausbildung (über 10.000 Praktika für Lehrer wurden mittlerweile organisiert), der Sekundarschule, zum Zugang zu den Hochschulen, zur Studentenmobilität und zur Anerkennung von Bildungsabschlüssen. Der demokratische Zugang zu Bildungsmöglichkeiten steht dabei an erster Stelle. Die Revision von Schultextbüchern und Curricula für den Geschichtsunterricht wie auch die Erarbeitung von Materialien zur interkulturellen Erziehung im formalen wie nichtformalen Bildungsbereich sind politisch besonders bedeutsame Programme, insbesondere für den Balkan und im Kaukasus. Im Jahr 2005 wird das Europäische Jahr der Demokratieerziehung unter dem Motto »Demokratie lernen und leben« begangen mit einer Reaktivierung und Neuinitiierung relevanter politischer Bildungsprojekte auf nationaler Ebene und der Sammlung von *best-practice*-Beispielen. Der politische Rahmen wird dabei auch von der Europäischen Charta für Regional- und Minderheitensprachen und der Rahmenkonvention für den Schutz Nationaler Minderheiten gesteckt und durch Arbeitsprogramme des Kongresses der Gemeinden und Regionen des Europarats belebt.

Die Europäischen Jugendzentren in Straßburg und Budapest sind Orte der Weiterbildung und der internationalen Begegnung für Vertreter europäischer Jugendorganisationen. Das Europäische Jugendwerk finanziert internationale Austausch- und Ausbildungsaktivitäten. Über 300.000 Jugendliche profitierten bisher von den Programmen der beiden Zentren.

Im Rahmen der Europäischen Kulturkonvention, unter der Verantwortung des Ministerkomitees und der Lenkungsausschüsse für Kultur und für das Kulturerbe und mit der Unterstützung von Fachministerkonferenzen wird das jährliche Arbeitsprogramm definiert, wobei erfolgreiche Kooperationsprogramme über mehrere Jahre fortbestehen können.[16]

Prägnante Beispiele, die auf den Austausch von Strategien zielen, sind unter anderem das *Europäische Programm zur Kulturpolitikevaluierung* und das *Kompendium*. Insbesondere in der Übergangsphase zu pluralistischen demokratischen Staatsverfassungen in Osteuropa und bei der Schaffung adäquater kulturpolitischer Rahmenbedingungen und Strukturen hat das Evaluierungsprogramm seine Wirksamkeit entfaltet. 26 Länder wurden eingehend untersucht, Regierungs- und Expertenberichte vorgelegt. Darauf aufbauend wurde das *Kompendium zur Kulturpolitik* als erstes elektronisches kulturpolitisches

sche Audiovisuelle Informationsstelle trägt Daten aus dem Film-, Fernseh-, Video/DVD- und Multimediabereich zusammen und stellt sie für Fachleute der Branche und Politiker bereit. Das Europäische Zentrum für Fremdsprachen (Graz, Österreich) bietet Weiterbildungsprogramme für Ausbilder von Lehrkräften, Schulbuchautoren und Lehrplanentwicklern an. Das Europäische Zentrum für Globale Interdependenz und Solidarität (Nord-Süd Zentrum, Lissabon, Portugal) fördert die Zusammenarbeit zwischen Europa und dem Süden und schafft weltweite Bande zwischen Regierungen, Kommunalbehörden, Nichtregierungsorganisationen und Parlamenten, um Menschenrechte, Demokratie und Bildung zu fördern.

16 Zusätzlich geben Gipfelkonferenzen neue Impulse und haben Leitlinienfunktion. Diese fanden 1993 (Vorbereitung der Erweiterungsphase der Organisation) und 1997 (Aktionsplan zu Demokratie und Menschenrechten, gesellschaftlichem Zusammenhalt, Sicherheit der Bürger und Erziehung zur Demokratie, kultureller Vielfalt) statt. Der dritte Gipfel der Staats- und Regierungschefs der Europaratsstaaten soll im Mai 2005 in Warschau stattfinden und den Weg der Organisation in die nächsten Jahre der europäischen Konsolidierung beschreiben.

Informationssystem Europas erstellt, das von Entscheidungsträgern, Behörden, Forschern, Studenten, Fachleuten und der breiten Öffentlichkeit genutzt wird (www.cultural-policies.net). Es bietet Zugang zu kulturpolitischen Profilen der einzelnen Mitgliedsländer wie auch internationale Vergleichsmöglichkeiten und präsentiert aktuelle Tendenzen der Kulturpolitik. Ziel ist es, alle Unterzeichnerstaaten der Kulturkonvention im System aufzunehmen und insbesondere die anwendungsorientierten *good-practice*-Sektionen auszubauen. Im Verbund mit dem Informationssystem zum Kulturerbe *HEREIN* (www.european.heritage.net), das bewährte Methoden und Praktiken vorstellt, bietet das *Kompendium* eine einzigartige Informationsquelle und trägt zur politischen Transparenz in Europa bei. Sektorale und transversale Studien z.B. zur Privatisierung kultureller Institutionen und zur kulturellen Diversität komplettieren die Politikanalysen und begründen ihrerseits Folgeprojekte, beispielsweise zu kreativem Kulturmanagement und zur Förderung lokaler Ressourcen in ausgewählten europäischen Regionen.

Ein technisches Hilfs- und Kooperationsprogramm unterstützt interessierte Mitgliedstaaten in Südosteuropa in Fragen der Finanzierung, Modernisierung und Demokratisierung des kulturpolitischen Systems. Das *STAGE-Projekt* für kulturelle Zusammenarbeit im Kaukasus flankiert den Übergang in Armenien, Aserbaidschan und Georgien zu nachhaltiger Demokratie mittels Austauschprogrammen und Partnerschaften mit westeuropäischen Kulturinstitutionen.

Neben Politikanalysen und dem Zusammenführen von *good practice*, Wissenstransfer und Assistenz für einzelne oder mehrere Mitgliedstaaten zielen andere Programme auf die breite Vermittlung des europäischen Kulturerbes, wie z.B. die bisher 27 Kunstausstellungen des Europarats.[17] *Eurimages*, der Fonds des Europarats zur Unterstützung von Koproduktionen, Vertrieb und Vorführung europäischer Filmwerke, hat seit seiner Gründung etwa 700 Filme unterstützt.[18]

Die Ausarbeitung eines neuen Rahmenabkommens im Kulturerbebereich ist nahezu abgeschlossen. Dieses wird insbesondere die Vielfalt wie auch die Gemeinsamkeiten des europäischen Kulturerbes betonen und das Recht auf Zugang zum Kulturgut.

Die Digitalisierung des kulturellen Erbes und der Wiederaufbau von historischen Bauten sind weitere Arbeitsschwerpunkte. In einem umfassenden Denkansatz wird nach neuen Wegen gesucht, Zivilgesellschaft, Privatwirtschaft und ehrenamtliche Initiativen in den Denkmalschutz einzubinden und einem modernen Konzept von Kulturerbe – mit einer immer größeren Palette von materiellen und immateriellen Gütern – Rechnung zu tragen. Der *Referenzrahmen für das technische Kooperationsprogramm Nachhaltige Entwicklungsstrategie 2003-2005* legt Grundsätze für die praktische Zusammenarbeit. Besondere Bedeutung wird dabei der Bausubstanz eines Landes als Ressource für dessen

17 Diese befassen sich mit wichtigen Kunstrichtungen von der Frühgeschichte bis heute und der Interaktion von Kunst und Gesellschaft in Europa. Beispiele sind die Medici-Ausstellung von 1980 in Florenz sowie die Bronzezeit-Ausstellung, die von 1998-2000 in Kopenhagen, Paris, Bonn und Athen gezeigt wurde.
18 Unter den von *Eurimages* geförderten Filmen sind viele Preisträger: *Mar adentro* von Alejandro Amenábar z.B. erhielt den großen Jurypreis beim Filmfestival in Venedig 2004, und Lars von Trier wurde im Dezember 2003 für seinen Film *Dogville* von der Europäischen Filmakademie in Berlin als bester Regisseur ausgezeichnet.

nachhaltige Entwicklung beigemessen. Umfangreiche Pilotprojekte und Regionalprogramme für Kultur-, Naturerbe und Raumplanung – z.B. ein Stadterneuerungsprogramm für Tbilisi in Georgien – wurden in den letzten Jahren in Osteuropa und im Südkaukasus in die Wege geleitet.

Informationskampagnen sind im Bereich des Kulturerbes besonders bedeutsam. Jedes Jahr im September rücken die *Europäischen Denkmalschutztage* weniger bekannte Aspekte der historischen Bausubstanz ins Licht.[19] Die *Europäischen Kulturstraßen*, deren erste die Pilgerroute von Santiago de Compostela (*Jakobsweg*) war, fördern das Bewusstsein und Wissen um eine gemeinsame, grenzüberschreitende Vergangenheit, präsentieren kulturelle Bräuche und bringen – dank des wachsenden Einflusses des Kulturtourismus – der lokalen Entwicklung einen kräftigen Aufschwung.

Seit zwei Dekaden setzt sich der Europarat dafür ein, dem Kulturerbe einen gebührenden Platz in Unterricht und Lehre einzuräumen. Mit dynamischen, fachübergreifenden Ansätzen und Aktivitäten, z.B. den *European Heritage Classes*, wird die Jugend an das Kultur- und Naturerbe herangeführt. Dieser Unterricht dient auch als Beitrag zu Konfliktverhütung, zur Entwicklung von Toleranz, Demokratieverständnis und sozialer Eingliederung.

Der *interkulturelle Dialog* und die *Konfliktvermeidung* sind Schlüsselthemen einer Menschenrechtsorganisation. Eine Schwerpunktaktivität mit transversaler Ausrichtung (Kultur, Bildung, Jugend, Sport) ist der Erforschung der Ursachen und Mechanismen von interkulturellen und interreligiösen Konflikten gewidmet, mit einer Arbeitsachse zu Fragen der Prävention und Versöhnung. Rahmentexte liegen in Form von politischen Deklarationen zum interkulturellen Dialog und zur interkulturellen Bildung vor und werden ergänzt durch das *Programm der vertrauensbildenden Maßnahmen*, das Graswurzelprojekte von lokalen Nichtregierungsorganisationen fördert. Die Parlamentarische Versammlung und der Kongress der Gemeinden und Regionen des Europarats begleiten diese Arbeit mit Entschließungen unter anderem zur kulturellen und sprachlichen Vielfalt, zur Integration und Partizipation von Einwanderern, zu Fragen der Migration, zur Nord-Süd-Kooperation, zu Medien, Gewaltverhütung, zur sozialen Kohäsion etc. Maßnahmen im Bereich der Kultur im weiteren Sinne – d.h. Bildung, Kulturerbe, Kunst, Wissenschaft, Jugend, Sport und Medien – gelten als besonders geeignet, die Beziehung zwischen Europa und den südlichen Mittelmeerstaaten zu intensivieren, Vorurteile abzubauen und den euro-arabischen Dialog zu beleben.

Neue Herausforderungen

Maßgeschneiderte Assistenzprojekte, Analysen, Beratungen, Anhörungen von Vertretern der Zivilgesellschaft, Partnerschaften, Netzwerkkontakte, Neugründungen, Austausch-

---

19 Zahlreiche Kulturstätten öffnen an diesen Tagen ihre Tore. Im Jahr 2002 beteiligten sich die 48 Unterzeichnerstaaten der Europäischen Kulturkonvention aktiv an der Aktion. Der Europarat organisiert das Programm gemeinsam mit der Europäischen Union.

programme, Trainingskurse; zahlreiche rechtsverbindliche Instrumente, Regierungsemp-fehlungen, politische Erklärungen und deren Anwendung und Vertiefung durch Folgepro-jekte und *monitoring* – koordiniert von zwischenstaatlichen Ausschüssen –, europäische Normen, Referenz- und modernste Informationssysteme: Dies ist messbarer Teil der Er-gebnisse fünfzigjährigen Kulturaustauschs im Europarat.

Dennoch bleiben Fragen offen. Der neuerliche Bedeutungszuwachs von Kultur steht in einem eigentümlichen Spannungsverhältnis zu einer anderen Lesart der europäischen Realität:

- Wohl wurde der Zugang zu Bildung und kulturellen Rechten erweitert, aber noch im-mer werden Minderheiten und Arme ausgegrenzt;
- wohl wurde die Frage der Gleichheit zwischen Mann und Frau vorangebracht, aber dieser Fortschritt muss noch konsolidiert werden;
- wohl gibt es mehr persönliche Freiheiten, aber es gibt immer noch auch große soziale Bindungslosigkeit;
- wohl werden Kulturerbe und Umwelt geschützt, aber sie werden im Konfliktfall auch zum Ziel von Angriffen;
- wohl haben wir Zugang zu einer Flut von Informationen, aber sie werden nur unzurei-chend genutzt;
- wohl feiern wir das Ende der ideologischen Tyrannei in Europa, dennoch erleben wir ein Wiederaufleben von Rassismus, Antisemitismus, extremem Nationalismus, Frem-denhass, Intoleranz, Ausgrenzung, Terrorismus, Extremismus und sogar kriegerischen Auseinandersetzungen.[20]

Die großen Fragen der Zukunft betreffen nach wie vor die schwierige Balance zwischen ethnischen und gemeinschaftsbezogenen Loyalitäten und dem System multipler Identitä-ten, den Erfordernissen und dem Management von Diversität. Kulturelle Vielfalt in allen Facetten zu unterstützen bei gleichzeitiger Vertiefung gemeinsamer, staatsbürgerlicher Werte und Verfolgung einer inklusiven Gesellschaftspolitik, ist *die* Herausforderung für europäische Kulturpolitik. Neuere Konzepte von transkultureller Diversität oder positiver Transkulturalität, die sich unter anderem aus langjährigen Analysen der Organisation speisen, tragen dazu bei, Multikulturalität bzw. Multiethnizität mehr und mehr als Chan-ce und Normalität zu begreifen – statt sie eindimensional als Problem zu definieren (Ben-nett 2001; Robins 2005).[21] Noch sind gewichtige Umsetzungsprobleme nicht zu überse-

---

20 Vgl. Breslau-Deklaration anlässlich der Feierlichkeiten zum 50. Jahrestag der Europäischen Kulturkonvention, Dezember 2004 (Wroclaw Declaration on Fifty Years of European Cultural Cooperation, adopted by the Mi-nisters responsible for Culture, Education, Youth and Sport from the states parties to the European Cultural Convention on 10 December 2004).

21 Getragen wird diese Arbeit auch von den 1993 vom Wiener Gipfel der Staats- und Regierungschefs der Mit-gliedstaaten des Europarats bestätigten Prinzipien zum Umgang mit Minderheiten: Gleichheit vor dem Gesetz, Nichtdiskriminierung, Chancengleichheit, Vereinigungs- und Versammlungsfreiheit und Recht auf aktive Teil-nahme am öffentlichen Leben.

hen – wie auch eine konsequent mehrdimensionale Sicht der Kulturen trotz aller richtungsweisenden Initiativen noch keine europäische Realität ist.[22]

Für den Europarat verdienen nicht zuletzt auch die nachbarschaftlichen Beziehungen zu den Mittelmeerstaaten und zur islamischen Welt Aufmerksamkeit. Die Organisation entwickelt hier, wie mit Blick auf andere Regionen, nicht notwendigerweise eine neue Kulturaußenpolitik, sondern führt bewährte Politikansätze in der Erziehung zu den Menschenrechten, zum interkulturellen Dialog und zu staatsbürgerlicher Verantwortung mit neuem Impetus fort. Sie sind Teil einer ganzheitlichen Europaratsstrategie zur Förderung demokratischer Stabilität.

Auch steht außer Frage, dass Kulturpolitik im Einklang mit Entwicklungs-, Sozial-, und Wirtschaftspolitik sowie anderen relevanten Politikbereichen stehen muss. Dieser Überzeugung tragen zunehmend integrierte Projektansätze Rechnung.[23] Technisch betrachtet ist auch die wachsende Zahl von Büros auf regionaler Ebene für die Umsetzung der Organisations- und Projektziele von Bedeutung, insbesondere in den neuen Mitgliedstaaten.

Die adäquate Einbindung der Zivilgesellschaft und die genaue Bestimmung des Verhältnisses von Staat, Gesellschaft und Wirtschaft in der Kulturpolitik wird ein wichtiges Thema bleiben (Weber 2003). Mit der breiten Einbindung von Netzwerken und hunderten von registrierten internationalen Nichtregierungsorganisationen, die Partizipativstatus für die zwischenstaatliche Arbeit haben, ist der Europarat der Zivilgesellschaft und dem Bürger nahe. Doch haben Konzepte und Organisationsformen wie *cultural governance, cultural citizenship, arm's length principle* u.ä. oftmals noch nicht kohärent und europaweit Eingang in die politischen Strukturen und Entscheidungsprozesse gefunden. Eine weitere Herausforderung, ebenfalls im Blick auf Partizipation, stellt die »digitale Trennungslinie« in Europa dar – noch immer ist der Zugang zur Informationsgesellschaft und ihren Ressourcen für viele Europäer schiere Utopie. Dies gilt auch für die Präsenz aller europäischen Kulturen im globalen kulturellen Austausch.

Als »Gewissen Europas«, Politikberater und Initiator vielerlei Schlüsselkonzepte und innovativer Programme sowie im Verbund mit seinen spezifischen Rechtsinstrumenten mit gesamteuropäischer Wirksamkeit präsentiert sich der Europarat als einzigartiger Partner im internationalen Kulturaustausch. Schwerpunktsetzungen erfolgen mit Blick auf die Schlüsselbereiche Menschenrechte, Demokratie, Rechtsstaatlichkeit und deren Manifestation in Kultur, Bildung, Jugend und Sport. Zunehmend integrativ, mittels vielfältiger Aktionsformen und im Austausch mit den Mitgliedstaaten als Auftraggeber und Abnehmer der Arbeitsergebnisse wird der Europarat weiterhin einen genuinen Beitrag zur europäischen Integration mittels Kulturzusammenarbeit leisten.

Neben Identität, Diversität, Dialog, Kohäsion, Partizipation, Informations-, Wissensund Zivilgesellschaft unterstreicht die Deklaration von Breslau zum 50. Jahrestag der Eu-

---

22 Gleiches gilt für den gleichberechtigten Kulturaustausch aller innereuropäischen wie außereuropäischen Regionen.

23 Beispielhafte Aktivitäten werden im Bereich Demokratieentwicklung, Gewaltverhütung, Staatsbürgerbildung, interkultureller Dialog und Konfliktverhütung durchgeführt.

ropäischen Kulturkonvention vom Dezember 2004 die herausragende Bedeutung von Mobilität und einem integrierten Politikansatz zur nachhaltigen Entwicklung für Europa.[24] Der dritte Gipfel der Staats- und Regierungschefs der 46 Mitgliedstaaten 2005 soll diese wie auch frühere Reflektionen (Europarat 1997) aufnehmen und die wesentliche Rolle von Kulturaustausch und -kooperation für die Ziele der Organisation bestätigen.

Aufgrund der spezifischen Stärken (konzeptuelle Potenz, langjährige Erfahrung in einer Vielzahl von Politiksektoren, gesamteuropäische Zuständigkeit) und Schwächen (insbesondere Ressourcenmangel, teilweise mangelnde Bündelung) des Europarats wird es von Bedeutung sein, Partnerschaften und Kooperationsvereinbarungen zu Schwerpunktthemen mit anderen im Kultursektor ausgewiesenen Organisationen auszuweiten – wie z.B. mit der Europäischen Union bereits vorbereitet durch entsprechende Artikel des Europäischen Grundlagenvertrags (insbesondere Art. 151,3 EGV). Die Komplexität der anstehenden Fragen und die erwünschte Nachhaltigkeit der Ergebnisse legt auch hier eine Orientierung an integrierten Ansätzen nahe, die kulturelle, bildungspolitische, soziale, ökologische, ökonomische etc. Ziele sowie optimale intra- und interorganisationelle Koordination verbinden.[25]

Weitere Information

Webseiten
Webportal des Europarats
http://www.coe.int/de

Europäisches Fremdsprachenzentrum (Graz)
http://www.ecml.at/
Europäisches Jugendzentrum (Budapest)
http://www.eycb.coe.int

Informationsstellen des Europarats in Osteuropa
http://www.coe.int/T/D/Com/Europarat_kurz/Informationszentren/Info_CID.asp

24 Wroclaw Declaration on Fifty Years of European Cultural Cooperation, adopted by the Ministers responsible for Culture, Education, Youth and Sport from the states parties to the European Cultural Convention on 10 December 2004.
25 Wie etwa im Jahr 2004 bei der Erarbeitung der UNESCO-Konvention zur kulturellen Vielfalt angestrebt, die auf Seiten des Europarats von der Europäischen Rahmenkonvention zum Wert des Kulturerbes für die Gesellschaft (vorläufiger Titel) flankiert wird.

Infopoint
Europarat
F-67075 Straßburg Cedex
Tel: +33 (0) 3 88 41 2033
Fax: +33 (0) 3 88 41 2745
E-mail: infopoint@coe.int
Website: http://www.coe.int

Kulturpolitische Informationsstelle
Kulturpolitische Abteilung des Europarats
F-67075 Straßburg Cedex
Tel: +33 (0) 3 88 41 2642
Fax: +33 (0) 3 88 41 3782
E-mail: culturedoc@coe.int

Abteilung Bibliothek und Archive
Europarat
F-67075 Straßburg Cedex

Bibliothek:
Tel.: + 33 (0)3 88 41 2025
Fax: + 33 (0)3 90 21 4754
E-mail: infodoc@coe.int

Archiv:
Tel: +33 (0) 3 90 21 4377
E-mail: archives@coe.int

5.3 Von der Wirtschafts- zur Wertegemeinschaft – Kultur- und Außenkulturpolitik im europäischen Integrationsprozess

von Olaf Schwencke und Edda Rydzy

In dem *Vertrag zur Gründung der Europäischen Wirtschaftsgemeinschaft (EWG)* vom 25. März 1957, den die Länder Belgien, Bundesrepublik Deutschland, Frankreich, Italien, Luxemburg und die Niederlande abschlossen, und der am 1. Juni 1958 in Kraft trat, wird einleitend der »feste Willen (bekundet), die Grundlagen für einen immer engeren Zusammenschluß der europäischen Völker zu schaffen (um) durch gemeinsames Handeln den wirtschaftlichen und sozialen Fortschritt ihrer Länder zu sichern« (Schöndube 1972). Damit sollten die »Lebens- und Beschäftigungsbedingungen« der Bürger ihrer Mitgliedsländer verbessert und »durch diesen Zusammenschluß ihrer Wirtschaftskräfte Frieden und Freiheit« (ebd.) gewahrt und gefestigt werden.

Neben den Zielen wirtschaftlichen und sozialen Fortschritts fanden Bildung, Wissenschaft und Kultur – was über Dezennien so bleiben sollte – keinen Platz in den Römischen Verträgen. Bildung und Kultur kamen darin lediglich auf ihren ökonomischen Nutzen reduziert vor; die Bildung als »berufliche Aus- und Fortbildung« (Art.118 und 128), und »Kultur« rangierte unter der »Beseitigung der mengenmäßigen Beschränkung« als eine unter anderen Ausnahmen (Art. 36); derart, dass »Einfuhr-, Ausfuhr- und Durchführungsverbote ... zum Schutz ... des nationalen Kulturguts von künstlerischem, geschichtlichem oder archäologischem Wert gerechtfertigt sind.« (ebd.)

Was die Außenpolitik betrifft, so wird die Absicht bekräftigt, »die Verbundenheit Europas mit den überseeischen Ländern ... zu fördern.« (Präambel)

Dass man in den Römischen Verträgen von 1957 nichts Substanzielles über Kultur und Bildung liest, muss auch als Tribut gegenüber der älteren transnationalen europäischen Vereinigung, dem Europarat, verstanden werden: Gegenüber dieser durch Kultur und Werte ideell geprägten Gemeinschaft (siehe hierzu den Beitrag von Merkle/Büttner in diesem Buch) wollte die Neugründung zunächst lediglich als *Wirtschaftsgemeinschaft* der sechs europäischen Kernstaaten politisch wirksam werden.

Dennoch stellte sich bald heraus, dass auch unter der volkswirtschaftlichen Dominanz der Arbeit der EWG und ihrem Tätigwerden in verwandten Politikfeldern zunehmend auch Fragen der Bildung und Kultur beachtet werden mussten. So wurden »Aktionen der Gemeinschaft im kulturellen Sektor« von der Kommission durchgeführt und vom Parlament durch Berichte seines Politischen Ausschusses begleitet; zu nennen ist der *Lady-Elles-Bericht* (1973).

In den frühen siebziger Jahren, die in Westeuropa als Zeiten gesellschaftlicher Auf- und Umbrüche zu kennzeichnen sind, die innerhalb der Gemeinschaft schon 1973 zur Einrichtung einer Generaldirektion für Forschung, Wissenschaft und Bildung unter der Regie des Deutschen Ralf Dahrendorf führten, konnte sich die in ihrer politischen Bedeutung immens gewachsene EWG Bildungs- und Wertefragen nicht mehr verschließen. Es entstanden Programme nicht nur zu Berufsbildung – 1975 wurde dafür das europäische Zentrum Cedefop eingerichtet – und Fremdsprachenerwerb, sondern auch die höchst erfolgreichen Studentenaustauschprogramme *Erasmus* und *Sokrates*.

In diesem Jahrzehnt wurden bekanntlich die engen Begriffsbestimmungen von Kultur und kulturpolitischem Handeln überwunden; mit anderen Worten: es setzte sich der erweiterte Kulturbegriff, wie er seitens des Europarats und der UNESCO bereits verwandt wurde, durch: »Zentrale Aufgabe jeder Kulturpolitik muß es sein, die Bedingungen für Ausdrucksvielfalt und ihre freizügige Nutzung zu garantieren und weiter zu entwickeln« (Schwencke 2001: 57). Einen solchen, nun gesellschaftspolitisch definierten Kulturbegriff – der sich nicht mehr primär am »kulturellen Erbe« orientierte, konnte die EWG durchaus für die Innen- und Außenpolitik nutzen. Darüber hinaus wuchs die Erkenntnis, dass der Unionsgedanke einer stabilen Basis als der einer puren Wirtschaftgemeinschaft bedurfte.

Jetzt wurde die »Verbundenheit der europäischen Völker«, wie sie zur »Bildung eines gemeinsamen Paktes« notwendig war, auch als Frage nach der Identität der Europäer verstanden und thematisiert. So gelangte der Begriff *Kultur* erstmals in Texte der EWG; allerdings eher marginal und kulturpolitisch irrelevant. Noch immer musste man für die Gemeinschaft vergebens nach einem Plafond für *kulturelle Demokratie*, wie sie in der politischen Arbeit des Europarats entwickelt worden war und auch mit der Politik der UNESCO übereinstimmte, suchen. Doch hatten die Staats- und Regierungschefs der – seit 1973 mit Großbritannien, Irland und Dänemark nun – Neun auf Gipfelkonferenzen, so in den Jahren 1969, 1972 und 1973, sich schon deswegen mit der Kultur befasst, weil sie das Defizit an europäischer Identität der Bürger Europas festgestellt hatten. Dafür leistete der *Haager Gipfel* (1969) einen entscheidenden Durchbruch. Ein Bürgerbewusstsein war jedoch Voraussetzung, um eine Europäische Gemeinschaft zu bilden.

So griff die Kommission 1977 erstmals in einer »Mitteilung« diese Thematik in ihren »Aktionen der Gemeinschaft im kulturellen Sektor« auf, worauf seitens des Parlaments der *Amadei-Bericht* (1979) reagierte, verantwortet wiederum von seinem Politischen Ausschuss.

Parlamentarische Aktivitäten (EG)

Als sich im Jahre 1979 das erste direktgewählte Europäische Parlament (EP) konstituierte und seine Arbeit aufnahm, gab es noch keinen für Kultur- und Bildungsfragen zuständigen Ausschuss. Er wurde alsbald als Kommission für Jugend, Kultur, Information, Bildung und Sport gebildet und zum Diskussionsforum und Motor für die Entwicklung von Kultur- und Bildungsaktivitäten innerhalb der Europäischen Gemeinschaft. Das Ziel war von Beginn an, sein Politikfeld zum rechtlich verbindlichen zu machen – was schließlich erst mit dem *Vertrag von Maastricht* (1992) und seinen Artikeln 126 bis 128 gelang.

Noch wird in der *Stuttgarter Erklärung* von 1983 (Schwencke 2001: 145ff) auf die »kulturpolitischen Tätigkeiten« des Europarats Bezug genommen, um dann jedoch eigene EG-Aktivitäten im Bereich von Hochschulen, der Sprachenpolitik, der Kultur- und Medienpolitik anzukündigen.

Das hieß im Einzelnen:
- die Entwicklung des Europäischen Hochschulinstituts in Florenz,
- eine engere Zusammenarbeit zwischen den Hochschuleinrichtungen, einschließlich des Austauschs von Lehrkräften und Studierenden *(Erasmus)*,
- die Intensivierung des Erfahrungsaustauschs, insbesondere unter der Jugend, und den Ausbau des Unterrichts in den Sprachen der Mitgliedstaaten der Gemeinschaft *(Lingua)*,
- eine Verbesserung der Kenntnisse über die anderen Mitgliedstaaten der Gemeinschaft und eine bessere Unterrichtung über die Geschichte und Kultur Europas im Hinblick auf die Förderung eines europäischen Bewusstseins,
- die Prüfung der Zweckmäßigkeit einer gemeinsamen Aktion, um das kulturelle Erbe zu schützen, zur Geltung zu bringen und zu wahren *(Raphael)*,
- die Prüfung der Möglichkeit einer Förderung gemeinsamer Tätigkeiten in der Verbreitung der Kultur, insbesondere hinsichtlich der audiovisuellen Mittel *(Media)*,
- vermehrte Kontakte zwischen Schriftstellern und Künstlern der Mitgliedstaaten und stärkere Verbreitung ihrer Werke sowohl innerhalb als auch außerhalb der Gemeinschaft sowie
- eine engere Koordinierung kultureller Tätigkeiten in Drittländern im Rahmen der politischen Zusammenarbeit.

Bald danach nahm eine zunächst nicht sonderlich beachtete kulturpolitische Initiative von Ratsseite und mit starker Unterstützung des Parlaments ihren Verlauf, die sich zur populärsten und zugleich auch touristisch wirksamsten Kulturaktion der EU mit weltweiter Beachtung entwickeln sollte: das Projekt *Kulturstadt Europas*, das 1985 mit Athen begann, seit 1999 *Kulturhauptstadt Europas* heißt und nun seine feste Struktur hat. Dass für das Jahr 2010 fast dreißig Städte aus Deutschland und Ungarn im Wettbewerb standen und stehen, markiert einen Höhepunkt in dieser Entwicklung.

Ähnlich populär ist das *Erasmus-Programm*, das seit 1987 die Mobilität von Studenten und Dozenten im Hochschulbereich fördert, dies waren bis 2003 mehr als eine Million Studenten (wobei vor allem Wirtschaftswissenschaften, Sprachen, Kommunikation, Ingenieurfächer und Recht nachgefragt wurden – allein diese Fächer erfassen 65 Prozent des gesamten Spektrums).

Um eine verstärkte Zusammenarbeit in Forschung und Technologie innerhalb der Gemeinschaft zu ermöglichen, wurde 1985 das Programm *Eureka* gegründet. Es soll helfen, die Wettbewerbschancen der Europäer im Welthandel zu verbessern.

Es fällt auf, dass im gleichen Jahr in verschiedenen Dokumenten auch solche kulturellen und bildungspolitischen Tätigkeiten in »Drittländern« genannt werden, die bereits in entsprechenden bilateralen und weltweiten (z.B. Lomé-Länder) Abkommen der EG stehen und sich keineswegs nur auf Wirtschafts- und Entwicklungspolitik beschränken. Das Europäische Parlament war in dieser Hinsicht (*Fanti-Bericht*) auch schon konstruktiv, wenn es forderte, »eine gezielte Politik der internationalen Zusammenarbeit nicht nur mit den am meisten fortgeschrittenen Ländern, sondern auch mit den Entwicklungsländern« (Schwencke 2001: 145ff) durchzuführen.

Actual Number of ERASMUS Students by field of study 1987/88–2002/2003[1]

Subjekt areas codes	Year																Total
	1987/88	1988/89	1989/90	1990/91	1991/92	1992/93	1993/94	1994/95	1995/96	1996/97	1997/98	1998/99	1999/00	2000/01	2001/02	2002/03	
01 Agricultural sciences	17	160	238	478	613	992	1224	1396	1512	1448	1446	1744	2035	2206	2446	2482	20437
02 Architecture & Planning		323	513	799	1106	1719	2078	2298	2716	2519	2706	3416	3795	4082	4215	4466	36751
03 Art & Design	123	299	652	914	1176	1679	2002	2671	3269	3166	3250	3808	4534	4697	5082	5631	42953
04 Business Studies	1364	2511	4038	6634	7775	11169	12161	14167	17112	16305	20596	20356	22183	23164	24568	26551	230654
05 Education	43	126	300	422	593	947	1685	2433	3233	3192	3263	3815	3817	4137	4226	4245	36477
06 Engineering	243	733	1751	2181	3009	4783	6119	7134	8290	7437	8038	9554	10683	11169	11665	12983	105772
07 Geography	29	207	372	566	658	848	1138	1311	1372	1300	1213	1639	1763	1827	2037	2202	18482
08 Humanities	59	346	660	852	1260	1908	2144	2776	3001	3204	3046	3671	4126	4253	4444	4730	40480
09 Languages and philological sc.	631	2131	4426	5273	5693	6045	7042	7938	11154	13950	16125	17925	19206	19260	19394	20215	176408
10 Law	238	895	1773	2374	3100	4251	4996	5800	6740	6443	6773	7891	8575	8736	8742	8804	86131
11 Mathematics	22	256	450	597	854	1333	1646	1937	2199	1973	1841	2268	2662	2728	2854	3448	27068
12 Medical sciences	27	309	598	796	927	1389	1986	2726	3452	3329	3550	4520	5211	5327	5677	6239	46063
13 Natural sciences	157	546	1035	1504	1896	2646	3048	3751	3945	3582	3316	4267	4743	4559	4610	4841	48446
14 Social sciences	156	824	1833	2325	3501	4626	6504	7374	8676	7895	8515	10025	11073	11275	11801	12684	109087
15 Communication and informatic	13	14	139	258	303	614	760	740	1082	1055	1235	1783	2120	2334	2723	3146	18319
16 Other subjects	5	42	106	82	178	350	469	579	759	706	752	916	1091	1147	1139	1290	9611
Framework agreements								131	43	111	232	542	709	2297	1942	1757	7764
LINGUA				1095	2735	4492	5187	6079	4188	508							24284
Unknown		61	529	645	705	1361	1464			105	335	3	49				5257
Total	**3244**	**9914**	**19456**	**27906**	**36314**	**51694**	**62362**	**73407**	**84642**	**85999**	**97601**	**107666**	**111092**	**115432**	**123957**	**79874**	**1090560**

Datasource: National Agency final reports

1 die Tabelle stammt aus: http://europa.eu.int/comm/education/programmes/socrates/erasmus/stat_de.html

Das Tätigkeitsfeld der EG hat sich in diesen Jahren stark erweitert. So existiert seit 1980 das Informationsnetz für die verschiedenen Bildungssysteme *Eurydice* innerhalb der Gemeinschaft. Die verschiedenen Bereiche der Berufsbildung wurden 1995 zusammengefasst unter der Bezeichnung *Leonardo da Vinci*. Im gleichen Jahr begann das *Sokrates*-Programm, das die Bildungsaktivitäten von *Erasmus* und *Lingua* zusammenfasste und deutlich ausgeweitet wurde. Für die künftigen neuen Mitglieder in Zentral- und Osteuropa wurde das Programm *Tempus* zur Unterstützung der Mobilität von Universitätsstudenten etabliert.

Maastricht (EU)

Erst mit dem *Vertrag von Maastricht* (1992) gab es für Bildung und Kultur eine gesicherte rechtliche Grundlage sowie bald auch den zaghaften Beginn einer konzipierten EU-Außenkulturpolitik (1998).

Seit Mitte der achtziger Jahre hatte es immer wieder seitens des Europäischen Parlaments kultur- und bildungspolitische Initiativen gegeben, um die EG aktiver und umfassender in diesem Bereich zu engagieren, was der Rat fast regelmäßig ablehnte, doch die Kommission mit »Neuen Impulsen für die Aktion ... im kulturellen Bereich« konstruktiv (mit geringen Mitteln) beantwortete. Exemplarisch soll auf den *Barzanti-Bericht* von 1992 (Schwencke 2001: 154ff) verwiesen werden, in dem das EP einerseits Kultur und Bildung als den »außerordentlich wichtigen Wirtschaftsfaktor« der Gemeinschaft hervorhebt und andererseits die »kulturelle Dimension« als »immer wichtiger« für die Entwicklung der »großen Vielfalt von Charakteristiken und Identitätsmerkmalen« bezeichnet und »Dialoge« bzw. die »Beziehung zwischen unterschiedlichen Kulturen« als primäre Aufgabe der Gemeinschaft sieht.

Mit dem Vertrag von *Maastricht* (1992) und dem bald folgenden von *Amsterdam* (1997) waren Kultur- und Bildungspolitik in der EU etabliert.

Mit dem *Vertrag von Maastricht* und seinem Kulturartikel sollte der Weg weg von der bloßen Wirtschaftsgemeinschaft, die sie bereits in den siebziger Jahren nicht mehr war, zur Unionsgemeinschaft beschritten werden.

Mit *Maastricht* erhielt die Gemeinschaft ein neues Profil und wurde mit »Leben und Geist erfüllt« (Jacques Delors). Der zunächst wirtschaftlich orientierte Zusammenschluss europäischer Staaten war nun zu einer Europäischen Union geworden. Dies bedeutet einerseits die Schaffung einer Wirtschafts- und Währungsunion, aber andererseits auch die einer politischen Gemeinschaft mit der *Unionsbürgerschaft*. Die bisherige politische Zusammenarbeit wird in vielen Bereichen intensiviert und auf neue ausgeweitet. Es kommt also nicht von ungefähr, dass mit dem *Maastrichter Vertrag* neue Kompetenzerweiterungen der Gemeinschaft in so wichtigen Bereichen wie Sozialpolitik, Bildungs- und Forschungspolitik sowie auch der Kulturpolitik geschaffen wurden.

Der Kulturartikel 128 (Amsterdam 151) bietet eine Chance für europäische Kulturpolitik, die das Bewusstsein für die kulturelle Vielfalt einerseits und für die Einheit Europas

Artikel 151[2]
(ehem. Artikel 128 im Maastrichter Vertrag,1992)

1. Die Gemeinschaft leistet einen Beitrag zur Entfaltung der Kulturen der Mitgliedstaaten unter Wahrung ihrer nationalen und regionalen Vielfalt sowie gleichzeitiger Hervorhebung des gemeinsamen kulturellen Erbes.
2. Die Gemeinschaft fördert durch ihre Tätigkeit die Zusammenarbeit zwischen den Mitgliedstaaten und unterstützt und ergänzt erforderlichenfalls deren Tätigkeit in folgenden Bereichen:
   – Verbesserung der Kenntnis und Verbreitung der Kultur und Geschichte der europäischen Völker;
   – Erhaltung und Schutz des kulturellen Erbes von europäischer Bedeutung;
   – nichtkommerzieller Kulturaustausch;
   – künstlerisches und literarisches Schaffen, einschließlich im audiovisuellen Bereich.
3. Die Gemeinschaft und die Mitgliedstaaten fördern die Zusammenarbeit mit dritten Ländern und den für den Kulturbereich zuständigen internationalen Organisationen, insbesondere mit dem Europarat.
4. Die Gemeinschaft trägt bei ihrer Tätigkeit aufgrund anderer Bestimmungen dieses Vertrags den kulturellen Aspekten Rechnung, insbesondere zur Wahrung und Förderung der Vielfalt ihrer Kulturen.
5. Als Beitrag zur Verwirklichung der Ziele dieses Artikels erlässt der Rat
   – gemäß dem Verfahren des Artikels 251 und nach Anhörung des Ausschusses der Regionen Fördermaßnahmen unter Ausschluss jeglicher Harmonisierung der Rechts- und Verwaltungsvorschriften der Mitgliedstaaten. Der Rat beschließt im Rahmen des Verfahrens des Artikels 251 einstimmig;
   – einstimmig auf Vorschlag der Kommission Empfehlungen.

andererseits vertieft. Dieser Artikel muss aber immer auch im Zusammenhang mit dem neuen Artikel 3b (Amsterdam Art. 5), dem Artikel über die sogenannte *Subsidiarität* gesehen werden. Subsidiarität heißt, dass die europäische Ebene grundsätzlich nur das regelt, was auf nationaler Ebene nicht geregelt wird. Für Kulturpolitik gilt demnach, dass die europäische Ebene nur komplementär tätig werden kann, jedoch, interpretiert man es positiv, nicht muss. Beides zusammen ist der Handlungsrahmen für kulturelle Zusammenarbeit zwischen den Mitgliedsländern und für eine Kooperation mit internationalen Organisationen sowie dem Kulturaustausch mit sogenannten Drittländern. Dem Europarat als der Institution für die Wahrnehmung der Verantwortung für das kulturelle Gedächt-

2   Art. 151,5 entfällt mit der Verfassung für Europa

nis Europas kommt darin nach wie vor besondere Bedeutung zu. Gerade die Verankerung des Kulturaustauschs mit den Drittländern zeugt von einem weltoffenen Kulturverständnis: »Europa, das im Namen der Werte wie Freiheit, demokratische Organisation, Toleranz, Ablehnung von Rassismus und Fremdenfeindlichkeit als vereintes Europa neu gestaltet wird, sollte in der Tat, vor allem im kulturellen und interkulturellen Bereich, der am meisten gehörte und großzügigste Gesprächspartner sein«, kommentierte der frühere Kulturminister Portugals, Coimbra Martins, die kulturpolitischen Ziele der EU (Schwencke 2001: 234). Als Drittländer werden die Länder bezeichnet, mit denen die Gemeinschaft besonders enge Kontakte pflegt. Ausdrücklich wurden die mittel- und osteuropäischen Länder genannt, mit denen die Gemeinschaft damals Assoziationsabkommen abgeschlossen hatte, und die heute Mitglieder sind.

Auf der Grundlage des zitierten Artikels wurde nun auch eine Außenkulturpolitik der EU möglich; in der *Mitteilung der Europäischen Kommission* (Europäische Kommission 1998) wurde zielgerichtet spezifiziert:
– Gewährleistung der Achtung der Eigenart der Kultur und der kulturellen Vielfalt,
– Förderung des Dialogs und der Zusammenarbeit mit anderen Kulturen der Welt,
– Beitrag zur Verbreitung der europäischen Kulturen außerhalb der Union,
– Beitrag zur kulturellen Entwicklung von Ländern mit Entwicklungsrückstand.

In einem weiteren Abschnitt über die Kultur in den Außenbeziehungen wird die Notwendigkeit unterstrichen, »geeignete Rahmeninstrumente« (ebd.: 32) zu entwickeln, um einen adäquaten Dialog mit anderen Kulturen zu führen und die kulturelle Zusammenarbeit zu intensivieren. Deutlich wird in der *Mitteilung* auch, dass man die Bedeutung europäischer Kulturenvielfalt gemeinsam in der Welt zur Geltung bringen möchte.

Konkrete Schritte in die Richtung einer abgestimmten gemeinsamen kulturellen Außenpolitik der EU sind bislang nur sehr klein ausgefallen. Die Chancen, dahin zu gelangen, sind allerdings mit den Bestimmungen der *Verfassung für Europa* (Europäische Union 2004) deutlich gewachsen.

Neu war der durch den Kulturartikel abgesteckte Handlungsrahmen nicht, da die Gemeinschaft hier schon in der Vergangenheit tätig gewesen war. Doch durch die Artikel 126-128 (Amsterdam 149-151) entsteht eine neue Qualität, und zwar eine verbindliche.

Vor 1992 wurden Kulturaktivitäten entweder unter einem rein marktwirtschaftlichwettbewerbsorientierten Ansatz betrachtet oder im Hinblick auf die Schaffung eines »Europas der Bürger« für sinnvoll angesehen, wobei sie sich beim letztgenannten Aspekt in einer juristischen Grauzone bewegten. Nun sind im Bildungs- und Kulturartikel zum ersten Mal diese Arbeitsfelder vertragsrechtlich gesichert.

Für das Tätigkeitsfeld der Gemeinschaft im kulturellen Bereich sind im Wesentlichen definiert:
– Verbesserung der Kenntnis und Verbreitung der Kultur und Geschichte der europäischen Völker,
– Erhaltung und Schutz des kulturellen Erbes von europäischer Bedeutung,
– nichtkommerzieller Kulturaustausch,
– künstlerisches und literarisches Schaffen, einschließlich im audiovisuellen Bereich.

Erstmals wird auch der audiovisuelle Bereich dem künstlerischen Schaffen zugeordnet. Das verlangt besondere Beachtung und hat nicht zuletzt urheberrechtliche Folgen.

Das Europäische Parlament, dem bis dahin nur bei der Binnenmarktregelung ein Mitwirkungsrecht zustand, hat mit dem *Maastrichter Vertrag* unter anderem im Kulturbereich wie auch im Bildungsbereich ein Mitentscheidungsrecht erhalten: Europäische Kulturpolitik, die unter Artikel 151 fällt, kann seither nur gemeinsam *mit* dem Europäischen Parlament gestaltet werden. Die künftige europäische Kulturpolitik wurde damit zur Sache der demokratisch und direkt gewählten Abgeordneten und ist es verstärkt mit der Ratifizierung der Verfassung.

Man kann das mit Maastricht verabschiedete neue Kulturkonzept der EU in fünf Punkten knapp zusammenfassen und mit folgender Perspektive versehen:
1. Dialog noch intensiver als zuvor mit allen am Kulturbetrieb Beteiligten innerhalb und außerhalb der EU,
2. klare Prioritätensetzung bei EU-Fördermaßnahmen,
3. Subsidiaritätsprinzip und, damit verbunden, eine stärkere Transparenz der geplanten und eingeleiteten Investitionen,
4. Überprüfung der Aktivitäten der EU auf Vereinbarkeit mit deren kulturellem Anliegen,
5. Zusammenarbeit mit Drittländern und auch mit internationalen Organisationen wie dem Europarat und der UNESCO.

Im Blick auf die Perspektiven für eine eigenständige europäische Kulturpolitik ist die sogenannte »Kulturverträglichkeitsklausel« das Herzstück des Kulturartikels: »Die Gemeinschaft trägt bei ihrer Tätigkeit aufgrund anderer Bestimmungen dieses Vertrages den kulturellen Aspekten Rechnung, insbesondere zur Wahrung und Förderung der Vielfalt ihrer Kulturen« (Art. 151,4). Ähnliche Bestimmungen gibt es in nationaler Gesetzgebung nicht.

Wenn die Gemeinschaft hiernach die Pflicht hat, in allen ihren Politikbereichen dem speziellen Charakter der Kultur Rechnung zu tragen, dann heißt das faktisch, dass die allgemeine Dominanz der Ökonomie aufgehoben ist. Das hätte auch Folgen für die europäische Außenpolitik. Diese könnte dann nicht allein auf Aspekte von Wirtschaft und Sicherheit beschränkt werden, sondern müsste die kulturelle Zusammenarbeit mit Drittländern auf dasselbe Niveau stellen. Konzeptionell formuliert: die EU müsste die Kultur auch zum Instrument ihrer Außenpolitik entwickeln, wozu nun auch die Verfassung hilfreich ist.

Europa fördert Kultur

Das erste umfassende Kultur- und Bildungsförderprogramm der EU *Kultur 2000* (Europäische Kommission 1998) basiert auf den rechtlichen Grundlagen des Maastricht/Amsterdam-Vertrages und findet seine Fortführung im Programm *Kultur 2007* (Europäische Kommission 2004): hierin wird Vergangenes an das Gegenwärtige und Zukünftige praktischer Erfahrung geknüpft. Die ersten Punkte von *Kultur 2000* spiegeln in ihrem Gehalt wider, auf welchen beachtlichen kultur- und gesellschaftspolitischen Stand sich die EU inzwischen entwickelt hat; zurecht stellt sie dieses Niveau als *europäisches Gesellschaftsmodell* – einer Ausgewogenheit von wirtschaftlichen *und* kulturellen Aspekten – dar:

1. Kunst und Kultur haben für alle Völker in Europa einen hohen Eigenwert; sie sind wesentliche Bestandteile der europäischen Integration und tragen zur Durchsetzung und Lebensfähigkeit des europäischen Gesellschaftsmodells wie auch zur Ausstrahlung der Gemeinschaft im Weltmaßstab bei.
2. Kunst und Kultur sind sowohl ein Wirtschaftsfaktor als auch ein Faktor der sozialen und staatsbürgerlichen Integration. Deshalb haben sie angesichts der neuen Herausforderungen, denen sich die Gemeinschaft gegenüber sieht (Globalisierung, Informationsgesellschaft, sozialer Zusammenhalt, Schaffung von Arbeitsplätzen), eine wichtige Funktion auszuüben.

Die konkreten Förderungsmaßnahmen, die in nochmals gestraffter Form im Programm *Kultur 2007* fortgesetzt werden sollen, betreffen die bekannten Programme *Kaleidoskop*, *Ariane* und *Raphael* (zusammengefasst bereits in *Kultur 2000*). An dem Prozess der Entwicklung dieser Fördermaßnahmen haben sich wie nie zuvor die Verbände der Kulturschaffenden engagiert, bis letztlich der *Kölner Gipfel* (1999) darüber befand: »Zur europäischen Einigung gehört auch das Bewusstsein der kulturellen Zusammengehörigkeit. Deshalb fördert die Europäische Union die kulturelle Zusammenarbeit und den Kulturaustausch. Es gilt, die Vielfalt und die Tiefe der europäischen Kulturen zu erhalten und zu fördern« (Europäische Union 1999). Als zentrale Aktionen der europäischen Kulturförderung werden die *Europäische Kulturhauptstadt* und das zitierte Rahmenprogramm hervorgehoben. Darüber hinaus werden Kulturprojekte im Rahmen der Strukturfonds, »sofern sie zur Schaffung dauerhafter Arbeitsplätze beitragen« (ebd.) ausdrücklich begrüßt.

Ob es bereits gelungen ist, mit solchen Förderungsmaßnahmen »die volle Zustimmung der Bürger am europäischen Aufbauwerk« aufgrund der »stärkeren Hervorhebung ihrer gemeinsamen kulturellen Werte und Wurzeln als Schlüsselelement ihrer Identität ... (in) einer Gesellschaft, die sich auf Freiheit, Demokratie, Toleranz und Solidarität gründet«

Europa fördert Kultur

Die EU-Aktivitäten sind im Internet hervorragend und immer auf dem neuesten Stand dokumentiert, so z.B.

- SOKRATES (mit COMENIUS, ERASMUS, GRUNDTVIG, LINGUA, MINERVA), LEONARDO DA VINCI, TEMPUS u.a.:
  http://europa.eu.int/comm/education/programmes/socrates/socrates_en.html
- Kultur 2000 (u.a. mit Kaleidoskop, Ariane und Raphael)
  http://www.ccp-deutschland.de/ccp-foerder.htm
- und in Form eines Handbuchs, das einen Gesamtüberblick über alle bestehenden Programme und deren Förderbedingungen gibt:
  http://www.europa-foerdert-kultur.info

(Schwencke 2001: 268) zu gewinnen, ist eher zu bezweifeln. Die bei der Europa-Wahl 2004 unterschiedlich geringe Beteiligung in den 25 EU-Mitgliedsländern zeigte eher ein Desinteresse an der notwendigen Vertiefung des europäischen Bürgerbewusstseins. Anders ausgedrückt: das Ziel, eine vertiefende Entwicklung eines offenen, diversifizierten, den Europäern gemeinsamen Kulturraums durch Förderungsprogramme dieser Art zu erreichen, steht noch aus.

Eine über die bisherigen Verträge hinausgehende rechtliche Festlegung ist mit der *Grundrechtecharta der EU (Nizza 2000)* (Schwencke 2001: 281ff) bewerkstelligt worden. In dieser Charta, die im vollen Wortlaut zum Bestandteil der *Verfassung für Europa* (Europäische Union 2004) wurde, die allerdings ihrer Ratifizierung noch harrt, lauten die Artikel, die »zur Erhaltung und zur Entwicklung (der) gemeinsamen Werte und Achtung der Vielfalt der Kulturen und Traditionen der Völker Europas« (Präambel) rechtlich verbindlich formuliert wurden:

»Kapitel II – Freiheiten
- Artikel 13: Kunst und Forschung sind frei. Die akademische Freiheit wird geachtet
- Artikel 14: Jede Person hat das Recht auf Bildung sowie auf Zugang zur beruflichen Ausbildung und Weiterbildung ...

Kapitel III – Gleichheit
- Artikel 22: Die Union achtet die Vielfalt der Kulturen, Religionen und Sprachen«

Das Europäische Parlament hat nicht nur, wie es seine Aufgabe ist, die Kommissionsvorlagen kritisch gesichtet und Korrekturvorschläge eingebracht, sondern ist auch seinerseits kulturpolitisch initiativ geworden. Davon gibt der perspektivreiche *Ruffolo-Bericht* (Ruffolo 2001) einen Eindruck.

Der Berichterstatter des Parlaments Giorgio Ruffolo greift den Terminus »Europäische Zivilgesellschaft« auf und verbindet ihn mit der »Schaffung eines europäischen Kulturraums«. Um alle Daten zu sammeln, schlägt er eine »Europäische Beobachtungsstelle für die kulturelle Zusammenarbeit« vor, die »den Informationsaustausch und die Verknüpfung zwischen den Kulturpolitiken der Mitgliedstaaten und der gemeinschaftlichen Kulturpolitik fördern soll« (ebd.). Dieser Vorschlag wurde inzwischen von der Europäischen Kulturstiftung in Amsterdam aufgegriffen, mit Kooperationspartnern aus anderen Ländern abgestimmt und beginnt gegenwärtig als *Observatory* seine Arbeit aufzunehmen. Auch die Forderung, die »Kontaktstellen« (Cultural Contact Points ccp) in ihrer Arbeit besser zu unterstützen, sind erfüllt worden.

Der *Ruffolo-Bericht* hat in seiner Analyse des Programms *Kultur 2000* und unter Berücksichtigung der bereits verabschiedeten *Grundrechtecharta* auch einen Ausblick auf die Verfassungsdebatte des Konvents gegeben: damit »die Achtung und die Förderung der kulturellen und sprachlichen Vielfalt« für die Politik der EU gesichert bleibt, hat er Vorschläge unterbreitet, die zumeist auch Eingang in die *Verfassung für Europa* gefunden haben.

Giorgio Ruffolo hat auch seinerseits das Gespräch mit den Kulturverbänden gesucht und damit zum europakulturpolitischen Diskurs beigetragen. Auch solche Ergebnisse sind in den Bericht aufgenommen worden und für die Neufassung *Kultur 2007* (Europäische

Kommission 2004) verwendet worden; darin wird kritisch festgestellt, dass die »Tätigkeit der Gemeinschaft derzeit zu stark zersplittert (ist). Neben dem Rahmenprogramm *Kultur 2000* gibt es im wesentlichen zwei große Gemeinschaftsaktionen: die Unterstützung von Organisationen von europäischem kulturellem Interesse und die Veranstaltung *Kulturhauptstädte Europas*. Ihre Verbindung zu diesem Programm ist zu schwach oder überhaupt nicht vorhanden. Diese Aufgliederung ist ... nachteilig für das Image der Gemeinschaft bei ihren Bürgern, die sich des Ausmaßes der Anstrengungen zur Bewahrung und Entfaltung ihrer Kulturen und zur Einbeziehung der kulturellen Dimension beim europäischen Aufbau nicht bewusst sind, und schwächt vor allem die Kohärenz des Ganzen.« (ebd.)

Zur neuen Programmatik »der dritten Generation« heißt es unter der Überschrift »Eine globale Vision«: »Hauptanliegen der Gemeinschaftstätigkeit ist die Verwirklichung eines gemeinsamen europäischen Kulturraumes durch den Ausbau der kulturellen Zusammenarbeit in Europa. So soll diese Tätigkeit aktiv zur Entwicklung einer europäischen Identität beitragen.« (ebd.: 4) Und weiter heißt es: »Die europäischen Bürgerinnen und Bürger stellen natürlich die eigentliche Zielgruppe aller EU-Maßnahmen im Kulturbereich dar. Gleichwohl sind die europäischen Institutionen auf zwischengeschaltete Stellen angewiesen, um diese Bürger zu erreichen und hochwertige kulturelle Maßnahmen mit europäischer Dimension aufzulegen.« (ebd.: 4) (Als solche »zwischengeschaltete Stellen« werden Theater, Museen, Berufsverbände, Forschungszentren, Hochschulen, Kulturinstitute, Behörden etc. verstanden).

Dafür werden nun drei Schwerpunkte gesetzt: »Unterstützung der grenzüberschreitenden Mobilität von Menschen, die im Kultursektor arbeiten, Unterstützung der internationalen Verbreitung von künstlerischen und kulturellen Werken und Erzeugnissen und Unterstützung des interkulturellen Dialogs. Die Kulturakteure – und damit die Bürgerinnen und Bürger – sollten mehr Gelegenheiten erhalten, Netze zu bilden, Projekte zu verwirklichen, Mobilität zu praktizieren und den kulturellen Dialog in Europa und in anderen Regionen der Welt voranbringen« (ebd.: 4f).

In einer ersten kritischen Stellungnahme hat das Europäische Parlament im *Moura-Bericht* (2005) vor allem die mangelhafte finanzielle Ausstattung des Programms *Kultur 2007* moniert: für dieses Sieben–Jahre-Programm sollen lediglich 408 Millionen Euro für 450 Millionen EU-Bürger in 25 Mitglieds- sowie weiteren Anwärter- und Drittländerstaaten zur Verfügung gestellt werden. Das wären pro Person im Jahr in den Mitgliedsländern jeweils 13 Cent; das Europäische Parlament fordert, unterstützt durch die Kulturverbände in der EU, auf 70 Cent zu erhöhen und damit auch dem Berliner Votum des Kommissionspräsidenten José Manuel Barroso zu entsprechen, der bei der *Europäischen Kulturkonferenz* (November 2004) für seine Politik die kulturelle Dimension der wirtschaftlichen übergeordnet hatte.

Große Bedeutung in der Politik der EU hat auch das Programm *Media*. Es trat 2001 in Kraft und ist konzipiert bis Ende 2005. Ziel ist es, ein europäisches Umfeld zu schaffen, das sich günstig auf den Aufschwung der europäischen Kino-, audiovisuellen und Multimedia-Industrie auswirken soll. Insbesondere gegenüber global wirksameren US-Produktionen sollen mediale Projekte im Sinne der Erhaltung und Förderung europäischer sprachlicher und kultureller Vielfalt unterstützt werden.

Auch die Maßnahmen, die unter dem Begriff *Lissabon-Prozess* bekannt sind, fördern europäische Projekte, um die Entwicklung des Internet und der neuen Wirtschaftsaktionen in Europa zu stimulieren und den Bürgern damit die Teilhabe an der Informationsgesellschaft besser zu ermöglichen. Ziel ist die wettbewerbsfähige und dynamische *Wissensgesellschaft Europas*.

Die Verfassung für Europa

Alle Akteure, die Handelnden im Konvent und die Beobachtenden aus der Zivilgesellschaft, waren sich einig, dass mit der *Verfassung für Europa* (Europäische Union 2004) ein Meilenstein in der Entwicklung der EU zu einer politischen, gesellschaftlichen und auch kulturellen Union erreicht ist. Die Verfassung, die im Juli 2003 in Brüssel vom Konvent gebilligt und vom Gipfel der Staats- und Regierungschefs ein Jahr später in Rom verabschiedet wurde, steht nun zur Ratifizierung in den 25 Mitgliedsländern an.

Was bringt sie für die Bereiche Kultur, Wissenschaft und Bildung – über das hinaus, was bereits mit der *Grundrechtecharta* beschlossen vorliegt? Was wird politisch Neues und Wegweisendes in dem Dokument ausgesagt?

– Die EU wird als Union der Bürger *und* der Staaten definiert; beide Elemente, der »vergemeinschaftete« und der »intergouvernementale« sind konstitutiv. *Bürgerbegehren* werden gesetzlich ermöglicht.
– Europäisches Parlament und Rat beschließen gemeinsam. Der Rat entscheidet mit *qualifizierter Mehrheit*. In Ausnahmefällen wird einstimmig entschieden – nach Zustimmung bzw. Konsultation des Europäischen Parlaments.
– *Mehrheitsentscheidungen* gelten in den meisten Kompetenzfeldern; darüber hinaus gibt es in Ratsentscheidungen die *qualifizierte Mehrheit* (ab 2009 die »doppelte Mehrheit«, das ist die Mehrheit der Staaten, die mindestens 60 Prozent der Bevölkerung vertreten).
– Subsidiarität und Verhältnismäßigkeit sind als *Grundprinzipien* in der Verfassung verankert.
– Die EU ist eine Rechtspersönlichkeit sui generis – mit weitreichenden gemeinschaftlichen Entfaltungs- und Aktionsmöglichkeiten in der Weltpolitik.
– Klar geregelt ist die Kompetenzordnung: ausschließliche EU-Kompetenz – geteilte Kompetenz – »unterstützende, koordinierende und ergänzende Maßnahmen« (d.h. die EU kann koordinieren, hat aber keine Kompetenz der Harmonisierung).
– Die bereits in Nizza 2000 proklamierte *Charta der Grundrechte* wird – als Teil II – inkorporiert und damit rechtlich verbindlich.
– Das Europäische Parlament, das mit diesem Vertrag einen beachtlichen Kompetenzzuwachs erlangen wird (es wählt den EU-Kommissionspräsidenten und erhält erweiterte Haushaltsrechte etc.), setzt die Kommission einschließlich des (neu geschaffenen) *europäischen Außenministers* ein (und gegebenenfalls auch ab).
– Der europäische Außenminister ist für die gesamten Außenbeziehungen der EU verantwortlich und ex officio Vizepräsident der Kommission.

274

Kulturpolitisch wie letztlich auch außenkulturpolitisch ist mit dieser Verfassung der EU ein gewaltiger Schritt nach vorn gelungen. Sicher wäre es vermessen, darin bereits die Vollendung des europäischen Integrationsprozesses zu sehen. Aber die Entwicklung von der Wirtschafts- zur Wertegemeinschaft wurde erheblich voran gebracht.

In diesem größeren Kontext ist auch der Bedeutungszuwachs der Kultur zu bewerten: in keinem anderen Politikfeld sind so weitreichende und zukunftsorientierte Entwicklungspotentiale angelegt.

Für die neue Wertorientierung der EU muss auf die verschiedenen Präambeln verwiesen werden. War in der Grundrechtecharta noch pauschal vom »geistigen« Erbe die Rede, so heißt es nun einleitend: »dass der Kontinent Europa ... seit Anfängen der Menschheit ... im Laufe der Jahrhunderte die Werte ... Gleichheit der Menschen, Freiheit, Geltung der Vernunft (entwickelte) ... schöpfend aus den kulturellen, religiösen und humanistischen Überlieferungen Europas.« Das »weitere Voranschreiten« auf diesem Wege wird gebunden an seine Offenheit für »Kultur, Wissen und sozialen Fortschritt« (ebd.).

Das ist ein beachtlicher europapolitischer Schritt voran – wenngleich noch keine Erfüllung solcher Einigungsvorstellungen, die die kulturelle Prägung dieses Kontinents als die eigentlich wesentliche für die Zukunft sehen wollen. Es ist richtig, dass das Europäische Gesellschaftsmodell noch entwicklungsfähig ist.

Andere Kritiker, namentlich aus konservativ-katholischem Lager, die meinen in dem EU-Verfassungsentwurf keine hinreichende christliche Werteorientierung zu finden, sollten genau lesen: im Art. I-2 unter anderem heißt es, dass die Union »den Reichtum ihrer kulturellen und sprachlichen Vielfalt und den Schutz und die Entwicklung des kulturellen Erbes Europas« (ebd.) bewahrt. Darin ist jüdisch-christlich Überliefertes gut aufgehoben.

Weit über traditionelle Zielbestimmungen hinaus, wie sie in den nationalen Verfassungen der Mitgliedsländer formuliert sind, ist das EU-Verfassungswerk fokussiert auf eine Politik der *Nachhaltigkeit*: »Die Union trägt bei zu Frieden, Sicherheit, *nachhaltiger Entwicklung* der Erde, Solidarität und gegenseitiger Achtung unter den Völkern.« (ebd.) Erst in diesem Kontext von Nachhaltigkeit erhält die *Kulturverträglichkeitsklausel*, die bereits im Maastricht-Vertrag vorkommt, ihre gesellschaftspolitische Relevanz: Wird künftig überhaupt noch eine nachhaltige Politik möglich sein, ohne die Potentiale von Kunst und Kultur zu berücksichtigen? Vor allem in dem Beziehungsgeflecht von Nachhaltigkeit *und* Kulturverträglichkeit ergeben sich viele Möglichkeiten erst in der Praxis. Die Verfassung bietet dafür Voraussetzungen und Eckpunkte, nicht weniger, aber auch nicht mehr; obwohl der Konvent aus gutem Grund nicht Vorbildern von nationalen Verfassungen gefolgt ist, die sehr viel kürzer gefasst sind.

Es wird darauf ankommen, wie die verschiedenen Akteure im Feld europäischer Kulturpolitik diese Möglichkeiten strategisch zu nutzen wissen: Finden sie engagierte Verbündete in den Gremien der EU *und* den nationalen Parlamenten, gibt es gute Chancen eine das Profil Europas schärfende Zivilgesellschaft wachsen zu lassen. Die dazugehörige Vernetzung der Nachhaltigkeitspolitiken wie Ökonomie, Ökologie, Soziales und Kultur macht die EU nun programmatisch möglich.

Eine gemeinsame *Außen- und Sicherheitspolitik der Gemeinschaft (GASP)* gibt es seit dem Gipfel von Maastricht (1991); so sehr sie sich primär als wirtschafts- und sicherheits- politische Interessenvertretung versteht und bewährt, so wenig nahm sie offiziell-institu- tionell zur Kenntnis, dass es in den Drittländern ein erhebliches Interesse an der Kultur der Europäer gibt. Das könnte und sollte sich ändern mit dem Inkrafttreten der *Verfassung für Europa.*
Welchen Platz kann und will Europa in der Welt einnehmen?

Anders als der erste *Entwurf des Vertrags zur Gründung einer Europäischen Union,* der aus der Mitte des Parlaments unter der Federführung von Altiero Spinelli erarbeitet und am Endes der ersten Legislaturperiode des direkt gewählten Europäischen Parlaments (1984) nahezu einstimmig gebilligt wurde, haben im Verfassungskonvent Vertreter aller europäischen und nationalen Gremien mitgewirkt und einen umfassenden Vertrag vorge- legt, den die Staats- und Regierungschefs 2004 verabschiedeten. Von den neuen politi- schen Möglichkeiten und Institutionen, die damit geschaffen wurden, ist hier die des EU- Außenministers hervorzuheben, was relevant werden könnte; vielleicht gerade durch die nicht im Speziellen geregelte Aufgabenbestimmung. So heißt es in der *Verfassung für Europa* (Europäische Union 2004), dass der EU-Außenminister »mit den Außenbezie- hungen und der Koordinierung der *übrigen Aspekte* des auswärtigen Handelns der Union betraut« wird (Teil I, Art. 27). Das ist ein weites Spektrum und muss gefüllt werden.
Kultur ist Fundament jeder Außenpolitik der »alten« europäischen Staaten. Eine der- artige Feststellung liest man im Verfassungsvertrag nicht – das sollte auch nicht ange- strebt werden. Selbst in diesem Politikfeld sollte das Subsidiaritätsprinzip gelten: außen- politisch übernimmt nur dann die EU die federführende Regie, wenn es den einzelnen Mitgliedsländern nicht möglich ist, das Aktivwerden sinnvoll erscheint bzw. die Gesamt- repräsentanz Europas politisch angebrachter oder sogar unabdingbar ist.
Es ist zu erwarten, dass auswärtige kulturelle Aktionen der Europäer in Drittländern immens an Bedeutung zunehmen werden – für Hilfen im Aufbau von Bildungsstruktu- ren, für Krisenprävention, den Abbau von Konfliktpotentialen sowie zur Bekämpfung des internationalen Terrors. Neue Ansätze im Dialog mit der islamisch geprägten Welt sollten erprobt werden. Dabei sollte für die EU insgesamt gelten, was für die Auswärti- ge Kulturpolitik Deutschlands maßgebend ist: »Die besonderen Möglichkeiten der Aus- wärtigen Kulturpolitik ... gezielt zur Stärkung von Zivilgesellschaften beizutragen – ge- rade auch in ›schwierigen‹ Partnerländern –, prädestinieren sie für eine prominente und stärkere politische Rolle. Denn die Herrschaft des Rechts und die Achtung der Men- schenrechte sind von der Substanz her kein ›Hypermoralismus‹, sondern sehr viel deut- licher als vor 25 Jahren eine der ganz harten Fragen der Außenpolitik. Daran entschei- det sich auch die Frage der Friedensfähigkeit und Konfliktträchtigkeit der Gesellschaf- ten.« (Fischer 2000)
Welche Rolle soll Kultur in der Zusammenarbeit der EU-Staaten außerhalb Europas spielen und was kann das neue EU-Amt dafür leisten? Zunächst wäre es schon wichtig,

dass ein EU-Außenminister als koordinierende Instanz für die außenkulturpolitischen EU-Maßnahmen, wie sie seit den achtziger Jahren in den sogenannten Drittländern stattfinden, wirkt. Damit hatte, ohne dass ein erkennbares Konzept dafür zugrunde lag, die Union längst auch – namentlich in den AKP-Ländern – kulturelle Außenpolitik betrieben. Diese ist fortzuführen – in Abstimmung der verschiedenen Ressorts der Kommission.

Bedarf man dafür neuer, den nationalen Kulturinstituten nachgebildeter Instrumente, etwa eines *Kulturinstituts für Europa*, wie es Robert Peise (2001) für die kulturelle Zusammenarbeit der EU-Staaten vorschlägt? Oder genügen organisierte Veranstaltungsorte, sogenannte *Häuser europäischer Kultur in Drittländern* (Schwencke 1998a: 50)? Die eine Organisationsform schließt die andere nicht aus; für innereuropäische Kulturpolitik sollten andere als für weltweite transregionale Außenkulturpolitik in Aussicht genommen und experimentell erprobt werden. Für die vielfältigen Formen von Institutionalisierung gibt es vermehrt Beispiele, so in Brüssel in der Koordinierung der Kulturinstitute, in Berlin in einer Arbeitsgemeinschaft oder in Luxemburg in einem gemeinsamen Haus (Kloster Neumünster). Die Frage, die Kathinka Dittrich van Weringh (Dittrich van Weringh/Schürmann 2004) stellt – *braucht Europa eine Außenkulturpolitik?* – kann nur rhetorisch gemeint sein: es gibt keine ernsthaften Zweifel daran, dass die EU – und darüber hinaus das größere Europa des Europarats – sie zum Teil längst praktiziert und dringend auf höherer Stufe intensivieren sollte.

Doch was soll und muss sie im Blick auf die Adressaten in den Drittländern für die Interessen der EU und für Gesamteuropa als Kulturraum der Vielfalt leisten? Raymond Weber hat dafür ein breites Spektrum von Vorschlägen angeführt, nämlich zur »Kulturinnenpolitik, Interkultur, Wissenschafts-, Kommunikations-, Bildungs- und Zukunftspolitik«, die gesellschaftspolitisch zu begründen wären (Weber 2002). Kurt-Jürgen Maaß hingegen warnt vor einer Überladung der Aufgabenfülle für die Auswärtige Kulturpolitik der Gemeinschaft und verweist auf die praktischen Möglichkeiten der bereits vorhandenen Institute: es »ist ... viel pragmatischer und schneller umsetzbar, auf das bestehende Netz zurückzugreifen, vor Ort – und sei es nur für Teilbereiche – ein europäisches Dach zu schaffen, Projekte zu finanzieren, Kooperationen anzuregen und nach außen sichtbar zu machen.« (Maaß 2003e)

Der Union wachsen neue politische Aufgaben zu; zum Teil Aufgabenbereiche, die von dem mächtigen Partner USA nicht mehr hinreichend wahrgenommen werden; in diesem Zusammenhang heißt es im Verfassungswerk zu den Zielen der Union: »Sie trägt bei ... zur strikten Einhaltung und Entwicklung des Völkerrechts, insbesondere zur Wahrung der Grundsätze der Charta der Vereinten Nationen.« (Europäische Union 2004: Art. I-3)

Längst ist außerhalb Europas – verstärkt im Zuge des Irak-Krieges der USA – die EU als politisches Gewicht wahrgenommen worden, das auf den Prinzipien des Völkerrechts operiert und darin auch für die Bürger der Staaten, die nicht demokratisch regiert werden, Vorbildcharakter hat. So kann und muss europäische Außenpolitik in diesem menschenrechts- und wertepolitischen Bereich in symbolischer Politik wirksam werden: als Botschaft für europäische Kultur, wie sie im Motto des Thukydides in der Präambel der Verfassung sowie in den Grundrechten formuliert wurde: »Die Verfassung, die wir haben, heißt Demokratie, weil der Staat nicht auf wenige Bürger, sondern auf die Mehrheit ausgerichtet ist.« (ebd.)

Dass die Mitgliedstaaten der Europäischen Union Kriterien der Rechtsstaatlichkeit wie der wirtschaftlichen Entwicklung erfüllen müssen, um Mitglied der Union zu sein, ist *Voraussetzung* für die Funktionstüchtigkeit der Gemeinschaft. Dass die Mitgliedstaaten kulturelle Wurzeln und eine bewegte Geschichte miteinander teilen, macht sie einander verwandt. Doch beides bindet sie noch nicht aus sich heraus. Es sind Eigenschaften, die sie teilen. Was tatsächlich *Gemeinschaftlichkeit* herstellt, sind die Dinge, die sie *miteinander tun.* Das gilt von den Anfängen der Europäischen Wirtschaftsgemeinschaft über den Europarat, den Nordatlantikpakt, den KSZE-Prozess usw. bis zu den Kulturhauptstädten Europas, den Schüleraustauschen, künstlerischen Gemeinschaftsproduktionen etc.

Die Verfassung für Europa spricht nicht nur in der Präambel ausdrücklich von einem »in Vielfalt geeint(en)« Europa. Er formuliert gleichzeitig mit den die Vielfalt dauerhaft gewährleistenden Werten Demokratie, Gleichheit, Rechtsstaatlichkeit, Toleranz, Pluralismus, Gerechtigkeit, Solidarität und Nichtdiskriminierung die Prinzipien, die ein partnerschaftliches Miteinander überhaupt ermöglichen.

Die Europäische Union ist auf ihre kulturelle Vielfalt als Reservoir für Konflikt- bzw. Problemlösungen angewiesen.

So, wie der Konvent den Verfassungsentwurf verabschiedet hat, gibt sich die Union mit ihm einen Gestaltungsauftrag – »Geleitet von dem Willen, ... ihre Zukunft gemeinsam zu gestalten« heißt es in der Definition (ebd.: Teil I, Art. I/1). Gegenstand des gemeinsamen Gestaltens ist nicht eine beliebige, im Nebel bleibende Zukunft. Die Ziele bezeichnen unter anderem mit »nachhaltiger Entwicklung«, »sozialem Fortschritt«, »Frieden«, »Beseitigung der Armut«, »Weiterentwicklung des Völkerrechts« die brennendsten Probleme der Erde. Die Verbindung der Mitgliedstaaten der Europäischen Union besteht also dem Verfassungsauftrag nach zu dem Zweck, gemeinsam an der Lösung der existentiellen Gattungsaufgaben zu wirken, die kein Land allein leisten kann.

Einzelne Staaten – selbst die »großen« mit weltweiten Netzen von Kulturmittlerorganisationen wie Frankreich, Großbritannien und Deutschland – wären damit nicht nur der wechselseitigen Interdependenzen wegen überfordert, sondern auch wegen der begrenzten innovativen und kreativen Potentiale.

Zu diesen Potentialen gehört als Bereich besonders hoch konzentrierter Kreativität die Kultur. Um ihre Möglichkeiten nutzen zu können, ist allerdings ein neuerlicher Wechsel des Verständnisses von Kulturpolitik erforderlich. Nachdem sie sich Ende der sechziger/Anfang der siebziger Jahre in Deutschland durchaus der Lösung gesellschaftspolitischer Fragestellungen verschrieben hatte, ist der kulturelle Sektor im Verlauf der Jahrzehnte so umfangreich und differenziert geworden, dass er sich überwiegend selbstreflexiv verhält und Kulturpolitik als Ressortpolitik verstanden wird.

In der europäischen Kulturpolitik bildet sich ein ebensolches Problembewusstsein heraus, wie sich im Zuge der Erarbeitung eines Konzepts für die Europäische Kulturförderung zeigt. Es ist nötig, es weiter zu entwickeln, den kulturellen Bereich gezielter für brennende gesellschaftliche Fragen in Anspruch zu nehmen und den Stellenwert der Kulturpolitik in der Gesamtpolitik zu erhöhen, damit als eine der zentralen Botschaften Europäischer Auswärtiger Kulturpolitik vermittelt werden kann: Europa baut auf seine kulturelle Vielfalt als kreatives Potential zur Bewältigung der schwierigsten gemeinsamen Aufgaben.

Es geht beim Geist des Verfassungsentwurfs nicht um etwas, das so oder so irgendwie schon immer da gewesen wäre und nun nur noch neu zusammengeführt zu werden brauchte, sondern vielmehr um eine neue politische Qualität, die im Ergebnis verarbeiteter Konflikte, »der Vernunft Geltung« verschaffend, geschöpft wurde.

Jedoch: Von der spanischen, englischen, französischen und deutschen Philosophie über die Künste, die Wissenschaften, politische Bewegungen und Gegenbewegungen hinweg existiert ein weit in die zeitliche Tiefe reichendes, dichtes Netz von Kommunikation, dessen horizontaler, d.h. aktueller Stand sich in der Verfassung für Europa niederschlägt.

Es ist nicht nur im Innern und nach außen Bildungs- und Kulturpolitik nötig, die ein auf Wissen beruhendes verinnerlichtes Bewusstsein über diesen Prozess befördert. Es bedarf auch einer symbolischen Kulturpolitik, der es überzeugend gelingt zu zeigen, dass es sich um eine auf den nationalen Erfahrungen und den nationalen Leistungen der Mitgliedsländer basierende Gemeinschaftsleistung handelt, dass es sich bei der Fähigkeit zur europäischen Gemeinschaft für jeden der vereinten Nationalstaaten, die politische Kompetenzen an die EU abgeben, um eine zivilisatorische Qualifizierung der jeweiligen Nation handelt, nicht um einen Verzicht auf dieselbe.

6. Akteure in Partnerländern

6.1 In diplomatischer Mission – Die Außenkulturpolitik der USA

von Rolf Hoffmann

Die Außenpolitik der Vereinigten Staaten von Amerika unterscheidet sich grundlegend von den europäischen Vorstellungen einer national einheitlichen, von staatlichen Prinzipien geleiteten Außenpolitik. *Foreign Policy* im amerikanischen Verständnis wird seit der Übernahme einer aktiven Rolle in der Weltpolitik zu Anfang des 20. Jahrhunderts von zwei sich ergänzenden Prinzipien getragen: dem Glauben an den weltweit herausragenden, wenn nicht sogar einzigartigen Stellenwert der eigenen gesellschaftlichen Grundwerte und dem Primat der Innen- und Wirtschaftspolitik zum Wohl des eigenen Landes, dem sich auch eine Außenpolitik zu unterwerfen hat. Diese Grundprinzipien werden deutlich in dem *mission statement* des US-Außenministeriums für den Zeitraum 2004-2009, das ein zentraler Teil des »Nationalen Sicherheitsplans« des Präsidenten George W. Bush zu Beginn seiner zweiten Amtszeit ist: »*… create a more secure, democratic and prosperous world for the benefit of the American people and the international community …*«

Dieses unilaterale Sendungsbewusstsein, der aus der amerikanischen (im Folgenden immer gemeint für »US-amerikanischen«) Geschichte hergeleitete Auftrag, als einzige Supermacht weltweit eine Führungsrolle einzunehmen, um Sicherheit, Demokratie und Wohlstand in der Welt voranzutreiben, wird besonders vor dem Hintergrund der Terroranschläge des 11. September 2001 erklärbar; die gegenwärtige US-Außenpolitik unterscheidet sich deutlich von der auf »Kooperation auf gleicher Augenhöhe« getragenen und tendenziell eher multilateral angelegten Politik des Vorgängers Bill Clinton.

Die wichtigsten politischen Akteure der amerikanischen Außenpolitik in den USA sind deshalb neben dem qua Amt zuständigen Außenministerium (das Department of State wurde als erstes Ministerium in den jungen Vereinigten Staaten von Amerika gegründet) der Präsident, der Nationale Sicherheitsrat (National Security Council), Kongress und Senat, das Verteidigungsministerium, sowie im Bereich Visa und Einwanderung das neu gegründete Ministerium für Heimatschutz (Department of Homeland Security).

Der Präsident ist oberster Befehlshaber der Streitkräfte. Er kann ferner als einziger Vertreter der Vereinigten Staaten von Amerika (und nur mit Zustimmung des Senats) Verträge mit anderen Regierungen abschließen, und er ernennt die Botschafter – die mittlerweile allerdings kaum noch aus den Rängen der Karrierediplomaten kommen, sondern politische Verbündete des jeweiligen Präsidenten aus allen Bereichen der Gesellschaft sind.

Um die adäquate Koordinierung der Außen- und Sicherheitspolitik durch den Präsidenten während des Kalten Krieges zu gewährleisten, wurde 1947 der Nationale Sicherheitsrat gegründet, dem leitende Vertreter der zuständigen Ministerien angehören. Er berät unter Leitung des vom Präsidenten direkt berufenen (und vom Senat nicht zu bestätigenden) Nationalen Sicherheitsberaters den Präsidenten, formuliert in seinem Auftrag eine nationale Sicherheitsstrategie und Außenpolitik und kontrolliert wichtige außen- und sicherheitspolitische Entscheidungsprozesse. Der Sicherheitsberater und sein Stab sind somit effektiv ein parallel zum Außenministerium wirkendes politisches und diplomatisches Instrument des jeweils amtierenden Präsidenten.

Der Kongress, der diesem außenpolitischen Apparat des Präsidenten bis vor wenigen Jahrzehnten wenig entgegensetzte, hat sich seit dem Vietnamkrieg aus naheliegenden Gründen der ihm eigentlich aufgetragenen Exekutivkontrolle stärker verschrieben. Er schränkt durch die Maßgabe der verbindlichen Offenlegung aller außenpolitisch nachhaltig wirksamen Vorhaben des Präsidenten im Kongress – z.B. Verträge mit anderen Ländern, politisch potenziell bindende Waffensystemexporte, Eintritt in militärische Aktionen – die Gefahr außenpolitischer Alleingänge des Präsidenten ein.

Der naturgemäß größte Akteur und Vertreter der nationalen Außenpolitik der jeweiligen Administration ist sein Außenministerium. Es koordiniert ebenfalls die amerikanische Auswärtige Kulturpolitik sowie einen Teil der Informations- und Öffentlichkeitsarbeit durch sein weltweites Netzwerk von 260 diplomatischen Vertretungen in 163 Ländern sowie mit Hilfe von und durch (ausschließlich nationale) öffentliche und private Partner.

Ihm angegliedert (und dem Außenminister unterstellt) ist das Amt für Entwicklungshilfe (Agency for International Development, AID), das weltweit Entwicklungs- und Hilfsprojekte durchführt, die die außenpolitischen Regionalstrategien der jeweiligen US-Regierung direkt unterstützen sollen – hier unterscheiden sich Ziele und Wege amerikanischer Außenpolitik deutlich von Modellen westeuropäischer Länder.

Dies gilt auch für die amerikanische Auswärtige Kulturpolitik als Teil der Außenpolitik: Sie ist weit weniger eine politisch eigenständige, von staatlichem Einfluss und staatlicher Finanzierung geprägte und über eigens dazu gegründete öffentliche Einrichtungen umgesetzte nationale »Strategie«, sondern vielmehr eine Sammlung vertrauensbildender und dialogfördernder Maßnahmen weniger öffentlicher und vieler privater Akteure auf amerikanischer Seite. Große private Stiftungen wie die Ford Foundation, die Rockefeller Foundation, der German Marshall Fund, kleinere, aus privaten Mitteln finanzierte Institute wie das American Institute for Contemporary German Studies (AICGS) der Johns Hopkins University, dem Aspen Institute in Berlin, der American Academy in Berlin, private Mäzene wie George Soros oder Bill Gates – sie alle wirken im In- und Ausland mit einem Vielfachen des Jahresetats des US-Außenministeriums völlig unabhängig von staatlichen Vorgaben oder Kontrollen vor allem durch selbst finanzierte kultur- und bildungspolitische Projekte und Programme, die in vielen anderen Industrieländern ausschließlich staatlicher Auswärtiger Kulturpolitik (und staatlicher Finanzierung) vorbehalten wären. Amerikanische Auswärtige Kulturpolitik im Ausland ist somit einerseits immer der Versuch, allen Akteuren in einem Land eine gemeinsame Richtung vorzugeben, Anregungen zu geben und koordinierend zu wirken, und andererseits wichtige außen- und kulturpolitische Akzente selbst durch eigens dafür geschaffene kurz- und langfristige aus Bundesmitteln finanzierte Programme zu setzen.

Von diesem pragmatischen Miteinander privater und öffentlicher amerikanischer Institutionen und der Bundesregierung ist amerikanische Kulturpolitik (wie übrigens auch die amerikanische Bildungslandschaft) von jeher geprägt. Der Staat greift nur ein, wenn die Akteure selbst keinen gemeinsamen Nenner finden, er formuliert als Teil der jeweils gültigen Außen- und Sicherheitspolitik allgemeine, aber auch tagespolitische Ziele und Handlungsräume für die in eigener Verantwortung handelnden gesellschaftlichen und privaten Akteure, und er schließt – eben deshalb – in der Regel auch keine langfristig verbindlichen Kulturabkommen mit anderen Staaten.

Die Geschichte der amerikanischen Auswärtigen Kulturpolitik (am ehesten mit *cultural diplomacy* zu übersetzen) ist vergleichsweise jung: Den ersten, noch stark auf die lateinamerikanischen Länder konzentrierten Ansätzen in den dreißiger Jahren – vor allem als Gegenpol zur nationalsozialistischen Propaganda gedacht – folgte die Konzeption internationaler Hilfsprogramme, die die verheerenden materiellen und immateriellen Folgen des Zweiten Weltkriegs vor allem in Europa, dem zukünftigen politischen und wirtschaftlichen (!) Wunschpartner im aufkommenden Kalten Krieg, auffangen sollten. 1944 wurde Senator J. William Fulbright mit der Konzeption eines solchen Programms im kulturpolitischen Bereich beauftragt, das 1946 als *public law 584*, in der Umgangssprache als *Fulbright law* in Kraft gesetzt wurde.

Parallel entwarf das US-Außenministerium bereits 1945 für das Nachkriegsdeutschland, dem eine Sonderrolle zukommen sollte, ein groß angelegtes Umerziehungsprogramm, dessen Namen von *re-education program* erst 1949 in *re-orientation program* umgeändert wurde. Dies trug unter anderem den Bemühungen der US-Regierung Rechnung, den Demokratisierungsprozess in Deutschland durch die Förderung der aktiven Teilnahme junger deutscher Eliten an demokratischen Prozessen in den USA im Rahmen von Austauschmaßnahmen voranzutreiben.

1948 wurden durch den *Smith-Mund-Act* die Grundlagen für ein weltweit angelegtes Kulturprogramm geschaffen und damit die Finanzierung des Fulbright-Programms, des größten und wichtigsten Elements gegenwärtiger amerikanischer Auswärtiger Kulturpolitik, gesichert. Dieses Fulbright-Programm bot sich auch für Deutschland als eine ideale Basis für das Demokratisierungsvorhaben an: Es wurde ab 1952 zum wichtigsten Instrument amerikanischer *cultural diplomacy* auch in Deutschland.

Ein anderer wichtiger Pfeiler amerikanischer Außenpolitik war und ist die internationale Presse- und Öffentlichkeitsarbeit oder *public diplomacy*, immer im Dienste der jeweiligen Regierung und zur Unterstützung der jeweiligen Außenpolitik. Sie wurde während und unmittelbar nach dem Zweiten Weltkrieg vom Außenministerium vor allem durch die diplomatischen Vertretungen sowie über die staatsfinanzierten Radiosender Voice of America (der in den fünfziger Jahren ergänzt wurde durch Radio Free Europe und Radio Liberty) sowie später den Fernsehsender Worldnet Television, die zusammen 24 Stunden pro Tag weltweit Informationsprogramme senden, operativ durchgeführt.

Im unmittelbaren Nachkriegsverlauf entwickelten sich die amerikanische *cultural diplomacy* und *public diplomacy* recht dynamisch, bis hin zur Schaffung einer eigenen Institution: 1953, auf dem Höhepunkt des Kalten Krieges, wurde auf Betreiben des damaligen Präsidenten Dwight D. Eisenhower die Unites States Information Agency (USIA) gegründet, um der aggressiven sowjetischen Propaganda ein wirksames Instrument entgegenzusetzen. In ihre Zuständigkeit gingen aus dem Außenministerium die Formulierung und weltweite Umsetzung der *public diplomacy* mit allen ihren Instrumenten (siehe oben) und einigen Bestandteilen der *cultural diplomacy* über, so z.B. die Amerika-Häuser, die Amerika-Bibliotheken und Informationszentren, die Vermittlung der englischen Sprache und amerikanischen Kultur durch eigens geschaffene Programme, der Betrieb der oben erwähnten Radio- und Fernsehstationen, eigens erstellte große »political presence«-Ausstellungen bei internationalen Messen und vieles mehr.

Nur die zentrale Zuständigkeit für die kulturellen Austauschprogramme blieb auf Drängen Senator Fulbrights im Außenministerium, allerdings oblag ihre operative Durchführung vor Ort (bis 1978) den Mitarbeitern von USIA. Diese Trennung wurde durch die Gründung einer neuen Agentur unter Präsident Carter, der US International Communication Agency (ICA), aufgehoben, die nun auch die politische Kontrolle der kulturellen Austauschprogramme vom Außenministerium übernahm. Dem Außenministerium waren damit die traditionellen (und gewichtigsten) Pfeiler außenkulturpolitischen Handelns vor allem im akademischen Bereich entzogen.

Diese Agentur, unter der Reagan-Präsidentschaft wiederum in USIA umbenannt, verlor mit dem Ende des Kalten Krieges einen Teil ihrer Mission und damit ihrer Identität und ihres innenpolitischen Gewichts. Dies führte bei gleichzeitig neuen regionalen und programmatischen Herausforderungen zu deutlichen Einschnitten im Budget und beim Personal; beides war bis Mitte der neunziger Jahre um jeweils ein Drittel gekürzt worden.

Auch in Deutschland waren die Auswirkungen dieser Entwicklungen spürbar: Einige Amerikahäuser wurden geschlossen, das deutsche Fulbright-Programm wurde gekürzt, gleichzeitig eröffneten neu aufgelegte Sonderaustauschprogramme speziell für junge, offene und wissbegierige Akademiker und Lehrer aus den *Neuen Bundesländern* ungeahnte Einblicke und Einsichten in den Alltag der USA. Vergleichbare befristete Programme wurden in einer Vielzahl von Beitrittsländern aufgelegt; die Anzahl der Fulbright-Kommissionen erreichte durch viele Neugründungen gegen Ende des Jahrzehnts mit über 50 weltweit ihren Höhepunkt.

Die USIA wurde dennoch, nach über zweijährigen Verhandlungen und der Ausarbeitung eines *Foreign Affairs Reform and Restructuring Act*, am 1. Oktober 1999 aufgelöst. Das Ende des Kalten Krieges, der »Verlust« des größeren Teils der Zielgruppe für staatlich unterstützte Informations- und Propagandaarbeit (und damit eines Teil der Identität), mangelndes politisches Gewicht zu Hause, aber wohl auch der intrinsische Zielkonflikt zwischen *public diplomacy* (»...promoting the national interest and national security of the US through understanding, informing and influencing foreign publics...« (USIA)) und der Durchführung weltweiter Kooperations- und Austauschprogramme als Kernstück vertrauensbildender und auf Kooperation angelegter *cultural diplomacy* – all diese Faktoren besiegelten das Ende der USIA.

Die Zuständigkeit für alle kulturpolitischen Programme, die bisher von 190 USIA-Außenstellen in 141 Ländern durchgeführt worden waren, ging 1999 zusammen mit den USIA-Stellen und dem Personal über in das Bureau for Educational and Cultural Affairs des Außenministeriums. Die Träger der Informationspolitik wie Voice of America, World

Television, Radio Marti und Radio Marti TV wurden mit anderen Regierungssendern in einem neuen, vom Außenministerium unabhängigen Amt, dem International Broadcasting Bureau, zusammengelegt. Das Außenministerium wiederum wurde im Zusammenhang mit dieser Neuorganisation zusätzlich mit dem Aufgabenbereich der Entwicklungszusammenarbeit und dem dafür zuständigen USAID, dem Amt für Entwicklungszusammenarbeit, betraut.

Wer sind, neben den regierungseigenen Ämtern und Behörden, die heutigen operativen Träger und Partner in der Außen- und Kulturpolitik der USA?

Das Außenministerium gibt im Jahr 2005 bei einem Gesamtbudget von ca. 9 Milliarden US-Dollar (dies sind etwa 1,2 Prozent des Bundeshaushalts) voraussichtlich rund 350 Millionen US-Dollar für *educational and cultural exchange* aus. Dazu gehören, um nur einige Bereiche zu nennen, akademische Austausche, akademische Beratungsnetze im Ausland, Sprachprogramme, regionalspezifische Fortbildungs- und Austauschprogramme, Parlamentarische Partnerschaftsprogramme, regionalspezifische Sportveranstaltungen, Programme zur Unterstützung von Minderheiten und deren Organisationen und vieles andere.

Wichtigster weltweit agierender Partner der US-Regierung bei der Umsetzung vieler kulturpolitischer und aller akademischen Austauschprogramme ist das Institute for International Education (IIE) in New York, das 1919 gegründet wurde, über ein Netzwerk von 19 Außenstellen weltweit verfügt und über 800 Mitglieder aus dem Hochschulbereich hat. Das IIE verfügt zur Zeit für seine über 250 Programme über ein Jahresbudget von ca. 190 Millionen US-Dollar; dies schließt jährliche Erträge aus größeren »endowments« privater Stiftungen für Austauschmaßnahmen ein. Das größte einzelne Austauschprogramm der Bundesregierung, das *Fulbright-Programm*, wird für den Bereich der USA vom IIE in enger Absprache mit den 50 Fulbright-Kommissionen weltweit koordiniert. Es ist in den USA für alle operativen Maßnahmen zuständig, so z.B. für die Ausschreibung an amerikanischen Schulen, Colleges und Universitäten, für die Auswahl von Stipendiaten, die Betreuung ausländischer Stipendiaten und Gastwissenschaftler usw. Die jeweiligen Fulbright-Kommissionen im Ausland übernehmen dort im Auftrag der US-Regierung die gleichen Aufgaben im jeweiligen Land. Darüber hinaus verwaltet das IIE im Auftrag großer privater Stiftungen oder Geldgeber diverse nichtstaatliche Programme für Akademiker oder Hochschulverwalter amerikanischer oder internationaler Herkunft.

Dem IIE angegliedert ist das CIES (Council for International Exchange of Scholars), das für das IIE (und bis vor drei Jahren noch als selbständige Agentur) alle Hochschullehrer- und Wissenschaftlerprogramme des Außenministeriums durchführt.

Das IIE veröffentlicht jährlich *Open Doors*, die größte und wichtigste Jahresstatistik zu Austausch und Mobilität an amerikanischen Hochschulen.

Das *Fulbright-Programm*, das im Jahr 2005 mit ca. 160 Millionen US-Dollar unterstützt wird (und damit den größten einzelnen Abschnitt mit rund der Hälfte des Austauschbudgets des Außenministeriums bildet), ist das »Flaggschiff« amerikanischer Auswärtiger Kulturpolitik: es hat seit 1946 in grundsätzlich bilateral angelegten Austauschen ca. 200.000 amerikanische und internationale Studierende, Graduierte, Hochschullehrer und Wissenschaftler, Hochschuladministratoren, Lehrer, Praktikanten und Journalisten gefördert. Deutschland war und ist, gemessen am Gesamtprogramm, der mit Abstand größte einzelne Partner der USA mit bisher über 40.000 Geförderten, von denen gerade in Deutschland viele seit Jahren in eigenen *Alumni-Vereinen* die Fulbright-Kommission aktiv unterstützen.

Fulbright-Kommissionen werden in vielen Ländern nicht nur aus US-Mitteln, sondern auch aus privaten oder öffentlichen Mitteln des Partnerlandes unterstützt – so auch in Deutschland, wo der Anteil beider Regierungen je nach Wechselkurs zwischen 40 und 60 Prozent schwankt und jährlich zusätzliche Stipendien aus Mitteln privater Spender vergeben werden.

Das Budget des *Fulbright-Programms* ressortiert in der Bundesregierung der USA in der Kulturabteilung des Außenministeriums, die politische Federführung hat jedoch das J. William Fulbright Foreign Scholarship Board (FSB). Das FSB hat 12 Mitglieder aus dem akademischen, kulturellen und öffentlichen Bereich der USA, die direkt vom jeweiligen Präsidenten benannt werden und die politischen Richtlinien des Programms vorgeben, die Durchführung überwachen und für die endgültigen Auswahlentscheidungen aller jährlich etwa 4.000 Geförderten verantwortlich zeichnen. Die regionalen Fulbright-Kommissionen haben in der Regel – dies unterscheidet sich leicht von Land zu Land – einen Vorstand *(board)*, dem Vertreter der amerikanischen Botschaft, der nationalen Regierung, der Hochschulen sowie in manchen Ländern Personen aus dem öffentlichen Leben und private Sponsoren angehören.

Nichtstaatliche, jedoch teilweise aus öffentlichen Mitteln des amerikanischen Kulturhaushalts unterstützte Einrichtungen übernehmen in anderen Ländern die allgemeine Informationsarbeit zu allen Aspekten amerikanischer Politik, Wissenschaft, Kultur und des täglichen Lebens. Dazu gehören in Deutschland sechs *Information Resource Centers* sowie elf weitere, die je nach historischer Genese und Finanzierung unter verschiedenen Namen wie Deutsch-Amerikanisches Institut, Deutsch-Amerikanisches Zentrum, Bayerisch-Amerikanisches Zentrum, Amerikazentrum oder Carl-Schurz-Haus bekannt sind. Alle werden von der amerikanischen Botschaft, die ähnliche Aufgaben in der Hauptstadt Berlin mit eigenem Personal selbst wahrnimmt, im Rahmen eines losen Netzwerks betreut.

Regionale Vertretungen amerikanischer Hochschulen und Wirtschaftsverbände sowie kulturell einflussreicher bilateral ausgerichteter Institute, Stiftungen und Organisationen – dazu zählen am Beispiel Deutschland mehr als 20 Einrichtungen wie die Atlantikbrücke, das Aspen Institute, die American Academy, der German Marshall Fund, die Fulbright Alumni Association, die American Chamber of Commerce und andere – ergänzen die staatlich subventionierte Kulturarbeit der amerikanischen Regierung mit Aktivitäten und Programmen aus eigenen Mitteln.

Vor dem Hintergrund dieses vielgefächerten (und in jedem Land anders zusammengesetzten) Netzes kulturpolitisch einflussreicher Akteure wird die geringe staatliche Einflussmöglichkeit auf deren tägliches Wirken verständlicher: Alle arbeiten aber aus dem Verständnis der eigenen Geschichte heraus, immer auf der Basis der Vermittlung amerikanischer gesellschaftlicher und kultureller Grundwerte, und das stets zum Wohle der Nation zu Hause. Diese Basis eint sie, und dies mag im Ausland häufig zur Wahrnehmung einer weitaus homogeneren Momentaufnahme von Amerika führen als dies andere nationale Strategien Auswärtiger Kulturpolitik leisten.

Kulturpolitik ist – besonders mit Blick auf die USA – nicht nur ein Teil der staatlich formulierten Außenpolitik. Amerikanische Kulturpolitik manifestiert sich in vielen Ländern sehr viel unauffälliger und bodenständiger, so z.b. in Deutschland in den vielen durch die Präsenz der US-Armee entstandenen deutsch-amerikanischen Freundschaftsvereinen, privaten Clubs und Zirkeln, die amerikanische Traditionen pflegen, und in privat getragenen Kulturprojekten, Besuchsprogrammen und Kooperationen. Ausstellungen wie das *MOMA in Berlin*-Projekt wirken kulturpolitisch weit über deutsche Landesgrenzen hinaus, sie vermitteln Nachhaltigkeit ebenso wie das Amerikabild, das die Pflichtbesuche der Smithsonian-Museen in Washington (die aus amerikanischen Steuermitteln finanziert werden) bei Millionen von Touristen jährlich hinterlassen.

In noch viel größerem, gar nicht mehr quantifizierbarem Rahmen findet amerikanischer Kulturtransfer durch die globalen Medien vor allem über Jugendliche aller Länder, Hautfarben und Gesellschaftssysteme statt. Amerikanische Kultur prägt global vereinheitlichte Stile in Sprache und Bild, in Mode, Sport und »lifestyle«. 80 Prozent aller in deutschen Kinos gezeigten Filme stammen aus amerikanischer Produktion, amerikanische Fernsehkanäle (bzw. ihre deutschen Töchter) und Zeitschriften prägen die Nachrichtenlandschaft in Deutschland, amerikanische Fernsehserien transportieren direkt – oder als Vorbild durch regionale Produktionen – moderne amerikanische Werte, die deutsche Mediensprache ist dem »Denglisch« gewichen, und die Baseball-Kappe ist universell das Synonym für »cool sein« (sic). Dies sind globale Entwicklungen, die selbständig und komplementär zur amerikanischen *cultural and public diplomacy* laufen und das Amerikabild weltweit formen – ganz ohne staatliche Hilfe, allerdings auch ohne staatliche Einflussmöglichkeiten – und deshalb nur schwer in ein nationales Konzept für *public diplomacy* einzubinden sind.

In den letzten Jahren stellt sich amerikanischen Experten die Frage, ob nicht viele Elemente dieses ungesteuerten kommerziellen US-amerikanischen Kulturexports eher gegenteilige Wirkungen in Ländern mit nichtwestlichen Kulturen erzielen. Die Ereignisse am 11. September 2001 haben in den USA die Notwendigkeit einer Umorientierung im Umgang mit anderen Kulturen und einer vielleicht doch stärker koordinierten und langfristiger angelegten *public diplomacy*-Strategie schmerzlich bewusst gemacht. Ein Strategiepapier, im Jahr 2003 von einer Expertengruppe unter Leitung des renommierten US-Karrierediplomaten und Nahostkenners Djerejian (Advisory Group on Public Diplomacy for the Arab and Muslim World 2003) erstellt, konstatiert eine »absurde und gefährliche Unterfinanzierung der amerikanischen *public diplomacy*«. Senator Richard Lugar klagte öffentlich das Scheitern amerikanischer Werbekampagnen im Ausland nach dem »Madison Avenue«-Modell (dem Sitz großer Werbefirmen) an – es mangele in der Kulturpolitik nicht an Fachkenntnis über Werbung, es mangele an langfristig vertrauensbildenden Maßnahmen der amerikanischen Regierung in anderen Ländern, ein Ziel, dem sich amerikanische Popkultur und die kommerzielle amerikanische Radio- und Fernsehlandschaft in ihrer weltweiten Wirkung kaum verschreiben.

Die vor zwei Jahren eigens zur Konzeption und Koordination dieser neuen amerikanischen Informations- und Öffentlichkeitsarbeit eingerichtete Stabsstelle beim Außenministerium, die des Under Secretary for Public Diplomacy and Public Affairs, ist seit dem

Herbst 2004 erneut vakant. Die erste Besetzung, Charlotte Beers, eine Expertin aus der Werbebranche, blieb nur ein Jahr; die Nachfolgerin Margaret Tutwiler, ehemalige Botschafterin in Marokko, folgte nach weniger als einem Jahr einem attraktiveren Angebot an die Wall Street. Sie stellte im Februar 2004 bei ihrer Anhörung im US-Kongress bereits erste Ansätze einer neuen amerikanischen *public diplomacy*-Initiative vor. Dazu gehört z.B. eine stärkere Ausrichtung der Programme auf Minderheiten, Randgruppen und »neighborhoods«, die in anderen Ländern das gesellschaftliche Leben beeinflussen; die stärkere Einbeziehung traditioneller Austauschprogramme, um diese Zielgruppen zu gewinnen; eine stärkere regionale Fokussierung dort, wo kulturpolitische Aufbauarbeit geleistet werden muss (z.B. in Afghanistan, Irak); die stärkere Einbeziehung des Internet als interaktives Kommunikationsinstrument z.B. zwischen Schulen und Schülern weltweit; die Einrichtung von *American Corners* in örtlichen Büchereien, Hochschulen oder amerikanischen Wirtschaftsvertretungen, in denen amerikanisches Informationsmaterial und Literatur für jeden zugänglich ist; *Ambassador Funds*, ein kleines länderspezifisches Budget, das ein amerikanischer Botschafter für eigene kulturpolitische Maßnahmen nutzen kann; Bücherspenden und finanzielle Unterstützung von Journalisten besonders in muslimischen Ländern und vieles mehr.

Tägliche Telefonkonferenzen mit dem Stab des Präsidenten sollen der regionalen Koordinierung der Informationsarbeit besonders im Nahen Osten dienen. Entwicklungshilfemaßnahmen ergänzen vor Ort die Informations- und Kulturarbeit der USA. Eine der wichtigsten Erkenntnisse der US-Regierung, die stärkere Einbeziehung der täglichen Erfahrungen und Regionalkenntnisse der Mitarbeiter der US-Vertretungen, ergänzt die Bemühungen, durch substantielle Budgetumschichtungen (zu Lasten des Voice of America-Senders) neue regionale TV- und Radio-Stationen besonders im Nahen Osten aufzubauen, die gezielt die Bevölkerung ansprechen, in den Landessprachen und sogar in Dialekten senden, tagesaktuelle oder regional wichtige Themen aufgreifen und sich bei Musikauswahl und Kulturprogramm an der Hörerschaft orientieren. Sie fungieren damit als Schnittstellen und Mittler zwischen amerikanischer und regionaler Kultur und Gesellschaft.

Der neuen Schwerpunktsetzung folgend wird für den Bereich *educational and cultural exchange programs* im Außenministerium eine deutliche Steigerung des Haushalts 2005 erwartet, von ca. 316 Millionen US-Dollar im Jahr 2004 auf ca. 360 Millionen in 2005. Dies wird vor allem den oben erwähnten Schwerpunkten sowie dem *Fulbright-Programm* in den wichtigen Zielregionen zugute kommen. Dem gegenüber steht die mit weniger als 3 Millionen US-Dollar im Vergleich zu einigen kleinen und großen europäischen Ländern unproportional geringe staatliche Förderung »echter« amerikanischer Kulturprojekte wie Beteiligungen an *art festivals*, internationalen Kulturgroßveranstaltungen und eigenen Kulturprojekten im Ausland. Frankreich gibt für die gleichen Ziele mehr als 600 Millionen Euro pro Jahr aus.

Nur vielfältige und vor allem gemeinsame Anstrengungen aller öffentlichen und privaten Akteure in der amerikanischen Auswärtigen Kulturpolitik führen erfolgreich zum Ziel, das Thomas Jefferson in seiner Vision mit den Worten »*increasing the reputation*« ... (seiner) ... »*countrymen*« und ... »*reconciling to them the respect of the world*« beschreibt.

Weiterführende Links:

www.state.gov
www.usembassy.de
www.whitehouse.gov
www.iie.org
www.cies.org
www.fulbright.org
http://exchanges.state.gov

6.2. Global Players – Die Auswärtige Kulturpolitik Frankreichs, Großbritanniens, Italiens, Portugals und Spaniens

von Eva Lutzmann und Gerald Schneider

In der Politikwissenschaft hat die Frage Konjunktur, inwiefern sich die nationale Politik in Europa angesichts des Integrationsdruckes aus Brüssel zunehmend angleicht. Während einige Forscher von einer fortschreitenden »Europäisierung« der nationalstaatlichen Politik ausgehen, verweisen andere auf die Beharrungstendenzen der Mitgliedstaaten der Europäischen Union (für eine Diskussion siehe Featherstone 2003).

Da gerade die Kultur als nationalstaatliche Domäne gilt, ist trotz der Harmonisierungsversuche der Kommission weiterhin mit einer Vielfalt der staatlichen Auswärtigen Kulturpolitik zu rechnen. In diesem Kapitel wollen wir dies für ein paar der westeuropäischen Staaten zeigen. Die wichtigen Mitgliedstaaten der Europäischen Union betreiben die Auswärtige Kulturpolitik immer noch weitestgehend autonom; Initiativen der Europäischen Kommission sind allenfalls eine Art Nebengeschäft. Wie eine quantitative Analyse zeigt, gibt es zum Teil sogar ausgesprochene Konkurrenzsituationen zwischen den Mittlerorganisationen der größeren EU-Mitgliedstaaten (Schneider/Treutlein 2004). Doch da solche vergleichende Analysen die Ausnahmen sind, ist es sehr schwierig, die Auswärtige Kulturpolitik der EU-Mitgliedstaaten systematisch zu bewerten.

In diesem Kapitel unternehmen wir dennoch einen eher deskriptiv angelegten Versuch, die Politik einzelner westeuropäischer Mitgliedstaaten einzuordnen. Wir bieten zunächst einen kursorischen Überblick über die Literatur und analysieren dann mit Hilfe der Zusammenstellung des Europarats die Auswärtige Kulturpolitik Frankreichs, Großbritanniens, Italiens, Portugals und Spaniens. Die Präsentation der Länderprofile vertieft diesen Überblick.

Vergleich

Sozialwissenschaftliche Forschungsarbeiten zur Auswärtigen Kulturpolitik sind überaus spärlich. Dies wurde etwa auf der Tagung des Instituts für Auslandsbeziehungen in Stuttgart deutlich, die im September 2001 unter dem Motto »Auswärtige Kulturpolitik – ein Stiefkind der Forschung?« stattfand. Es fehlt besonders an vergleichenden Studien. Zu den Trägern der Auswärtigen Kulturpolitik erscheinen ebenfalls nur selten Publikationen. Diese Untersuchungen sind ähnlich wie in Deutschland oft aus der zeitgeschichtlichen Perspektive verfasst. Hier wären etwa die Studien von Pisa (1995) und Salvetti (1995) über die Società Dante Alighieri sowie der frühe geschichtliche Abriss von Bruézière (1983) zur Alliance Française zu nennen. Über den British Council hat Donaldson (1984) anlässlich des fünfzigjährigen Bestehens einen geschichtlichen Überblick verfasst. Veröffentlichungen über das britische Kulturinstitut sind aber selten.

Neueren Datums ist der Artikel von Lee (1995), der die Reorganisation des British Council untersucht.

Aus den Berichten des Europarats und anderen Quellen lassen sich aber doch einige Divergenzen und Konvergenzen erkennen. Als erstes Unterscheidungsmerkmal berücksichtigen wir, inwiefern die Auswärtige Kulturpolitik dezentralisiert erfolgt und auch substaatlichen Handlungsträgern eine gewisse Autonomie erlaubt. Zweitens erheben wir, inwiefern in der Kulturpolitik private Akteure beteiligt sind. Die Zusammenarbeit in Form von *Public Private Partnerships* ist dann gegeben, wenn die staatlichen Stellen hierzu spezielle Programme entwickelt haben. Ein dritter Maßstab ist, ob die Kulturinstitute des Landes juristisch selbständig sind oder aufgrund der Finanzierung eine gewisse Autonomie aufweisen können. Viertens berücksichtigen wir, wo die geographischen Schwerpunkte liegen.

Die Kategorisierung der Auswärtigen Kulturpolitik der fünf Staaten zeigt, dass zwei Muster hervorstechen. Erstens gibt es ein romanisches Politikmuster, in dem das Außenministerium der zentrale Akteur der Auswärtigen Kulturpolitik ist, an dem sich die Kulturinstitute zu orientieren haben. Das britisch-germanische Gegenmodell besteht darin, die Kulturinstitute zumindest formell selbständig auftreten zu lassen, obgleich die staatliche Alimentierung natürlich eine gewisse indirekte Steuerung der Inhalte zulässt. Das am ausgeprägtesten etatistische Modell pflegt Frankreich, in dem in der Kulturpolitik die Mitwirkung gesellschaftlicher Akteure nicht speziell geregelt wird. Zweitens lässt sich unterscheiden, ob ein Land mit seiner Auswärtigen Kulturpolitik einen regionalen oder globalen Anspruch erhebt. Keineswegs überraschend sind es die UN-Sicherheitsratsmitglieder, die hier besonders die Beziehungen zu ihren ehemaligen Kolonien pflegen und bei aller Schwerpunktsetzung immer noch *global players* sind.

In der ersten Kategorie spiegelt die Ausgestaltung der Kulturpolitik wider, was allgemein für die Staatsorganisation gilt. Spanien als einziges Land mit einer föderalen Tradition hat die Kulturpolitik und damit auch zumindest teilweise die Auswärtige Kulturpolitik am stärksten dezentralisiert. In allen Ländern zeigt sich jedoch, sofern hier den Angaben aus den Regierungskanzleien zu trauen ist, die Tendenz hin zur Devolution. In allen Ländern, die hier als zentralisiert dargestellt sind, kommen im Übrigen um die 50 Prozent der Kulturausgaben von der Zentralregierung; in Spanien sind es nur 12,5 Prozent.[1] Dies kann sich darin äußern, dass Städte und Regionen in Kulturfragen zunehmend eine Art Neben-Außenpolitik betreiben, um einen Begriff von W. Grewe aufzunehmen. In Frankreich als Einzigem der fünf Länder ist zweitens der formelle Zugang der Privatwirtschaft und anderer gesellschaftlicher Akteure zu den politischen Entscheidungsträgern insofern erschwert, als keine öffentlichen Strategien oder Programme zum Mitwirken vorgesehen sind.

Die Auswärtige Kulturpolitik wird in allen fünf Staaten weitgehend durch Kulturinstitute wahrgenommen, die mit Ausnahme Großbritanniens wenig Autonomie aufweisen. Von den fünf Kulturinstituten hat der British Council mit Abstand die meisten Zweigstellen (220 in 110 Ländern) im Ausland. Er ist in sehr viel mehr Ländern tätig als die ande-

---

1 Für Großbritannien liegen uns hierzu keine Angaben vor.

Tabelle 1: Vergleich der Auswärtigen Kulturpolitik von fünf westeuropäischen Staaten

	Zentralisierung	Zusammen-arbeit mit nicht-staatlichen Stellen	Abhängigkeit der Kultur-Institute von der Politik	Geographische Ausrichtung
Frankreich	Zentralisiert	Nein	Abhängig	Global, ehemalige Kolonien
Großbritannien	Zentralisiert	Ja	Unabhängig	Global, ehemalige Kolonien
Italien	Zentralisiert	Ja	Abhängig	Europa
Portugal	Zentralisiert	Ja	Abhängig	Europa, Afrika
Spanien	Dezentralisiert	Ja	Abhängig	Europa, Nordafrika

ren vier Kulturinstitute. Wie der British Council verteilt sich das Institut Français mit 151 Auslandsstellen über die ganze Welt, wobei sein Schwerpunkt unverkennbar auf Europa liegt. Allerdings wird die französische Kulturarbeit in den Ländern, in denen das Institut Français nicht vertreten ist, teilweise von der Alliance Française in Abstimmung mit der französischen Botschaft übernommen. Weltweit hat die Alliance Française 260 Sprachschulen. Das Istituto Italiano di Cultura pflegt mit Hilfe von 93 Instituten in 61 Ländern seine kulturellen Beziehungen. Sowohl das spanische Instituto Cervantes als auch das portugiesische Instituto Camões wurden erst Anfang der neunziger Jahre gegründet. Aus diesem Grunde haben sie bisher jeweils nur ein kleines Netzwerk aufgebaut. Das Instituto Cervantes ist weltweit mit 42 Instituten vertreten. Der geografische Schwerpunkt liegt deutlich auf Europa (23) und Nordafrika (10). Das Instituto Camões hat 24 Kulturinstitute in 19 Ländern und 22 Sprachlehrzentren in 15 Ländern aufgebaut. Die meisten Zweigstellen liegen in Afrika und Europa.

Profile der einzelnen Staaten

Frankreich: »Innover, inventer, imaginer« – dies sind nach Senator Dominique de Villepin die Schlüsselworte zur Zukunft der Auswärtigen Kulturpolitik Frankreichs.[2] Im Vordergrund der französischen Auswärtigen Kulturpolitik stand lange Zeit nur die Förderung der Sprache, die Informationsverbreitung und Kulturvermittlung. Diese Ziele haben weiterhin ihre Gültigkeit, doch ist aus der einseitigen Kulturvermittlung ein gegenseitiger

---

2   Vgl. die Rede des Senators Dominique de Villepin in einer Plenarsitzung am 16.7.2003: http://www.ambafrance-br.org.br/afr/actualite/culture/actualite13.htm

Dialog mit den Gastländern geworden. Zu den derzeitigen Prioritäten der Auswärtigen Kulturpolitik des Außenministeriums gehören die Implementierung französischer Entwicklungshilfeprogramme, die Unterstützung der Forschung und höheren Bildung, die Förderung französischer Ideen und die Ausweitung der weltweiten audiovisuellen Präsenz (North 2003).

Das Außenministerium mit seinen Botschaften und Kulturinstituten nimmt traditionellerweise eine dominante Stellung in der Auswärtigen Kulturpolitik ein. Dennoch sind in den letzten 20 Jahren verschiedene Ministerien, wie z.B. das Kultur- und das Erziehungsministerium, im internationalen Kulturaustausch unabhängiger geworden und üben mehr Einfluss auf kulturelle Aktivitäten im Ausland aus. Das Kulturministerium führt beispielsweise Aktionen zum Management von Museen, Architektur, kulturellem Erbe, Musik, Tanz und Theater durch. Es unterstützt öffentliche Institutionen wie das Centre Pompidou, die Cité de la musique und das Nationale Tanzzentrum. Dabei gibt es jährlich etwa 11 Millionen Euro für internationale Aktivitäten aus (Interarts/EFAH 2003: 148-152).

Die Verbreitung der französischen Sprache und Kultur liegt im Aufgabenbereich der Instituts Français und Centres Culturels. Sie sind die offiziellen Kulturinstitute der französischen Regierung und unterstehen der Direction de la Coopération Culturelle et du Français des Außenministeriums. 40 Prozent der Institute haben ihren Sitz in einem europäischen Staat. Der geografische Schwerpunkt verlagert sich jedoch in den kommenden Jahren von den Maghreb-Ländern und Westeuropa nach Osteuropa.

In Ländern, in denen kein Institut Français oder Centre Culturel angesiedelt ist, wird die Kultur- und Spracharbeit von den Botschaften und der Alliance Française übernommen, die im Gegensatz zum Institut Français ein unabhängiger, nach dem jeweiligen Landesrecht gegründeter Verein ist. Von den 1.050 eingetragenen Vereinen werden 260 vom französischen Staat subventioniert und mit Führungspersonal ausgestattet. Zusätzlich zu diesen Instituten unterstützt der Staat bestimmte kulturelle Institutionen im Ausland, wie z.B. die Villa Médicis und die Casa de Velázquez als Residenzen für französische Künstler, sowie Forschungszentren an diversen Universitäten. Mit wichtigen, auf bestimmte Bereiche spezialisierten Kulturakteuren geht das Außenministerium eine enge Partnerschaft ein. Dazu gehören beispielsweise die Association Française d'Action Artistique (AFAA), die sich um Kooperationen im künstlerischen Bereich bemüht, die Agence Française de Développement (AFD), die Association pour la Diffusion de la Pensée Française (ADPF), die sich um die Verbreitung der französischen Literatur im Ausland kümmert, die Agence pour l'Enseignement Français à l'Etranger (AEFE), die ENA und verschiedene Rundfunkanstalten wie z.B. TV5 und Radio France Internationale (Interarts/EFAH 2003: 150f).

Das Außenministerium gab 2002 für Kultur und Sprache 202 Millionen Euro und für den Medienbereich 188 Millionen aus. Das Auslandsschulwesen wurde mit 314 Millionen Euro bedacht, die Kooperation von französischen Universitäten und Forschungszentren mit ihren Pendants in anderen Ländern mit 161 Millionen Euro. Für Nichtregierungskooperationen wurden 34 Millionen Euro zur Verfügung gestellt (DGCIP 2002).

Großbritannien: Die Auswärtige Kulturpolitik Großbritanniens wird vornehmlich vom Foreign and Commonwealth Office (FCO) und von öffentlichen Kulturorganisationen betrieben, die dem Außenministerium nahe stehen. Das FCO bietet finanzielle Unterstützung für kulturelle Projekte an und fördert durch den Fonds »Promoting the UK« Aktivitäten der Botschaften und Konsulate zur Verbesserung des Großbritannienbildes im Ausland.

Die Dezentralisierung der nationalen Kulturpolitik führt dazu, dass sich auch die Art Councils der vier Länder England, Schottland, Wales und Nordirland für transnationale kulturelle Kooperationen einsetzen. Zum Teil haben sie Organisationen gegründet, wie z.b. Wales Arts International, die sich besonders der Förderung des kulturellen Austauschs zwischen dem jeweiligen »Land« und anderen Staaten widmen. Auch das Department of Culture, Media and Sport der britischen Regierung hat eine *International Unit* eingerichtet, die sich mit internationalen Aspekten der Kulturpolitik auseinandersetzt (Interarts/EFAH 2003: 419-433).

Der British Council ist Großbritanniens internationale Mittlerorganisation für Bildung und Kultur. Obwohl er zur Hälfte vom FCO finanziert wird und seine Aufgaben und Ziele mit dem FCO abgesprochen sind, ist er wie das Goethe-Institut eine vom Staat unabhängige Einrichtung (British Council/FCO 1999). Seine Aufgabe besteht darin, das Ansehen Großbritanniens weltweit zu verbessern, Partnerschaften in anderen Ländern einzugehen und den Dialog mit wichtigen ausländischen Persönlichkeiten und Multiplikatoren aus Politik, Wirtschaft, Wissenschaft und Medien aufzubauen. Sein Arbeitsschwerpunkt liegt auf Kooperationen und Angeboten in den Bereichen Kunst und Kultur, Wissenschaft, Bildung und Englisch als Fremdsprache. Er führt außerdem Projekte zu *Governance* durch und setzt sich für Menschenrechte ein. Dies unterscheidet ihn von anderen nationalen europäischen Kulturinstituten. Über seine Infozentren verbreitet er ein aktuelles Bild über Großbritannien. Geschichtlich bedingt liegen auch viele Institute in den Commonwealth-Staaten. Zu den geographischen Prioritäten des FCO gehören in den nächsten Jahren unter anderem die neuen EU-Mitgliedstaaten und Kandidatenländer, Transitionsländer wie China, Indien, Russland, Südafrika und Brasilien sowie ausgewählte islamische Staaten (FCO 2003). Der British Council wird sich diesem Trend wohl anpassen und seine Aktivitäten zugunsten der genannten Länder verlagern.

Weitere für die Auswärtige Kulturpolitik wichtige Organisationen sind unter anderem Visiting Arts, BBC World und die British Academy, die für die britischen Auslandsschulen verantwortlich ist. Visiting Arts fördert den internationalen Austausch im Bereich der darstellenden und bildenden Künste, Design, Literatur, Film, Medienkunst und Architektur. Alle drei erhalten finanzielle Unterstützung vom FCO. Wie viel Geld das FCO jährlich in die Auswärtige Kulturpolitik investiert, ist schwer zu ermitteln. Im Jahr 2002 standen dem Außenministerium insgesamt 1,5 Milliarden Pfund Sterling zur Verfügung. Der British Council erhielt etwa 157 Millionen Pfund und der BBC World Service 180 Millionen Pfund. Für Programme des FCO und für Beiträge zu internationalen Organisationen wurden 169 Millionen Pfund ausgegeben.[3] Des Weiteren wurden NGOs für ihr kulturelles Engagement in Osteuropa mit 250.000 Pfund unterstützt und andere kulturelle Programme zur Förderung der internationalen Beziehungen mit 210.000 Pfund (Interarts/EFAH 2003: 424).

---

3 Siehe http://www.official-documents.co.uk/document/cm55/5510/5510-19.htm

Italien: Die italienische Auswärtige Kulturpolitik ist Teil der wirtschaftlichen und politischen Beziehungen, die Italien mit anderen Ländern pflegt, und wie in den anderen Ländern beim Außenministerium angesiedelt. In kulturellen Aktivitäten kooperiert es jedoch mit dem Kulturministerium, bei Bildungsfragen mit dem Erziehungsministerium. Innerhalb des Außenministeriums ist die Direzione Generale per la Promozione e la Cooperazione Culturale zuständig für die Förderung und Verbreitung der italienischen Kultur, Sprache und Literatur im Ausland als auch für die Vertretung in supranationalen Institutionen wie z.B. der UNESCO und der EU. Sie fördert außerdem die internationale Hochschulkooperation sowie wissenschaftliche und technologische Kooperation und die archäologische Forschung im Ausland. Zur Unterstützung der Generaldirektion wurde 1990 eine interministerielle Kommission (Commissione Nazionale per la Promozione della Cultura Italiana all'Estero) eingerichtet, die unter anderem mit der Konzeption der italienischen Auswärtigen Kulturpolitik betraut ist.

Die 93 weltweit vorhandenen italienischen Kulturinstitute sind staatliche Einrichtungen. Sie befinden sich oft in den Räumlichkeiten der Botschaft oder des Generalkonsulats. Ihr Ziel ist die Förderung der italienischen Kultur, Kunst, Wissenschaften und der italienischen Sprache im Rahmen der bereits bestehenden kulturellen Beziehungen im jeweiligen Gastland. Zu den vielfältigen Aufgaben gehören im Wesentlichen neben der Information über italienische Kultur auch die Organisation, Durchführung und Vermittlung kultureller Veranstaltungen wie Konzerte, Ausstellungen, Vorträge, Theatertourneen, italienische Kulturwochen etc. und die Durchführung von Sprachkursen und Prüfungen. Im Gegensatz zu den deutschen Mittlerorganisationen haben sie auch den Auftrag, die im Gastland ansässigen Bürger italienischer Herkunft bezüglich einer besseren Integration im Gastland und der Aufrechterhaltung des Kontakts zum Heimatland zu unterstützen.

In den Staaten, in denen die Kulturinstitute nicht vertreten sind, übernehmen die Kulturabteilungen der Botschaften oder Konsulate die Kulturarbeit. Auch fördert die als unabhängiger, gemeinnütziger Verein gegründete Società Dante Alighieri mit ihrem weltweit verbreiteten Netzwerk die italienische Sprache und Kultur. Zu ihrem Netzwerk gehören 482 Schulen in 76 Ländern.[4]

Für die Förderung des italienischen Films setzen sich außer den Kulturinstituten besonders die öffentlichen Einrichtungen Cinecittà Holding, die Agenzia Italia Cinema und die Scuola Nazionale di Cinema/Cineteca Nazionale ein, für den Bereich Theater und Tanz das Ente Teatrale Italiano (ETI). Eine wichtige Rolle bei internationalen Aktivitäten spielt auch die RomaEuropa Foundation, zu deren Mitgliedern in Rom ansässige ausländische Kulturakademien, 26 Botschaften und nationale Kulturinstitute wie der British Council, das Instituto Cervantes und das Goethe-Institut gehören.

Eine Vielzahl europäischer Kooperationen im Kulturbereich wird, zum Teil mit Unterstützung der europäischen Förderprogramme (Kultur 2000, Interreg III), von den Regio-

---

4 Vgl. http://www.soc-dante-alighieri.it/: 10 Dante Alighieri in Afrika, 151 in Lateinamerika, 18 in Nordamerika, 13 in Asien, 276 in Europa, 14 in Australien und Neuseeland.

nen und Gemeinden initiiert. Sowohl öffentliche Einrichtungen als auch private Organisationen engagieren sich in bilateralen oder multilateralen Kooperationen.

Das Außenministerium unterstützt weltweit Aktivitäten und Einrichtungen zur Förderung der italienischen Sprache und Kultur. Der geografische Schwerpunkt liegt allerdings nach wie vor auf Europa (44 Prozent der Fördermittel), gefolgt von Nord- und Lateinamerika (41 Prozent). Nur 14 Prozent werden für Aktivitäten in Asien investiert, 0,7 Prozent der Mittel gehen in die Sub-Sahara und 0,3 Prozent in die südliche Mittelmeerregion und den Nahen Osten. Insgesamt gab das Außenministerium im Jahr 2002 für Informationsbüros und öffentliche Einrichtungen, für kulturelle Förderung, für italienische Gemeinschaften im Ausland und für internationale Solidaritätsbekundungen 1.839 Millionen Euro aus. Der Generaldirektion standen davon 166 Millionen Euro zur Verfügung. Das Kulturministerium förderte internationale Aktivitäten mit 5 Millionen Euro (Interarts/ EFAH 2003: 228-230).

Portugal: Die portugiesische Auswärtige Kulturpolitik fällt in den Aufgabenbereich dreier Ministerien, deren Kompetenzen sich überlappen: dem Kultur-, dem Außen- und dem Bildungsministerium. Im Gegensatz zu anderen Ländern, in denen das Kulturministerium eine eher untergeordnete Rolle spielt, übernimmt das im portugiesischen Ministerium angesiedelte Büro für internationale kulturelle Beziehungen (GRI) wichtige Aufgaben in der Auswärtigen Kulturpolitik. Es schließt beispielsweise mit anderen Ländern internationale Abkommen für Kooperationen im Kulturbereich ab, organisiert kulturelle Initiativen im Ausland, repräsentiert das Kulturministerium in internationalen Organisationen (EU, Europarat, UNESCO) und dient ihm als Berater für alle Bereiche der Auswärtigen Kulturpolitik.[5]

Unter der Aufsicht des Kulturministeriums stehen auch einige wichtige öffentliche Einrichtungen, wie z.B. der Fundo de Fomento Cultural, der sich um die finanzielle Unterstützung verschiedener Kulturbereiche kümmert, das Instituto para o cinema, audiovisual e multimédia, zuständig für den Filmsektor, das Instituto Português das Artes do Espectáculo (IPAE) und das Instituto de Arte Contemporânea (IAC). Erwähnenswert ist auch die Arbeit der zwei Stiftungen Fundação das Descobertas mit dem Centro Cultural de Belém und die Fundação de Serralves, die beide im Bereich der bildenden Künste tätig sind und vom Kulturministerium teilfinanziert werden.

Das Bildungsministerium konzentriert sich vornehmlich auf die Förderung der portugiesischen Sprache im Ausland. Diese gehört auch zu den Prioritäten des Außenministeriums, das die Auswärtige Kulturpolitik mit Hilfe der Generaldirektion für bilaterale kulturelle Beziehungen, den Botschaften und Konsulaten und dem vom Außenministerium abhängigen Kulturinstitut Camões durchführt.

Das Instituto Camões ist erst 1992 vom Außenministerium gegründet worden und dient als Mittler für die portugiesische Sprache und Kultur im Ausland. Ihm unterstehen 20 portugiesische Kulturzentren und 22 Sprachzentren weltweit. Camões fördert Austauschaktivitäten und Forschungsvorhaben, vergibt Stipendien, unterstützt kulturelle Ver-

---

5   Vgl. Webseite des Büro für internationale kulturelle Beziehungen http://www.gri.pt/english/main.asp

anstaltungen in Botschaften und ähnlichen Institutionen und entwickelt kulturelle Aktionen in den portugiesischsprachigen Ländern. Die meisten Sprachzentren sind in Afrika und Europa angesiedelt, einige wenige befinden sich in Asien, in den USA und in Lateinamerika. Die Kulturzentren überwiegen auf dem afrikanischen Kontinent.[6]

Trotz der Bemühungen der verschiedenen Ministerien steckt Portugal im Vergleich zu den anderen Ländern bezüglich der Internationalisierung seiner Kultur noch in den Kinderschuhen. Dies spiegelt sich auch an der verhältnismäßig niedrigen Beteiligung von portugiesischen Kulturakteuren an dem europäischen Förderprogramm Kultur 2000 wider. Nur wenige Organisationen sind willig und fähig, sich bei internationalen Projekten zu engagieren. Zu diesen gehören das Formação dos Escoteiros de Portugal (CPF), das Portugiesische Institut für darstellende Künste (IPAE), das Centro Cultural de Belém und das Instituto Português do Patrimonio Arquitectónico (IPPAR) (Interarts/EFAH 2003: 333).

Spanien: Ziel der spanischen Auswärtigen Kulturpolitik ist die Förderung der Sprache und der Kultur. Dazu gehören auch die Bewahrung des kulturellen Erbes und Maßnahmen im Bildungs- und Hochschulbereich. Kooperationen und Dialoge mit anderen Ländern stehen im Vordergrund. Die Planung und Umsetzung der Auswärtigen Kulturpolitik fallen vornehmlich in den Zuständigkeitsbereich des Außenministeriums.[7] Jedoch genießen, wie die Bundesländer in Deutschland, auch die autonomen Gemeinschaften Mitspracherecht. Beide Seiten fördern die Auswärtige Kulturpolitik und entwickeln im Kulturbereich internationale Kooperationen.[8]

Mit der Umsetzung der Ziele der Auswärtigen Kulturpolitik werden vor allem die Botschaften und Konsulate beauftragt. Unterstützt werden sie durch das Instituto Cervantes, die 36 Red de Centros y Oficinas de Cooperación Cultural in Lateinamerika und andere öffentliche Einrichtungen wie z.B. die Academia de España in Rom und die Sociedad Estatal para la Acción Cultural Exterior (SEACEX).

Im Gegensatz zum British Council, dem Institut Français und dem Istituto Italiano di Cultura ist das Instituto Cervantes ein sehr junges Kulturinstitut. Es wurde 1991 vom Staat gegründet und untersteht dem Außen- und Kulturministerium. Seine Aufgabe besteht in der Lehre und Förderung der spanischen Sprache, der Organisation von kulturellen Aktivitäten in Zusammenarbeit mit anderen Organisationen im jeweiligen Gastland und der Informationsverbreitung durch seine Bibliotheken. Während die anderen Kulturinstitute jahrzehntelang einseitige Kulturvermittlung betrieben, steht beim Instituto Cer-

6 Vgl. Webseite des Instituto Camões: www.instituto-camoes.pt/actividades/centros.htm
7 Im Außenministerium sind für die Kulturpolitik die Generaldirektion für kulturelle und wissenschaftliche Beziehungen des Staatssekretariats für internationale Kooperation und Lateinamerika (SECIPI) und das Staatssekretariat für europäische Angelegenheiten verantwortlich. Zusätzlich werden in ausgewählten Bereichen das Ministerium für Erziehung, Kultur und Sport, das Wirtschaftsministerium, das Institut für Außenhandel (ICEX) und das Ministerium für öffentliche Arbeiten in die Auswärtige Kulturpolitik einbezogen.
8 Die katalanische Gemeinschaft z.B. gründete 2002 das nationale katalanische Institut Ramon Llull, das der Förderung der katalanischen Sprache und Kultur im Ausland dienen soll. Seit 1992 gibt es bereits ein katalanisches Konsortium für die Kulturförderung im Ausland (Consorci Catalá de Promoció Exterior de la Cultura/(CO-PEC). COPEC hat Zweigstellen in Berlin, London, Paris, Brüssel, Kopenhagen und Mailand.

vantes von Beginn an der Kulturdialog im Vordergrund. Jedes Institut soll Kontakt zu der lokalen Kulturszene des Gastlandes aufnehmen. Auch die Durchführung von kulturellen Veranstaltungen mit anderen nationalen Kulturinstituten wird angestrebt. Vor diesem Hintergrund ist das Kooperationsabkommen zwischen den Zentralen des Instituto Cervantes und des Goethe-Instituts zu sehen. Das Netzwerk des Instituto Cervantes besteht zur Zeit aus 42 Instituten, von denen 23 in Europa liegen, 12 in Nordafrika, zwei in den USA, drei in Lateinamerika, jeweils eins in Russland und auf den Philippinen. Im Einklang mit den Prioritäten des Außenministeriums werden in den nächsten Jahren vor allem Institute in den neuen EU-Mitgliedstaaten eröffnet werden. Zu den geografischen Prioritäten gehören des Weiteren Lateinamerika, die EU-Kandidatenländer und Nordafrika (Interarts/EFAH 2003: 386-389).

Die Auswärtige Kulturpolitik wird von einer Vielzahl öffentlicher und privater Organisationen gefördert. Im Bereich der darstellenden Künste und Musik setzt sich insbesondere das Instituto Nacional de las Artes Escénicas y de la Música für die Förderung und Verbreitung spanischer Musik, Tanz- und Theaterproduktionen auf internationaler Ebene ein. Unabhängige kulturelle Organisationen werden vom Außenministerium finanziell gefördert und animiert, europäischen und multilateralen Netzwerken beizutreten, um die spanische Kultur nach außen hin zu repräsentieren. Zahlreiche nationale Organisationen im Bereich Kunst und kulturelles Erbe übernehmen zusätzlich internationale Aufträge. Erwähnenswert sind vor allem das Museo Nacional del Prado, Museo Nacional Centro de Arte Reina Sofia, das Museo Nacional de Arte Romano und das Museo Sorolla.[9]

Das Instituto Cervantes und andere kulturelle Organisationen werden zum Teil vom Außenministerium und/oder vom Ministerium für Bildung, Kultur und Sport finanziert. Im Jahr 2001 belief sich das Budget des Instituto Cervantes auf 48,22 Millionen Euro. Nur 27 Prozent stammten aus Eigeneinnahmen. 2002 gab die Generaldirektion für kulturelle und wissenschaftliche Beziehungen des Außenministeriums 64,85 Millionen Euro aus. Davon gingen etwa 10 Millionen Euro zugunsten des Programms zur Förderung kultureller Aktionen im Ausland. Das Ministerium für Bildung, Kultur und Sport investiert jährlich ungefähr 3 Millionen Euro (Interarts/EFAH 2003: 384f).

Internetseiten

Ausgaben des Foreign and Commonwealth Office:
http://www.official-documents.co.uk/document/cm55/5510/5510-19.htm

Büro für internationale kulturelle Beziehungen:
http://www.gri.pt/english/main.asp

---

9 Eine ausführlichere Liste kann folgender Internetseite entnommen werden: http://www.mcu.es/bbaa/index.html

Instituto Camões:
www.instituto-camoes.pt/actividades/centros.htm

Public Diplomacy Strategy. Foreign & Commonwealth Office, May 2003:
www.fco.gov.uk/Files/kfile/PUBLICDIPLOMACYSTRATEGY_May2003.pdf

Società Dante Alighieri:
http://www.soc-dante-alighieri.it/

Spanische Organisationen im Kulturbereich:
http://www.mcu.es/bbaa/index.html

The British Council/Foreign & Commonwealth Office –
Memorandum of Understanding:
http://foi.britishcouncil.org/downloads/FCOMoU99.pdf

6.3 Neu im Club – Die Auswärtige Kulturpolitik Polens, Ungarns und Russlands

von Katrin Merkel und Gerald Schneider

Nicht nur in Westeuropa, sondern auch in den mittel- und osteuropäischen Ländern entwickelt sich ein Bewusstsein dafür, dass kulturelle Zusammenarbeit politische und wirtschaftliche Kooperationen entscheidend zu untermauern und stärken vermag (Krzemiński 2001, Poredos 1996). Der Austausch auf kultureller Ebene geht einer Zusammenarbeit in anderen Bereichen oft voraus, und so wird Auswärtige Kulturpolitik auch als »[...] precondition[s] for good international co-operation in other sectors as well (in politics, the economy, research, etc.)« (Ministry of Culture 2001: 12) gesehen.

In Zeiten des Eisernen Vorhangs hatten häufig Schriftsteller und Filmemacher die Rolle von Botschaftern und Vermittlern zwischen Nachbarvölkern übernommen. Die Filme von Milos Forman und die Romane von Milan Kundera schlugen damals eine Brücke zum Westen. Nach dem Ende des Kalten Krieges kommt der Auswärtigen Kulturpolitik der ehemaligen Ostblockländer nun eine andere Bedeutung zu (Wesner 1997, zur Auswärtigen Kulturpolitik einzelner Ostblock-Staaten siehe z.B. Lindemann/Müller 1974, Barghoorn 1960). An die Stelle der häufig praktizierten Kulturpropaganda soll nun der internationale Dialog treten (Harnischfeger 1999). An dem beteiligen sich nun wie in Westeuropa staatliche Stellen. Fast in allen mittel- und osteuropäischen Ländern sind mittlerweile Bemühungen erkennbar, die zum Aufbau einer Auswärtigen Kulturpolitik nach westlichem Vorbild führen sollen.

Die im Kapitel zu Westeuropa angesprochene Wissenslücke im Bereich der als »Stiefkind« der einschlägigen sozial- und geisteswissenschaftlichen Forschung (Scholl 2001) bezeichneten Auswärtigen Kultupolitik ist für die Staaten Mittel- und Osteuropas noch eklatanter. Analysen auf diesem Gebiet sind rar, und systematische Vergleiche konnten auch nach eingehender Recherche nicht gefunden werden. Deshalb beschränkt sich dieser Vergleich der Auswärtigen Kulturpolitik Polens, Ungarns und Russlands weitgehend auf die Deskription. Wir beginnen mit einem Vergleich, bevor wir uns im Detail den drei Ländern zuwenden.

Vergleich

Das Forschungsdefizit bezüglich der Auswärtigen Kulturpolitik der MOE-Staaten ist groß. Zwar liegen Publikationen über verschiedene Formen auswärtiger Kulturbeziehungen wie zum Beispiel Städtepartnerschaften vor (für einen Überblick der deutsch-polnischen Beziehungen siehe z.B. Steeger-Strobel/Serwotka/Lempp 2000). Doch auf staatlicher Ebene hat die Auswärtige Kulturpolitik dieser Länder noch keine wissenschaftliche Durchdringung erfahren. Die vorliegenden Veröffentlichungen sind allenfalls zeitge-

Tabelle 1: Vergleich der Auswärtigen Kulturpolitik von Polen, Ungarn und Russland

	Zentralisierung	Zusammenarbeit mit nicht-staatlichen Stellen	Abhängigkeit der Kultur-Institute von der Politik	Geographische Ausrichtung
Polen	Zentralisiert	Nein	Abhängig	Global, Europa
Ungarn	Zentralisiert	Nein	Abhängig	Global, Europa
Russland	Zentralisiert	Nein	Abhängig	Global

schichtlich orientierte Betrachtungen (z.B. Łabno-Falęcka 1999, Benecke 1993) und keine sozialwissenschaftlichen Forschungsarbeiten.

Wie im Kapitel über Westeuropa soll auch hier versucht werden, einige Gemeinsamkeiten und Unterschiede herauszuarbeiten. Wir berücksichtigen den Zentralisierungsgrad, die Einbeziehung von privaten Akteuren über bewusste strategische Partnerschaften, den Abhängigkeitsgrad der Kulturinstitute von der Politik und die geographische Ausrichtung der Tätigkeiten.

Unsere Recherchen haben ergeben, dass die Auswärtige Kulturpolitik in den Staaten Mittel- und Osteuropas in Entwicklung und Ausgestaltung stark differiert. Polen und Ungarn, aber beispielsweise auch Tschechien und Estland, verfügen über ein mehr oder minder großes Netz an Kultureinrichtungen im Ausland. Die polnische Kultur erfährt eine weltweite Verbreitung durch inzwischen mehr als 20 kulturelle Einrichtungen, und auch Ungarn unterhält weltweit knapp 20 Vertretungen mit dem Ziel der kulturellen Repräsentation des Landes und des interkulturellen Austauschs. Die russische Regierung hat 1994 das Russische Zentrum für Internationale Zusammenarbeit in Wissenschaft und Kultur (Rossijskij Centr Meždunarodnogo Naučnogo i Kul'turnogo Sotrudničestva pri MID Rossii) gegründet, das in rund 60 Ländern vertreten ist und unter dem Einfluss des Außenministeriums steht. Der wichtigste Nachfolgestaat, der aus der Konkursmasse der einstigen Weltmacht Sowjetunion hervorgegangen ist, verfolgt eine globale Ambition in seiner Auswärtigen Kulturpolitik, auch wenn in der Außenpolitik in den letzten Jahren unter Putin durchaus eine Aufwertung Europas zu verzeichnen ist.[1] Zu beachten ist bei der russischen Auswärtigen Kulturpolitik aber auch, dass bei ihr viel stärker als bei anderen Ländern die Interessenwahrung der russischen Diaspora zentrale Bedeutung hat.

Im Gegensatz zu Polen, wo die Auswärtige Kulturpolitik im Departement für Kultur und wissenschaftliche Zusammenarbeit (Departament Promocji) im Außenministerium angesiedelt ist, ist in Ungarn das Ministerium für nationales Kulturerbe (Nemzeti Kulturális Örökség Minisztériuma), d.h. das Kulturministerium maßgeblich für die Kulturar-

---

1 Die Ausführungen zu Russland beziehen sich zum Teil auf eine ifa-Studie von Ottilie Bälz (2002), der die Verfasser für die Überlassung dieses Materials danken möchten.

beit im Ausland verantwortlich. Beide Seiten arbeiten jedoch eng mit dem jeweiligen anderen Ministerium zusammen. Eine Abhängigkeit der Kulturinstitute von der Politik liegt somit in beiden EU-Mitgliedstaaten vor; in Russland ist diese Abhängigkeit noch ausgeprägter. Die Auswärtige Kulturpolitik ist zentralistisch organisiert und unterscheidet sich vom Aspekt der Organisationsform aus gesehen von jenen Ländern, die ihre Kulturvertretungen im Ausland vergesellschafteten Organisationen anvertrauen (Großbritannien, Deutschland). Für Russland galt aber bis zum Machtantritt Putins, dass angesichts der geschwächten Zentralregierung einige Regionen und Großstädte eine eigenständige Auswärtige Kulturpolitik betreiben konnten (Banzhaf 2002). Zu den teilweise fortdauernden Aktivitäten gehören die Zusammenarbeit Bayern-Moskau und die Partnerschaften Berlin-Moskau beziehungsweise Hamburg-St. Petersburg, die bereits seit 1957 besteht.

Zu qualifizieren ist die Einschätzung, das Verhältnis der Akteure Auswärtiger Kulturpolitik gegenüber privaten Stellen sei überall gleich stark von traditioneller Zurückhaltung geprägt. Zwar ist nach Angaben des Europarates in keinem der Länder eine bewusste Strategie zum Aufbau von strategischen Allianzen gegenüber dem privaten Sektor erkennbar. In Polen und Ungarn lockt der Staat im Gegensatz zu Russland aber mit Hilfe von gesetzlich verankerten Steuererleichterungen zum kulturpolitischen Engagement.

Profile der einzelnen Staaten

Polen: »In einer Europaliga für Auswärtige Kulturpolitik wäre Polen wohl so etwas wie der SC Freiburg: Erst spät dazu gestoßen, mit sparsamen Mitteln ausgestattet, aber dafür umso wendiger und einfallsreicher, in manchem ein Vorbild für die Etablierten der Liga.« (Ciszewski 2003) Dieser Vergleich von Ciszewski stellt die Dynamik der jungen polnischen Auswärtigen Kulturpolitik nach der Wende heraus. Die Auswärtige Kulturpolitik steht in Polen erst seit 1997 auf der politischen Agenda. Vielen war der Nutzen einer auswärtigen Kulturarbeit Anfang der neunziger Jahre nicht ersichtlich und man fragte sich, ob sich Polen ein Engagement in diesem Bereich leisten will (Tryc 2001). Als schließlich entschieden wurde, dass die Polnischen Institute im Ausland bestehen bleiben, entbrannten die Diskussionen um deren Zuständigkeit. Die Gründung des Departements für Kultur und wissenschaftliche Zusammenarbeit (Departament Promocji) innerhalb des Außenministeriums (Ministerstwo Spraw Zagranicznych) legte 1997 die Zuständigkeit fest. Inzwischen hat sich jedoch eine enge Zusammenarbeit zwischen dem Außen- und dem Kulturministerium (Ministerstwo Kultury) etabliert. Während das Außenministerium die Kulturabkommen ratifiziert, überwacht das Kulturministerium die Anwendung und Ausführung dieser Abkommen in verschiedenen Programmen und Projekten. Teilweise sind hierin auch das Bildungsministerium (Ministerstwo Edukacji Narodowej i Sportu) sowie der Nationale Forschungsausschuss (Komitet Badań Naukowych) integriert.

Im Jahr 2000 wurde von einer Expertengruppe aus dem Kultur- sowie dem Außenministerium ein erstes Konzeptionspapier über »Polens Auslandskulturpolitik und ihre Prioritäten für die Jahre 2001-2003« (Ministerstwo Spraw Zagranicznych 2001) vorgelegt, in dem die Vermittlung eines objektiven und vorurteilsfreien Polenbildes im Ausland als

Hauptaufgabe identifiziert wird. Ziel ist es, einen zwischenstaatlichen Austausch über Gemeinsamkeiten anzuregen und vor allem bei den europäischen Nachbarn Vertrauen zu schaffen. Für die inhaltliche Ausrichtung war der Beitritt Polens zur EU – wie auch im Falle Ungarns – eine neue Herausforderung, die zweierlei Positionen hervorrief. Zum einen wurde dem kulturellen Dialog mehr Bedeutung beigemessen, zum anderen wuchs (zumindest kurzfristig) die Anzahl derer, die um den Verlust der polnischen kulturellen Identität fürchten.

Für die Programme zur Förderung der polnischen Kultur im Ausland und zur Förderung der internationalen Zusammenarbeit im Bereich der Kultur im Allgemeinen sind hauptsächlich zwei Institutionen zuständig: das Adam-Mickiewicz-Institut in Warschau (Instytut Adama Mickiewicza – IAM) sowie das Internationale Kulturzentrum (Międzynarodowe Centrum Kultury) in Krakau. Das IAM wurde 2000 vom Außen- und Kulturministerium gegründet. Es ist für die meisten kulturellen Aktivitäten im Ausland verantwortlich, unter anderem auch für das polnische Übersetzerprogramm, für das »Closer to Poland«-Programm, für die Stände auf internationalen Buchmessen, sowie für die Schaffung eines Informationssystems über die polnische Kultur (www.culture.pl). Das Internationale Kulturzentrum (ICC) ist eher für den Bereich Wissenschaft, Forschung und Bildung und damit beispielsweise für Konferenzen und Veröffentlichungen zuständig.

Zur Verwirklichung der polnischen Auswärtigen Kulturpolitik existieren weltweit inzwischen rund zwanzig Polnische Institute, die alle dem Außenministerium zugeordnet sind. Die meisten davon liegen in Europa. Außer in Deutschland (Institute in Berlin, Düsseldorf und Leipzig) sowie in Russland (Moskau und St. Petersburg) gibt es in den jeweiligen Ländern ein Institut. Außerhalb Europas wurden Institute in Tel Aviv und in New York eingerichtet. Die Schwerpunktsetzung auf Europa unterstreicht jedoch die Tatsache, dass weitere Institute in Madrid, Brüssel und München in Planung sind. Vorträge, Lesungen, Konzerte, Podiumsdiskussionen, Film, Theater, aber auch Sprachkurse stehen auf dem Veranstaltungs- und Unterrichtsprogramm. Im Vergleich zu den Goethe-Instituten in Polen (Warschau und Krakau), wo man sich für eine vornehmlich gut ausgebildete, international orientierte Adressatengruppe entschieden hat, scheinen die Polnischen Institute einen eher breitflächigen Ansatz zu verfolgen (Ciszewski 2003).

Bezüglich der Abhängigkeit von der Politik nehmen die Institute in Deutschland eine besondere Stellung ein. Basierend auf dem zwischen Deutschland und Polen 1989 abgeschlossenen Vertrag über die Gründung von Goethe-Instituten in Polen und Polnischen Instituten in Deutschland sind die Direktoren dieser Polnischen Institute dem Botschafter gegenüber nicht weisungsgebunden, sondern bewerben sich mit ihren Projekten gleichberechtigt mit der Kulturabteilung der Botschaft um Mittel aus demselben Topf im Außenministerium (Tryc 2001).

Kulturabkommen bilateraler Art sind zahlreich und vielfältig, aber auch multilaterale Kooperationen wie »Ars Baltica«, »The Initiative for Cultural Cooperation in the Baltic Sea Region«, der Dänemark, Deutschland, Estland, Finnland, Litauen, Lettland, Norwegen, Polen, Russland und Schweden angehören, existieren.

Genaue Zahlen über die der polnischen Auswärtigen Kulturpolitik zur Verfügung stehenden Gelder sind schwierig zu generieren. Das Außenministerium wies den Polnischen

Instituten im Ausland im Jahr 2000 rund 1,5 Millionen Euro zu. 209.000 Euro stellte das Kulturministerium im selben Jahr für Kulturprojekte in Zusammenhang mit dem EU-Beitritt zur Verfügung. Das Adam-Mickiewicz-Institut erhielt 174.000 Euro, zuzüglich 375.000 für die Organisation der Europalia 2001, und das ICC verfügte über 305.000 Euro. Insgesamt werden die Ausgaben des Kulturministeriums für internationale Kooperation auf über 4,5 Millionen Euro geschätzt (Interarts/EFAH 2003: 319-333).

Ungarn: In Ungarn ist das Ministerium für Nationales Kulturerbe (Nemzeti Kulturális Örökség Minisztériuma) in Zusammenarbeit mit dem Außenministerium (Magyar Köztársaság Külügyminisztériuma) und dem Bildungsministerium (Magyar Köztársaság Oktatási Minisztériuma) für die Auswärtige Kulturpolitik zuständig. Ein eigenes Regierungsprogramm zur Auswärtigen Kulturpolitik gibt es nicht, doch sind Elemente dieser Politik in den Kapiteln für Außenpolitik und Kultur enthalten. Neben den rund 100 ungarischen Botschaften, Generalkonsulaten und Konsulaten, in denen über 100 Abgesandte die Aufgaben eines Kulturattachés übernehmen, hat auch Ungarn zur Umsetzung der Kulturpolitik Institute im Ausland gegründet. Dem Abkommen zwischen dem Kultur- und dem Außenministerium entsprechend, erfüllen in den Städten, in denen es ein Institut gibt, die dortigen Kulturattachés gleichzeitig die Aufgabe der Institutsdirektoren. Ein großer Teil der mit der Kulturarbeit beauftragten Abgesandten übernimmt auch Aufgaben in den Bereichen Information, Presse und Wissenschaft. Den Hintergrund hierfür liefert die Hauptabteilung für Kultur und Wissenschaft des Außenministeriums.

Ähnlich wie in Polen existieren weltweit rund 20 ungarische Kultureinrichtungen im Ausland – 14 in Europa (zwei davon in Deutschland, Berlin und Stuttgart), drei außerhalb Europas (New York, Kairo und Delhi), zwei weitere standen 2003 vor der Eröffnung beziehungsweise sind in Planung (Belgien und Spanien) (Hiller 2003). Die Institute werden durch staatliche Mittel finanziert. Im Unterschied zu den Kulturinstituten anderer Länder, tragen die ungarischen Einrichtungen im Ausland keinen einheitlichen Namen.[2] Sie arbeiten jedoch unter der gemeinsamen Leitung einer Institutsdirektion in Budapest unter Aufsicht des Ministeriums für Nationales Kulturerbe.

Der Aufgabenbereich der Institute erstreckt sich auf folgende vier Gebiete: Kulturvermittlung durch diverse Veranstaltungen, Funktionen in Wissenschaft und Bildung, Kulturdiplomatie sowie die kontinuierliche Gestaltung des Nationenbildes und Kenntnisvermittlung über Ungarn (Hiller 2003). Mit einem vielseitigem Kulturprogramm und der Organisation von Sprachkursen in zahlreichen Instituten entsprechen diese Aufgabenbereiche im Großen und Ganzen jenen anderer ausländischer Netze. Im Gegensatz zu den deutschen Kultureinrichtungen im Ausland haben die ungarischen Institute auch den Auftrag, den im Gastland lebenden Ungarn den Kontakt zur Heimat zu erleichtern und sie bei der Eingliederung in das Gastland zu unterstützen. Eine besondere Rolle unter den Kulturinstituten nimmt das Central European Cultural Institute (Közép-Európai Kulturális Intézet) ein, das 1990 vom Ministerium für Nationales Kulturerbe gegründet wurde und finanziell unterstützt wird.

---

2 Beispiel: Collegium Hungaricum Berlin, Kulturinstitut der Republik Ungarn Stuttgart, Ungarisches Institut Paris.

Unter den Aufsichtsbereich des Bildungsministeriums fallen das Netz der seit Januar 2004 zum Amt für nationale Forschung und Technologie gehörenden wissenschaftlichen und technischen Attachés sowie das Netz der mit dem Bálint-Balassi-Institut verbundenen ungarischen Lektoren und Gastprofessuren in den Instituten beziehungsweise an den Lehrstühlen für ungarische Sprache, Hungarologie oder Finnougristik der ausländischen Universitäten.

Um eine koordinierte, kontinuierliche Auswärtige Kulturpolitik Ungarns zu etablieren, wurde vom Ministerium für Nationales Kulturerbe unter Aufarbeitung bisheriger Initiativen ein Programm mit dem Titel »Unsere kulturelle Visitenkarte in Europa und der Welt« erarbeitet. Im Rahmen dieses Programms soll die ungarische Präsenz auf ausländischen kulturellen Veranstaltungen, Kulturwochen, Festivals und Wettbewerben gewährleistet werden. Meilensteine der ungarischen Auswärtigen Kulturpolitik waren bisher die »Europalia« in Brüssel 1999, die Ungarische Kultursaison »MAGYart« in Frankreich 2001, »Ungheria in primo piano« in Italien 2002, »Magyar Magic« in England 2003/2004 sowie die Ungarische Saison in den Niederlanden und Russland 2004 und 2005.

Zusätzlich zu diesen traditionell bilateralen internationalen Beziehungen legt das Ministerium besonderen Wert auf eine multilaterale Kooperation zwischen den Visegrad-Staaten. Seit Beginn der neunziger Jahre treffen sich die Kulturminister der vier Visegrad-Staaten (Tschechische Republik, Ungarn, Polen und die Slowakei) regelmäßig, um sich über bestimmte Themen auszutauschen. Die Visegrad-Vier verfügen zudem über einen gemeinsamen Fonds, über den Gemeinschaftsprojekte finanziert werden. Seit 2001 nimmt Ungarn ferner am Kulturprogramm der Europäischen Kommission »Kultur 2000« teil und im EU-Beitrittsjahr auch an »Media Plus«. Als Informationszentrale und als Anlaufstelle bei der Vorbereitung auf Anträge um EU-Fördermittel wurde in Budapest das Büro Cultural Contact Point Hungary eingerichtet.

Dem Ministerium für nationales Kulturerbe standen im Jahr 2002 insgesamt 250,9 Millionen Euro zur Verfügung (die Direktion der Kulturinstitute ausgenommen). Auch für Ungarn ist es schwierig, innerhalb dieser Summe die genaue Höhe der Gelder für die Auswärtige Kulturpolitik auszumachen. Die Ausgaben für transnationale Projekte bi- und multilateraler Art in und außerhalb Ungarns wurden 2002 auf knapp 700.000 Euro geschätzt. Für Projekte in Zusammenhang mit dem EU-Beitritt wurden rund 1,04 Millionen Euro aufgebracht und für die Direktion der Kulturinstitute im Ausland rund 11,3 Millionen Euro (Interarts/EFAH 2003: 187-202).

Russland: Noch 1998 hieß es, die russische Kulturpolitik befinde sich am Scheideweg, da es an Geld mangele und kein Programm erkenntlich sei.[3] Für den Auslandsrundfunk hat die notorische Knappheit an finanziellen Ressourcen Ostrogorski (1998) exemplarisch illustriert. In der Zwischenzeit hat sich die Lage insofern verbessert, als nicht zuletzt dank der Einnahmen aus dem Erdöl- und Erdgasgeschäft der Staatsbankrott abgewendet werden konnte. Konzeptuell ist die russische Auswärtige Kulturpolitik aber weiterhin seit der Auflösung der Sowjetunion in einer schwierigen Situation, gilt es doch, das weltpolitische Erbe mit den bescheideneren Möglichkeiten einer Regionalmacht zu versöhnen.

---

3 Neue Zürcher Zeitung, 16.11.1998, S. 25

Dazu kommen die innenpolitischen Auseinandersetzungen um den geeigneten außenpolitischen Kurs. Prizel (1998: 299) stellte eine Paralyse von konkurrierenden Macheliten fest und meinte: »The conduct of Russia's foreign policy continues to be a hostage to Russia's own self definition.«

Die russische Außenpolitik ist verlässlicher geworden, seit Präsident Putin nach seinem Machtantritt die Vormacht der Exekutive kontinuierlich ausgebaut hat. Die Probleme, welche die Formulierung einer konsistenten Außenpolitik erschweren, sind aber nicht alle verschwunden. Für die Auswärtige Kulturpolitik ist hier wesentlich, dass Russland die Interessen der russischen Minderheiten in den GUS-Staaten wahren will und dass so die Kulturarbeit immer auch von Machtansprüchen beeinflusst ist. Die Diaspora umfasst rund 25 Millionen Russen; davon leben allein 16 bis 17 Millionen in der Ukraine und in Kasachstan. Wiederholt haben russische Politiker an die Nachbarstaaten appelliert, die Verdrängung der russischen Sprache zu stoppen.[4] Kaum überraschend sind die russischen Minderheiten eine der Ursachen für die Spannungen, wie sie das Verhältnis zu anderen GUS-Staaten, besonders zur Ukraine (Shulman 1998) und Georgien, wiederholt prägen.

Organisatorisch ist die Auswärtige Kulturpolitik in Russland Sache des Außenministeriums, in dem eine spezielle Abteilung sich um die Koordination der kulturpolitischen Aktivitäten und UNESCO-Angelegenheiten kümmert. Eine Abstimmung findet auch mit dem Kulturministerium statt. Das Mitwirken des russischen Präsidenten und seines starken Präsidialamtes zeigt sich symbolisch etwa darin, dass Präsident Putin zusammen mit Präsident Rau im Februar 2003 die »Deutsch-russischen Kulturbegegnungen« eröffnete. Die Instrumentalisierung der Kultur zur Kontaktanbahnung zeigt sich auch in den Beziehungen zur Volksrepublik China. Die Russisch-Chinesische Unterkommission für die Zusammenarbeit in der Kultur hat etwa im Oktober 2003 beschlossen, den bilateralen Austausch zu erweitern. Zur Vertrauensbildung wird die Auswärtige Kulturpolitik auch im Verhältnis zu Japan eingesetzt, mit dem sich Russland als Nachfolgestaat der Sowjetunion seit dem Ende des Zweiten Weltkrieges immer noch im Kriegszustand befindet. Gegenüber dem Westen dominiert ebenfalls der Bilateralismus. Rechtliche Grundlage für die Kulturbeziehungen mit Deutschland ist das Abkommen über kulturelle Zusammenarbeit aus dem Jahr 1992. Artikel 15 dieses Übereinkommens beschäftigt sich mit der »Rückgabe verschollener und unrechtmäßig verbrachter Kulturgüter«, dem wohl umstrittensten Thema in den Kulturbeziehungen der zwei Staaten. Ausgeprägt ist die Auswärtige Kulturpolitik gegenüber dem Westen besonders in der Bildung und der Forschung.

Die Regierung Jelzin verabschiedete im Juni 1993 die inhaltlichen Grundlagen für die Kulturpolitik durch die Verabschiedung eines Zweijahresprogramms zur »Entwicklung und Erhaltung der Kultur und Kunst«, wobei nach Einschätzung des Europarates zunächst viel Hoffnung auf Aktivitäten der Zivilgesellschaft gesetzt wurde.[5] Da Russland Mitglied des Europarates ist, hat es auch – durchaus kritisch – seine Kulturpolitik evaluieren lassen. Zur Zeit unterhält Russland weltweit 43 Zentren für Wissenschaft und Kultur im Ausland; die Sprachvermittlung steht im Vordergrund der Tätigkeit.

4 Russland Aktuell, 26.9.2003
5 http://www.culturalpolicies.net

Internetressourcen

Cultural Policies Research and Development Unit des Europarats
http://www.culturalpolicies.net

International Network on Cultural Policy
http://206.191.7.19/index_e.shtml

Link zu einigen ungarischen Kulturinstituten im Ausland:
http://www.magyarintezet.hu/

6.4 Eigenes Konzept – Die Auswärtige Kulturpolitik Japans

von Yoko Kawamura

Wer in den internationalen Kulturbeziehungen tätig ist, weiß, dass die Menschen in jeder Kultur ganz eigene Vorstellungen besitzen, nach denen sie ihr Leben ausrichten. Das gilt auch für die Auswärtige Kulturpolitik. In Japan etwa gibt es einen Sektor der Politik, der mit der deutschen Auswärtigen Kulturpolitik vergleichbar ist; er wird in der Regel aber nicht mit dem Begriff »Auswärtige Kulturpolitik« (*taigai bunka seisaku*) bezeichnet, sondern »internationaler Kulturaustausch« (*kokusai bunka koryu*) genannt. Warum sollte die Politik nicht »auswärtig«, sondern »international« sein? Warum ist es so wichtig, den Begriff »Austausch« zu verwenden? Eine kritische Analyse des Konzepts des *kokusai bunka koryu* kann die Besonderheiten der japanischen Auswärtigen Kulturpolitik aufzeigen, ihre historische Entwicklung dokumentieren und die Fragen, mit denen sie sich heute auseinander zu setzen hat, verdeutlichen.

Kokusai bunka koryu – ein japanisches Konzept für die Auswärtige Kulturpolitik

Der japanische Ausdruck für das Konzept des internationalen Kulturaustauschs (*kokusai bunka koryu*) setzt sich aus drei Bestandteilen zusammen: Kultur (*bunka*), international (*kokusai*) und Austausch (*koryu*). Jeder von ihnen steht für Merkmale, die in der Auswärtigen Kulturpolitik Japans maßgebend sind.

1. Kultur (*bunka*): Zwei Aspekte spielen im japanischen Kulturkonzept *(bunka)* eine Rolle: ein europäisch-westlicher und ein »asiatischer«. Als Japan sich in der zweiten Hälfte des 19. Jahrhunderts gegenüber der übrigen Welt öffnete, wurden unterschiedliche Konzepte, darunter das der »Kultur« importiert, um Regierung, Gesellschaft und Wissenschaft zu modernisieren. Zu dieser Zeit wurden bereits bestehende japanische und chinesische Begriffe auf die neuen westlichen Konzepte abgestimmt. Die Übersetzung für »Kultur« etwa, *bunka,* ist ein Ausdruck, der ursprünglich in der chinesischen Literatur verwendet wurde und »Regieren mit Tugend«, also ohne Zwang oder militärische Stärke, bedeutete. Das traditionelle Konzept von *bunka* hat daher von sich aus eine gewisse Nähe zu Josef Nyes *soft power* (nach dessen Definition die »Fähigkeit, die Anderen für die eigenen Ziele zu gewinnen«).[1] Auch in das Konzept von *bunka* sind europäische/westliche Elemente eingeflossen. Der deutsche Einfluss zeigt sich in der Betonung der Hochkultur (*Bildung*) und in dem apolitischen Charakter von *bunka*. Daher wird in Japan gelegentlich kritisiert, dass die Politik des »internationalen Kulturaustauschs« weite Teile der Gesellschaft ausblende, dass sie sich nur mit begrenzten Themen wie Kunst und kulturellem Erbe beschäftige und bei der Regierung in der Regel einen niedrigen Stellenwert einnehme. Besonders diejenigen, die in Basis- oder »Graswurzel«-Aktivitäten eingebun-

---

1 »getting the other people to want what we want« (Nye 2002: 9).

den sind und sich eine Öffnung der japanischen Gesellschaft gegenüber unterschiedlichen Kulturen wünschen, glauben, dass Programme für den Austausch sich eher auf praktische Themen wie Bildung, Umwelt, Entwicklung, Frieden etc. konzentrieren sollten und dass der Begriff »Kultur« dafür nicht treffend sei. Seit den achtziger Jahren wird vermehrt der Begriff »internationaler Austausch« (*kokusai koryu,* ohne *bunka* dazwischen) anstelle von »internationaler Kulturaustausch« benutzt. Die Japan Foundation, eine halb staatliche, halb private Organisation, die 1972 als Hauptakteur in der Auswärtigen Kulturpolitik gegründet wurde, heißt auf Japanisch *Kokusai Koryu Kikin* und nicht *Kokusai Bunka Koryu Kikin.*

2. International (*kokusai*): In Japan besitzt das Wort *kokusai* einen besonderen Wert. Insbesondere seit dem Ende des Zweiten Weltkriegs wuchs in einer breiteren Öffentlichkeit das Bewusstsein für die Problematik, dass Japan ein isoliertes Inselland sei und dass es für Japan unerlässlich sei, »international« zu werden, d.h. sich gegenüber dem Rest der Welt zu öffnen. Genau genommen bedeutet das Wort »Internationalisierung« (*kokusaika*) nicht nur, hinauszugehen und die japanische Kultur in andere Länder zu bringen, sondern auch, die Struktur der japanischen Gesellschaft selbst (Institutionen, Mentalität der Menschen etc.) zu reformieren, damit sie Ausländern gegenüber zugänglicher wird. »International« steht häufig synonym für »westlich« und »Ausländer« für (weiße) »Westler«. Diese Tendenz wiederum wird von einigen Intellektuellen und Bürgeraktivisten als voreingenommen oder kolonialistisch kritisiert. Im Allgemeinen wird der Begriff »international« jedoch als Bezeichnung für etwas Positives gesehen, und »internationale« Politik gilt in jeder Hinsicht als etwas Erstrebenswertes, das Unterstützung verdient. In diesem Zusammenhang wird Auswärtige Kulturpolitik in Japan *kokusai (bunka) koryu* und nicht *taigai bunka seisaku* (»Außenkulturpolitik«) genannt. Wie im nächsten Abschnitt genauer dargestellt wird, gestaltete sich die Politik des internationalen Kulturaustauschs nach dem Krieg in Gestalt einer »Verwestlichung« der japanischen Gesellschaft und dann in Gestalt einer Verbreitung der japanischen Sprache und Kultur. Seit den achtziger Jahren gewinnt die Überzeugung an Einfluss, dass eine solch einseitige Vorgehensweise nicht ausreiche, dass stattdessen die japanische Gesellschaft im vollen Sinne des Wortes internationalisiert werden müsse; also seien die innenpolitischen Institutionen so zu reformieren, dass sie dem globalen Standard entsprächen und die Kooperation mit Menschen aus der nichtwestlichen Welt, insbesondere aus den asiatischen Nachbarländern, gefördert würde. *Kokusai bunka koryu* kann nicht nur vom Außenministerium, sondern auch von anderen Ministerien, die eigentlich für Innenpolitik zuständig sind, ausgeführt werden, da die Auswärtige Kulturpolitik nicht auf die auswärtigen Beziehungen beschränkt ist. Wie später ausgeführt wird, ist die Gesetzgebung im internationalen Kulturaustausch auf eine ganze Reihe von Ministerien verteilt; damit eine kohärente Politikgestaltung stattfinden kann, müssen die unterschiedlichen Regierungsapparate daher koordiniert werden.

3. Austausch (*koryu*): Eine der Besonderheiten der japanischen Sprache besteht darin, dass sie viele »höfliche« Ausdrücke bereithält, deren Bedeutung sich geringfügig von der ursprünglichen Bedeutung der Wörter unterscheidet. Austausch (*koryu*) ist ein solcher indirekter Ausdruck. Ursprünglich steht das japanische Wort *koryu* für einen wechselseitigen Fluss von Dingen, vergleichbar mit dem Wechselstrom in der Elektrizität. Nach

dieser ursprünglichen Bedeutung sollte *koryu bunka koryu* die Form eines Gebens und Nehmens, eines Wechselstroms zwischen Partnern annehmen (in der deutschen Terminologie: *Zweibahnstraße*). »Austausch« hingegen weist lediglich auf eine gewisse Friedfertigkeit und auf Wohlwollen hin. Wie im nächsten Abschnitt behandelt wird, beschränkte sich der internationale Kulturaustausch Japans zumeist auf einseitig ausgerichtete Aktivitäten, ohne dass es zu einem echten Geben und Nehmen gekommen wäre. Entweder wurde die westliche Kultur schlicht nach Japan importiert oder die japanische Sprache und Kultur in der übrigen Welt verbreitet (*hasshin*).

Zusammenfassend kann man sagen, dass das japanische Politikfeld des internationalen Kulturaustauschs ursprünglich eine umfassendere Kategorie darstellt als die europäische Auswärtige Kulturpolitik, dass die beiden Begriffe in der Praxis aber seit langem beinahe synonym verwendet werden. Zwei Entwicklungen können jedoch beobachtet werden. Erstens wird kritisiert, dass die Praxis des internationalen Kulturaustauschs elitär und einseitig sei. Zweitens wird die japanische Politik durch den Prozess der Globalisierung gezwungen, sich zu öffnen: Die japanische Gesellschaft verändert sich, man widmet sich verstärkt dem Verhältnis zu nichtwestlichen Ländern und vieles mehr. So kommt die Praxis des internationalen Kulturaustauschs der ursprünglichen Bedeutung des Wortes immer näher.

Die Entwicklung der Politik des kokusai bunka koryu nach dem Krieg

Man kann die Entwicklung der Politik des internationalen Kulturaustauschs in Japan seit dem Ende des Zweiten Weltkriegs als die Geschichte eines sich wandelnden Verhältnisses zu zwei »Hauptpartnern« betrachten: zum Westen (insbesondere zu den USA) und zu Asien. Sie ist natürlich nicht zuletzt eine Geschichte der bürokratischen Politik; »Budget«, »Idee« und »Initiative« sind drei Hauptelemente, die Wendepunkte der Politik definieren. Eine wichtige Voraussetzung für die Politikgestaltung aber bildete die parallele Entwicklung privater Initiativen für den internationalen Austausch: Aktivitäten von Intellektuellen, gemeinnützigen Akteuren, lokalen Regierungen und Bürgergruppen. Berücksichtigt man diese Faktoren, lässt sich die Entwicklung der Politik nach dem Krieg in die folgenden drei Phasen einteilen:

Von 1945 bis Ende der sechziger Jahre: der Wiederaufbau nach dem Krieg als Aufbau einer fortschrittlichen »westlichen« Gesellschaft

Nach dem Ende des Krieges definierten die japanischen Regierungschefs den Aufbau eines Kulturstaates (*bunka kokka*) als nationales Ziel. Darunter verstand man, dass der japanische Staat Qualitäten entwickeln sollte, mit denen er ohne den Einsatz militärischer Mittel zum Weltfrieden beitragen könnte. In Wirklichkeit hatte der Aufbau einer fortschrittlichen Wirtschaft Priorität; kulturelle Beziehungen mit anderen Ländern wurden hauptsächlich gefördert, um freundschaftliche Wirtschaftsbeziehungen zu stärken und um in der internationalen (insbesondere der westlichen) Gemeinschaft Anerkennung zu erlangen. Eine Mitgliedschaft in der UNESCO besaß im Hinblick darauf einen symbolischen Wert. Die größte Bedeutung für den Wiederaufbau nach dem Krieg hatten allerdings die kulturellen Bande mit den USA. Der »Austausch« mit den USA gestaltete sich in der Praxis als einseitige Beziehung, in der sich der amerikanische Einfluss auf alle Bereiche der japanischen Gesellschaft erstreckte. Während des Kalten Krieges förderten die USA in strategisch wichtigen Gebieten aktiv die Entstehung von Netzwerken von Intellektuellen; dies geschah manchmal in Form von offizieller Regierungspolitik wie bei Fulbright-Stipendien, zuweilen aber auch in Gestalt eines informellen Austauschs, der von amerikanischen Intellektuellen und gemeinnützigen Organisationen betrieben wurde. Die bedeutendsten privaten japanischen Organisationen für Kulturaustausch wie das International House of Japan und das Japan Center for International Exchange wurden im Laufe solcher informellen Austauschaktivitäten gegründet. Im Unterschied zur Bundesrepublik Deutschland, die kulturelle Beziehungen mit ihren westeuropäischen Nachbarn nicht nur aufnehmen konnte, sondern auch musste, war Japan nicht unbedingt gezwungen, unter seinen asiatischen Nachbarn Austauschpartner zu gewinnen. In den fünfziger Jahren begann auf nationaler Ebene die offizielle Aufnahme von Studenten aus anderen asiatischen Ländern als Bestandteil einer Entschädigung; das Programm wurde jedoch vom Bildungsministerium organisiert und nicht als diplomatische Priorität betrachtet. Die aktive Förderung der japanischen Kultur, insbesondere der japanischen Sprache, war in Asien ein Tabu, weil sie bei den Menschen Erinnerungen an die koloniale Herrschaft und an den Krieg wachrief. Eine Folge davon war, dass für Japan zu dieser Zeit die Vereinigten Staaten zum wichtigsten »Seniorpartner« in Sachen Kulturaustausch wurden. Das galt auch für den Austausch auf lokaler Ebene; die erste Städtepartnerschaft in Japan wurde 1955 zwischen den Städten Nagasaki und Saint Paul, Minnesota, geschlossen, und während der gesamten sechziger Jahre waren amerikanische Städte die beliebtesten Partnerstädte.[2]

Die siebziger Jahre: Neupositionierung Japans in der Welt

Die frühen siebziger Jahre markieren einen Wendepunkt in der Geschichte der Auswärtigen Kulturpolitik Japans. Zum einen hatte der Umschwung in der diplomatischen Strategie der US-Regierung in Asien, besonders der plötzliche Besuch des amerikanischen Präsidenten in der Volksrepublik China (in Japan als »Nixon-Schock« bezeichnet), tief greifenden Einfluss auf japanische Politiker, die die Notwendigkeit sahen, für mehr Ausgewogenheit im Verhältnis zu den USA zu sorgen und eine Austauschpraxis im wahren Sinne des Wortes einzuführen. In diesem Zusammenhang wurde 1972 die Japan Foundation, eine bedeutende halbstaatliche Organisation für Auswärtige Kulturpolitik, als »be-

---

2 Bis 1971 wurden ungefähr 100 Städtepartnerschaften zwischen japanischen und amerikanischen Städten geschlossen. Brasilien war mit ungefähr zehn Partnerschaften in demselben Jahr der zweitbeliebteste Partner. Grafiken über Städtepartnerschaften finden sich auf der japanischen Webseite des Rats der Kommunalen Behörden für Internationale Beziehungen: www.clair.or.jp/j/clairinfo/koushinka/graph.html#04.

sondere juristische Einheit«[3] gegründet, die der Aufsicht des Außenministeriums unterstand. Zum anderen hatte sich in den fünfziger und sechziger Jahren mit der raschen Zunahme von Japans wirtschaftlichem Einfluss in Südostasien Feindseligkeit in der Region ausgebreitet, die zuweilen ganz unverhohlen artikuliert wurde, etwa bei Protestdemonstrationen gegen den Besuch des japanischen Premierministers. In den siebziger Jahren genossen daher auch die kulturellen Beziehungen mit den ASEAN-Staaten Priorität. 1974 startete das Programm »Ship for Southeast Asian Youth«[4], und 1978 wurde der ASEAN Cultural Fund zur Förderung des Austauschs zwischen ASEAN-Ländern gegründet. Zu jener Zeit wurde Kulturaustausch zum strategischen Brennpunkt der japanischen Außenpolitik. Die Initiative zur Gründung der Japan Foundation kam vom damaligen Außenminister Takeo Fukuda, der später Premierminister wurde und sich stark für eine Intensivierung der Beziehungen zu den ASEAN-Ländern engagierte. Die späteren Aktivitäten fanden die Unterstützung einiger Diplomaten, die nach dem Ende des Vietnamkriegs den japanischen Einfluss in Südostasien vergrößern wollten. In verwaltungstechnischer Hinsicht entstand durch die Vielzahl von Programmen, die nun in rasanter Folge ins Leben gerufen wurden, ein Wettbewerb zwischen den Ministerien, da die Gesetzgebung für den internationalen Austausch nicht auf das Außenministerium beschränkt war und auch andere Ministerien wie das Bildungsministerium oder das Kabinettsbüro daran teilhaben konnten. Dieser Wettbewerb sorgte bei der Gestaltung der Politik für den internationalen Austausch häufig für Verwirrung, wie sie etwa in Überschneidungen zwischen den Programmen, in der Rivalität zwischen zuständigen Akteuren oder dem Einfluss der Regierung auf Entscheidungen innerhalb der Japan Foundation sichtbar wurde.

Die achtziger und neunziger Jahre: Der Schlüsselbegriff »kokusaika« – internationaler Austausch als Mode?

In den achtziger Jahren entstand durch den wachsenden Einfluss der japanischen Wirtschaft neuer Bedarf an kulturellem Austausch. Die japanische Sprache, einst als die Sprache der kolonialen Herrschaft angesehen, gewann in der Wirtschaftskommunikation an Bedeutung. Die Förderung der japanischen Sprache im Ausland wurde neben japanischer Kunst und Japanstudien zu einer der Hauptaktivitäten der Japan Foundation. Der Pflege von Japans Image im Ausland wurde für die Verminderung von Reibungsverlusten im Handel eine wichtige Rolle beigemessen; außerdem hatte die Verbreitung von Informationen über das Japan von heute einen hohen Stellenwert. Gleichzeitig wurde die »Internationalisierung Japans« (*kokusaika*) in allen Teilen der Gesellschaft vorangetrieben. Im

---

3 Eine besondere juristische Einheit (*tokushu hojin*) ist eine halbstaatliche Organisation, die zu einem ganz bestimmten Zweck gegründet wird. Sie wird unter das Patronat von einem oder zwei Ministerien gestellt, durch Zuschüsse von der Regierung finanziert, und seine Angestellten genießen quasi Beamtenstatus.

4 Jugendliche aus ASEAN-Ländern und japanische Jugendliche leben für ungefähr 60 Tage zusammen an Bord des Schiffes und besuchen alle ASEAN-Länder und Japan. Später wurden ähnliche Programme für Japan-China, Japan-Korea und den allgemeinen internationalen Jugendaustausch eingerichtet.

Diskurs jener Zeit hatte der Begriff Internationalisierung keine bestimmte Bedeutung; er wurde vage als die Notwendigkeit verstanden, eine größere Zahl von Ausländern (insbesondere Europäer) nach Japan zu bringen und bei der japanischen Bevölkerung die Fähigkeit zur interkulturellen Kommunikation (hauptsächlich die Beherrschung der englischen Sprache) zu fördern. In der Folge dieses Slogans wurden in verschiedenen Ministerien, besonders auf dem Gebiet der Bildung und der lokalen Verwaltung, zahlreiche internationale Programme in Sachen Kulturaustausch ins Leben gerufen.[5] In den späten achtziger Jahren führte das Zusammenfallen dramatischer Veränderungen in den internationalen Beziehungen mit einem beispiellosen Wachstum der japanischen Wirtschaft (als *bubble economy* bezeichnet) dazu, dass sich die japanische Außenpolitik erneut auf den internationalen Kulturaustausch konzentrierte. Premierminister Noboru Takeshita legte 1988 seine »Konzeption für internationale Zusammenarbeit« vor, in der internationaler Kulturaustausch neben Friedenssicherung und Entwicklungszusammenarbeit als eine der drei Säulen der japanischen Außenpolitik genannt wurde. Takeshita beauftragte 1989 eine Expertengruppe mit der umfassenden Planung der Politik des internationalen Kulturaustauschs, die einen »Aktionsplan für den internationalen Kulturaustausch« entwarf. In einem Fünfjahresplan für die gesamte Regierungspolitik zum internationalen Kulturaustausch wurden vier Ziele formuliert: Förderung des Friedens, Japans Beitrag zur Weltkultur, Umgang mit dem wachsenden Interesse im Ausland an Japan und Internationalisierung der japanischen Gesellschaft. Mit der umfassenden Initiative in der Amtszeit Takeshitas stieg das Budget für den internationalen Kulturaustausch, und es wurden sogar neue Austauschprogramme eingerichtet, zum Beispiel durch das Japan Foundation Center for Global Partnership (CGP)[6]. Die Initiative führte jedoch nicht zu einer kohärenten Politik mit festen Grundsätzen, denn der Aktionsplan basierte auf dem bestehenden diffusen Verwaltungssystem und konnte die Ministerien nicht zur Koordinierung untereinander anhalten. Mit dem Ende der *bubble economy* und dem Schrumpfen des Staatshaushalts in der zweiten Hälfte der neunziger Jahre litten die Programme für den internationalen Kulturaustausch unter chronischen Finanzierungsschwierigkeiten. Die Krise wirkte sich besonders schwer auf die Aktivitäten des Außenministeriums und der Japan Foundation aus, bestand doch in dieser Zeit eine noch größere Notwendigkeit zur »Internationalisierung der japanischen Gesellschaft«, mit der die Ministerien für Innenpolitik ihr Festhalten an

5 Verglichen mit der Bundesrepublik Deutschland ist die Politik in Japan nur in sehr geringem Maße dezentralisiert. Der größte Teil der Einnahmen der lokalen Körperschaften stammt von der Zentralregierung, und das Innenministerium überwacht die lokale Verwaltung, einschließlich der internationalen Politik der lokalen Körperschaften. Unter der Schirmherrschaft dieses Ministeriums wurde 1988 der »Rat der Kommunalen Behörden für Internationale Beziehungen« gegründet, eine halbstaatliche Organisation zur Förderung der Internationalisierung der Gemeindeverwaltungen.
6 Das CGP wurde 1991 innerhalb der Japan Foundation gegründet zur Förderung der amerikanisch-japanischen Zusammenarbeit zur Erfüllung der gemeinsamen globalen Verantwortung und des Dialogs zwischen den Bürgern beider Länder. Die Organisation war in zweierlei Hinsicht in der Geschichte des japanischen internationalen Kulturaustauschs beispiellos. Erstens waren in ihrem Beirat japanische und amerikanische Experten in gleicher Anzahl vertreten, so dass die Standpunkte der Austauschpartner in ihre Programme einfließen konnten. Zweitens besaß das Center eine Abteilung, die die Bedeutung des Aufbaus einer globalen Zivilgesellschaft erkannt hatte und sich ausschließlich mit Graswurzel- und Bürgeraustausch befasste.

ihren Programmen begründeten. Während die japanische Wirtschaftsmacht abnahm, wuchs das Bedürfnis nach einer starken nationalen Identität oder einem Nationalstolz. Damit einher ging auch die Erwartung an die Politik, die japanische Kultur im Ausland aktiv zu vertreten. Vor diesem Hintergrund setzte sich die Agentur für Kulturelle Angelegenheiten (Agency for Cultural Affairs, AKA) unter ihrem neuen Leiter Hayo Kawai[7] verstärkt für die Förderung des internationalen Kulturaustauschs ein. Außerdem ist man heute zunehmend um eine Wiederbelebung der japanischen Kulturindustrie wie der Unterhaltungsmedien und des Tourismus bemüht; daher sind wirtschaftsrelevante Ministerien an der Unterstützung neuer Formen des internationalen Austauschs interessiert. Während die Regierungspolitik in diesen beiden Jahrzehnten Höhen und Tiefen erlebt hat, haben sich private Initiativen im internationalen Kulturaustausch sowohl qualitativ als auch quantitativ weiterentwickelt. Seit den achtziger Jahren ist die Zahl der »Graswurzel«-Organisationen im Austausch gestiegen, und im ganzen Land ist ein Netzwerk gewachsen, das aus Organisationen dieser Art und interessierten Einzelpersonen besteht. In solchen Netzwerken gibt es mehrere Arten von Verknüpfungspunkten, etwa informelle Foren, private Dachorganisationen und halböffentliche Vermittlungsstellen wie lokale internationale Austauschverbände[8]. Die Inhalte der Aktivitäten in privaten »Austausch«-Programmen variieren erheblich, von der Verbreitung der japanischen Kultur bis hin zur Entwicklungshilfe. Die Regierungen auf nationaler und auf lokaler Ebene berücksichtigen diese privaten Initiativen und koordinieren ihre Politik gelegentlich mit ihnen. Asiatische Nachbarländer, besonders China und Korea, haben im Laufe dieser zwei Jahrzehnte an Einfluss gewonnen[9]. Nicht nur aus wirtschaftlichen und politischen Erwägungen ist es notwendig, Partnerschaften mit diesen beiden Ländern aufzubauen – sondern auch im Sinne vieler Chinesen und Koreaner, die während der Kolonialzeit nach Japan gekommen sind und dauerhaft in Japan leben. Für kürzlich stattgefundene Veranstaltungen wie den 30. Jahrestag der Normalisierung der Beziehungen zwischen Japan und China oder die Fußballweltmeisterschaft in Japan und Südkorea wurden neue Austauschprogramme ge-

---

7 Hayo Kawai, geboren 1928 und früher Professor an der Kyoto-Universität und am International Research Center for Japanese Studies ist ein berühmter Psychiater, der auch durch seine Essays über die japanische Kultur bekannt ist. Er hat häufig Gutachten zum internationalen Kulturaustausch und zur Kulturpolitik erteilt und ist seit 2001 Leiter des AKA.

8 Lokale internationale Austauschverbände sind intermediäre Organisationen, die von lokalen Behörden gegründet wurden, um die lokalen Körperschaften und die privaten Organisationen (NGOs, Bürgergruppen, Schulen etc.), die im internationalen Austausch aktiv sind, zu verbinden. Im Jahre 2004 besitzen alle 47 Präfekturen, 12 ausgewählte Städte (große Städte mit einem besonderen rechtlichen Status) und viele andere lokale Gemeinden diese Verbände. Der Rat der Kommunalen Behörden für Internationale Beziehungen koordiniert diese Verbände auf nationaler Ebene.

9 Die Japan Foundation richtete zum Beispiel eine Abteilung ein, die nur für den Austausch innerhalb der asiatischen Region zuständig ist. 1989 wurde das ASEAN Culture Center eröffnet und 1996 als Asia Center reorganisiert und erweitert. Auf die Initiative des Asia Centers geht eine Reihe von Austauschprogrammen zurück, etwa eine internationale Koproduktion von Shakespeare-Stücken, ein Austausch von Leitern von Jugendgruppen und vieles mehr. Das Center ist auch im »import-orientierten« Austausch aktiv, um bei den Japanern das Verständnis für die Kulturen der anderen asiatischen Länder zu fördern, beispielsweise durch die Einführung südostasiatischer Kunst nach Japan.

startet. Es gibt aber noch viel zu tun, etwa im Umgang mit der Geschichte, damit sich auf der Grundlage wechselseitigen Verständnisses Partnerschaften entwickeln können.

Organisation der Politik des kokusai bunka koryu

Laut einer Untersuchung aus dem Jahre 1997 gibt es in der japanischen Politik des internationalen Kulturaustauschs die folgenden neun Handlungsfelder (Study Group on International Cultural Relations 1997):

a. Wissensaustausch[10] (W)
b. Forschungsaustausch (FA)
c. Bildungsaustausch (BA)
d. Jugendaustausch (J)
e. Sportaustausch (S)
f. Technische Zusammenarbeit (T)
g. Kunstaustausch (K)
h. Zusammenarbeit zum Schutz des kulturellen Erbes (E)
i. Austausch auf »Graswurzel«-Ebene (G)

Zusätzlich zu diesen Hauptbereichen sind in den letzten Jahren neue Felder des Austauschs entstanden: (kommerzielle) Massenkultur und Tourismus. Insgesamt gibt es neun Ministerien, die – teilweise zusammen mit halbstaatlichen Organisationen – internationalen Kulturaustausch betreiben. Die Politik und die Programme werden auf den Webseiten der Ministerien und Organisationen ausführlich vorgestellt.

10 »Wissensaustausch« bezeichnet den Austausch von Wissen und Ideen über nationale Grenzen hinweg, um konkrete Probleme anzusprechen, die die Gesellschaft als Ganzes betreffen (Study Group on International Cultural Relations 1997: 3). Es handelt sich um einen Austausch von Führungskräften und Spezialisten aus unterschiedlichen Bereichen der Gesellschaft.
11 Die Rechts- und Organisationsform, Größe des Budgets, Zahl der Beschäftigten etc. der Partnerorganisationen variiert. In der Regel betreiben diese Organisationen bestimmte Programme zum internationalen Kulturaustausch mit öffentlichen Mitteln. Ihre Aktivitäten werden in enger Zusammenarbeit mit Regierungsstellen entwickelt, von denen sie sowohl formell durch Regierungsvertreter in den Vorständen als auch informell von Fall zu Fall beaufsichtigt werden. Ein Teil der Beschäftigten von Partnerorganisationen, insbesondere in leitenden Positionen, kann von der Regierung für einen bestimmten Zeitraum entsandt werden.
12 Auf den Webseiten des Ministeriums für Bildung, Kultur, Sport, Forschung und Technologie und des AKA wird »internationaler Kulturaustausch« als Teil einer breiteren »Regierungspolitik für Bildung, Kultur, Sport, Forschung und Technologie« aufgefasst (im Japanischen gibt es die Bezeichnung *monbu gyousei*, die diese fünf Politikfelder einschließt). Hier wird Kultur in einem begrenzten Sinne aufgefasst, hauptsächlich als bildende Kunst und kulturelles Erbe.

316

Ministerium / Agentur	Gesetzgebung / Politik	Wichtigste Partner-organisationen[11]
Außenministerium (*Gaimusho*)	W, FA, BA, J, S, T, K, E, G (Kulturbeziehungen als Teil der Außenpolitik)	Japan Foundation, Japan International Cooperation Agency (JICA)
Ministerium für Bildung, Kultur, Sport, Forschung und Technologie (*Monbukagakusho*)	FA, BA, S, T, K, E (internationaler Austausch in den Bereichen Bildung, Kunst, kulturelles Erbe, Sport, Forschung und Technologie; Teilnahme an Aktivitäten der UNESCO)[12]	Japanese Society for the Promotion of Science (JSPS, *Gakushin*), Association of International Education, Japan (AIEJ), Japanese National Commission for UNESCO
Agentur für Kulturelle Angelegenheiten (AKA) des Ministeriums für Bildung, Kultur, Sport, Forschung und Technologie (*Bunkacho*)	K, E (Förderung der Kunst und des kulturellen Erbes Japans einschließlich seiner Nationalsprache; seit kurzem auch Förderung der kulturellen Vielfalt der Welt)	Nationale Museen und Theater, Nationales Institut für die Japanische Sprache
Kabinettsbüro (*Naikakufu*)	J (internationaler Jugendaustausch)	
Ministerium für Öffentliche Verwaltung, Inneres, Post und Telekommunikation (*Soumusho*)	T, G (Förderung der Internationalisierung der Gemeinden)	Rat der Kommunalen Behörden für Internationale Beziehungen
Ministerium für Wirtschaft, Handel und Industrie (*Keizaisangyosho*)	Internationale Förderung japanischer Unterhaltungsmedien (Zeichentrickfilme, Comics, Videospiele etc.)	
Ministerium für Infrastruktur und Transport auf dem Landweg (*Kokudokotsusho*)	Förderung von Reisen nach Japan (Tourismuspolitik)	

Fußnoten 11 und 12 siehe Seite 316

Die Austauschprogramme selbst können zwischen mehreren Ministerien koordiniert werden. Ein gutes Beispiel dafür ist das *JET Programme*, bei dem junge Hochschulabsolventen aus Übersee eingeladen werden, die lokalen Regierungen als Assistenten bei ihren internationalen Austauschprogrammen und der Fremdsprachenausbildung zu unterstützen. Das Programm wird von den jeweiligen lokalen Regierungen durchgeführt und auf nationaler Ebene vom Rat der Kommunalen Behörden für Internationale Beziehungen koordiniert. Außenministerium, Ministerium für Bildung, Kultur, Sport, Forschung und Technologie und Ministerium für Öffentliche Verwaltung, Inneres, Post und Telekommunikation arbeiten bei der Auswahl und der Anwerbung der Teilnehmer zusammen.

Perspektiven für das 21. Jahrhundert

Beobachter der japanischen Politik des internationalen Austauschs am Beginn des 21. Jahrhunderts sollten sich die folgenden drei Tendenzen vor Augen führen: Erstens die weit verbreitete Ansicht, dass die japanische Regierung »Kultur« in einer zunehmend globalisierten Welt strategisch einsetzen sollte. Diese Ansicht bezieht sich nicht nur auf die Außenpolitik, wie den Einsatz von *soft power* in der Diplomatie, um die Meinung der Weltöffentlichkeit zu beeinflussen, sondern auch auf die Innenpolitik, und legitimiert verschiedene Maßnahmen, durch welche die Wettbewerbsfähigkeit japanischer Firmen, Bildungs- und Forschungseinrichtungen, Künstler etc. auf dem internationalen Markt gestärkt werden soll. Als Quelle japanischer *soft power* wird die japanische Massenkultur – Zeichentrickfilme, Spiele, Popmusik und Fernsehen – besonders geschätzt, und ihre offizielle Förderung hat in der Regierungspolitik Priorität. Diese Sichtweise wird von zwei Diskursen, die derzeit in Japan in Mode sind, unterstützt. Der eine ist natürlich das Konzept der *soft power* nach Joseph S. Nye. Der andere ist »*Gross National Cool*« (*GNC:* eine umgewandelte Form von *GNP, Gross National Product*) von Douglas McGray, einem jungen US-Journalisten, der die These vertritt, dass man »coole« Popkultur, die in Japan produziert wird und bei der Jugend im Ausland beliebt ist, als Machtquelle Japans betrachten kann (McGray 2002). Als Folge dieses strategischen Einsatzes von Kultur wurden die Richtlinien für die Politik im internationalen Kulturaustausch neu gestaltet. 2003 wurden Politikempfehlungen von zwei Expertengruppen entworfen, der Japan Foundation und der Agentur für Kulturelle Angelegenheiten (Kokusai Koryu Kenkyukai 2003; Commissioner's Advisory Group on International Cultural Exchange 2003). Die Japan Foundation strebt die Umstrukturierung der japanischen Auswärtigen Kulturpolitik nach dem angelsächsischen Modell der *public* (oder *cultural*) *diplomacy* an; die Agentur für Kulturelle Angelegenheiten verfolgt weiter reichende Ziele wie etwa die Förderung der kulturellen Vielfalt in der Welt; ihr Kerngedanke scheint jedoch in der Förderung des nationalen Interesses im engeren Sinne und für eine kürzere Zeitspanne zu liegen (Wiederbelebung der japanischen Wirtschaft durch die Kulturindustrie, Pflege von Japans Image im Ausland etc.). Wie der Aktionsplan von 1989 gibt auch keiner dieser beiden Berichte detaillierte oder verbindliche Anweisungen, und es ist noch unklar, inwieweit die Politikgestaltung von ihnen beeinflusst wird. Zweitens schätzt man das Zusammenleben (*kyo-*

sei) und den Dialog mit anderen Kulturen (*taiwa*) zunehmend als Mittel, um den Weltfrieden und eine ausgewogene Entwicklung für alle zu fördern. Dieser Trend resultiert anscheinend aus dem Globalisierungsprozess, insbesondere aus der fortlaufenden Internationalisierung (*kokusaika*) der japanischen Gesellschaft, sowie aus der zunehmenden Bedrohung durch den Terrorismus. Im Rahmen auswärtiger Kulturbeziehungen unter der Gesetzgebung des Außenministeriums wurden neue Programme für den Kulturdialog mit dem Nahen und Mittleren Osten sowie anderen muslimischen Ländern aufgebaut. Wie sich dieser Trend insgesamt und auf längere Sicht auswirkt, kann man in unterschiedlichen Sektoren der Innenpolitik, etwa am Umgang mit ausländischen Bevölkerungsgruppen in Japan, beobachten. In Gemeinden mit einem hohen Ausländeranteil (von den »alteingesessenen« koreanischen und chinesischen Immigranten bis hin zu den »Neuankömmlingen« wie den Japan-Brasilianern, die als Gastarbeiter nach Japan zurückkehren), sind Bürger und Gemeindevertreter sehr um Multikulturalität in der Bildung, der demokratischen Entscheidungsfindung etc. bemüht, was letztlich zu einem Abschied von den ethnozentrischen, exklusiven Strukturen des japanischen Staates führen könnte. Dabei ist es interessant zu beobachten, dass die Erfahrungen von Gemeinden in Deutschland (etwa die Einrichtung eines repräsentativen Versammlungssystems für ausländische Einwohner) nun als Modell betrachtet werden. Drittens erlebt Japan wie fast jedes andere entwickelte Land eine rapide Umstrukturierung der öffentlichen Verwaltung sowohl auf nationaler als auch auf lokaler Ebene. Bemerkenswert ist, dass viele der halbstaatlichen Organisationen für den internationalen Kulturaustausch unter Management-Gesichtspunkten mittlerweile als ineffizient bewertet werden. Unter Premierminister Junichiro Koizumi wird die Verkleinerung und Privatisierung dieser Organisationen im Namen der »Verwaltungsreform« betrieben. Die Japan Foundation etwa wurde durch Umstrukturierung von einer »besonderen juristischen Einheit« zu einer Verwaltungsagentur, deren Programme im Rahmen eines mittelfristigen Plans für eine Dauer von fünf Jahren durchgeführt werden. Die Programme werden verschiedenen Hauptkategorien zugeordnet (Kultur- und Kunstaustausch, Japanischunterricht im Ausland, Japanstudien im Ausland und Wissensaustausch) und sollen den Zielen der japanischen Außenpolitik dienen.

Fazit: die Transformation des kokusai bunka koryu

Die japanische Politik des internationalen Kulturaustauschs entwickelte sich unter den besonderen historischen und geopolitischen Bedingungen Japans. In dieser Zeit hat sie auch den Prozess der Globalisierung durchlaufen, durch den die Praxis des internationalen Kulturaustauschs neue Formen angenommen hat und das Prinzip der Gegenseitigkeit stärker betont wird. Dadurch ist der internationale Kulturaustausch der ursprünglichen Bedeutung seines Namens näher gebracht worden. Heute, im 21. Jahrhundert, werden selbst die Grundvoraussetzungen des Konzeptes des *kokusai bunka koryu* durch die Globalisierung verändert. Die »Internationalisierung« (*kokusaika*) der Gesellschaft, um welche die Japaner einst sehr bemüht waren, ist heute selbstverständlich, und es ist jetzt entscheidend, sich mit den Fragen auseinander zu setzen, die sich aus der Internationalisierung ergeben, wie dem Aufbau einer multikulturellen Gesellschaft unter Beteiligung von Menschen mit unterschiedlichem Hintergrund. In dieser Situation reicht ein ritueller »Austausch« (*koryu*), der ein freundliches, aber oberflächliches Verhältnis aufrechterhält, nicht aus und kann für den Aufbau verlässlicher Partnerschaften zuweilen sogar schädlich sein. Für die japanische Regierung könnte der strategische Einsatz von Kultur zur Förderung des nationalen Interesses eine (aber nicht die einzige) Alternative zur konventionellen Politik des *kokusai bunka koryu* darstellen. Wichtiger noch ist die Feststellung, dass das Wesen des »nationalen Interesses« sich gewandelt hat. Wenn man die internationalen Beziehungen unserer Zeit genauer versteht, sollte man den Inhalt von »Kultur« (*bunka*) neu definieren, um Maßstäbe für eine kohärente und effektive Politikgestaltung zu setzen.[13]

Aus dem Englischen von Svenja Wegner

Links (Stand: Februar 2004)
AKA: www.bunka.go.jp/english/2002-index-e.html
AIEJ: www.aiej.or.jp/index_e.html
Kabinettsbüro: www.cao.go.jp/index-e.html
CGP: www.cgp.org
Rat der Kommunalen Behörden für Internationale Beziehungen:
   www.clair.or.jp/e/index.html
The Japan Foundation: www.jpf.go.jp/e/index.html
JET Programme: www.jetprogramme.org/index.html
JICA: www.jica.go.jp/english/index.html
JSPS: www.jsps.go.jp/english/index.html
Ministerium für Wirtschaft, Handel und Industrie: www.meti.go.jp/english/index.html
Ministerium für Bildung, Kultur, Sport, Forschung und Technologie:
   www.mext.go.jp/english/index.htm
Ministerium für Infrastruktur und Transport auf dem Landweg: www.mlit.go.jp/english/index.html
Außenministerium: www.mofa.go.jp
Ministerium für öffentliche Verwaltung, Inneres, Post und Telekommunikation:
   www.soumu.go.jp/english/index.html
Nationales Institut für die japanische Sprache:
   www.kokken.go.jp/english/en/index.html

13 Weiterführende Literatur: Kawamura/Okabe (2005) und Sengo Nihon Kokusai bunka Koryu Kenkyukai (2002)

7. Gewusst wo – Auswärtige Kulturpolitik in Literatur und Internet

von Gudrun Czekalla

Die Bibliothek des Instituts für Auslandsbeziehungen (ifa) ist die amtliche Dokumentationsstelle zur Auswärtigen Kulturpolitik und zu den internationalen Kulturbeziehungen der Bundesrepublik Deutschland. Sie nimmt diese Aufgabe in Absprache mit dem Auswärtigen Amt, den Mittlerorganisationen und anderen Bibliotheken und Dokumentationsstellen wahr.

Die ifa-Bibliothek sammelt und erschließt inhaltlich sehr differenziert Bücher, Zeitschriften, Aufsätze und Graue Literatur zu allen Fragen und Aspekten des Kulturaustauschs und der internationalen Kulturbeziehungen. Sie ist Depositbibliothek für die Publikationen der Goethe-Institute im Ausland. Die ifa-Bibliothek ist öffentlich zugänglich und an den nationalen und internationalen Leihverkehr der Bibliotheken angeschlossen.

Für einen ersten Einstieg in das Thema bieten sich die Bibliotheksseiten des ifa im Internet an. Von dort gelangt man zu den Online-Katalogen und Datenbanken der ifa-Bibliothek sowie zu Ansprechpartnern für individuelle Literaturanfragen und zum Rechercheformular[1].

Bibliografien

Die wesentliche Literatur zur deutschen Auswärtigen Kulturpolitik bis 1979 nennt die Bibliografie von Udo Rossbach (Rossbach 1980). Für die Jahre 1991 bis 1999 hat die ifa-Bibliothek den Literaturdienst *Auswärtige Kulturpolitik und internationale Kulturbeziehungen*[2] herausgegeben, der die wichtige Literatur dieser Jahre zum Thema bibliografiert, die in der Datenbank des Fachinformationsdienstes Internationale Beziehungen und Länderkunde nachgewiesen und ausführlich inhaltlich mit Schlagworten und teilweise mit *abstracts* erschlossen wurde. Für die Zeit zwischen 1979 und 1991, die nicht durch die beiden genannten Bibliografien abgedeckt wird, ist der Leser auf die Literaturzusammenstellungen angewiesen, die die ifa-Bibliothek für die Zwei- bzw. Dreijahresberichte der Kulturabteilung des Auswärtigen Amts erstellt hat.

Die aktuelle Literatur zur Auswärtigen Kulturpolitik und zu den internationalen Kulturbeziehungen präsentiert die Bibliothek und Dokumentation des ifa in mehreren Rubriken auf ihren Internetseiten.

Die neueste in der ifa-Bibliothek eingegangene Literatur zu Grundlagen und Zielen der Auswärtigen Kulturpolitik, zu Sprachenpolitik, Wissenschaftskooperation, Medienpolitik, europäischer kultureller Zusammenarbeit sowie zu Kultur und Globalisierung findet sich unter *Aktuelle Literatur zu Themen der Auswärtigen Kulturpolitik*[3].

1 http://www.ifa.de/b/dkatalog.htm?iblk=1&teilkat=212
2 Alle periodisch erscheinenden Veröffentlichungen, die im folgenden genannt werden, werden ausführlich im Literaturverzeichnis zitiert.
3 http://www.ifa.de/b/litaktuell/litindex.htm

Auswahlbibliografien, die einen Überblick über ein spezielles Thema bieten, wie zum Beispiel die Wahrnehmung des Islam im Westen oder über deutsch-ausländische Kulturbeziehungen, finden sich ebenfalls auf den Seiten der ifa-Bibliothek im Internet.[4]

Sowohl in den Online-Katalogen und Datenbanken als auch in den Bibliografien wird soweit möglich zu den Volltexten im Internet verlinkt. Alle anderen Titel sind über die Fernleihe oder im Lesesaal der ifa-Bibliothek ausleihbar.

Zeitschriften

Eine Übersicht über wichtige Zeitschriften, die regelmäßig über Themen Auswärtiger Kulturpolitik berichten bzw. seltener, aber dann grundlegende Aufsätze zum Thema publizieren, findet der Leser unter *Ausgewählte Zeitschriften zur Auswärtigen Kulturpolitik*[5].

Mit der *Zeitschrift für KulturAustausch*[6] publiziert das ifa das führende deutschsprachige Fachmagazin für den internationalen Kulturdialog. Die Zeitschrift hat regelmäßige Schwerpunktthemen, eine Rubrik zur europäischen Kulturpolitik, einen Magazin- und einen Nachrichtenteil und informiert über aktuelle Literatur mittels Rezensionen und Annotationen von Neuerscheinungen.

Das *Kulturjournal des Goethe-Institus* (vormals *Kulturchronik*) druckt Beiträge aus der aktuellen deutschen Kulturberichterstattung nach. Daneben gibt es einige Zeitschriften des Goethe-Instituts, die sich auf den Kulturaustausch mit einzelnen Regionen spezialisiert haben, darunter *Humboldt* – eine Regionalzeitschrift für Lateinamerika, Spanien und Portugal – und *Fikr wa-fann*, die sich auf den arabischen Raum spezialisiert hat.

Der oben bereits erwähnte Drei- bzw. Zweijahresbericht der Kulturabteilung des Auswärtigen Amts stellt Bereiche und Maßnahmen sowie regionale Schwerpunkte der Auswärtigen Kulturpolitik vor. Eine wichtige Online-Zeitschrift ist der *Kulturkurier* des Auswärtigen Amts mit kurzen Beiträgen über die Arbeit der Kulturreferenten und der Mittlerorganisationen.

Die Bundesregierung gibt regelmäßig einen Jahresbericht zur Auswärtigen Kulturpolitik heraus (Bundesregierung 2004b).

Die Diskussion zur Auswärtigen Kulturpolitik im Parlament dokumentieren die Drucksachen des Deutschen Bundestags, so zuletzt die Beschlussempfehlung und der Bericht des Ausschusses für Kultur und Medien zu den Anträgen *Auswärtige Kulturpolitik stärken* und *Auswärtige Kultur- und Bildungspolitik stärken* aus dem Jahr 2004 (Ausschuss für Kultur und Medien 2004).

Darüber hinaus sind die Jahresberichte der Mittlerorganisationen wie Goethe-Institut, Alexander von Humboldt-Stiftung, Deutscher Akademischer Austauschdienst und Institut für Auslandsbeziehungen eine wichtige Quelle, um sich über einzelne Maßnahmen

4　http://www.ifa.de/b/publikat/dbpubind.htm
5　http://www.ifa.de/b/dkulturzeitschriften.htm
6　Online-Ausgabe: http://www.ifa.de/zfk/index.htm

und Projekte Auswärtiger Kulturpolitik zu informieren. Die Jahresberichte enthalten auch ausführliches Zahlenmaterial über die Arbeit der Mittler.

Weitere einschlägige Zeitschriften der Mittlerorganisationen sind
- der *DAAD-Letter* für seine Alumni, der über Aktuelles aus dem Deutschen Akademischen Austauschdienst berichtet,
- *Goethe-Institut aktuell,* das über herausragende Veranstaltungen der Goethe-Institute in aller Welt informiert,
- *Humboldt Kosmos* – die Mitteilungen der Alexander von Humboldt-Stiftung mit einem Titelthema, einer Nachrichtenrubrik und einem Kapitel zu Kunst und Kultur.

Der *Dienst für Kulturpolitik* der Deutschen Presse-Agentur (DPA) berichtet kontinuierlich über wichtige Ereignisse in der Kultur- und Bildungspolitik mit regelmäßigen Schwerpunktthemen. Die *Kulturpolitischen Mitteilungen* der Kulturpolitischen Gesellschaft widmen sich regelmäßig auch außenkulturpolitischen Schwerpunktthemen und bieten darüber hinaus Nachrichten und Rezensionen zum Thema an.

Einführende Literatur

Für einen ersten Einstieg in das Thema Auswärtige Kulturpolitik und internationale Kulturbeziehungen eignet sich besonders die Ausarbeitung von Otto Singer, der die konzeptionellen Grundlagen und institutionellen Entwicklungen seit 1945 kompakt und übersichtlich vorstellt (Singer 2003). Ebenfalls einen sehr guten Überblick über das gesamte Spektrum Auswärtiger Kulturpolitik bietet der Artikel von Gerd Ulrich Bauer im *Handbuch interkulturelle Germanistik* (Bauer 2003).

Die Mittlerorganisationen Alexander von Humboldt-Stiftung, Deutscher Akademischer Austauschdienst und Goethe-Institut haben jeweils zu ihrem fünfzigjährigen Bestehen Aufsatzsammlungen herausgegeben, die über ihre Kulturarbeit im Ausland vielfältig informieren.

Zu den »Klassikern« der Literatur zur Auswärtigen Kulturpolitik zählt der Sammelband *Freund oder Fratze* (Hoffmann/Maaß 1994), in dem 26 in- und ausländische Autoren die Stärken und Schwächen, Chancen und Defizite der Auswärtigen Kulturpolitik diskutieren. Zwei Jahre später erschien die vom damaligen Generalsekretär des Goethe-Instituts herausgegebene Auseinandersetzung mit der Arbeit des Goethe-Instituts, *In dieser Armut – welche Fülle!,* eine Rückschau auf die 25 Jahre zwischen 1970 und 1995 (Sartorius 1996).

Viel diskutiert in den neunziger Jahren wurden der *Spiegel*-Artikel von Hans Magnus Enzensberger (Enzensberger 1995), in dem er die Auswärtige Kulturpolitik als »Frühwarnsystem« bezeichnete, und der Aufsatz von Wolf Lepenies (Lepenies 1995) in der *Zeit,* der den Wandel von einer Belehrungskultur zu einer Lernkultur forderte.

Eine Reihe von Tagungen hat sich der Diskussion um die Auswärtige Kulturpolitik gewidmet und dies in mehreren Publikationen dokumentiert. In den achtziger Jahren war es das Symposium *Internationale Kulturbeziehungen – Brücke über Grenzen* (Danckwortt 1980), das den Gedanken der Zweibahnstraße in den Vordergrund stellte und mit über 400 Teilnehmern international besetzt war. Mitte der neunziger Jahre beschäftigte sich die

Deutsche Nationalstiftung mit der Frage: *Wozu deutsche auswärtige Kulturpolitik?* (Deutsche Nationalstiftung 1996). Im Jahr 2000 fanden zwei erwähnenswerte Tagungen statt: Das Loccumer Kulturpolitische Kolloquium *Deutschland und die Welt* (Burmeister 2000) fragte nach kulturpolitischen Überlegungen und Konzeptionen, und das Auswärtige Amt veranstaltete ein Forum zur Zukunft der Auswärtigen Kulturpolitik in Berlin (Auswärtiges Amt 2000b).

Die weiterführende Auseinandersetzung mit der Auswärtigen Kulturpolitik der Bundesrepublik Deutschland setzt die Beschäftigung mit den Konzeptionen der Auswärtigen Kulturpolitik voraus (siehe ausführlich hierzu den Beitrag von Kurt-Jürgen Maaß zu Zielen und Zielgruppen der Auswärtigen Kulturpolitik in diesem Band und die Literaturangaben dazu im Literaturverzeichnis).

Eine bibliografische Orientierung auf dem Gebiet der Auswärtigen Kulturpolitik und der internationalen Kulturbeziehungen kommt nicht ohne die Erwähnung von zwei Autoren aus, die die Diskussion um die Auswärtige Kulturpolitik wesentlich mitbestimmt haben: die ehemalige Staatsministerin im Auswärtigen Amt Hildegard Hamm-Brücher und der langjährige Leiter der Kulturabteilung Barthold C. Witte. Aus der Vielzahl ihrer Schriften soll beispielhaft nur auf den Werkstattbericht zur Auswärtigen Kulturpolitik von Hamm-Brücher (Hamm-Brücher 1980) und die Aufsatzsammlung *Dialog über Grenzen* (Witte 1988) hingewiesen werden.

Den Stand einzelner bilateraler deutsch-ausländischer Kulturbeziehungen bilanzieren die Synergie-Studien des Instituts für Auslandsbeziehungen. Bisher sind einzelne Studien zu China, Israel, Japan, Korea, Kroatien, Polen, Russland, Türkei und Ukraine erschienen.[7] Die einzelnen Studien werden durch Linksammlungen im Internet ergänzt.

Das *Europanetz*[8] der Bibliothek des Instituts für Auslandsbeziehungen informiert über Organisation und Administration Auswärtiger Kulturpolitik in den Ländern der Europäischen Union und der Schweiz. Neben Links zu wichtigen Ministerien und Institutionen finden sich im *Europanetz* auch Verweise auf Grundlagentexte und ausführliche Darstellungen zur Auswärtigen Kulturpolitik dieser Länder. Unter dem Titel *Jeder für sich und alle gemeinsam – Auswärtige Kulturpolitik in Europa*[9] bietet das ifa darüber hinaus in seinem Dossier ergänzende Texte zu Zielen und Strukturen Auswärtiger Kulturpolitik einzelner europäischer Länder.

Internetquellen

Neben den aktuellen Literaturhinweisen, Bibliografien und Online-Katalogen bieten die Seiten der Bibliothek und Dokumentation des Instituts für Auslandsbeziehungen noch eine Reihe weiterer hilfreicher Internet-Services mit ausgewählten Informationen zum Thema. An erster Stelle sind darunter die *Nachrichten zum Kulturaustausch*[10] zu nennen,

---

7 http://www.ifa.de/v/index.htm
8 http://www.ifa.de/europanetz
9 http://www.ifa.de/europa-akp
10 http://www.ifa.de/infopool/index.htm

die tagesaktuell wichtige Online-Nachrichten aus dem Bereich der internationalen Kulturbeziehungen liefern und darüber hinaus mit relevanten Online-Presseartikeln zur Auswärtigen Kulturpolitik verlinken.

Eine Übersicht über Lehrangebote an deutschen Hochschulen findet sich unter *Auswärtige Kulturpolitik in Forschung und Wissenschaft*[11]. Das *Deutschlandnetz*[12] verlinkt alle deutschen Repräsentanzen im Ausland, neben den Botschaften, Generalkonsulaten, Auslandskulturinstituten auch die Auslandsbüros der Politischen Stiftungen, Außenhandelskammern und die ausländisch-deutschen Kulturgesellschaften.

Deutsche Kultur International (DKI)[13] ist das Leit- und Orientierungssystem zu Bereichen, Maßnahmen und Zuständigkeiten in der deutschen Auswärtigen Kulturpolitik. Es ist ein Gemeinschaftsprojekt der Vereinigung für Internationale Zusammenarbeit (VIZ), die Redaktion liegt beim Institut für Auslandsbeziehungen. DKI informiert über deutsche Sprache und Literatur im In- und Ausland, Ausstellungen deutscher Kunst im Ausland und ausländischer Kunst in Deutschland, die Förderung von Künstlern in der bildenden Kunst, Musik, Tanz, Theater, Studenten- und Wissenschaftleraustausch, Ausbildungs- und Arbeitsaufenthalte im Ausland, Programme des Jugendaustauschs, deutsche Schulen weltweit sowie Dokumentationsstellen und Medienangebote für deutsche Kultur und internationale Kulturbeziehungen.

Das Auswärtige Amt bietet unter der Rubrik *Außenpolitik* auch Informationen zum Stichwort *Auswärtige Kultur- und Bildungspolitik* an.[14] Die Seiten informieren über Ziele, Arbeitsweisen, Mittler, Hochschulen, Wissenschaft, Forschung, Schulen, Jugend, Sport, Kunst, Medien und deutsche Sprache. Ergänzend dazu finden sich Angaben zu deutsch-ausländischen Kulturjahren bzw. -wochen, zu kulturellen Hilfsprojekten und weitere aktuelle Informationen. Auch einzelne deutsche Botschaften im Ausland bieten auf ihren Seiten im Internet Informationen zur den deutsch-ausländischen Kulturbeziehungen an. Um welche Botschaften es sich dabei handelt, lässt sich über das oben bereits erwähnte *Deutschlandnetz* des ifa ermitteln.

Die Tagesordnungen und die Protokolle der öffentlichen Anhörungen und Sitzungen des Ausschusses für Kultur und Medien finden sich auf den Seiten des Deutschen Bundestags im Internet.[15] Der Ausschuss beschäftigt sich auch immer wieder mit Themen Auswärtiger Kulturpolitik.

Die oben genannten Bibliografien, Zeitschriften, Literaturhinweise und Internet-Quellen können natürlich nur einen ersten Einstieg in das Thema ermöglichen und werden alle regelmäßig von der Bibliothek und Dokumentation des Instituts für Auslandsbeziehungen ausgewertet. Studierende und andere an Auswärtiger Kulturpolitik Interessierte sollten sich daher in jedem Fall an die Bibliothek und Dokumentation des ifa wenden, um sich individuell und differenzierter bei Recherchen und weiterem Literatur- oder Informationsbedarf beraten zu lassen.

11 http://www.ifa.de/akp/forschtab.htm
12 http://www.ifa.de/deutschlandnetz
13 http://www.deutsche-kultur-international.de
14 http://www.auswaertiges-amt.de/www/de/aussenpolitik/kulturpolitik/index_html
15 http://www.bundestag.de/parlament/gremien15/a21/index.html

8. Literaturverzeichnis

Periodika:

Auswärtige Kulturpolitik und internationale Kulturbeziehungen. Ausgewählte Literatur aus der Datenbasis des Fachinformationsverbundes Internationale Beziehungen und Länderkunde, Stuttgart: Inst. für Auslandsbeziehungen 1991/92-1998/99

DAAD-Letter, Bonn: Deutscher Akademischer Austauschdienst, 1980-

Dienst für Kulturpolitik. Nachrichten, Berichte und Informationen über Tatsachen und Tendenzen der Wissenschafts- und Bildungspolitik in Bund und Ländern, Hamburg: Deutsche Presse-Agentur 1967-2001,39

Forts.: *DPA-Dossiers. Kulturpolitik,* 2001,40-

Fikr wa-fann. Art & thought. Fikrun wa fann, Bonn: Goethe-Institut Inter Nationes 1963-

Goethe-Institut, *Aktuell. Ein vierteljährlicher Presseservice des Goethe-Instituts,* München 1997,3-

Humboldt, Bonn: Inter Nationes 1960-

Humboldt Kosmos. Mitteilungen der Alexander von Humboldt-Stiftung, Bonn, 2001-

Kafka. Zeitschrift für Mitteleuropa, München: Goethe-Institut 2001-2004

Kulturchronik. Nachrichten und Berichte aus der Bundesrepublik Deutschland, Bonn: Inter Nationes 1983-2003

Kulturjournal des Goethe-Instituts, München, 2004-

Kulturkurier, Berlin: Auswärtiges Amt 2002-

Zeitschrift für Kulturaustausch, Stuttgart: Inst. für Auslandsbeziehungen 1962-

Aufsätze und Monographien:

Abelein, Manfred (1968), *Die Kulturpolitik des Deutschen Reiches und der Bundesrepublik Deutschland. Ihre verfassungsrechtliche Entwicklung und ihre verfassungsrechtlichen Probleme,* Köln: Westdt. Verl., 312 S.

Adam, Konrad (1985), »Der Staat als Spender«, *Frankfurter Allgemeine Zeitung* (Frankfurt/Main), 8. März 1985, S. 3.

Advisory Group on Public Diplomacy for the Arab and Muslim World (2003), *Changing Minds, Winning Peace. A New Strategic Direction for U.S. Public Diplomacy in the Arab & Muslim World,* Washington, DC, 81 S.
http://www.state.gov/documents/organization/24882.pdf

Ahokas, Carmela (2003), *Die Förderung der deutschen Sprache durch die Schweiz. Möglichkeiten und Einschränkungen,* Frankfurt a.M. u.a.: Lang, 193 S.

Albertsen-Márton, Renate (ca. 1993), *30 Years of Exhibitions at the Goethe-Institut, Lagos, 1962-1992,* Lagos: Goethe-Institut, 11 S.

Alexander von Humboldt-Stiftung (1999), *Grenzenlose Wissenschaft: Deutsche Post-Docs im Ausland. 20 Jahre Feodor Lynen-Programm,* Bonn, 251 S.

Ammon, Ulrich (1989), »Zur Geschichte der Sprachverbreitungspolitik der Bundesrepublik Deutschland von den Anfängen bis 1985. Kommentierte Dokumentation der Diskussion im Bundestag mit anschließendem Ausblick«, *Deutsche Sprache* (Berlin), Jg. 17, S. 229-263.

Ammon, Ulrich (1991), *Die internationale Stellung der deutschen Sprache,* Berlin/New York: de Gruyter, XX, 633 S.

Ammon, Ulrich/Kleineidam, Hartmut (Hg.) (1992), *Language-Spread Policy,* Vol. 1: *Languages of Former Colonial Powers,* Berlin u.a.: Mouton de Gruyter, 148 S.

Ammon, Ulrich (Hg.) (1994), *Language-Spread Policy,* Vol. 2: *Languages of Former Colonial Powers and Former Colonies,* Berlin u.a.: Mouton de Gruyter, 166 S.

Ammon, Ulrich (1998), *Ist Deutsch noch internationale Wissenschaftssprache? Englisch auch für die Lehre an den deutschsprachigen Hochschulen,* Berlin/New York: de Gruyter, XVI, 339 S.

Ammon, Ulrich (Hg.) (2000a), *Sprachförderung. Schlüssel auswärtiger Kulturpolitik,* Frankfurt a.M. u.a.: Lang, 150 S.

Ammon, Ulrich (2000b), »Auf welchen Interessen beruht Sprachförderungspolitik? Ansätze einer erklärenden Theorie«, in: Ammon 2000a, S. 135-150.

Ammon, Ulrich (2003/2004), »Sprachenpolitik in Europa - unter dem vorrangigen Aspekt von Deutsch als Fremdsprache«, *Deutsch als Fremdsprache* (Berlin), Jg. 40, S. 195-209, Jg. 41, S. 3-10.

Andreae, Lisette/Kaiser, Karl (1998), »Die ›Außenpolitik‹ der Fachministerien«, in: *Deutschlands neue Außenpolitik,* Bd. 4, *Institutionen und Ressourcen,* München: Oldenbourg, S. 29-46.

Andrei, Verena (2000), *Die auswärtige Sprachförderungspolitik der Bundesrepublik Deutschland gegenüber den Staaten Mittel- und Osteuropas. Eine Außenpolitikanalyse,* Magisterarbeit, Universität Tübingen, 134 S.

Arbeitsgruppe Hochschulforschung (1999), *Evaluierung des Feodor-Lynen-Forschungsstipendien-programms der Alexander-von-Humboldt-Stiftung,* durchgeführt von der Arbeitsgruppe Hochschulforschung der Universität Konstanz im Auftrag der Alexander-von-Humboldt-Stiftung, Bonn: AvH, 138, 16 S.

Arndt, Richard T./Rubin, David Lee (Hg.) (1993), *The Fulbright Difference 1948-1992,* New Brunswick: Transaction Publ., XVII, 490 S.

Arnheim, Rudolf (1974), *Film als Kunst,* München: Hanser, 344 S.

Arnold, Hans (1974), »Die Mittlerorganisationen der Auswärtigen Kulturpolitik zwischen Konzeption und Organisation«, *Zeitschrift für Kulturaustausch* (Stuttgart), Jg. 24, H. 2, S. 98-106.

Augsburger, David (1992), *Conflict Mediation Across Cultures. Pathways and Patterns,* Louisville, Kentucky: Westminster John Knox Press, X, 310 S.

Ausschuss für Kultur und Medien (2004), *Beschlussempfehlung und Bericht des Ausschusses für Kultur und Medien (21. Ausschuss) a) zu dem Antrag der Abgeordneten Monika Griefahn ... und der Fraktion der SPD sowie der Abgeordneten Dr. Antje Vollmer ... und der Fraktion Bündnis 90/Die Grünen – Drucksache 15/2659 – Auswärtige Kulturpolitik stärken, b) zu dem Antrag der Abgeordneten Günter Nooke ... und der Fraktion der CDU/CSU – Drucksache 15/2647 – Auswärtige Kultur- und Bildungspolitik stärken,* Bundestagsdrucksache 15/3244, Bonn: Deutscher Bundestag, 6 S.
http://dip.bundestag.de/btd/15/032/1503244.pdf

Auswärtiges Amt (1963), AA III B 2, Bd. 304: *Leistungen der BRD im Rahmen der Technischen Hilfe* vom 10.9.1963. [Archiv Auswärtiges Amt]

Auswärtiges Amt (1965a), AA III B 1, Bd. 391: *Bericht des Herrn Bundesministers für Wirtschaftliche Zusammenarbeit über die Konzeption der Entwicklungshilfepolitik der Bundesrepublik* vom 3.4.1965. [Archiv Auswärtiges Amt]

Auswärtiges Amt (1965b), AA B 97, Bd. 132: *Aufzeichnung* vom 8.2.1965. [Archiv Auswärtiges Amt]

Auswärtiges Amt (1970a), AA III B2, Band 968: *Verhältnis AA - BMZ, hier: Zuständigkeit für gesellschaftspolitische Maßnahmen und Bildungshilfe* vom 20.4.1970. [Archiv Auswärtiges Amt]

Auswärtiges Amt (1970b), *Leitsätze für die auswärtige Kulturpolitik*, Bonn, 15 S. (Auch in: Peisert (1978), S. 354-358).

Auswärtiges Amt (1972), *Die Auswärtige Politik der Bundesrepublik Deutschland*, Köln: Verl. Wiss. und Politik, 989 S.

Auswärtiges Amt (1977), *Auswärtige Kulturpolitik. Stellungnahme der Bundesregierung zum Bericht der Enquete-Kommission Auswärtige Kulturpolitik des Deutschen Bundestages. Dokumentation*, Bonn, 52 S.

Auswärtiges Amt (1978), *Rahmenplan für die auswärtige Kulturpolitik im Schulwesen. Material für die Presse Nr. 1031 B/78*, Bonn, 31 S.

Auswärtiges Amt (1982), *Zehn Thesen zur kulturellen Begegnung und Zusammenarbeit mit Ländern der Dritten Welt*, Bonn: Referat Öffentlichkeitsarbeit, 16 S.

Auswärtiges Amt (1989), *40 Jahre Außenpolitik der Bundesrepublik Deutschland. Eine Dokumentation*, Stuttgart: Bonn Aktuell, VIII, 797 S.

Auswärtiges Amt (1996), *Deutsche Auswärtige Kulturpolitik im Schulwesen. Dokumentation*, Bonn, 24 S.

Auswärtiges Amt (2000a), *Auswärtige Kulturpolitik – Konzeption 2000*, Berlin, 19 S. http://www.auswaertiges-amt.de/www/de/infoservice/download/pdf/kultur/konzept2000.pdf

Auswärtiges Amt (2000b), *Forum: Zukunft der Auswärtigen Kulturpolitik. Berlin, 4. Juli 2000*, Berlin, 74 S.

Auswärtiges Amt (2001), »Auswärtige Kultur- und Bildungspolitik«, in: *Deutsche Außenpolitik 2001*, Berlin: Auswärtiges Amt, S. 204-221.

Auswärtiges Amt (2002), *Auswärtige Kultur- und Bildungspolitik heute*, Berlin, 109 S.

Auswärtiges Amt (2003), *Auswärtige Kultur- und Bildungspolitik*, Berlin, 105 S.

Auswärtiges Amt (2004), *Deutsche Außenpolitik 2003/2004*, Berlin, 291 S.

Bade, Klaus J. (1975), *Friedrich Fabri und der Imperialismus in der Bismarckzeit. Revolution, Depression, Expansion*, Freiburg i. Br.: Atlantis-Verl., 579 S.

Badia, Gilbert/Roussel, Hélène (1983), »Politische und kulturelle Aktivitäten der Emigranten 1933-1939«, in: Goethe-Institut Paris (Hg.), *Deutsche Emigranten in Frankreich – französische Emigranten in Deutschland (1685-1945), Ausstellungskatalog*, Paris, S. 139-154.

Bälz, Ottilie (2002), *Netzwerke für die Zukunft: Die deutsch-russischen Kulturbeziehungen. Bestandsaufnahme und Empfehlungen*, Stuttgart: ifa, 111 S. (ifa-Dokumente; 2002,2)

Baker, Robin (2003), *The United Kingdom: foreign cultural policy*, Stuttgart: ifa, 9 S. http://www.ifa.de/europa-akp/konferenz/download/eu_baker.pdf

Baller, Gerhard (Hg.) (1985), *Internationaler Künstler- und Kulturaustausch mit der Dritten Welt. Berichte und Diskussionen. Dokumentation des Symposiums ... vom 11. bis 13. April 1984 in Braunschweig*, Braunschweig: Hochsch. für Bildende Künste, 189 S.

Banzhaf, Lars (2002), *Außenbeziehungen russischer Regionen*, Berlin: Osteuropa-Inst., 70 S.

Barbian, Jan-Pieter (1992), »Kulturwerte im Zeitkampf. Die Kulturabkommen des ›Dritten Reiches‹ als Instrumente nationalsozialistischer Außenpolitik«, *Archiv für Kulturgeschichte* (Köln), Jg. 74, H. 2, S. 415-459.

Barbian, Jan-Pieter (1995), *Literaturpolitik im »Dritten Reich«, Institutionen, Kompetenzen, Betätigungsfelder*, Überarb. und aktualis. Ausg., München: dtv, 915 S.

Barghoorn, Frederick C. (1960), *The Soviet Cultural Offensive. The Role of Cultural Diplomacy in Soviet Foreign Policy*, Princeton, NJ: University Press, VII, 353 S.

Bartsch, Sebastian (1998), »Politische Stiftungen: Grenzgänger zwischen Gesellschafts- und Staatenwelt«, in: Wolf-Dieter Eberwein (Hg.), *Deutschlands neue Außenpolitik*, Bd. 4, *Institutionen und Ressourcen*, München: Oldenbourg, S. 185-198.

Baudisch, Carl Peter (1976), »Die auswärtige Bucharbeit und die Mittlerorganisationen«, *Zeitschrift für Kulturaustausch* (Stuttgart), Jg. 26, H. 4, S. 39-44.

Bauer, Gerd Ulrich (1997), *Ausstellungen internationaler Kunst: Forschungsgegenstand interkultureller Germanistik und Aufgabe auswärtiger Kulturpolitik,* Bayreuth: Universität, VII, 353 S. [unveröffentlichte Magisterarbeit]

Bauer, Gerd Ulrich (2001), »Kulturelle Programmarbeit«, in: *Auswärtige Kulturpolitik – ein Stiefkind der Forschung?* Stuttgart: Institut für Auslandsbeziehungen, ca. 5 S.
http://www.ifa.de/i/dakp_bauer.htm

Bauer, Gerd Ulrich (2002), »Die ›dritte Säule‹ der Politik. Zur Konzeptualisierung auswärtiger Kulturpolitik der Bundesrepublik Deutschland nach 1970«, in: Alois Wierlacher (Hg.), *Kulturthema Kommunikation*, Möhnesee: Residence-Verl., S. 439-451.

Bauer, Gerd Ulrich (2003), »Auswärtige Kulturpolitik«, in: Alois Wierlacher (Hg.), *Handbuch interkulturelle Germanistik,* Stuttgart: Metzler, S. 132-143.

Baumann, Rainer/Rittberger, Volker/Wagner, Wolfgang (1999), »Macht und Machtpolitik. Neorealistische Außenpolitiktheorie und Prognosen über die deutsche Außenpolitik nach der Vereinigung«, *Zeitschrift für internationale Beziehungen* (Baden-Baden), Jg. 6, H. 2, S. 245-286.

Baumann, Rainer/Rittberger, Volker/Wagner, Wolfgang (2001), »Neorealist Foreign Policy Theory«, in: Volker Rittberger (Hg.), *German Foreign Policy since Unification: Theories and Case Studies,* Manchester: Manchester Univ. Press, S. 37-67.

Bautz, Ingo (2002), *Die Auslandsbeziehungen der deutschen Kommunen im Rahmen der europäischen Kommunalbewegung in den 1950er und 60er Jahren. Städtepartnerschaften, Integration, Ost-West-Konflikt,* Diss., Univ. Siegen, 371 S.

Bayer, Manfred (1989), »Interkulturelle Bildungshilfe für Studierende aus und in Entwicklungsländern«, *Zeitschrift für Kulturaustausch* (Stuttgart), Jg. 39, H. 1, S. 197-204.

Becker, Christoph/Lagler, Annette (1995), *Biennale Venedig. Der deutsche Beitrag 1895-1995,* Stuttgart: Cantz, 259 S.

Beeftink, Ellen (1998), »Bücher haben in Deutschland auch weiterhin feste Preise«, *buch nrw* (Düsseldorf), H. 1.
http://www.buchnrw.de/download/bnrw1_98.pdf [Stand 25.09.2003]

Benecke, Dieter (1993), »Meine Erwartung: Eine aktivere auswärtige Kulturpolitik Polens«, in: Friedbert Pflüger (Hg.), *Feinde werden Freunde. Von den Schwierigkeiten der deutsch-polnischen Nachbarschaft,* Bonn: Bouvier, S. 350-355.

Benjamin, Walter (1977), *Das Kunstwerk im Zeitalter seiner technischen Reproduzierbarkeit,* 10. Aufl., Frankfurt a.M.: Suhrkamp, 107 S.

Bennett, Tony (2001), *Differing Diversities. Transversal Study on the Theme of Cultural Policy and Cultural Diversity,* Strasbourg: Council of Europe, 201 S.

Berger, Thomas U. (1996), »Norms, Identity, and National Security in Germany and Japan«, in: Peter J. Katzenstein (Hg.), *The Culture of National Security. Norms and Identity in World Politics,* New York, NY: Columbia Univ. Press, S. 317-356.

Berger, Thomas U. (1998), *Cultures of Antimilitarism. National Security in Germany and Japan,* Baltimore, MD: Johns Hopkins Univ. Press, XIII, 256 S.

Bernatowicz, Grażyna (1994), »The Attitude of the Southern European States to European Union Enlargement«, *The Polish Quarterly of International Affairs* (Warszawa), Jg. 1994, H. 3, S. 97-110.

Bertram, Hans-Bodo (1997), »Komplementäre Interessen eines außenpolitischen Konzepts«, *Europäische Zeitung* (Bonn), Jg. 1997, H. 3, S. X.

Beusch, Dirk (2001), »Crisis! What Crisis?«, *Zeitschrift für Kulturaustausch* (Stuttgart), Jg. 51, H. 2, S. 56-57.

Beyrau, Dietrich/Bock, Ivo (Hg.) (1988), *Das Tauwetter und die Folgen: Kultur und Politik in Osteuropa nach 1956,* Bremen: Ed. Temmen, 183 S.

Bierling, Stephan (1999), *Die Außenpolitik der Bundesrepublik Deutschland. Normen, Akteure, Entscheidungen,* München: Oldenbourg, 366 S.

Birrenbach, Kurt (1967), »Kulturpolitik im Rahmen der deutschen Außenpolitik«, *Auswärtige Kulturbeziehungen* (Neuwied), Jg. 4, S. 15-26.

Bleker, Klaus/Grote, Andreas (Red.) (1981), *Ausstellungen – Mittel der Politik? Ein Symposion, veranstaltet vom Institut für Museumskunde, Berlin, Staatliche Museen Preußischer Kulturbesitz, und vom Institut für Auslandsbeziehungen, Stuttgart, Berlin, 10.-12. September 1980,* Berlin: Gebr. Mann Verlag, 315 S.

Bode, Christian (2002), »Die kulturellen Mittlerorganisationen«, in: Christoph Bertram/Friedrich Däuble (Hg.), *Wem dient der Auswärtige Dienst?,* Opladen: Leske und Budrich, S. 149-161.

Boekle, Henning/Rittberger, Volker/Wagner, Wolfgang (2001), »Soziale Normen und normgerechte Außenpolitik. Konstruktivistische Außenpolitiktheorie und deutsche Außenpolitik nach der Vereinigung«, *Zeitschrift für Politikwissenschaft* (Wiesbaden), Jg. 11, H. 1, S. 71-103.

Borgolte, Michael (2001), »Stiftung, Staat und sozialer Wandel. Von der Gegenwart zum Mittelalter«, in: Bundesverband Deutscher Stiftungen (Hg.), *Stiftungen sichern Qualität. Dokumentation der 3. Tagung des Arbeitskreises Kunst- und Kulturstiftungen,* Bonn, S. 18-39.

Born, Joachim/Dickgießer, Sylvia (1989), *Deutschsprachige Minderheiten. Ein Überblick über den Stand der Forschung für 27 Länder,* Mannheim: Institut für Deutsche Sprache, 263 S.

Brand, Ulrich u.a. (Hg.) (2001), *Nichtregierungsorganisationen in der Transformation des Staates,* Münster: Westfälisches Dampfboot, 182 S.

Brandt, Enrico/Buck, Christian (Hg.) (2002), *Auswärtiges Amt. Diplomatie als Beruf,* Opladen: Leske + Budrich, 408 S.

Bray, Caroline (1986), »Cultural and Information Policy in Bilateral Relations«, in: Roger Morgan/Caroline Bray, *Partners and Rivals in West Europe: Britain, France and Germany,* Aldershot: Gower, S. 78-101.

British Council/FCO (1999), *Memorandum of Understanding,* London, 3 S.
http://foi.britishcouncil.org/downloads/FCOMoU99.pdf

Brodersen, Hans (1993), »Concurrence des cultures d'usage étrangères à l'exemple de la ville de Cracovie«, in: Hans Brodersen (Hg.), *Relations culturelles internationales et processus de réformes en Europe centrale – les politiques culturelles extérieures autrichienne, allemande et française,* Jouy-en-Josas: HEC Eurasia Inst., S. 101-145.

Bruézière, Maurice (1983), *L'Alliance Française 1883-1983. Histoire d'une institution,* Paris: Hachette, 247 S.

Bundesministerium der Finanzen (2004), *Finanzbericht 2005,* Berlin: BMF, 426 S.

Bundesministerium des Innern (2004), *Frei und sicher leben – deutsche Innenpolitik in Europa,* Berlin, 50 S.
http://www.bmi.bund.de/cln_006/nn_121894/Internet/Content/Common/Anlagen/Broschueren/
2004/Frei__und__sicher__leben__-__deutsche__Id__25575__de,templateId=raw,property=
publicationFile.pdf/Frei_und_sicher_leben_-_deutsche_Id_25575_de

Bundesministerium für Bildung und Forschung (2002), *Bildung und Forschung weltoffen – Innovation durch Internationalität,* Bonn, 22 S.
http://www.bmbf.de/pub/20020718_bf_weltoffen.pdf

Bundesministerium für Bildung und Forschung (2004), *Bundesbericht Forschung 2004,* Berlin, 848 S.
http://www.bmbf.de/pub/bufo2004.pdf

Bundesministerium für Wirtschaftliche Zusammenarbeit (1987), *Richtlinien für die Aus- und Weiterbildung von Angehörigen der Entwicklungsländer*, Bonn, 2 S.

Bundesministerium für Wirtschaftliche Zusammenarbeit und Entwicklung (1999), *Die entwicklungspolitische Arbeit der politischen Stiftungen. Informationsvermerk für den Bundestagsausschuss für wirtschaftliche Zusammenarbeit und Entwicklung vom August 1999*, Bonn, S. 1.

Bundesministerium für Wirtschaftliche Zusammenarbeit und Entwicklung (2004), *Medienhandbuch Entwicklungspolitik 2004/2005*, Berlin, 516 S.

Bundesregierung (1967), *Die Situation der deutschen Sprache in der Welt*, Bundestagsdrucksache 5/2344, Bonn: Deutscher Bundestag, S. 7-19.

Bundesregierung (1977), *Stellungnahme der Bundesregierung zu dem Bericht der Enquete-Kommission »Auswärtige Kulturpolitik« des Deutschen Bundestages vom 7. Oktober 1975, Drucksache 7/4121*, Bundestagsdrucksache 8/927, Bonn: Deutscher Bundestag, 25 S.
http://www.parlamentsspiegel.de/WWW/Webmaster/GB_I/I.4/Dokumentenarchiv/dokument.php?pl=BA&part=D&pnr=8/927&quelle=parla

Bundesregierung (1978), *Rahmenplan für die auswärtige Kulturpolitik im Schulwesen. Auslandsschulen, Sprachförderung und internationale Zusammenarbeit*, Bundestagsdrucksache 8/2103, Bonn: Deutscher Bundestag, 35 S.
http://www.landtag.nrw.de/WWW/Webmaster/GB_I/I.4/Dokumentenarchiv/dokument.php?quelle=alle&action=anzeigen&wm=1&Id=BAD08/2103

Bundesregierung (1984), *Situation der Auslandslehrer. Antwort der Bundesregierung auf die Kleine Anfrage der Abgeordneten Büchner (Speyer)... und der Fraktion der SPD, Drucksache 10/1942*, Bundestagsdrucksache 10/2385, Bonn: Deutscher Bundestag, 28 S.
http://www.landtag.nrw.de/WWW/Webmaster/GB_I/I.4/Dokumentenarchiv/dokument.php?quelle=alle&action=anzeigen&wm=1&Id=BAD10/2385

Bundesregierung (1985), *Bericht der Bundesregierung über die deutsche Sprache in der Welt*, Bundestagsdrucksache 10/3784, Bonn: Deutscher Bundestag. 91 S.
http://www.landtag.nrw.de/WWW/Webmaster/GB_I/I.4/Dokumentenarchiv/dokument.php?quelle=alle&action=anzeigen&wm=1&Id=BAD10/3784

Bundesregierung (1996), *57. Bericht des Bundesregierung über die Integration der Bundesrepublik Deutschland in die Europäische Union. 1.1.-31.12.1996, vom 12.3.1997*, Bundestagsdrucksache 13/7168, Bonn: Deutscher Bundestag, 131 S.
http://dip.bundestag.de/btd/13/071/1307168.asc

Bundesregierung (2000), *Leitlinien zur politischen Öffentlichkeitsarbeit Ausland 2000*, Berlin, 7 S.

Bundesregierung (2001), *Verbreitung, Förderung und Vermittlung der deutschen Sprache. Antwort der Bundesregierung auf die Große Anfrage ... Drucksache 14/5835*, Bundestagsdrucksache 14/7250, Berlin: Deutschland Bundestag, 56 S.
http://dip.bundestag.de/btd/14/072/1407250.pdf

Bundesregierung (2002a), *Bericht über den Stand der Entwicklung und Reformmaßnahmen bei der medialen Außenrepräsentanz*, Bundestagsdrucksache 14/9502, Berlin: Deutscher Bundestag, 24 S.
http://dip.bundestag.de/btd/14/095/1409502.pdf

Bundesregierung (2002b), *Eckpunkte für eine Verständigung über die Zuständigkeiten des Beauftragten der Bundesregierung für Angelegenheiten der Kultur und der Medien im Kulturbereich*, 25.4.2002, Berlin, 3 S.
http://www.bundesregierung.de/dokumente/-,413.77874/Namensbeitrag/dokument.htm

Bundesregierung (2003a), *Bericht der Bundesregierung zur Auswärtigen Kulturpolitik 2002*, Bundestagsdrucksache 15/2258, Berlin: Deutscher Bundestag, 37 S.
http://dip.bundestag.de/btd/15/022/1502258.pdf

Bundesregierung (2003b), *Deutsch als Arbeitssprache in der Europäischen Union. Antwort der Bundesregierung auf die Kleine Anfrage der Abgeordneten Günter Nooke ... Drucksache 15/250,* Bundestagsdrucksache 15/330, Berlin: Deutscher Bundestag, 4 S.

http://dip.bundestag.de/btd/15/003/1500330.pdf

Bundesregierung (2004a), *Aktionsplan Zivile Krisenprävention, Konfliktlösung und Friedenskonsolidierung,* Berlin.

http://www.auswaertiges-amt.de/www/de/aussenpolitik/friedenspolitik/ziv_km/aktionsplan.pdf

Bundesregierung (2004b), *Bericht der Bundesregierung zur Auswärtigen Kulturpolitik 2003,* Berlin: Auswärtiges Amt, 47 S.

http://www.auswaertiges-amt.de/www/de/infoservice/download/pdf/kultur/akp2003.pdf

Bundesverfassungsgericht (1987), »Urteil des BverfG vom 14.7.1986, Gewährung von Globalzuschüssen zur politischen Bildungsarbeit an parteinahe Stiftungen«, in: *Entscheidungen des Bundesverfassungsgerichts,* Tübingen: Mohr, Bd. 73, S. 1-39.

Bundeszentrale für Politische Bildung (1999), *Menschenrechte – Dokumente und Deklarationen,* 3., aktualis. und erw. Aufl., Bonn, 701 S.

Burmeister, Hans-Peter (2000), *Deutschland und die Welt. Kulturpolitische Überlegungen und Konzeptionen. 44. Loccumer Kulturpolitisches Kolloquium,* Rehburg-Loccum: Evang. Akad. Loccum, 239 S.

Bury, Hans Martin (2003), *Polen in Europa. Rede bei der Tagung »Polen in Europa« der Deutsch-Polnischen Gesellschaft, Landesverband Baden-Württemberg in der Evangelischen Akademie Bad Boll, 31.03.2003,* Berlin: Auswärtiges Amt, 3 S.

http://www.auswaertigesamt.de/www/de/laenderinfos/laender/laender_ausgabe_archiv?land_id =136&a_type=Reden&archiv_id=4031

Buzan, Barry (1991), *People, States and Fear. An Agenda for International Security Studies in the Post-Cold War Era,* 2. ed., New York, NY: Harvester Wheatsheaf, XVII, 393 S.

Carnegie Commission on Preventing Deadly Conflict (1997), *Preventing Deadly Conflict,* New York: Carnegie Corporation, XLVI, 256 S.

Chickering, Roger (1993), *Karl Lamprecht. A German Academic Life (1856-1915),* Atlantic Highlands/NJ: Humanities Press, XVIII, 491 S.

Christ, Herbert (2000), »Zur französischen Sprachpolitik. Der Blick nach innen und außen«, in: Ammon 2000a, S. 103-119.

Ciszewski, Jörg (2003), »Breitensport statt Champions League. Auswärtige Kulturpolitik in Polen«, *Zeitschrift für Kulturaustausch* (Stuttgart), Jg.53, H. 2, S. 74-75.

Claus, Burghard (2001), »Kultur und Entwicklung in den Partnerländern als Element der Entwicklungszusammenarbeit«, in: Steffen Wippel/Inse Cornelssen (Hg.), *Entwicklungspolitische Perspektiven im Kontext wachsender Komplexität,* München/Bonn/London: Weltforum-Verlag, S. 301-324.

Clemens, Gabriele (1997), *Britische Kulturpolitik in Deutschland 1945-1949. Literatur, Film, Musik und Theater,* Stuttgart: Steiner, 308 S.

Commissioner's Advisory Group on International Cultural Exchange (2003), *About the Future Promotion of International Cultural Exchange. Report,* Tokyo: Agency for Cultural Affairs, 48 S.

Coombs, Philip H. (1964), *The Fourth Dimension of Foreign Policy. Education and Cultural Affairs,* New York, NY: Harper & Row, 158 S.

Costy, Alexander/Gilbert, Stefan (1998), *Conflict Prevention and the European Union. Mapping the Actors, Instruments and Institutions,* London: International Alert, 46 S.

Cummings, Milton C. (2003), *Cultural Diplomacy and the Unites States Government. A survey,* Washington, DC: Center for Arts and Culture, 15 S.
http://www.culturalpolicy.org/pdf/MCCpaper.pdf

Czempiel, Ernst-Otto (1996), »Internationale Beziehungen: Begriff, Gegenstand und Forschungsabsicht«, in: Manfred Knapp/Gert Krell (Hg.), *Einführung in die internationale Politik.* 3., überarb. und erw. Aufl., München: Oldenbourg, S. 2-25.

Christ, Herbert (2000), »Zur französischen Sprachpolitik. Der Blick nach innen und außen«, in: Ammon 2000a, S. 103-119.

DAAD (1975), *10 Jahre Berliner Künstlerprogramm,* Berlin: Berliner Künstlerprogramm des DAAD, 87 S.

DAAD (1989), *DAAD-Programme zur Förderung der Zusammenarbeit mit Entwicklungsländern. Informationsblatt,* Bonn, 2 S.

DAAD (2004), *Wissenschaft weltoffen 2004. Daten und Fakten zur Internationalität von Studium und Forschung in Deutschland,* Bielefeld: Bertelsmann, 95 S.

Danckwortt, Dieter (Hg.) (1980), *Internationale Kulturbeziehungen, Brücke über Grenzen. Symposium 80,* Baden-Baden: Nomos-Verl.-Ges., 360 S.

D'Angelo, Mario/Vespérini, Paul (1998), *Cultural Policies in Europe. A Comparative Approach,* Strasbourg: Council of Europe, 223 S.

D'Angelo, Mario/Vespérini, Paul (1999), *Cultural Policies in Europe. Method and Practice of Evaluation,* Strasbourg: Council of Europe, 205 S.

Dauge, Yves (2001), *Plaidoyer pour le réseau culturel français à l'étranger. Rapport d'information déposé ... par la Commission des Affaires Etrangères sur les centres culturels français à l'étranger. Assemblée Nationale, onzième législature, enregistré à la Présidence de l'Assemblée Nationale le 7 février 2001,* Paris: Assemblée Nationale, 71 S.

Davidheiser, James C. (1993), »Soll Deutsch die dritte Arbeitssprache der Europäischen Gemeinschaft werden?«, *Die Unterrichtspraxis - Teaching German* (Cherry Hill, NJ), Jg. 26, S. 176-184.

Debiel, Tobias/Fischer, Martina/Matthies, Volker/Ropers, Norbert (1999), *Effektive Krisenprävention. Herausforderungen für die deutsche Außen- und Entwicklungspolitik,* Bonn: Stiftung Entwicklung und Frieden, 15 S. (Policy Paper 12)

Defrance, Corine (1994), *La politique culturelle de la France sur la rive gauche du Rhin, 1945-1955,* Strasbourg: Presses Univ. de Strasbourg, 363 S.

Deutsche Nationalstiftung (1996), *Wozu deutsche auswärtige Kulturpolitik? Dokumentation der dritten Jahrestagung der Deutschen Nationalstiftung am 24. April 1996 in Weimar,* Stuttgart: Neske, 112 S.

»Deutsche Sprache in der EG« (1993), *EG-Nachrichten* (Bonn), 1993,34, S. 4.

Deutsche UNESCO-Kommission (2003), *Mittelfristige Strategie Frieden und menschliche Entwicklung im Zeitalter der Globalisierung – der Beitrag von Bildung, Wissenschaft, Kultur und Kommunikation 2002-2007,* Bonn, 69 S.
http://www.unesco.de/c_bibliothek/mittelfristige_strategie.pdf

Deutscher Bundestag (1978), *Neue Schulstruktur an den deutschen Schulen im Ausland, insbesondere in Spanien. Antrag der Fraktion der CDU/CSU,* Bundestagsdrucksache 8/2082, Bonn, 4 S.
http://www.landtag.nrw.de/WWW/Webmaster/GB_I/I.4/Dokumentenarchiv/dokument.php?quelle=alle&action=anzeigen&wm=1&Id=BAD08/2082

Deutscher Bundestag (1986), *Die deutsche Sprache in der Welt. Öffentliche Anhörung des Auswärtigen Ausschusses am 18. Juni 1986 und Aussprache im Plenum des Deutschen Bundestages,* Bonn: Deutscher Bundestag, 344 S.

Deutscher Bundestag (1989a), »Deutschlandpolitische Debatte. 156. Sitzung, 11. Wahlperiode, Bonn, 5. September 1989«, *Verhandlungen des Deutschen Bundestages: Stenographische Berichte. Plenarprotokolle*, Bonn, S. 11733A-11777.

Deutscher Bundestag (1989b), »Aussprache zur deutschen Einheit. 177. Sitzung, 11. Wahlperiode, Bonn, 28. November 1989«, *Verhandlungen des Deutschen Bundestages: Stenographische Berichte. Plenarprotokolle*, Bonn, S. 13444-13572.

Deutscher Bundestag (1994a), *Entschließungsantrag der Abgeordneten Dr. Volkmar Köhler ... zur Großen Anfrage der Abgeordneten Dr. Dorothee Wilms ... – Drucksachen 12/5064, 12/6504 – Das Bild des vereinten Deutschland als Kulturnation in einer sich wandelnden Welt*, Bundestagsdrucksache 12/7890, Bonn, 5 S.

Deutscher Bundestag (1994b), *Stenografischer Bericht, 12. Wahlperiode, 232. Sitzung, Bonn, den 15. Juni 1994*, S. 20223-20245.

Deutscher Bundestag (1996), »Erklärung der Bundesregierung zur Auswärtigen Kulturpolitik, Große Anfrage, Beratung, Entschließungsanträge. 110. Sitzung, 13. Wahlperiode, Bonn, 13. Juni 1996«, *Verhandlungen des Deutschen Bundestages: Stenographische Berichte. Plenarprotokolle*, Bonn, S. 9667-9698.

Deutscher Bundestag (2001a), *Verbreitung, Förderung und Vermittlung der deutschen Sprache. Große Anfrage der Abgeordneten Dr. Norbert Lammert ...*, Bundestagsdrucksache 14/5835, Berlin, 8 S. http://dip.bundestag.de/btd/14/058/1405835.pdf

Deutscher Bundestag (2001b), *Auswärtige Kulturpolitik für das 21. Jahrhundert. Antrag der Abgeordneten Monika Griefahn ... und der Fraktion der SPD sowie der Abgeordneten Rita Grießhaber ... und der Fraktion Bündnis 90/Die Grünen*, Bundestagsdrucksache 14/5799, Berlin, 8 S. http://dip.bundestag.de/btd/14/057/1405799.pdf

Deutscher Bundestag (2004), *Stenografischer Bericht, 98. Sitzung, Berlin, Freitag, den 12. März 2004.* (Plenarprotokoll 15/98) http://dip.bundestag.de/btp/15/15098.pdf

Deutscher Bundestag (2005), *Bericht über die internationalen Aktivitäten und Verpflichtungen des Deutschen Bundestages. Unterrichtung durch den Präsidenten des Deutschen Bundestages,* Bundestagsdrucksache 15/5056, Berlin, 70 S. http://dip.bundestag.de/btd/15/050/1505056.pdf

Deutsches Polen-Institut (1995), *Fünfzehn Jahre Deutsches Polen-Institut Darmstadt. Werkstattbesichtigung 1980-1995,* Darmstadt: Justus-von Liebig-Verl., 216 S.

DGCIP (2002), *La coopération internationale du ministère des Affaires étrangères. Bilan 2002 et perspectives,* Paris: Direction générale de la Coopération internationale et du Développement, 114 S. http://www.diplomatie.gouv.fr/cooperation/dgcid/rapport_02/pdf/rapport_02.pdf

Dittrich van Weringh, Kathinka (2003), »Kultur im Werden – Auf dem Weg zu einer europäischen Auswärtigen Kulturpolitik«, *Zeitschrift für Kulturaustausch* (Stuttgart), Jg. 53, H. 3, S. 72-74.

Dittrich van Weringh, Kathinka/Schürmann, Ernst (2004), »Braucht Europa eine Außenkulturpolitik?«, *Kulturpolitische Mitteilungen* (Bonn), 2004/Beih. 3, S. 9-36.

Donaldson, Frances (1984), *The British Council. The First Fifty Years,* London: Cape, XIII, 422, 32 S.

Doreian, Patrick/Stokman, Frans N. (Hg.) (1997), *Evolution of Social Networks,* Bd. 1, Amsterdam: Gordon and Breach, VIII, 261 S.

Düwell, Kurt (1976), *Deutschlands auswärtige Kulturpolitik 1918-1932. Grundlinien und Dokumente,* Köln/Wien: Böhlau, XII, 402 S.

Düwell, Kurt (1981), »Die Gründung der Kulturpolitischen Abteilung im Auswärtigen Amt 1919/1920 als Neuansatz«, in: Kurt Düwell/Werner Link (Hg.), *Deutsche auswärtige Kulturpolitik seit 1871. Geschichte und Struktur,* Köln/Wien: Böhlau, S. 46-61.

Düwell, Kurt (1993), »Eduard Arnhold, Mäzen und Freund des Kunstreferats der Kulturabteilung des Auswärtigen Amts im Kaiserreich und in der Weimarer Republik«, in: Ekkehard Mai/Peter Paret (Hg.), *Sammler, Stifter und Museen. Kunstförderung in Deutschland im 19. und 20. Jahrhundert,* Köln/Wien: Böhlau, S. 239-254.

Düwell, Kurt (2000), »Der DAAD im Spannungsfeld zwischen Hochschulen und Regierungen seit 1950«, in: Peter Alter (Hg.), *Der DAAD in der Zeit,* Bonn, S. 106-127.

Eberlei, Walter/Weller, Christoph (2001), *Deutsche Ministerien als Akteure von Global Governance. Eine Bestandsaufnahme der auswärtigen Beziehungen der Bundesministerien,* Duisburg: Inst. für Entwicklung und Frieden, 53 S.
http://inef.uniduisburg.de/page/documents/report51.pdf?INEFSessID=ae2fbbdbcf8aca3c8eb 5aad1e0bb7751

Eberlei, Walter (2002), »Entwicklungspolitische Nichtregierungsorganisationen in Deutschland«, *Aus Politik und Zeitgeschichte* (Bonn), B 6/7, 8. Februar 2002, S. 23-28.

Eichler, Kurt (2002), »... für einen fruchtbaren kulturellen Dialog unverzichtbar. Anforderungen und Perspektiven der internationalen Kulturarbeit aus kommunaler Sicht«, *Kulturpolitische Mitteilungen* (Bonn), Jg. 98, H. 3, S. 54-55.

Els, Theo J. M. van (2001), »The European Union, its Institutions and its Languages. Some Language Political Observations«, *Current Issues in Language Planning* (Clevedon), Jg. 2, S. 311-360.

Enquete-Kommission (1975), *Bericht der Enquete-Kommission Auswärtige Kulturpolitik des Deutschen Bundestages vom 23. Februar 1975,* Bundestagsdrucksache 7/4121, Bonn: Deutscher Bundestag, 140 S.

Enzensberger, Hans Magnus (1995), »Auswärts im Rückwärtsgang. Hans Magnus Enzensberger über die Blamage der deutschen Kulturpolitik im Ausland«, *Der Spiegel* (Hamburg), Jg. 49, Nr. 37, S. 215-221.

Erler, Gernot (2002), *Zwischen internationaler Verantwortung und neuer Friedenspolitik. Die ersten vier Jahre rot-grüner Außen- und Sicherheitspolitik. Eine Bilanz,* Berlin: SPD-Bundestagsfraktion, 22 S.

Europäische Kommission (1998), *Erstes Rahmenprogramm der Europäischen Gemeinschaft zur Kulturförderung (2000 - 2004). Vorschlag für einen Beschluss des Europäischen Parlaments und des Rates über ein einheitliches Finanzierungs- und Planungsinstrument für die Förderung der kulturellen Zusammenarbeit (Programm Kultur 2000). Mitteilung der Europäischen Kommission an das Europäische Parlament, den Rat und den Ausschuß der Regionen,* Luxemburg: Amt für Amtliche Veröffentlichungen, 47 S.

Europäische Kommission (2004), *Vorschlag für einen Beschluss des Europäischen Parlaments und des Rates über das Programm »Kultur 2007« (2007-2013),* Brüssel, 43 S.
http://europa.eu.int/eur-lex/lex/LexUriServ/site/de/com/2004/com2004_0469de01.pdf

Europäische Union (1999), *Schlussfolgerungen des Vorsitzes Europäischer Rat Köln. 3. und 4. Juni 1999,* Brüssel.
http://europa.eu.int/council/off/conclu/june99/june99_de.htm

Europäische Union (2001), »Beschluss von Parlament und Rat über das ›Programm Kultur 2000‹, Strasbourg 2000«, in: Olaf Schwencke, *Das Europa der Kulturen – Kulturpolitik in Europa,* Bonn: Kulturpolitische Gesellschaft, S. 267-277.

Europäische Union (2004), *Vertrag über eine Verfassung für Europa*, Brüssel: Konferenz der Vertreter der Regierungen der Mitgliedstaaten, 349 S.
http://ue.eu.int/igcpdf/de/04/cg00/cg00087-re01.de04.pdf

Europarat (1997), *In from the Margins. A Contribution to the Debate on Culture and Development in Europe*, Strasbourg: Council of Europe, 376 S.

Europarat (2004a), *Der Europarat. 800 Millionen Europäer*, Straßburg, 66 S.
http://www.coe.int/T/D/Com/Europarat_kurz/Broschueren/800Einlei.asp#TopOfPage

Europarat (2004b), *Der Europarat auf einen Blick*, Straßburg, 5 S.
http://www.coe.int/T/D/Com/Europarat_kurz/Broschueren/At_a_glance.asp

Farçat, Isabelle (1993), »Instituts Français et Instituts Goethe«, in: Henri Ménudier (Hg.), *Le couple franco-allemand en Europe*, Asnières: Inst. d'Allemand, S. 326-332.

FCO (2003), *Public Diplomacy Strategy*, London, 3 S.
www.fco.gov.uk/Files/kfile/PUBLICDIPLOMACYSTRATEGY_May2003.pdf

Featherstone, Kevin (Hg.) (2003), *The Politics of Europeanization*, Oxford: Oxford University Press, XII, 351 S.

Finnemore, Martha (1993), »International Organizations as Teachers of Norms: the United Nations Educational, Scientific, and Cultural Organization and Science Policy«, *International Organization* (Cambridge, MA), Jg. 47, H. 4, S. 565-597.

Finnemore, Martha (1996), *National Interests in International Society*, Ithaca, NY: Cornell Univ. Press, XI,154 S.

Fischer, Joschka (1999), *Konzeption 2000. Bundesaußenminister Fischer stellt Leitlinien für die künftige Auswärtige Kulturpolitik vor*, Berlin: Auswärtiges Amt, 5 S.

Fischer, Joschka (2000), *Zukunft der Auswärtigen Kulturpolitik. Rede des Bundesministers des Auswärtigen Joschka Fischer zur Eröffnung des Forums am 4. Juli 2000 in Berlin*, 4 S.
www.bundesregierung.de/dokumente/Rede/ix_13397.htm

Fraunberger, Friederike/Sommer, Anette (1993), »Die Umsetzung des erweiterten Kulturbegriffs in der Programmarbeit des Goethe-Instituts«, *Jahrbuch Deutsch als Fremdsprache* (München), Jg. 19, S. 402-415.

Freie Demokratische Partei (1994), *Liberal denken, Leistung wählen. Das Programm der F.D.P. zur Bundestagswahl 1994. Kurzfassung*, Sankt Augustin, 141 S.

Freund, Corinna/Rittberger, Volker (2001), »Utilitarian-Liberal Foreign Policy Theory«, in: Volker Rittberger (Hg.), *German Foreign Policy since Unification: Theories and Case Studies*, Manchester/New York, NY: Manchester Univ. Press, S. 68-104.

Friedrich-Naumann-Stiftung (1990), *Das Programm der Liberalen. Zehn Jahre Programmarbeit der F.D.P. 1980 bis 1990*, Baden-Baden: Nomos, XXVIII, 1014 S.

Fulbright, J. William (1967), »Erziehung zu einer neuen Form von Zusammenarbeit«, *Zeitschrift für Kulturaustausch* (Stuttgart), Jg. 17, H. 3-4, S. 151-152.

Fuzul, Sascha (2003), *Perspektiven der Kulturpartnerschaft. Die deutsch-kroatischen Kulturbeziehungen. Bestandsaufnahme und Empfehlungen*, Stuttgart: Inst. für Auslandsbeziehungen, 79 S. (ifa-Dokumente; 2003,2)

Gau, Doris/Weber, Jörg Ingo (2001), »Die Kulturpolitik der Länder im Spannungsfeld zwischen Bundesebene und Europäischer Gemeinschaft«, in: Thomas Röbke (Hg.), *Kulturföderalismus*, Essen: Klartext-Verl., S. 269-277.

Geiger, Rudolf (Hg.) (2003), *Neuere Probleme der parlamentarischen Legitimation im Bereich der auswärtigen Gewalt*. (Symposion vom 13. bis 15. Juni 2002 in Leipzig), Baden-Baden: Nomos, 270 S.

Genscher, Hans-Dietrich (1986), »Kulturdialog über Systemgrenzen hinweg«, in: Auswärtiges Amt (Hg.), *Das KSZE-Kulturforum in Budapest. Dokumentation*, Bonn, S. 28-31.

Gerstein, Hannelore (1974), *Ausländische Stipendiaten in der Bundesrepublik Deutschland. Eine empirische Erhebung über Studiengang und Studienerfolg der DAAD-Jahresstipendiaten*, Bonn: DAAD, 71 S.

»Gesetz über den deutschen Auslandsrundfunk« (1997), *Bundesgesetzblatt*, Jg. 1997, Teil I, Nr. 86, S. 3094-3107.

Glück, Helmut (1979), *Die preußisch-polnische Sprachenpolitik. Eine Studie zur Theorie und Methodologie der Forschung über Sprachenpolitik, Sprachbewußtsein und Sozialgeschichte am Beispiel der preußisch-deutschen Politik gegenüber der polnischen Minderheit vor 1914*, Hamburg: Buske, IV, 520 S.

Goethe-Institut (2001), *Murnau, Manila, Minsk – 50 Jahre Goethe-Institut*, München: C.H. Beck, 215 S.

Goethe-Institut (2002), *Jahrbuch 2001/2002*, München, 184 S.

Goldstein, Judith/Keohane, Robert O. (1993), »Ideas and Foreign Policy. An Analytical Framework«, in: Judith Goldstein/Robert O. Keohane (Hg.), *Ideas and Foreign Policy. Beliefs, Institutions, and Political Change*, Ithaca, NY: Cornell Univ. Press., S. 3-30.

Grémion, Pierre/Chenal, Odile (1980), *Une culture tamisée. Les centres et instituts culturels français en Europe*, Paris: CNRS, 137 S.

Griefahn, Monika (2001a), »Lobby für Kunst und Kultur: Der Ausschuss für Kultur und Medien des Deutschen Bundestages«, *Kulturnotizen* (Berlin), H. 6, S. 7-10.

Griefahn, Monika (2001b), »Auswärtige Kulturpolitik und internationale Kulturbeziehungen«, *Das Parlament* (Berlin), Nr. 20, S. 5-6.

Griefahn, Monika (2003), »Die Auswärtige Kultur- und Bildungspolitik in der neuen Legislaturperiode«, *Kulturnotizen* (Berlin), H. 7, S. 16-21.

Griefahn, Monika (2004), »Neue Herausforderungen für die Deutsche Welle. Kulturaustausch und Krisenprävention als neues Leitbild für den Auslandsrundfunk«, *politik und kultur* (Bonn), Jg. 2004, H. 5, S. 16.

Grolig, Wilfried (2003a), »›Berge von Angst abtragen‹. Das Erbe des Kulturdiplomaten Dieter Sattler«, in: *Zeitschrift für Kulturaustausch* (Stuttgart), Jg. 53, H. 4, S. 110-113.

Grolig, Wilfried (2003b), *Rede von Ministerialdirektor Wilfried Grolig vor dem Interimsclub des Stifterverbands für die Deutsche Wissenschaft am 12. November 2003 im Wissenschaftszentrum Bonn*, Berlin: Auswärtiges Amt.
http://www.auswaertiges-amt.de/www/de/ausgabe_archiv?archiv_id=5256

Grosjean, Etienne (1997), *Forty Years of Cultural Co-operation 1954-94*, Strasbourg: Council of Europe, XIII, 286 S.

Gründer, Horst (1985), *Geschichte der deutschen Kolonien*, Paderborn/München: Schöningh, 312 S.

Haarmann, Harald (1988), »Sprachen- und Sprachpolitik«, in: Ulrich Ammon/Norbert Dittmar/ Klaus J. Mattheier, (Hg.), *Soziolinguistik/Sociolinguistics*, Bd. 2., Berlin/New York: de Gruyter, S. 1660-1678.

Haas, Rainer (1991), *Französische Sprachgesetzgebung und europäische Integration*, Berlin: Duncker und Humblot, 190 S.

Haas, Wilhelm (1969), *Beitrag zur Geschichte der Entstehung des Auswärtigen Dienstes der Bundesrepublik Deutschland*, Bonn: Köllen, 531 S.

Häberle, Peter (Hg.) (1982), *Kulturstaatlichkeit und Kulturverfassungsrecht*, Darmstadt: Wiss. Buchges., XIV, 420 S.

Hänsch, Klaus (2004), »Europas zweite Chance – Europäische Verfassung«, *Zeitschrift für Kulturaustausch* (Stuttgart), Jg. 53 (i. e. 54), H. 1, S. 82-86.

Haftmann, Anja Katharina (2003), *Chancen einer Freundschaft. Die deutsch-südkoreanischen Kulturbeziehungen. Bestandsaufnahme und Empfehlungen,* Stuttgart: Inst. für Auslandsbeziehungen, 85 S. (ifa-Dokumente; 2003,4)

Hamm-Brücher, Hildegard (1980), *Kulturbeziehungen weltweit. Ein Werkstattbericht zur Auswärtigen Kulturpolitik,* München: Hanser, 226 S.

Harnisch, Thomas (1999), *Chinesische Studenten in Deutschland. Geschichte und Wirkung ihrer Studienaufenthalte in den Jahren von 1860 bis 1945,* Hamburg: Institut für Asienkunde, 561 S.

Harnischfeger, Horst (1999), »Auswärtige Kulturpolitik: Von der Staatsrepräsentation zum Dienst am Bürger«, *Zeitschrift für Kulturaustausch* (Stuttgart), Jg. 49, H. 3, S. 10-13.
http://www.ifa.de/zfk/magazin/akp/dharnischfeger.htm

Hasenclever, Andreas/Mayer, Peter/Rittberger, Volker (1997), *Theories of International Regimes,* Cambridge: Cambridge Univ. Press., X, 248 S.

Haubrich, Walter (2000), »Deutsches Geld in spanischer Politik«, *Frankfurter Allgemeine Zeitung* (Frankfurt/Main), 2. Februar 2000, S. 3.

Heck, Michael (1999), »Zur Integrationsfunktion einer europäischen Kulturpolitik«, in: Caroline Y. Robertson-Wensauer (Hg.), *Slowakei – Gesellschaft im Aufbruch,* Baden-Baden: Nomos, S. 129-135.

Heckel, Erna (1968), *Kultur und Expansion. Zur Bonner Kulturpolitik in den Entwicklungsländern,* Berlin: Dietz, 207 S.

Hein-Kremer, Maritta (1996), *Die amerikanische Kulturoffensive. Gründung und Entwicklung der amerikanischen Information Centers in Westdeutschland und West-Berlin 1945-1955,* Köln/Weimar: Böhlau, XII, 625 S.

Heine, Peter (1992), »Bildende Kunst – nur ein Abklatsch des Westens?«, in: Udo Steinbach (Hg.), *Arabien: Mehr als Erdöl und Konflikte,* Opladen: Leske + Budrich, S. 311-315.

Heinrichs, Werner (1997), »USA: Vorrang der privaten Kulturförderung«, in: ders., *Kulturpolitik und Kulturfinanzierung,* München: Beck, S. 132-151.

Hellmann, Gunther (2002), »Der ›deutsche Weg‹«, *Internationale Politik* (Bielefeld), Jg. 57, H. 9, S. 1-8.

Herbillon, Michel (2003), *Rapport d'information, déposé par la délégation de l'Assemblée nationale pour l'Union européenne, sur la diversité linguistique dans l'Union européenne,* Paris: Assemblée Nationale, 72 S.
http://www.assemblee-nationale.fr/12/europe/rap-info/i0902.asp

Heritage Foundation (2004), *Regaining America's Voice Overseas: A Conference on U.S. Public Diplomacy,* Washington, DC, 29 S.
http://www.heritage.org/Research/GovernmentReform/loader.cfm?url=/commonspot/security/getfile.cfm&PageID=54407

Hesse, Joachim Jens/Ellwein, Thomas (1997), *Das Regierungssystem der Bundesrepublik Deutschland,* Bd. 1, 8., völlig neu bearb. und erw. Aufl., Opladen/Wiesbaden: Westd. Verl., 576 S.

Hiller, István (2003), *Die kulturelle Außenpolitik Ungarns. Tagungspapier zur Konferenz: Europe – A Union of Culture? Berlin, Oktober 2003,* Stuttgart: ifa, 8 S.
http://www.ifa.de/europa-akp/konferenz/download/eu_hiller.pdf

Hintze, Peter (Hg.) (1995), *Die CDU-Parteiprogramme. Eine Dokumentation der Ziele und Aufgaben,* Bonn: Bouvier, XXXVII, 517 S.

Hoefig, Dagmar/Skupnik, Wilfried (1966), *Die Organisationsformen der Auslandskulturarbeit ausgewählter Staaten,* Bonn: Wiss. Abt. des Dt. Bundestages, 82 S.

Hoffmann, Hilmar/Maaß, Kurt-Jürgen (Hg.) (1994), *Freund oder Fratze? Das Bild von Deutschland in der Welt und die Aufgaben der Kulturpolitik,* Frankfurt/Main: Campus Verlag, 199 S.

Hoffmann, Hilmar (2002), »Ultima und prima ratio. Eine neue Ära der kulturellen Außenpolitik Deutschlands«, in: Hilmar Hoffmann/Wolfgang Schneider (Hg.), *Kulturpolitik in der Berliner Republik,* Köln: DuMont, S. 50-70.

Holl, Wolfgang (1994), *Alles klar, alles in Ordnung!? Beobachtungen und Erfahrungen ausländischer Wissenschaftler in Deutschland,* Bonn: Alexander von Humboldt-Stiftung, 60 S.

Holl, Wolfgang (2004), *Deutschland im Blick. Beobachtungen und Erfahrungen ausländischer Wissenschaftler in Deutschland,* Bonn: Alexander-von-Humboldt-Stiftung, 64 S.

Holtz, Uwe (Hg.) (2000), *50 Jahre Europarat*, Baden-Baden: Nomos-Verl.-Ges., 377 S.

Hüfner, Klaus/Reuther, Wolfgang (Hg.) (1996), *UNESCO-Handbuch,* Neuwied: Luchterhand, 354 S.

Huntington, Samuel P. (1996), *Der Kampf der Kulturen. Die Neugestaltung der Weltpolitik im 21. Jahrhundert*, München/Wien: Europaverl., 581 S.

Iltgen, Simone (2004), *Die Auswärtige Kulturpolitik Frankreichs. Aktuelle Entwicklungen: Probleme und Lösungsansätze,* Hausarb., Univ. Tübingen, 25, II S.
http://www.ifa.de/links/europanetz/download/akp_frankreich_iltgen.pdf

Ingram, Mark (1998), »A Nationalist Turn in French Cultural Policy«, *French Review* (Carbondale, Ill.), Jg. 71, H. 5, S. 797-808.

Ingrim, Robert (Hg.) (1950), *Bismarck selbst. Tausend Gedanken des Fürsten Otto von Bismarck*, Stuttgart: Dt. Verl.-Anst., 304 S.

Institut für Auslandsbeziehungen (1994), *Vademecum der Auslandskulturarbeit,* 3. Aufl., Stuttgart, 172 S. (Schriftenreihe des Instituts für Auslandsbeziehungen: Reihe Dokumentation; 5)

Institut für Auslandsbeziehungen (1999), *Grundlagen und Ziele Auswärtiger Kulturpolitik*, Stuttgart, 165 S.

Interarts/EFAH (2003): *Report on the state of cultural cooperation in Europe. Final report for the European Commission (= Study on Cultural Cooperation in Europe)*, Brussels: European Commission. Getr. Seitenzählung [Seitenzahlen teilw. doppelt vergeben!]
http://europa.eu.int/comm/culture/eac/sources_info/pdf-word/summary_report_coop_cult.pdf
(Contents, English and French summary)
http://europa.eu.int/comm/culture/eac/sources_info/pdf-word/study_on_cult_coop.pdf
(Final report)
http://europa.eu.int/comm/culture/eac/sources_info/pdf-word/annex1_national_reports1.pdf
(Austria - Greece)
http://europa.eu.int/comm/culture/eac/sources_info/pdf-word/annex1_national_reports2.pdf
(Hungary - Poland)
http://europa.eu.int/comm/culture/eac/sources_info/pdf-word/annex1national_reports3.pdf
(Portugal - United Kingdom)
http://europa.eu.int/comm/culture/eac/sources_info/pdf-word/annex2regional_coop.pdf
(Multilateral and regional cooperation)
http://europa.eu.int/comm/culture/eac/sources_info/pdf-word/annex3_bibliography.pdf
(Bibliography)
http://europa.eu.int/comm/culture/eac/sources_info/pdf-word/annex4acronyms.pdf
(Acronyms)

InWEnt (2003), *Jahresbericht 2002,* Bonn, 39 S.

Ischreyt, Heinz (1964), *Deutsche Kulturpolitik. Information über ihre pluralistischen und totalitären Formen. Ein Leitfaden,* Bremen: Schünemann, 414 S.

Ismayr, Wolfgang (2001), *Der Deutsche Bundestag im politischen System der Bundesrepublik Deutschland,* 2. überarb. Aufl., Opladen: Leske + Budrich, 512 S.

Jacobsen, Hans-Adolf (1968), *Nationalsozialistische Außenpolitik 1933-1938,* Frankfurt a.M./Berlin: Metzner, XX, 944 S.

Jacobsen, Hans-Adolf (1970), *Hans Steinacher, Bundesleiter des VDA 1933-1937. Erinnerungen und Dokumente,* Boppard: Boldt, LXVIII, 623 S.

Jacobsen, Hans-Adolf (1979), *Karl Haushofer – Leben und Werk,* Bd. 2, *Ausgewählter Schriftwechsel 1917-1946,* Boppard: Boldt, XVIII, 629 S.

Jahrbuch der Auswärtigen Kulturbeziehungen, Bd. 1 (1964) und Bd. 2 (1965), hg. von Berthold Martin, Bonn: Akademischer Verlag; Bd. 3 (1966) und Bd. 4 (1967) u.d.T.: *Auswärtige Kulturbeziehungen,* Neuwied/Berlin: Luchterhand.

Jansen, Christian (2004), *Exzellenz weltweit. Die Alexander von Humboldt-Stiftung zwischen Wissenschaftsförderung und auswärtiger Kulturpolitik,* Köln: DuMont, 248 S.

Jilge, Wilfried (2001), *Dialog mit Defiziten. Die deutsch-ukrainischen Kulturbeziehungen. Bestandsaufnahme und Empfehlungen,* Stuttgart: ifa, 120 S. (ifa-Dokumente; 2001,2)

Jöns, Heike (2003), *Grenzüberschreitende Mobilität und Kooperation in den Wissenschaften. Deutschlandaufenthalte US-amerikanischer Humboldt-Forschungspreisträger aus einer erweiterten Akteursnetzwerkperspektive,* Heidelberg: Selbstverl. des Geograph. Inst., X, 514 S.

Johnson, Stephen/Dale, Helle (2003): *How to Reinvigorate U.S. Public Diplomacy,* Washington, DC: Heritage Foundation, 14 S.

Junker, Detlef u.a. (Hg) (2001), *Die USA und Deutschland im Zeitalter des Kalten Krieges (1945-1990),* Stuttgart: Deutsche Verlagsanstalt, Bd. 1: 977 S., Bd. 2: 874 S.

Kaelble, Hartmut (1991), *Nachbarn am Rhein. Entfremdung und Annäherung der französischen und deutschen Gesellschaft seit 1880,* München: Beck, 294 S.

Kaiser, Karl/Mildenberger, Markus (1998), »Gesellschaftliche Mittlerorganisationen«, in: Wolf-Dieter Eberwein (Hg.), *Deutschlands neue Außenpolitik,* Bd. 4, *Institutionen und Ressourcen,* München: Oldenbourg, S. 199-214.

Kantorowicz, Alfred (1978), *Politik und Literatur im Exil. Deutschsprachige Schriftsteller im Kampf gegen den Nationalsozialismus,* Hamburg: Christians, 346 S.

Kaufmann, Therese/Raunig, Gerald (2002), *Anticipating European Cultural Policies. Position Paper on European Cultural Policies,* Vienna: EFAH u.a., 28 S.
http://www.eipcp.net/policies/text/anticipating.pdf

Kawamura, Yoko/Okabe, Maki (2005), »Region als Identität – ein Vergleich zwischen deutschem und japanischem Engagement für die regionale kulturelle Zusammenarbeit«, in: Kenichiro Hirano (Hg.), *International Exchange in Postwar Japan,* Tokyo: Keiso Shobo. [Erscheint 2005, Text in Japanisch]

Keck, Margaret E./Sikkink, Kathryn (1998), *Activists beyond Borders: Advocacy Networks in International Politics,* Ithaca, NY: Cornell Univ. Press, XII, 227 S.

Kellermann, Henry J. (1978), *Cultural Relations as an Instrument of U.S. Foreign Policy. The Educational Exchange Program Between the United States and Germany 1945-1954,* Washington, DC: Bureau of Educational and Cultural Affairs, XVII, 289 S.

Kelletat, Andreas F. (2001), *Deutschland : Finnland 6 : 0. Deutsch contra Englisch und Französisch. Zum Dolmetschstreit in der Europäischen Union,* Tampere: Univ., 184 S.

Kelly, Bernice M. (1993), *Nigerian Artists. A Who's Who and Bibliography,* London u.a.: Zell, VII, 600 S.

Keresztes, Lajos (2000), »Ungarische Außenpolitik nach der Zeitenwende«, *WeltTrends* (Potsdam), Jg. 8, H. 28, S. 113-138.

Khan, Daniel-Erasmus (Hg.) (2001), *Vertrag über die Europäische Union*, 5. Aufl., München: dtv, XL, 445 S.

Kittel, Gabriele (1995), »Die amerikanische Außenpolitik in der UNESCO-Krise«, in: Volker Rittberger (Hg.), *Anpassung oder Austritt: Industriestaaten in der UNESCO-Krise. Ein Beitrag zur vergleichenden Außenpolitikforschung*, Berlin: Ed. Sigma, S. 215-255.

Klein, Ansgar (2002), »Überschätzte Akteure. Die NGOs als Hoffnungsträger transnationaler Demokratisierung«, *Aus Politik und Zeitgeschichte* (Bonn), B 6-7, 8. Februar 2002, S. 3-5.

Knodt, Michèle (1998), »Auswärtiges Handeln der deutschen Länder«, in: *Deutschlands neue Außenpolitik,* Bd. 4, München: Oldenbourg, S. 153-166.

Kokusai Koryu Kenkyukai (2003), *Diplomatie in einer neuen Ära und die neue Rolle des internationalen Austauschs. Für eine volle Beteiligung Japans an der Entstehung der Meinung der Welt*, Tokyo. [Text in Japanisch]

Konrad, György (2003), »Was hält Europa zusammen?«, *Zeitschrift für Kulturaustausch* (Stuttgart), Jg. 53, H. 2, S. 66-69.

Kramer, Dieter (1996), »Beutekunst und internationale Kulturbeziehungen«, *Kulturpolitische Mitteilungen* (Bonn), H. 74/3, S. 15.

Kramer, Dieter (2002), *Kultur und Konfliktprävention. Beitrag zur ifa-Konferenz »Auswärtige Kulturpolitik – ein Stiefkind der Forschung?«,* Stuttgart: ifa, ca. 5 S.
http://www.ifa.de/i/dakp_kramer.htm

Kraus, Egon (1966), »Die Musik in der kulturellen Auslandsarbeit«, in: Berthold Martin (Hg.), *Auswärtige Kulturbeziehungen*, Band 3, Neuwied/Berlin: Luchterhand, S. 135-145.

Kröger, Franz/Sievers, Norbert (2003), »Interkulturelle Kulturarbeit als neues Aufgabenfeld der Kulturpolitik. Verbandspolitische Überlegungen und empirische Grundlagen«, *Jahrbuch für Kulturpolitik* (Bonn), Jg. 2002/03, S. 303-319.

Krzemiński, Adam (2001), »Der Union eine Seele einhauchen«, *Zeitschrift für Kulturaustausch* (Stuttgart), Jg. 51, H. 3, S. 50-52.
http://www.ifa.de/zfk/themen/01_3_europa/dkrzeminski.htm

Kühnhardt, Ludger (1996), »Samuel P. Huntington – Kampf der Kulturen. Die Neugestaltung der Weltpolitik im 21. Jahrhundert (Rezension)«, *Zeitschrift für Kulturaustausch* (Stuttgart), Jg. 46, H. 4, S. 118-120.

Kulturpolitische Gesellschaft (1998), »Programm der Kulturpolitischen Gesellschaft«, *Kulturpolitische Mitteilungen* (Bonn), Jg. 83, H. 4, S. 24-31.

Kulturstiftung des Bundes (2003), *Die Kulturstiftung des Bundes,* Halle, 23 S.
http://kulturstiftung-des-bundes.de/media_archive/1051530507445.pdf

Kultusministerkonferenz (1995), »Lindauer Absprache. Verständigung zwischen der Bundesregierung und den Staatskanzleien der Länder über das Vertragschließungsrecht des Bundes. Vom 14. November 1957«, in: *Handbuch für die Kultusministerkonferenz,* Bonn, S. 424f.
http://www.kmk.org/intang/main.htm#Lindauer

Kultusministerkonferenz (2000), *Positionspapier zur auswärtigen Kulturpolitik. Vorgelegt vom Vorsitz der Kommission für Europäische und Internationale Angelegenheiten der Kultusministerkonferenz.* Bonn, 14 S.
http://www.kmk.org/intang/main.htm#Internationale

Kultusministerkonferenz (2002), *Schule in Deutschland. Zahlen, Fakten, Analysen,* Bonn, 233 S. (Statistische Veröffentlichungen; 161)
http://www.kmk.org/statist/analyseband.pdf

Kusterer, Hermann (1980), »Das Sprachenproblem in den Europäischen Gemeinschaften. Ein Plädoyer für Pragmatik«, *Europa-Archiv* (Bonn), Jg. 35, H. 22, S. 693-698.

Łabno-Falęcka, Ewa (1999), »Promotion Polens. Polen braucht ein Konzept für eine auswärtige Kulturpolitik«, *Dialog: Deutsch-Polnisches Magazin* (Düsseldorf), Jg. 13, H. 2, S. 102-104.

Labusch, Lothar (1984), »Ein Hauch von Flick bringt die deutschen Stiftungen in Verruf«, *Kölner Stadt-Anzeiger* (Köln), 7. November 1984, S. 2.

Laitenberger, Volkhard (1976), *Akademischer Austausch und Auswärtige Kulturpolitik. Der DAAD 1923-1945,* Göttingen/Frankfurt a.m.: Musterschmidt, 360 S.

Laitenberger, Volkhard (2000), »Der Deutsche Akademische Austauschdienst von seinen Anfängen bis 1945«, in: Peter Alter (Hg.), *Spuren in die Zukunft. Der DAAD 1925 bis 2000,* Bonn, S. 20-49.

Lamprecht, Karl (1913), *Über auswärtige Kulturpolitik,* Stuttgart: Kohlhammer, 14 S.

Lee, J. M. (1995), »The Reorganization of the British Council-Management: Improvisation and Policy Uncertainty«, *Public Administration* (Oxford), Jg. 73, H. 3, S. 339-355.

Leitermann, Walter (1992), »Die kulturellen Auslandsbeziehungen der Kommunen«, *Zeitschrift für Kulturaustausch* (Stuttgart), Jg. 42, H. 3, S. 318-322.

Lending, Mette (2000), *Oppbrudd og fornyelse: norsk utenrikskulturell politikk 2001–2005,* Oslo: Utenriksdepartementet, 110 S.

Lepenies, Wolf (1995), »Das Ende der Überheblichkeit. Wir brauchen eine neue auswärtige Kulturpolitik – statt fremde Gesellschaften zu belehren, müssen wir bereit sein, von ihnen zu lernen«, *Die Zeit* (Hamburg), Nr. 48, S. 62.

Leussink, Hans (1963), »Wissenschaft und Bildungshilfe«, in: *Bildungshilfe für Entwicklungsländer,* Stuttgart: Dt. Verl.-Anst., S. 32-60.

Leyendecker, Hans (2000), »Alltägliches unter strengster Geheimhaltung«, *Süddeutsche Zeitung* (München), 2. Februar 2000, S. 1.

Lindemann, Hans (1974), *Auswärtige Kulturpolitik der DDR. Die kulturelle Abgrenzung der DDR von der Bundesrepublik Deutschland,* Bonn: Verl. Neue Gesellschaft, 212 S.

Lippert, Barbara (1996), *Auswärtige Kulturpolitik im Zeichen der Ostpolitik. Verhandlungen mit Moskau 1969-1990,* Münster: Lit-Verl., XV, 614 S.

Littmann, Ulrich (1977), »Der Austausch von Akademikern«, in: Karl Kaiser (Hg.), *Amerika und Westeuropa,* Stuttgart: Belser, S. 57-74.

Littmann, Ulrich (1981), »Neue Strukturen des Akademischen Austausches nach 1945«, in: *Interne Faktoren auswärtiger Kulturpolitik im 19. und 20. Jahrhundert,* Stuttgart: Inst. für Auslandsbeziehungen, S. 207-218.

Littmann, Ulrich (1987), »A Host Country's View: the Federal Republic of Germany«, in: *The Fulbright Experience and Academic Exchanges,* Newbury Park: Sage, S. 73-84.

Löwenthal, Richard (1971), »Freiheit der Eigenentwicklung«, in: *Außenpolitische Perspektiven des deutschen Staates,* Bd. 1, *Das Ende des Provisoriums,* München/Wien: Oldenbourg, S. 11-33.

Luhmann, Niklas (1973), *Vertrauen. Ein Mechanismus der Reduktion sozialer Komplexität,* 2. erw. Aufl., Stuttgart: Enke, 119 S.

Maaß, Kurt-Jürgen (2001), *Die Struktur der auswärtigen Kulturbeziehungen,* Stuttgart: ifa, 7 S. http://www.ifa.de/w/download/kulturbeziehung.pdf

Maaß, Kurt-Jürgen (2002a), *Auswärtige Kulturpolitik im Spannungsfeld zwischen Konzeption und Umsetzung,* Stuttgart: Inst. für Auslandsbeziehungen, 10 S. http://www.ifa.de/w/download/aussenpolitik.pdf

Maaß, Kurt-Jürgen (2002b), »Die ›Dritte Säule‹ der Außenpolitik«, *E+Z Entwicklung und Zusammenarbeit online* (Bonn), Jg. 43, Nr. 11, ca. 1 S. http://www.inwent.org/E+Z/1997-2002/analy1102.htm [Stand 25.08.04]

Maaß, Kurt-Jürgen (2002c), »Ist Außenpolitik noch Außenpolitik?«, *Zeitschrift für Kulturaustausch* (Stuttgart), Jg. 52, H. 4, S. 13-14.
http://www.ifa.de/zfk/magazin/akp/dmaass_2.htm

Maaß, Kurt-Jürgen (2002d), »Deutschland im Netz – das Informationsangebot der Neuen Medien«, in: Auswärtiges Amt (Hg.), *Forum: Auswärtige Kultur- und Bildungspolitik im Internet,* Berlin, S. 39-44. –
http://www.ifa.de/w/download/deutschland_im_netz.pdf

Maaß, Kurt-Jürgen (2003a), »Auf der Suche nach der Auswärtigen Kulturpolitik«, *politik und kultur* (Bonn), Jg. 2003, H. 5, S. 19-20
http://www.ifa.de/w/download/politik_kultur.pdf

Maaß, Kurt-Jürgen (2003b), »Vielfalt als Stärke? Die Umsetzung der Auswärtigen Kulturpolitik. Akteure, Strukturen, Instrumente«, *Forschung & Lehre* (Bonn), H. 4, S. 194-195.

Maaß, Kurt-Jürgen (2003c), »Ein weites Berufsfeld. Auswärtige Kulturpolitik an deutschen Hochschulen«, *Zeitschrift für Kulturaustausch* (Stuttgart), Jg. 53, H. 3, S. 17-19.
http://www.ifa.de/akp/lehretxt.htm

Maaß, Kurt-Jürgen (2003d), »Integration von Zuwanderern. Modell Stuttgart«, *Kulturpolitische Mitteilungen* (Bonn), Jg. 102, H. 3, S. 51-52.

Maaß, Kurt-Jürgen (2003e), »Brachliegendes Potenzial – Europäische Außenkulturpolitik«, *Zeitschrift für Kulturaustausch* (Stuttgart), Jg. 53, H. 2, S. 70-71.
http://.ifa.de/europa-akp/ziele/dmaass.htm

Maaß, Kurt-Jürgen (2003f), »Europäische Kern-Arbeit«, *Zeitschrift für Kulturaustausch* (Stuttgart), Jg. 53, H. 4, S. 73.
http://www.ifa.de/zfk/themen/03_4_union/dmaass.htm

Maaß, Kurt-Jürgen (2004), *Krisenprävention und Außenpolitik. (Vortrag),* Stuttgart: ifa, 7 S.
http://www.ifa.de/w/download/krisenpraevention.pdf

Mallinckrodt, Anita M. (1980), *Die Selbstdarstellung der beiden deutschen Staaten im Ausland. Image-Bildung als Instrument der Außenpolitik,* Köln: Verl. Wiss. und Politik, 391 S.

March, James G./Olsen, Johan P. (1989), *Rediscovering Institutions. The Organizational Basis of Politics,* New York, NY: Free Press, VII, 227 S.

Markovits, Andrei S./Reich, Simon/Höfig, Carolyn (1997), »Foreign Cultural Policy«, in: Andrei Markovits/Simon Reich (Hg.), *The German Predicament: Memory and Power in the New Europe,* Ithaca/London: Cornell University Press, S. 183-202, S. 234-240.

Marton, Béla/Nádor-Nikitits, Grácia (2003), *Hungarian Position on Cultural Diplomacy and Foreign Cultural Policy. Tagungspapier zur Konferenz: Europe – a Union of Culture? Berlin, Oktober 2003,* Stuttgart: ifa, 4 S.
http://www.ifa.de/europa-akp/konferenz/download/eu_marton.pdf

Matthies, Volker (1999), »Krisenprävention als Friedenspolitik. Zur Entstehung und Entwicklung eines neuen Konzepts«, *E + Z, Entwicklung und Zusammenarbeit* (Bonn), Jg. 1999, H. 4, S. 103-106.
http://www.inwent.org/E+Z/1997-2002/ez499-4.htm

Matthies, Volker (2000), *Krisenprävention. Vorbeugen ist besser als heilen,* Opladen: Leske + Budrich, 250 S.

McGray, Douglas (2002), »Japan's Gross National Cool«, *Foreign Policy* (Washington, D.C.), Nr. 130, S. 44-54.

McLuhan, Marshall/Powers, Bruce R. (1995), *The Global Village – Der Weg der Mediengesellschaft in das 21. Jahrhundert,* Paderborn: Junfermann, 284 S.

Mearsheimer, John J. (1990), »Back to the Future. Instability in Europe after the Cold War«, *International Security* (Cambridge, MA), Jg. 15, H. 1, S. 5-56.

Meckel, Markus (2000), *General Report: Kosovo Aftermath and Its Implications for Conflict Prevention and Crisis Management,* Brussels.
http://www.nato-pa.int/archivedpub/comrep/2000/at-261-e.asp

Merkle, Hans L. (1984), »Stifter und Stiftungen. Unternehmerische Initiative und gesellschaftspolitische Verantwortung«, in: ders., *Bruchzonen der Gegenwart. Gedanken über Politik und Wirtschaft,* Stuttgart: Dt. Verl.-Anst., S. 31-48.

Messner, Dirk (2001), »Globalisierungsanforderungen an Institutionen deutscher Außen- und Entwicklungspolitik«, *Aus Politik und Zeitgeschichte* (Bonn), Jg. 2001, H. B 18-19, S. 21-29.
http://www.bpb.de/publikationen/GCN02L,0,0,Globalisierungsanforderungen_an_Institutionen
_deutscher_Au%DFen_und_Entwicklungspolitik.html

Messner, Dirk (2002), »Zur Neuausrichtung deutscher Außenbeziehungen«, *E+Z – Entwicklung und Zusammenarbeit* (Frankfurt/Main), Jg. 2002, H. 6, S. 182-184.

Metzger, Christian (1995), *Enquete-Kommissionen des Deutschen Bundestages,* Frankfurt/Main: Lang, 199 S.

Metzler, Manuel (2003), *Partnerschaft mit Potenzial. Die deutsch-japanischen Kulturbeziehungen – Bestandsaufnahme und Empfehlungen,* Stuttgart: Inst. für Auslandsbeziehungen, 91 S. (ifa-Dokumente; 2003,3)

Meunier, Sophie (2000), »The French Exception«, *Foreign Affairs* (New York), Jg. 79, H. 4, S. 104-116.

Meyer-Landrut, Andreas (1986), »Kultur als stabilisierender Faktor des Friedens«, in: Auswärtiges Amt (Hg.), *Das KSZE-Kulturforum in Budapest. Dokumentation,* Bonn, S. 23-27.

Michels, Eckard (1993), *Das Deutsche Institut in Paris 1940-1944. Ein Beitrag zu den deutsch-französischen Kulturbeziehungen und zur auswärtigen Kulturpolitik des Dritten Reiches,* Stuttgart: Steiner, 291 S.

Ministerstwo Spraw Zagranicznych (2001), *Polens Auslandskulturpolitik und ihre Prioritäten für die Jahre 2001-2003,* Warszawa, 9 S.
(Poln. Ausg. u.d.T.: *Zagraniczna polityka kulturalna Polski i jej priorytety na lata 2001-2003.* http://www.filus.edu.pl/konsul/pol-kul20012003.rtf)

Ministry of Culture (2001), *Cultural policy,* Prague, 36 S.

»Mit Kultur gegen Krisen (2001). Kulturdialog als Mittel der Konfliktprävention«, *Zeitschrift für Kulturaustausch* (Stuttgart), Jg. 51, H. 2, S. 24-88.

Mitchell, John M. (1986), *International Cultural Relations,* London: Allen & Unwin, XVI, 253 S.

Mitchell, John M. (1992), »Die deutsche Auswärtige Kulturpolitik seit Kriegsende aus britischer Sicht«, *Zeitschrift für Kulturaustausch* (Stuttgart), Jg. 44, H. 1, S. 118-128.

Mittelstraß, Jürgen (2005), »Europa erfinden«, *Merkur. Deutsche Zeitschrift für europäisches Denken* (Stuttgart), Jg. 59, H. 1, S. 28-37.

Müller, Harald (1999), *Das Zusammenleben der Kulturen. Ein Gegenentwurf zu Huntington,* 3. Aufl., Frankfurt am Main: Fischer-Taschenbuch-Verlag, 256 S.

Müller, Kerstin (2004), »Europa als Union der Kultur?«, *Politik und Kultur* (Berlin), Jg. 2004, H. 2, S. 14.

Müller, Kurt (1981), »Auswärtige Kulturpolitik gegenüber den Ländern der Dritten Welt am Beispiel der Bundesrepublik Deutschland«, in: Hermann Auer (Hg.), *Das Museum und die Dritte Welt,* München u.a.: Saur, S. 169-179.

Muhr, Rudolf (1997), »Die Auslandskulturpolitik Österreichs und Deutschlands – ein Vergleich«, in: *Sprachenpolitik in Europa – Sprachenpolitik für Europa,* Stuttgart: Institut für Auslandsbeziehungen, S. 98-105.
http://www-oedt.kfunigraz.ac.at/Muhr/11-20/Nr15.pdf

Mutz, Reinhard (Hg.) (2002), *Krisenprävention als politische Querschnittsaufgabe. Institutionelle und instrumentelle Ansatzpunkte für die Bundesrepublik Deutschland,* Baden-Baden: Nomos, 256 S.

Naumann, Michael (1999), »Mit blauem Auge davongekommen«, *Zeitschrift für Kulturaustausch* (Stuttgart), Jg. 49, H. 3, S. 19-22.

North, Xavier (2003), *Foreign Cultural Policy in Europe: The Four Goals of French Foreign Cultural Policy. Tagungspapier zur Konferenz: Europe – A Union of Culture?* Stuttgart: ifa, 2 S. http://www.ifa.de/europa-akp/konferenz/download/eu_north.pdf

Nye, Joseph S. (2002), *The Paradox of American Power,* Oxford: Oxford Univ. Press, XVIII, 222 S.

Ostrogorski, Wladimir (1998), »Siechende Stimme Russlands«, *Zeitschrift für Kulturaustausch* (Stuttgart), Jg. 48, H. 2, S. 8-9.

Pabsch, Wiegand (1986), »Das Kulturforum der KSZE in Budapest. Bericht und Bewertung«, *Europa-Archiv* (Bonn), Jg. 41, H. 7, S. 211-216.

Peise, Robert (2002), »Ein Kulturinstitut für Europa«, *Zeitschrift für Kulturaustausch* (Stuttgart), Jg. 52, H. 3, S. 94-95.

Peise, Robert (2003), *Ein Kulturinstitut für Europa. Untersuchungen zur Institutionalisierung kultureller Zusammenarbeit,* Frankfurt/Main: Lang, 296 S.

Peisert, Hansgert u.a. (1971), *Auswärtige Kulturpolitik der Bundesrepublik Deutschland. Gutachten im Auftrag des Auswärtigen Amtes. Konstanz, April 1971,* Konstanz, 384 S.

Peisert, Hansgert (1978), *Die auswärtige Kulturpolitik der Bundesrepublik Deutschland. Sozialwissenschaftliche Analysen und Planungsmodelle,* Stuttgart: Klett, 371 S.

Peisert, Hansgert/Kuppe, Johannes (1983), »Kulturpolitik, auswärtige«, in: Wolfgang R. Langenbucher/Ralf Rytlewski/Bernd Weyergraf (Hg.), *Kulturpolitisches Wörterbuch Bundesrepublik Deutschland/Deutsche Demokratische Republik im Vergleich,* Stuttgart: Metzler, S. 372-379.

Pfetsch, Frank R. (2000), »Europa eine Seele geben. Elemente einer gemeinsamen kulturellen Identität«, *Internationale Politik* (Bonn), Jg. 55, H. 8, S. 45-52.

Phillipson, Robert (2000), »Angelsächsische Sprachförderungspolitik«, in: Ammon 2000a, S. 121-133.

Phillipson, Robert (2003), *English-only Europe? Challenging Language Policy,* London/New York: Routledge, X, 240 S.

Pisa, Beatrice (1995), *Nazione e politica nella Società Dante Alighieri,* Roma: Bonacci, 461 S.

Pogorelskaja, Swetlana W. (2002), »Die parteinahen Stiftungen als Akteure und Instrumente deutscher Außenpolitik«, *Aus Politik und Zeitgeschichte* (Bonn), Jg. 52, H. 6/7, S. 29-38.

Pollig, Hermann/Halft, Hildegard (Hg.) (1973), *Protokolle des Seminars: Kunstausstellungen im Rahmen der Auswärtigen Kulturpolitik. Köln, vom 2.7. bis 7.7.1973,* Stuttgart: Institut für Auslandsbeziehungen, 105 S. (Schriftenreihe des Instituts für Auslandsbeziehungen, Reihe Dokumentation; 3)

Poredos, František (1996), »Kultúrne dohody medzi štátmi ako dôležité nástroje medzinárodnej spolupráce«, *Medzinárodné otázky* (Bratislava), Jg. 5, H. 1, S. 16-23. (Engl. Zsfass. u.d.T.: Cultural agreements as important instruments of international cooperation)

Praxenthaler, Martin (2002), *Die Sprachverbreitungspolitik der DDR. Die deutsche Sprache als Mittel sozialistischer auswärtiger Kulturpolitik,* Frankfurt a.M. u.a.: Lang, XVI, 372 S.

Presse- und Informationsamt der Bundesregierung (2002), *Im Bund mit der Kultur. Neue Aufgaben der Kulturpolitik,* Berlin, 153 S.

Prevots, Naima (1998), *Dance for Export: Cultural Diplomacy and the Cold War,* Middletown u.a.: Wesleyan University Press, XII, 174 S.

Prizel, Ilya (1998), *National Identity and Foreign Policy,* Cambridge: Cambridge Univ. Press, XII, 443 S.

Reinbothe, Roswitha (1992), *Kulturexport und Wirtschaftsmacht. Deutsche Schulen in China vor dem Ersten Weltkrieg,* Frankfurt a.m.: Verlag für Interkulturelle Kommunikation, 301 S.

Reus-Smit, Christian (1997), »The Constitutional Structure of International Society and the Nature of Fundamental Institutions«, *International Organizations* (Cambridge, MA), Jg. 51, H. 4, S. 555-589.

Richard, Lionel (1987), »Aspects des relations intellectuelles et universitaires entre la France et l'Allemagne dans les années vingt«, in: Jacques Bariéty (Hg.), *La France et l'Allemagne entre les deux guerres mondiales,* Nancy: Presses Univ. de Nancy, S. 111-124.

Richartz, Ingeborg (1976), »Funktion und Bedeutung der Mittlerorganisationen«, in: Hans-Peter Schwarz (Hg.), *Handbuch der deutschen Außenpolitik,* 2. Aufl., München: Piper, S. 759-766.

Riezler, Kurt (1972), *Tagebücher, Aufsätze, Dokumente,* Göttingen: Vandenhoeck und Ruprecht, 766 S.

Risse, Thomas/Jetschke, Anja/Schmitz, Hans-Peter (2002), *Die Macht der Menschenrechte. Internationale Normen, kommunikatives Handeln und politischer Wandel in den Ländern des Südens,* Baden-Baden: Nomos-Verl.-Ges., 226 S.

Rittberger, Volker (2001a), *Die Auswärtige Kulturpolitik in Außenpolitiktheorien. Vortrag zur Konferenz des Instituts für Auslandsbeziehungen Stuttgart 27./28. September 2001,* Stuttgart: ifa, ca.4 S. http://www.ifa.de/i/diakkonf.htm

Rittberger, Volker (Hg.) (2001b), *German Foreign Policy since Unification: Theories and Case Studies,* Manchester/New York, NY: Manchester Univ. Press, XIII, 385 S.

Rittberger, Volker (2003), »Selbstentfesselung in kleinen Schritten? Deutschlands Außenpolitik zu Beginn des 21. Jahrhunderts«, *Politische Vierteljahresschrift* (Wiesbaden), Jg. 44, H. 1, S. 10-18.

Rittberger, Volker/Wagner, Wolfgang (2001), »German Foreign Policy since Unification: Theories Meet Reality«, in: Volker Rittberger (Hg.), *German Foreign Policy since Unification: Theories and Case Studies,* Manchester/New York, NY: Manchester Univ. Press, S. 299-325.

Ritte, Jürgen (1999), »Die kulturelle Ausnahme. Frankreich und die Buchpreisbindung«, *Neue Zürcher Zeitung Online* (Zürich), 9.2.1999.

Ritter, Ernst (1976), *Das Deutsche Ausland-Institut in Stuttgart 1917-1945,* Wiesbaden: Steiner, VI, 168 S.

Ritter, Waldemar (1996), »Verbracht, vermisst, verschollen – zurückgekehrt. Zur Diskussion um die Beutekunst«, *Kulturpolitische Mitteilungen* (Bonn), Jg. 75, H. 4, S. 11-12.

Robert Bosch Stiftung (1978), »Auszüge aus den Richtlinien von Robert Bosch d. Ä. für die Vermögensverwaltung Bosch GmbH vom 19.7.1935«, *Bericht. Robert Bosch Stiftung* (Stuttgart), 1974/77, S. III.

Robins, Kevin (Hg.) (2005), *Transcultural diversities,* Strasbourg: Council of Europe. [Erscheint 2005]

Romain, Lothar (1980), »Arbeitskreis 2, Kultur«, in: Dieter Danckwortt (Hg.), *Internationale Kulturbeziehungen – Brücke über Grenzen. Symposium 80. 26.-30. Mai 1980,* Baden-Baden: Nomos, S. 66-71.

Ropers, Norbert (1995), *Friedliche Einmischung. Strukturen, Prozesse und Strategien zur konstruktiven Bearbeitung ethnopolitischer Konflikte,* Berlin: Berghof-Forschungszentrum für Konstruktive Konfliktbearbeitung, 98 S.

Ross, Andreas (2003), *Europäische Einheit in babylonischer Vielfalt. Die Reform des Sprachenregimes der Europäischen Union im Spannungsfeld von Demokratie und Effizienz,* Frankfurt a.M. u.a.: Lang, 158 S.

Rossbach, Udo (1980), *Die Auswärtige Kulturpolitik der Bundesrepublik Deutschland. Grundlagen, Ziele, Aufgaben. Eine Titelsammlung,* Stuttgart: Inst. für Auslandsbeziehungen, 207 S.

347

Ruedorffer, J. J. (1914), *Grundzüge der Weltpolitik in der Gegenwart,* Stuttgart: Dt. Verl.-Anst., XIII, 252 S.

Ruf, Werner K. (1973), »Auswärtige Kulturpolitik als Mittel einer Friedenspolitik«, *Zeitschrift für Kulturaustausch* (Stuttgart), Jg. 23, H. 1, S. 16-23.

Ruffolo, Giorgio (2001), *Bericht über die kulturelle Zusammenarbeit in der Europäischen Union,* Brüssel: Europ. Parlament, 18 S.

Ruhrberg, Karl/Deecke, Thomas (1973), *30 internationale Künstler in Berlin. Gäste des Deutschen Akademischen Austauschdienstes – Berliner Künstlerprogramm,* Berlin: DAAD, 74 S.

Rydzy, Edda (2003a), »Nährwert statt Mehrwert – Europäische Kulturpolitik«, *Zeitschrift für Kulturaustausch* (Stuttgart), Jg. 53, H. 4, S. 70-71.

Rydzy, Edda (2003b), *Notwendigkeit, Charakter und inhaltliche Schwerpunkte einer Europäischen Auswärtigen Kulturpolitik,* Berlin, 17 S. [unveröff. Studie]

Sablosky, Juliet Antunes (2003), *Recent Trends in Department of State Support for Cultural Diplomacy. 1993-2002,* Washington, DC: Center for Arts and Culture, 20 S.
http://www.culturalpolicy.org/pdf/JASpaper.pdf

Saehrendt, Christian (2000), »Vom Kulturimperialismus zur Krisenprävention«, *Zeitschrift für Kulturaustausch* (Stuttgart), Jg. 50, H. 3, S. 8-9.
http://www.ifa.de/zfk/magazin/akp/dsaehrendt.htm

Saito, Hidetoshi (1996), »The History and Principles behind Japan's Cultural Cooperation: Cooperation in the Preservation of Cultural Heritage«, *The Japan Foundation Newsletter* (Tokyo), Jg. 24, H. 3, S. 1-5, 24.

Salvetti, Patrizia (1995), *Immagine nazionale ed emigrazione nella Società Dante Alighieri,* Roma: Bonacci, 288 S.

Sartorius, Joachim (Hg.) (1996), *In dieser Armut – welche Fülle! Reflexionen über 25 Jahre auswärtige Kulturarbeit des Goethe-Instituts,* Göttingen: Steidl, 288 S.

Sattler, Dieter (1963), »Die Dritte Bühne – kulturelle Außenpolitik«, *Universitas* (Stuttgart), H. 9, S. 913-920.

Schaber, Thomas/Ulbert, Cornelia (1994), »Reflexivität in den internationalen Beziehungen. Literaturbericht zum Beitrag kognitiver, reflexiver und interpretativer Ansätze zur dritten Theoriedebatte«, *Zeitschrift für internationale Beziehungen* (Baden-Baden), Jg. 1, H. 1, S. 139-169.

Schick, Rupert/Schreiner, Hermann J. (2003), *So arbeitet der Deutsche Bundestag. Organisation und Arbeitsweise,* 17. Aufl., Rheinbreitbach: NDV, 159 S.

Schieder, Martin (2003), *Expansion/Integration. Die Kunstausstellungen der französischen Besatzung im Nachkriegsdeutschland,* München/Berlin: Deutscher Kunstverlag, 120 S.

Schirmer, Klaus (1970), *Die klassischen Kulturabkommen der Bundesrepublik Deutschland mit auswärtigen Staaten,* Diss., Univ. Göttingen, XXIX, 221 S.

Schloßmacher, Michael (1996), *Die Amtssprachen in den Organen der Europäischen Gemeinschaft,* Frankfurt a.M. u.a.: Lang, 216 S.

Schlott, Wolfgang (1996), »Der sogenannte dritte Weg: ein Ausweg aus der Krise der polnischen Kulturpolitik der 1990er Jahre?«, *Osteuropa* (Stuttgart), Jg. 46, H. 8, S. 785-790.

Schneider, Axel (2000), *Die auswärtige Sprachpolitik der Bundesrepublik Deutschland. Eine Untersuchung zur Förderung der deutschen Sprache in Mittel- und Osteuropa, in der Sowjetunion und in der GUS 1982 bis 1995,* Bamberg: Collibri, 364 S.

Schneider, Cynthia P. (2004), *Culture Communicates: US Diplomacy That Works,* The Hague: Netherlands Institute of International Relations Clingendael, 24 S.
http://www.clingendael.nl/publications/2004/20040300_cli_paper_dip_issue94.pdf

Schneider, Gerald/Schiller, Julia (2000), »Goethe ist nicht überall. Eine empirische Analyse der Standortentscheidungen in der Auswärtigen Kulturpolitik«, *Zeitschrift für internationale Beziehungen* (Baden-Baden), Jg. 7, H. 1, S. 5-32.

Schneider, Gerald/Treutlein, Daniela (2004), *Culture – Here, There, Everywhere? The Location of Foreign Cultural Institutes of Three European States around the World*. [Unveröff. Manuskript, erscheint April 2005]

Schober, Carolin (2004), *Das Auswärtige Amt und die Kunst in der Weimarer Republik. Kunst- und Kunstgewerbeausstellungen als Mittel deutscher auswärtiger Kulturpolitik in Frankreich, Italien und Großbritannien*, Frankfurt a.m./Berlin: Lang, 219 S.

Schöndube, Claus (Hg.) (1972), *Europa: Verträge und Gesetze*, Bonn: Europa-Union-Verlag, XXXI, 496 S.

Scholl, Georg (2001), »Theoriedefizit der auswärtigen Kulturpolitik: Vom Stiefkind zu Mamis Liebling?«, *Zeitschrift für Kulturaustausch* (Stuttgart), Jg. 51, H. 4, S. 24-25.
http://www.ifa.de/zfk/magazin/akp/dscholl.htm

Scholten, Dirk (2000), *Sprachverbreitungspolitik des nationalsozialistischen Deutschlands*, Frankfurt a.m. u.a.: Lang, XVIII, 445 S.

Scholz, Antje (2000), *Verständigung als Ziel interkultureller Kommunikation. Eine kommunikationswissenschaftliche Analyse am Beispiel des Goethe-Instituts*, Münster u.a.: LIT, 164 S.

Schröder, Gerhard (1998), *Regierungserklärung des Bundeskanzlers mit anschließender Aussprache*, Berlin: Deutscher Bundestag, Stenographischer Bericht, 3. Sitzung, Plenarprotokoll 14/3, Spalte 62.
http://dip.bundestag.de/btp/14/14003.pdf

Schütte, Georg (2002), »Zwischen Wettbewerb und Kooperation – International mobile Studierende«, *Forschung & Lehre* (Bonn), Jg.7, S. 361-364.

Schulte, Karl-Sebastian (2000), *Auswärtige Kulturpolitik im politischen System der Bundesrepublik Deutschland. Konzeptionsgehalt, Organisationsprinzipien und Strukturneuralgien eines atypischen Politikfeldes am Ende der 13. Legislaturperiode*, Berlin: Verlag für Wissenschaft und Forschung, XVIII, 216 S.

Schulz, Andrea (1991), *Verfassungsrechtliche Grundlagen der auswärtigen Kulturpolitik – Goethe-Institut und Istituti Italiani di Cultura im Vergleich*, San Domenico: EUI, XIX, 142 S.

Schuster, Eva (1995), *Auswärtige Kulturpolitik in Deutschland und Frankreich am Beispiel des Goethe-Instituts in Bordeaux und des Institut Français in München*, Diplomarbeit, Passau: Univ., XIII, 66 S.

Schwab-Felisch, Hans (1986), »Die Bedeutung der Kultur für die Politik wächst. Rückblick auf das Europäische Kulturforum in Budapest«, *Merkur* (Stuttgart), Jg. 40, H. 4, S. 314-325.

Schwencke, Olaf (1998a), »Den Bremsern Paroli bieten«, *Zeitschrift für Kulturaustausch* (Stuttgart), Jg. 48, H. 1, S. 48-51.

Schwencke, Olaf (1998b), »Von welchem Kulturbegriff lassen wir uns leiten? Aspekte europäischer und internationaler Kulturpolitik«, in: Hans-Peter Burmeister (Hg.), *Kultur ohne Projekt?*, Rehburg-Loccum: Evang. Akademie, S. 85-94.

Schwencke, Olaf (2001), *Das Europa der Kulturen – Kulturpolitik in Europa. Dokumente, Analysen und Perspektiven – von den Anfängen bis zur Grundrechtecharta*, Bonn/Essen: Kulturpolitische Gesellschaft, 317 S.

Schwencke, Olaf (2002), »Europa als Kulturgemeinschaft. Föderalismus im Verfassungswerk der Europäischen Union«, in: Thomas Röbke (Hg.), *Kulturföderalismus*, Essen: Klartext-Verlag, S. 295-312.

Schwencke, Olaf (2004), »Europa fördert Kultur«, *Aus Politik und Zeitgeschichte* (Bonn), B 49, S. 19-25.

Selig, Anna (1928), »Auswärtige Kulturpolitik – Gedanken zur Neuorientierung«, *Kölnische Volkszeitung* (Köln), Nr. 149, Beil., S. 2 und Nr. 168, Beil., S. 1.

Sengo Nihon Kokusai Bunka Koryu Kenkyukai (2002), »International Cultural Exchange of Postwar Japan: a General Picture«, in: Kageshide Kaku/Kenichiro Hirano (Hg.), *International Intellectual Exchange and Japan in the 21st Century,* Tokyo: Chuo Koron Shinsha, S. 346-388. [Text in Japanisch]

Shulman, Stephen (1998), »Cultures in Competition: Ukrainian Foreign Policy and the ›Cultural Threat‹ from Abroad«, *Europe-Asia Studies* (Abingdon), Jg. 50, H. 2, S. 287-303.

Sievers, Johannes (1966), *Aus meinem Leben,* Als Manuskript gedr., Berlin, 510 S.

Simon, Anton (1956), »Wiederaufbau des deutschen Auslandsschulwesens seit 1945«, in: *Deutsche Bildungsarbeit im Ausland nach dem ersten und zweiten Weltkriege,* Braunschweig: Westermann, S. 17ff.

Singer, Otto (2003), *Auswärtige Kulturpolitik in der Bundesrepublik Deutschland. Konzeptionelle Grundlagen und institutionelle Entwicklung seit 1945,* (Wissenschaftliche Dienste des Deutschen Bundestages, WF X – 095/03), Berlin: Deutscher Bundestag, 62 S.

Singer, Otto (2004), *Nach der Erweiterung: Die Förderung von Kultur und kultureller Vielfalt in der Europäischen Union,* (Wissenschaftliche Dienste des Deutschen Bundestages, WF X – 051/04), Berlin: Deutscher Bundestag, 61 S.

Sontheimer, Kurt (1998), *So war Deutschland nie,* München: Beck, 62 S.

SPD/Bündnis 90/Die Grünen (2002), *Erneuerung – Gerechtigkeit – Nachhaltigkeit. Koalitionsvereinbarung 2002-2006 vom 16. Oktober 2002,* Berlin, 8 S.

Spengler, Oswald (1980), *Der Untergang des Abendlandes. Umrisse einer Morphologie der Weltgeschichte,* ungekürzte Sonderausg. der Fassung von 1917/23, München: Beck, XV, 1249 S.

Splett, Oskar (1966), »Außenpolitik mit Afrika«, *Afrika heute* (Bonn), Jg. 1966, H. 18, S. 269-273, H. 19, S. 282-288, H. 21, S. 313-317.

Stabsabteilung für Integrationspolitik der Landeshauptstadt Stuttgart (2002), *Ein Bündnis für Integration. Grundlagen einer Integrationspolitik in der Landeshauptstadt Stuttgart,* Stuttgart, 37 S. http://www.urbanum.de/urbanum-frames/infothek/texte/Integrationskonzept.pdf

StADaF (2003), *Deutsch als Fremdsprache 2000. Erhebung. Ständige Arbeitsgruppe Deutsch als Fremdsprache,* München: Goethe-Institut, 32 S.

Stadlmayer, Tina (2000), »BND-Geld für Portugal und Spanien«, *die tageszeitung* (Berlin), 2. Februar 2000, S. 2.

Staeck, Nicola (1997), *Politikprozesse in der Europäischen Union. Eine Policy-Netzwerkanalyse der europäischen Strukturfondspolitik,* Baden-Baden: Nomos, 218 S.

Stark, Franz (2000), »Ansätze zur Verbreitung der deutschen Sprache vor der Reichsgründung«, in: Ammon 2000a, S. 19-30.

Stark, Franz (2002a), *Deutsch in Europa. Geschichte seiner Stellung und Ausstrahlung,* Sankt Augustin: Asgard-Verl., 231 S.

Stark, Franz (2002b), »Sprache als Instrument in der Außenpolitik. Die Praxis der Bundesrepublik Deutschland«, in: Heinrich P. Kelz (Hg.), *Die sprachliche Zukunft Europas,* Baden-Baden: Nomos, S. 37-61.

Steeger-Strobel, Christine/Serwotka, Kornelia/Lempp, Albrecht (2000), *Die deutsch-polnischen Kulturbeziehungen seit 1990. Literaturauswahl,* 2. erw. Aufl., Stuttgart: Inst. für Auslandsbeziehungen, 53 S. (Literaturrecherchen; 9)

Steltzer, Hans-Georg (1971), »Auswärtige Kulturpolitik als Friedenspolitik«, *Außenpolitik* (Bielefeld), Jg. 22, H. 6, S. 321-332.

Stoldt, Peter H. (2001), *Deutsche Abschlüsse an Schulen im Ausland,* Bonn: Varus-Verl., 185 S.

Stoll, Ulrike (2005), *Kulturpolitik als Beruf. Dieter Sattler in München, Bonn und Rom,* Paderborn: Schöningh, 594 S. (Diss., München 2002)

Strauss, Franz-Josef (1986), »Auswärtige Kulturpolitik – Ziele und Wege. Grundsatzreferat anlässlich der Regionalbeauftragtenkonferenz des Goethe-Instituts am 12.6.1986 in München«, in: Joachim Sartorius (Hg.), *In dieser Armut – welche Fülle! Reflexionen über 25 Jahre auswärtige Kulturarbeit des Goethe-Instituts,* Göttingen: Steidl, S. 181-191.

Study Group on International Cultural Relations (1997), *International Cultural Exchange and Cultural Cooperation between ASEAN and Japan. Historical Development and Present Situation. Final Report,* Tokyo: Univ. of Tokyo, 46 S.

Swaan, Abram de (2001), *Words of the World. The Global Language System,* Cambridge, UK: Polity, XI, 253 S.

Tabory, Mala (1980), *Multilingualism in International Law and Institutions,* Alphen aan den Rijn/Rockville, MA: Sijthoff & Noordhoff, XX, 284 S.

Thierfelder, Franz (1938), *Deutsch als Weltsprache: die Grundlagen der deutschen Sprachgeltung in Europa,* Berlin: Korzeja, 221 S.

Thierfelder, Franz (1956), *Die deutsche Sprache im Ausland,* Bd. 1, *Der Völkerverkehr als sprachliche Aufgabe,* Hamburg/Berlin: Decker, 196 S.

Toepler, Stefan (1997), »Kulturpolitik im ›liberalen Staat‹. Das Beispiel USA«, in: Bernd Wagner/Annette Zimmer (Hg.), *Krise des Wohlfahrtsstaates – Zukunft der Kulturpolitik,* Essen: Klartext-Verlag, S. 50-61.

Trabant, Jürgen (2001), »Französische Sprachpolitik – ein Modell für Deutschland?«, *Akademie-Journal* (Mainz), Jg. 10, H. 2, S. 10-14.

Treinen, Heinrich (1977), »Probleme des Kulturaustauschs zwischen Staaten unterschiedlicher Gesellschaftsordnungen«, in: Jost Delbrück (Hg.), *Grünbuch zu den Folgewirkungen der KSZE,* Köln: Verl. Wiss. und Politik, S. 463-474.

Tryc, Slawomir/Körber, Sebastian/Räther, Ulrich (2001), »Berliner Institut mit polnischem Touch. Auswärtige Kulturpolitik Polens«, *Zeitschrift für Kulturaustausch* (Stuttgart), Jg. 51, H. 3, S. 22-25.
http://www.ifa.de/zfk/interviews/dtryc.htm

UNESCO (1966), *Declaration of the Principles of International Cultural Cooperation, 4 November 1966,* Paris.
http://www.unesco.org/culture/laws/cooperation/html_eng/page1.shtml

UNESCO (1982), *Mexico City Declaration on Cultural Policies. World Conference on Cultural Policies, Mexico City, 26 July – 6 August, 1982,* Paris.
http://www.unesco.org/culture/laws/mexico/html_eng/page1.shtml

UNESCO (1995), *Our Creative Diversity. Report of the World Commission on Culture and Development,* Paris, 302 S. (Dt. Kurzfassung u.d.T.: *Unsere kreative Vielfalt,* 2. erw. Ausg., Bonn: Dt. UNESCO-Kommission 1997, 76 S.)

UNESCO (1996), *Learning – the Treasure Within. Report to UNESCO of the International Commission on Education for the Twenty-First Century,* Paris, 266 S. (Dt. Fassung u.d.T.: *Lernfähigkeit – unser verborgener Reichtum,* Neuwied: Luchterhand 1997, 241 S.)

UNESCO (1998), *Intergovernmental Conference on Cultural Policies for Development. Stockholm, Sweden, 30 March – 2 April 1998,* Paris.
http://unesdoc.unesco.org/images/0011/001139/113935eo.pdf

UNESCO (2003a), *Erklärung über die Grundsätze einer internationalen Zusammenarbeit,* *4.11.1966, Notes,* Paris.
http://www.unesco.org/culture/laws/cooperation/ html_eng/ page1.shtml

UNESCO (2003b), *List of the 190 Member States (and the 6 Associate Members) of UNESCO and* *the Date on Which They Became Members (or Associate Members) of the Organization, as of 1* *October 2003 (in Alphabetical Order),* Paris.
http://erc.unesco.org/cp/MSList_alpha.asp?lg=E

UNESCO (2003c), *Recommendation Concerning Education for International Understanding, Co-* *operation and Peace and Education Relating to Human Rights and Fundamental Freedoms, 19* *November 1974.* Paris.
http://portal.unesco.org/en/ev.php-URL_ID=13088&URL_DO=DO_TOPIC&URL_SECTON= 201.html

UNESCO (2003d), *UNESCO Welterbestätten Deutschland. Geschichte voller Leben,* Quedlinburg.
http://www.unesco-welterbe.de/de/index.html

UNESCO (2003e), *Convention for the Safeguarding of the Intangible Cultural Heritage,* Paris, 19 S.
http://www.unesco.at/user/pdf/schutz_immaterkultur.pdf

United States Advisory Commission on Public Diplomacy (1996), *A new Diplomacy for the Infor-* *mation Age,* Washington, DC, 12 S.

United States Advisory Commission on Public Diplomacy (2002), *Building America's Public Diplo-* *macy through a Reformed Structure and Additional Resources,* Washington, DC, 16 S.
http://www.state.gov/documents/organization/13622.pdf

USIA Alumni Association (2003), *Consolidation of Public Diplomacy Programs into the Depart-* *ment of State.*
http://www.publicdiplomacy.org/6.htm

Van Parijs, Philippe (2000), »The Ground Floor of the World. On the Socio-Economic Consequen-ces of Linguistic Globalisation«, *International Political Science Review* (Guildford), Jg. 21, S. 217-233.

Varwick, Johannes (2002), »Kriegsverhinderung und Friedenswahrung«, *Internationale Politik* (Bielefeld), Jg. 57, H. 12, S. 1-10.

VENRO (2002), *Globales Lernen als Aufgabe und Handlungsfeld entwicklungspolitischer Nicht-Re-* *gierungsorganisationen. Grundsätze, Probleme und Perspektiven der Bildungsarbeit des VENRO* *und seiner Mitgliedsorganisationen,* Bonn. 17 S.
http://www.venro.org/publikationen/archiv/arbeitspapier_10.pdf

Vereinigung für Internationale Zusammenarbeit (1980), *Internationale Kulturbeziehungen, Brücke* *über Grenzen. Symposium 80, 26.-30. Mai 1980, Bonn. Dokumentation,* Baden-Baden: Nomos-Verl.-Ges., 360 S.

Vereinte Nationen (2003), *Resolutions Adopted by the General Assembly at its 47th Session. Numeri-* *cal Sequence,* New York, NY.
http://www.un.org/Depts/dhl/res/resa47.htm

Vetter, Erwin (1995), »Deutschland: die Sicht der deutschen Länder«, in: Rudolf Hrbek (Hg.), *Die* *Anwendung des Subsidiaritätsprinzips in der Europäischen Union. Erfahrungen und Perspekti-* *ven,* Baden-Baden: Nomos-Verl.-Ges., S. 9-20.

Visegrád Group (2000), *Communiqué of the Meeting of Ministers of Culture of Visegrád 4 in Brati-* *slava.*
http://www.visegradgroup.org/events.php?kdy=910october2000

Vogel, Rolf (1990),»Interview mit Ministerialdirektor Witte, Leiter der Kulturabteilung im Auswärtigen Amt«, in: Rolf Vogel (Hg.), *Der deutsch-israelische Dialog. Dokumentation eines erregenden Kapitels deutscher Außenpolitik,* Bd. 8, München u.a.: Saur, S. 231-233.

Vom Brocke, Bernhard (1981), »Der deutsch-amerikanische Professorenaustausch. Preußische Wissenschaftspolitik, internationale Wissenschaftsbeziehungen und die Anfänge einer deutschen auswärtigen Kulturpolitik vor dem Ersten Weltkrieg«, in: Kurt Düwell/Michael Rehs (Hg.), *Interne Faktoren auswärtiger Kulturpolitik im 19. und 20. Jahrhundert,* Stuttgart: Institut für Auslandsbeziehungen, S. 128-182. (Materialien zum internationalen Kulturaustausch; 16)

Wallensteen, Peter (2002), *Understanding Conflict Resolution. War, Peace and the Global System,* London: Sage, XVI, 320 S.

Walter, Veronika (2003), *Schritte zur Normalität. Die deutsch-polnischen Kulturbeziehungen. Bestandsaufnahme und Empfehlungen,* Stuttgart: Inst. für Auslandsbeziehungen, 151 S. (ifa-Dokumente; 2003,1)

Waltz, Kenneth (1979), *Theory of International Politics,* New York, NY: McGraw-Hill, 251 S.

Waltz, Kenneth (1993), »The Emerging Structure of International Politics«, *International Security* (Cambridge, MA), Jg. 18, H. 2, S. 44-79.

Wattler, Raimund (1994), *Die Rechtsstellung der vermittelten Lehrer an deutschen Schulen im Ausland aus der Gesamtschau des Auslandsschulwesens,* Frankfurt/Main: Lang, XXVII, 191 S. (Diss., Köln 1992)

Weber, Raymond (2002), »Elemente für eine europäische Kulturaußenpolitik. Ziele, Prinzipien und Strukturen«, *Zeitschrift für Kulturaustausch* (Stuttgart), Jg. 52, H. 3, S. 114-117.

Weber, Raymond (2003), »Elemente für eine europäische Kulturaußenpolitik. Ziele, Prinzipien und Strukturen«, *Kultur, Politik, Diskurs* (Hildesheim), H. 5, S. 3-9.

Wedel, Heidi (1999), *Wege zur Kulturpartnerschaft. Die deutsch-türkischen Kulturbeziehungen. Bestandsaufnahme und Empfehlungen,* Stuttgart: Inst. für Auslandsbeziehungen, 71 S. (ifa-Dokumente; 1999,1)

Weidenfeller, Gerhard (1976), *VDA – Verein für das Deutschtum im Ausland, Allgemeiner Deutscher Schulverein (1881-1918),* Bern/Frankfurt a.M.: Lang, 507 S.

Weirich, Dieter (1993), »Deutschland der Welt vermitteln: Die 40 Jahre junge Deutsche Welle«, in: ders. (Hg.), *Auftrag Deutschland – Nach der Einheit: Unser Land der Welt vermitteln,* Mainz/München: Hase & Köhler, S. 111-160.

Weiss, Dieter (1998), »Entwicklungspolitik als Wissenschafts- und Kulturpolitik«, *Universitas* (Stuttgart), Jg. 53, S. 759-770.

Wendt, Alexander (1992), »Anarchy is What States Make Out of It. The Social Construction of Power Politics«, *International Organizations* (Cambridge, MA), Jg. 46, H. 2, S. 391-425.

Wendt, Alexander (1999), *Social Theory of International Politics,* Cambridge: Cambridge Univ. Press, XV, 429 S.

Werner, Harry (1981), »Das deutsche Auslandsschulwesen«, in: *Handbuch Schule und Unterricht,* Bd. 2, Düsseldorf: Schwann, S. 136ff.

Wesner, Simone (Hg.) (1997), *Herausforderungen an Kulturpolitik und Kulturmanagement in Mittel- und Osteuropa,* Leipzig: Leipziger Univ.-Verl., 171 S.

Wessels, Wolfgang (2000), *Die Öffnung des Staates. Modelle und Wirklichkeit grenzüberschreitender Verwaltungspraxis 1960-1995,* Opladen: Leske und Budrich, 496 S.

Wewer, Göttrik (1986), »Fragen an die politischen Stiftungen«, *Das Parlament* (Bonn), 13. September 1986, S. 4.

»Wissensgesellschaft (2004) – Kampf um kluge Köpfe«, *Zeitschrift für Kulturaustausch* (Stuttgart), Jg. 54, H. 4, S. 29-91.

Wissig, Heinz (1964), »Botschafter deutscher Kultur: Theater, Musik und moderne Dramatik«, *Jahrbuch der auswärtigen Kulturbeziehungen* (Bonn), Jg. 1, S. 53-63.

Witte, Barthold C. (1975), »Auswärtige Kulturpolitik und KSZE«, *Zeitschrift für Kulturaustausch* (Stuttgart), Jg. 25, H. 3, S. 6-9.

Witte, Barthold C. (1981), »Die Enquête-Kommission des Bundestages. Anmerkungen zu ihrem Bericht über Auswärtige Kulturpolitik«, in: Kurt Düwell/Werner Link (Hg.), *Deutsche Auswärtige Kulturpolitik seit 1871,* Köln/Wien: Böhlau, S. 295-359.

Witte, Barthold C. (1987), »Was ist mit der deutschen Sprache los?«, *Frankfurter Allgemeine Zeitung,* 8.7., S. 7.

Witte, Barthold C. (1988), *Dialog über Grenzen. Beiträge zur auswärtigen Kulturpolitik,* Pfullingen: Neske, 286 S.

Witte, Barthold C. (1993), »Politik, Kultur und die Mittler. Die deutsche Auswärtige Kulturpolitik und ihre Träger«, in: Dieter Weirich (Hg.), *Auftrag Deutschland,* Mainz u.a.: v. Hase & Koehler, S. 197-222.

Witte, Barthold C. (1994), »Die Stellung der deutschen Sprache in der Welt«, *in: Deutsch als Fremdsprache ohne Mauern,* Regensburg: FADAF, S. 1-11.

Witte, Barthold C. (2000), »Einheit in der Vielfalt stärken. Europäische Kulturpolitik vor großen Aufgaben«, in: Heiner Timmermann (Hg.), *Europa – Ziel und Aufgabe,* Berlin: Duncker & Humblot, S. 191-200.

Witte, Barthold C. (2001), »Praxis ohne Theorie? Auswärtige Kulturpolitik und die Wissenschaft«, *Zeitschrift für Kulturaustausch* (Stuttgart), Jg. 51, H. 4, S. 9-11.
http://www.ifa.de/zfk/magazin/akp/dwitte.htm

Witte, Barthold C. (2003a), »Auswärtige Kulturpolitik – die ›dritte Säule‹ der Außenpolitik«, in: Wichard Woyke (Hg.), *Neue deutsche Außenpolitik,* Schwalbach/Ts.: Wochenschau-Verl., S. 106-123.

Witte, Barthold C. (2003b), *Für die Freiheit eine Gasse. Aus dem Leben eines Liberalen,* Stuttgart/Leipzig: Hohenheim-Verl., 408 S.

Witte, Barthold C. (2004), *Die Vielfalt vernetzen. Länderstrategien der deutschen Auswärtigen Kulturpolitik,* Stuttgart: Institut für Auslandsbeziehungen, 45 S. (ifa-Dokumente; 2004,2)

Wolf, Klaus Dieter (2002), »Zivilgesellschaftliche Selbstregulierung: ein Ausweg aus dem Dilemma des internationalen Regierens?«, in: Markus Jachtenfuchs/Michèle Knodt (Hg.), *Regieren in internationalen Institutionen,* Opladen: Leske und Budrich, S. 183-214.

Zauner, Stefan (1994), *Erziehung und Kulturmission. Frankreichs Bildungspolitik in Deutschland 1945-1949,* München: Oldenbourg, 351 S.

Zeeck, Gundula (2002), *Das ferne Interesse. Die deutsch-chinesischen Kulturbeziehungen,* Stuttgart: Inst. für Auslandsbeziehungen, 79 S. (ifa-Dokumente; 2002,1)

Zickerick, Michael (1979), *Deutsche auswärtige Kulturpolitik. Konzeption, Rezeption und Wirkung. Dargestellt am Beispiel des Goethe-Instituts in Lagos, Nigeria,* Bad Honnef: Bock & Herchen, 203 S.

Zimmermann, Olaf (2002), »Auswärtige Kulturpolitik: Mehr Kultur- als Außenpolitik«, *E+Z Entwicklung und Zusammenarbeit online* (Bonn), Jg. 43, Nr. 11.
http://www.inwent.org/E+Z/1997-2002/analy1102.htm [Stand 25.08.04]

Znined-Brand, Victoria (1999), *Deutsche und französische Auswärtige Kulturpolitik. Eine vergleichende Analyse. Das Beispiel der Goethe-Institute in Frankreich sowie der Instituts und Centres Culturels Français in Deutschland seit 1945,* Frankfurt am Main: Lang, 240 S.

Zürrer, Werner (1994), »Ostmitteleuropa: innere Entwicklung und Außenpolitik, 1991-1994«, *Weltgeschehen* (Sankt Augustin), Jg. 1994, H. 2, S. 3-152.

Aus den Autorenbeiträgen zusammengestellt von Claudia Judt und Kornelia Serwotka

9. Personenregister

10. Institutionenregister

Tandem 190
Terre des Hommes 218
TransTel 167
Tschechische Republik, Ministerium für Erziehung, Jugend und Sport 190
TV 5 294

UNACLA s. United Nations Advisory Committee of Local Authorities
UNDP s. United Nations Development Programme
UNEP s. United Nations Environment Programme
UNESCO s. United Nations Educational, Scientific and Cultural Organization
UNESCO-Institut für Pädagogik, Hamburg 68
UNESCO-Projekt-Schulen 247
Ungarn, Außenministerium 305
Ungarn, Bildungsministerium 305f.
Ungarn, Ministerium für Nationales Kulturerbe 302, 305f.
Ungarndeutsches Bildungszentrum, Baja 135
Uni-Assist 129
UNICEF s. United Nations Children's Fund
UNIFEM s. United Nations Development Fund for Women
United Nations Advisory Committee of Local Authorities (UNACLA) 203
United Nations Children's Fund (UNICEF) 245
United Nations Development Fund for Women (UNIFEM) 245
United Nations Development Programme (UNDP) 245, 247
United Nations Educational, Scientific and Cultural Organization (UNESCO) 16, 35f., 47-49, 67f., 97, 105f., 118, 173, 182, 241-249, 253, 260, 264, 270, 297, 312, 317
United Nations Environment Programme (UNEP) 245
United Nations General Assembly 49, 244
United Nations Organisation (UNO) 16, 36, 47f., 67, 92, 158, 241, 243-245, 247
United Nations Volunteers (UNV) 245
Universität Bayreuth 75
Universität Heidelberg 30
Universität Konstanz 30
Universität Kyoto 315

UNO s. United Nations Organization
UNV s. United Nations Volunteers
USA, Agency for International Development (AID) 282, 285
USA, Außenministerium s. USA, Department of State
USA, Congress 281f.
USA, Department of Defense 281
USA, Department of Homeland Security 281
USA, Department of State 162, 281-286, 288
USA, Department of State, Bureau of Educational and Cultural Affairs 284
USA, Government 312
USA, International Communication Agency (ICA) 284
USA, National Security Council 281
USA, Senate 281
USA, Under Secretary for Public Diplomacy and Public Affairs 287
USA, United States Information Agency (USIA) 283f.
USAID s. USA, Agency for International Development
USIA s. USA, United States Information Agency

VDA s. Verein für das Deutschtum im Ausland
VDLiA s. Verband Deutscher Lehrer im Ausland
VENRO s. Verband Entwicklungspolitik Deutscher Nichtregierungsorganisationen
Verband Deutscher Lehrer im Ausland (VDLiA) 41, 143
Verband Entwicklungspolitik Deutscher Nichtregierungsorganisationen (VENRO) 220
Verein für das Deutschtum im Ausland (VDA) 41, 55, 61, 64
Verein Kultur Transnational 204
Vereinigung für Internationale Zusammenarbeit (VIZ) 78, 325
Vereinte Nationen s. United Nations Organization
Vietnamesisch-Deutsches Zentrum, Hanoi 187
Villa Massimo, Rom 65, 107, 114
Villa Médicis, Rom 294
Villa Vigoni, Como 187
Visiting Arts 295

367

11. Die Autoren

Ulrich Ammon
geb. 1943. Studium der Germanistik, Anglistik und der Empirischen Kulturwissenschaft an den Universitäten Tübingen, Göttingen, Frankfurt am Main und der Wesleyan University (Middletown, Connecticut; Fulbright-Stipendium 1967-1968). Staatsexamen und Promotion in Tübingen 1971 bzw. 1972. 1967-1968 Instructor in deutscher Sprache und Literatur an der Wesleyan University und Instructor für deutsche Sprache an der Middlebury Summer School (Middlebury, Vermont). 1971-1974 wissenschaftlicher Angestellter (Forschungsprojekt der Deutschen Forschungsgemeinschaft) und Lehrbeauftragter für Germanistische Linguistik an der Universität Tübingen. 1974-1980 wissenschaftlicher Rat für Germanistische Linguistik an der Universität-Gesamthochschule Duisburg. Seit 1980 ebenda Professor für Germanistische Linguistik mit dem Schwerpunkt Soziolinguistik. Veröffentlichungen: 13 Monographien, ca. 200 Aufsätze und ca. 100 Rezensionen. Herausgeber von ca. 30 Büchern und zwei Buchreihen. Mitherausgeber und Mitglied im Editorial Board von mehreren Zeitschriften.
E-Mail-Adresse: ammon@uni-duisburg.de

Verena Andrei
geb. 1974. Studium der Politikwissenschaft und der Neueren Deutschen Literatur an der Eberhard-Karls-Universität Tübingen und Humanidades an der Universidad Pompeiu Fabra, Barcelona. Nach ihrem Studienabschluss 2001 erhielt sie den Rave-Förderpreis Auswärtige Kulturpolitik für die Magisterarbeit *Die auswärtige Sprachförderungspolitik der Bundesrepublik Deutschland gegenüber den Staaten Mittel- und Osteuropas*. Praktika unter anderem beim Auswärtigen Amt. Seit 2001 Doktorandin im Fach Politikwissenschaft an der Universität Tübingen und Stipendiatin der Graduiertenförderung des Landes Baden-Württemberg.
E-Mail-Adresse: v.andrei@web.de

Gerd Ulrich Bauer
geb. 1968. Studium der Interkulturellen Germanistik, Ethnologie und Neueren Deutschen Literaturwissenschaft an der Universität Bayreuth. Magisterarbeit über die Rolle von Kunst und Kunstausstellungen in der deutschen Auswärtigen Kulturpolitik. 1998-1999 Wissenschaftlicher Koordinator des DFG-Graduiertenkollegs *Interkulturelle Beziehungen in Afrika*. 2000 freiberufliche Tätigkeit für SIETAR Deutschland und für die Professur »Interkulturelle Kommunikation« der Technischen Universität Chemnitz. 2001-2002 Wissenschaftlicher Mitarbeiter der Professur »Interkulturalität, Linguistik, Fachdidaktik Fremdsprachen« der Brandenburgischen Technischen Universität Cottbus. 2002-2005 in der Professur »Interkulturelle Kommunikation« der TU Chemnitz. Kulturwissenschaftliche Promotion zum Expertentum von Akteuren der Auswärtigen Kulturpolitik (in Vorbereitung). Veröffentlichungen (Auswahl): Koautor der Auswahlbibliographie zur Grundlegung einer kulturwissenschaftlichen Fremdheitsforschung (1993). Autor von *Die »dritte Säule« der Politik: zur Konzeptualisierung auswärtiger Kulturpolitik der Bundesrepublik Deutschland nach 1970* (2000); Vortrag »Kulturelle Programmarbeit« (2002) auf dem ifa-Workshop *Auswärtige Kulturpolitik: ein Stiefkind der Forschung?*; Lexikonartikel »Auswärtige Kulturpolitik« (2003).
E-Mail-Adresse: ulrich.bauer@phil.tu-chemnitz.de

Dirk Beusch

geb. 1963. Studium der Politologie, Soziologie und Südostasienwissenschaft in Passau, Thailand und Frankfurt/Main. Diplom-Politologe. 1998-2004 Büroleiter von Monika Griefahn, der Vorsitzenden des Ausschusses für Kultur und Medien im Deutschen Bundestag. Seit 2004 bei der Deutschen Welle, Intendanz/Unternehmensplanung.

E-Mail-Adresse: Dirk.Beusch@dw-world.de

Gesa Büttner

geb. 1964. Studium der Hispanistik, Italianistik und Linguistik an der Freien Universität Berlin. An der Universität Genf zur Informationsspezialistin weiterqualifiziert. Mit dem Schwerpunkt Fachinformations- und Dokumentationsarbeit in internationalen Organisationen hat sie zahlreiche Erfahrungen im europäischen Ausland gesammelt. Seit 1998 beim Europarat, zuständig für die Informationsversorgung in der Kulturpolitischen Abteilung.

E-Mail-Adresse: gesa.buttner@coe.int

Gudrun Czekalla

geb. 1957. Diplom-Politologin (Institut d'Etudes Politiques de Paris), Studium der Politikwissenschaft, Psychologie und Geschichte in Duisburg und Paris. Laufbahnprüfung für den höheren Bibliotheksdienst. Seit 1988 Stellvertretende Leiterin, seit 2004 Leiterin der Bibliothek des Instituts für Auslandsbeziehungen.

E-Mail-Adresse: czekalla@ifa.de

Kurt Düwell

geb. 1937. Studium der Geschichte, Philosophie und Germanistik an den Universitäten Bonn und Köln. Habilitation mit der Arbeit *Deutschlands auswärtige Kulturpolitik (1918-1932)*. Tätigkeit als Hochschullehrer an den Universitäten Köln und Trier. Gastprofessor an der Clark University (Worcester, Massachusetts), der Miami University (Oxford, Ohio) und der Universität Wuhan (VR China). Seit 1995 Professor für Neueste Geschichte und Landesgeschichte an der Heinrich-Heine-Universität Düsseldorf. Hauptarbeitsgebiete: Geschichte des 19. und 20. Jahrhunderts sowie Landes-, Kultur- und Wissenschaftsgeschichte. 1984-1994 Vorsitzender des Sozialwissenschaftlichen Studienkreises für Internationale Probleme und Vorsitzender der Deutsch-Amerikanischen Gesellschaft in Trier. 1994-2004 Vorsitzender des Brauweiler Kreises für Landes- und Zeitgeschichte sowie 1998-2003 Vorsitzender der Gesellschaft für Rheinische Geschichtskunde. Veröffentlichungen unter anderem: Hrsg. der Zeitschrift *Geschichte im Westen, Rheinland-Westfalen im Industriezeitalter* (zusammen mit Wolfgang Köllmann, 4 Bände, Wuppertal 1983-1985), *Wissenschaften in Berlin* (zusammen mit Tilmann Buddensieg, 3 Bände, Berlin 1987), *Emigration. Deutsche Wissenschaftler nach 1933* (zusammen mit Tilmann Buddensieg und Herbert A. Strauss, Berlin 1987), *Vertreibung jüdischer Künstler und Wissenschaftler aus Düsseldorf, 1933-1945* (zusammen mit Angela Genger u.a., Düsseldorf 1998). Mitherausgeber des *Archivs für Kulturgeschichte* (München: Oldenbourg).

E-Mail-Adresse: 520011895880-0001@t-online.de

Gerhard Gauf

geb. 1942. 1964-1967 Ausbildung zum Regierungsinspektor in Köln. 1972 Verwaltungsdiplom Verwaltungs- und Wirtschafts-Akademie Köln. 1972-1979 Ausbildungsleiter für Verwaltungsleiter im Auftrag der Zentralstelle für das Auslandsschulwesen in Köln an deutschen Schulen im Ausland in Lima (Peru, für das südliche Südamerika) und Barcelona (Spanien, für das südliche

Europa). 1980-1983 Aufstiegsverfahren in den höheren Dienst. Danach in verschiedenen Funktionen, unter anderem als Leiter der Ausbildung für den mittleren und gehobenen Dienst in der Bundesverwaltung (Bundesverwaltungsamt Köln), Leiter des Personalbereichs im BVA, Leiter des Personalreferats im Thüringer Innenministerium. 1993-2004 Leitender Regierungsdirektor und Stellvertretender Leiter der Zentralstelle für das Auslandsschulwesen, insbesondere in den Bereichen Personal, Finanzen, Organisation, Recht der deutschen Schulen im Ausland. Am 30. April 2004 Versetzung in den Ruhestand. Seit dem 1. Mai 2004 Geschäftsführer des Weltverbands Deutscher Auslandsschulen e.V. in Berlin.

E-Mail-Adresse: gauf@auslandsschulen.org

Horst Harnischfeger

geb. 1938. 1958-1961 Studium der Rechtswissenschaften und Philosophie in Frankfurt am Main, Lausanne und Hamburg. Erstes juristisches Staatsexamen in Hamburg. 1961-1965 wissenschaftlicher Mitarbeiter am Europa-Kolleg in Hamburg als Verantwortlicher für das Seminar- und Vortragsprogramm. 1965 Promotion an der Universität Hamburg. 1964-1969 Referendardienst in Hamburg und Berlin. 1965/66 Besuch der Ecole Nationale d'Administration in Paris mit einem DAAD-Stipendium. 1966-1969 wissenschaftlicher Mitarbeiter am Max-Planck-Institut für Bildungsforschung in Berlin. 1970 Leiter des Grundsatzreferats in der Planungsabteilung des Bundesministeriums für Bildung und Wissenschaft. 1971-1975 Leiter der Planungsabteilung beim Senator für Schulwesen in Berlin. 1975-1976 Mitglied des Vorstands und Leiter der Abteilung Personal, Finanzen und Verwaltung des Goethe-Instituts. 1976-1996 sowie 2003 Generalsekretär des Goethe-Instituts. Seither ehrenamtliche und beratende Tätigkeiten, Lehrauftrag an der Universität Konstanz.

E-Mail-Adresse: Horst.Harnischfeger@t-online.de

Rolf Hoffmann

geb. 1953. Studium der Biologie und Verhaltensforschung in Tübingen und an der Duke University (Durham, North Carolina). Promotion 1983. Zwei Jahre Tätigkeit als wissenschaftlicher Angestellter der Universität Karlsruhe. 1985 Wechsel in die internationale Wissenschaftsverwaltung, zuerst als Grundsatzreferent und dann als Stellvertretender Leiter der Auswahlabteilung der Alexander von Humboldt-Stiftung. Von 1990 bis 1991 Leiter der Abteilung Außenbeziehungen bei der Deutschen Agentur für Raumfahrtangelegenheiten. Danach Leitung der DAAD-Programmabteilung für Nordamerika und Europa. 1995 Direktor der DAAD-Außenstelle Nordamerika in New York. Von 1999 bis 2001 Leiter des Deutsch-Amerikanischen Akademischen Konzils mit Sitz in Bonn und Washington, D.C. Von 2001 bis 2004 Planung, Aufbau und Leitung der nationalen Arbeitsstelle des DAAD »Internationales Marketing für Bildung und Wissenschaft in Deutschland«. Seit 2004 Geschäftsführender Direktor der Deutsch-Amerikanischen Fulbright-Kommission Berlin.

E-Mail-Adresse: hoffmann@fulbright.de

Yoko Kawamura

geb. 1968. Associate Professor, Fakultät der Geisteswissenschaften, Seikei University, Tokyo. Forschungsthema: Internationale kulturelle Beziehungen und Auswärtige Kulturpolitik. Veröffentlichungen über deutsche und japanische Auswärtige Kulturpolitik (auf Japanisch).

E-Mail-Adresse: kawamura@hotmail.com

Horst Köhler

geb. 1943. Promotion in Volkswirtschaft und Politischen Wissenschaften an der Universität Tübingen. 1969-1976 wissenschaftlicher Forschungsassistent am Institut für Angewandte Wirtschaftsforschung. Verschiedene Tätigkeiten im Wirtschafts- und Finanzministerium des Bundes. 1990-1993 Staatssekretär im Bundesfinanzministerium und Stellvertretender Gouverneur für Deutschland in der Weltbank. Persönlicher Vertreter des Bundeskanzlers bei der Vorbereitung der G7-Weltgipfel in Houston, London, München und Tokyo. 1993-1998 Präsident des Deutschen Sparkassen- und Giroverbands. 1998 Bestellung zum IWF-Präsidenten der Europäischen Bank für Wiederaufbau und Entwicklung. 2000 Geschäftsführender Direktor des Internationalen Währungsfonds. 2004 gewählt zum Bundespräsidenten der Bundesrepublik Deutschland.

Eva Lutzmann

geb. 1976. Studium der Verwaltungswissenschaften an der Universität Konstanz, Abschluss mit einer Diplomarbeit über das europäische Förderprogramm *Kultur 2000*. Seit 2002 am Goethe-Institut Brüssel beschäftigt und dort zurzeit Koordinatorin der EU-Verbindungsarbeit.
E-Mail-Adresse: Eva-Maria.Lutzmann@bruessel.goethe.org

Kurt-Jürgen Maaß

geb. 1943. Studium der Rechts- und Wirtschaftswissenschaften an den Universitäten Hamburg und Lausanne. Referendarzeit in Hamburg, Straßburg (Europarat) und Speyer (Hochschule für Verwaltungswissenschaften). Promotion über Europäische Hochschulpolitik. Berufsstationen bei der Deutschen Universitäts-Zeitung, Bonn, der Nordatlantischen Versammlung, Brüssel, im Bundesministerium für Bildung und Wissenschaft, Bonn, beim Wissenschaftsrat, Köln, und in der Alexander von Humboldt-Stiftung, ab 1994 als Stellvertretender Generalsekretär. Seit Juni 1998 Generalsekretär des Instituts für Auslandsbeziehungen e.V. und Herausgeber der *Zeitschrift für KulturAustausch*. Lehrauftrag an der Universität Tübingen. Zahlreiche Buch- und Zeitschriftenveröffentlichungen zu Fragen der internationalen Zusammenarbeit in Bildung, Wissenschaft und Forschung, der Auswärtigen Kulturpolitik sowie der deutschen Bildungs- und Wissenschaftspolitik.
E-Mail-Adresse: maass@ifa.de

Katrin Merkel

geb. 1975. Studium der Politikwissenschaft, Romanistik und Sportwissenschaft an den Universitäten Konstanz, Montpellier und Honolulu. Generaldirektion Bildung und Kultur der Europäischen Kommission in Brüssel. Lehrbeauftragte an der Universität Konstanz. Seit 2004 Abteilungsleiterin für Internationale Zusammenarbeit beim Nationalen Olympischen Komitee für Deutschland.
E-Mail-Adresse: merkel@nok.de

Kathrin Merkle

geb. 1962. Studium der Soziologie, Politischen Wissenschaft und Erziehungswissenschaft an der Universität Heidelberg. Als Beigeordnete Sachverständige von 1990-1993 bei der UNESCO (Paris) im Bereich Kultur, Bildungs- und Wissenschaftsstatistik tätig. Nach dem Wechsel zum Europarat Leiterin der Kulturpolitischen Forschungsstelle und Aufbau eines computergestützten Politikinformationssystems. Herausgeberin von Fachpublikationen, zuletzt zur Alltagskultur. Seit 2004 Koordinatorin des Lenkungsausschusses für Kultur der Organisation.
E-Mail-Adresse: Kathrin.MERKLE@coe.int

Swetlana Wadimowna Pogorelskaja

geb. 1963. Studium der Politik, Philosophie und Geschichte an der Moskauer Staatlichen Lomo-nossow-Universität (Diplom 1988) und an der Rheinischen Friedrich-Wilhelms-Universität zu Bonn (Promotion 1996). Zurzeit Leitende wissenschaftliche Mitarbeiterin im Institut für Wissen-schaftliche Information für Sozialwissenschaften (INION), Akademie der Wissenschaften Mos-kau. Senior Fellow am Zentrum für Europäische Integrationsforschung der Universität Bonn. E-Mail-Adresse: spogorel@uni-bonn.de

Volker Rittberger

geb. 1941. Studium der Rechts- und Politikwissenschaften. 1965 Erstes juristisches Staats-examen, Freiburg im Breisgau. 1968 M.A., 1972 Ph.D. in Politikwissenschaft an der Stanford University. Seit 1973 Universitätsprofessor für Politikwissenschaft und Internationale Beziehun-gen an der Universität Tübingen. 1986 Gastprofessur an der Stanford University. 1992-93 Theo-dor Heuss Professor an der New School University in New York. 1999/2000 Gastprofessor am In-stitut d'Etudes Politiques, Paris, und 2004 am Wissenschaftszentrum Berlin für Sozialforschung. 1978-98 Forschungsbeauftragter des VN-Ausbildungs- und Forschungsinstituts (UNITAR). Mit-glied verschiedener Beratungsgremien des Auswärtigen Amts. Mitherausgeber der Zeitschrift *Die Friedens-Warte. Journal of International Peace and Organization*. 2003 Vorsitzender der Deutschen Stiftung Friedensforschung. E-Mail-Adresse: volker.rittberger@uni-tuebingen.de

Udo Rossbach

geb. 1941. 1966-1971 Studium der Soziologie und der Slawischen Philologie an der Universität Frankfurt. 1973-1976 Studium der Bulgarischen Philologie an der Universität Kliment Ohridski in Sofia (Bulgarien). 1976 Staatsprüfung. Von 1977 bis 2004 im Institut für Auslandsbeziehun-gen, Stuttgart, von 1988 bis 2004 Leiter der Bibliothek und Dokumentation, 1996-1998 Amtie-render Generalsekretär, ab 1998 Stellvertretender Generalsekretär. E-Mail-Adresse: rossbach@ifa.de

Edda Rydzy-Seifert

geb. 1956. Studium der Philosophie in Berlin und Leipzig. Geschäftsführerin der Deutschen Ver-einigung der Europäischen Kulturstiftung. E-Mail-Adresse: eddarydzy-seifert@web.de

Günter Sautter

geb. 1973. Studierte Politikwissenschaft und Literaturwissenschaft an der Ludwig-Maximilians-Universität München und an der Harvard University. Promotion 2001 über politische Essayistik. Anschließend war er als Associate Consultant für die Unternehmensberatung McKinsey & Co. tätig. Seit 2002 arbeitet er im Auswärtigen Amt. E-Mail-Adresse: guenter.sautter@diplo.de

Gerald Schneider

geb. 1962. Seit 1997 Professor für Internationale Politik an der Universität Konstanz und ge-schäftsführender Herausgeber der Zeitschrift *European Union Politics*. Zuvor Professor für Poli-tikwissenschaft an der Universität Stuttgart und Lehrbeauftragter an den Universitäten Bern, Genf und Zürich. Publikation von rund 90 wissenschaftlichen Artikeln zur Entscheidungsfindung in der Europäischen Union, zur Kriegsursachenforschung, zur angewandten Verhandlungstheorie, zum Konfliktmanagement und zu anderen Fragen der internationalen Beziehungen. Daneben Veröffentlichung von Studien zur Standortpolitik des Goethe-Instituts und zur Organisation der deutschen Auswärtigen Kulturpolitik.

E-Mail-Adresse: gerald.schneider@uni-konstanz.de

Traugott Schöfthaler

geb. 1949. Studium der Evangelischen Theologie, der Vergleichenden Religionswissenschaft, Philosophie, Psychologie und Soziologie in Erlangen, Heidelberg, Mannheim und Berlin. Fakultätsexamen Evangelische Theologie und Diplom-Soziologe. 1975-1984 wissenschaftlicher Mitarbeiter am Max-Planck-Institut für Bildungsforschung und wissenschaftlicher Assistent für Soziologie des Bildungswesens, Freie Universität Berlin. 1979-1980 wissenschaftlicher Mitarbeiter am Institut der Vereinten Nationen für Namibia, Lusaka/Sambia. 1984 Promotion (Dr. phil.) über das Thema *Kulturelle Identitäten in der Weltgesellschaft – Jean Piagets Theorie der Entwicklung kognitiver Fähigkeiten in der kulturvergleichenden Forschung*. 1984-1986 wissenschaftlicher Mitarbeiter am Internationalen Institut für Bildungsplanung der UNESCO (Paris). 1986-2004 Tätigkeit für die Deutsche UNESCO-Kommission (DUK), Bonn, ab 1993 als Generalsekretär. Seit 1. Dezember 2004 Gründungsdirektor der Euro-Mediterranen Anna Lindh-Stiftung für Kulturdialog, Alexandria (Ägypten). Arbeits- und Publikationsschwerpunkte: vergleichende Bildungsforschung, internationale Zusammenarbeit in Bildung, Wissenschaft, Kultur und Medienpolitik.

E-Mail-Adresse: schoefthaler@euromedalex.org

Georg Schütte

geb. 1962. Studium der Journalistik sowie der Medien- und Kommunikationswissenschaft an der Universität Dortmund, der City University of New York und der Universität-Gesamthochschule Siegen. 1989 »Master of Arts in Television and Radio« in New York, 1992 Visiting Fellow an der Harvard University, 1994 Promotion an der Universität Dortmund. 1993-1994 Referent in der Alexander von Humboldt-Stiftung, Bonn. 1995-1998 wissenschaftlicher Mitarbeiter der Universität-Gesamthochschule Siegen und Lehrbeauftragter der Universitäten Mannheim, Lüneburg und Dortmund. 1998 Leiter der Grundsatzabteilung der Alexander von Humboldt-Stiftung, Bonn. 2001 Geschäftsführender Direktor der Deutsch-Amerikanischen Fulbright-Kommission Berlin. Gleichzeitig Mitglied der Expertengruppe »Benchmarking Human Resources« der EU-Kommission. Seit Januar 2004 Generalsekretär der Alexander von Humboldt-Stiftung. Zahlreiche medien- und kommunikationswissenschaftliche Veröffentlichungen sowie Buch- und Zeitschriftenbeiträge zur internationalen akademischen Mobilität und Wissenschaftspolitik.

E-Mail-Adresse: georg.schuette@avh.de

Olaf Schwencke

geb. 1936. Dr. phil., Professor für Kulturwissenschaften an der Universität Wien, Politikwissenschaft an der Freien Universität Berlin, Europawissenschaft am Europazentrum der Berliner Universitäten. 1972-1984 Mitglied des Bundestags und des Europäischen Parlaments. 1992-1996 Präsident der Hochschule der Künste Berlin (HdK).

E-Mail-Adresse: olaf.schwencke@t-online.de

Otto Singer

geb. 1951. Dr. rer. pol., Forschungs- und Lehrtätigkeit an den Universitäten Konstanz und Tübingen. Visiting Scholar bei der Brookings Institution in Washington, D.C. Visiting Lecturer im *Wes-*

tern Societies Program der Cornell University. Langjährige wissenschaftliche Beratungstätigkeit im Deutschen Bundestag, seit 2001 Fachbereich Kultur und Medien der Wissenschaftlichen Dienste.

E-Mail-Adresse: otto.singer@bundestag.de

Peter Theiner

geb. 1951. Studium der Geschichte, Sozialwissenschaft, Erziehungswissenschaft, Philosophie und Romanistik in Düsseldorf, Dijon und Paris. 1974 Straßburg-Preis der Stiftung FVS zu Hamburg. 1978 bis 1985 wissenschaftlicher Assistent für Neuere Geschichte an der Universität Düsseldorf (Lehrstuhl Wolfgang J. Mommsen). 1982 Promotion mit der Studie *Sozialer Liberalismus und deutsche Weltpolitik. Friedrich Naumann im Wilhelminischen Deutschland.* Wolf Erich Kellner-Preis zur Förderung wissenschaftlicher Arbeiten über den Liberalismus. 1985-1991 Referatsleiter in der Carl Duisberg-Gruppe, zuletzt Stellvertretender Leiter der Abteilung Kommunikation. 1991-1995 Programmdirektor und Mitglied der Geschäftsleitung der Deutschen Management Akademie Niedersachsen. Seit 1995 Bereichsleiter Völkerverständigung I der Robert Bosch Stiftung. Seit 2005 gleichzeitig Geschäftsführer der DVA-Stiftung, einer Tochtergesellschaft der Robert Bosch Stiftung.

E-Mail-Adresse: Peter.Theiner@bosch-stiftung.de